KALIVODA/KOLESNYK

DAS HUSSITISCHE DENKEN IM LICHTE SEINER QUELLEN

BEITRÄGE ZUR GESCHICHTE

DES RELIGIÖSEN UND WISSENSCHAFTLICHEN DENKENS

Herausgegeben
in Verbindung mit J. Keller, L. Mátrai, S. D. Skazkin und N. A. Smirnov
von
E. WINTER und H. MOHR

Wissenschaftlicher Sekretär L. Zeil

BAND 8

DAS HUSSITISCHE DENKEN
IM LICHTE SEINER QUELLEN

Mit einer Einleitung

von

R. KALIVODA

Herausgegeben

von

R. KALIVODA und A. KOLESNYK

AKADEMIE-VERLAG · BERLIN

1969

Die Texte wurden übersetzt
von
Manfred Becker, Heinz Koblischke, Alexander Kolesnyk, Ingeborg Pape

Erschienen im Akademie-Verlag GmbH, 108 Berlin, Leipziger Straße 3—4
Copyright 1968 by Akademie-Verlag GmbH
Lizenznummer: 202 · 100/15/68/69
Herstellung: IV/2/14 VEB Werkdruck, 445 Gräfenhainichen · 2682
Bestellnummer: 2124/8 · ES 3 B 2

VORWORT

Am 6. Juli 1965 jährte sich zum 550. Male der Tag, an dem in Konstanz der tschechische Magister Jan Hus auf dem Scheiterhaufen verbrannt wurde. Die Väter des Konstanzer Konzils hatten gehofft, mit der Vollstreckung des Urteils und mit der Verketzerung der Lehren des tschechischen Magisters eines der für sie schwierigsten Probleme gelöst zu haben. Sehr bald mußten sie mit Erschrecken ihren großen Irrtum einsehen: Das Autodafé für Jan Hus war das Zeichen für den offenen Ausbruch einer revolutionären Bewegung, die sich in Böhmen seit einem halben Jahrhundert vorbereitete, und die Lehren sowie das Wirken des Magisters waren nur ihr erster Höhepunkt. Alle Versuche der weltlichen und kirchlichen Feudalität, mit der revolutionären Hussitenbewegung fertig zu werden, waren angesichts des revolutionären Elans und der nationalen Geschlossenheit des tschechischen Volkes zum Scheitern verurteilt.

In dieser welthistorischen Auseinandersetzung um den sozialen und ideellen Fortschritt spielte das tschechische Volk eine hervorragende Rolle. Es ging in vielen Dingen der Menschheit mit großem Beispiel voran. Das bürgerliche Prinzip der Gleichheit der Menschen vor dem Gesetz besitzt eine seiner Wurzeln in der Lehre des Magisters Jan Hus und in der Praxis des Hussitentums. Die Auffassung, daß neue Zeiten ein neues Recht benötigen, wurde von Hus bereits während der Ausarbeitung des für die Geschichte der Prager Karls-Universität so wichtigen Kuttenberger Dekrets von 1409 vertreten. Die Forderung nach Beseitigung der weltlichen Macht der Kirche, die Forderung der „armen" Kirche — die für das sich herausbildende Bürgertum so wichtig war — wurde von Hus erstmalig detailliert herausgearbeitet und bildete einen wichtigen Bestandteil des hussitischen Programms der Vier Artikel. Die Demokratisierung des kirchlichen und damit unter den damaligen sozialen Verhältnissen gezwungenermaßen auch des gesellschaftlichen Lebens, die ihren Ausdruck in der Einführung des Laienkelches gefunden hat, ist von Hus theoretisch vorbereitet und von den deutschen Hussiten Nikolaus und Peter von Dresden mit seiner ausdrücklichen Billigung in die Praxis eingeführt worden. Einer der wichtigsten Punkte des hussitischen Programms war, daß auch die weltliche Feudalität dem Urteil der einfachen Menschen, der Untertanen, unterworfen sei. Dieser Punkt zielte gegen die Feudalherrschaft überhaupt.

Auf der Grundlage der Lehren von Jan Hus und der durch die revolutionäre Hussitenbewegung herbeigeführten gesellschaftlichen Veränderungen konnte

5

der tschechische Hussitenkönig Georg von Podiebrad sein Projekt einer Welt-friedensorganisation ausarbeiten, dessen Verwirklichung den ewigen Frieden unter den Völkern herbeiführen, die Kriege ausrotten und durch eine welt-weite Organisation den Frieden sichern sollte. Dieses Projekt erregt wegen seiner Weitsichtigkeit, seiner kühnen Ideen und seiner juristischen Präzision noch heute Bewunderung.

Die vorliegende Anthologie von Texten zur hussitischen Ideologie wurde von Robert Kalivoda ausgewählt und bietet erstmalig einen repräsentativen Quer-schnitt durch die ideologischen Auffassungen der einzelnen Strömungen der Hussitenbewegung.

Die erste Abteilung enthält Texte, die dem bürgerlichen Hussitentum ange-hören, es sind dies hauptsächlich Schriften von Jan Hus sowie die Prager und die taboritische Formulierung des Programms der Vier Artikel. Die zweite Abteilung enthält Texte des bäuerlich-plebejischen Hussitentums und zeigt dessen Entwicklungsetappen, die durch den Fortgang der revolutionären Krise und der revolutionären Bewegung bedingt sind. Diese Texte sind alle das erste Mal ins Deutsche übersetzt und damit auch erstmalig einer breiteren Öffentlich-keit zugänglich. Sie sind nicht nur an sich interessant, sondern auch für das vergleichende Studium der bäuerlich-plebejischen Bewegung im deutschen Bauernkrieg wichtig. Die dritte Abteilung enthält zwei Schriften des Peter von Cheltschitz, eines der bedeutendsten Denker des Hussitentums und des geistigen Vaters der Böhmischen Brüderunität, deren letzter Bischof Jan Amos Komenský (Comenius) war. Die erste Schrift „Von der heiligen Kirche" gibt einen Eindruck von der Anfangsphase von Cheltschitz' Denken, die zweite, „Das Netz des Glaubens", von der Endphase seiner geistigen Entwicklung.

Das deutsche Volk besitzt eine bedeutende Tradition in der Verbreitung und Übersetzung der hussitischen Schriften und hielt das Gedenken an das Hussiten-tum und an Jan Hus in einer Zeit hoch, da es dem tschechischen Volk selbst nicht möglich war, diese seine ruhmvollste Tradition in der Geschichte zu pflegen und weiterzuführen. Dies war zu der Zeit, da Böhmen die Periode der grausamen Rekatholisierung durchlebte, da unter dem Druck der reaktionären Habsburger nach der Schlacht am Weißen Berge (1620) der größte Teil der tschechischen Intelligenz, unter ihnen auch Jan Amos Komenský, ins Exil gehen mußte und der Bestand der tschechischen Nation überhaupt gefährdet war. Erst in der Zeit der Wiedergeburt der tschechischen Nation (Ende des 18. und zu Beginn des 19. Jahrhunderts) war es dem tschechischen Volke wieder möglich, diese ruhmreiche Tradition aufzugreifen.

Der erste, der in Deutschland Hus' Schriften übersetzte und verbreitete, war der Regensburger Priester Ullrich Grünsleder, der für diese kühne Tat mit dem Leben büßte und am 3. März 1421 zum Tode verurteilt und auf dem Scheiter-haufen verbrannt wurde. Seine Übersetzungen sind — soweit man bisher über-sehen kann — nicht erhalten geblieben. Aus den entsprechenden Inquisitions-protokollen ist nur bekannt, daß er Übersetzungen angefertigt und unter den Regensburger armen Bürgern mündlich und schriftlich verbreitet hat.

6

Ullrich Grünsleder war zu dieser Zeit jedoch nicht der einzige Hussit in Deutschland. Neben ihm wirkte vor allem in der Lausitz und in Brandenburg Johann Drändorf. Beide sind ein Beispiel für die Ausstrahlung der hussitischen Ideologie und der revolutionären Hussitenbewegung auf Deutschland.

Grünsleder und Drändorf waren nicht die einzigen Deutschen, die dem Hussitentum verbunden waren. Auf dem Boden Böhmens wirkten so hervorragende Vertreter des bäuerlich-plebejischen Hussitentums wie Peter von Dresden und der ehemalige Rektor der Dresdner Kreuzschule, Nikolaus von Dresden, der sich große Verdienste um die Radikalisierung der hussitischen Idee erworben hat, sowie Johannes Teutonicus von Saaz, der als Ideologe des bürgerlich-taboritischen Bundes eine bedeutende Rolle gespielt hat.

Das deutschsprachige Saaz in Nordböhmen hatte sich überhaupt auf die revolutionäre hussitische Propaganda in Deutschland spezialisiert. Auswirkungen dieser Propagandabemühungen kann man bis in den norddeutschen Raum verfolgen, wo es vor allem die Hansestädte Lübeck, Rostock und Greifswald mit ihren starken plebejischen Schichten waren, die einen günstigen Nährboden für die hussitischen Ideen abgaben. Es ist deshalb bestimmt nicht zufällig, daß Johann von Lübeck, der Magister der Prager Universität war und 1502 in Prag starb, im Jahre 1485 in Lübeck einen Folianten mit Schriften von Jan Hus herausbrachte. Bezeichnend für sein Vorhaben ist, daß sich Johann von Lübeck für diesen Zweck zwei tschechische Schriften von Jan Hus mit einem Umfang von 200 Seiten ausgesucht hat.

Die nächste Etappe in der Popularisierung des Schrifttums von Jan Hus ist bereits mit der deutschen Reformation verbunden. Kein geringerer als Martin Luther hat sich um die Verbreitung von Hus' Hauptwerk „Von der Kirche" (De ecclesia) am Beginn seiner reformatorischen Tätigkeit so verdient gemacht. Im Frühjahr 1520 erschien auf seine Anregung hin diese Schrift von Hus in einer Auflage von 2000 Exemplaren, eine für die damalige Zeit phantastisch anmutende Auflage. Da sich diese Ausgabe eines sehr großen Zuspruchs erfreute und sehr schnell vergriffen war, folgte ihr im Herbst des gleichen Jahres eine zweite. Was Luther an dieser Schrift vor allem anzog, waren Hus' Auffassung von der wahren Kirche und seine Kritik an den bestehenden Mißständen in der katholischen Kirche, vor allem an deren simonistischen Mißbräuchen und an deren Streben nach weltlicher Macht.

1524 erschien in Straßburg aus Ulrich von Huttens Nachlaß eine dreibändige Sammlung von Schriften, die damals Jan Hus zugeschrieben wurden. Die moderne Forschung konnte jedoch nachweisen, daß es sich um Schriften des Matthias von Janov und seiner Schule und nicht um Werke von Jan Hus handelt. Matthias von Janov war einer der Vorläufer von Hus auf böhmischem Boden.

Wie groß im reformierten Straßburg das Interesse an Hus' Ideen war, ist aus der Tatsache zu ersehen, daß auf Anregung von Bucerius Hus' Hauptwerk „Von der Kirche" ins Deutsche übertragen wurde. Diese erste deutsche Übersetzung von „De ecclesia" galt bis vor einigen Jahren als verschollen. Amedeo

Molnár, Professor an der Prager evangelischen Comenius-Fakultät, gelang es, im Straßburger Stadtarchiv das Manuskript dieser Übersetzung wiederaufzufinden.

Eine großartige Tat der deutschen Reformation war die Veröffentlichung der lateinischen Schriften von Jan Hus in zwei Bänden im Jahre 1558 durch Flacius Illyricus in Nürnberg. Diese Ausgabe ist 1715 anläßlich des 200jährigen Jubiläums der deutschen Reformation in Nürnberg neu gedruckt worden. Bisher ist sie die beste Sammlung der lateinischen Schriften von Jan Hus, die erst durch die von der Tschechoslowakischen Akademie der Wissenschaften vorbereitete kritische Hus-Ausgabe ihren ersten Rang verlieren wird.

1620 siegte nach dem mißlungenen Ständeaufstand in den böhmischen Ländern die katholisch-habsburgische Reaktion, und die Erinnerung an Jan Hus wurde aus seiner Heimat vertrieben beziehungsweise grausam unterdrückt und ausgerottet. In dieser für das tschechische Volk sehr tragischen und schweren Situation veröffentlichte der Leipziger Gelehrte Christoph Walpurger ein Buch über Hus, das einen Umfang von 700 Seiten hatte. Es handelte sich nicht um eine systematische Darstellung von Hus' Lehre, sondern um eine bewunderungswürdige Sammlung von Dokumenten privater und offizieller Natur über des Magisters Kampf auf dem Konzil zu Konstanz. Walpurger hat diese Dokumente ins Deutsche übersetzt, um sie einer großen Leserschaft zugänglich machen zu können. Wie der Nestor der tschechischen Hus-Forschung, F. M. Bartoš, berichtet, gibt es eine solche Zusammenstellung von Dokumenten selbst im Tschechischen nicht. Mit diesem Buch setzte sich Walpurger für die tschechischen Emigranten ein, die nach der Katastrophe am Weißen Berge ihre Heimat verlassen und ins Exil gehen mußten.

Den ersten Versuch einer umfassenden wissenschaftlichen Biographie des tschechischen Magisters hat W. Seyfried 1698 veröffentlicht. Die Arbeit hat großen Anklang gefunden und erlebte bis zur Mitte des 18. Jahrhunderts mehrere Auflagen. Sie war der Ausgangspunkt für die weiteren Hus-Studien.

Eine der schönsten Verteidigungen von Jan Hus hat der Stuttgarter Prediger Georg C. Rieger in seinem dreibändigen Werk „Alte und neue böhmische Brüder" (1734—1737) geschrieben. Es handelt sich bei diesem Werk auch um den ersten Versuch einer systematischen Darstellung von Hus' Lehre überhaupt. Rieger hat die Briefe des Magisters neuerdings ins Deutsche übersetzt.

Mit dem Wiedererwachen der tschechischen Nation erschienen gegen Ende des 18. Jahrhunderts wieder auf böhmischem Boden die ersten Arbeiten über Hus und Übersetzungen seiner Schriften. Johann Heinrich Wolf, ein ehemaliger Jesuit, der nach Auflösung des Ordens am Prager Kleinseitner Gymnasium tätig und dann Professor für allgemeine Geschichte an der Prager Universität war, veröffentlichte 1784 eine kleine Schrift über Hus, „Leben, Lehre, Wandel und Tod des im Jahre 1415 lebendig verbrannten Johann Hus", die erstmalig nach mehr als anderthalb Jahrhunderten die Kunde vom Hussitentum in Böhmen selbst verbreitete.

8

Schriften von Jan Hus, hauptsächlich Synodalreden und Universitätspredigten, hat August Zitte 1789–1790 wieder zugänglich gemacht. Sein Werk stellt den ersten systematischen Versuch dar, die Schriften von Hus zu übersetzen.

Über die Ergebnisse der Forschungen und wissenschaftlichen Untersuchungen zum Hussitentum seit Beginn des vorigen Jahrhunderts bis zur Gegenwart gibt die Einleitung von Robert Kalivoda hinreichend Auskunft und orientiert über alle wesentliche Literatur.

Die Übersetzungen hussitischer Schriften in der vorliegenden Anthologie sind eine bewußte Fortsetzung der hier nur kurz skizzierten fortschrittlichen Tradition, die das deutsche Volk in der Pflege und Verbreitung hussitischen Gedankengutes besitzt. Ein Ziel unserer Sammlung ist es, die Gemeinsamkeiten, die zwischen der deutschen und der tschechischen Nation in einer weltbedeutenden revolutionären historischen Situation bestanden haben, hervorzuheben und noch mehr bewußt zu machen. Damit wollen wir dazu beitragen, die Gemeinsamkeit zu verstärken, die sich zwischen beiden Völkern unter den Bedingungen des Sozialismus herausgebildet hat. Neben den gemeinsamen Zielen des sozialistischen Aufbaus sind es auch wesentliche Etappen in der Geschichte, die das deutsche und das tschechische Volk miteinander im Zeichen des Fortschritts verbinden.

Es sei einiges über den Charakter der Übersetzungen gesagt. Verhältnismäßig unkompliziert war die Übersetzung der Schriften von Jan Hus sowie der übrigen lateinischen Schriften. Hier konnten dankenswerterweise die Erfahrungen der Arbeitsstelle Mittellateinisches Wörterbuch des Instituts für griechisch-römische Altertumskunde der Deutschen Akademie der Wissenschaften zu Berlin ausgenutzt werden, da Fräulein Ingeborg Pape, Mitarbeiterin dieser Institution, freundlicherweise die nicht leichte Übersetzung aus dem Lateinischen übernommen hat.

Ein besonderes Problem war die Übersetzung der Texte aus dem Alttschechischen, deren Fachredaktion Robert Kalivoda vorgenommen hat. Hier gab es nicht nur zahlreiche philologische Schwierigkeiten, sondern auch inhaltliche Komplikationen, die sich oft miteinander verflochten und die Herausgeber mehrmals vor fast unlösbare Rätsel gestellt haben. Dies trifft besonders auf die beiden Schriften von Peter von Cheltschitz zu. Herrn Heinz Koblischke, Berlin, ist dafür zu danken, daß er mit seiner Übersetzung der tschechischen Texte (außer der Einleitung und der Schrift „Das Netz des Glaubens" von Peter von Cheltschitz) für die weitere Arbeit der Herausgeber einen so guten Ausgangspunkt geschaffen hat. Um die endgültige Fassung der Übersetzungen herzustellen, hat es Arbeit und zahlreiche langwierige Diskussionen erfordert, von denen die Herausgeber hoffen, daß sie zu einem einigermaßen zufriedenstellenden Ergebnis geführt haben.

Die Gestaltung der Texte richtet sich nach den jeweiligen Vorlagen, die als Grundlage für die Übersetzungen gedient haben. Da die einzelnen Texte einen sehr unterschiedlichen Ursprung haben und aus sehr unterschiedlichen Quellen stammen, muß notgedrungen die Textgestaltung uneinheitlich sein. Ebenso wurde bei der Übersetzung lieber auf Eleganz verzichtet, wo der Originaltext selber diese Eigenschaft entbehrt, und der Treue der Übersetzung der Vorzug eingeräumt.

Die Übersetzung der beiden frühneuhochdeutschen Flugblätter mit dem Text des Programms der Vier Artikel hat Herr Manfred Becker, Institut für deutsche Sprache und Literatur der Deutschen Akademie der Wissenschaften zu Berlin, vorgenommen.

Die Personen- und Ortsnamen werden, soweit dies möglich ist, wegen der leichteren Lesbarkeit in ihrer deutschen Form gebracht. Die Originalschreibweise findet der Leser in den Registern im Anhang. Nach Abschluß der Korrekturarbeiten wünschte Robert Kalivoda, daß die Namen von Nikolaus Biskupetz, Peter von Cheltschitz, Jan von Pribram, Stefan Paletsch, Johann von Selau und Staschek in ihrer tschechischsprachigen Form gebracht werden. Leider ließ sich dieser Wunsch aus technischen Gründen nicht mehr erfüllen. Der Leser wird deshalb gebeten, stillschweigend die entsprechenden Namensformen einzusetzen, die er leicht dem Personenregister entnehmen kann. Im Anhang befindet sich auch der Literaturnachweis für die Vorlagen der Übersetzungen.

Eckige Klammern [ ] in der Einleitung enthalten die deutsche Übersetzung von Titeln aus dem Tschechischen, Slowakischen, Russischen und Polnischen, im Text dagegen die Einfügungen, die von den Herausgebern vorgenommen wurden.

Die deutsche Übersetzung der Bibelstellen lehnt sich im allgemeinen an den Luther-Text an. Abweichungen vom Luther-Text in den Übersetzungsvorlagen wurden stillschweigend belassen.

Abschließend sei Herrn Prof. Dr. Leo Stern, Vizepräsident der Deutschen Akademie der Wissenschaften zu Berlin, für die Förderung und Unterstützung bei der Aufnahme der Arbeiten und Herrn Prof. Dr. Eduard Winter, Mitglied der Deutschen Akademie der Wissenschaften zu Berlin, für die Unterstützung und Förderung bei der Fortführung und Beendigung der Arbeiten, ihm und Herrn Prof. Dr. Hubert Mohr für die Aufnahme der Anthologie in die Schriftenreihe „Beiträge zur Geschichte des religiösen und wissenschaftlichen Denkens" gedankt.

Es bleibt nur noch zu wünschen, daß die Anthologie von Texten zur hussitischen Ideologie eine weite Verbreitung findet und zur Vertiefung der Freundschaft zwischen der Deutschen Demokratischen Republik und der Tschechoslowakischen Sozialistischen Republik beitragen möge.

Berlin, den 5. Juli 1965   *Alexander Kolesnyk*

EINLEITUNG

I.

Es ist kein Zufall, daß eine umfangreiche Anthologie hussitischer Texte in deutscher Übersetzung zu einer Zeit in die Hände des deutschen Lesers gelangt, da der Sozialismus aktuelle Wirklichkeit im Leben des deutschen und tschechischen Volkes geworden ist. Im Jahre 1415 wurde Magister Jan Hus in Konstanz verbrannt. Mehr als 550 Jahre danach wird die deutsche Öffentlichkeit mit dem höchsten Gedankenprodukt der böhmischen Vergangenheit, mit dem hussitischen Denken, bekannt gemacht.

Erst heute haben wir die unbegrenzte Möglichkeit, endlich jene historischen Epochen hervorzuheben und voll einzuschätzen, in denen unsere Völker auch in der Vergangenheit in engen wechselseitigen Beziehungen gestanden haben, in denen fortschrittliche Ideen, die auf böhmischem und deutschem Boden erwuchsen, eindringlich auf die Entstehung fortschrittlicher gesellschaftlicher Kräfte in unseren beiden Ländern einwirkten und sie in ihrem Kampf bestärkten. Wenn wir diese jahrhundertealte Tradition unserer gegenseitigen Verbindungen immer mehr erkennen, werden wir mit voller Überzeugungskraft auf die Epochen in unserer Geschichte hinweisen, in denen unsere Völker Schulter an Schulter auf der gleichen Seite der Barrikade im Kampf um sozialen und ideellen Fortschritt gestanden haben, dann erreichen wir, daß sich unsere gegenseitige Hochachtung und Freundschaft noch mehr festigt und vertieft.

Eine der bedeutendsten Epochen, in der die fortschrittlichen Ideen auf unsere beiden Völker einwirkten und gleichzeitig eine starke ideologische Waffe einer sozialen revolutionären Bewegung darstellten, muß man weit in der Vergangenheit suchen. Es ist dies die Epoche der europäischen Reformation.

Es ist bezeichnend, daß sich gerade auf dem Boden Böhmens und Deutschlands die ersten beiden Wellen des Reformationskampfes erhoben und dem wichtigsten Kettenglied der Feudalgesellschaft, der feudalen Kirche, einen vernichtenden Schlag versetzten. In Böhmen entsteht die europäische Reformation als eine gesellschaftliche Bewegung, der es zum erstenmal in der Geschichte des europäischen Feudalismus gelingt, die kirchlich-feudale Institution zu zerschlagen, in Deutschland verläuft sie hundert Jahre später in ihrem zweiten Stadium. Diese Tatsache hat verständlicherweise in dieser Zeit einen außerordentlichen Einfluß auf die Gestaltung der gegenseitigen Beziehungen zwischen unseren beiden Völkern.

Bei der Einschätzung der hussitischen Revolution neigte die tschechische und die deutsche bürgerliche Wissenschaft zur nationalistischen Betonung jener Momente, in denen dieser ungeheure soziale Konflikt des beginnenden 15. Jahrhunderts Formen des nationalen Kampfes zwischen Tschechen und Deutschen annahm. Von beiden Seiten wurde dabei ausgenutzt, daß einer der Hauptgegner des Hussitentums tatsächlich die deutsche Feudalität, das reaktionäre deutsche Patriziat und die der Kirche ergebene deutsche Intelligenz an den deutschen Universitäten war. Diese Tatsache kann uns jedoch nicht überraschen. Die soziale und Klassenstruktur der Gesellschaft hatte in der Geschichte immer eine gewisse nationale Prägung. Besonders dort, wo die konkrete Form des Klassenantagonismus bis zu einem gewissen Grade mit der nationalen Gliederung der Gesellschaft zusammenfloß, traten in die Klassenkonflikte sehr deutlich auch nationale Momente ein. So war es gerade in der hussitischen Revolution. Die tiefste Ursache dieser Konflikte entsprang und entspringt aber immer der sozialen Klassenstellung der gesellschaftlichen Gruppen, niemals der nationalen Zugehörigkeit. In den Kampf gegen das Hussitentum traten die konservativen deutschen Kräfte nicht wegen seines tschechischen Ursprungs, sondern wegen seines *allgemein-gesellschaftlichen Inhalts*, der ihre soziale Stellung bedrohte. Jeglicher tschechischer und deutscher Nationalismus, den wir in der hussitischen Revolution finden, erwächst auf dem Boden der sozialen und der ihnen entsprechenden Widersprüche, auch wenn man nicht verkennen kann, daß sie diese Widersprüche gleichzeitig noch verschärfen.

Umgekehrt gilt jedoch, daß jede wirklich revolutionäre Bewegung und jedes wirklich revolutionäre Denken in ihrem allgemein-gesellschaftlichen Wesen *ausdrücklich international* sind, mögen sie in einem beliebigen Volke entstanden und durch ihren beliebigen nationalen Ursprung modifiziert worden sein. Gerade deshalb, weil die tschechischen antikirchlichen und antifeudalen Bestrebungen ihrem Inhalt nach international waren, mußten sie im fortschrittlichen deutschen Milieu eine dem Nationalismus direkt entgegengesetzte Reaktion hervorrufen. Diese Tatsache wurde durch die nationalistische Deutung lange Zeit verschleiert und bagatellisiert. Es ist heute unsere Aufgabe, sie umfassend einzuschätzen.

Wenn infolge der hussitischen Krise die konservativen deutschen Magister die Prager Universität verließen, so kamen noch zu Hus' Lebzeiten gerade wegen dieser hussitischen Krise Nikolaus und Peter von Dresden an deren Stelle. Von beiden hat besonders Nikolaus nicht nur die hussitische Idee angenommen, sondern sie auch radikalisiert und weiterentwickelt. Heute ist es ohne Zweifel, daß der deutsche Hussit Nikolaus von Dresden ein außerordentliches Verdienst um die Herausbildung der Grundlagen der radikalen taboritischen Form des Hussitentums hat. In den Verband des bürgerlichen Tabors gehört als starke Festung auch die Stadt Saaz, die in bedeutendem Maße deutsch war, die den hervorragenden taboritischen Ideologen Johannes Teutonicus von Saaz hervorbrachte, der aufs detaillierteste die pikardische Theorie des bürgerlichen Tabors ausgearbeitet hat.

Nach dem Weggang des reaktionären deutschen Patriziats aus Prag erhielten die fortschrittlichen Deutschen, die „in der Wahrheit Gottes verharrten", eine eigene Kirche, in der deutsch gepredigt wurde – mit anderen Worten: Man sah in ihnen politische Kampfgenossen.

Die Hussiten selbst sind sich des internationalen Charakters ihres Programms bewußt, sie propagieren ihre Lehre in deutscher Sprache im Kreuzzugsheer. Die einzelnen hussitischen Lager senden dauernd ihre populären Manifeste nach Deutschland. Empört beschweren sich die deutschen Fürsten, daß diese Manifeste in der Volkssprache geschrieben sind.[1]

In Saaz, einer Bastion des taboritischen Bundes, entsteht schließlich eine taboritisch-waldensische Propagandazentrale, die noch lange nach Lipan der Ausgangspunkt für die taboritisch-waldensische Propaganda in Deutschland ist, die von deutschen hussitisch-waldensischen Agitatoren betrieben wird.

Das deutsche Volk war nicht taub. Von den Kriegszügen des taboritischen Heeres, das von Prokop dem Großen geführt wurde, kehren aus Deutschland Tausende neue deutsche Soldaten der hussitischen Revolution mit nach Böhmen zurück. Scharfsinnig bemerkt der tschechische Historiker Kurt Konrad dazu: „Sicherlich hatten diese Tausende von Deutschen triftige Gründe, Prokop für einen lieben und gewaltigen Kerl zu halten." Die nationalistische hussitische Reaktion mißbrauchte gerade den internationalen Charakter der taboritischen Heere als eines ihrer Motive zur konterrevolutionären Aktion gegen die Taboriten, die zur Niederlage der Taboriten im Jahre 1434 bei Lipan führte. Die Zeit drängte; denn das Baseler Konzil nahm unter anderem auch aus Besorgnis, daß in Deutschland eine zweite hussitische Revolution ausbrechen könnte, Verhandlungen mit den Hussiten auf.

Der internationale Charakter des Hussitentums zeigte sich besonders deutlich im Bündnis und in der Zusammenarbeit von Tschechen und Deutschen. Wenn die deutsche Feudalschicht der entschiedenste Gegner der tschechischen Hussiten war, so war das deutsche Volk und besonders die fortschrittliche deutsche Intelligenz deren bedeutendster Verbündeter.

Und wenn die deutsche Feudalität im Jahre 1400 die Absetzung des böhmischen Königs Wenzel IV. vom römisch-deutschen Thron inspirierte, wenn die Hussiten im Verlaufe des revolutionären Krieges in den reaktionären Kreisen als Feinde des Reiches und Europas bezeichnet wurden, so bietet um die Mitte des 15. Jahrhunderts der hervorragende deutsche Staatsmann und Humanist Martin Mair diese Reichskrone dem Hussitenkönig Georg von Podiebrad an, weil er in ihm den fähigsten Mann sah, der das Deutsche Reich aus seinem damaligen erbarmungswürdigen Zustande hätte herausführen können. So ist die Dialektik der Geschichte. Martin Mair und der andere hervorragende deutsche Staatsmann Gregor von Heimburg wirken eine bestimmte Zeitlang am Hofe des Hussitenkönigs als dessen engste Berater.

In Deutschland gab es viele hussitische Ideologen und Propagandisten, und während des gesamten 15. Jahrhunderts begegnen wir hier der hussitischen Ketzerei.

Deutschland — als es zu Beginn des **16.** Jahrhunderts in seinen großartigen Kampf gegen die Kirche und den Feudalismus eintritt — ist sich dessen bewußt, daß es den „böhmischen Weg" geht. „Deutschland muß ein anderes Böhmen werden . . . Wenn auch unbewußt, so habe ich doch bisher alle Grundsätze von Hus gelehrt", verkündet Luther zu Beginn seines Wirkens. Ähnlich wie Luther Hus, so hebt Ulrich von Hutten Žižka hervor.

Die Wertschätzung des tschechischen Hussitentums durch die deutschen Lutheraner zeitigte eine sehr schöne und sehr wertvolle Frucht: die Ausgabe der Schriften von Hus, die im Jahre 1558 in Nürnberg erschienen ist. In Nürnberg erscheint im Jahre 1715 die zweite Ausgabe dieses kostbaren und einzigartigen Werkes zu einer Zeit, da die böhmischen Länder von der Gegenreformation brutal unterdrückt werden.

Es war jedoch nicht nur die deutsche bürgerliche Reformation, die im Hussitentum ihren Vorgänger fand. Es ist allgemein bekannt, daß auch Thomas Müntzer die Quelle seiner Lehre in der gleichen Richtung suchte und daß er sich schließlich nach Böhmen begab, damit er dort eine Stütze für seinen Radikalismus fände.[2]

Müntzer hat in Böhmen den hussitischen revolutionären Radikalismus in aktueller Form natürlich nicht mehr vorgefunden. Und das hussitische Bewußtsein des tschechischen Bürgertums hatte schon längst jene Dimensionen verloren, die Hus ihm zu Beginn der Bewegung aufgeprägt hatte.

Jetzt war es im Gegenteil die deutsche bürgerliche Reformation, die die böhmische bürgerliche Reformation wieder belebte und die böhmische Reformationsquelle, aus der sie früher selber geschöpft hatte, mit neuer Energie erfüllte. Unter dem Einfluß des Luthertums und des mit ihm parallel erwachsenen Kalvinismus radikalisierte sich die tschechische bürgerliche Reformation von neuem, suchte bei den deutschen evangelischen Kräften Hilfe zur Abwehr des steigenden Druckes der reaktionären Habsburger und unterstützte seinerseits in einem gewissen Maße die deutsche bürgerliche Reformation.

Die Unentschlossenheit auf beiden Seiten, die für das Bürgertum so typisch ist, führt jedoch dazu, daß die historisch schicksalhaften Augenblicke des Schmalkaldischen Krieges versäumt wurden und der habsburgischen Macht im Gegenteil ein neues Konto eröffnet wurde. Die Ergebnisse des Schmalkaldischen Krieges haben vernichtende Folgen für die Reformation in Süddeutschland gehabt. Seine kurze und kühne Geschichte beschließt das reformierte Konstanz tragisch, das — so, als erfüllte es das Vermächtnis von Hus und Hieronymus — den konsequentesten und festesten antihabsburgischen Standpunkt unter den deutschen Reichsstädten eingenommen hatte und von den siegreichen Habsburgern zur Vergeltung direkt mit den Wurzeln ausgerissen wurde.

Der Niedergang des reformierten Konstanz, in dem zu Beginn des vorangegangenen Jahrhunderts die Weltreformation in ihrem böhmischen Zweig aufgestiegen ist, zeichnete gleichsam den Niedergang der böhmischen Reformation im nachfolgenden Jahrhundert vor. Die Antwortreaktionen der Habsburger

14

in den böhmischen Ländern nach dem Schmalkaldischen Krieg waren der erste Schritt dazu.

In den kritischen Zeiten des böhmischen Ständeaufstandes realisierten die böhmischen Stände den letzten und in einem gewissen Sinne höchsten Akt der tschechisch-deutschen „reformierten Koalition": Sie setzten die Habsburger ab und erwählten sich den deutschen evangelischen König Friedrich von der Pfalz. Die Hilfe aus Deutschland war jedoch ungenügend, und der bürgerlich-aristokratische Charakter des böhmischen Ständeaufstandes stieß die Volksmassen ab. Es kommt zur Katastrophe am Weißen Berg, und das tschechische Volk gerät unter die jahrhundertelange Oberherrschaft der feudalen, katholischen Habsburger. Damit hörte gleichzeitig auch die Zeit auf, in der die böhmische und die deutsche Reformation gemeinsam und mit gegenseitiger Unterstützung das kirchlich-feudale System in Europa zersetzten und untergruben.

Die enge und unmittelbare Verbundenheit der sozialen und ideellen Bewegung der tschechischen und deutschen Reformation zeigt, in welche Nähe unsere beiden Völker als Träger und Urheber des Angriffs der ersten europäischen antifeudalen Bewegung gelangt waren.

In beiden Fällen handelt es sich nicht um eine bürgerliche Revolution, die kapitalistische Verhältnisse inthronisiert, sondern um eine frühbürgerliche Revolution, die nur einen Einbruch in das feudale System erzielt.[3] Die hussitische Revolution des 15. Jahrhunderts und die deutsche Revolution des 16. Jahrhunderts führten nicht zur direkten Vernichtung der Feudalordnung, sondern nur zur Beseitigung der feudalen katholischen Kirche. Entscheidenden Einfluß auf diesen Ausgang beider revolutionärer Bewegungen hatte die Tatsache, daß der radikale plebejische Flügel trotz des ungeheuren Einflusses, den er in beiden Fällen in einem bestimmten Augenblick erlangte, am Ende geschlagen und daß der Ausgang beider Revolutionen auf entscheidende Weise durch die Stellung und die Bestrebungen des bürgerlich-oppositionellen Flügels beeinflußt wird. Die bürgerliche Opposition, die sich aus dem vorkapitalistischen Bürgertum und dem antikirchlich gesonnenen Adel zusammensetzt, hat in beiden Fällen kein Interesse an der Beseitigung des Feudalsystems in seiner Gesamtheit — wie dies bei der bäuerlich-plebejischen Fraktion der Fall ist — und beschränkt sich nur auf den antikirchlichen Kampf.

Wir können hier nicht näher darlegen, warum es so war, welche historischen Kräfte von beiden gesellschaftlichen Gruppierungen repräsentiert wurden, welcher Art die Dialektik des revolutionären Prozesses in beiden Fällen war.[4] Es ist jedoch klar, daß man in den unmittelbaren konkreten historischen Zusammenhängen der böhmischen und deutschen Reformation deren allgemeine gesellschaftliche Grundzüge erkennen und bestimmen muß.

Hier ist gerade die Tatsache entscheidend, daß in beiden Fällen die revolutionäre gesellschaftliche Bewegung in vorkapitalistischen Verhältnissen ausbricht, daß in beiden Fällen der Reformationsgedanke die Frucht der ersten Phase der Krise des Feudalismus ist, in die der alte klassische Feudalismus unter dem Einfluß der Ware-Geld-Beziehungen gestürzt ist, und daß die Voraussetzungen für die Einführung der kapitalistischen Verhältnisse noch nicht herangereift waren. Und wenn auch einige Teile Deutschlands zu Beginn des 16. Jahrhunderts sozial-ökonomisch viel mehr entwickelt waren als Böhmen zu Beginn des 15. Jahrhunderts, so konnte doch Deutschland des Einflusses bestimmter spezifischer Umstände wegen nicht als erstes europäisches Land den Weg zum Kapitalismus beschreiten.[5] Erst in der niederländischen und in der englischen Revolution wird der Reformationsgedanke zur ideellen Waffe der eigentlichen bürgerlichen Revolution.

Die hussitische und die deutsche Reformation sind also ein besonderer Typ der sozialen Revolution, deren grundlegendes und vergleichendes Studium eine tiefere marxistische Erklärung der ersten Phase des Zerfalls des Feudalismus, des Antritts der bürgerlichen Gesellschaftsordnung und ein besseres Verständnis der stufenweisen Herausbildung der Voraussetzungen für das Entstehen der bürgerlichen Gesellschaft ermöglicht. Wenn wir zum Beispiel in Übereinstimmung mit Engels das reformatorische Denken für eine frühe Form des bürgerlichen Denkens halten, so ermöglicht uns gerade der vorkapitalistische Charakter der böhmischen und der deutschen Revolution zu begreifen, welches die eigentlichen Ursachen der Entstehung seiner frühen Form waren, welche gesellschaftliche Situation sein Nährboden war.

Bei einem solchen vergleichenden Studium erkennen wir, daß das antifeudale Denken — mag es konsequent radikal oder abstrakt bürgerlich sein — nicht notwendig an entwickelte kapitalistische Verhältnisse gebunden ist. In dieser Frage herrschte bisher keine volle Klarheit. Dabei kann in dieser Frage der Standpunkt von Marx, Engels und Lenin ein sicherer Leitfaden sein, die die vorkapitalistische Warenproduktion für die Anfangsetappe der bürgerlichen Gesellschaft halten.[6] Das Problem der Entstehung der bürgerlichen Ideologie unter vorkapitalistischen Verhältnissen ist bei den Klassikern auch bearbeitet. Wir haben hier nicht nur die Engelssche Studie im Sinne, die die Reformation betrifft, sondern vor allem einen bisher übergangenen und direkt ungenutzten Artikel von Marx „Erscheinung des Appropriationsgesetzes in der einfachen Zirkulation" aus seinen „Grundrissen der Kritik der politischen Ökonomie",in dem Marx die Entstehung der bürgerlichen Kategorien Freiheit und Gleichheit aus den Bedingungen der einfachen Zirkulation erklärt und der unserer Ansicht nach der Schlüssel zum Verständnis und zur Erklärung dieser Problematik ist. Man muß beachten, daß das bürgerliche Denken nicht erst als ein Produkt des Kapitalismus entsteht, sondern als ein Produkt des antifeudalen Kampfes des vorkapitalistischen Bürgertums und der Volksmassen vom Anfang der Krise des Feudalismus an. Das Eindringen der Warenproduktion in alle grundlegenden ökonomischen und Klassenbeziehungen der feudalen Gesellschaft ruft manchmal unmittelbar, zum größten Teil jedoch indirekt und sehr vermittelt die Entstehung abstrakter Prinzipien hervor, die von innen her das Feudalsystem untergraben und zerfressen. Im radikalen bäuerlich-plebejischen Milieu entsteht dann direkt die Idee der sozialen Gleichheit und Freiheit.

Die Entstehung dieser abstrakten und metaphysischen Kategorien hängt unmittelbar mit deren Fähigkeit zusammen, die Kehrseite der feudalen Verhältnisse zu enthüllen, die durch die fortschreitende Warenproduktion demaskiert wurden, hängt mit deren Fähigkeit zusammen, einen gemeinsamen gesellschaftlichen Nenner für die Nöte und Wünsche des Menschen zu bilden, der jetzt der Wirkung allgemeiner gesellschaftlicher Kräfte ausgeliefert ist, die den parasitären Charakter der herrschenden feudalen Klassen enthüllte und die feudalen Verhältnisse mit einem neuen Inhalt füllte. In der einebnenden und alles gleichmachenden Kraft der abstrakten Kategorien fand die so durchsichtige feudale Ständeform der Klassenwidersprüche ihren schlimmsten Feind.

Die bürgerliche Metaphysik, später unfähig, die Widersprüche der bürgerlichen Gesellschaft aufzudecken, war gerade deshalb entstanden, weil sie in der Lage war, die Ständewidersprüche der Feudalgesellschaft in einer Zeit bloßzulegen, zu erfassen und anzugreifen, als die Warenproduktion die feudale Hierarchie in eine Hierarchie der Krämer, Wucherer und Steuereinnehmer verwandelte, weil sie ihre „allgemein menschlichen" Fehler enthüllte und ihr so den Nimbus der Unantastbarkeit raubte.

Die theologische Gestalt des reformatorischen Denkens — von ihr wird noch weiter unten die Rede sein — verleiht diesen abstrakten Prinzipien theologischen Ausdruck. Es gibt keinen Zweifel daran, daß sowohl Hus' Prinzip vom „Gesetz Gottes" als auch Luthers individualistisch aufgefaßter „alleinseligmachender Glaube" bei weitem keine rein religiösen Angelegenheiten sind. Wie aus der weiteren Darstellung noch hervorgehen wird, handelt es sich im ersten Falle um ein sozial-konstitutives Prinzip, das gegen die gesamte feudale Gesellschaft gerichtet ist, und im zweiten um eine „innerliche" Auffassung des Christentums, in der man Elemente des bürgerlichen Individualismus erkennen kann. Es sind vernichtende Waffen gegen die institutionelle Auffassung des Christentums und damit auch gegen die feudale Kirche, das mächtigste Glied der Feudalgesellschaft. Und wenn Hus' gesellschaftlicher Eingriff umfassender und grundsätzlicher ist als der Eingriff Luthers, so ist beiden die Konzentration auf den antikirchlichen Kampf gemeinsam. Darin sind Hus und Luther typische ideologische Vertreter der bürgerlichen Opposition.

In der Theosophie des bäuerlich-plebejischen Hussitentums und Müntzers erkennen wir das nichtreligiöse, soziale und revolutionäre Wesen viel deutlicher. Die Forderung der direkten Vernichtung der feudalen Gesellschaft, das Programm der Freiheit und der Gleichheit und des Verbrauchskommunismus schafft den grundlegenden ideologischen Inhalt der Volksreformation, der sich vom christlichen Theismus schon trennt. Die Volksreformation ist in diesen ihren beiden bedeutenden Erscheinungen die erste historische Form des revolutionären Demokratismus, der mit einem sozialistischen Programm verknüpft ist.

In weiteren Einzelheiten ist keine Übereinstimmung vorhanden. Auch wenn sich Luther auf Hus beruft, so geht es nur um die historische Anknüpfung an die Grundrichtung von Hus' Lehre, niemals jedoch um dessen Denkmethode.

Zum Aufbau seiner Reformationslehre schafft sich Luther seine eigene, spezifisch lutherische Denkmethode, die sich von der hussitischen Methode unterscheidet und die den Ideengehalt des Luthertums bedeutend verändert. Müntzer steht dem bäuerlich-plebejischen Hussitentum um vieles näher als Luther Hus, aber auch seine Lehre hat ihre Besonderheiten, und in einigen wichtigen Momenten unterscheidet sie sich vom bäuerlich-plebejischen Hussitentum.

Umgekehrt gilt jedoch, daß auch die hussitische Idee ihre spezifische Gestalt hat und daß das Hussitentum sowohl in seiner Denkmethode als auch in seinem Ideengehalt ein eigenständiges Produkt der europäischen Reformation ist.[7] Wenden wir unsere Aufmerksamkeit den charakteristischen Grundzügen des hussitischen Denkens zu.

II.

Die philosophische Analyse des Hussitentums hat zweifellos die jüngste Tradition. Bisher war es die Geschichtsschreibung der verschiedensten Schattierungen, die, da philosophische Arbeiten über das hussitische Denken fehlten, in vieler Beziehung eine Reihe wichtiger Erkenntnisse über die hussitische Theorie brachte und ständig bringt. Die Philosophie muß sich auf diese Erkenntnisse stützen und von ihnen ausgehen. Heute wäre ohne die jahrhundertelange Forschung der Geschichtsschreibung die philosophische Untersuchung des Hussitentums unmöglich.

Die größte Aufmerksamkeit wurde bisher dem bürgerlichen Hussitentum gewidmet, das für den größten Teil der bürgerlichen Geschichtsschreibung mit dem Hussitentum überhaupt — besonders mit der Lehre von Hus — zusammenfiel.

Die traditionelle katholische Hus-Deutung, beginnend mit Stefan Paletsch, Stanislaus von Znaim und Gerson, Hus' Zeitgenossen und dessen geschworene Feinde, fortschreitend über Cochläus, Höfler, Helfert und Lenz bis zu dem bedeutenden tschechischen katholischen Hussitologen J. Sedlák, verwischt einerseits den revolutionären Inhalt, andererseits hebt sie in verschiedenem Maße und mit verschiedener Intensität die sozial-revolutionären Seiten von Hus' Lehre hervor. Sie verweist auf diese Seiten vor allem deshalb, um sie zu verurteilen und zu verdammen und um zu beweisen, daß Hus tatsächlich ein strafwürdiger Ketzer war. Über alle Verzerrungen hinaus finden wir in dieser Linie der Deutung von Hus' Lehre wichtige und wahre Elemente, die ein Gegengewicht gegen die späteren Bestrebungen sind, die Ansichten von Hus zu refeudalisieren und sie im rekatholisierenden Sinne zu deuten. In dieser Hinsicht ist besonders die Arbeit von Sedlák (Jan Hus, Prag 1915) bedeutend, die sich durch eine hohe Erudition auszeichnet und einen der hervorragendsten Versuche der bürgerlichen Wissenschaft um die Deutung von Hus' Lehre darstellt.

Die deutschen protestantischen Forscher bemühten sich von Anfang an um eine „assimilierende" Darstellung. Sie faßten das Hussitentum als ein Vorspiel zum Protestantismus auf (vergleiche zum Beispiel Krummel). Wenn sie beim kritischen Studium auf „artfremde, katholische" Elemente im hussitischen Denken stießen, verlegten sie Hus zurück in das katholische Mittelalter (vgl. Anm. 7). Das bedeutet jedoch nicht, daß die protestantischen Forscher keine wertvollen Einzelerkenntnisse über das hussitische Denken geliefert hätten — besonders, wenn es sich um dessen religiös-theologische Seite handelt.

In Deutschland selbst ist die Beschränktheit der protestantischen Deutung von Troeltschs „Soziallehren" (vgl. Anm. 7) durchbrochen worden. Was Loserth anbetrifft, so kann man nicht leugnen, daß seine Arbeiten eine große Bedeutung für das tiefere kritische Studium des Hussitentums hatten, obwohl ihr ideologisches Ziel war, das hussitische Denken als rein epigonalen Aufguß des Wiclifismus zu bagatellisieren.

Für die fortschrittliche Tradition der tschechisch-deutschen Kulturbeziehungen war es von großer Bedeutung, daß gerade der deutsche Historiker Bezold sich den deutsch-nationalen Tendenzen in der Deutung des Hussitentums entgegenstellte und in seiner bewundernswerten kulturhistorischen Studie „Zur Geschichte des Hussitentums" (München 1874) das demokratische Wesen der hussitischen Ideologie und deren Weltbedeutung an der Wende zweier Epochen hervorhob. Bezold verschiebt gleichsam den Schwerpunkt des Forschungsinteresses von der religiösen Gestalt der hussitischen Ideologie auf deren areligiöses Wesen. Bezold und ihm ähnlich auch K. Müller in seiner „Kirchengeschichte", Teil II, nehmen einen bedeutenden Platz in der gesamten Linie der modernen demokratischen Darstellung des Denkens von Hus und des Hussitentums überhaupt ein, die sich als der natürliche Ausdruck des Abgehens von den feudalen gesellschaftlichen Formen und den feudalen ideologischen Gesichtspunkten und als deren Überwindung entwickelte.

In Deutschland selbst wirkte nichtsdestoweniger beim Herangehen an das Hussitentum weiterhin sehr stark der deutsch-nationalistische Standpunkt, dem in der Mitte des vorigen Jahrhunderts der Wiener Professor K. Höfler einen markanten Ausdruck verliehen hat und dessen Antipode bis zu einem gewissen Maße auf der anderen Seite der tschechisch-nationalistische Standpunkt war, der in der Konzeption Palackýs geltend gemacht wurde.

Dieser nationalistische Standpunkt, der zu einem bedeutenden Maße im allgemeinen Bewußtsein der deutschen kulturellen Öffentlichkeit noch bis tief in das 20. Jahrhundert hinein verbreitet war, bremste die weiteren Schritte zur tieferen Interpretation des Hussitentums in der deutschen Geschichtswissenschaft. Hinzu kamen noch ungünstige aktuell politische Faktoren; es ist charakteristisch, daß eine weitere bedeutende Arbeit der deutschen Wissenschaft, die ohne nationalistische Vorurteile an Hus herantritt, die Arbeit M. Vischers, „Jan Hus. Aufruhr wider Papst und Reich", gleich nach ihrem Erscheinen im Jahre 1940 von der nazistischen Polizei beschlagnahmt und auf den Index gesetzt wurde. Der Verfasser hat nach dem Kriege das Buch überarbeitet und es im Jahre 1955 in Frankfurt a. M. veröffentlicht.

Und wenn Vischer offensichtlich zu sehr die psychologische Motivierung und die psychologische Darstellung der zu erforschenden Erscheinungen exponiert, so gelang es ihm, in seiner Arbeit die insgesamt fortschrittliche und direkt revolutionäre Bedeutung von Hus' Auftreten und — was besonders wertvoll ist — seine internationale Bedeutung gut zu erfassen. Bei Vischer hört Hus auf, ein Gegner der Deutschen zu sein, und wird vor allem zu einem Menschen, der für allgemein menschliche Werte kämpft.

Man kann als wahrscheinlich annehmen, daß die Studien und Arbeiten des Münchner Historikers F. Seibt, die in letzter Zeit erschienen sind, einen endgültigen Schlag gegen das nationalistische Herangehen an das Hussitentum bedeuten. Zu der Zeit, in der die vorliegende Einleitung beendet wurde, hatte ich Seibts bisher größte Arbeit „Hussitica. Zur Struktur einer Revolution", deren Erscheinen bevorstand, leider noch nicht in den Händen. Seine vorher bedeutendste Studie „Die Hussitenzeit als Kulturepoche" (in: Historische Zeitschrift, 1962, Nr. 1) läßt Seibts Herangehen jedoch hinreichend erkennen; er zeigt das Hussitentum als umstürzende kulturelle und soziale Erscheinung von gesamteuropäischer Bedeutung, als Scheide zweier historischer Epochen. Die Studie zeigt die hervorragende Kenntnis der Quellen und der neuesten tschechischen Literatur; Seibt, der eine Reihe wertvoller Gesichtspunkte zum bürgerlichen Hussitentum bringt, setzt sich sachlich und objektiv mit der zeitgenössischen tschechischen marxistischen Literatur auseinander und bietet für die marxistische Forschung neue und bedeutende Anregungen.

Eine objektive und Hus' Bedeutung voll würdigende Darstellung von Hus' Konstanzer Prozeß veröffentlichte in letzter Zeit auch der Konstanzer Historiker O. Feger in seiner großen Geschichte des Bodenseeraumes (Geschichte des Bodenseeraumes, Bd. III, Konstanz und Lindau 1963, S. 168ff.).[8]

Die moderne demokratische Darstellung von Hus und des Hussitentums in der tschechischen hussitologischen Forschung trägt starke Spuren der religiös-reformatorischen Züge. Aber die evangelische Gedankenwelt, die wir hier vorfinden, neigt offensichtlich zu einem freidenkerischen Liberalismus, zu den klassischen areligiösen Formen des bürgerlich-demokratischen Denkens. Am deutlichsten äußert sich dieses gegenseitige Durchdringen von religiösen und areligiösen Standpunkten in dem Buche, das F. Loskot über Hus geschrieben hat (Pseudonym Vratislav: Mistr Jan Hus [Magister Jan Hus], Prag 1915). Der Begründer und Schöpfer dieser Konzeption der Deutung von Hus und des Hussitentums ist jedoch F. Palacký. Das Hussitentum ist für ihn die Verkörperung des Kampfes um Gewissensfreiheit, gegen die Autorität, für die moralische Hebung des Menschen. Es ist für ihn ein Aufblühen der Idee der Demokratie, die er metaphysisch als die Leitidee des Tschechen- und Slawentums auffaßte.

Masaryk setzt insgesamt die Konzeption Palackýs fort. Wenn jedoch Palacký die bürgerlich-demokratische Konzeption des Hussitentums noch zum Kampf gegen den Feudalabsolutismus diente, so bekommt sie bei Masaryk noch eine andere gesellschaftliche Funktion. Masaryks Deutung des Hussitentums wird durch die Arbeiten „Česká otázka" [Die tschechische Frage] (1895) und „Jan Hus. Naše obrození a naše reformace" [Jan Hus. Unsere Wiedergeburt und unsere Reformation] (1896) repräsentiert und steht durch in einem engen Zusammenhang mit dem in seiner Schrift „Sociální otázka" [Die soziale Frage] (1898) vorgetragenen theoretischen Angriff gegen den Marxismus.

Die bürgerlich-demokratische Konzeption wird aber noch einmal für F. M. Bartoš zu einer Plattform, auf der er in einer Reihe seiner Arbeiten und Studien der rekatholisierenden und offen antirevolutionären Deutung von Hus und des Hussitentums durch die konservative tschechische Geschichtsschreibung im 20. Jahrhundert entgegentritt (eine Bibliographie der Arbeiten von Bartoš ist seinem Buche „Světci a kacíři" [Zeugen und Ketzer], Prag 1949, beigefügt). Bartoš' Arbeit über die hussitische Revolution, die die Ergebnisse seiner lebenslangen Forschungen über die eigentliche Revolutionszeit zusammenfaßt, „Husitská revoluce" [Die hussitische Revolution], erscheint gerade in Prag (1964). Bartoš knüpft in ihr an eine ähnliche zusammenfassende Arbeit über die vorrevolutionäre Zeit an, „Čechy v době Husově" [Böhmen zu Hus' Zeiten], die er im Jahre 1947 veröffentlicht hat.

Für die Erkenntnis des philosophischen Profils von Hus' Denken hat weiterhin außerordentliche Bedeutung die große Arbeit des slowakischen Forschers – des bekannten Komeniologen – J. Kvačala, „Wiklef a Hus ako filozofi" („Věstník královské české společnosti nauk", třída fil.–hist.–jaz. [Wiclif und Hus als Philosophen, Mitteilungen der Königlich-Böhmischen Gesellschaft der Wissenschaften, philosophisch-historisch-sprachwissenschaftliche Klasse], Prag 1924).

Die abschließende rekatholisierende Phase in der Deutung von Hus' Lehre, die Hus zu refeudalisieren versuchte, schließt den Kreis der vormarxistischen Erforschung der hussitischen Ideologie. Pekařs Schule bringt diese Konzeption hervor und vertritt sie. Damit, daß sie Hus ins Mittelalter zurückverweist, erfüllt sie eine sehr aktuelle ideologische Funktion: in der Zeit, da der Sozialismus auftritt, die größte heimatliche revolutionäre Tradition zu vernichten. Die Frucht dieser Bemühungen ist das sehr umfangreiche, mit Quellen und der Kenntnis der scholastischen Literatur ungewöhnlich ausgerüstete Werk von V. Kybal, das seinem Umfang nach die größte Arbeit über Hus' Lehre in der tschechischen und der Weltliteratur ist (vgl. Kybal, „Učení M. Jana Husi" [Die Lehre des Magisters Jan Hus], Teil I, Prag 1923; Teil II, Prag 1926; Teil III, Prag 1931; insgesamt der zweite Teil der fünfbändigen gemeinsamen Monographie von Novotný-Kybal „Mistr Jan Hus. Život a učení" [Magister Jan Hus. Leben und Lehre] – die ersten zwei Bände enthalten Novotnýs Darstellung von Hus' Leben und Wirken). Weil in der bürgerlich-demokratischen Darstellung die historisch-gesellschaftliche Bedingtheit, die komplizierte Form und die Schwierigkeit der Entstehung neuer gedanklicher Qualitäten im hussitischen Denken zum größten Teil ignoriert werden und die „moderne"

Deutung oft eine tatsächlich vereinfachende Modernisierung ist, konnte Kybal einen Frontalangriff gegen diese Konzeption führen. Er erfaßte in seiner Untersuchung einige Einzelzusammenhänge und einige Elemente von Hus' Lehre richtig (er knüpfte hier vor allem an die Ergebnisse von Gottschick und Harnack an), und deshalb sieht der gesamte Ausgang seiner Untersuchung, in der Hus als ein unbescholtener katholischer Reformator erscheint, dessen Verurteilung ein unglückliches Mißverständnis war, sehr glaubwürdig aus. Die kritische Ausnutzung, vor allem aber die kritische Überwindung und die kritische Widerlegung von Kybals Arbeit sind heute eine unerläßliche Voraussetzung jeder marxistischen Arbeit über das hussitische Denken.

Diese rekatholisierende Tendenz in der Darstellung von Hus' Denken drang in den letzten Jahren auch auf kirchlichen Boden ein und hat in dem mächtigen zweibändigen Werk das belgischen Benediktiners Paul de Vooght (,,L'Hérésie de Jean Huss". ,,Hussiana". Louvain 1960) eine weitere beachtenswerte Frucht hervorgebracht. Vooghts große Monographie, die der Verfasser nach einigen kleineren Studien geschrieben hat, ist überhaupt die größte Arbeit über Hus' Lehre, die außerhalb Böhmens geschrieben wurde und ist ein neuer markanter und überzeugender Beweis für die Weltbedeutung von Hus und des Hussitentums. Sie legt auch ein beredtes Zeugnis über die grundlegende Wende ab, die sich im Verlaufe von nur fünfzig Jahren im Herangehen an Hus unter den katholischen Forschern vollzogen hat.

Vooghts Konzeption steht nämlich in direktem Gegensatz zu Sedláks Konzeption. Dabei erreicht Vooght das gleiche hohe fachliche Niveau, auf dem Sedlák gearbeitet hat — was man bei einem ausländischen Verfasser besonders hoch einschätzen muß.

Vooghts Arbeit zeichnet sich durch eine hervorragende Kenntnis der Quellen und der Literatur aus, ist auf der selbständigen Analyse des Quellenmaterials begründet und hat sich zweifellos unter die fundamentalen Werke über Hus eingereiht.

Es ist also nicht etwa durch Unselbständigkeit oder engen Gesichtskreis, sondern offensichtlich durch die Sache selbst bedingt, daß Vooght in den grundlegenden Punkten seiner Interpretation von Hus' Lehre im wesentlichen zu keinen anderen als zu den Ergebnissen gelangen konnte, zu denen bereits vor ihm Kybal gelangt ist. Das Bestreben, Hus zu rekatholisieren, hat offensichtlich seine eigenen Wege, seine Grenzen im Material und in der Interpretation. Ungeachtet der Schranken in der detaillierten, strukturellen und entwicklungsmäßigen Analyse von Hus' Texten besteht die Hauptschwäche dieses Bestrebens — dies gilt übrigens auch von Kybal — im Absehen von der spezifischen philosophisch-theologischen Grundlage der Lehre von Wiclif und Hus.[9]

Den übrigen Vertretern des bürgerlichen Hussitentums hat die bürgerliche Geschichtsschreibung eine unvergleichlich geringere Aufmerksamkeit gewidmet als Hus. Es handelt sich hier vor allem um Stanislaus von Znaim und um Paletsch vor ihrer Konvertierung zum Katholizismus, um Hieronymus von Prag, Jakobellus von Mies, Peter Payne, Jan von Pribram und schließlich um

Nikolaus von Pilgram und Johannes Teutonicus von Saaz. Für die Erkenntnis verschiedener Seiten des Denkens dieser Vertreter des bürgerlichen Hussitentums haben vor allem einige Arbeiten von Loserth, Klicman, Kybal und Vooght, weiterhin mehrere Arbeiten von Bartoš Bedeutung. Sehr bedeutsam sind in diesem Zusammenhang die dreibändigen „Studie a texty k náboženským dějinám českým" [Studien und Texte zur böhmischen Religionsgeschichte], die von Sedlák vom Jahre 1914 an in Olmütz herausgegeben wurden, weiterhin die „Táborské traktáty eucharistické" [Taboritische eucharistische Traktate] desselben Autors aus dem Jahre 1918.

Der radikalen Strömung des hussitischen Denkens hat die bürgerliche Geschichtsschreibung sehr viel weniger Aufmerksamkeit gewidmet als Hus. Die grundlegende methodologische Beschränktheit der bürgerlichen Forschung zur Problematik des hussitischen Radikalismus bestand darin, daß die bürgerliche Wissenschaft nicht fähig war, das bürgerliche Hussitentum und das bäuerlichplebejische Hussitentum als zwei qualitativ verschiedene und gleichwertige Strömungen des hussitischen Denkens voneinander zu unterscheiden, die gesetzmäßig aus der hussitischen revolutionären Krise hervorwachsen. Sie war außerdem unfähig, im hussitischen Radikalismus eine qualitativ höhere Erscheinungsform der antifeudalen Volksideologie zu erkennen, die man mit der sektiererisch begrenzten vorhussitischen Volksketzerei nicht auf die gleiche Ebene stellen kann. Der hussitische Radikalismus wurde zum größten Teil als ein dem hussitischen Denken fremder Seitenzweig betrachtet, dessen Bedeutung man herabzusetzen oder den man vermittels der Methode der Filiation auf irgendeine Form des vorhussitischen Volksketzertums zu reduzieren versuchte.

Man darf jedoch nicht vergessen, daß trotzdem eine Reihe wichtiger, bleibender Erkenntnisse erreicht und daß besonders wertvolle Momente für die Erkenntnis der internationalen Zusammenhänge des hussitischen Volksradikalismus erschlossen wurden. In diesem Zusammenhang muß man besonders die Arbeiten der deutschen Häresiologen Mosheim, Hahn, Dieckhof, Herzog, Döllinger, Preger, Haupt, des russischen Forschers Jastrebov und anderer hervorheben. Auf die Problematik des radikalen hussitischen Denkens zielen in ihren Arbeiten direkt Preger, Haupt und Jastrebov, und sie erbrachten in ihnen einige wichtige Erkenntnisse.

Die Erkenntnis der Einzigartigkeit und der Weltbedeutung des taboritischen Radikalismus finden wir schon bei Karl Kautsky in seinen „Vorläufern des neueren Sozialismus" (1896), in der Arbeit Wadsteins „Die eschatologische Ideengruppe: Antichrist — Weltsabbat — Weltende und Weltgericht in den Hauptmomenten ihrer christlich-mittelalterlichen Gesamtentwicklung" (Leipzig 1896), die speziell dem Chiliasmus gewidmet ist, und in Troeltschs „Soziallehren".

Die internationale Bedeutung des taboritischen Radikalismus ist auch daraus ersichtlich, daß ihm in letzter Zeit der amerikanische Historiker H. Kaminsky systematische Aufmerksamkeit widmet. Kaminsky ist nach F.G.Heymann (vgl. dessen große und außerordentlich wichtige Arbeit „John Žižka and the Hussite Revolution", Princeton 1955) der zweite zeitgenössische amerikanische Historiker, der seine Arbeit speziell auf die hussitische Problematik ausrichtet. Es ist interessant, daß er in diesem Zusammenhang als einer unter wenigen angelsächsischen Forschern seine Aufmerksamkeit Wiclif zugewendet hat mit der wertvollen Studie „Wyclifism as Ideology of Revolution" (Church History, Bd. XXXII, 1963, Nr. 1, S. 3ff.).[10]

Nichtsdestoweniger widmet Kaminsky seine Hauptaufmerksamkeit der radikalen Strömung der Hussitenbewegung, und mit seinen Studien „Hussite Radicalism and the Origins of Tabor 1415–1418" (Medievalia et Humanistica, Bd. X, 1965, S. 102ff.), „Chiliasm and the Hussite Revolution" (Church History, Bd. XXVI, 1957, Nr. 1, S. 3ff.), „K dějinám chiliastického Tábora. O traktátu Ad occurendum homini insano" [Zur Geschichte des chiliastischen Tabors Über den Traktat Ad occurendum homini insano] (Československý časopis historický [Tschechoslowakische historische Zeitschrift], 1960, Nr. 6, S. 895ff.) und „The Free Spirit in the Hussite Revolution" (Millennial Dreams in Action, Supplement II to „Comparative Studies in Society and History", 1962, S. 166ff.) hat er sich zweifellos unter die vordersten zeitgenössischen Kenner des hussitischen Radikalismus und des Hussitentums überhaupt eingereiht. Die Fähigkeit zur detaillierten, selbständigen und eindringlichen Quellenanalyse[11] zusammen mit dem Sinn dafür, die konkreten sozialen und ideellen Zusammenhänge der zu erforschenden Erscheinungen zu erfassen, bilden die Grundlage für Kaminskys Studien, die unmittelbare Bedeutung für die weitere Vertiefung und Entwicklung der marxistischen Auffassung vom hussitischen Radikalismus besitzen.

In letzter Zeit hat sich Kaminsky in seinem Studium des hussitischen Denkens auch Nikolaus von Dresden und Peter von Cheltschitz zugewandt. Er bereitet in den USA die Edition einiger unveröffentlichter Texte Nikolaus' von Dresden vor und hat unlängst eine Arbeit über Peter von Cheltschitz veröffentlicht („Peter Chelčický: Treatises on Christianity and the Social Order". Studies in Medieval and Renaissance History, 1964, S. 106ff.), die eine eigene Übersetzung der Traktate von Peter von Cheltschitz „O trojím lidu" [Von dreierlei Volk] und „O církvi svaté" [Von der heiligen Kirche] enthält[12], mit einer kenntnisreichen einführenden Studie über die denkerische Erscheinung des Peter von Cheltschitz.

Die tschechische Linie der Erforschung des radikalen hussitischen Denkens beginnt mit der umwälzenden Studie von Dobrovský „Geschichte der böhmischen Picarden und Adamiten" („Abhandlungen der böhmischen Gesellschaft der Wissenschaften", 1788, IV, 300–343), die die grundlegende Quelle, die „Hussitische Chronik des Laurentius von Brezowa", ausschöpft und viele Entdeckungen macht. Nach Dobrovský war es besonders Palacký, der in seinen „Documenta Mg. Joannis Hus" (Prag 1869) und im „Archiv český" [Tschechisches Archiv] (besonders Teil III, 1844, und Teil VI, 1872) eine Reihe weiterer grundlegender Materialien gesammelt und veröffentlicht hat. Eine weitere Etappe stellt das Werk von J. Goll dar. Goll hat kritisch die Chronik des Laurentius von Brezowa ediert (Fontes Rerum Bohemicarum, V, Prag 1893); in seinen „Quellen und Untersuchungen zur Geschichte der Böhmischen Brüder" (Prag 1882) veröffentlichte er weitere Texte und skizzierte zwei Entwicklungsetappen des taboritischen Chiliasmus. An diese Konzeption der Entwicklung des taboritischen Chiliasmus in zwei Etappen knüpften J. Hoch in seiner wertvollen Studie „Husité a válka" [Hussiten und Krieg] („Česká mysl", 1907), Jastrebov („Etjudy o Petre Chelčickom" [Versuche über Peter von Cheltschitz], Petersburg, 1908) und schließlich F. M. Bartoš an, der sie in seiner Arbeit „Do čtyř artikulů pražských" [Bis zu den vier Prager Artikeln] präzisierte und vertiefte (Sborník příspěvků k dějinám hlavního města Prahy, Svazek V, sešit 2 [Sammelband von Beiträgen zur Geschichte der Hauptstadt Prag, Band V, Heft 2], Prag 1932). Diese Arbeit von Bartoš, die weitere wertvolle Texte enthält, ist die bedeutendste tschechische vormarxistische Arbeit über die Entwicklung des hussitischen Radikalismus bis zu seiner revolutionär-chiliastischen Phase und ist der notwendige Ausgangspunkt für jede weitere Forschung.

Die Konzeption Goll-Bartoš, die faktisch der zweiten Phase des Chiliasmus den Charakter einer revolutionären Ideologie zuerkennt, versuchte Pekař mit seiner Darstellung des taboritischen Radikalismus in seiner Monographie „Žižka" (Teil I, II) zu widerlegen. Pekař bringt zwar wertvolle neue Feststellungen, sein Grundziel ist jedoch, den taboritischen Chiliasmus als das Produkt eines rasenden Wahnsinns und der religiösen Schwärmerei hinzustellen, dem man weder einen rationalen noch einen sozial-revolutionären Wert zuschreiben kann. Pekařs Darstellung des taboritischen Radikalismus erfüllt die gleiche ideologische Funktion wie Kybals Darstellung von Hus' Lehre. Deshalb ist ohne deren kritische Widerlegung keine positive marxistische Darstellung des hussitischen Radikalismus möglich.

Für die Erklärung der Anfangsphase des hussitischen Radikalismus und für die Erkenntnis seines Zusammenhangs mit dem vorhussitischen Volksketzertum hat die Arbeit von R. Holinka „Sektářství v Čechách před revolucí husitskou" [Das Sektierertum in Böhmen vor der hussitischen Revolution] (Bratislava 1929), die gleichzeitig auch ein wertvoller Beitrag zur Erläuterung der Problematik des mittelalterlichen Sektierertums im europäischen Maßstab ist, große Bedeutung. Holinka ging aus Pekařs Schule hervor. Es gelang ihm jedoch, wesentliche wertvolle positive Elemente, die diese Schule erbracht hat, von ihrer konservativen Gesamtkonzeption loszulösen, auf die soziale Bedingtheit des Volksradikalismus und seine soziale Funktion hinzuweisen und — wenn auch ungenau — den Übergang vom Sektierertum zum Nichtsektierertum im hussitischen Radikalismus zu verdeutlichen. Es ist deshalb charakteristisch, daß es Holinka nach dem zweiten Weltkrieg gelang, sich den marxistischen Standpunkt zu eigen zu machen. Er hat zusammen mit Bartoš und Sedlák gleichzeitig Verdienste um die Erkenntnis wichtiger idealer Grundzüge der radikalen Form des taboritischen Pikardentums.

Ein wichtiger Einbruch in die geläufige skandalisierende Verurteilung des sogenannten „Adamitentums" war schließlich Chalupnýs Arbeit „Žižka" aus dem

Jahre 1924, die auf den rationalen Kern der „adamitischen Ansichten" und auf deren tiefen ideellen Zusammenhang mit dem übrigen hussitischen Denken verwies.

Die eschatologischen Aspekte und Zusammenhänge des radikalen hussitischen Denkens analysiert in seinen Arbeiten Amadeo Molnár, der ein hervorragender Kenner der Geschichte des christlichen Dogmas ist. A. Molnár, der Professor der evangelischen Comenius-Fakultät der Karls-Universität Prag ist, geht auf eine beachtenswerte Weise an die Problematik der dogmatisch-theologischen Entwicklung heran und faßt sie in ihrer gesellschaftlichen und geschichtlichen Bedingtheit auf. Er ist gleichfalls ein hervorragender Kenner des Waldensertums, des hussitischen Denkens und der böhmischen Reformation überhaupt. Von seinen zahlreichen Arbeiten, die sich auf unser Thema beziehen, sei wenigstens das Buch „Eschatologická naděje české reformace. Od reformace k zítřku" [Eschatologische Hoffnungen der tschechischen Reformation. Von der Reformation zum Morgen] (Prag 1956) genannt.

Die Kulturhistoriographie befaßte sich umfassend auch mit der Lehre Peters von Cheltschitz, dem dritten hervorragenden Ergebnis des hussitischen Denkens. Seit dem Ende des 19. Jahrhunderts, als sich die hussitische Forschung besonders intensiv entwickelte und als die literarische Tätigkeit von Peter von Cheltschitz in ihrer gesamten Breite und in ihrem gesamten Reichtum allmählich erkannt wurde, entstanden grundlegende Arbeiten über die Lehre des Peter von Cheltschitz. Der Markstein in dieser Hinsicht waren die Studien von Goll. Seine Arbeit „Peter Chelčický und seine Lehre" („Quellen und Untersuchungen zur Geschichte der Böhmischen Brüder", II, Prag 1882 – die tschechische Übersetzung dieser Studie vgl. im Buche „Chelčický a jednota v 15. století" [Cheltschitz und die Brüderunität im 15. Jahrhundert] ed. Krofta, Prag 1915), die an die Studie „Petr Chelčický a spisy jeho" [Peter von Cheltschitz und seine Schriften] anknüpft („Časopis českého musea" [Zeitschrift des tschechischen Museums], 1881, S. 3ff. – neuerer Abdruck: Goll „Vybrané spisy drobné" [Kleine ausgewählte Schriften], Bd. 2, Prag 1929), ist der erste, mit dem Gegenstand ungewöhnlich vertraute, auf einer reichen Materialkenntnis beruhende Versuch der systematischen Darstellung der Lehre des Cheltschitz, seiner Entwicklung und seiner ideellen Beziehungen. Eine tiefe und ausgeprägte ideelle Einschätzung der Lehre Peters von Cheltschitz gibt Goll jedoch nicht.

Um eine solche ausgeprägte Einschätzung – jedoch eine Peter von Cheltschitz ausgesprochen feindliche Einschätzung – bemüht sich in einer Reihe von Arbeiten über die Lehre des Cheltschitz, die im engen zeitlichen Zusammenhang mit den Arbeiten von Goll entstehen, der katholische Theologe Antonín Lenz, der an die Lehre des Cheltschitz die Maßstäbe der damaligen katholischen Orthodoxie anlegte. Bei Lenz überwiegt direkt das ideologische Bedürfnis, Peter von Cheltschitz zu „zerschlagen", gegenüber der wissenschaftlichen Forderung, Cheltschitz zu erklären. Auch wenn es paradox scheinen mag, treten in Lenz' Darstellung trotzdem – oder gerade deshalb – die umwälzenden Elemente in Cheltschitz' Lehre und damit auch ihre wirkliche Bedeutung schärfer hervor als in einer positivistischen unbeteiligten Darstellung oder schließlich gar in Versuchen, die soziale, umwälzende Bedeutung von Cheltschitz' Lehre durch einseitige Hervorhebung seiner antirevolutionären und defätistischen Elemente zu bagatellisieren und Peter von Cheltschitz so den Bedürfnissen der eigenen Ideologie anzupassen. Mit einer solchen Konzeption über Peter von Cheltschitz und einer solchen „Verteidigung" des Cheltschitz trat T. G. Masaryk polemisch gegen Lenz auf. Lenz' Schriften sind dabei von positiver Bedeutung für die Erkenntnis der religiös-theologischen Seite der Lehre des Cheltschitz, dem seitdem kein Forscher mehr so viel konzentrierte Aufmerksamkeit gewidmet hat.

Nach Goll trat eine Reihe weiterer tschechischer Forscher auf, die in ihren Arbeiten zur Erläuterung einzelner Fragen der literarischen Tätigkeit Peters von Cheltschitz und seiner Lehre beigetragen und neue Ansichten über dessen ideelle Bindungen vorgebracht haben. Es waren dies besonders K. Krofta, V. Novotný, F. M. Bartoš, V. Chaloupecký, R. Holinka, M. Cedlová, F. Ryšánek, F. O. Navrátil und andere.

Im Jahre 1930 entstand schließlich ein großer Versuch einer zusammenfassenden und erschöpfenden Darstellung von Peter von Cheltschitz' Lebensschicksal, seiner literarischen Tätigkeit und seines Lehrsystems in der Arbeit von R. Urbánek im Zusammenhang mit der Monographie über die Entwicklung der tschechischen Geschichte nach Lipan (vgl. R. Urbánek „České dějiny" [Tschechische Geschichte], Bd. III, Teil 3, „Věk poděbradský" [Die Epoche von Podiebrad], Prag 1930, S. 882—989). In dieser Arbeit von Urbánek sind die Ergebnisse der bisherigen Forschung zusammengefaßt, die Literatur kritisch untersucht und einzelne Seiten der Lehre des Cheltschitz eingehend dargestellt. Die kritische Benutzung dieser Arbeit ist deshalb für jede weitere Arbeit über Peter von Cheltschitz notwendig.

Ähnlich wie in die Untersuchung des übrigen hussitischen Denkens greift in die Forschungen über Cheltschitz auch die ausländische Wissenschaft ein. Es ist bemerkenswert, daß gerade die russische Wissenschaft ein außerordentliches Verdienst um die Weiterentwicklung der Forschung über Cheltschitz hat. Es sind dies nicht nur bedeutungsvolle Editionsunternehmungen (von denen noch unten gesprochen wird), sondern namentlich zwei hervorragende Arbeiten des russischen Wissenschaftlers N. V. Jastrebov „Očerk žizni i literaturnoj dejatelnosti Petra Chelčickogo" [Abriß des Lebens und der literarischen Tätigkeit Peters von Cheltschitz] („Žurnal ministerstva narodnogo prosveščenija" [Zeitschrift des Ministeriums für Volksaufklärung], 1895, Teil 302, S. 224—280) und die an diese Studien anknüpfenden „Etjudy o Petre Chelčickom i jego vremeni" [Versuche über Peter von Cheltschitz und seine Zeit] (Petersburg 1908), die eine neue Etappe in der Forschung über Cheltschitz bedeuten. Jastrebov knüpft zwar eng an Goll an, bringt ihm gegenüber jedoch weitere neue wertvolle Feststellungen sowohl heuristischer Art als auch über das ideelle Profil von Cheltschitz' Lehre und ihre historische Entwicklung. Besonders hervorragend ist Jastrebovs Bestreben, Cheltschitz' Platz unter den übrigen hussi-

27

tischen Ideenströmungen, vor allem das wechselseitige Verhältnis zwischen Cheltschitz und den Taboriten, tiefer zu erkennen. Jastrebovs Arbeit ist deshalb nicht nur ein wertvoller Beitrag zur Forschung über Cheltschitz im internationalen Maßstab, sondern sie reiht sich direkt nach Goll in die zentrale Entwicklungslinie der tieferen Erkenntnis von Cheltschitz' ideellem Profil ein.

Man muß noch hervorheben, daß es außer der russischen Wissenschaft auch einige deutsche Forscher waren, die auf hervorragende Weise in die Forschung über Peter von Cheltschitz eingegriffen haben. Es ist dies namentlich die umfangreiche Monographie von C. Vogl „Peter Cheltschicki. Ein Prophet an der Wende der Zeiten" (Zürich-Leipzig 1926), die sich durch eine sehr vertraute Kenntnis der Lehre des Cheltschitz auszeichnet, sie detailliert darstellt und deren umwälzende Bedeutung erfaßt. Vom gleichen Autor stammt auch die gekürzte deutsche Übersetzung von Cheltschitz' Hauptschrift „Das Netz des Glaubens" (Dachau 1923), die dem deutschen Leser zum ersten Mal Cheltschitz' Gedankensystem zugänglich macht. Durch eine Reihe kleinerer Arbeiten und durch Übersetzung kleinerer Texte des Cheltschitz ins Deutsche machte sich auch A. S. Mágr um die Propagierung der Problematik von Cheltschitz' Lehre innerhalb der deutschen und der Weltöffentlichkeit verdient.[13]

Vom kirchengeschichtlichen Standpunkt befaßt sich E. Peschke systematisch mit Cheltschitz' Lehre. In seinem großen Werk über die Theologie der älteren Brüderunität („Die Theologie der böhmischen Brüder in ihrer Frühzeit", Bd. I, 1–2, Stuttgart 1935, 1940) befaßt sich Peschke detailliert mit Cheltschitz' Denken. Nach dem Kriege stellte er auf der Grundlage dieser großen Arbeit in einem kurzen Abriß Cheltschitz' Gedanken in dem Artikel dar: „Peter Chelčickýs Lehre von der Kirche und der weltlichen Macht" (Wissenschaftliche Zeitschrift der Universität Rostock, 5. Jahrgang, 1955, S. 263ff.). Er vergleicht hier vor allem Cheltschitz' Auffassungen mit denen Wiclifs, und im Geiste des konfessionellen protestantischen Standpunktes (über diesen siehe oben) erblickt er in Cheltschitz' Denken nicht ein Produkt der eigentlichen Reformation, sondern eine in ihrem Wesen vorreformatorische Erscheinung.

Davon, daß die Weltbedeutung von Chelschitz' Erscheinung allmählich Widerhall auch im internationalen Maßstab findet, zeugt der Umstand, daß die angelsächsische Welt in den letzten zwei Jahrzehnten ihren Beitrag zur Forschung über Cheltschitz geleistet hat. Es ist dies übrigens nichts Unnatürliches; denn die erneuerte Herrenhuter Brüdergemeine, die Erbin der böhmischen Brüderunität aus der Zeit vor dem Weißen Berge, die wiederum die Erbin des Vermächtnisses von Peter von Cheltschitz ist, besitzt neben Deutschland ihre Hauptzweige gerade in England und in den USA.

In den Arbeiten dreier Forscher, die wir hier anführen können, ist der eng konfessionelle Standpunkt nicht geltend gemacht. Cheltschitz wird in den breiteren Zusammenhängen aktueller Probleme der Entwicklung des europäischen Denkens studiert. Es ist interessant, daß alle drei Arbeiten ausdrückliches Interesse an den sozialen und politischen Aspekten von Cheltschitz' Werk äußern und gerade in dieser Richtung seine Einzigartigkeit hervorheben.

28

Es ist dies vor allem die Studie „Peter Chelčický, the Spiritual Father of the Unitas Fratrum", deren Verfasser M. Spinka ist und die im Jahre 1943 in der Zeitschrift „Church History", Bd. XII, 1943, S. 271 ff., erschienen ist. Weiterhin ist es die Arbeit von P. Brock „The Social and Political Doctrines of the Unity of Czech Brothern in the Fifteenth and Early Sixteenth Centuries", in: Slavistic Printings and Reprinting, XI. The Hague 1957, in der sich der Verfasser sehr umfassend mit Cheltschitz als dem ideellen Vater der „Brüderunität" befaßt. Die Arbeit bringt wertvolle neue Erkenntnisse und Gesichtspunkte vor allem deshalb, weil ihr Verfasser systematisch die soziale Bindung und die soziale Motivierung des ideellen Inhalts und der ideellen Entwicklung des Anschauungssystems der Brüderunität erforscht. Brock schätzt die Ausgereiftheit und die internationale Bedeutung ihrer älteren Form hoch ein, die gerade von Cheltschitz ausging, und erfaßt ausgezeichnet die gesellschaftlichen Ursachen für deren Verdrängung am Ende des 15. Jahrhunderts. Über die dritte Studie in der Reihe dieser Arbeiten, über die Studie Kaminskys, war schon oben gesprochen worden.

Es ist natürlich, daß wir, nachdem die Bedeutung der Werke einzelner Autoren hervorgehoben wurde, die zur Darstellung der geistigen Werte der böhmischen Reformation bereits in gewisser Hinsicht die marxistische Methode verwendet haben, zu einem kurzen Abriß der Hauptprobleme übergehen, welche die neuere marxistische Forschung über die Problemematik des Hussitentums und des hussitischen Denkens erbracht hat.

*

Da die Würdigungsweise der marxistischen Wissenschaft gerade aus der allseitigen Analyse der zu erforschenden Erscheinung in ihrer gesamten Vielfalt erwächst, ist es verständlich, daß die tatsächlich wissenschaftliche Darstellung der hussitischen Ideologie erst durch die Anwendung der marxistischen dialektischen Methode möglich ist. Das bedeutet jedoch nicht, daß die marxistische Darstellung eine „akademische" ist, die ihre ideologische und politische Funktion verlieren könnte. Auch die marxistische Wissenschaft hört nicht auf, Ideologie zu sein. Ihre ideologische und politische Aufgabe kann sie jedoch nur als eine Wissenschaft erfüllen, die sich aus dem methodologischen Gefängnis des „falschen Bewußtseins" befreit hat. Diese wichtige zentrale methodologische Wahrheit hat schon der Begründer der neueren marxistischen Forschung über das Hussitentum, der hervorragende tschechische Marxist K. Konrad exakt und erschöpfend dargelegt, als er in seiner „Husitská revoluce" [Die hussitische Revolution] schrieb: „Die Fragen der hussitischen Revolution, dieses Höhepunktes der böhmischen Geschichte, sind lebendige Fragen. Die wissenschaftliche Untersuchung des Hussitentums ist deshalb keine rein akademische, sondern vor allem eine politische Aufgabe. Sie bleibt dabei jedoch eine wissenschaftliche Aufgabe; denn auch im politischen Kampf kann nur die wissenschaftliche Wahrheit eine scharfe und verläßliche Waffe sein."

Diesen Weg der marxistischen Wissenschaft zur wahren Erklärung des Hussitentums eröffnete Konrad selbst in seiner „Husitská revoluce" [Die hussitische Revolution], einer Monographie, die leider nur ein Fragment geblieben ist.[14]

Aber auch in dieser unvollendeten Form formulierte sie die grundlegenden allgemein-theoretischen Probleme der hussitischen Revolution, löste sie in vielen Fällen und erarbeitete die Methodologie der marxistischen Einschätzung des Hussitentums. Konrad verwies als erster darauf, daß es die Entwicklung der Ware-Geld-Wirtschaft war, die im 14. und 15. Jahrhundert die allgemeine Krise des Feudalismus hervorgerufen hat.

Konrad benutzte als erster diesen Begriff als Grundkategorie zur Erforschung dieser Epoche; Konrad hat weiterhin in seiner Analyse zum erstenmal ausgeführt, daß die hussitische Revolution, durch sozial-ökonomische und Klassenwidersprüche des Feudalismus hervorgerufen, infolge des spezifischen Charakters der böhmischen Verhältnisse zu Beginn des 15. Jahrhunderts der Höhepunkt der europäischen revolutionären Erschütterungen war, die aus dem gemeinsamen Boden der Krise des Feudalismus hervorgegangen sind, und daß sie ihrem Charakter nach schon eine frühe Form der bürgerlichen Revolution war. Im Zusammenhang mit der Untersuchung der hussitischen Ideologie wies Konrad schließlich auch auf die allgemeinen Grundzüge und die sozial-ökonomischen Bedingungen für die Entstehung des frühen bürgerlichen Denkens hin.

Die Bedeutung der Arbeiten von Macek und Graus für die marxistische Erklärung der hussitischen Bewegung ist genügend bekannt. Für die philosophische Einschätzung des Hussitentums haben die Grausschen Studien zur Problematik der Krise des Feudalismus („Krise feudalismu ve 14. stol." [Die Krise des Feudalismus im 14. Jahrh.], Sborník historický I [Historischer Sammelband], Prag 1953, zweite berichtigte Ausgabe „Die erste Krise des Feudalismus", Zeitschrift für Geschichtswissenschaft, 1954, Nr. 4) und Maceks Bestimmung des Charakters der hussitischen Revolution (Macek, „Husitské revoluční hnutí" [Die hussitische revolutionäre Bewegung], Prag 1952, S. 161 ff.) größte Bedeutung. In diesen Fragen knüpfen beide Historiker objektiv an die Ansichten von Konrad an und entwickeln sie weiter. Graus hat den vorkapitalistischen Charakter der ersten Phase der Krise des Feudalismus erklärt, aus der die hussitische revolutionäre Bewegung erwächst, Macek bewies die Existenz und die außerordentliche Bedeutung der selbständigen bäuerlich-plebejischen Fraktion in der Gruppierung der hussitischen revolutionären Kräfte (dazu vgl. auch Macek, „Tábor v husitském revolučním hnutí [Tabor in der hussitischen revolutionären Bewegung], I, Prag 1952, 2. Ausgabe 1956, II, Prag 1955).

Mit den wichtigsten Aspekten der sozial-politischen Ansichten der hussitischen Denker befaßte sich F. Graus in seiner Arbeit „Městská chudina v době předhusitské" [Die Stadtarmut in der vorhussitischen Zeit] (Prag 1949 – es geht um das Kapitel „Radikalismus Želviského" [Der Radikalismus Johann von Selaus]) und gelangte dort besonders bei der Einschätzung von Hus' Lehre zu wertvollen Feststellungen über das Wesen von Hus' Demokratismus.

Hier konnte Graus objektiv an die Studien von Z. Nejedlý anknüpfen, der schon vor dem zweiten Weltkrieg den insgesamt antifeudalen und revolutionären Charakter von Hus' Lehre erfaßt und gezeigt hat (vgl. vor allem seine Studie „Hus a naše doba" [Hus und unsere Zeit], Prag 1936, 2. Ausgabe 1952).

Eine große marxistische Arbeit über die Lehre von Hus, nun bereits von einem Philosophen verfaßt, ist die Monographie von M. Machovec, „Husovo učení a význam v tradici českého národa" [Hus' Lehre und Bedeutung in der Tradition des tschechischen Volkes] (Prag 1952), die sich auf der Erklärung der praktisch-revolutionären Bedeutung von Hus' Werk konzentriert und dessen Schicksal in der gesamten folgenden Geschichte unseres Volkes darstellt. Die Arbeit von Machovec ist bedeutsam für die Erklärung der Tatsache, daß in der eigentlichen dogmatisch-theologischen Sphäre Hus nicht von der kirchlichen Orthodoxie abgewichen ist. Die Tatsache ist unserer Ansicht nach für die Erklärung der Entwicklungsdynamik des hussitischen Denkens sehr wichtig. Die Arbeit von Machovec widmet auch den Vorgängern von Hus viel Aufmerksamkeit und untersucht vor allem die Lehre des Matthias von Janov, des bedeutendsten tschechischen Vorläufers der hussitischen Reformation.

Zusammen mit M. Machovcová berührt derselbe Verfasser in dem Buch „Utopie blouznivců a sektářů" [Die Utopie der Schwärmer und Sektierer], Prag 1960, auch die Problematik des taboritischen Radikalismus.

Die ideelle Problematik des bürgerlichen Hussitentums verfolgt J. Kejř in seinen wertvollen Studien besonders aufmerksam („Dvě studie o husitském právnictví") [Zwei Studien über die hussitische Rechtsprechung], Rozpravy ČSAV [Abhandlungen der Tschechoslowakischen Akademie der Wissenschaften], Prag 1954; „Mistr Jan Hus o právnictví" [Magister Jan Hus über Rechtssprechung], Právněhistorické studie, I [Rechtshistorische Studien], Prag 1953, und weitere Studien. J. Kejř enthüllt präzise und mit dem Gegenstand sehr vertraut das antifeudale Wesen und die Modernität des hussitischen Rechtsdenkens, und er trägt vor allem durch seine Studien über die hussitischen Quodlibets bedeutend zur tieferen Erkenntnis des hussitischen Denkens in seinem ideellen Gesamtcharakter bei (vgl. vor allem seine Studie „Quodlibet Prokopa z Kladrub z r. 1417", Sborník prací k poctě 75. narozenin akad. V. Vojtíška [Ein Quodlibet des Magisters Prokop von Kladrau aus dem Jahre 1417. Festschrift zum 75. Geburtstag des Akademiemitgliedes V. Vojtíšek], Acta universitatis Carolinae, Philosophica et historica, II, 1958; „Právnické otázky Husova quodlibetu", Právněhistorické, studie, V [Rechtsfragen in Hus' Quodlibets, Rechtshistorische Studien V], 1959; „Z disputací na pražské universitě v době Husově a husitské", Historický sborník ČSAV [Aus den Disputationen an der Prager Universität zu Hus' und während der hussitischen Zeiten. Historischer Sammelband der Tschechoslowakischen Akademie der Wissenschaften], VII, 1960, und andere.

Eine weitere neue marxistische Studie über Hus' Lehre ist der „Příspěvek k současním pokusům naší filosofie o nový výklad Husova učení" [Ein Beitrag zu den gegenwärtigen Versuchen unserer Philosophie um eine neue Deutung von

Hus' Lehre] von K. Stejskal (Filosofický časopis ČSAV [Philosophische Zeitschrift der Tschechoslowakischen Akademie der Wissenschaften], 1965, Nr. 1),
der zur Erkenntnis der philosophischen Entwicklung von Hus, besonders zur
Erklärung der Aufgabe der sogenannten frühhumanistischen Elemente im frühen Stadium der Lehre von Hus beigetragen hat. Wichtig sind Stejskals Untersuchung darüber, wie die hussitische Theorie mit der Bibel gearbeitet hat, und
seine Belege dafür, wie Hus und die Hussiten ihre eigene theoretische Konzeption in das biblische Material hineingedeutet haben.

Die tschechische marxistische Wissenschaft widmet auch dem bäuerlich-plebejischen Hussitentum erhöhte Aufmerksamkeit. Konrads „Husitská revoluce"
konzentriert sich zwar nicht auf diese Fragen, bringt jedoch auch auf diesem
Abschnitt eine Reihe anregender und wertvoller Feststellungen und wichtiger
philosophischer Überlegungen. In Graus' „Chudina" (bibliographische Angaben siehe oben) sind die spezifischen Unterschiede in der Entstehung des
hussitischen Radikalismus in der Stadt und auf dem Lande erfaßt. Dem bäuerlich-plebejischen Hussitentum ist eine zweiteilige Monographie von J. Macek
über Tabor gewidmet (bibliographische Angaben siehe oben), in der zum
erstenmal das einmalige Bestreben der taboritischen Radikalen in richtiges
Licht gestellt wird, in der zum erstenmal ihre Größe entsprechend ihrem
Verdienst eingeschätzt und in der gezeigt wird, daß der taboritische Radikalismus nicht nur in seiner praktischen Tätigkeit, sondern auch in seiner Ideologie
qualitativ über das vorhussitische Volksketzertum hinausgewachsen war, sich
von dessen sektiererischer Begrenztheit befreit hat und als erster in der europäischen Geschichte eine revolutionäre Ideologie schuf, die die Forderung nach der
klassenlosen Gesellschaft stellte.

Insofern es um die marxistische Einschätzung Peters von Cheltschitz geht, entstand schon vor dem Kriege eine wertvolle, wenn auch kurze Studie von
G. Hoffmann, „Petr Chelčický. Chelčický o válce" [Peter von Cheltschitz.
Cheltschitz über den Krieg] (vgl. die Zeitschrift „Tvorba", Jahrgang 1937,
S. 490—491 und S. 511—512), die die Unrichtigkeit der einseitigen Hervorhebung von Cheltschitz' Defätismus nachwies, den sozial-revolutionären Inhalt von Cheltschitz' Lehre zeigte und darauf verwies, daß die innere Widersprüchlichkeit dieser Lehre und ihre Doppelpoligkeit organisch mit der sozialen
und klassenmäßigen Konstellation in Böhmen während der hussitischen Revolution zusammenhängen.

Den sozial progressiven Inhalt von Cheltschitz' Lehre zeigt auch die nach dem
Kriege verfaßte Spezialarbeit von E. Petrů „Petra Chelčického Řeč o Šelmě
a obrazu jejiem" [Peter von Cheltschitz' Rede vom Raubtier und seinem Bilde]
(Olmütz 1952). Eine größere Arbeit, die nach dem Krieg geschrieben wurde und
sich mit dem Gesamtprofil der sozialpolitischen Ansichten Peters von Cheltschitz befaßt, ist die umfangreiche Studie von R. Foustka, „Petra Chelčického
názory na stát a právo" [Peter von Cheltschitz' Ansichten über Staat und
Recht] (Acta universitatis Carolinae — Juridica, 1, Prag 1954; in der ersten
Form erschien diese Studie unter dem Titel „Politické názory Petra Chelči-

ckého" [Die politischen Ansichten Peter von Cheltschitz'], Prag 1948). Foustkas Studie erklärt den revolutionären Charakter von Cheltschitz' Ansichten über Staat und Recht und den fortschrittlichen Charakter seiner Kritik an den feudalen Verhältnissen. Sie untersucht kritisch Cheltschitz' Defätismus und bemüht sich, durch die klassenmäßige Einordnung von Cheltschitz als eines reichen Bauern diesen zu erklären.

In letzter Zeit hat A. Míka eine umfangreichere Studie über Cheltschitz' Auffassungen verfaßt, mit der er seine Anthologie ausgewählter Texte von Cheltschitz eingeleitet hat (vgl. „Petr Chelčický", [Peter von Cheltschitz], ausgewählt und eingeleitet von A. Míka, Prag 1964).

Über die Problematik des hussitischen Denkens und des Hussitentums hat auch der Verfasser der Einleitung einige Versuche veröffentlicht. Den größten Teil seiner bisherigen Arbeit hat er in dem Buche „Husitská ideologie" [Hussitische Ideologie], Prag 1961, dargelegt. Diese Arbeit liegt der Einleitung zugrunde.

Die tschechische marxistische Wissenschaft ist nicht das einzige Zentrum, in dem systematische marxistische Forschungen über die hussitische Problematik angestellt werden. Wir haben schon oben gesehen, daß einzelne ausländische Forscher in größerem oder geringerem Maße die marxistische Methodologie benutzen. Eine umfassende und zielstrebige marxistische Erforschung des Hussitentums entwickelt sich auch in einigen sozialistischen Ländern.

In der sowjetischen historiographischen Literatur erschien in den letzten Jahren eine ganze Reihe von Arbeiten, die direkte oder indirekte Bedeutung für die marxistische Darstellung des Hussitentums besitzen. Die außergewöhnlich fruchtbaren Arbeiten der sowjetischen Historiker über die deutsche Reformation und den deutschen Bauernkrieg gaben viele wichtige Anregungen für die Darstellung der böhmischen Reformation und des „böhmischen Bauernkrieges". In den letzten Jahren erweitert sich die Reihe der sowjetischen Historiker schnell, die sich direkt mit dem Hussitentum beschäftigen. Einen detaillierten Überblick über ihre Arbeiten vermittelt die bisher bedeutendste zusammenfassende Arbeit von A. I. Ozolin „Iz istorii gusitskogo revolucionnogo dviženija" [Aus der Geschichte der revolutionären Hussitenbewegung] (Saratov 1962). Ozolins Arbeit zeichnet sich durch eine hervorragende Kenntnis der Quellen und der neuesten marxistischen Literatur aus (sie vermittelt überhaupt den bisher detailliertesten Überblick über die hussitologische Literatur in den sozialistischen Ländern) und leitet aus der Untersuchung eines umfangreichen Materials eine Reihe wichtiger Schlußfolgerungen ab. Ozolin widmet den ideologischen Erscheinungen große Aufmerksamkeit und untersucht die radikale Strömung der Hussitenbewegung besonders detailliert. Von besonderem Wert ist nach meiner Ansicht die Einschätzung von Cheltschitz durch den Verfasser, die das frühere lineare bagatellisierende Verhalten gegenüber Peter von Cheltschitz, das während der letzten Jahre in der marxistischen hussitologischen Literatur aufgetreten war, überwindet. Ozolin lehnt es dabei ab, das Hussitentum als frühbürgerliche Revolution aufzufassen, die aus der Krise des Feudalismus hervorgegangen ist; er stützt sich dabei unter anderem auf die Ansichten eines anderen sowjetischen Historikers, B. T. Rubcov, der sich schon seit Jahren mit der Problematik der feudalen Rente im vorhussitischen und hussitischen Böhmen befaßt (vgl. seine bisher größte Arbeit „Evoljucija feodalnoj renty v Čechii – XIV–nač. XV vv." [Die Entwicklung der Feudalrente in Böhmen – 14.–Beginn des 15. Jahrhunderts], Moskau 1958).

In seiner Grundauffassung über das Hussitentum kann sich Ozolin jedoch auch auf die Arbeit der bekannten polnischen Forscherin E. Maleczyńska stützen. Ihre zahlreichen Studien hat die Verfasserin in einer großen Monographie zusammengefaßt: „Ruch husicki w Czechach i w Polsce" [Die Hussitenbewegung in Böhmen und Polen] (Warschau 1959), in der sie sich einmal mit dem Widerhall des Hussitentums in Polen beschäftigt und gleichzeitig – und darin besteht die allgemeine Bedeutung dieser Arbeit – mit Eindeutigkeit und Konsequenz ihre Grundkonzeption formuliert, die auf der Voraussetzung beruht, daß man das Hussitentum nicht mit einer Krise des Feudalismus verknüpfen kann. Dieser Standpunkt ist bei Maleczyńska übrigens kein Novum, die Verfasserin verteidigt ihn in der Polemik mit der tschechischen marxistischen Hussitologie bereits seit dem Jahre 1953. Das Ergebnis dieser Konzeption ist nicht nur die „Refeudalisierung" der Ökonomik, aus der das Hussitentum hervorgegangen war, sondern in bedeutendem Maße auch die „Refeudalisierung" der hussitischen Ideologie. Maleczyńska arbeitet klug alle mittelalterlichen Elemente und Formen des hussitischen Denkens heraus. Darin besteht der positive Beitrag ihres Herangehens, das beweist, daß alle wirklich modernisierenden Darstellungen des hussitischen Denkens, mögen sie bewußt oder unbewußt diese Elemente und Formen ignorieren, tatsächlich unhaltbar sind. Insgesamt jedoch steht die Konzeption Maleczyńskas, an die auch Ozolin anknüpft, in direktem Gegensatz zur Grundauffassung des Verfassers der Einleitung; es ist vielleicht überflüssig, besonders zu betonen, daß er mit dieser Konzeption nicht übereinstimmt.[15]

Es ist keine Übertreibung, sondern nur die Konstatierung einer Tatsache, wenn wir feststellen, daß der hervorragendste Platz in der marxistischen Forschung über das Hussitentum außerhalb Böhmens zweifellos dem deutschen Marxismus gebührt. Es ist übrigens ganz natürlich, daß die tiefe soziale und kulturelle Verknüpfung der tschechischen und der deutschen Nationalität, die eine so außerordentliche Rolle bei der Entstehung des Hussitentums gespielt hat und die vom Hussitentum in progressivem Sinne weiterentwickelt und vertieft wurde, die deutschen marxistischen Forscher an die hussitische Problematik herangeführt hat. Denn der fortschrittliche Inhalt jener tschechisch-deutschen Zusammenarbeit, die das Hussitentum hervorgebracht hat, kann eine starke inspirierende Quelle für das gegenwärtige Bestreben sein – und er ist es auch –, den tschechisch-deutschen Beziehungen unter den Bedingungen der heutigen Welt und der heutigen Gesellschaft einen dauerhaften progressiven Inhalt zu verleihen.

Es ist deshalb sicherlich kein Zufall, daß es gerade der deutsche marxistische Historiker H. Köpstein war, der sich nach dem Kriege als erster auf die systematische Erforschung der tschechisch-deutschen Beziehungen in der Zeit der hussitischen Revolution, auf die Erklärung und Hervorhebung jenes großen progressiven Einflusses, den das Hussitentum auf die fortschrittlichen Elemente der deutschen Gesellschaft ausgeübt hat, auf die Verdeutlichung jener tschechisch-deutschen Koalition konzentriert hat, die sich damals herausgebildet hat. Die Ergebnisse seines Studiums hat Köpstein bisher — außer in kleineren Artikeln — in zwei größeren Studien veröffentlicht, von denen eine in tschechischer Sprache erschienen ist (vgl. „Ohlasy husitského revolučního hnutí v Německu" [Der Widerhall der hussitischen revolutionären Bewegung in Deutschland] in dem Sammelband „Mezinárodní ohlas husitství" [Der internationale Widerhall des Hussitentums], Prag 1958; weiterhin „Über die Teilnahme von Deutschen an der hussitischen revolutionären Bewegung — speziell in Böhmen", Zeitschrift für Geschichtswissenschaft, 1963, Nr. 1).

Noch vor der Veröffentlichung der Studien Köpsteins erfaßte einige der wichtigsten Tatsachen über die tschechisch-deutschen Kontakte in der hussitischen Epoche und über den Einfluß des Hussitentums auf Deutschland vor allem der deutsche Philosoph H. Ley in seinen „Bemerkungen zur vorreformatorischen Bewegung in Deutschland und zu einigen philosophischen Problemen der Zeit" (in: Wissenschaftliche Annalen, 1956, Nr. 6). Das Interessante an diesen „Bemerkungen" ist, daß Ley hier die Möglichkeit eines Zusammenhangs zwischen der averroistischen Lehre vom einheitlichen Intellekt und den demokratischen und antifeudalen Schlußfolgerungen aus Wiclifs und Hus' Realismus feststellt.

Zu jenem — wiclifitisch gesagt — „essentiellen" Bedürfnis, eine wahrhaftige Darstellung der tschechisch-deutschen Beziehungen in der hussitischen Epoche zu geben und die einseitige und deshalb falsche nationalistisch-chauvinistische Interpretation zu überwinden, die das Bewußtsein unserer beiden Völker in der Vergangenheit verseucht hat, traten noch weitere bedeutende Motive hinzu, die das Interesse der zeitgenössischen deutschen marxistischen Historiker auf bestimmte spezifische Aspekte der hussitischen Problematik orientiert haben.

Eines dieser Motive entspringt der Tatsache, daß sich die zeitgenössische deutsche marxistische Mediävistik den vordersten Platz in der modernen Häresiologie der Welt errungen hat. Durch die Breite der Analyse, das fachliche Niveau und eine Reihe großer Monographien (sie werden noch an der entsprechenden Stelle angeführt werden) auf dem Gebiet der Erforschung des mittelalterlichen Volksketzertums haben sie gleichfalls den ersten Platz in der internationalen marxistischen Forschung über diese wichtigen — und ich möchte sagen, auch aktuellen — Probleme eingenommen.[16]

Der deutsche Marxismus besitzt hier übrigens seine Tradition. Man kann nämlich nicht übersehen, daß Kautskys „Vorläufer des neueren Sozialismus" zu ihrer Zeit eine hervorragende Arbeit war, die — obwohl sie in vieler Hinsicht veraltet ist — das Grundwerk der marxistischen Häresiologie darstellt. Wurde Kautsky durch sein Thema logisch zum hussitischen Radikalismus geführt, richtete sich notwendig auch das Interesse der zeitgenössischen marxistischen Häresiologie dorthin.

Jedoch im Unterschied zu Kautsky, der sich von Palacký führen (und manchmal verführen) ließ und die Quellen nicht studiert hat, wurden E. Werner und B. Töpfer, die hervorragendsten zeitgenössischen marxistischen Kenner des Hussitentums, zu hervorragenden Kennern der Quellen des hussitischen Radikalismus und zu den ersten Spezialisten auf diesem Gebiet. Das Hauptverdienst von Werner und Töpfer besteht darin, daß sie wichtige internationale Zusammenhänge und Aspekte des Studiums des taboritischen Radikalismus hervorgehoben und unmittelbar zu seiner tieferen und richtigeren Interpretation beigetragen haben.

Es war dies vor allem Werner, der mit seiner großen Studie „Die Nachrichten über die böhmischen ,Adamiten' in religionshistorischer Sicht" (vgl. in: Büttner-Werner, Circumcellionen und Adamiten, Berlin 1959) ausdrücklich zur Vertiefung und zur weiteren Entwicklung des marxistischen konzeptionellen Herangehens an den taboritischen Radikalismus, zur Überwindung der Überreste des tschechisch-nationalen Regionalismus in seiner Interpretation und zur richtigen Interpretation seiner abschließenden „pikardisch-adamitischen Phase" beigetragen hat. Werner hat nachgewiesen, daß der taboritische Radikalismus nur als integraler Bestandteil der mittelalterlichen Ketzerbewegung vollständig erklärt werden kann und daß aus seiner abschließenden Form nicht durch eine unkritische Kritik der Quellen die ausdrücklich „libertinistischen" (in unserer Terminologie „naturistischen") Züge hinweginterpretiert werden können. In seinen „Nachrichten über spätmittelalterliche Ketzer aus tschechoslowakischen Archiven und Bibliotheken" (Beilage zur Wissenschaftlichen Zeitschrift der Karl-Marx-Universität Leipzig, 12. Jahrgang, 1963, Heft 1), in denen er die neuen Ergebnisse seines Studiums des handschriftlichen Materials aus tschechoslowakischen Fonds dargelegt hat, hat Werner zur Überwindung ähnlicher Überreste des tschechisch-nationalen Regionalismus bei der Einschätzung der Beziehung des deutschen Waldensertums zum tschechischen Hussitentum beigetragen, die in der Leugnung oder Bagatellisierung des Einflusses des Waldensertums auf die Herausbildung des hussitischen Denkens bestehen.[17]

Zur tieferen Durcharbeitung des Bildes vom taboritischen Radikalismus und zur weiteren Ausarbeitung seiner marxistischen Darstellung hat B. Töpfer gleichfalls bedeutend beigetragen. Das systematische Studium der Geschichte des europäischen mittelalterlichen Chiliasmus ermöglichte es ihm, den Platz des taboritischen Chiliasmus in der gesamteuropäischen Entwicklung genau zu fixieren und im gesamteuropäischen Rahmen die Zusammenhänge, komplizierten Beziehungen und charakteristischen Unterschiede zwischen der sektiererischen und der revolutionären Form des Chiliasmus zu präzisieren. Deshalb konnte Töpfer die Natürlichkeit der sektiererischen, „fatalistischen" Anfangsphase in der Entwicklung des taboritischen Radikalismus verifizieren; gleichzeitig konnte er jedoch in seiner Monographie „Das kommende Reich des Friedens"

(Berlin 1964), die der erste Teil seiner zusammenfassenden Geschichte des mittelalterlichen Chiliasmus ist, gerade den taboritischen revolutionären Chiliasmus zum wirkungsvollen Maßstab für die revolutionäre Reife des vorhussitischen Chiliasmus machen. Der taboritische Chiliasmus selbst wird erst im zweiten Teil der Arbeit Töpfers systematisch dargestellt werden. Töpfers bisher veröffentlichte Studien zeigen eine detaillierte und exakte Kenntnis der komplizierten Problematik des taboritischen Radikalismus und bringen eine Reihe wertvoller kritischer Überlegungen, Feststellungen und Anregungen, die einfühlsam strittige und offene Probleme erfassen und auch da zu tieferem Nachdenken zwingen, wo man mit Töpfers Kritik nicht übereinstimmen kann (vgl. in dieser Hinsicht die bereits zitierte Studie „Fragen der hussitischen revolutionären Bewegung").

Hinsichtlich der abschließenden „pikardisch-adamitischen" Phase des taboritischen Radikalismus bestehen bestimmte Unterschiede zwischen der Auffassung von Werner und Töpfer und der des Verfassers dieser Einleitung. Werner und Töpfer erblicken in dieser Phase den erneuten Niedergang von der revolutionären zur sektiererischen Konzeption — und dies im sozialen und soziologischen Sinne.[18]

Werner anerkennt jedoch im Unterschied zu seiner Studie über die „Adamiten" aus dem Jahre 1959 in seinen „Nachrichten über spätmittelalterliche Ketzer..." aus dem Jahre 1963, daß die Pikarden und Adamiten den Sektenrahmen ideengeschichtlich überwanden, und anerkennt ihren qualitativen Unterschied zu den Freien Geistern des 14. Jahrhunderts. Es scheint mir, daß eine ähnliche Verschiebung in den Ansichten von Töpfer stattgefunden hat, der noch in der Studie „Die Entwicklung chiliastischer Zukunftserwartungen im Mittelalter"[19] von einem weitgehenden Unterschied zwischen den taboritischen Chiliasten und Müntzer hinsichtlich der Überwindung der chiliastischen Phantastik sprach, jedoch in der Studie „Fragen der hussitischen revolutionären Bewegung", die im gleichen Jahr erschienen, offensichtlich aber später entstanden ist, bereits Werners Standpunkt vom Jahre 1959 kritisiert und zu der Schlußfolgerung gelangt, daß im Jahre 1420 „der radikale Flügel (des Taboritentums) auf dem Wege, den Sektenboden zu verlassen, recht weit fortgeschritten (war), so daß m. E. kein wesentlicher Abstand zu Thomas Müntzer mehr besteht"; ähnlich wie Werner in seiner späteren Arbeit anerkennt auch Töpfer hier in der „adamitischen" Phase selbst in ideologischer Hinsicht die „Aufrechterhaltung des an sich unsektiererischen Prinzips der Gewaltanwendung".

Es sind dies jedoch nicht nur die oben erwähnten Motive der häresiologischen Forschung, die das Interesse der deutschen marxistischen Geschichtsschreibung am Hussitentum erhöht haben. Es ist beachtenswert, daß eine völlig andere Motivation zur inspirierenden Quelle einer neuen Sicht des Hussitentums geworden ist, die unsere Erkenntnis seiner ideellen und kulturhistorischen Zusammenhänge bereichert und seine marxistische Darstellung vertieft. Das beweist eindringlich die Monographie von E. Winter „Frühhumanismus" (Berlin 1964). Winters systematisches Streben, die komplizierte und reiche Problematik des katholischen Reformismus zu erklären — dessen bedeutendste bisherige Frucht die große Arbeit über den Josephinismus ist —, ist hinreichend bekannt. Es ist deshalb völlig logisch, wenn Winter jetzt an die umfangreiche und durchdringende Analyse jener großen Welle des katholischen Reformismus herangegangen ist, die dem Hussitentum vorausgegangen ist und es begleitet, die gerade im vorhussitischen Böhmen eine breite Grundlage gefunden und sich von hier über das übrige Europa ausgebreitet hat. Winters plastische und klare Darstellung ist ein bedeutender Beitrag zur strukturellen Gesamtanalyse der hussitischen Epoche, denn sie erklärt hervorragend jene Dialektik des gesellschaftlichen, kulturellen und ideellen Prozesses, der der marxistischen Forschung bisher zum großen Teil entgangen war. Winter zeigt, daß jener katholische Reformismus — er unterscheidet ihn exakt von der eigentlichen reformatorischen Tätigkeit — zusammen mit dem Hussitentum eine gemeinsame Grundlage in der heraufkommenden Krise des Feudalismus besitzt (Winter geht konsequent — und ich glaube, auch sehr wirkungsvoll — von der Konzeption aus, die in der Krise des Feudalismus die Grunderscheinung des 14. Jahrhunderts sieht). Die „via moderna", die mit dem Nominalismus verbunden ist, die „devotio moderna", der Frühhumanismus und der Konziliarismus stellen — wie Winter zeigt — in ihrer Gesamtheit eine Haltung dar, die im entscheidenden Augenblick des Zusammenstoßes zum Hauptgegner des Hussitentums wird. Aber durch die eigene eiserne Logik unterstützt sie außerdem und entgegen ihrem Willen die hussitische Reformation, bereitet sie vor und beeinflußt sie und ist selbst von ihr beeinflußt. Das klassische Produkt dieser dialektischen Bindung ist das Baseler Konzil, das dem Hussitentum deshalb Zugeständnisse macht, um es innerlich zu zersetzen und unschädlich zu machen; gleichzeitig steht es jedoch selbst im Zeichen des Hussitentums, und unter seinem offensichtlichen Einfluß gelangt es bis an die äußerste Grenze der antikirchlichen Haltung und tritt bewußt in einen Konflikt mit dem Papst ein. Durch Winters Arbeit ist die marxistische hussitologische Forschung um einen bedeutenden Schritt vorwärts gekommen; die Dialektik der Wirklichkeit hat wiederum einen Weg gefunden, auf dem sie sich in die Dialektik der menschlichen Erkenntnis verwandeln konnte.

Wir sind am Ende unserer kurzen Darstellung der marxistischen hussitologischen Forschung. Das Bild ist bei weitem nicht vollständig, aber es ist aus ihm bestimmt ersichtlich, daß die positive Arbeit, die bisher geleistet wurde, nicht unbedeutend ist. Es ist vielleicht gleichfalls ersichtlich, daß die marxistische Forschung keine einförmige Angelegenheit, sondern ein offener Prozeß ist, in dem sich verschiedene Auffassungen und Standpunkte begegnen, in dem Schritt für Schritt vom Unerkannten zum Erkannten fortgeschritten wird. Es gibt hier verschiedene Grundkonzeptionen des Hussitentums, die sich im Prozeß gegenseitiger Begegnung und der weiteren Forschung präzisieren, Übergewicht erlangen oder an Boden verlieren.

Der Verfasser dieser Einleitung verbirgt nicht, daß er mit seiner Arbeit bewußt auf dem Standpunkt steht, der sich in der tschechischen marxistischen

Hussitologie herausgebildet hat und dessen Urheber Kurt Konrad ist. Der Verfasser hat sich bemüht, diese Auffassung auf eine bestimmte Weise zu entwickeln, und weil er in den Kritiken an diesem Standpunkt bisher keine hinreichenden Gründe dafür finden konnte, seine Grundauffassung zu verlassen, erlaubt er sich, dem Leser in einem weiteren Teil dieser Abhandlung eine kurze Darlegung des hussitischen Denkens vorzulegen, in der das hussitische Denken auf eine bestimmte Weise gedeutet wird: als eine geistige Welt, in der das moderne europäische Denken eine seiner spezifischen Urformen gefunden hat.
Zunächst jedoch noch einige Worte über die Quellen und die wichtigsten Quelleneditionen.

*

Die hussitische Literatur wurde jahrhundertelang in den Bibliotheken und Archiven gesammelt, erforscht und der Öffentlichkeit allmählich zugänglich gemacht.
Sofern es sich um Hus handelt, so wurde seine Hauptschrift „De ecclesia" schon 1520 zweimal in Deutschland — ein Verdienst Luthers — veröffentlicht. Kurz danach, im Jahre 1558, kam es in Nürnberg zur großartigen und bisher unübertroffenen Ausgabe der lateinischen Hauptschriften von Hus, die Flacius Illyricus veranstaltet hat („Mag. J. Hus et Hieronymi Pragensis Monumenta et Opera", I, II); die zweite Ausgabe wurde im Jahre 1715 in Nürnberg veröffentlicht.
In Nürnberg wurde im Jahre 1563 zum ersten Male Hus' große tschechische „Postille" zusammen mit anderen seiner kleinen Texte veröffentlicht.
Die tschechischen Schriften von Hus hat K. J. Erben herausgegeben: „Mistra Jana Husa sebrané spisy české" [Des Magisters Jan Hus gesammelte tschechische Schriften] Bde. I—III, Prag 1865—1867.
Die Hauptschriften von Hus wurden von M. Svoboda ins Neutschechische übersetzt, die V. Flajšhans veröffentlicht hat. Vergleiche „Mistra Jana Husa sebrané spisy" [Magister Jan Hus' gesammelte Schriften], Bde. I—VI, Prag 1903 bis 1908.
Flajšhans hat gleichfalls im Original die lateinischen Vorlagen von Hus' Predigten in der Bethlehems-Kapelle und Hus' Traktat „De corpore Christi" veröffentlicht.
Von den grundlegenden theoretischen Schriften hat in neuerer Zeit J. Ryba Hus' Quodlibet aus dem Jahre 1411 ediert (Prag 1948). Im Jahre 1954 hat J. Gregor die wichtige tschechische Schrift von Hus „O svatokupectví" [Über die Simonie] (Prag 1954) kritisch neu herausgegeben.
Die neueste Ausgabe von „De ecclesia" hat im Jahre 1956 S. H. Thomson in den USA veranstaltet.
Nachgedruckt wurde diese Ausgabe von Thomson im Jahre 1958 in Prag.
In letzter Zeit ist man in Hus' Heimatland an die Vorbereitung und Realisierung einer kritischen Ausgabe der gesammelten Schriften von Hus herange-

gangen. Der erste Band dieser Gesamtausgabe ist bereits erschienen. Es ist dies ein Band der „Sermones de tempore, qui Collecta dicuntur" von Hus, die A. Schmitová-Vidmanová im Jahre 1959 in Prag herausgegeben hat. Im Jubiläumsjahr erschien ein Band der polemischen Traktate von Hus, der die grundlegenden polemischen Texte aus der entscheidenden Zeit enthält; der Band wurde von J. Eršil für den Druck vorbereitet. Die kritische Ausgabe des Hauptwerkes von Hus, „De ecclesia", bereitet A. Molnár für die Veröffentlichung vor; Molnár bereitet gleichfalls den Band der Konstanzer Texte von Hus für den Druck vor. Der Plan für die Edition der gesammelten Schriften von Hus, der in den nächsten Jahren nach und nach verwirklicht werden soll, sieht insgesamt 24 Einzelbände vor.

Einen Überblick über alle bekannten Handschriften der Werke von Hus, das heißt über seine gesamte bekannte literarische Tätigkeit, hat V. Flajšhans im Jahre 1900 erarbeitet („Literární činnost M. J. Husi" [Die literarische Tätigkeit des Magisters Jan Hus], Prag 1900). Nach einem halben Jahrhundert weiterer Forschung hat F. M. Bartoš, der während der letzten Jahrzehnte selbst durch seine außerordentlich intensive und allseitige heuristische Forschung sehr viel zur Vertiefung und Erweiterung unserer Kenntnisse der hussitischen Literatur beigetragen hat, ein analoges Verzeichnis der bekannten literarischen Tätigkeit von Jan Hus erarbeitet („Literární činnost M. J. Husi" [Die literarische Tätigkeit des Magisters Jan Hus], Prag 1948). Diese Arbeit von Bartoš ist heute ein grundlegendes Hilfsmittel für die Erforschung von Hus' Werk. Aus Bartoš' Verzeichnis ist ersichtlich, wieviele Werke von Hus bisher noch nicht veröffentlicht wurden. Gleichzeitig findet der Leser in diesem Verzeichnis Angaben über diejenigen Ausgaben von Hus' Werken, die wir in unserem kurzen Überblick nicht angeführt haben.

Soweit es sich um die übrigen bedeutenden Ideologen des bürgerlichen Hussitentums handelt, ist die Situation noch viel schwieriger als bei Hus. Die grundlegenden Hilfsmittel sind hier wiederum die bibliographischen Verzeichnisse von F. M. Bartoš („Literární činnost M. Jakoubka ze Stříbra" [Die literarische Tätigkeit des Magisters Jakobellus von Mies], Prag 1925; „Literární činnost M. J. Rokycany, M. J. Příbrama a M. Petra Payna" [Die literarische Tätigkeit der Magister J. Rokycana, J. von Pribram und Peter Payne], Prag 1928), die ein eindrucksvolles Bild der überlieferten Arbeiten dieser ideologischen Vertreter des Prager Hussitentums vermitteln. Weder von den Schriften des Hieronymus von Prag noch von den Werken der ideologischen Vertreter des bürgerlichen Tabors — vor allem des Nikolaus von Pilgram — haben wir bisher ein ähnliches Verzeichnis.

Einen kurzen Überblick über die edierten Arbeiten des taboritischen Bischofs Nikolaus von Pilgram, der „Biskupetz" genannt wurde, und der Literatur über ihn hat F. M. Bartoš in seinem Buch „Světci a kacíři" [Zeugen und Ketzer, (Prag 1949)], S. 195—196, veröffentlicht.

Ein wichtiger und wertvoller Beitrag zur Untersuchung der literarischen Tätigkeit und der Quellen von Biskupetz' Werk ist der Aufsatz des hervorragenden

Kenners von Biskupetz' literarischer Tätigkeit B. Součeks „Veritas super omnia" (Theologická příloha „Křesťanské revue" [Theologische Beilage der „Christlichen Revue"], Jahrgang 1961, Heft 3, Beilage zu Nr. 6, S. 65 ff.). Souček bereitet gleichfalls Biskupetz' große Auslegung der Offenbarung „Annotationes in Apocalipsim" für den Druck vor; für den Druck bereits vorbereitet hat er die kritische Ausgabe der „Táborská bible" [Taboritische Bibel], die Biskupetz offensichtlich redigiert hat oder an deren Redaktion er wesentlich beteiligt war; schließlich bereitet Souček auch eine neue Ausgabe der weltbekannten „Táborská konfese" [Taboritisches Glaubensbekenntnis] vor, die zweifellos der Feder des Biskupetz entstammt.

Das größte Verdienst um die Veröffentlichung einiger wichtiger Arbeiten des Jakobellus und des Hieronymus aus der Zeit vor dem Ausbruch der Revolution hat J. Sedlák mit seinen „Studie a texty" (bibliographische Angaben siehe oben). Für das Verständnis der wiclifitisch-hussitischen Methode des extremen Realismus sind drei bei Sedlák abgedruckte Texte von Hieronymus besonders wichtig. Das an Umfang größte Werk der alten tschechischen Literatur, Jakobellus' „Výklad na zjevenie sv. Jana" [Deutung der Offenbarung Johannis] aus den Jahren 1420–1422, veröffentlichte F. Šimek („Jakoubek ze Stříbra: Výklad na zjevenie sv. Jana", Teil I–II, Prag 1932, 1933); Jakobellus' Postille hat als Quelle für die Erkenntnis der Voraussetzungen des abschließenden pantheistisch-naturistischen Stadiums des bäuerlich-plebejischen Hussitentums größte Bedeutung. Mit wichtigen Quellen über Hieronymus' Ansichten macht Kličmans „Processus iudiciarius contra Jeronymum de Praga habitus Vienne a. 1410–1412" (Prag 1898) bekannt; in dieser Hinsicht sind der Aufsatz von V. Novotný „Mistr Jeronym pražský" [Magister Hieronymus von Prag] („Naše dobá" [Unsere Zeit], 1916) und die Studie des englischen Historikers Betts aus der letzten Zeit (Jeronym Pražský. Československý časopis historický 1957, Nr. 2 [Hieronymus von Prag, Tschechoslowakische historische Zeitschrift]), besonders wichtig.

Die eucharistischen Traktate von Payne hat Sedlák veröffentlicht („Táborské traktaty eucharistické" [Die taboritischen eucharistischen Traktate], Prag 1918). Dort hat Sedlák auch den antitaboritischen Traktat von Pribram „Surge domine" herausgegeben, der größte Bedeutung für die Erkenntnis des philosophischen Profils von Pribram besitzt. Pribrams literarische Tätigkeit ist vor allem für die Erkenntnis des revolutionären bäuerlich-plebejischen Hussitentums außerordentlich bedeutsam. Davon wird noch die Rede sein.

Sedláks „Táborské traktaty eucharistické" [Die taboritischen eucharistischen Traktate] sind die Hauptquelle für die Erkenntnis der eucharistischen Lehre des bürgerlichen Tabors. Hier sind der sehr durchgearbeitete Traktat des Johannes Teutonicus von Saaz, weiterhin der Traktat des Nikolaus von Pilgram und andere abgedruckt. Für die Erkenntnis der späten Zeit der pikardischen Theorie des bürgerlichen Tabors hat Z. Nejedlý in seiner Schrift „Synody strany pražské a táborské" [Die Synoden der Prager und der taboritischen Partei] (Prag 1900) wichtige Dokumente gesammelt und publiziert.

Für die Erkenntnis der Ideologie des bürgerlichen Tabors ist vor allem die „Táborská kronika" [Die taboritische Chronik] des taboritischen Bischofs Nikolaus von Pilgram das wichtigste Dokument, das Höfler herausgegeben hat („Geschichtsschreiber der hussitischen Bewegung", Teil II, FRA, Wien). Beispiele aus Biskupetz' umfangreicher Auslegung der Offenbarung Johannis, die zur Zeit von B. Souček für die Veröffentlichung vorbereitet wird (siehe oben), druckte F. M. Bartoš ab („Časopis společnosti přátel starožitností českých" [Zeitschrift der Gesellschaft der Freunde tschechischer Altertümer], Jahrgang 1921), der außerdem auch die bedeutende Rede von Biskupetz auf dem Baseler Konzil abgedruckt hat, die den vierten Artikel des Programms der bürgerlichen Opposition — allerdings in taboritischer Deutung — verteidigt (vgl. „Řeči Mikuláše z Pelhřimova a Oldřicha ze Znojma, pronesené v Basileji 1433 na obranu husitského programu čtyř artikulů" [Die Reden des Nikolaus von Pilgram und des Ulrich von Znaim, gehalten in Basel 1433 zur Verteidigung des hussitischen Programms der Vier Artikel], Tabor 1935).

Die weltbekannte „Táborská konfese" [Taboritisches Glaubensbekenntnis], zweifellos ein Werk des Biskupetz, wurde bereits im Jahre 1568 von Flacius Illyricus, dem Nürnberger Editor von Hus' „Opera" — jedoch als „Confessio Valdensium" veröffentlicht. Darin ist ihm auch der zweite Herausgeber des Glaubensbekenntnisses, B. Lydius, gefolgt, der es in den Komplex „Valdensia" eingereiht hat, die in Rotterdam im Jahre 1616 zum ersten Male und im Jahre 1622 zum zweiten Male erschienen waren; Lydius spricht dabei vom taboritischen Glaubensbekenntnis.

Sofern es sich um das bäuerlich-plebejische Hussitentum handelt, kennen wir es noch weniger als das bürgerliche Hussitentum — und fast gar nicht aus seinen eigenen Dokumenten. Nur für den „gelehrten" Zweig der beginnenden hussitisch-waldensischen Etappe haben wir Quellendokumente. Es sind dies die Arbeiten des Nikolaus von Dresden und seines Fortsetzers Johann von Selau. Zwei bekannte Traktate des Nikolaus von Dresden („De iuramento", „De quadruplici missione") druckte Sedlák in seinen „Studie a texty" ab, mit den übrigen hat er sich eingehend befaßt und deren Inhalt in seiner umfangreichen Studie „Mikuláš z Dráždan" [Nikolaus von Dresden] mitgeteilt (Zeitschrift „Hlídka", Jahrgang 1914, S. 35 ff.).

Mit Nikolaus' Schriften und deren Ideengehalt hat sich auch F. M. Bartoš befaßt („Do čtyř artikulů" [Bis zu den vier Prager Artikeln]). Diesen Text hat Bartoš berichtigt und ergänzt in seinem Buch „Husitství a cizina" [Hussitentum und Ausland] (Prag 1931) wiederholt abgedruckt.

Zur Zeit hat J. Nechutová den wichtigen Traktat „Querite primum regnum dei" von Nikolaus für den Druck vorbereitet. In den USA bereitet H. Kaminsky einige weitere Traktate des Nikolaus von Dresden zur Veröffentlichung vor.

Den ersten Teil der überlieferten Predigten Selaus aus den Jahren 1418–1419 hat A. Molnár veröffentlicht („Dochovaná kázání Jana Želivského z r. 1419" [Überlieferte Predigten Johann von Selaus aus dem Jahre 1419], I, Prag 1953), den zweiten Teil bereitet er für die Veröffentlichung vor.

Ansonsten sind uns nur vier direkte Quellendokumente erhalten geblieben —
infolge zufälliger Umstände stammen alle aus der zweiten Entwicklungsetappe,
aus der Zeit des fatalistischen Chiliasmus. Da alle vier in diese Anthologie
eingereiht sind, werden wir uns an der betreffenden Stelle mit ihnen befassen.

Die weiteren Nachrichten über das bäuerlich-plebejische Hussitentum ent-
stammen der Feder seiner Feinde, vor allem der Feder der hussitischen Gegner.
Grundlegende Bedeutung von diesen indirekten Quellen hatten die „Kronika
Vavřince z Březové" [Die Chronik des Laurentius von Brezowa] (die Goll
kritisch in den Fontes Rerum Bohemicarum, V, Prag 1893, veröffentlicht hat),
weiterhin Pribrams Traktat „Život kněží táborských" [Das Leben der taboritischen Priester] (veröffentlicht von Macek „Ktož jsú boží bojovníci" [Wer
sind Gottes Streiter], Prag 1950), Jakobellus' „Výklad na Zjevenie sv. Jana"
(nähere bibliographische Angaben siehe oben) und Cheltschitz' Traktat „O boji
duchovním" [Vom geistigen Kampf] und „Replika proti Mikuláši Biskupci"
[Replik gegen Nikolaus Biskupetz] (nähere Angaben vergleiche unten). Cheltschitz' Traktat wird in der weiteren Darstellung benutzt, die entsprechenden
Passagen aus der Chronik des Laurentius und aus Pribrams Traktat sind in
die Anthologie eingefügt.

Heute stehen jedoch auch noch weitere indirekte Quellen zur Verfügung. Eine
Reihe von ihnen ist in die Anthologie eingefügt, und von den übrigen wird noch
an der entsprechenden Stelle die Rede sein.

Die Hauptschriften Peters von Cheltschitz „Sieť viery" [Das Netz des Glaubens]
und „Postila" [Die Postille] erschienen schon in den Jahren 1521 und 1522.
(„Sieť viery" hat im Jahre 1521 Chval Dubánek in Vilémow herausgebracht,
die „Postila" Pavel Seweryn im Jahre 1522 in Prag). Eine weitere Ausgabe der
„Sieť" zusammen mit der Ausgabe der „Replika proti Biskupcovi" hat im
Jahre 1893 der russische Wissenschaftler J. S. Annenkov vorbereitet, zusammen mit einer gekürzten russischen Übersetzung („Sočinenija Petra Chelčickogo. Seť' very. Replika protiv Biskupca", [Werke Peters von Cheltschitz. Das
Netz des Glaubens. Replik gegen Nikolaus Biskupetz], Petersburg 1893); die
neueste, bereits kritische Ausgabe der „Síť" hat E. Smetánka veranstaltet
(„Petra Chelčického Síť víry", [Peter von Cheltschitz' Netz des Glaubens],
Prag 1912, neue Ausgabe im Jahre 1929). Die neutschechische Transkription
der „Síť víry" [Das Netz des Glaubens] hat F. Šimek im Jahre 1950 veröffentlicht (Petr Chelčický: „Síť víry", Prag 1950).

Über die gekürzte deutsche Übersetzung des „Netzes" von K. Vogl siehe oben.

Neuausgaben der „Postila" haben B. Košút (Prag 1890) und E. Smetánka vorgenommen („Petra Chelčického Postila", [Peter von Cheltschitz' Postille],
Bd. 1—2, Prag 1900—1903).

Ein weiteres Hauptwerk von Cheltschitz „O trojím lidu" [Von dreierlei Volk]
hat der russische Wissenschaftler N. V. Jastrebov zum ersten Mal herausgegeben
(„Petra Chel'čickogo O trogiem lidu reč — o duchovnych a o svietskych",
[Peter von Cheltschitz' Rede Von dreierlei Volk — von Geistlichen und von
Weltlichen], Petersburg 1903 — mit russischer Übersetzung). Eine weitere

Ausgabe hat K. Krofta zusammen mit der Ausgabe des Traktats „O boji duchovním" [Vom geistigen Kampf] veranstaltet („Petr Chelčický: O boji duchovním a O trojím lidu", [Peter von Cheltschitz: Vom geistigen Kampf und von dreierlei Volk], Prag 1911). Schließlich hat R. Holinka diesen Traktat mit einer weiteren Hauptschrift von Cheltschitz „O církví svaté" [Von der heiligen Kirche] wiederholt herausgebracht („Traktáty Petra Chelčického: O trojím lidu — O církvi svaté", [Traktate Peters von Cheltschitz: Von dreierlei Volk — Von der heiligen Kirche], Prag 1940). Den Traktat „O trojím lidu" hat R. Šenk ins Neutschechische übertragen (Tabor 1945).

Über die neueste englische Übersetzung H. Kaminskys von Cheltschitz' Traktaten „O trojím lidu" [Von dreierlei Volk] und „O církvi svaté" [Von der heiligen Kirche] siehe oben.

Cheltschitz' grundlegende Traktate und Hauptgedanken sind der Weltöffentlichkeit somit bereits in drei Weltsprachen, englisch, deutsch und russisch, zugänglich.

Die „Replika proti Biskupcovi" [Replik gegen Biskupetz] hat J. Straka neu herausgegeben („Petra Chelčického Replika proti Mikuláši Biskupci Táborskému" [Peter von Cheltschitz' Replik gegen den taboritischen Nikolaus Biskupetz], Tabor 1930).

Eine Reihe kleinerer Traktate von Cheltschitz hat J. Karásek unter der Sammelbezeichnung „Petr Chelčický: „Menší spisy" [Peter von Cheltschitz: Kleinere Schriften] veröffentlicht (Prag 1891—1892; 2 Bde.) .

Den wichtigen Traktat Cheltschitz' „O základu zákonů lidských" [Über die Grundlage der menschlichen Gesetze] hat (nach Karásek) E. Smetánka neuerlich mit dem Traktat „Výklad na řeč sv. Jana v 2. epištole" [Die Deutung der Rede des heiligen Johannes in der 2. Epistel] veröffentlicht (E. Smetánka: Petr Chelčický: Dva traktáty. „Výklad na 2. Epištolu sv. Jana a O Základu zákonů lidských", [Peter von Cheltschitz: Zwei Traktate. „Die Deutung der 2. Epistel des heiligen Johannes und Über die Grundlage der menschlichen Gesetze"] Prag 1932). A. St. Mágr hat diesen Traktat „Sermon von der Grundlage der menschlichen Gesetze" (Prag 1936) ins Deutsche übersetzt.

Im Verlauf der Feststellung und Einschätzung der Schriften von Cheltschitz waren die Arbeiten von Goll „Chelčický a spisy jeho" [Cheltschitz und seine Schriften] (nähere Angaben siehe oben), der Aufsatz von Annenkov und Patera „O nově nalezeném spisu Petra Chelčického" [Über eine neuentdeckte Schrift Peters von Cheltschitz] („Časopis českého musea" [Zeitschrift des tschechischen Museums], 1892, S. 270 ff.), mehrere Studien von Ryšánek und die oben angeführte Arbeit von Urbánek besonders wichtig.

In letzter Zeit wurde eine detaillierte und zusammenfassende Bibliographie der Schriften Cheltschitz' und der Literatur über ihn erarbeitet, deren Autor E. Petrů ist („Soupis díla Petra Chelčického a literatury o něm" [Verzeichnis der Werke Peters von Cheltschitz und der Literatur über ihn], Prag 1957). Die Bibliographie enthält — ähnlich wie die bibliographischen Verzeichnisse von Bartoš — Angaben über die Handschriften, Datierungen, Ausgaben usw. und im Verzeichnis der Literatur über Cheltschitz kurze Annotationen zu den einzelnen Arbeiten. Auf diese Arbeit von E. Petrů verweisen wir den Leser, falls er nähere bibliographische Angaben zu der oben angeführten Literatur sucht. Aus der Arbeit von Petrů ist gleichfalls ersichtlich, welche Schriften von Cheltschitz bisher noch nicht veröffentlicht wurden. Weiterhin findet der Leser in ihr Angaben über weitere Ausgaben der Texte von Cheltschitz, die wir in diesem kurzen Überblick nicht erwähnt haben.

III.

Das Hussitentum kann nicht unabhängig von den bisherigen Ergebnissen der anderen wissenschaftlichen Disziplinen, vor allem der Geschichtsschreibung, philosophisch analysiert werden. Andererseits kann die philosophische Analyse selbst eine positive Hilfe besonders für die wissenschaftlichen Disziplinen sein, die in der Erforschung des Hussitentums sehr große Traditionen besitzen, und kann zur Klärung strittiger und unklarer Fragen beitragen, die noch schwache Stellen im marxistischen Gesamtbild der Hussitenbewegung darstellen.

Wenn wir uns in dieser Hinsicht nur auf das Gebiet der Geschichte der Philosophie beschränken, so ist klar, daß die philosophische Analyse des hussitischen Denkens den übrigen wissenschaftlichen Disziplinen bei der Erforschung der Erscheinungen der Ideologie helfen kann. Hier handelt es sich überall um die konkrete Modifizierung der grundsätzlichen ideellen Haltung, die sich aus den praktischen Lebensbedürfnissen der böhmischen Gesellschaft zu Beginn des 15. Jahrhunderts ergab, die aber besonders in der grundlegenden Denkmethode der hussitischen Ideologie konzentriert ist. Die vollständige Erklärung der ideologischen Erscheinungen in der hussitischen Revolution kann merklich zu tiefergehender Erfassung dieser Revolution beitragen. Es ist nämlich für beide frühbürgerlichen Revolutionen, für die böhmische im 15. Jahrhundert und für die deutsche im 16. Jahrhundert bezeichnend, daß wir in beiden Fällen in der Sphäre der Ideologie am ehesten den Antritt einer neuen gesellschaftlichen Epoche erkennen können. Betrachten wir übrigens Engels' Vorgehen in seinen Arbeiten und Studien über den deutschen Bauernkrieg und die Reformation, in denen er im Zusammenhang mit der Einschätzung der Reformation die deutsche Revolution des 16. Jahrhunderts als eine bürgerliche Revolution bestimmte, so stellen wir fest, daß sich Engels' Aufmerksamkeit in bedeutendem Maße gerade in diese Richtungen konzentriert.

Die grundlegende Klassendifferenzierung der hussitischen Gesellschaft bildet sich klar in der grundlegenden Spaltung der hussitischen Ideologie in zwei selbständige ideelle Strömungen ab, in das bürgerliche Hussitentum und in das bäuerlich-plebejische Hussitentum. Diesen beiden ideellen Strömungen ist die theosophische Methode gemeinsam, in beiden fließt die Theologie mit der Philosophie zusammen. Die Konfrontierung dieser beiden ideellen Systeme zeigt jedoch anschaulich, welche umwälzende Interpretation und welchen revolutionären Sinn die grundlegenden christlichen Kategorien und das christliche Denken überhaupt in der hussitischen Theorie erlangen. Beide ideellen Systeme lassen sich dabei wechselseitig sehr gut erklären. Nur dann, wenn wir die höchsten Ergebnisse des bäuerlich-plebejischen Hussitentums im Auge haben, werden wir begreifen, daß Hus' Sozial-Philosophie, die auf der Kategorie „Gesetz Gottes" errichtet ist, das Anfangsstadium des revolutionären Denkprozesses darstellt, in dem die religiösen Kategorien schließlich zu reinen Bausteinen einer Weltanschauung werden, die ihrem Inhalt nach antireligiös ist. Obwohl Hus selbst den metaphysischen Kern der christlichen Dogmen noch nicht im geringsten anrührt, so ermöglicht uns seine Sozial-Philosophie zu begreifen, daß das bäuerlich-plebejische Hussitentum in seinem Höhepunkt kein Fremdkörper, kein Nebenzweig oder „Geschwür" im hussitischen Denken ist, wie die Konservativen und Spießbürger gerne sagten, sondern die konsequente Vollendung des Denkprozesses, den Hus selber damit eingeleitet hat, daß er sein „Gesetz Gottes" vom Himmel auf die Erde geholt und es damit in die metaphysische Sanktion der gesellschaftlichen Gerechtigkeit verwandelt hat. Das Ideal des Guten, das als Gesetz aufgefaßt wurde, vereinigt Hus mit den „Adamiten", auch wenn diese objektive Verknüpfung vielen Interpreten des Hussitentums unangenehm war und meistens verschwiegen wurde. Das bäuerlich-plebejische Hussitentum überwindet Hus dadurch, daß es ihn logisch zu Ende denkt. Darin besteht die innere Einheit des hussitischen Denkens gegenüber dem kontradiktorischen Charakter seiner beiden Hauptströmungen.

Wir erwähnen dieses Problem in der Einleitung wegen der außerordentlichen Bedeutung dieser „unphilosophischen " Frage, die die philosophische Analyse des hussitischen Denkens erläutern kann: Es handelt sich um die religiöse Seite der Hussitenbewegung. Wenn man in den verschiedenen Spezialdisziplinen bei der Erforschung des Hussitentums diese Seite mehr oder weniger außer acht lassen kann, so ist sie für den Philosophiehistoriker eine Frage, die er nicht umgehen kann. Es bestand die Tendenz, sich mit dem Hinweis auf den fortschrittlichen nichtreligiösen Inhalt und die reaktionäre religiöse Form zufrieden zu geben. Ein solcher Standpunkt führt auf Abwege. Er reißt einzelne Gedanken und Postulate aus dem ideellen Kontext der hussitischen Theorie heraus und trennt die praktischen Ergebnisse von den theoretischen Ausgangspunkten.

Wenn die bürgerliche Wissenschaft die religiöse Seite des Hussitentums hervorgehoben, aufgebläht und verzerrt hat, dann können wir heute den ideologischen Ergebnissen ihres Wirkens nicht dadurch begegnen, daß wir diese Seite umgehen oder bagatellisieren. Über den scheinbaren Radikalismus einer solchen Position hinaus würden wir es uns unbewußt und gegen unseren Willen unmöglich machen, die hussitische Tradition als unsere Tradition vollständig zu erklären und vollständig auszunutzen. Wir würden in einer so wichtigen Frage dem Wirken der nichtmarxistischen Darstellung freies Feld lassen.

Beginnen wir mit der Erforschung der ideellen Struktur der hussitischen Theorie, so stellen wir auf den ersten Blick deren überwiegend religiös-theologische Gestalt fest. Es gibt zwei Möglichkeiten: Entweder wir finden uns mit dieser Tatsache ab, um das hussitische Denken vollständig analysieren zu können, oder wir entwirren das Gespinst der dogmatisch-theologischen Lehrsätze und der religiösen Überlegungen, um in der hussitischen Theosophie die grundlegende philosophische Methode und ihre Aufgabe bei der Interpretation der theologischen Kategorien zu enthüllen.

Im Mittelalter ist die Philosophie außerhalb des Rahmens der Theologie undenkbar. Die Philosophie in der Zeit der Scholastik und in der Periode ihres Zerfalls ist nur soweit Philosophie, als sie dem eigentlichen Aufbau der Theologie im positiven oder im negativen Sinne dient — beziehungsweise — und das ist gerade in unserem Falle entscheidend — die theologischen Lehrsätze mit einem neuen Inhalt erfüllt, der der offiziellen kirchlichen Dogmatik widerspricht. Das verwandelt die Theologie in einen metaphysischen Träger für nichtreligiöse, antifeudale und im extremen Falle auch für antireligiöse Postulate. Nur dann, wenn wir die theologische Gestalt der Ansichten von Hus, Cheltschitz und der gesamten hussitischen Theorie beachten und erforschen, werden wir den Schlüssel finden, um zu begreifen, daß die praktischen revolutionären Ergebnisse der hussitischen Ideologie nur durch die umwälzende Veränderung der religiösen Kategorien erklärt werden können. Diese Modifizierung führte dazu, daß sich das Hussitentum mit dem kirchlichen Feudalsystem entzweite und die göttlichen Werte in den Kampf gegen dieses einschaltete. In dieser rationalen Operation mit den göttlichen Werten und darin, daß der hussitische Ideologe sie sich für den Gebrauch der gesellschaftlichen Kräfte aneignet, deren Interessen er vertritt, äußert sich das Übergewicht der Philosophie über die Theologie in der hussitischen Theorie. Nur dann, wenn wir ständig diese theologische Gestalt des hussitischen philosophischen Denkens beachten und wenn es uns gleichzeitig gelingt zu erklären, daß die hussitische Sozial-Philosophie gerade die zentralen theologischen Kategorien in den Dienst ihres Humanismus stellt, errichten wir eine wirksame Schranke gegen die religiös-theologische Desinterpretation nicht nur des hussitischen Denkens, sondern auch der gesamten hussitischen Bewegung.

Damit gelangen wir zu einer weiteren wichtigen Frage. Bisher herrschte in der Regel die Ansicht vor, daß das Tor vom philosophischen Mittelalter in die Philosophie der Neuzeit ausschließlich der Nominalismus und die an ihn anknüpfende Renaissance seien. Man ging davon aus, daß der Nominalismus und die Renaissance die Emanzipation der Vernunft und der Philosophie von der Hegemonie der Theologie vollzogen. Dieser Standpunkt ist jedoch nur eine Teilwahrheit und das in zweifacher Hinsicht. Der Nominalismus ist nicht der einzige Weg aus dem philosophischen Mittelalter, und der Zwiespalt zwischen Wissenschaft und Glauben, den er aufreißt, bedeutet nicht — wenigstens nicht in der frühen Phase der Renaissance —, daß die Theologie ihrer Hoheitsrechte in der weltanschaulichen Sphäre entledigt wird, auch wenn die kirchliche katholische Weltanschauung zu einer irrationalen Angelegenheit wird.

Aus dem philosophischen Mittelalter führen zwei Wege, die von ihrem gemeinsamen Ausgangspunkt in direkt entgegengesetzte Richtungen auseinandergehen, die deshalb doch zum gleichen Ziel führen. Es ist dies der Weg des Nominalismus und der Renaissance und der Weg des Wiclifismus und des Hussitentums, der ersten Welle der europäischen Reformation. In diesen beiden gesellschaftlich und ideell bedeutendsten philosophischen Strömungen des 14. und 15. Jahrhunderts gipfelt die ideologische Gärung der mittelalterlichen Philosophie, gleichzeitig jedoch hört die mittelalterliche Philosophie auf, sie selbst zu sein. Zwischen dem philosophischen Mittelalter und der philosophischen Neuzeit gibt es keine chinesische Mauer. Im Gegenteil: unter dem Druck der gesellschaftlichen Bedürfnisse strebt die mittelalterliche Philosophie selbst durch ihre eigene innere Logik ihrem Untergang zu, und aus ihren inneren Bestandteilen bildet sie die ideellen Voraussetzungen für die Entwicklung der neuzeitlichen Philosophie. Diese Entwicklungsdialektik ist vor allem im gegenseitigen Kampf und im wechselseitigen Übergang dieser beiden kontradiktorischen philosophischen Strömungen des späteren Mittelalters verkörpert, die bemüht waren, besser als der Thomismus den Zusammenhang zwischen Wissenschaft und Glauben, Menschlichem und Göttlichem zu lösen, wobei sie jedoch die „harmonische" thomistische Auffassung und damit auch die Grundlagen der kirchlichen feudalen Philosophie zerschlugen.

Der Thomismus ist das klassische und höchste Produkt der kirchlichen feudalen Philosophie. Das heißt jedoch nicht, daß er das höchste Produkt der mittelalterlichen Philosophie überhaupt war. Die philosophischen Höhepunkte der Scholastik finden wir in der vorthomistischen Zeit, in der Periode, da die Philosophie in dem Streben, den christlichen Glauben rational zu stützen, tiefe ideelle Ergebnisse brachte. Gerade deshalb, weil es um ideelle Eroberungen ging, hat die Kirche sie durch ihre orthodoxen Dekrete oft als ketzerisch verworfen.

Die Philosophie gelangt in ihrem Suchen bis an die Grenzen der ideellen Konzeptionen, und erst in ihrem Streit und Kampf dringt der „rechte katholische Sinn" in die Welt. Erst der Thomismus gab der Kirche eine Philosophie, die der neuen gesellschaftlichen Situation adäquat war und schuf so eine in gewissem Sinne solide ideelle Grundlage für die Pflege der Orthodoxie.

Die kirchliche Institution hat die materielle und geistige Macht über den mittelalterlichen Menschen usurpiert. Der Thomismus löst vollendet die Aufgabe, für sie die direkte philosophische Apologetik zu schaffen, indem er das göttliche Wunder, auf dem nicht nur die „orthodoxe" christliche Weltanschauung, sondern gerade die Macht der kirchlichen Institution beruhte, maximal rationalisiert.

Thomas war so intelligent, daß er die Gefahr der konsequenten Rationalisierung und Spiritualisierung des Dogmas begriff, zu der der christliche Platonismus vor allem neigte. Die Gefahr bestand nicht nur in der Neigung zum Pan-

48

theismus, sondern auch darin, daß das materielle Instrument der Erlösung, das heißt die Kirche, untergraben wurde. Thomas erkannte der Vernunft eine ungeheure Aufgabe zu: Die Vernunft bereitet den Boden für das Dogma, hält Angriffe von ihm fern, beweist dessen Nützlichkeit und Zweckmäßigkeit. Die grundlegenden christlichen Dogmen sind jedoch über die Vernunft erhaben. Vor dem Dogma der göttlichen Trinität stellt die fromme Vernunft ihre Erkenntnistätigkeit ein. Sie hat ihre konstruktive Aufgabe damit erfüllt, daß sie den Menschen auf diese Stufe geführt hat — nun geht sie in den Glauben als die höhere Form der Erkenntnis über. Die angeborene Vernunft eröffnet und bahnt dem Glauben den Weg, indem sie selbst dessen Vorstufe ist, ähnlich wie die natürlichen Tugenden im Menschen die Voraussetzungen für die Annahme der höchsten supranaturalen christlichen Tugenden schaffen, die die Erlösung sichern und zu deren Erlangung man sich der Kuratel der institutionellen Kirche versichern muß. Der Thomismus schuf die Auffassung der organischen und zweckmäßigen Einheit von Vernunft und Glauben, die die institutionelle Kirche gerade benötigte.

Die Fähigkeit, den vernünftigen und rationellen Zweck des göttlichen Planes in der Welt und in der menschlichen Gesellschaft zu finden, hat Thomas von Aristoteles gelernt. Es ist bemerkenswert, daß es gerade der Aristotelismus mit seiner Teleologie war, der es ermöglichte, dem christlichen Wunder und dem kirchlichen religiösen Materialismus eine rationale Form zu geben. Aristoteles ermöglichte dem Thomismus auch die Apologie der feudalen Ungleichheit. Wenn der Patristik die menschliche Ungleichheit die Vergeltung für die Erbsünde war und das rezipierte stoische Ideal der ursprünglichen Gleichheit auf die demokratische Auffassung der ursprünglichen menschlichen Natur verwies, kann Thomas dank des Aristoteles die Ungleichheit bereits in der ursprünglichen menschlichen Natur finden. Die zeitgenössischen Formen der Ungleichheit sind zwar durch die Sünden härter, jedoch ind sie durch nichts unnatürlich. Die feudale Ungleichheit und Unterordnung ist die vernünftige und zweckmäßige Arbeitsteilung, jeder dient an seiner genau bestimmten Stelle dem gegliederten Ganzen und damit auch Gott, der Niedere dem Höheren und der Höhere dem Niederen. Die Aristotelische Hierarchisierung der Welt entsprach ausgezeichnet der feudalen gesellschaftlichen Hierarchie.

Damit hängt auch eng das dritte Verdienst des Aristotelismus um den Thomismus zusammen. Der entwickelten Feudalgesellschaft und der verweltlichten Kirche entsprach nicht mehr der extreme und primitive Supranaturalismus. Zur Welt und zu den weltlichen Werten mußte ein positives Verhältnis gefunden werden, auch wenn es hier gleichzeitig darum ging, diese weltlichen Werte in einer angemessenen Ausgewogenheit in den Aufbau der supranaturalen Welt einzubauen. Auch hier hat der Aristotelismus ausgezeichnet gedient.

Die natürlichen und positiven menschlichen Beziehungen und Gesetze konnten einzig durch deren aristotelische Interpretation in dem Maße akzeptiert werden, wie dies der Thomismus getan hat. Sie ermöglichten es, die feudale

Ungleichheit als eine Selbstverständlichkeit, als einen positiven Wert, als irgend etwas, was nur den Vorraum zum Reiche der göttlichen Seligkeit bildet, dem theologischen System einzuverleiben. Gleichzeitig konnte jedoch die mit dem Thomismus ausgerüstete Kirche der Schiedsrichter in allen weltlichen Dingen des Menschen werden, die sie klug in den göttlichen Plan der Erlösung eingebettet hat.

Mit diesem durchdachten und für die kirchlichen Bedürfnisse tatsächlich vollendeten Ideensystem versuchte Thomas die Idylle eines Gottesreiches und gleichzeitig eine Idylle des Feudalreiches auf der Erde zu einer Zeit zu schaffen, da die beginnende Krise des Feudalismus schon Klassenkonflikte hervorbrachte, die zu starken Erschütterungen führten, in denen sich die beginnende Fäulnis des Feudalsystems zeigte.

Deshalb hatte der Thomismus ein unglückliches, seiner „katholischen" Reinheit unwürdiges Schicksal. Er kam ziemlich spät auf die Welt, so daß nicht einmal alle seine Qualitäten verhindern konnten, daß er bald nach seiner Entstehung durch eine heftige ideelle Welle weggeschwemmt wurde, die das Auftreten einer neuen gesellschaftlichen Epoche signalisierte. Erst nach einigen Jahrhunderten der bitteren Erfahrungen und in ihrer größten Krise begriff die katholische Kirche, welchen Schatz sie im Thomismus hat, hob sie ihn definitiv auf ihr Schild und widmete ihm dankbare Hochachtung bis in die heutige Zeit. Das konnte den ideellen Sieg der modernen Zeit jedoch nicht aufhalten.

Der soziale Sinn des Angriffs auf die zentralen ideellen Werte des Thomismus konnte im wesentlichen zweierlei Art sein: entweder die institutionelle Kirche zu liquidieren, die sich in ein engros-Geschäft mit Sakramenten verwandelt hatte, beziehungsweise die gesamte hierarchische Gesellschaft – den Schmarotzer auf dem Körper des arbeitenden Volkes – zu liquidieren. Der fortschreitende Zivilisationsprozeß, der durch die städtische Warenproduktion hervorgerufen wurde, brachte aber auch ein zweites grundlegendes soziales Bedürfnis hervor: sich endlich vom Supranaturalismus zu trennen und den Raum dem sich menschlich befreienden Menschen frei zu machen, der aus den barbarischen Umständen des frühen Feudalismus herausgewachsen war. In beiden Fällen war es notwendig, das rationalisierte Wunder anzugreifen. Erstens deshalb, damit die institutionelle Auffassung des Christentums beseitigt wurde, zweitens deshalb, weil das rationalisierte Wunder zur Erfüllung des „vernünftigen göttlichen Zweckes" einen weiten Kreis von Dingen außerhalb des Wunders, praktisch die gesamte irdische Wirklichkeit einschließlich des irdischen Menschen, knechtete. Aus dem ersten sozialen Bedürfnis erwuchs der Wiclifismus-Hussitismus, aus dem zweiten der Nominalismus und die Renaissance.

Wenn wir den Wiclifismus und den Nominalismus als die ersten Äußerungen der antifeudalen Ideologie und Philosophie bezeichnen, so bedeutet das nicht einfach, daß es sich in beiden Fällen um bewußte „reine" Erzeugnisse irgendeines neuen Denkens handelt. Ihren antifeudalen Charakter erhalten sie unbewußt, spontan durch eine neue Modifizierung des alten Denkstoffes, im wechselseitigen Konflikt, gegenseitig sich der Ketzerei beschuldigend.

Der „mittelalterliche" Charakter des Nominalismus ist am besten vielleicht daraus ersichtlich, daß er die philosophische Waffe der Kirche im Kampf gegen den Angriff des Wiclifismus-Hussitismus gegen ihre Grundlagen wurde. Die Befreiung der Vernunft wurde durch die Festigung des Glaubens in der Sphäre der Theologie, durch die direkte Irrationalisierung des Dogmas, durch die Stärkung der kirchlichen Autorität vollzogen. Darin besteht der Doppelcharakter des Nominalismus, der darüber hinaus, daß er die Grundlagen der Kirche untergrub, zeitweilig die Ideologie der kirchlichen Reaktion wurde.

Einen ähnlichen Doppelcharakter beobachten wir auch bei der bürgerlich-aristokratischen Renaissance, der der Nominalismus durch seine Auffassung von der doppelten Wahrheit die gnoseologische Grundlage verlieh — wenigstens in deren Anfangsphase. Es geht nicht nur um die Renaissance-Päpste und um den „Renaissance"-Lebensstil der kirchlichen Hierarchie. Einer der größten Renaissance-Philosophen, Nikolaus von Kues, der als erster die These von der Unendlichkeit der Welt aussprach, ist Kardinal der römischen Kirche und tritt als eine der führenden Persönlichkeiten der Kirche auf dem Baseler Konzil gegen die hussitische Reformation auf. Kopernikus widmet sein Werk über die Bewegung der Himmelskörper dem Papst. In beiden Fällen jedoch untergräbt die Vernunft das Dogma; dieses wurde aber in der Sphäre des Glaubens vollständig, im ersten Falle schließlich extrem aktiv und kämpferisch akzeptiert. Erst die philosophische Verallgemeinerung der Ansichten von Nikolaus von Kues und Kopernikus hat den größten Renaissance-Philosophen, Giordano Bruno, in direkten Konflikt mit der Kirche und schließlich auf den Scheiterhaufen gebracht. Da begriff die Kirche endlich, daß das Renaissance-Extempore sie an den Rand des Abgrundes gebracht hat, und sie griff wieder auf den Thomismus zurück.

Der Wiclifismus wiederum zeigt seinen „mittelalterlichen" Charakter darin, daß er sich den vorthomistischen Ideenquellen zuwendet. Er zeigt seinen „scholastischen" Charakter damit, daß er sich um eine direkte rationale Sicherung der grundlegenden christlichen Wahrheiten bemüht. Der englische Erzbischof Bradwardine, der Wiclifs Lehrer war, schuf seine rationale Theologie, um der nominalistischen Gefahr die Stirn zu bieten. Er wollte gegen den modernen „Pelagianismus", gegen die „Pseudophilosophie" kämpfen, die Gott stürzen und an die Stelle der göttlichen Ordnung die natürliche Ordnung der Welt setzen wollte. Der fromme Erzbischof wäre offensichtlich erschrocken, wenn er gewußt hätte, welche Drachensaat er durch seine gottesfürchtige Tätigkeit gesät hat; wenn er gewußt hätte, daß einige Jahrzehnte nach seinem Tode die nominalistischen Kardinäle die Kirche vor den vernichtenden Ergebnissen seiner Theorie schützen würden; wenn er gewußt hätte, daß die Überreste seines Schülers Wiclif, des verfluchten Ketzers, ausgegraben, verbrannt und verstreut würden. Den „neuzeitlichen" Charakter des Wiclifismus und des Hussitismus hat nämlich die Kirche — im Unterschied zum Nominalismus — sofort erkannt.

Die Methode von Bradwardine und Wiclif ist der nominalistischen Methode direkt entgegengesetzt. In der Reaktion auf die Zurückweisung des Dogmas in die Welt des Glaubens sollte die Theologie wiederum total rationalisiert werden. In seinem scholastischen Eifer hat Bradwardine jedoch die Grenzen überschritten, die Thomas weise gezogen hat. Er zerschlug die „harmonische" thomistische teleologische Weltauffassung und lieferte die Theologie der Macht der idealisierten Vernunft aus. Bradwardine und in Übereinstimmung mit ihm Wiclif kehren zum ontologischen Gottesbeweis von Anselm zurück und leiten aus dem Denken des vollkommenen Gottes seine Existenz ab. Gott hört für sie auf, das höchste Zweckprinzip zu sein, und wird das höchste Kausalprinzip. Das Unglück bestand für Bradwardine darin, daß Wiclif, der von den realen Interessen der fortschrittlichen Kräfte geführt wurde, Bradwardines Rationalismus und Determinismus gerade dorthin richtete, wo sein Lehrer die Höhle des Teufels sah.

Wiclif ist ausgesprochen Platoniker. In Übereinstimmung mit Platon machte er die ideale Welt zur Bedingung und zum Kriterium der wirklichen Welt. Das absolute göttliche Sein fließt Wiclif dabei mehr oder weniger mit der intelligiblen Existenz der Welt und des Weltalls zusammen. Denn die Ideen der Dinge und der Welt sind für den Platoniker Wiclif — ähnlich wie der gedachte Gott — Realitäten, sind die höchsten Formen der Existenz und deshalb mit Gott identisch. Wiclif transformiert jedoch den Sinn dieser idealen Entitäten und verwandelt sie in die substantielle Grundlage der wirklichen Welt. Er ist nicht einfach Platoniker, sondern ein Denker, der die Platonischen Prinzipien umwälzend modifiziert hat. Denn das gesamte intelligible Sein ist in seiner Interpretation nichts anderes als die essentielle Grundlage des wirklichen Seins.

Von dieser zum spinozistischen Pantheismus neigenden Auffassung des Verhältnisses von Gott und Welt zeugt auch, daß Wiclif — gerade vermittels seines intelligiblen Seins — die Welt als mehr oder weniger ewig auffaßt. Gott kann nichts vernichten, sonst würde er — wie ersichtlich ist — sich selbst vernichten. Hier sind schon die teuflichen Ergebnisse zu spüren, die Bradwardine Wiclif eingepflanzt hat.

Wenn die göttliche Idee das reale Wesen der Dinge ist, wenn das göttliche Sein zum substantiellen Grund des wirklichen Seins wird, dann gilt umgekehrt, daß Gott nichts Unwirkliches denken kann. Und weil das göttliche Handeln organisch dem göttlichen Denken entspringt, kann Gott nichts anderes tun, als was er wirklich denkt, als was er wirklich will und wirkt. Die göttliche Notwendigkeit beherrscht die natürliche Welt. Wiclif hat sie von Bradwardine übernommen, und sie ist ihm ein Grundprinzip. Die von ihr beherrschte Welt ist faktisch der Notwendigkeit unterworfen. Wiclifs scholastische Formulierung, daß „Gott nichts tun kann, womit das unmöglich würde, was er wirklich will", ist nicht nur eine sophistische und kasuistische Phrase. In dieser These ist der Gedanke enthalten, daß Gott selbst determiniert ist. Gottes Denken und Handeln ist von der Notwendigkeit beherrscht. Und weil den eigentlichen Inhalt des göttlichen Seins die allgemeinen Wesenheiten der wirklichen Dinge bilden, wird die göttliche Notwendigkeit in bedeutendem Maße das Kausalprinzip der wirklichen Welt. Jedes Ding ist durch sein intelligibles Wesen genau so notwendig wie Gott selbst. So verwandelte Wiclif Bradwardines Determinismus in sein Gegenteil und paßte die rationale Theologie dem an, so daß sie in einer bestimmten Richtung der philosophische Ausdruck der natürlichen Verhältnisse der realen Wirklichkeit wurde.

Sein zum Pantheismus hinneigendes System versuchte Wiclif noch mit dem christlichen Theismus formal zu vereinigen. Doch seine Metaphysik war schon ein Schritt auf dem Wege zum Pantheismus der klassischen bürgerlichen Philosophie.[20]

Ihren umwälzenden antifeudalen Sinn offenbart Wiclifs Metaphysik gerade dort, wo es um das gesellschaftlich sehr wichtige Problem des Verhältnisses von Göttlichem und Menschlichem geht, das heißt in der Sphäre von Wiclifs Sozial-Philosophie. Hier muß man hervorheben, daß es gerade Hus ist, der seine Aufmerksamkeit auf diese Sphäre der Wiclifschen Philosophie konzentriert.

Wenn wir vom Wiclifismus-Hussitismus sprechen, so tun wir das deshalb, weil Hus' Lehre in ihrer philosophischen Methode und in den grundlegenden ideellen Postulaten mit der Lehre von Wiclif übereinstimmt. Hus wendet am Höhepunkt seiner Tätigkeit die Wiclifschen Prinzipien tatsächlich in ihrem völlig umwälzenden Sinne an. Es wäre vollkommen unverständlich, wenn er sie zur Freude der Bekenner der „Ursprünglichkeit", die seine Wiclifschen Prinzipien heute als epigonal bagatellisieren wollen, nicht angewandt, sich eine „ursprüngliche" Theorie ausgedacht und Wiclif beiseite gelassen hätte. Es ist eine gesetzmäßige Erscheinung in der Entwicklung des menschlichen Denkens, daß ideelle Bestandteile, mögen sie sonstwo in der Welt entstanden sein, notwendig überall dort eindringen und sich überall dort durchsetzen, wo die konkrete historische Situation und die gesellschaftliche Konstellation ihre Verwendbarkeit ermöglichen. In solchen Fällen wird nichts von neuem erdacht; die Ideen werden nur entsprechend den Besonderheiten und der spezifischen Bedürfnisse des betreffenden Landstrichs modifiziert und entwickelt.

Hus hat die Wiclifschen Prinzipien auf böhmischem Boden wirklich schöpferisch angewendet und durch seinen heroischen Kampf und seinen heldenhaften Tod die ideologischen Waffen der hussitischen Revolution zu einer ungewöhnlichen Härte und Durchschlagskraft geschmiedet. Erst durch Hus' Einsatz haben Wiclifs umwälzende Gedanken ihre vollständige gesellschaftliche Geltung gefunden. Erst in der hussitischen Revolution wurde ihr Potential vollständig ausgenutzt. Im hussitischen Böhmen konnten sie auf einer qualitativ höheren Stufe entwickelt werden. Da wir voll anerkennen, daß Wiclif an der Wiege dieser Ansichten steht, können wir doch mit vollem Recht von den Ansichten von Wiclif und Hus sprechen, denn „ohne Hus gäbe es keinen Wiclif", genauso wie es „ohne Wiclif keinen Hus gäbe".

Obwohl sich die hussitische Theorie auf die humanistische Seite der Wiclifschen Philosophie konzentriert, so bedeutet das jedoch nicht, daß sie die Wiclifsche Philosophie in ihrem Gesamtumfang nicht kennen und nicht beherrschen würde. Die philosophische Methode des extremen Realismus wird in Disputen mit Thomisten und Nominalisten an der Prager Universität verteidigt. Hieronymus von Prag wird in Konstanz auch wegen der Wiclifschen Interpretation des Dogmas von der göttlichen Trinität verurteilt.

Die hussitische Theorie hat jedoch unter dem Druck der aktuellen Bedürfnisse der anwachsenden Revolution gerade Wiclifs Sozial-Philosophie in den Vordergrund gerückt, und in den besten Schriften von Hus wird ihr — selbst entgegen Wiclif — Plastizität und Klarheit verliehen. Die ausdrückliche humanistische Orientierung des hussitischen Denkens schafft so eine spezifische Modifizierung der Wiclifschen Philosophie: Die größte europäische Revolution des Spätmittelalters greift in ihrem Anfangsstadium mit Fingerspitzengefühl die umwälzendsten Bestandteile der Wiclifschen Philosophie heraus und formt sie zur konzentrierten Gestalt des Hussitentums.

Wenn das hussitische philosophische Denken eine ausgesprochen humanistische Gestalt hat, so ist der hussitische Humanismus gleichzeitig sehr ausdrücklich eine Sozial-Philosophie. Es geht in ihm nicht nur um den privaten Menschen, sondern um den gesellschaftlichen Menschen. Die Wiclifsche Methode des göttlichen Prinzips, das die Wirklichkeit durchdringt, führt natürlich dazu, daß der hussitische Humanismus eine theologische Gestalt hat. Seine zentrale Kategorie ist die Kategorie „Gesetz Gottes".

Wenn es auch keinen Zweifel an den supranaturalen Wurzeln dieser Kategorie geben kann, wenn Hus nicht die absolute Gleichheit fordert und die platonische Auffassung der Gesellschaft unterstützt, die in dreierlei Volk geteilt ist, ermöglicht gerade die platonische Auffassung der idealen Werte, die Hus mit Wiclif teilt, daß das „Gesetz Gottes" mit dem Ideal des Guten und der Gerechtigkeit angefüllt und daß seine Schärfe auf die wirkliche Welt der menschlichen Verhältnisse gerichtet wird. Das göttliche Prinzip der Gerechtigkeit durchdringt die gesamte Wirklichkeit, und in seinem Licht schwinden die Selbstgerechtigkeit und die relative Selbständigkeit der „menschlichen Gesetze", die die Verhältnisse der Feudalgesellschaft abbildeten und denen der aristotelisch orientierte Thomismus das Placet gab. Die „Lex divina" als die höchste zweckmäßige Sprosse der Leiter, auf der der Mensch zu Gott steigt, verwandelte der Thomismus in einen supranaturalen Wert, der auf der Erde durch die sakramentale Kirche repräsentiert wird. Dagegen ist bei Wiclif und Hus das absolute Ideal des göttlichen Guts mit der idealen Auffassung des menschlichen Gesetzes identifiziert — anstatt daß es mit dem zeitgenössischen Stand des „menschlichen Gesetzes" versöhnt wird, wie dies im aristotelischen Thomismus der Fall ist.

Das „Gesetz Gottes" ist im hussitischen Denken vor allem als ein verbindliches Prinzip der gerechten gesellschaftlichen Beziehungen zwischen den Menschen auf dieser Welt begriffen. Das Ideal des „Gesetz Gottes" verwandelt sich den Hussiten in die höchste sozial-ethische und in der ausgereiftesten Form in die höchste sozial-rechtliche Norm. In der menschlichen Welt wird der wiclifitische Determinismus zum Normativismus. Der christliche Inhalt des gesellschaftlichen Lebens besteht darin, daß sich die Menschen zueinander gerecht verhalten, daß einer den anderen nicht unterdrückt, daß der einfache Mensch nicht durch seinen Vorgesetzten ausgesaugt und ausgenutzt wird.

Die Konfrontierung dieses Ideals mit den gegebenen Verhältnissen in der Kirche führt dann zu der Feststellung, daß die Kirche diesem Ideal untreu geworden ist und daß man sie in der gegebenen Form nicht akzeptieren kann. Für das bürgerliche Hussitentum – besonders aber für Hus – ist charakteristisch, daß es sich nicht nur auf die Kritik der Kirche beschränkt, sondern daß es seine Norm des „Gesetz Gottes", das heißt sein göttlich sanktioniertes Ideal des Humanismus und der Gerechtigkeit, an die gesamte zeitgenössische Gesellschaft anlegt und nicht nur an die Kirche. Auch die weltlichen Feudalherren müssen bedingungslos durch das „Gesetz" regiert werden. Hieraus fließen die revolutionärsten Folgerungen der Lehre von Hus.

Zu diesen revolutionären Folgerungen gelangt Hus nicht sofort. Die Stufe der antifeudalen inhaltlichen Modifizierung der Kategorie „Gesetz Gottes" durchläuft im wesentlichen zwei Entwicklungsstadien. Das erste Stadium können wir als reformatorisch charakterisieren, im zweiten Stadium wird die Kategorie „Gesetz Gottes" zum ideologischen Instrument für den Angriff auf das Wesen der Feudalordnung selbst.

Schon Hus' reformatorische Ideale aus der ersten Phase seines Wirkens (ungefähr bis 1409) sind ausdrücklich nicht nur antikirchlich, sondern zielen ganz klar gegen die Feudalgesellschaft überhaupt. Der supranaturalistische Ausgangspunkt ermöglichte es Hus, daß er die „Unzucht" und die „Gewinnsucht-Profitmacherei-Genußsucht", die beiden hauptsächlichen „Laster dieser Welt", im Lichte des „Gesetz Gottes" zum Gegenstand seiner leidenschaftlichen Angriffe machte. Hus' Größe beginnt jedoch erst dort, wo er im Gegensatz zur heuchlerischen und profeudalen Unterdrückung dieser „Laster", die im mittelalterlichen Katholizismus geläufig waren, gegen sie in ihren wirklichen gesellschaftlichen Folgen kämpft, so daß seine soziale Interpretation dieser „Laster" ein klarer Angriff auf die Lebenspraxis der herrschenden Klasse ist.[21]

Durch seine Kritik erzeugt Hus die illusionäre Vorstellung eines „gerechten Feudalismus", jedoch nicht, um die Menschen zu täuschen, sondern um auf der Grundlage der kritischen Verurteilung der bestehenden Praxis der herrschenden Klasse die Änderung dieser Praxis zu fordern.

Schon hier gelangt Hus zu extremen Schlußfolgerungen in seiner Gesellschaftskritik, schon in dieser Phase gestaltet er sein soziales Programm.[22] Schon hier sind Christen nur diejenigen, die das „Gesetz Gottes" erfüllen; schon hier ist der Herr und der Fürst nur dann ein gerechter Herr, sofern er sich von diesem „Gesetz" leiten läßt; ansonsten ist er der Sohn des Antichrist. Im Lichte der „göttlichen Wahrheit" ist er schon verloren.

Er verliert bei weitem jedoch nicht seine tatsächliche Macht. Diese Schlußfolgerungen, obwohl sie in der Methode potentiell schon vollständig enthalten sind, werden erst in der zweiten Periode gezogen. Dagegen, sofern wir Bemerkungen über den Gehorsam finden, geht es gerade um den Gehorsam gegenüber den Vorgesetzten, die den kirchlichen Würdenträgern übergeordnet sind.[23]

Insofern schon der Gedanke vom Verlust des kirchlichen Amtes, der Macht, — infolge der Nichterfüllung des „Gesetz Gottes" —, durchscheint, ist es charakteristisch, daß der Grund dazu die „Unzucht", niemals also die gesellschaftliche Tätigkeit ist, die dem „Gesetz Christi" widerspricht. Dabei gibt es keinen Zweifel, daß die Kirche solche Absetzungen vornimmt, und Hus kann sich auf die offizielle kirchliche Anordnung stützen.[24]

Hus gelangt schon in der ersten Periode seiner Entwicklung an die äußerste Grenze der feudalen Ideologie; er überschreitet aber ihre Grenzen nicht. Sein soziales Programm der harmonischen Beziehungen zwischen den edelmütigen Feudalherren und dem edelmütigen Volk ist indessen nur ein edelmütiges Ideal, eine Appellation an die herrschenden Klassen, die die höchsten Drohungen aus jener Welt enthält. Erst dann, als dieses Programm verbindliche Norm wird, verwandelt sich die Appellation in einen Angriff.

Der Übergang zu diesem höheren Stadium geschieht nicht plötzlich, sondern allmählich. Hus gelangt zu dieser höheren Form seiner Lehre unter dem direkten Druck der sich verschärfenden revolutionären Krise. Er erhält dabei die größte Belehrung dadurch, daß auch seine reformatorisch orientierte Kritik von der Kirche abgelehnt wird. Der Ausbruch des Konflikts zwischen der weltlichen und der kirchlichen Macht im Jahre 1409 ermöglicht es, daß die Kritik an der kirchlichen Praxis in den Angriff gegen die gesamte mittelalterliche Kirche und in der theoretischen Sphäre auch gegen die gesamte Feudalordnung hinüberwächst. Die Entwicklung der Ereignisse zwingt Hus, auf die antikirchliche und antifeudale Position überzugehen und Wiclifs Gedanken in ihrem vollen revolutionären Sinn anzuwenden. Vom Jahre 1412 an schafft Hus seine Hauptwerke, in denen er in ausgereifter Form seine Sozial-Philosophie darlegt.[25]

Das soziale Programm von Hus, in göttliche Form verkleidet, finden wir auch im zweiten Stadium seines Denkens. Es bleibt auch hier der eigentliche gesellschaftliche Inhalt seiner Theorie. Dieses Programm ist jetzt kein Ideal und Postulat mehr, sondern wird zur verbindlichen Norm, zum gesellschaftlichen Gesetz. Hus' Methode, die auf einer praktischen und tätigen Auffassung des Glaubens beruht und schon im ersten Stadium angewendet wird, führt erst im zweiten Stadium zu revolutionären Schlußfolgerungen. Jetzt verliert jeder, der das „Gesetz Gottes" nicht erfüllt, der ihm mit seinen Taten widerstrebt, seine wirkliche gesellschaftliche Stellung, *seine tatsächliche Macht*. Das „Gesetz Gottes" ist in das gesellschaftliche Leben eingedrungen.

Hus formuliert diese Folgerungen eindeutig und ausdrücklich an einigen Stellen in seinen Hauptarbeiten. So ist zum Beispiel das gesamte letzte Kapitel des Traktats „De ecclesia" der „göttlichen Enthebung" aus dem Amte gewidmet. Eindeutig ist die Schlußfolgerung: „. . . *von sich aus* aber enthebt er [Gott] jeden verbrecherischen Prälaten von seinem Amt oder Dienst, solange er der Tatsache nach in Sünde ist. Weil er durch den Tatbestand, daß er in Todessünde gefallen ist, in allem, was er tut, sündigt; und folglich wird er von Gott von diesem Amte entsetzt."[26]

Obwohl die Schärfe dieser Formulierungen gegen die kirchliche Hierarchie gerichtet ist, kann man sie zum großen Teil wegen ihrer Allgemeinheit auch auf die weltliche Hierarchie beziehen. Hus bleibt bei diesen allgemeinen Formulierungen nicht stehen, sondern in der Akte „Nullus est dominus" aus dem Jahre 1412 wendet er durch zusammenhängende, zielgerichtete Argumentation diese Prinzipien ausdrücklich auf die weltlichen Feudalherren an.[27]

Aus dem Prinzip des Verlustes der tatsächlichen Macht der Feudalklasse, insofern diese nicht das „Gesetz Gottes" erfüllt, entsprang notwendig das Prinzip „des richtigen Gehorsams", das Prinzip vom Recht der Untergeordneten, „unerlaubte Gebote" zu kritisieren und nicht zu erfüllen. Diese Ansichten bilden übrigens ein organisches Ganzes, auch wenn der Kern dieses Ganzen das Prinzip des Verlustes der tatsächlichen Macht ist.

Es ist charakteristisch, daß Hus, der manchmal beim Aussprechen des zentralen Prinzips zu doppeldeutigen Formulierungen und zu wörtlichen Zugeständnissen neigt, bei der Darlegung der Fragen des Gehorsams direkte und eindeutige Formulierungen benutzt. Damit enthüllt Hus klar den wirklichen Sinn seiner Ansichten über die tatsächliche Macht der Feudalherren. Deshalb würde er, auch wenn er wörtlich die Formulierungen des zentralen Prinzips abschwächen würde, dessen wirklichen Sinn durch seine Ansichten vom „richtigen Gehorsam" bestimmen. Der wesentliche Sinn dieses Prinzips besteht darin, daß jeder untergebene Mensch selbst beurteilt und bewertet, ob sich sein Vorgesetzter in Übereinstimmung mit dem „Gesetz Gottes" befindet, ob er tatsächliche Macht besitzt. Findet er, daß eine solche Übereinstimmung nicht vorhanden ist, verliert für ihn das Gebot des Vorgesetzten die Verbindlichkeit, und der Untergebene hat nicht nur das Recht, sondern auch die Pflicht, seinem Vorgesetzten nicht zu gehorchen und sich ihm zu widersetzen.[28]

Was ist die tiefste Konsequenz dieser Husschen Theorie vom Gehorsam? Das, daß *das Volk allein* den Verlust der tatsächlichen Macht seiner Vorgesetzten *beurteilt und daß es das faktisch durch den Widerstand gegen die „unerlaubten" Gebote und durch die Bestrafung der schlechten Übergeordneten tut.* Hus gelangt zwar offensichtlich nicht zu der notwendigen Schlußfolgerung, daß dieser „Widerstand gegen die Gebote" und die „Bestrafung" nur in einem revolutionären Angriff auf die ungerechten Herrscher verwirklicht werden können. Seine Ansichten jedoch enthalten diese Schlußfolgerung vollständig und weisen mit Notwendigkeit auf sie hin.

Hus gelangt mit seiner Theorie von der Macht und vom Gehorsam auf eine qualitativ höhere Ebene als im ersten Stadium seiner Überlegungen. Das „Gesetz Gottes" war dort ein Postulat, hier ist es eine Norm, ein tatsächliches und verbindliches gesellschaftliches Gesetz. Die Herrschenden dieser Welt werden zu einfachen Vollstreckern dieses Gesetzes. Wenn sie aufhören, es zu vollstrecken, verlieren sie die Macht, und es ist notwendig, sich ihnen zu widersetzen.

In der zweiten Phase seiner gedanklichen Entwicklung geht Hus von der konstatierenden und postulierenden Kritik *zur Relativierung des gesamten Feudal-*

systems über, dadurch, daß er sein soziales Programm gerechter gesellschaftlicher Verhältnisse in der Form des „Gesetz Gottes" zur verbindlichen Norm erhöht, daß er es als *Verfassung* auf die Gesellschaft überträgt. Die gesellschaftliche Macht ist an die Erfüllung dieser Norm gebunden, sie ist also nur der Ausdruck und das Instrument dieser Norm, die sich qualitativ verändert.

Platon schuf seinen idealen Typ der gesellschaftlichen Einrichtung als eine bewußte Kritik der bestehenden gesellschaftlichen Verhältnisse. War Platons Programm des Ständestaates in der antiken Gesellschaft jedoch ein nicht zu verwirklichendes Ideal, dessen illusorischer und reaktionärer Charakter nicht durch die Erfahrung bestätigt werden konnte, so leben Wiclif und Hus in einer Zeit, in der die karikierte Form des platonischen Gesellschaftsideals in der feudalen Ständegesellschaft verwirklicht war. Deshalb unterwerfen sie die platonische Auffassung der Gesellschaft der „platonischen Kritik", halten den „verdorbenen" Ständen den Spiegel des „Gesetz Gottes" vor, das die Ständegesellschaft zu verwirklichen hatte. Aus dieser Konfrontierung geht vor allem ein völlig neues Gesellschaftsideal hervor: das Ideal der Gesellschaft, deren absolutes Prinzip die abstrakte Norm der göttlichen Gerechtigkeit ist, die das eherne Gesetz für alle und vor allem für die herrschenden Stände ist. Insofern sie dieses Gesetz nicht erfüllen, verlieren sie Macht und Herrschaft.

Das platonische Ideal des Ständestaates, das die gesellschaftlichen Widersprüche und Vorrechte verewigt, verwandelte sich in ein Ideal der Gesellschaft, die auf der Grundlage der eigenen Erfahrung ihr Gut gegenüber ihren ergebenen menschlichen Trägern verselbständigt, indem sie es dem abstrakten Prinzip anvertraut und den Ständestaat mit diesem Prinzip von innen her zersetzt. Darin besteht das antifeudale Wesen der wiclifitisch-hussitischen Methode des „Gesetz Gottes", die durch die „platonische Kritik" die platonische reaktionäre und aristokratische Konzeption der Gesellschaft zerschlagen und eine neue Konzeption geschaffen hat, die gerade gegen die zeitgenössische herrschende Aristokratie gerichtet ist. Die Kritik nahm der Aristokratie die Funktion, wesentlich das Ideal zu verkörpern, und unterwarf sie selbst der Herrschaft dieses Ideals.

Die Methode des „Gesetz Gottes" wurde zum Prellbock, zur Herausbildung der *frühen Form der demokratischen Ideologie,* denn das Volk, das bisher rechtlos und dazu verurteilt war, die herrschenden Stände zu ernähren, wurde zum entscheidenden Faktor bei der Beurteilung der Rechtmäßigkeit und Gesetzlichkeit ihrer Herrschaft und erhielt das Recht zu seiner Selbstbestimmung. Damit gelangen wir auch zum Problem von Hus' Rationalismus. Nur in Verbindung mit Hus' Sozial-Philosophie können wir nämlich seinen erkenntnistheoretischen Standpunkt begreifen: Hus' Rationalismus ist das Mittel und das Produkt von Hus' Humanismus.

Seine Neuheit besteht nicht darin, daß er zu einem Angriff auf den metaphysischen Kern der Dogmen, zur direkten Ablehnung des Wahrheitsgehalts der geoffenbarten Wahrheiten und der Verbindlichkeit der Schrift führte.

Jedoch die „göttliche Wahrheit", die eine neue rationale Stütze erhalten hat, die wieder „vernünftig" geworden ist, wurde wieder vernunftmäßig begreifbar. Die Vernunft wurde wieder eine der Hauptbindungen zwischen dem Göttlichen und dem Menschlichen, ermöglichte nicht nur, eine ideale göttliche Welt zu schaffen, sondern vermenschlichte sie gleichzeitig und machte sie dem Menschen zugänglich. Die Vernunft ist fähig, sich an der Deutung der „göttlichen Wahrheit" zu beteiligen und sie in die „rechte Form" der hussitischen Theorie auszulegen.

Überall dort, wo die „göttliche Wahrheit" in die gesellschaftlichen Beziehungen der Menschen eindringt und ihr Kriterium wird, entscheidet jeder Mensch mit seiner Vernunft, ob sie richtig angewendet wurde. Das ist der spezifische Sinn des hussitischen Rationalismus. In diesem spezifischen Sinn fließt die göttliche Vernunft mit der universalen menschlichen Vernunft zusammen. Darin besteht gleichzeitig die Modernität des hussitischen Rationalismus, darin besteht die intellektuelle Demokratisierung, die das Hussitentum Hand in Hand mit seiner revolutionären demokratisch-humanistischen Umgestaltung der mittelalterlichen sozialen Philosophie vollzogen hat.

Der universale Charakter der Vernunft, die die „göttlichen Wahrheiten" interpretiert, ist direkt in der Richtung konzentriert, in der die abstrakten Prinzipien des entstehenden bürgerlichen Denkens die feudale Gesellschaft torpedierten. Die formale und institutionelle Autorität in der Deutung der religiösen Wahrheiten wird verworfen, sofern sie sich nicht auf eine rationale Überzeugung und auf einen rationalen Beweis stützt. Diesen Standpunkt hat Hus auf einzigartige Weise durch sein eigenes Beispiel konkretisiert: Er vertrat ihn vor dem Konstanzer Konzil und ging für ihn in den Tod.

Wenn die Vernunft universell ist, so ist nicht nur der Vorgesetzte, sondern auch der Untergebene, der einfache Mensch, der mit ihr ausgerüstet ist, fähig und verpflichtet zu entscheiden, ob das „Gesetz Gottes" richtig aufgefaßt und richtig angewandt wurde. Diesen konkreten Sinn seines Rationalismus hat Hus mehrmals offen ausgesprochen; so schreibt er in seiner Schrift „Contra octo doctores", in der er die katholischen Theologen der Prager Universität angreift: *„Und es zeigt sich,* daß kein unermeßlicher Irrtum und keine Verwirrung in der Welt, sondern Wahrheit und Gerechtigkeit, Frieden und Eintracht wachsen würden, wenn die Untergebenen auf die Wahrheit der Briefe achten und ihre Vernüftigkeit gemäß dem Gesetz Gottes suchten und somit erkennten, was vernunftsgemäß zu tun sei... Wenn also die *Aussprüche der Doktoren* auf alle Untergebenen Einfluß hätten hinsichtlich der Gebote und der Werke ihrer Vorgesetzten, so würde das Urteil der Vernunft ausgeschlossen."[29]

Aber nicht nur das. Gegen die gleichen Doktoren, die im Kampf gegen Hus behaupteten, daß die Untergebenen den Vorgesetzten in allen „mittleren" Dingen, die gegenüber der „göttlichen Wahrheit" mehr oder weniger „neutral" sind, das heißt auf dem weiten Gebiet der menschlichen und sozialen Beziehungen, zu gehorchen haben, entwickelt Hus eine glänzende und erkenntnistheoretisch besonders wichtige Argumentation, daß in solchen Fällen die angeborene Vernunft des Menschen entscheidet, ob er die Gebote gehörig erfüllen soll oder nicht. In einem solchen Falle „soll erwogen werden, ob der Gebietende dabei nicht irren kann und in welchem Maße das Werk dem Gehorchenden nützlich ist und ob der Gehorchende zu diesem Werk geeignet ist... Wenn der Papst mir befehlen würde, Flöte zu blasen, Türme zu bauen, Kleider zu weben oder zu flicken und Würste zu stopfen, muß da nicht meine Vernunft urteilen, daß der Papst töricht befahl?... Ja, wenn er mir solche Dinge mit allen unseren Doktoren zusammen befähle, würde doch die Vernunft entscheiden, daß ihr Befehl töricht wäre." [30]

Hier also erhält die menschliche Vernunft schon eine unabhängige Funktion und verselbständigt sich als der entscheidende Faktor des menschlichen Handelns. Hier treten die natürlichen Interessen der Menschen für einen Augenblick aus ihrer göttlichen Form heraus und treten in den Zusammenhang mit der natürlichen Vernunft ein. Aus dieser Argumentation kann man auch den wahren Sinn der hussitischen „göttlichen Wahrheiten" beurteilen.

Obwohl sich der hussitische Rationalismus wesentlich vom nominalistischen und Renaissance-Rationalismus unterscheidet, so ist trotzdem klar, daß er in seinen „göttlichen Wahrheiten" den grundlegenden menschlichen Wahrheiten die absolute Sanktion erteilt und den Menschen befähigt, das „Gesetz Gottes" in die Form des Ideals der gerechten menschlichen Gesellschaft auszudeuten. Da der hussitische Humanismus gerade durch seine theologische Gestalt das sanktionierte abstrakte Prinzip der Gerechtigkeit ist, das gegen die Feudalgesellschaft gerichtet ist, ist der hussitische Rationalismus ein Mittel, das es ermöglicht, dieses Ideal zu schaffen und zu begründen. Er ist das Instrument des hussitischen sozialen Demokratismus, mag er eine theologische oder eine natürliche Form haben. Er ist ein ausgesprochen antifeudaler Rationalismus; denn die universale Macht der Vernunft, die den Volksmassen gegeben ist, dient ihnen dazu, die eigene Emanzipation zu erlangen. Ähnlich wie die abstrakte Gerechtigkeit, untergräbt auch die abstrakte Vernunft die Grundlagen der Feudalgesellschaft.

*

Die oben skizzierten Gedanken sind vor allem Hus' Gedanken. Es ist überhaupt charakteristisch, daß die höchste Form des bürgerlichen Hussitentums durch das Verdienst von Hus in der Anfangsperiode der Revolution entsteht, während im eigentlichen Verlaufe der Revolution das bürgerliche Hussitentum allmählich degeneriert. Dabei waren es vor dem Jahre 1419 nicht nur Hus, sondern auch Hieronymus von Prag, Jakobellus von Mies und die Reihe der übrigen Theoretiker der bürgerlichen hussitischen Opposition, die ihre wertvollsten Werke und Abhandlungen schufen. Die gesamte hussitische Partei an der Prager Universität befand sich in der ideologischen Offensive, wovon die Universitätsquodlibets zeugen.

Vom Jahre 1419 an — im wesentlichen jedoch schon zwei Jahre früher — beginnt eine radikale Umkehr. Das „Neue" im Prager Hussitentum in der Zeit der eigentlichen Revolution ist, daß es von Hus und Wiclif abweicht, daß es — mit Ausnahme von Selau — von der Gesamtkonzeption von Hus' Sozial-Philosophie abläßt und sich nur auf das Programm, die Kirche der weltlichen Macht zu entledigen, und auf einige enge Religionsprinzipien beschränkt, vor allem auf den nationalistisch gefärbten Kampf um den Kelch. Die Prager Universität hört auf, das Zentrum einer fruchtbaren geistigen Bewegung zu sein und wird im Gegenteil die Hauptvertreterin des hussitischen Konservatismus, die ideologische Hauptkraft der hussitischen Rechten, die nach der Versöhnung mit der Kirche und mit dem europäischen Feudalismus strebt. Wenn das Prager Hussitentum in einer bestimmten Richtung offensiv ist, so handelt es sich um einen gehässigen Angriff und um einen unversöhnlichen Kampf gegen den taboritischen Radikalismus. Dieser Verfall des Prager Hussitentums ist am ausdrücklichsten in der Person und im Werk Jan von Pribrams verkörpert.

Diese Logik der Entwicklung hat ihre eigene innere Ursache in der Entstehung eines selbständigen radikalen hussitischen Flügels, der ein hussitisches Programm mit weit umwälzenderen Zielen aufstellt, als sie sich die bürgerliche Opposition gestellt hat. Von diesem Augenblick an geht die bürgerliche Opposition, die sich selbst durch den Radikalismus der Volksmassen bedroht fühlt, politisch und ideologisch immer mehr nach rechts — bis zum ausdrücklich konterrevolutionären Standpunkt. Daß diese Entwicklung gesetzmäßig ist, können wir hundert Jahre später in der deutschen Revolution an der Entwicklung Luthers selbst nachprüfen.

Der spezifische Charakter der böhmischen Revolution besteht darin, daß in ihr lange Zeit nicht das bürgerliche Prag die Aufgabe des Hegemons gespielt hat, sondern das bürgerliche Tabor — und das auch in der ideologischen Sphäre. Und es ist gerade das bürgerliche Tabor, das im wesentlichen an Hus' Grundposition festhält. Das können wir am ehesten durch die Konfrontierung der Prager und der taboritischen Formulierung der vier Artikel — vor allem des *vierten Artikels* feststellen.[31]

Wenn diese Tatsache auch von außerordentlicher Bedeutung ist und davon zeugt, daß die von Hus formulierten Hauptprinzipien des bürgerlichen Hussitentums im eigentlichen Verlauf der Revolution das Aktionsprogramm des führenden Flügels der bürgerlichen Opposition sind, so bedeutet das jedoch nicht, daß das bürgerliche Tabor die Sozial-Philosophie von Hus weiterentwickeln oder vertiefen würde. Es behält sie lediglich in einer konzentrierten, verkürzten Form seines Aktionsprogramms.

Gegenüber Hus bringt freilich das bürgerliche Tabor eine um vieles radikalere Kritik der Kirche, eine umwälzendere Theologie, vor allem die pikardische Auffassung der Eucharistie hervor.[32] In dieser Richtung finden wir auch den Schwerpunkt der Tätigkeit von Biskupetz' Tabor.

Jedoch in allen diesen Richtungen ist das bürgerliche Tabor nur der unmittelbare Erbe des bäuerlich-plebejischen Tabors, des Tabors von Martínek Húska.

Selbst in dieser Hinsicht hat es im Grunde nichts Neues geschaffen, neu war lediglich, daß es die theologischen Postulate des bäuerlich-plebejischen Tabors abschwächte und ihnen — besonders, was die eucharistische Lehre betrifft — Wiclifs gelehrten Apparat verlieh.

Wenn wir deshalb die weitere Entwicklung der hussitischen Theorie in den grundlegenden ideologischen Fragen verfolgen wollen, gelangen wir direkt von Hus zum bäuerlich-plebejischen Hussitentum, das sich in den Jahren 1415 bis 1421 herausbildete, seinen Höhepunkt in den Jahren 1419—1421 erreichte und in dieser Zeit zur herrschenden Richtung in dem zweiten revolutionären Zentrum des hussitischen Böhmens, in Tabor, wurde. In dieser Zeit erreicht die hussitische Revolution auch ihren Kulminationspunkt; denn das bäuerlich-plebejische Tabor wird in diesen Jahren zum Hegemon der gesamten revolutionären Bewegung.

Wenden wir nun also unsere Aufmerksamkeit dem bäuerlich-plebejischen Hussitentum zu.

IV.

Als bäuerlich-plebejische Ketzerei bezeichnete Engels jene radikale Strömung der antifeudalen Bewegung, die sich nicht nur auf den Angriff gegen die Kirche beschränkte, wie dies zum größten Teil bei der bürgerlichen Ketzerei der Fall war, sondern die Klasseninteressen der arbeitenden Menschen durch die Forderung nach völliger Beseitigung der feudalen Verhältnisse ausdrückte. Diese revolutionäre programmatische Forderung bildet gerade den grundlegenden ideellen Gehalt des taboritischen Radikalismus, den wir deshalb mit vollem Recht als bäuerlich-plebejische Ideologie charakterisieren können.

Wenn wir den Ort des bäuerlich-plebejischen Hussitentums in der hussitischen Theorie und in der gesamten ideellen Entwicklung der damaligen Zeit richtig bestimmen wollen, so genügt es nicht, wenn wir uns dessen Beziehungen zum bürgerlichen Hussitentum klarmachen. Es ist gleichzeitig notwendig, sein Verhältnis zum vorhussitischen Volksketzertum zu klären, das in Europa schon lange vor Wiclif und Hus existierte und eine Reihe antikirchlicher und antifeudaler Ansichten formulierte, die wir zwar nicht bei Wiclif und Hus, wohl aber im bäuerlich-plebejischen Hussitentum finden.

Wir haben dabei vor allem die drei wichtigsten Ideenströmungen des vorhussitischen Volksketzertums im Auge: das Waldensertum, den Ideenkreis der Sekte vom „freien Geiste" und den vorhussitischen Chiliasmus.

Es entsteht deshalb die Frage: Gelangt das bäuerlich-plebejische Hussitentum zu seinen programmatischen Forderungen nur durch die Weiterentwicklung der Methode, die der „gelehrten Kritik" der bürgerlichen Opposition entliehen wurde, und führt es diese Methode nur bis zu ihrer äußersten Konsequenz durch — oder fällt es gleichzeitig in die Entwicklungslinie des vorhussitischen Volksketzertums und hat gerade in ihm seine Vorgeschichte? Schon der flüchtige Vergleich des vorhussitischen Volksradikalismus mit dem Inhalt und der Entwicklung des taboritischen Radikalismus zeugt davon, daß die erste Eventualität unwahrscheinlich ist und daß zweifellos mindestens ein objektiver ideeller Zusammenhang zwischen dem bäuerlich-plebejischen Tabor und dem vorhussitischen Volksketzertum existiert.

Es entsteht sofort eine zweite Frage: Inwieweit ist das bäuerlich-plebejische Hussitentum der Höhepunkt dieser historischen Reihe, inwieweit bildet es den ererbten Gedankenstoff in eine neue Form um und stellt eine höhere Etappe der antifeudalen Volksideologie dar? Damit ist begreiflicherweise auch die Frage nach der internationalen und — in der Zeit, mit der wir uns befassen — der wirklichen Weltbedeutung des hussitischen Volksradikalismus gestellt.

Entgegen den Tendenzen der bürgerlichen Wissenschaft, den taboritischen Radikalismus nur als eine Filiation und eine Übernahme von Ideen der ketzerischen Sekten, die in der vorhussitischen Zeit existiert haben, darzustellen, wies die marxistische Wissenschaft richtig darauf hin, daß die Ideologie des Volkstabors als das Produkt des Klassenkampfes der Volksmassen in der hussitischen Revolution entsteht und daß die revolutionäre Volksbewegung in der hussitischen Revolution gegenüber den vorhergehenden Klassenkonflikten eine revolutionäre Bewegung höheren Typs ist, daß sie die sektiererische Begrenztheit des vorhussitischen Volksketzertums überwindet und zum revolutionären Angriff einer gesellschaftlichen Fraktion wird, genauso, wie es hundert Jahre später in Müntzers Volksreformation war.

Beim Beweis und bei der Verifizierung dieses richtigen Standpunktes darf man jedoch den objektiven ideellen Zusammenhang zwischen den Lehren der europäischen Volkssekten und der Lehre des taboritischen Radikalismus und den internationalen Zusammenhang der antifeudalen Volksideologie nicht aus den Augen lassen. Dabei kann man das qualitative Übergewicht des bäuerlich-plebejischen Tabors in der ideellen Sphäre nur dadurch beweisen, daß man die Art und Weise und die Ergebnisse der Umschmelzung des ererbten Gedankenstoffes in die qualitativ höhere Gedankenform der revolutionären Volksideologie zeigt, der Umschmelzung, die gerade von der neuen revolutionären Aufgabe der Volksmassen in der hussitischen Revolution ausgenutzt wurde. Niemals aber wird der Beweis gelingen, wenn der Zusammenhang zwischen dem taboritischen Radikalismus und seinen europäischen Vorgängern und seine zeitgenössischen Parallelen nicht erforscht oder ignoriert werden.

Der vorhussitische Volksradikalismus, der die sich verschärfenden Widersprüche in der Feudalgesellschaft widerspiegelt, ist gleichzeitig durch die Tatsachen gekennzeichnet, daß die feudale Gesellschaft über die fortschreitenden Krisenerscheinungen hinaus, die durch das Eindringen der Ware-Geld-Wirtschaft hervorgerufen werden, noch immer eine relative Stabilität besitzt, daß es dabei nirgends zu einer tiefen gesamtnationalen Krise kommt, die alle Klassen der Gesellschaft umfaßt, die traditionellen Bande zwischen ihnen zerreißen und den gesamten hierarchischen Aufbau des Feudalsystems zerstören würde. Nur in einer solchen Situation kann jedoch der Volksradikalismus freien Raum finden, um zu versuchen, seine umstürzlerischen Forderungen und Gedanken praktisch geltend zu machen und sie in ein realistisches Programm zu verwandeln. Solange eine solche Situation nicht entsteht, ist er notwendig dazu verurteilt, unterirdisch zu vegetieren und seinen Nonkonformismus in der Form idealer und gleichzeitig illusorischer Negation der bestehenden Verhältnisse und der herrschenden Ideologie und in der Form von unrealisierbaren Idealen zu formulieren.

Hier muß man die eigentliche Ursache der sektiererischen Deformierung der radikalen Postulate des vorhussitischen Volksradikalismus suchen.

Im Katharertum, der historisch ersten Ketzerbewegung des Mittelalters, das durch seine Methode des ontologischen Dualismus den ersten Frontalangriff gegen das transzendentale idealistische System der kirchlichen Feudalideologie durchführte und das faktisch schon das grundlegende Gedankenmaterial sowohl für den Aufbau der waldensischen Lehre als auch für den Aufbau des Ideensystems der Sekte vom „freien Geiste" geschaffen hat, dringt das Sektierertum gleichsam bis zum Wesen seiner Theorie selbst durch, zur katharischen grundsätzlichen Negierung der Welt. Die Katharer sind nur insoweit fähig, die irdische Wirklichkeit zu erfassen, insofern sie sie theoretisch als ein satanisches Erzeugnis verurteilen.

Bei den Waldensern handelt es sich schon um eine einfache Negierung der feudalen Welt mit positivem humanistischen Inhalt. Ihre Verknüpfung des göttlichen Prinzips mit humanistischen, antikirchlichen und antifeudalen Idealen zeugt davon, daß die Methode des „Gesetz Gottes" schon vor dem Auftreten von Wiclif und Hus entstand und angewandt wurde. Bei den Waldensern wurde diese Methode jedoch um vieles radikaler zur direkten Negierung der Kirche und im lombardisch-mitteleuropäischen Zweig der Waldenser, in der Zeit vor der hussitischen Revolution, besonders ausdrücklich auch zur Negierung der gesamten feudalen Hierarchie angewandt. Das bäuerlich-plebejische Programm entsteht so in negativer Form vor allem im Waldensertum. Gleichzeitig ist die Gedankenwelt des Waldensertums jedoch tief von einem duldenden, defätistischen Verhalten, von der grundsätzlichen Ablehnung jeglicher praktisch-gesellschaftlichen Aktion zur Verwirklichung der eigenen Vorstellungen von der „göttlichen Ordnung" auf der Erde durchdrungen.

Das humanistische Ideal ist in der Lehre der Sekte vom „freien Geiste" seiner supranaturalistischen Wurzeln beraubt und auf eine Vorstellung vom Menschen gebracht, der seine natürlichen Bedürfnisse befriedigt und sich durch seine natürlichen Interessen regiert, und ist hier gleichsam theosophisch sanktioniert. Im Ideal des Gottmenschen, der mit Gott dadurch zusammenfließt, daß er sich an seine menschliche Natur hält, entsteht im Volksketzertum das Renaissanceideal noch vor der Renaissance, und gleichzeitig entsteht schon jene extreme Form des Pantheismus, in der das göttliche Prinzip in das metaphysische Substrat der natürlichen Welt verwandelt wurde. Die „Freien" verleihen dem vollkommenen Gottmenschen schon freien Willen und Aktivität zur Erfüllung seiner natürlichen Bedürfnisse. Es ist dies jedoch die Aktivität eines exklusiven übergeordneten Einzelnen, die solipsistisch und direkt asozial aufgefaßt ist — und deshalb ist das gleichzeitig eine illusorische Aktivität, eine Aktivität der Fieberträume und des frommen Wunsches, niemals eine Aktivität des realen Handelns.

Der Wunsch, die gegebenen menschlichen Verhältnisse revolutionär zu verändern, erzwingt im Volsketzertum notwendig die positive Vorstellung vom Antritt der neuen, gerechten gesellschaftlichen Ordnung. Es ist charakteristisch, daß der Chiliasmus, der diese Vorstellung in das Gedankenarsenal des Volsketzertums hineinträgt, sie gleichzeitig auf die illusorische Ebene verlegt. Die revolutionäre Veränderung der Welt macht er vom wunderbaren fatalistischen Eingriff Gottes abhängig, und das Trugbild des zukünftigen Reiches Gottes auf Erden füllt er mit phantastischen Vorstellungen vom Paradies an. Wenn das Volsketzertum insgesamt das göttliche Wunder verdrängt und philosophisch das transzendente idealistische System der kirchlichen feudalen Philosophie zerschlagen hat, so gelingt es ihm, die Notwendigkeit des Kommens der „neuen Zeit", die sehr kühne Sehnsucht der Volksmassen, nur durch die Wiedereinsetzung des transzendenten Gottes auszudrücken, dadurch, daß es das Wunder von neuem in seine Theosophie hineinläßt, von wo es vorher verdrängt worden war. Dort, wo das Volsketzertum seine revolutionärsten Ziele formuliert, da scheitert es philosophisch und erweist es seinen völlig sektiererischen Charakter.

In der Unerträglichkeit der eigenen Situation und ihrer Unveränderlichkeit, seines eigenen Selbstbewußtwerdens und seiner eigenen Machtlosigkeit bewegt sich das vorhussitische Volsketzertum von der Erkenntnis zu dessen praktischer Negation, vom rationalen Pol zum irrationalen und von der realistischen Anschauung zur Illusion und zur Phantasie.[33]

In der Entwicklung des bäuerlich-plebejischen Hussitentums finden wir alle grundlegenden Gedanken des vorhussitischen Volsketzertums wieder. Sie äußern sich in seiner Anfangsphase in ihrer sektiererischen Deformierung. Die Einzigartigkeit des bäuerlich-plebejischen Hussitentums besteht vor allem darin, daß unter dem Druck der revolutionären Praxis der Volksmassen, deren Interessen es ausdrückt, und unter dem Einfluß des hussitischen Rationalismus es allmählich seine sektiererischen Ausgangspunkte überwindet und den Gedankenstoff des Volsketzertums in eine qualitativ höhere Form umschmilzt. Das war ein schwieriger, meist spontaner Prozeß, in dem die neuen gedanklichen Qualitäten unter den alten Denkformen verborgen blieben. Doch handelt es sich hierbei um einen außerordentlichen Prozeß, um den Entstehungsprozeß der ersten europäischen revolutionären Ideologie, der zu dem Ergebnis führte, daß die böhmische Revolution ihren einzigartigen Beitrag zur Schatzkammer des Denkens leistete.

Die grundlegende gesellschaftliche Voraussetzung dieser gedanklichen Entwicklung war die gesamtnationale revolutionäre Krise der böhmischen Gesellschaft, aus der die hussitische Revolution hervorwuchs. Die Koalition der herrschenden Klassen, die die Aktionen der Volksmassen in der vorhussitischen

Zeit und in den ersten Anfängen unterdrückte, wurde für eine lange Zeit zerstört. Die bürgerliche Opposition war dagegen im Anfangsstadium der Revolution gezwungen, im Volksradikalismus ihren Verbündeten zu suchen. Im kritischen Jahr 1420, das der Wendepunkt in der Entwicklung des taboritischen Radikalismus war, bildet sich die ausgereifte Form der revolutionären Volksideologie gerade deshalb, weil in ihrem Entstehungsprozeß das bäuerlich-plebejische Tabor an die Spitze des revolutionären Volkes tritt, weil es auf ihrer Grundlage die breiten Massen des Volkes zum Kampf gegen die Interventionsheere des feudalen Europa mobilisiert und die gesellschaftliche Funktion des Retters der Revolution erfüllt. In einer ähnlichen Situation hat sich der Volksradikalismus in der vorhussitischen Zeit noch niemals befunden, eine analoge Situation finden wir erst in den späteren Revolutionen bürgerlichen Typs. Erst als das Volkstabor diese seine gesellschaftliche Aufgabe siegreich erfüllt hat, konzentriert die bürgerliche Opposition alle Kräfte gegen ihn und vernichtet ihn. Auch dieser tragische Schlußakt des bäuerlich-plebejischen Hussitentums ist schon eine typische Erscheinung der dialektischen Gesetzmäßigkeit der Revolution bürgerlichen Typs.

Unter dieser komplizierten und schnell sich verändernden Klassenkonstellation der revolutionären und konterrevolutionären Kräfte findet die Entwicklung der Ideen des taboritischen Radikalismus statt.

In der ersten Phase der Existenz und des Wirkens des hussitischen Radikalismus in den Jahren 1415—1419 enthält die Volksideologie vor allem eine scharfe Kritik der Kirche, die praktisch die Forderung nach völliger Beseitigung der kirchlichen Institution bedeutet. Gleichzeitig wird jeglicher kirchliche Ritus, die Gesamtheit der äußeren heiligen und sakramentalen Mittel abgelehnt. Diese äußeren Mittel des katholischen Ritus, auf denen der Katholizismus allmählich seine Macht als einer wunderbaren überirdischen Institution aufgebaut hatte, werden nicht nur als Aberglauben, sondern gleichzeitig auch als Instrumente der pfäffischen Erpressung abgelehnt.

Die kirchliche Institution wird jedoch nicht nur angegriffen, soweit es sich um ihre materiellen Instrumente handelt. Die Kirche als Institution ist vor allem durch die zentrale These völlig vernichtet, daß jede Handlung eines unwürdigen und schlechten Priesters keinen Wert hat und ungültig ist, einschließlich der grundlegenden kirchlich-religiösen Handlung, der Darreichung der Sakramente. Die Methode des „Gesetz Gottes" als sozial-ethische Norm ist so noch konsequenter und radikaler als bei Hus angewendet, der die Gültigkeit der Sakramente, die durch schlechte Priester dargereicht werden, bestehen ließ. Hieraus entsprang, daß jeder Laie religiöse Handlungen ausüben kann, der dazu die moralischen Voraussetzungen hat. Die Kirche löste sich auf diese Weise in eine allgemeine Gesellschaft guter Christen mit gleichen Rechten und gleichen Pflichten auf.

Sofern es sich um die eigentliche kirchliche Lehre handelt, wird die Lehre vom Fegefeuer ausdrücklich angegriffen und abgelehnt, es wird die Fähigkeit der Heiligen geleugnet, in das Schicksal der Lebenden und Toten einzugreifen zu können. Es werden alle späteren Beifügungen, Zusätze und Satzungen, die entgegen dem Zustand sind, der in der evangelischen „Ur"-Kirche geherrscht hat — einschließlich der Lehre der heiligen Väter — abgelehnt.

Insofern der Volksradikalismus in dieser Zeit die Sphäre der Kritik an der Kirche überschreitet und Probleme der gesamten Gesellschaft berührt, gelangt er zu zwei charakteristischen Ansichten: zur Ablehnung des Eides und zur Ablehnung der Todesstrafe, des Tötens und des Kriegsführens als Handlungen, die dem „göttlichen Gesetz" widersprechen.

Diese Ansichten, die uns in einigen Dokumenten aus dieser Zeit erhalten geblieben sind[34], wurden vor allem von Nikolaus von Dresden und in gewisser Hinsicht von Johann von Selau[35] weiterentwickelt und sind im wesentlichen waldensische Ansichten.

Die Übereinstimmung des Wiclifismus-Hussitismus und des Waldensertums in der grundlegenden Denkmethode — wie von ihr schon oben die Rede war — ermöglicht und erleichtert die Durchdringung und das Zusammenfließen der hussitischen und waldensischen Gedanken. Gerade diese methodologische Identität ermöglichte es Nikolaus von Dresden, seine wiclifitische Erudition und die wiclifitische Begriffskritik (in vieler Hinsicht bestimmt durch Hus vermittelt) für die theoretische Ausarbeitung der Lehre vom evangelischen Gesetz und vom gesellschaftlich-moralischen Inhalt des Christentums in der radikalen Form zu benutzen, in der diese Lehre schon lange vor Wiclif im waldensischen Vol'sketzertum existiert hat. Nikolaus mag zu diesen Ergebnissen auch durch eine weitere Vertiefung der Prinzipien gekommen sein, mit denen er erst in den Werken von Wiclif und Hus bekannt geworden ist, oder, was mehr als wahrscheinlich ist, auch auf der Grundlage seiner eigenen Kenntnis der waldensischen Lehren.

Deshalb verschmelzen waldensische Ansichten im Volksradikalismus organisch mit rein hussitischen Forderungen, vor allem mit der Forderung des Kelches, weiter mit dem Kult um Jan Hus[36], so daß man sie als hussitisch-waldensisch bezeichnen muß.

Das böhmische Waldensertum *verwandelte* sich freiwillig und begeistert in *Hussitentum*, weil es in Hus und im Hussitentum die mobilisierende Kraft erkannte, die die Macht der katholischen Kirche gebrochen, den kirchlichen Druck gemildert und das gesamte Volk in Bewegung gebracht hatte. Diese befreiende Aufgabe des Hussitentums und sein gesamtnationaler Charakter bewirkten, daß das böhmische Waldensertum im Hussitentum *seine nationale Form* fand und sich in dessen radikalen Flügel verwandelte. Infolge der fortschreitenden revolutionären Krise und infolge des Zerfalls der kirchlichen Macht werden die hussitisch-waldensischen Ansichten offen verkündet und unter den Massen verbreitet. Darin besteht der grundlegende Unterschied zum waldensischen Sektierertum, das in tiefer Illegalität an der Peripherie des gesellschaftlichen Lebens bestanden hat. Die hussitische Rechte ist nur zu einem ideologischen Kampf gegen diese Ansichten fähig, der jedoch keine praktischen Ergebnisse hat.

Es ist charakteristisch, daß der Volksradikalismus lange Zeit die weltlichen Feudalherren nicht angriff. Es wird im Gegenteil mit der legitimen Macht und mit den weltlichen Feudalherren als mit einem Instrument des antikirchlichen Kampfes gerechnet. Sowohl Nikolaus von Dresden als auch Johann von Selau sind dabei kompromißlose Vertreter von Hus' Sozial-Philosophie. Sehr scharf verurteilen sie jegliche Obrigkeit, sowohl die kirchliche als auch die weltliche, soweit sie sich nicht vom „Gesetz Gottes" leiten läßt, das heißt, wenn sie nicht den Nutzen der sozial Schwachen und Unterdrückten verfolgt. Johann von Selau vertritt schließlich das Prinzip, „daß nur die arbeitenden Menschen mit Recht ihr Brot essen". Ähnlich wie Hus gelangen jedoch weder Nikolaus noch Johann von Selau zur direkten Ablehnung der feudalen Gesellschaftsordnung. In Übereinstimmung mit Hus und dem offiziellen Hussitentum vertreten dagegen beide die Ansicht, daß die weltlichen Herren *direkt verpflichtet sind*, in der Kirche das Recht herbeizuführen, die schlechten Priester zu strafen und der Kirche das Eigentum zu nehmen.[37] Seinem gesellschaftlichen und Klasseninhalt nach ist deshalb der Volksradikalismus dieser Zeit die radikale Form des bürgerlich-oppositionellen Programms.[38] Das ist dadurch bedingt, daß die bürgerliche Opposition einschließlich des hussitischen Adels an der Spitze des gesamten hussitischen Aufruhrs standen und gewisse Erfolge erringen konnten, wobei sie ihre Positionen am königlichen Hofe ausnutzten. Die Triebkraft der revolutionären Bewegung war in dieser Zeit vor allem das städtische und das ländliche Volk. Die Tatsache jedoch, daß ein bedeutender Teil des Adels im hussitischen Lager steht und wirkt, war ein Hindernis, um schon in dieser Zeit die Forderung nach Beseitigung der weltlichen Feudalität zu erheben.

Mit der Annahme der geläufigen hussitischen Vorstellung, daß die legitime Macht und die weltliche Feudalität gegen die Kirche einzuschreiten haben, umgeht und kompensiert der Volksradikalismus gleichzeitig seinen grundsätzlichen Pazifismus und Defätismus und baut sich eine Brücke zum praktischen Handeln, das das vorhussitische Waldensertum völlig ausschloß. Die legitimistische Methode, die vom offiziellen Hussitentum übernommen wurde, ist die erste Form, in der sich der hussitische Radikalismus die Verwirklichung seiner nichtoffiziellen Ziele vorstellte. Darin besteht der spezifische Sinn der Symbiose von Waldensertum und Hussitentum im ersten Entwicklungsstadium des Volksradikalismus.

An der Jahreswende 1418–1419 kommt es jedoch zum ersten konterrevolutionären Umschwung. Der König weicht dem Druck der internationalen Reaktion. Positionen, die in den vergangenen Jahren erobert wurden, fallen wieder in die Hände der katholischen Partei. Die bürgerliche Opposition fällt in sich zusammen. Gerade unter dem Einfluß dieser Ereignisse, unter dem Einfluß von Versagen und Verrat „des weltlichen Armes" dringt in den Volksradikalismus die Forderung nach Beseitigung der weltlichen Feudalität ein. Im Synodalbeschluß aus dem Jahre 1419 finden wir einen Angriff gegen den eigentlichen bäuerlich-plebejischen Kern des Waldensertum, der kein Beispiel in irgendeinem früheren

Dokumente hat, die in Ton und Inhalt viel strikter sind. Aus dem Punkt 13 dieses Dokumentes ist ersichtlich, daß in den Volksradikalismus die Ablehnung jeglichen Gehorsams gegen jegliche geistliche und weltliche Obrigkeit eingedrungen ist.[39]

Das hussitisierte Waldensertum erhebt am Ende seines Lebens das klassische waldensische Ideal auf seinen Schild, weil es damit die Grenzscheide in der Entwicklung der Revolution, die beginnende Emanzipation der Volksmassen als einer selbständigen revolutionären Kraft, signalisieren kann. Dieser offensichtliche Widerspruch zwischen dem neuen Sinn der klassischen waldensischen These und ihrer alten klassischen Funktion, als sie der Ausdruck der machtlosen Negation der unveränderlichen Welt war, weist klar darauf hin, daß die waldensische Gestalt der bäuerlich-plebejischen Ideologie in der gegebenen revolutionären Situation nur ihre augenblickliche Übergangsform sein kann, die den waldensischen Prinzipien der gerade zu Ende gehenden Zeit entspringt: daß sie nur dann einen positiven Sinn haben kann, wenn sie wiederum negiert wird. Die weitere Entwicklung des bäuerlich-plebejischen Hussitentums zeigt, daß der Druck der Revolution die Überwindung des Waldensertums als Waldensertum sehr bald erzwang und seine ungeheuren positiven Werte in das neue Gedankensystem überführt hat.

Die dramatischen Folgen der Ereignisse nach dem Ausbruch der Revolution in Prag im Jahre 1419 bestimmten die weitere Entwicklung des radikalen Hussitentums. Nach dem revolutionären Signal, das Johann von Selaus Prag gab, geht schnell eine Stadt nach der anderen in die Macht der hussitischen Partei über. Die Volksmassen sind in der Offensive, deren Höhepunkt die gesamtnationale Konzentration im November 1419 in Prag sein sollte. Aber gerade in diesen kritischen Novembertagen fällt Prag der revolutionären Volksbewegung in den Rücken: Anstatt sich an ihre Spitze zu stellen, schließt Prag verräterisch und für sich selbst sehr problematisch einen Waffenstillstand mit der Königspartei ab und verdirbt so die Offensive der Volksmassen. Die bürgerliche Opposition, kaum genesen, enthüllt wieder ihr wahres Gesicht. Seit diesem Augenblick ensteht ein tiefer Abgrund zwischen Prag und dem ländlichen Volksradikalismus, der schicksalhaft den weiteren Lebensweg des bäuerlich-plebejischen Hussitentums bezeichnet. Das Scheitern des Novemberversuches, die revolutionären Kräfte in Prag zu konzentrieren, geht in die Gegenoffensive der Reaktion über, und die fünf übriggebliebenen Inseln des hussitischen Radikalismus Pilsen, Klattau, Schlan, Laun und Saaz werden isoliert und befinden sich in einer sehr kritischen Lage.

Wie kann man einen Ausweg aus dieser Situation finden, da es nicht mehr möglich ist, zu kapitulieren und sich der revolutionären Perspektiven zu entledigen, mit denen der Gedanke des Angriffs erfüllt wurde? Die Bewegung war schon ziemlich fortgeschritten, war trotz ihrer neuen Isolierung sehr frei, sehr massenhaft und zu konkret geworden, als daß sie sich in den Untergrund zu den idealen Formen der waldensischen Negation der Wirklichkeit zurückziehen konnte.

Der einzige mögliche Ausweg war die Entwicklung der chiliastischen Gedanken, die schon im Frühjahr dieses Jahres bei den Versammlungen auf den „Bergen" aufgetaucht waren, die damals jedoch bei weitem noch nicht eine geschlossene Lehre darstellten und sich erst auf den waldensischen Prinzipien des Volksradikalismus gebildet hatten. Das Bedürfnis, ein positives Programm der Umgestaltung der Gesellschaft unter den Bedingungen der eigenen Schwäche in Kraft zu verwandeln, sich in der ideologischen Offensive zu erhalten und im Gegenteil sogar noch die Wirksamkeit der eigenen ideologischen Waffen zu verstärken, — dieses Bedürfnis schafft notwendig die Ideologie des chiliastischen Trugbildes. An die Stelle der Menschen, die die Umgestaltung der Gesellschaft durchführen sollten, aber nicht durchgeführt haben, tritt Gott selber, der von den radikalen Ideologen zur Ausführung dieser Aufgabe gerufen worden ist und der ein verläßlicher, gleichzeitig jedoch übernatürlicher und wunderbarer Schutz ist. Es entsteht die Vision vom unmittelbaren Antritt des tausendjährigen Reiches Christi auf Erden, wobei durch Gottes Strafe das verdorbene Babylon der alten Welt mit allen seinen Schlechtigkeiten und seinem Unwesen, mit allen bösen Menschen vernichtet und verstreut wird. Gerettet werden nur die auserwählten Gerechten, die nach dieser Katastrophe in das neue Paradies auf Erden geführt werden. Orte der Errettung werden fünf Städte, die von Gottes Rache verschont bleiben und in die sich alle Gläubigen zu flüchten haben, damit sie hier Gottes Verderben der Welt überleben und sich den Weg zu einer glücklichen Zukunft bahnen.

Aus den fünf übriggebliebenen Inseln des hussitischen Radikalismus, die ansonsten verlassen, eingekreist und dem Untergang vorausbestimmt sind, werden mit einem Mal Oasen, die vor dem Verderben bewahren und im Gegenteil das Los des Verderbens über die übrige Welt bringen. Diese halsbrecherische Umwandlung der tatsächlichen Situation in ihr Gegenteil, diese Umwandlung der Depression aus der Niederlage in eine enthusiastische Erwartung des bevorstehenden Sieges ermöglichte gerade die Methode des Chiliasmus.

Der Chiliasmus dringt in das hussitische Denken als der ideologische Ausdruck einer bestimmten Etappe der revolutionären Krise ein, als Ausdruck des äußerst realen praktischen Bedürfnisses der radikalen hussitischen Partei, die in einem bestimmten Augenblick ihre Schwäche in ihre Stärke verwandeln muß. Seinem Inhalt nach ist es der alte vorhussitische sektiererische Chiliasmus, der jedoch auch in dieser seiner Anfangsform eine direkt antisektiererische Funktion erfüllt: die Bewegung vor dem Zerfall zu retten, ihre Wirksamkeit zu bewahren, ihr die Fähigkeit zu verleihen, weiterhin aktiv im realen Kampf beim entstandenen Mißverhältnis der Kräfte zu wirken.[40]

Der zentrale Gedanke des fatalistischen Chiliasmus ist die Vorstellung, daß Gott mit seiner *wunderbaren Kraft* die Bösen ausrottet und die Gerechten rettet. Es geht um die *tatsächliche* Wiederkunft Christi, der der *eigentliche Vollstrecker* des „göttlichen Schlages" ist. Der märchenhafte Charakter der Verderbnis der Welt und der Glauben an die tatsächliche Wiederkehr Christi sind kommunizierende Gefäße, zwei Seiten ein und derselben Ansicht. Schließlich ist auch der

Zeitpunkt festgesetzt, der **10.–14.** Februar 1420, an dem sich dieser wunderbare Akt zu vollziehen hat.[41]

Wenn unter dem Einfluß der konkreten Ereignisse schon in dieser Zeit die Idee des Kampfes in den Chiliasmus eindringt, so handelt es sich nur um einen Abwehrkampf, der eine besondere chiliastische Metamorphose des waldensischen Pazifismus ist.

Darüber hinaus ist jedoch der Gedanke des Kampfes ein reales Element der künftigen Umgestaltung des Chiliasmus in eine revolutionäre Theorie. In dem Flugblatt, das von Palacký abgedruckt wurde, geht es zwar nur um einen „eingerichteten" Kampf, das heißt um einen Kampf, der von den gesetzlichen Organen geführt wird (darin äußert sich noch immer der Einfluß des Legitimismus der Vergangenheit).[42] An einem anderen Ort begegnen wir aber bereits der Vorstellung, daß das *gemeine Volk* selbst die Waffen ergreifen und für seine Sache kämpfen muß.[43] Die Idee des revolutionären Volkskrieges entsteht schon in der Zeit des fatalistischen Chiliasmus, wenn auch nur als eine Beifügung zum fatalistischen System.

In den Chiliasmus dieser Zeit dringen jedoch auch noch andere realistische Elemente ein. Es ist dies besonders die chiliastische Abhandlung, die an einigen Stellen die allegorische und metaphorische Terminologie mit einem genauen realistischen Inhalt erfüllt, den Begriff der „Vollendung der Welt" als eine „sehr bedeutende Veränderung in den Menschen" präzisiert und zum ersten Male Jesaias Ausspruch „es wird keine Steuereinnehmer mehr geben, die Steuer wird aufhören", der der grundlegende Ausgangspunkt für die Entwicklung des bäuerlich-plebejischen Programms ist, geltend macht. Durch ihre eigene sozialkritische Interpretation des biblischen Gedankens von den Leiden Christi gelangt sie zur ersten offensichtlichen Ablehnung der Lehre vom „dreierlei Volk" und zur ausdrücklichen Forderung, daß der niedrigste Stand zum Richter über die höheren Stände und zum Beherrscher der ganzen Erde werde.[44]

Alle diese fortschrittlichen Ideenglieder, mit denen die gesellschaftliche Wirklichkeit in das fatalistische System eingedrungen ist, haben die weitere Entwicklung der chiliastischen Ideologie vorausbestimmt. Daß der böhmische Chiliasmus nach dem Februar 1420 nicht zusammenbrach, daß mit ihm zusammen nicht die Volksideologie zusammenbrach, die es riskiert hat, seine Form auf sich zu nehmen, das ermöglichten gerade die *realistischen Elemente*, die der chiliastischen Ideologie ihre lebensspendende Kraft schon in der Zeit vor dem Februar gaben. Durch maximale Ausnutzung und Ausbeutung dieser Elemente war es möglich, die Krise zu überwinden, die der Zusammenbruch des Fatalismus hervorrufen mußte, und zur qualitativ höheren Stufe der wirklich revolutionären Volksideologie zu gelangen.

Das Entstehen eines qualitativ neuen Ideensystems war überhaupt nicht als ein rein ideeller Prozeß zu verwirklichen, der nur durch seine eigene Logik getragen wird. Der Zusammenbruch des Fatalismus konnte als unmittelbare Reaktion den Angriff gegen Sezimovo Usti, die Gründung Tabors und im Zusammenhang damit auch die *Tendenz* zur Umgestaltung der chiliastischen Theorie hervorrufen.

Damit sich aber diese Tendenzen *voll verwirklichen* konnten, war eine grundlegende Veränderung in den Beziehungen der gesellschaftlichen Kräfte im revolutionären Böhmen notwendig, war es notwendig, daß der Volksradikalismus
aus seiner gesellschaftlichen Isolierung hervortrat.

Und zu dieser Veränderung kommt es entsprechend den Umständen im Februar
des Jahres 1420. Die internationale Reaktion, die das versöhnlerische und kom-
promißlerische Verhalten der hussitischen bürgerlichen Opposition ignorierte,
entschloß sich, die hussitische Ketzerei mit Feuer und Schwert auszurotten und
bereitete den ersten Kreuzzug gegen das hussitische Böhmen vor. Prag wird
gegen seinen Willen in den Kampf mit Sigismund getrieben und ist gezwungen,
in der Linken wieder seinen Verbündeten zu suchen. Die einheitliche Front
gegen den Volksradikalismus ist zerbrochen.

Es entsteht die Situation, in der der „communis populus" und die „communi-
tates" praktisch die einzigen gesellschaftlichen Kräfte sind, die fähig sind, die
Revolution vor der herannahenden internationalen Intervention und vor den
eigenen Feinden zu verteidigen. Das bewirkt, daß das Programm des Vernich-
tungskrieges gegen die Feudalherren, das sich das bäuerlich-plebejische Tabor
schafft, das sich gerade ideologisch, politisch und militärisch formiert, zum
ausgeprägtesten und genauesten Ausdruck der *augenblicklichen Bedürfnisse
der gesamten hussitischen Partei* wurde. Denn das Programm zur Vernichtung
der Feudalität entsprach der Lage, daß praktisch die gesamte Feudalität, sowohl die einheimische als auch die ausländische, sich zum Kampf gegen die
hussitische Revolution zusammengeschlossen hat. Gerade die Tatsache, daß
es sich um die Feudalität der gesamten mittelalterlichen Welt handelte, war
die reale Grundlage dafür, daß die Taboriten ihr Programm zur Vernichtung
der Feudalherren als ein die *gesamte Welt umfassendes Programm* formulierten.
Das Programm des rücksichtslosen blutigen Kampfes drückte aus, daß nur die
militärische Niederlage des Feindes das hussitische Böhmen retten konnte.

Das entstehende bäuerlich-plebejische Tabor wird mit seiner revolutionären
antifeudalen Ideologie zur *führenden gesellschaftlichen Kraft* in der gegebenen
Etappe der Revolution. Das *Klassen*programm, verfolgt vom revolutionären
Volk, das von den Taboriten mobilisiert und in den Kampf geführt wird, spielt
in dem gegebenen Augenblick die entscheidende *gesellschaftliche Funktion*, mit
dessen Entwicklung konnte man der *nationalen Katastrophe* die Stirn bieten.
Nur die besondere Dialektik der Revolution ermöglichte es, daß der Volksradikalismus, der im November des Jahres 1419 aus der Hauptstadt des böhmischen Königreiches verjagt worden und, wie es schien, verurteilt und dem
sicheren Untergang geweiht war, ein halbes Jahr später in eben diese Hauptstadt in einer viel gefährlicheren Form zurückkehrt — auf den eigenen Wunsch
der böhmischen Metropole hin — als der Retter und der anerkannte Führer.
Diejenigen, die die Kapitulation vor dem Königtum im November 1419 auf
dem Gewissen hatten, mußten im Mai 1420 vor dem Tabor kapitulieren und
unter dessen Druck der radikalen Prager Partei die Machtpositionen in Prag
ausliefern.

72

Durch diese dramatischen Umstände reift im Frühjahr und im Sommer des Jahres 1420 das bäuerlich-plebejische Hussitentum zur revolutionären antifeudalen Ideologie.[45]

Unter dem Druck der revolutionären Praxis der Volksmassen und gleichzeitig unter dem deutlichen Einfluß des hussitischen Rationalismus wird der positive Kern des Chiliasmus Schritt für Schritt von der reaktionären illusionistischen Form befreit und der Chiliasmus auf diese Weise in eine realistische Konzeption der Umgestaltung der Gesellschaft umgearbeitet.

Deshalb wird auch die Vorstellung der herannahenden Veränderung der Welt und der Gesellschaft allmählich rationalisiert. Andererseits werden die illusionistischen und phantastischen Elemente durch das Bild der tatsächlichen zeitlichen gesellschaftlichen Beziehungen und das revolutionäre Programm ihrer Umgestaltung verdrängt. So entsteht die ausgereifte Form des sozialpolitischen Programms der bäuerlich-plebejischen Klassenfraktion: die Liquidierung der feudalen Rente, des feudalen Eigentums an Boden, die direkte Liquidierung der Macht der feudalen Kirche und des Feudaladels, die Beseitigung der Untertänigkeit und die Inthronisierung der Freiheit und der Gleichheit unter den Menschen. In dieses Prgramm der revolutionären Emanzipierung des „dritten Standes" dringt auch die Forderung des Verbrauchskommunismus als Ausdruck der Bedürfnisse des revolutionärsten Teiles des „dritten Standes", der schon der Vorgänger des „vierten Standes", des modernen Proletariats ist.[46]

Aber nicht nur das. Gleichzeitig mit der Entstehung des realistischen Programms der gesellschaftlichen Umgestaltung dringt in den taboritischen Radikalismus auch das Bewußtsein ein, daß dieses Programm nur durch die revolutionäre Aktion der Volksmassen und deren Angriff gegen die herrschende Ordnung verwirklicht werden kann. Dabei verschwindet die Vorstellung vom tausendjährigen Königreich Christi, und der Ausbruch des Reiches Gottes wird mit dem stattfindenden revolutionären Prozeß identifiziert.

In der Entwicklung des antifeudalen europäischen Denkens verbindet sich auf diese Weise zum ersten Male das revolutionäre Programm mit der revolutionären Methode, das Subjekt des historischen Prozesses wird das Volk selber. Darin besteht die größte Errungenschaft des bäuerlich-plebejischen Hussitentums, und darin besteht vor allem sein qualitativer Vorzug vor seinen Vorläufern. Jedoch auch dieser Prozeß der Schaffung einer eigenen revolutionären Ideologie ist schwierig, schreitet willkürlich und spontan voran und hat eine theosophische Form. Das Wesen dieses Prozesses besteht darin, daß der transzendente göttliche Eingriff, auf den der sektiererische Chiliasmus seine Vision der „neuen Zeit" gebaut hat, durch die hussitische Methode der Humanisierung Gottes allmählich aus dem Prozeß der revolutionären Umgestaltung der Welt verdrängt wird. Das göttliche Prinzip sinkt zum Inhalt der menschlichen Tätigkeit herab, die das „Gesetz Gottes" erfüllt. Der Eintritt Gottes in den Veränderungsprozeß der Welt ist entmaterialisiert, anthropologisiert, die transzendente Auffassung Gottes verwandelt sich in eine immanente. Der hussitische Humanismus, der Gott in ein ideales und ethisches Prinzip der menschlichen Gesellschaft verwandelt, siegt über das chiliastische Wunder.

Das bedeutet jedoch nicht, daß es zu irgendeiner wesentlichen Auswechslung der Denkformen gekommen wäre. Die Terminologie des fatalistischen Chiliasmus bleibt, sie wird nur mit einem anderen Sinn und Inhalt erfüllt. Unter „Gottes Schlag" begreift man nun die revolutionäre Aktion der Volksmassen, „Christi Wiederkehr" hört auf, die offenbarte leibliche Wiederkehr zu sein und verwandelt sich in eine geheime Wiederkehr, in eine allegorische, metaphorische Bezeichnung der stattfindenden Umgestaltung der Gesellschaft. Dabei ist in dieser Etappe der Fatalismus bei weitem noch nicht verdrängt. Es verändern sich qualitativ lediglich die Proportionen zwischen dem anwachsenden realistischen Inhalt und den zurückweichenden Elementen des göttlichen Wunders.

In der gegebenen Phase können wir zwei Stufen dieser Entwicklung beobachten. Auf der ersten Stufe, die durch die anonyme alttschechische Redaktion der pikardischen Artikel repräsentiert wird, wird Christi Wiederkehr geheim, das heißt zu einer Allegorie in bezug auf den revolutionären Prozeß der Vernichtung der alten Welt. Der leibliche Christus kommt tatsächlich in das gereinigte Königreich herab, um dort persönlich die Macht zu ergreifen und gerechte und glückliche Verhältnisse zu schaffen. Auf der zweiten Stufe, die durch Laurentius' zweite Redaktion und besonders durch Pribrams „Život" repräsentiert wird, hört der leibliche Christus auf, sowohl Herrscher als auch König im „erneuerten Königreich" zu sein, dessen Errichtung gleichzeitig zu einer Domäne der Menschen wird. Die offenbarte Wiederkehr Christi sinkt zu einem bloßen Bestandteil der ersten Auferstehung der Gläubigen im „erneuerten Königreich" herab, mit dem hier die letzte Schuld an den alten Chiliasmus abgezahlt ist. Wenn Christus nach seiner Wiederkehr noch die „Bösen in die Tiefe stößt", so macht er eine völlig unnötige Arbeit, die im Namen des „Gesetz Gottes" die Menschen schon völlig erledigt haben. Das chiliastische Wunder verschwindet nicht ganz, wir haben nur einen weiteren Schritt zu seiner Verdrängung vor uns. Es handelt sich vor allem um einen solchen Schritt, bei dem das Wunder aus dem Zentrum des Gedankensystems hinausgedrängt ist und zu dessen unorganischem und unwesentlichem Anhängsel wird. Während früher in der Zeit des fatalistischen Chiliasmus die revolutionäre Aktivität der Menschen nur ein Anhängsel an den wunderbaren göttlichen Schlag war, endet jetzt dagegen die wunderbare Tätigkeit des transzendenten Gottes *an der Peripherie der revolutionären Ideologie*.[47]

Er verbleibt aber doch an dieser Peripherie und schwächt auf diese Weise den ideellen Wert der revolutionären Ideologie dieser Zeit.

Erst im abschließenden, pantheistischen Stadium ist der Kampf gegen den Fatalismus im wesentlichen zu Ende geführt, und mit der zauberischen Aktivität des transzendenten Gottes ist definitiv Schluß gemacht.

Der komplizierte und widerspruchsvolle Prozeß der ideellen Entwicklung des bäuerlich-plebejischen Hussitentums wird dadurch ergänzt, daß er zu seinem pantheistischen Ausgang erst in dem Augenblick der Niederlage und der Liquidierung des bäuerlich-plebejischen Tabors gelangt.

Der Sieg über das Interventionsheer Sigismunds im Jahre 1420 war ohne Zweifel ein Triumph des bäuerlich-plebejischen Tabors, der das Volk mobilisiert hat und an die Spitze des hussitischen Böhmens getreten ist. Wir beobachten jedoch wiederum, daß dieser Sieg der hussitischen Linken eine Wiedergeburt und Rekonvaleszenz der hussitischen bürgerlichen Opposition ermöglicht, die die realen Möglichkeiten des revolutionären Kampfes erkennt, im Sommer nach der Belagerung Prags schließlich ihr Programm der Vier Artikel formuliert und die bürgerlich-oppositionellen Elemente in Tabor, vor allem die dem Landadel entstammenden Führer der taboritischen Truppen inspiriert, daß sie die radikale Form dieses Programms konzipieren.[48]

Damit, daß die bürgerliche Opposition den Weg des revolutionären Kampfes betreten hat — allerdings für das eigene Klassenprogramm —, verliert das bäuerlich-plebejische Tabor seine gesamtgesellschaftliche Funktion. Es gerät besonders deshalb von neuem in die Isolierung, da es ihm im Sommer nicht gelang, Prag auf seine Seite zu ziehen, weil in Prag das bäuerlich-plebejische Programm nicht gesiegt hat. Prag bleibt im wesentlichen bürgerlich-oppositionell, auf Prag stützt sich die entstehende taboritische bürgerliche Opposition, die den Angriff auf das Programm und die Führer des bäuerlich-plebejischen Tabors vorbereitet. Zu diesem Generalangriff kommt es unter dem Vorwand des Kampfes gegen das „Pikardentum" und das „Adamitentum" an der Jahreswende 1420—1421, und die blutige Liquidierung der taboritischen Radikalen wird mit der militärischen Niederlage der sogenannten „Adamiten" im Herbst des Jahres 1421 beendet. Aus dieser Zeit stammt auch unsere grundlegende Quelle über das abschließende pantheistische Stadium des bäuerlich-plebejischen Hussitentums.[49]

Im Verlaufe des taboritischen Thermidors verschwindet das revolutionäre bäuerlich-plebejische Programm aus der Geschichte der hussitischen Revolution. Sein stillschweigendes Ablegen wird durch den Rauchvorhang einer demagogischen Kampagne gegen das Pikardentum und „Adamitentum" verdeckt. Man kann jedoch nicht sagen, daß dieser taboritische Umsturz der hussitischen Revolution sofort die Kraft genommen hätte. Žižkas Tabor unternimmt in Koalition mit Johann von Selaus Prag gerade im Jahre 1421 eine imposante und siegreiche hussitische Offensive, wobei die Macht der eigenen Reaktion gebrochen und gegen Ende des Jahres der zweite Kreuzzug aufs Haupt geschlagen wird. Die welthistorischen Leistungen des bürgerlichen Tabors in den weiteren Jahren der Revolution sind genügend bekannt. Aber die weitergehende Folge des Abgehens vom bäuerlich-plebejischen Programm zeigte sich. Die taboritische bürgerliche Opposition verliert allmählich ihren natürlichen bäuerlichen Bundesgenossen und erleidet die Niederlage der Heerscharen beider Prokop bei Lipan wegen der Passivität und der Gleichgültigkeit der bäuerlichen Massen.

Im Verlaufe des taboritischen Thermidors geht gleichzeitig eine Reihe früherer Ideologen des bäuerlich-plebejischen Hussitentums auf den Standpunkt der bürgerlichen Opposition über. Es harrt lediglich eine extreme taboritische Linke aus, die ihren Nonkonformismus mit ihrem Leben bezahlt, die jedoch gleichzeitig ihre radikale Auffassung des bäuerlich-plebejischen Programms aus dem Schatten der früheren Halbheiten und Kompromisse hervorhebt und zum einzigen Vertreter des taboritischen Radikalismus wird. In seiner abschließenden Phase fließt das bäuerlich-plebejische Hussitentum mit seiner radikalsten Form zusammen, in der gleichzeitig die gedankliche Revolution vollendet ist, die wir in diesem Abschnitt verfolgt haben.

Die Voraussetzungen für diesen Ausgang entstehen jedoch schon viel früher in der vorangegangenen Zeit. So finden wir in der alttschechischen anonymen Redaktion der pikardischen Artikel ein Zeugnis von der Existenz des radikalen Pikardentums, in dem der sakramentale Charakter der Hostie geleugnet wird.[50] Aus Jakobellus' chiliastischen Artikeln ist wiederum ersichtlich, daß die naturistische Lebensphilosophie, die vor allem auf die Ansichten über die sexuellen und erotischen Beziehungen zwischen Mann und Frau konzentriert war, schon in der vorangegangenen Zeit existiert hat und daß es schon damals zu einem Angriff auf das Dogma von der göttlichen Trinität und zur Leugnung des göttlichen Charakters Christi kommt.[51] Ein tatsächlicher neuer, gleichzeitig aber der umwälzendste und philosophisch bedeutendste Zug der abschließenden Epoche ist der Pantheismus. Jedoch kann man den „adamitischen" Pantheismus nicht ohne das Verständnis für seinen inneren Zusammenhang mit der radikalen pikardischen Theorie erklären, die schon lange in der vorangegangenen Zeit entstanden ist und deren Schöpfer vor allem Martin Húska, der bedeutendste ideologische Vertreter des bäuerlich-plebejischen Tabors war.[52]

In seiner pikardischen Theorie hat das bäuerlich-plebejische Hussitentum einen Frontalangriff gegen eines der zentralen Kirchendogmen unternommen, gegen das Dogma der Transsubstantion. Die Anwesenheit des Leibes und des Blutes Christi in der Hostie wurde verneint. In Húskas radikaler Auffassung wird auch der sakramentale Charakter der Hostie geleugnet. Mit seiner pikardischen Theorie werden der taboritische Radikalismus und vor allem Húska zu würdigen Erben von Hus' Rationalismus und Humanismus. Gleichzeitig tritt hier der Hus'sche Rationalismus in den Dienst radikaler Ziele und hilft, anspruchsvollere Aufgaben zu lösen, als sie sich Hus selber gestellt hat. Hus hat nirgends mit der Vernunft den eigentlichen Kern des Dogmas angegriffen, noch hat er Wiclifs Remanenztheorie angenommen. Erst das taboritische Pikardentum wendet den hussitischen Rationalismus gegen das eigentliche Dogma. Dieses Pikardentum, das die Lehre von der wunderbaren Transsubstantion mit der Kraft der menschlichen Vernunft zerschlägt, äußert sich im taboritischen Radikalismus gleichzeitig mit dem Chiliasmus. Húska geht dabei mit seiner rationalistischen und sensualistischen Kritik viel weiter als Wiclif oder die orthodoxen Wiclifianer. Schon aus diesem Umstand ist ersichtlich, daß das Eindringen des Chiliasmus in die taboritische Lehre keine Niederlage des hussitischen kritischen Geistes durch irgendwelche irrationale Schwärmerei bedeutete, sondern daß der Chiliasmus als ein notwendiges Mittel zur Herausbildung einer positiven revolutionären Theorie Hand in Hand mit der weiteren Vertiefung und Entwicklung des hussitischen Rationalismus akzeptiert wurde.

Worin besteht das umstürzende Wesen von Húskas pikardischer Theorie? Vor allem darin, daß er seinen sensualistischen Rationalismus zum Maßstab der göttlichen Werte gemacht hat. Auch der leibliche Christus im Himmel (Martínek anerkennt das Dogma von der göttlichen Trinität) kann sich nicht aus den Gesetzen der irdischen Leiblichkeit heraushalten, er kann sich nicht in der „Oblate verstecken". Weiterhin darin, daß die „geistige Kommunion Christi", die des sakramentalen Charakters entblößt ist, bedeutet, ausschließlich dem Gesetze Christi zu leben und sich von seinen Taten leiten zu lassen. Darin ist Martínek ein reiner Hussit, gleichzeitig wendet er das hussitische Moralprinzip zum ersten Mal aggressiv gegen die dogmatischen Werte, die vom Hussitentum übernommen und bewahrt wurden. Denn das menschliche Gute, das der Inhalt von „Christi Gesetz" ist, ist das Gut des irdischen Menschen. Martínek lehnt das Abendmahl „in kleinen Stücken" ab, ihm verwandelt sich das Abendmahl des Herrn in irgendeine Kirchweih, in das Symbol der materiellen Befriedigung des Menschen. Das irdische Gut und das Glück des Menschen wurden so sehr zum Axiom von Martíneks Religion, daß er es ablehnte, „Diener Gottes zu sein, wenn die Christen weiter leiden sollten."[53]

Wenn Hus der Kirche Bedingungen stellte, nach deren Erfüllung er bereit war, die Kirche anzuerkennen, so stellt Húska diese Bedingungen bereits Gott selber. Hus' Konstitutionalismus bezieht er auch auf Gott und nimmt Gott so sein göttliches Wesen, verändert qualitativ das Verhältnis von Gott und Mensch. Wenn der Mensch bisher Diener Gottes war, so wird nun Gott zum Diener des Menschen. Damit überschreitet Húska jedoch die Grenzen der Religion und macht aus ihr ein dienstbares Mittel für seinen Humanismus, in welchem er Werte hervorhebt, die der christlichen Lebensphilosophie direkt entgegengesetzt sind. In allen diesen Richtungen bereitete Martínek den Boden für den „adamitischen" Pantheismus vor.

Treten wir jedoch vorsichtiger an die „adamitische" Auffassung des Pantheismus heran, dann stellen wir fest, daß sie auf den gleichen Prinzipien begründet ist, wie Húskas eucharistische Lehre. Der Unterschied besteht nur darin, daß Húska mit diesen Prinzipien das Dogma der Transsubstantion und Remanenz beseitigt hat, während die „Adamiten" mit diesen Prinzipien die gesamte kirchlich christliche Philosophie beseitigt haben. Der „adamitische" Pantheismus ist auf Húska aufgebaut.

Martínek ließ den orthodoxen Himmel gelten und drang mit seiner Erfahrungskritik in ihn ein. Sein christlicher Monismus, der den himmlischen Mächten ihre „Leiblichkeit" und ihre Verbindung mit der irdischen Welt beläßt, ermöglichte es, daß diesen Mächten die irdische Natur zuerkannt wurde. Gleichzeitig ermöglichte er es jedoch, daß in der nachfolgenden Phase die himmliche Sphäre als Ganzes der sensualistischen Kritik unterworfen und in einen Teil der Erscheinungen der irdischen Welt verwandelt wurde. Der Himmel sank so zum „Dach" über den Menschen und der Welt herab. Auch die Hölle ist beseitigt, die Martínek noch anerkannt hat. Die einfache Sinnesanalogie führt so zur Herausbildung einer zwar sehr primitiven, aber doch *natürlichen* Deutung der Welt. Der gnoseologische *Objektivismus* des böhmischen radikalen Pikardentums feiert seinen Triumph und führt zur Liquidierung der kirchlich-feudalen Philosophie. Das „Adamitentum" ist der höchste Grad und die höchste Entfaltung des sensualistischen Rationalismus des taboritischen Pikardentums.

Húska hat weiterhin das „Gesetz Gottes" in ein moralisches Gesetz, in das praktische Handeln der Menschen umgewandelt, die nach ihrem irdischen Gut streben. Und wenn er noch den transzendenten Gott anerkannte, so machte er diese Anerkennung davon abhängig, ob dieser Gott seiner Auffassung vom „Gesetz Gottes" beitritt, in dem es keinen Platz für menschliche Leiden gab. Die „Adamiten" haben aus dieser Auffassung von Húska nur eine weitere logische Konsequenz gezogen. Schärfer als Húska formulieren sie ihre Lebensphilosophie des Diesseits und der „menschlichen Natur", wobei sie auch das sexuelle und erotische Erleben des Menschen hinzufügen.[54] Gleichzeitig beseitigen sie völlig das göttliche Wesen und erhöhen das „Gesetz Gottes", das heißt das menschliche Gut, auf eine einzige Sphäre der Existenz der Gottheit; denn „Gott ist nicht im Himmel, sondern nur in den guten Menschen". Der gute Mensch wird zur Inkarnation des göttlichen Prinzips. Deshalb kann man die „adamitische" Lehre als Pantheismus charakterisieren, auch wenn er anthropologisch begrenzt ist. Den Nachdruck, der allgemein vom gesamten Hussitentum auf den Menschen gelegt wurde und der dazu führte, daß den hussitischen Theoretikern die eigentliche dogmatisch-philosophische Sphäre aus dem Blickfeld entschwand, hat sie als einzige hussitische Strömung gerade *dogmatisch-philosophisch* verallgemeinert.

Der „adamitische" Naturismus unterscheidet sich vom Naturismus der „Freien" dadurch, daß er als Gesetz, als allgemein gültiges Prinzip, als soziale Kategorie aufgefaßt wird. Aber nicht nur durch seine innere Methode wird das böhmische „Adamitentum" zu einem sozialen Prinzip. Seine sozialen Werte erlangt es vor allem dadurch, daß es nicht Selbstzweck, Allheilmittel, sondern nur ein Bestandteil der revolutionären Gesellschaftstheorie ist. Der böhmische Naturismus schließt sich in den „adamitischen" Artikeln organisch an das Programm zum Aufbau des neuen Reiches der sozialen Gerechtigkeit an, das die Menschen selbst durch ihren revolutionären Kampf verwirklichen werden. Der Artikel, der davon berichtet, daß die „Adamiten" „heißen sich die Engel Gottes, die gesandt seien zur Bestrafung der ganzen Welt und hinwegzufegen alles Übel aus dem Königreiche Gottes"[55], ist ein überzeugender Beweis. Wir finden so schließlich den Kern des bäuerlich-plebejischen Programms, den wir aus allen Redaktionen der chiliastischen Artikel gut kennen. Es kann kein Zweifel daran bestehen, daß sich in diesem Artikel das gesamte sozial-politische Programm des bäuerlich-plebejischen Tabors verbirgt, das wir aus der vorhergehenden Darstellung kennen. Weil das „Adamitentum" unmittelbar danach entsteht, als dieses Programm ausgearbeitet und entwickelt ist — sicherlich unter der sehr aktiven Anteilnahme gerade der extrem linken Bestandteile in Tabor —, ist es praktisch ausgeschlossen, daß es nach einigen Monaten aus dem Bewußtsein jener verschwindet, die den Standpunkt der extremen Linken beim Heranrollen der konterrevolutionären Welle verteidigt haben. Wenn uns die „adamitischen Artikel" nur einen allgemeinen Umriß dieses Programms geben, so vor allem deshalb, weil dieses *Klassen*programm die eigentliche Ursache für den abschließenden Konflikt war.

Die pantheistische Methode des „Adamitentums" bewirkt vor allem, daß die Überreste des Fatalismus, die wir in der vorhergehenden Periode noch festgestellt haben, völlig verschwinden und das chiliastische Wunder vollkommen beseitigt wird.

Die einzigartige Entwicklung der taboritischen revolutionären Ideologie ist damit vollendet. Ihre Umwandlung in eine revolutionäre Ideologie zur Umgestaltung der Gesellschaft beginnt notwendig mit der Übernahme des direkt unrevolutionären Systems des fatalistischen Chiliasmus, weil nur dieses unrevolutionäre System in der gegebenen Situation das positive Programm zur Umgestaltung der Gesellschaft enthält. In der weiteren Entwicklung bewirken der Druck der revolutionären Praxis und die hussitische rationalistische Disposition, daß das göttliche Wunder allmählich der Tätigkeit der Menschen weicht. Die chiliastischen Elemente werden allmählich verdrängt, aber erst im „Adamitentum" *verschwindet der Chiliasmus vollständig und verwandelt sich in sein Gegenteil:* in die Lehre, die den transzendenten Gott, das göttliche Wunder leugnete und sie durch die *menschliche Tätigkeit* ersetzte. Dabei bleibt der positive Kern des Chiliasmus, der zu dessen Annahme geführt hatte, erhalten und wird vom Taboritentum in seinem Programm zur gesellschaftlichen Umgestaltung und der Rückkehr des glücklichen Lebens der Menschen weiterentwickelt. Die Loslösung dieses rationellen Kerns vom Ballast des chiliastischen Wunders, die Auffüllung dieses rationellen Kerns mit realem Inhalt und vollblutigem Humanismus, *das ist der eigentliche Inhalt der gedanklichen Entwicklung des bäuerlich-plebejischen Humanismus.*[56]

Im „adamitischen" Pantheismus darf man nicht eine Erscheinung sehen, die dem hussitischen Denken fremd ist. In ihm findet im Gegenteil die hussitische Methode der Humanisierung Gottes ihre konsequenteste Erfüllung. In ihrem Pantheismus ist die extremste taboritische Linke nicht vom Wege des hussitischen Denkens abgewichen, sondern betrat auf diesem Wege dessen höchsten Gipfel. Wenn sie in diesem Augenblick gleichzeitig die supranaturalistischen Wurzeln des hussitischen Humanismus verwarf und die göttliche Substanz in die Natur des irdischen Menschen fließen ließ, so hat sie nur das beendet, was Hus selbst angefangen hatte, als er das „Gesetz Gottes" in die metaphysische Sanktion der realen gesellschaftlichen Bedürfnisse und der sozialen Gerechtigkeit verwandelte.

Aus dem Ausgang des bäuerlich-plebejischen Hussitentums ist gleichfalls ersichtlich, warum der philosophische Realismus im hussitischen Denken eine so positive Rolle spielen konnte und wohin er schließlich mündete. Damit, daß Wiclif und Hus die ideale Welt zum Kriterium und zum Wesen der wirklichen

Welt gemacht haben, schufen sie sich die Möglichkeit des kritischen Herangehens an die wirkliche Welt. Weil sie gleichzeitig konsequente Rationalisten waren, gelang es ihnen, in ihren idealen Wesenheiten wesentliche Grundzüge der wirklichen Welt abzubilden. Schließlich gelang es ihnen, gerade durch ihren realistischen Rationalismus die vulgärmaterialistische Auffassung von der göttlichen Substanz abzuschwächen. Sie begriffen Gott vor allem als ein abstraktes Prinzip, als eine ideale Kraft, die in der Welt wirkt.

Der gemeinsame Nenner dieses ihres Herangehens ist die Projizierung der Idee in die Wirklichkeit. Hieraus entsprangen Wiclifs pantheistische Tendenzen. Wiclif und Hus blieben jedoch Theisten, sie anerkannten den transzendenten Gott, ihr Interesse war auf die Durchdringung von Gott und Welt, von Gott und Mensch konzentriert. Bei seiner Berührung mit der Welt spielt der Gott von Wiclif und Hus mit der Wirklichkeit nicht wie ein Zauberer, sondern verleiht ihr das Bewegungsprinzip, das er aus ihr herausbeobachtet hat und legt der Gesellschaft das auf, was diese Gesellschaft selbst benötigt. Diese Vergöttlichung des sozialen Gutes und die Vermenschlichung des „Gesetz Gottes" beobachten wir ausdrücklich in der Sozial-Philosophie von Hus.

Jedoch die immanente Auffassung des Verhältnisses von Idee und Wirklichkeit, von Gott und Mensch wendet sich, wenn sie konsequent geltend gemacht wird, am Ende gegen den transzendent-idealistischen Ausgangspunkt, verwandelt sich in ihren Ergebnissen in ein pantheistisches Einfließen Gottes in die Wirklichkeit.

Der hussitische Realismus, der sich auf den Weg der Idee zur Wirklichkeit konzentriert, endet mit der Unterordnung der Idee unter die Wirklichkeit, in der Herausbildung einer natürlichen Weltanschauung, der ersten Form des Atheismus in religiöser Gestalt in der böhmischen Geschichte. Die Sozial-Philosophie von Hus — die zwar den eigentlichen metaphysischen Kern des Dogmas in den Hintergrund drängte, ließ diesen Kern jedoch weiterhin gelten und konnte deshalb kein vollständiges philosophisches System einer neuen Qualität schaffen — wurde auf die ontologische Ebene gehoben. Der hussitische Humanismus, der revolutionär begriffen wurde, wurde zum letzten metaphysischen Wert. Das hussitische philosophische Denken wuchs in ein philosophisches System hinüber, in dem für den transzendenten Gott bereits kein Platz mehr vorhanden ist.

Das bäuerlich-plebejische Hussitentum ist in seiner höchsten Phase gleichzeitig die gedankliche Synthese aller grundlegenden umwälzenden Ideen des vorhussitischen Volsketzertums, wobei es sie von ihrer sektiererischen Deformierung befreit. Die waldensische Negierung der feudalen Gesellschaft wird absorbiert, gleichzeitig wird sie in das positive Programm der revolutionären Umgestaltung der Feudalgesellschaft verwandelt; dazu mußte man den Chiliasmus benutzen und ihn gleichzeitig als solchen beseitigen. In der letzten Phase erscheint im bäuerlich-plebejischen Hussitentum auch der natürliche Gottmensch, dem wir schon in der Lehre der Sekte vom „freien Geist" begegnet sind, jedoch nicht als das Ideal eines vollkommenen starken Einzelmenschen, sondern als soziale Kategorie, die allgemein die Befreiung des Menschengeschlechts ausdrückt.

In der Einheit der neuen Lebensanschauung und der neuen Weltanschauung mit dem revolutionären Programm zur sozialen Befreiung der arbeitenden Volksmassen entsteht im bäuerlich-plebejischen Hussitentum die erste revolutionäre Volksideologie in Europa, die sich radikal vom Feudalsystem und seiner Ideologie abwendet.

V.

Das zweite auf der Welt einzig dastehende Produkt des hussitischen Denkens ist die Lehre des Peter von Cheltschitz.

Die Lehre Peters von Cheltschitz erwächst dem ideellen Umkreis des bäuerlich-plebejischen Hussitentums, und zwar aus dessen erster Phase, die wir als die hussitisch-waldensische charakterisiert haben. Das radikal antikirchliche und schließlich auch antifeudale Verhalten, verknüpft mit waldensischem Defätismus, in dem wir den gedanklichen Kern der Entstehungsphase des bäuerlich-plebejischen Hussitentums erkannt haben, ist der grundlegende Gedankenkern auch der Lehre Peters von Cheltschitz. Cheltschitz selbst bezeichnet an einigen Stellen seine engeren Beziehungen zur taboritischen Ideologie dieser Zeit, und es kann keinen Zweifel darüber geben, daß sich seine Gedankenwelt unter dem direkten Einfluß dieser Keimform des Volksradikalismus gebildet hat.

Cheltschitz' weitere Entwicklung, genauer gesagt sein Verharren auf Positionen, die er einmal eingenommen hat, zeugen gleichzeitig sehr beredt davon, daß die ideelle Umgestaltung der ersten Form des Volksradikalismus in seine zweite Form, die chiliastische, die durch die praktischen Erfordernisse der revolutionären Volksbewegung erzwungen wurde, nicht automatisch und nicht hundertprozentig war und sich in einem sehr scharfen inneren ideellen Kampf unter den Radikalen selbst vollzogen hat. In dem Augenblick, als sich der Volksradikalismus in Chiliasmus verwandelt, trennt sich Cheltschitz von seinen Freunden. Seine hussitische Nüchternheit und sein evangelischer Dogmatismus gestatten es ihm nicht, ihren Weg zu gehen und den Chiliasmus anzunehmen. Sein fanatisches und doktrinäres Haften an der evangelischen Ablehnung der Gewalt erreicht einen solchen Grad, daß Cheltschitz, ein aufrichtiger Hussit, als er im kritischen Jahr 1420 in Prag weilt, absolut unfähig ist, sich die praktischen Bedürfnisse der hussitischen Bewegung bewußt zu machen und sie zu begreifen. Da er in seiner grundsätzlich ablehnenden Haltung zum Kampf verbleibt, gerät er mit allen führenden hussitischen Ideologen einschließlich des Jakobellus von Mies in Konflikt, und auch durch die weltgeschichtlichen hussitischen Siege in seiner Überzeugung nicht erschüttert, verläßt er gegen Ende des Jahres verbittert Prag und begibt sich in seine südböhmische Einsamkeit. Nach dem Jahre 1420 haben wir über sein Lebensschicksal keine näheren Nachrichten; als Zeugnis seines weiteren bedeutenden Wirkens in der hussitischen Bewegung bleiben nur seine Schriften.

Es ist eines der paradoxen Ergebnisse der komplizierten und vielseitigen Wirkung der hussitischen Revolution, daß Cheltschitz, ein grundsätzlicher Feind des Kampfes und der gesellschaftlichen Macht, die Möglichkeit hat, völlig frei seine schriftstellerische Tätigkeit zu entfalten und sein Werk nur dank der hussitischen militärischen Siege und der gesellschaftlichen Macht, die das Hussitentum erkämpft hat, zu schaffen. Cheltschitz' Werk ist das Produkt der siegreichen Revolution, die er so prinzipiell ablehnt. Obwohl Cheltschitz in seiner gesamten Tätigkeit ständig sowohl das bäuerlich-plebejische als auch das bürgerliche Tabor angreift, ist er in seiner südböhmischen Einsamkeit durch die taboritische Macht gedeckt, obwohl er die Prager Utraquisten angreift[57], die ihn achten. Er schlägt auf beide hussitischen Flügel ein, genießt aber trotzdem bei ihnen Ansehen und Ehrerbietung als ein bedeutender Vertreter der Hussitenbewegung. Hätte es diese hussitische Macht nicht gegeben, die – nach den Worten von Cheltschitz – „den rechten Glauben durch die Welt verdorben hat", wäre Cheltschitz in den Flammen der Inquisition geendet, ohne daß er von seinen tiefen Gedanken über das unterdrückende Wesen der gesellschaftlichen Macht hätte schreiben können.[58]

Seltsam ist Cheltschitz' Verhältnis zum bäuerlich-plebejischen Tabor. Während der taboritische Radikalismus in einer fieberhaften und dramatischen Entwicklung im Verlaufe zweier Jahre vier Entwicklungsstadien durchläuft, verbleibt Cheltschitz sein ganzes Leben in dessen erster Phase und entwickelt sie. Wie schon gesagt wurde, trennt sich Cheltschitz mit dem Antritt des Chiliasmus von Tabor. Sein erster bekannter Traktat „O boji duchovním" [Vom geistigen Kampf], wahrscheinlich aus den Jahren 1420–1421[59] stammend, ist ein Angriff gegen den Chiliasmus, gegen den „leiblichen", das heißt den praktischen, realen Kampf. Er greift den „adamitischen" Naturismus im Namen des christlich-hussitischen Supranaturalismus an, er ist die Manifestation des evangelischen Pazifismus und Defätismus – Aug' in Aug' mit dem Todfeind, der mit Feuer und Schwert das hussitische Böhmen ausrotten will. In diesem Traktat hat Cheltschitz in einer sehr scharfen und eindrucksvollen Form einen der grundlegenden Bestandteile seiner Lehre dargelegt.

Gleichzeitig jedoch wird von Cheltschitz der gedankliche Kern des bäuerlich-plebejischen Taboritentums auf hervorragende Weise ausgearbeitet; in seiner gesamten weiteren Tätigkeit verkörpert er dessen radikal antifeudale Haltung. In dieser Hinsicht ist Cheltschitz der ständige und eigentlich der einzige Vertreter des bäuerlich-plebejischen Taboritentums, der das bäuerlich-plebejische Hussitentums „überlebt" hat, er bewahrt in ausgereifter theoretischer Form dessen Vermächtnis und schleuderte den ideologischen Vertretern des bürgerlichen Tabors ständig ihre eigene Vergangenheit ins Gesicht.

Die ausgereifte theoretische Form der antifeudalen Ideologie in Cheltschitz' Werk wird dadurch ermöglicht, daß es bei Cheltschitz zu einer meisterhaften Synthese der waldensischen und wiclifitisch-hussitischen Methode des „Gesetzes Gottes" kommt, die für eine zerstörende kritische Analyse der feudalen Gesellschaft und ihrer Ständeordnung benutzt wird. Cheltschitz' kritische Widerlegung der Theorie vom „dreierlei Volk" hat in der Zeit des Übergangs von der feudalen zur bürgerlichen Gesellschaftsformation keine Analogie im europäischen Denken; von Cheltschitz wird klar das Prinzip der gesellschaftlichen Gleichheit und das Postulat der Emanzipierung des „dritten Standes" geäußert und besonders auf dessen wichtigsten Bestandteil, die hörige Bauernschaft konzentriert.

Mit der Synthese von Waldensertum und Wiclifismus erfüllt Cheltschitz im hussitischen Denken eine analoge Aufgabe, wie sie Nikolaus von Dresden erfüllt hat, allerdings auf einer qualitativ höheren Ebene. Während Nikolaus der größte Theoretiker des waldensischen antikirchlichen Programms ist, das den Bedürfnissen der bürgerlichen Opposition angepaßt wurde, ist Cheltschitz der größte Theoretiker des waldensischen antifeudalen Programms. Beide erfüllen diese spezifische Funktion gegenüber dem Waldensertum damit, daß sie aufhören, Waldenser im eigentlichen Sinne des Wortes zu sein und Wiclifiten, Hussiten werden. Genauso wie Nikolaus eignet sich auch Cheltschitz die wiclifitische theoretische Ausrüstung an (überwiegend durch die Vermittlung von Hus und dem Hussitentum), und mit Hilfe dieser Ausrüstung hebt er auf der Grundlage einer meisterhaften Argumentation und durch kühne Ausnutzung eines reichen empirischen Materials das antifeudale Denken des Waldensertums auf eine qualitativ höhere Ebene und überwindet gleichzeitig qualitativ Wiclif und Hus.

Das ist schon aus dem ersten Traktat von Cheltschitz „O církvi svaté" [Von der heiligen Kirche] ersichtlich, der das erste Glied in der Reihe von drei Arbeiten darstellt, in denen Cheltschitz vor allem seine Sozial-Philosophie darlegt.[60] Im Traktat „O církvi svaté" [Von der heiligen Kirche], der gleichzeitig mit dem Traktat „O boji duchovním" [Vom geistigen Kampf][61] oder kurz danach entstanden ist, geht Cheltschitz von Wiclifs und Hus' Auffassung der Kirche als einer Versammlung Auserwählter und von deren Prädestinationstheorie aus[62]; während jedoch Wiclif und Hus dabei die Kirche in dreierlei Volk einteilen, trennt sich Cheltschitz in diesem Punkt vollständig von ihnen, leugnet die Einteilung der Gesellschaft in drei gesellschaftliche Stände und postuliert die gesellschaftliche Gleichheit. Seine Kritik der beiden oberen Stände führt er dabei ausdrücklich vom Standpunkt des hörigen Volkes und enthüllt den ausbeuterischen Charakter und das knechtende Wesen der feudalen Hierarchie. Im Traktat „Von dreierlei Volk" entwickelt Cheltschitz seine Konzeption weiter und präzisiert sie; den „dritten Stand" faßt er als den einzig „christlichen" Stand auf und definiert ihn ausdrücklich als „Pflüger, verschiedene Handwerker, Kaufleute, Krämer, verschiedene Pächter"[63]. Im „Netz des Glaubens" schließlich vollendet Cheltschitz seine Theorie des Feudalismus mit der Darstellung der Genesis der Ungleichheit der Stände aus dem vorgesetzten ursprünglichen Zustand der Gleichheit. Er zeigt, wie die „falsche, widerchristliche" kirchliche Ideologie als das Ergebnis der gesellschaft-

lichen Umwandlung der Kirche in eine Machtinstitution (!) entstehen mußte.
Er enthüllt auf kühne Weise das ausbeuterische Wesen und den Mechanismus
der Feudalmacht, die innere Widersprüchlichkeit und wechselseitige Verbundenheit ihres geistigen und weltlichen Armes und schließlich auch das „ökono-
mische Wesen" des Feudalsystems, das darin besteht, daß „der Papst, der
Bischof und der Herr sich gegenseitig Menschen wie Vieh verkaufen, damit sie
sie melken und auspressen können". Er schließt mit einer Darstellung der
menschlichen Gesellschaft, die auf der „Gleichheit aller Arbeitenden", der
Einigkeit, der Liebe und der gegenseitigen Hilfe aller Glieder der „Kirche"
beruhen muß.[64]

Wie schon oben betont wurde, verbleibt Cheltschitz in den Grenzen der nur
idealen Negierung des Feudalismus, in den Grenzen der Utopie. Theoretisch
verurteilt er den Feudalismus, praktisch aber tastet er ihn nicht an. Wenn in
den Schriften „Von der heiligen Kirche" und „Von dreierlei Volk" noch die
Kritik am Feudalismus[65] als eine bestimmte „Kompensation" des antirevolutionären Charakters des Traktats „Vom geistigen Kampf" überwiegt, finden
wir in der Schrift „Netz des Glaubens" beide Grundbestandteile von Cheltschitz' Lehre in einer vollständigen organischen Einheit. Es dringt hier die
Kritik der Gewalt ein, die nicht nur von der herrschenden Hierarchie ausgeübt
wird, sondern auch der Gewalt, die von jenen benutzt wird, die sich gegen die
Unterdrückung erheben; die knechtende Macht wird nicht nur für die Heiden
angenommen, sondern als „notwendiges Übel" auch unter den gegenwärtigen
„christlichen" Verhältnissen zugelassen; denn die menschliche Schlechtigkeit,
die für Cheltschitz zu einer allgemeinen Eigenschaft der Menschen, also auch
der Christen wird, bedarf der Macht, die sie bändigen und hart strafen muß.[66]
Cheltschitz fügt hier einen ganzen Abschnitt ein, in welchem er die wiclifitisch-
hussitische Auffassung von der Nützlichkeit der weltlichen Macht auch in der
Gegenwart akzeptiert, sofern sie die Gerechtigkeit sichert — nur mit dem Unterschied, daß er sie nicht für eine „göttliche Institution", sondern für eine von
Gott eingerichtete Institution zur Pflege der weltlichen Dinge[67] hält. Er resi-
gniert einfach davor, daß „heidnische Verhältnisse" auch in der christlichen
Welt bestehen. Sein praktischer Nihilismus wächst sogar in einen Pragmatis-
mus hinüber, wenn er sagt, daß es nicht gut ist, die Herren anzugreifen, wenn
wir wollen, daß sich die Herren uns gegenüber gut verhalten.[68] Die innere Widersprüchlichkeit von Cheltschitz' Denken wird auf diese Weise von der inneren
Widersprüchlichkeit seines Hauptwerkes verkörpert, das zwischen der Negation des Feudalismus als einer antichristlichen Einrichtung und seiner Akzep-
tierung als eines notwendigen Produktes der „verdorbenen" menschlichen Natur
schwankt, die noch nicht einmal in der christlichen Epoche verschwindet. Aus
einigen Stellen des „Netzes" klingt uns direkt Hobbes' „homo homini lupus"
entgegen.[69] Hier spricht zweifellos die bittere Erfahrung, die persönliche Enttäuschung über die Entwicklung der Verhältnisse im hussitischen Böhmen mit.
Cheltschitz' Auffassung von der Gesellschaft ist auch in seinen anderen Werken
vorhanden, in seiner großen „Postille" aus den 30er Jahren und einer Reihe

kleinerer Traktate vom Ende der 30er und zu Beginn der 40er Jahre[70], allerdings in einer weniger geschlossenen und ausgeprägten Form.

Diese Schriften mit der ausgesprochen religiös-theologischen Orientierung im engeren Sinne des Wortes bilden den zweiten Kreis von Cheltschitz' literarischem Schaffen. Sie haben jedoch keine große Bedeutung, weil Cheltschitz auf diesem Gebiet im wesentlichen nichts Neues bringt. Von diesen Schriften ist zweifellos die „Replika proti Biskupcovi" [Replik gegen Biskupetz], wahrscheinlich um die Mitte der 20er Jahre entstanden, theoretisch am wichtigsten. Nicht nur, weil in ihr wertvolle Darlegungen zur taboritischen eucharistischen Lehre enthalten sind, sondern auch deshalb, weil es Cheltschitz, der in dieser eucharistischen Schrift den Wiclifitischen Remanenzstandpunkt vertritt, gelang, eine theoretische schwierige Problematik zu beherrschen und mit seinem großen Scharfsinn das Pikardentum des bürgerlichen Tabors zu enthüllen, das von Biskupetz und seinen Freunden verschleiert wurde; der Terminus „Pikardentum unterm Kelch", mit dem Cheltschitz diese Form der eucharistischen Lehre benannt hat, ist in dieser Hinsicht sehr bezeichnend.

Cheltschitz gelang es in dieser Sphäre nicht, weiterzukommen als das bürgerliche Tabor. Er ist eher noch konservativer und ist deshalb bei weitem nicht fähig, sich auch weltanschaulich vom theistischen Dogma zu lösen, wie es dem taboritischen Radikalismus gelungen war. Sein Werk bleibt ausdrücklich Sozial-Philosophie – ähnlich wie Hus' Werk.

Cheltschitz' Sozial-Philosophie erwächst den waldensischen Grundlagen der ersten Phase des taboritischen Radikalismus und zeichnet sich durch tiefe innere Widersprüchlichkeit aus. Man kann in ihr jedoch weder das Produkt der einfachen Anwendung des Waldensertums noch das Produkt eines objektiv konterrevolutionären Verhaltens suchen. Obwohl Cheltschitz im Jahre 1420 subjektiv einen solchen antirevolutionären Standpunkt einnahm, so ist objektiv sein Werk als Ganzes vor allem ein Ausdruck der Desillusionierung und der Niedergeschlagenheit darüber, daß das Programm der Emanzipierung der Volksmassen und vor allem der Bauernschaft nicht verwirklicht wurde. Der Niedergang des bäuerlich-plebejischen Tabors bewog aber Cheltschitz dazu, daß er die Interessen der Volksmassen wenigstens in utopischer Form ausdrückte, wenn sie schon nicht tatsächlich realisiert werden konnten. Er bestätigte mit seinem Defätismus und mit seiner Resignation schließlich, daß in dem gegebenen historischen Augenblick eine radikale Umgestaltung der Feudalgesellschaft nicht möglich war. Damit hat er gleichzeitig die Lebensschicksale der Volksmassen in der Revolution wahrhaftig erfaßt, damit hat er die Kritik des „göttlichen Kampfes" durchgeführt, aus dem die Interessen der Volkmassen eliminiert wurden; damit hat er in der theoretisch reifen Form seiner Utopie das Programm der radikalen Umgestaltung der Gesellschaft für die späteren Generationen erhalten. Man darf dennoch nicht vergessen, daß Cheltschitz' Traktat „Von dreierlei Volk" als Angriff gegen das bürgerliche Tabor entstanden ist, weil das bürgerliche Tabor die Teilung der Gesellschaft in „dreierlei Volk" billigte.

Die gesellschaftliche Funktion von Cheltschitz' Werk ist direkt entgegengesetzt der gesellschaftlichen Funktion des Waldensertums. Dort war sie ein Ergebnis der unausgereiften gesellschaftlichen Situation, der vorrevolutionären Verhältnisse, während sie hier ein Ergebnis ist, das der ausgereiften Revolution und ihrem notwendigen Ausgang erwächst. Hieraus entspringt der qualitative Unterschied im Niveau der Reife der theoretischen Äußerungen.

Hieraus entspringt auch die Tatsache, daß Cheltschitz' monumentales Werk — auch wenn es ein bitteres Zeugnis davon ablegt, was die hussitische Revolution in ihren Anfängen verwirklichen wollte, was sie nicht verwirklicht hat und was sie nicht verwirklichen konnte — gleichzeitig *die erste moderne Soziologie des Feudalismus und die Soziologie der Macht überhaupt ist;* denn dadurch, daß es den ausbeuterischen Inhalt des Feudalismus enthüllt, konnte es sich bis zur knechtenden Funktion der gesellschaftlichen und staatlichen Macht hindurcharbeiten, die die Gewalt der Herrschenden gegenüber den Beherrschten repräsentiert. Cheltschitz war jedoch nicht in der Lage zu begreifen, daß die Gewalt zur Beseitigung der Gewalt notwendig ist. Das konnte er auch gar nicht begreifen, denn in seiner Zeit konnte die Gewalt der unterdrückten Volksmassen gegen die Unterdrücker keinen dauernden Erfolg haben und hatte ihn auch nicht. Darin besteht die eigentlich gesellschaftliche Ursache der Auswegslosigkeit und der inneren Widersprüchlichkeit seines Systems. Über diesen ihren Charakter hinaus ist Cheltschitz' Lehre eine der bedeutendsten Früchte der böhmischen Philosophie und ihr großer Beitrag zur europäischen Philosophie und zur Herausbildung der radikalen Form des frühbürgerlichen Denkens. Cheltschitz' Soziologie des Feudalismus eröffnet eine Reihe von Gesellschaftsutopien, die in weiteren Jahrzehnten und Jahrhunderten den Umbruch zweier gesellschaftlicher Epochen signalisieren und bezeichnen werden.

VI

Abschließend nur eine kurze Bemerkung zur Zusammenstellung der Anthologie und zu ihrem Zweck.

Jede Anthologie ist eine von einem bestimmten Standpunkt aus getroffene Auswahl von Texten aus einem sehr umfangreichen Material. So verhält es sich auch bei dieser Anthologie. Bei der Auswahl der Texte ging es weder um einen deskriptiv-historischen Querschnitt des hussitischen Denkens noch um ein großes Mosaik der literarischen Äußerungen einzelner hussitischer Persönlichkeiten, sondern um die Aufnahme solcher Texte, in denen am ausdrücklichsten die grundlegende hussitische Denkmethode und die grundlegenden revolutionären Denkergebnisse verkörpert sind, zu denen die Anwendung dieser Methode führte und die die wichtigsten Entwicklungsetappen und Strömungen des hussitischen Denkens charakterisieren. Da die Anthologie als ein philosophisches Dokument vorbereitet wurde, war es nicht möglich, einen anderen Standpunkt zu wählen.

In den grundlegenden drei Teilen der Anthologie besteht ein sehr unterschiedliches Verhältnis zwischen den aufgenommenen Texten zu dem übrigen, nicht aufgenommenen Material.

Die Abteilung über das bürgerliche Hussitentum ist, obwohl sie dem Umfang nach die größte ist, trotzdem ein relativ kleiner Ausschnitt aus dem Material, das zur Verfügung steht. Hier kann nur Hus' ideelle Entwicklung vom Reformismus (1. Dokument) bis zum ausgereiften Standpunkt der letzten Jahre demonstriert werden. So konnten noch nicht einmal Auszüge aus Hus' Schrift „Von der Simonie" aufgenommen werden, die zwar nicht die höchste Form von Hus' Anschauungen darstellt, jedoch die schärfste Kritik der kirchlichen Mißstände enthält, die Hus geschrieben hat. Andererseits wiederum gestatten die Dokumente 2—4 das Wesen und den Inhalt des ausgereiften Stadiums von Hus' Denken zu erkennen. Das war das Hauptziel, das man sich im Rahmen der gegebenen Möglichkeiten stellen konnte. Das Dokument Nr. 5 (die Prager und die taboritische Formulierung des Programms der Vier Artikel) ist zur Kennzeichnung des grundlegenden ideellen Grenzpunktes in der Entwicklung des bürgerlichen Hussitentums aufgenommen. Soweit es sich um die übrigen grundlegenden Dokumente aus der Umgebung des bürgerlichen Hussitentums handelt, die nicht mehr aufgenommen werden konnten, vergleiche oben die Darlegungen auf den Seiten 22—23, 31, 40—42.

Die Abteilung über das bäuerlich-plebejische Hussitentum bringt, obwohl sie dem Umfang nach die kleinste ist, die relativ vollständigste Sammlung der erhalten gebliebenen Dokumente, und in dieser Form ist sie auch die erste größere vollständige Edition von Texten, die es ermöglicht, die Entwicklungsphasen, Veränderungen und das Gesamtprofil des bäuerlich-plebejischen Hussitentums zu erfassen. Bei der Zusammenstellung dieser Abteilung wurde auch darauf geachtet, daß der deutsche Leser offensichtlich großes Interesse an der Problematik des bäuerlich-plebejischen Hussitentums haben wird, da dieses in Deutschland relativ wenig bekannt ist, und daß hier Anregungen für das vergleichende Studium des taboritischen Radikalismus und Müntzers Lehre gegeben werden könnten. Auch hier handelt es sich bei weitem nicht um eine vollständige Sammlung. Über die weiteren Texte, die hierher gehören, vergleiche die Ausführungen auf den Seiten 24—26, 36—37, 42—43 und die Anmerkungen 35, 39, 40, 43, 45, 51—54 auf Seite 101—103, 104, 106, 108.

Bei der Auswahl der Texte zu Cheltschitz' Lehre ging es darum, Cheltschitz' Anfangs- und Schlußphase seiner Soziologie des Feudalismus zu zeigen. Der Leser, der Cheltschitz' Lehre näher kennenlernen möchte, möge dessen Traktat „Von dreierlei Volk" beachten, der ein wichtiges Mittelglied zwischen den beiden aufgenommenen Texten ist. Für das nähere Studium von Cheltschitz' Ansichten ist vor allem die Kenntnis des Traktats „Vom geistigen Kampf" unbedingt notwendig, ungeachtet weiterer Texte, über die schon in den Anmerkungen 57, 70 auf den Seiten 110, 113 und bei der Darstellung von Cheltschitz' Lehre auf den Seiten 24, 26—29, 32—33, 43—45 gesprochen wurde.

*

Schließlich möchte ich meinen herzlichen Dank Dr. Rudolf Mertlík sagen, der mir wesentlich bei der fachlichen Revision der Übersetzung der ausgewählten Abschnitte aus dem zweiten Teil von Chelčickýs „Netz des Glaubens" half, und Akademiker František Ryšánek, der mir geholfen hat, einige schwierige philologisch-semantische Probleme in den alttschechischen Originalen zu lösen, nach denen die Übersetzung vorgenommen wurde.

Vor allem möchte ich meine tiefempfundene Dankbarkeit Alexander Kolesnyk, Institut für Philosophie der Deutschen Akademie der Wissenschaften zu Berlin, aussprechen, der das vorliegende Werk redigiert, den größten Teil der aufgenommenen Texte selbst übersetzt und dem Veranstalter der Auswahl außerordentlich große Hilfe bei der Lösung aller Probleme — die nicht klein waren — erwiesen hat, die während der Arbeit aufgetreten sind. Ich bin mir dessen bewußt, daß ohne seine große Arbeit und ohne sein tiefes Verständnis der böhmischen geistigen Kultur dieses große Dokument der neuzeitlichen tschechisch-deutschen kulturellen Zusammenarbeit nicht hätte erscheinen können.

Prag, im Juli 1964   *Robert Kalivoda*

1 Eines dieser Flugblätter, das in frühem Neuhochdeutsch geschrieben ist und das *Prager Programm der Vier Artikel* erläutert, ist in die vorliegende Anthologie aufgenommen. Vgl. S.245f.

2 Die Problematik von Müntzers Aufenthalt in Böhmen hat in letzter Zeit *V. Husa* in der Arbeit „Tomáš Müntzer a Čechy", in: Rozpravy ČSAV, řada SV, sešit 11, ročník 67 [Thomas Müntzer und Böhmen, in: Mitteilungen der Tschechoslowakischen Akademie der Wissenschaften, Reihe Gesellschaftswissenschaften, Heft 11, 67. Jahrgang], Prag 1957, detailliert untersucht. Vgl. über sie die kenntnisreiche Rezension *B. Töpfers* in der „Zeitschrift für Geschichtswissenschaft", Jg. 1960, Heft 7, S. 1685–1691. Töpfer, der selbst ein hervorragender Kenner des mittelalterlichen Volksketzertums und des taboritischen Radikalismus ist, hat zu Recht den wertvollen Beitrag dieser Arbeit von Husa anerkannt und hat die Fragen gut erfaßt und bestimmt, die man beim weiteren Studium des so wichtigen Problems, wie es die Beziehung von Müntzers Lehre zum böhmischen Volksradikalismus ist, weiterhin klären und tiefschürfender ausarbeiten muß.

3 *B. Töpfer* hat in seinem Artikel „Fragen der hussitischen revolutionären Bewegung" (Zeitschrift für Geschichtswissenschaft, 1963, Heft 1, S. 146–167), der gleichzeitig eine Rezension meines Buches „Husitská ideologie" [Hussitische Ideologie] ist, die Nichtübereinstimmung mit meiner Auffassung der frühbürgerlichen Revolution und mit meiner Auffassung der Krise des Feudalismus erklärt, die die Grundlage meines Buches bilden. Er hat jedoch dabei nicht meine Auffassung der Entwicklungsdialektik des Feudalismus, der Krise des Feudalismus und des Prozesses der bürgerlichen Revolution (dessen erste Etappe die frühbürgerliche Revolution ist) in allen ihren grundlegenden Aspekten und ihrer ganzheitlichen Form reproduziert und eingeschätzt; so nur jedoch ist der authentische Sinn meiner Auffassung festzustellen; ich kann deshalb vorläufig aus Töpfers Kritik nicht die dem Standpunkt Töpfers entsprechenden Schlußfolgerungen ableiten.

4 Eine detailliertere Darstellung findet der Leser in meinem Buch „Husitská ideologie" [Die hussitische Ideologie], Prag 1961, S. 57ff.

5 Die detailliertere Darstellung vgl. ebenda, S. 132–136.

6 Vgl. dazu hauptsächlich *K. Marx*, „Grundrisse der Kritik der politischen Ökonomie", Berlin 1953 (hier vor allem das „Fragment des Urtextes 'Zur Kritik der politischen Ökonomie'", S. 871–947); *Engels'* Fragment „Über den Verfall des Feudalismus und das Aufkommen der Bourgeoisie", in: Marx/Engels, Werke, Bd. 21, Berlin 1962, S. 392–401; *Lenins* monographische Arbeit „Die Entwicklung des Kapitalismus in Rußland", in: Werke, Bd. 3, Berlin 1956.

7 Man kann nicht leugnen, daß die deutschen protestantischen Forscher ein bedeutendes Verdienst bei der Erforschung der hussitischen Lehre haben und daß sie Bedeutendes zur Erkenntnis einiger ihrer Seiten beigetragen haben. Es läßt sich jedoch nicht übersehen, daß sie von einem grundsätzlich beschränkten Standpunkt aus an das Hussitentum herangehen. Zu Beginn überwog das Bestreben, die im Hussitentum mit dem Luthertum übereinstimmenden Thesen aufzufinden und hervorzuheben, das Hussitentum als ein historisches Vorspiel zum deutschen Protestantismus zu deuten. Diese

Tendenz zeigt sich noch bei Lechler, obwohl sich Lechler der prinzipiellen Unterschiede im theoretischen Aufbau des Wiclifismus und des Hussitentums einerseits und des lutheranischen Protestantismus andererseits bewußt ist. Die Erkenntnis dieser prinzipiellen Unterschiedlichkeit führte des weiteren die deutschen protestantischen Forscher jedoch dazu, damit aufzuhören, das Hussitentum als ein ideelles Produkt der eigentlichen Reformation zu betrachten; sie begannen es als ein vorreformatorisches Gedankenprodukt zu bewerten, das im wesentlichen den Boden des mittelalterlichen Katholizismus noch nicht verlassen hat (Gottschick, Harnack). Das biblische „Ja, ja — nein, nein" wurde zum entscheidenden Kriterium, die bei der Einschätzung des gesamten reformatorischen Denkens von der Übereinstimmung oder Nichtübereinstimmung mit dem lutherischen Protestantismus ausging.

Eine solche Einschätzung ist falsch. Sie entspringt deutlich der konfessionellen Beschränkung der kirchlichen Forscher. Ihre Aufmerksamkeit wird auf rein religiöse Aspekte des Problems gelenkt. Das erschwert es, andere Formen der Reformationsideologie zu begreifen, als sie die eigene Konfession hervorgebracht hat.

Man muß jedoch betonen, daß es dem bedeutenden deutschen Forscher E. Troeltsch, der von der protestantischen Theologie ausging und an Harnacks Streben nach tieferer und wahrheitsgetreuerer Deutung des Christentums anknüpfte, gelungen ist, in seinen wissenschaftlichen Anstrengungen den parteilich begrenzten Standpunkt des Protestantismus zu überwinden und auf überzeugende Weise zu beweisen, daß der Wiclifismus und das Hussitentum gerade wegen ihres theoretischen Ausgangspunktes, der sich wesentlich von dem des Protestantismus unterscheidet, zu ihrem gesellschaftlichen Nonkonformismus gelangen und damit gleichzeitig Antipoden der kirchlich-katholischen Ideologie werden konnten. Wenn Troeltschs „akademischer Marxismus" auch bei weitem kein klassenbewußter Marxismus ist, so ist dennoch klar, daß Troeltsch zu seinen unzweifelhaften wissenschaftlichen Ergebnissen nur deshalb gelangen konnte, weil seine Anstrengungen um eine wissenschaftliche Darstellung der Entwicklung der christlichen Idee ihn logisch zur Annahme einiger grundlegender Prinzipien des Marxismus führten.

[8] Der Verfasser dieser Darstellung hat auch ein nicht geringes Verdienst daran, daß im Jubiläumsjahr 1965 in Konstanz in dem Hause, in dem Hus vor seiner Verhaftung gewohnt hat, eine Hus-Gedenkstätte eingerichtet und eröffnet wurde. Es ist erfreulich, daß gerade heute durch direkten Kontakt von Prag und Konstanz diese beachtenswerte Realisierung der edlen Absicht des Konstanzer Bürgermeisters Konrad Hüetlin vollzogen wurde. — Hüetlin wollte vor 130 Jahren Hus in Konstanz ein Denkmal errichten, seine und seiner Freunde Absicht scheiterte am starken Widerstand der damaligen reaktionären Kreise.

[9] Erst in seiner polemischen Rezension meines Buches „Jean Huss à l'heure du marxisme-léninisme", in: Revue d'histoire ecclésiastique, Bd. 57, 1962, S. 493ff., versuchte Vooght den Raum jener rekatholisierenden Darstellung zu erweitern und unternahm den sehr waghalsigen Versuch, Hus' Grundthesen in unmittelbaren Zusammenhang mit den Denkprinzipien des Thomas von Aquino zu bringen. Auch hier hat Kybal die Richtung mit der Behauptung vorgezeichnet, daß im vortridentinischen Katholizismus so gut wie gar keine

Grundlage vorhanden sei, um Hus' Ketzertum nachzuweisen. Auch hier gilt, daß solche Versuche auf dem Absehen vom fundamentalen philosophisch-theologischen Unterschied zwischen dem Thomismus (auch dem vortridentinischen) und der wiclifitisch-hussitischen Ideologie begründet sind. Mit dieser Frage werde ich mich detailliert in den Schlußfolgerungen zu meiner Arbeit über das hussitische Denken befassen, die meiner Monographie über Peter von Cheltschitz beigefügt werden.

Wenn auch das Werk von Hus tatsächlich die gedanklich am weitesten entwickelte, die am stärksten umstürzlerische und die am meisten durchgearbeitete Form des bürgerlichen Hussitentums darstellt, so muß man doch sehen, daß dieses Werk dessen gesamte Problematik nicht absorbiert; es sind dies vor allem die philosophisch-ontologischen Probleme in den Arbeiten des Stanislaus von Znaim, von Paletsch, des Hieronymus von Prag und in den hussitischen Quodlibets der ersten beiden Jahrzehnte des 15. Jahrhunderts, weiterhin die philosophisch wichtige Problematik der eucharistischen Lehre des bürgerlichen Tabors; diesen beiden Problemkomplexen wird die weitere Forschung ihre Aufmerksamkeit unter anderem zuwenden müssen; gleichzeitig wird das Werk des ungewöhnlich gebildeten Jan von Pribram erforscht werden müssen, um die konkreten Formen der Degenerierung des bürgerlichen Hussitentums kennenlernen zu können.

[10] Wenn wir jene Berge an Literatur, die in der angelsächsischen Welt über um vieles weniger bedeutende Erscheinungen geschrieben worden sind, mit den wenigen Titeln vergleichen, die dort in den letzten Jahren über Wiclif erschienen sind, so können wir feststellen, daß dieser geniale Geist seiner „Entdeckung" in der angelsächsischen Welt noch harrt. Es ist möglich, daß dies auf „dem hussitischen Weg" geschieht.

[11] Kaminsky hat zum Beispiel auf der Grundlage einer neuen Untersuchung des Traktats „Ad occurendum . . ." auf die große Wahrscheinlichkeit dafür hingewiesen, daß ein organischer Bestandteil des taboritischen radikalen Pikardentums täuferische Elemente waren, und die berechtigte Vermutung geäußert, daß Húskas letzte Auffassungen von der Taufe, über die er nach seiner Gefangensetzung geschrieben hat, anabaptistische Anschauungen waren. Das ist ein Umstand, der eine außergewöhnliche Bedeutung für das vergleichende Studium des Täufertums, der deutschen Reformation und des hussitischen Radikalismus und für die Genealogie des Anabaptismus überhaupt erlangen kann.

[12] Vor allem die Übersetzung des Traktats „O církvi svaté" [Von der heiligen Kirche] ist sowohl in sachlicher als auch in sprachlicher Hinsicht ein außerordentlich anspruchsvolles Unternehmen. Die deutsche Übersetzung dieses Traktats ist in unsere Anthologie aufgenommen. Siehe S. 333ff. dieses Buches.

[13] Insofern bei einigen Autoren keine näheren Angaben über deren Arbeiten gemacht werden, verweisen wir den Leser auf die detaillierte, außerordentlich materialreiche Bibliographie von Cheltschitz' Schriften und der Literatur über ihn, die in letzter Zeit E. Petrů erarbeitet hat: „Soupis díla Petra Chelčického a literatury o něm" [Verzeichnis der Werke Peter von Cheltschitz' und der Literatur über ihn], Prag 1957; hier findet der Leser alle notwendigen Angaben.

[14] Konrad wurde während der Okkupation von den Nazis hingerichtet. Das Fragment der Konradschen „Husitská revoluce" wird zur Zeit für die Ver-

öffentlichung vorbereitet. Einige Teile aus Konrads Nachlaß wurden in Konrads Buch „Svoboda a zbraně" [Freiheit und Waffen], Prag 1949, abgedruckt.

[15] In meinem Buche konnte ich mich leider nicht mehr mit der Arbeit von Maleczyńska befassen. In meiner weiteren Arbeit und in den zusammenfassenden Schlußfolgerungen über das hussitische Denken, die meinem Buche über Peter von Cheltschitz beigefügt werden, komme ich noch auf sie zurück.

[16] Das mittelalterliche Volksketzertum stellt — wie ich glaube — eine der wichtigsten Quellen des modernen revolutionären Denkens dar.

[17] Von Überresten kann man deshalb sprechen, weil es sich letzten Endes und im wesentlichen um eine späte Emanation einiger nationalistischer Elemente von Palackýs Konzeption des Hussitentums handelt. In der Frage der Beziehungen zwischen dem Hussitentum und dem Waldensertum hat sich Werner im Grunde meiner Darstellung dieses Problems angeschlossen.

[18] In dieser Richtung stimmen beide Forscher in gewisser Hinsicht mit dem Standpunkt überein, der in dem oben erwähnten Buch von M. und M. Machovec geäußert wurde. Machovec' direkte Polemik gegen meine Auffassung von der abschließenden Phase des taboritischen Radikalismus wurde im „Filosofický časopis" [Philosophische Zeitschrift], 1962, Heft 3; unter dem Titel „K zápasu o náročnější metodologický přístup k myšlenkové středověké látce" [Zum Ringen um ein anspruchsvolleres methodologisches Herangehen an das mittelalterliche Denken] veröffentlicht. Meine Antwort „K Machovcovu 'Zápasu' o náročnější metodologický přístup k myšlenkové středověké látce" [Zu Machovec' 'Ringen' um ein methodologisch anspruchsvolleres Herangehen an das mittelalterliche Denken] wurde ebenda, 1963, Heft 2 abgedruckt. Implizit betrifft sie in vieler Hinsicht auch Werners und Töpfers Herangehen an die Frage des sogenannten „Sektierertums" der pikardisch-,,adamitischen" Linken.

[19] Vgl. Wissenschaftliche Zeitschrift der Humboldt-Universität zu Berlin, Gesellschafts- und Sprachwissenschaftliche Reihe, XII. Jahrgang, 1963, Heft 3; es handelt sich um einen kurzen Abriß der Gedanken von Töpfers Monographie vor ihrem Erscheinen, der im Jahre 1962 entstanden ist, also offenbar vor der Studie „Fragen der hussitischen revolutionären Bewegung". Es ist interessant, daß jener Vergleich des taboritischen Chiliasmus mit Müntzer aus diesem kurzen Abriß, von dem gerade gesprochen wird, in der Monographie selbst, die im Jahre 1964 erschien, nicht mehr angeführt ist.

[20] Über Wiclifs Metaphysik und ihren Platz im Zerfallsprozeß der mittelalterlichen Philosophie vgl. mein Referat, vorgetragen auf dem II. Internationalen Kongreß über Geschichte der mittelalterlichen Philosophie in Köln im Jahre 1961 (Joannes Wyclifs Metaphysik des extremen Realismus und ihre Bedeutung im Endstadium der mittelalterlichen Philosophie; in: Miscellanea Mediaevalia, Veröffentlichungen des Thomas-Instituts der Universität Köln, Bd. 2, Die Metaphysik im Mittelalter, ihr Ursprung und ihre Bedeutung, West-Berlin 1963, S. 716 ff.). Die tschechische Übersetzung dieses Artikels wurde, ergänzt durch den Anmerkungsapparat, in den „Listy filologické" [Philologische Blätter], Jahrgang 85, 1962, S. 273 ff., veröffentlicht.

[21] Das können wir besonders gut in der Synodalpredigt „Diliges Dominum Deum tuum" aus dem Jahre 1405 beobachten, die gerade zur Veranschaulichung

der ersten Entwicklungsphase der Sozialphilosophie von Hus in die Anthologie aufgenommen wurde; vgl. S. 117ff. dieses Buches.

In größerem oder geringerem Maße durchdringt jedoch diese Form der Kritik alle bedeutenden Arbeiten der ersten Periode, zum Beispiel „Výklad epištol kanonických" [Deutung der kanonischen Episteln] aus den Jahren 1404–1406, „Výklad žalmů" [Deutung der Psalmen] aus den Jahren 1405–1407, die Synodalpredigt „State succinti" aus den Jahren 1407–1408, „Výklad sentencí Lombardových" [Auslegung der Sentenzen des Lombarden] aus den Jahren 1407–1408, Hus Predigten in der Bethlehemskapelle aus dieser Zeit usw.

[22] Hus fügt in der zweiten Periode seiner Entwicklung seinem sozialen Programm, das er vor allem in seiner tschechischen Hauptschrift „Výklad viery, desatera a páteře" [Auslegung des Glaubens, der zehn Gebote und des Vaterunsers] aus dem Jahre 1412 erneut entwickelt, nichts qualitativ Neues hinzu. Er formuliert es dort nur noch deutlicher.

[23] „Denn (1. Petr. 2, 13) spricht der unmittelbare Stellvertreter Christi: 'Seid untertan aller menschlichen Ordnung um des Herrn willen.'" (Vgl. den Text „Diliges Dominum", S. 121 dieses Buches).

[24] Vgl. ebenda, S. 123–124f. dieses Buches.

[25] Die ausgereifte Form der Lehre von Hus ist vor allem in der „Verteidigung der Wiclifschen Artikel" aus dem Jahre 1412, in seinem Hauptwerk „De ecclesia" und in der Polemik gegen Paletsch, Stanislaus und die „acht Doktoren", die an dieses Werk anknüpft, dargelegt.

Aus diesen Werken ist der überwiegende Teil der Texte ausgewählt, durch die in dieser Anthologie die Lehre von Hus repräsentiert wird.

[26] Vgl. S. 216f. dieses Buches.

[27] Vgl. S. 135f. dieses Buches.

Wenn Hus diese Akte mit der Formulierung schließt: „Niemand ist würdig und rechtmäßig ein weltlicher Herr, wenn er sich in Todsünde befindet" (vgl. S. 144 dieses Buches), ist das inhaltlich nur eine *Tautologie* zum wiclifitischen Wortlaut ohne „würdig und rechtmäßig". Denn in der vorhergehenden Argumentation fließt der Begriff „würdig und rechtmäßig" voll und ganz mit dem Begriff der wirklichen und tatsächlichen Herrschaft zusammen. Hus mildert Wiclifs Artikel nur in bezug auf den Buchstaben, sinngemäß verändert er ihn nicht um einen Deut. Auch wenn Hus die Formulierung benutzt, daß ein solcher Herr nur ein Herr „dem Namen nach und ganz in der falschen Bedeutung des Wortes" ist (vgl. S. 152), so verändert er damit den Sinn des Gedankens nicht, auch wenn er tatsächlich doppeldeutige Formulierungen benutzt und den Schein einer katholischen Rechtgläubigkeit zu erwecken versucht. Das macht Hus auch an anderen Stellen und in anderen Arbeiten. An dieser Stelle ändert Hus die Darstellung ein wenig in dem Sinne, daß auch die Bösen Herren sein können, sofern ihre Taten wenigstens gerecht sind, sie dürfen aber keine „Tyrannei" (vgl. S. 146) ausüben. Diese Veränderung betrifft den objektiven Sinn des Prinzips überhaupt nicht. Nur bei den Geistlichen beschränkt Hus dessen Gültigkeit, indem er den bösen Geistlichen die Macht, den Sakramenten zu dienen, läßt (weil das nach Hus nur eine instrumentale und keine schaffende Macht ist), ihnen jedoch die richterliche und richtende Macht nimmt (vgl. S. 154).

Die Disharmonie zwischen der Argumentation und der abschließenden Schlußfolgerung in Hus' Akte „Nullus est Dominus" erkannte schon Sedlák („Studie
a texty", II, S. 293).

Kybal läßt in der angeführten Arbeit eine grobe Verzerrung zu, wenn er
versucht, dieses zentrale Prinzip von Hus im katholischen orthodoxen Sinne
darzustellen, das heißt, daß der Angehörige der Hierarchie, der das „Gesetz
Gottes" übertritt, nicht seine faktische Macht verliert, daß er nicht aufhört,
der Träger seines Amtes zu sein, sondern nur etwas von seinem Verdienst vor
Gott verliert. Kybal konzentriert seinen Angriff vor allem darauf, daß Hus
dieses Prinzip auf die weltlichen Feudalherren anwendet, gegen die Akte
„Nullus dominus", weil er diese Akte überhaupt für die revolutionärste und
gesellschaftlich gefährlichste hält. Kybal mißbraucht dabei die Tatsache,
daß Hus in Konstanz in dem Bestreben, dem Konzil den Boden unter den
Füßen zu entziehen, sein Prinzip auf diese Weise katholisch begrenzt. Kybal
nutzt dabei einige wörtliche Unkorrektheiten von Hus' Argumentation aus.
Weil jedoch das Material aus Hus' Hauptschriften seiner Darstellung widerstrebt, verfällt Kybal bei seinen hoffnungslosen Versuchen in scharfe Kontra-
diktionen, womit er selbst die Unerträglichkeit und Falschheit seiner rekatholisierenden Darstellung dokumentiert.

Die katholische Begrenzung „digne-officio", die Hus auf dem Konzil vornimmt,
widersprach nicht nur dem Sinn, sondern auch sehr dem Buchstaben von Hus'
Lehre. Die erfahrenen Kirchenväter haben das sehr schnell erkannt, und damit,
daß sie dieses Prinzip „im nackten wiclifitischen Wortlaut" verurteilt haben,
haben sie Hus kein Unrecht zugefügt.

Dies übersieht heute Vooght, der in seiner Arbeit (vgl. oben S. 22 im Abschnitt
über die Literatur) den gegebenen Artikel und das gegebene Problem in einem
ähnlichen Geist wie Kybal zu interpretieren versucht.

28 Vgl. zum Beispiel S. 191 dieses Buches.

Seine Theorie von der Macht und dem Gehorsam hat Hus vor allem in seinem
Hauptwerk, dem Traktat „Von der Kirche" (De ecclesia) dargelegt. Die
Bezeichnung „Von der Kirche" darf uns nicht täuschen, denn der Begriff
Kirche bedeutet in der damaligen Terminologie eigentlich Gesellschaft. Hus
behandelt also im Traktat „Von der Kirche" die Gesellschaft.

In den ersten sechs Kapiteln dieser Schrift entwickelt Hus seine Prädestinationslehre. Nach Hus sind die Menschen in zur Erlösung und zur Verdammnis
Vorausbestimmte eingeteilt. Die Vorausbestimmung zur Erlösung verbindet
sich bei Hus jedoch mit einem ununterbrochenen gerechten Leben und Handeln
des Menschen und die Vorausbestimmung zur Verdammnis mit einem ununterbrochen ungerechten Leben und Handeln. Schon aus dieser Unterscheidung
ist offensichtlich, wohin Hus mit seiner Prädestinationslehre zielt. Ihr Sinn
ist gerade dem entgegengesetzt, den Augustin der katholischen Prädestinationslehre verliehen hat. Nach Hus wird die Kirche nur von den zur Erlösung
Vorausbestimmten gebildet, das heißt den Gerechten, während alle übrigen,
mögen dies Päpste, Kardinäle, Prälaten sein, kurz die Angehörigen der
kirchlichen Hierarchie, keine wirklichen Angehörigen der Kirche sind — auch
wenn sie scheinbar an ihrer Spitze stehen — und keine Macht haben.

Die Prädestinationslehre ist für Hus also nur ein weiteres Hilfsmittel, mit dem
er seine Theorie vom „Gesetz Gottes", von der Macht und dem Gehorsam

94

stützt — sie hat bei weitem nicht den Sinn und die Bedeutung wie im späteren Protestantismus. Diese drei Zentralprinzipien seiner Sozial-Philosophie legt Hus in der Polemik mit seinen katholischen Gegnern in weiteren 16 Kapiteln der Schrift dar und entwickelt sie weiter.

Hus unterscheidet zwischen der rechten und der vorgeblichen Macht, die er natürlich nicht für die wirkliche Macht hält; die Darlegung über den Gehorsam mündet in die Schlußfolgerung, daß der Ungehorsam in den verbotenen Dingen und Geboten gerade jener rechte Gehorsam ist.

In der Polemik geht Hus unter anderem von dem antiwiclifitischen Gutachten der Prager Theologischen Fakultät aus, das auf der Synode vom 6. Februar 1413 verkündet worden war, und setzt sich kritisch mit ihm auseinander. (Dieses „Consilium doctorum facultatis theologicae studii Pragensis" hat Palacký in „M. J. Hus Documenta . . .", Prag 1869, S. 478f. veröffentlicht.)

Dem Leser wird sicherlich auffallen, daß Hus' Methode der Argumentation durch die Benutzung einer ungeheuren Vielzahl von Zitaten aus der Bibel und aus der älteren theologisch-philosophischen Literatur, vor allem aus der patristischen Literatur charakterisiert wird. Hus sucht auch in den kirchlichen Dokumenten älteren und jüngeren Datums Unterstützung. An einer Stelle stützt er sich auf den 6. Kanon der Synode von Konstantinopel vom Jahre 381, er stützt sich aber auch auf das Dekret von Gratian, das vor allem Aussprüche einiger Päpste enthält, mit denen Hus seinen Argumenten eine festere Grundlage verleihen will. Aus allen diesen kirchlichen Dokumenten sammelt Hus sehr geschickt Belege für die Bestätigung seiner antikirchlichen Darstellung der „Umstände des Gehorsams".

Viele Auffassungen der älteren kirchlichen Denker und Vertreter, die in einer anderen gesellschaftlichen Situation entstanden waren, waren nämlich später für die mittelalterliche hierarchische Kirche unbrauchbar, und einige waren für sie sogar gefährlich geworden; vor allem diejenigen, die die Forderung nach Übereinstimmung zwischen dem inneren Leben und der äußeren Tätigkeit der Christen enthielten, die ihre gesellschaftliche Macht mit moralischen Qualitäten bedingten. Solche Auffassungen benutzt Hus ausgiebig und sehr umsichtig.

In vielen Fällen muß Hus jedoch die Ansichten der gleichen Denker ablehnen oder in ihr Gegenteil verkehren, die wegen ihres konservativen katholischen Sinnes von den Gegnern gegen ihn ausgenutzt wurden. Am Schluß des einundzwanzigsten Kapitels finden wir ein solches direkt klassisches Beispiel. Hus sagt dort: „Auch steht dem nicht jenes Wort des *seligen Augustin, in Vom Streit zwischen Tugend und Lastern* entgegen: Wie beschaffen die sein sollen, die Befehl geben, soll von den Untergebenen nicht erörtert werden. Das ist wahr und deutlich, daß sie nicht *willkürlich* (!!) darüber Erörterungen anstellen dürfen, wie beschaffen sie sein sollen" (vgl. S. 215 unseres Textes). Durch den Einschub eines einzigen Wortes verleiht Hus dem Ausspruch einen völlig entgegengesetzten Sinn. (In diesem Falle handelt es sich allerdings nicht um ein echtes Werk Augustins. Es ist dies eine Äußerung aus einer pseudoaugustinischen Schrift — deren Verfasser wahrscheinlich Ambrosius Autpertus ist — „Über den Kampf der Tugend und des Lasters", c. 5, vgl. Migne, PL, 40, 1094.)

Und vielleicht noch klassischer ist die Art und Weise, wie Hus im 21. Kapitel mit Bernhards Lehre von den „Mitteldingen" verfährt, die die Doktoren der

Prager Theologischen Fakultät in den Kampf gegen ihn und seine Partei ausgesandt haben. Bernhards „Epistola ad Adam monachum" (vgl. Migne, PL, 182, 95 f.), die Hus bereits im siebzehnten Kapitel erwähnt (vgl. S. 168 unseres Textes), wird im einundzwanzigsten Kapitel von Hus einer so meisterhaften Überprüfung unterworfen, daß die in ihr enthaltene Theorie der „Mitteldinge" auf freundschaftliche, freundliche und „taktvolle" Weise aus der Welt hinaus begleitet wird. Hus kann natürlich nicht direkt gegen Bernhard polemisieren; durch seine eigentümliche Deutung, die unschuldig mit einer Untersuchung des „Adverbs der Ähnlichkeit wie" (vgl. S. 203 ff. unseres Textes) und der Ergänzung durch Bernhards Bestimmungen „der Umstände, der Weise, des Ortes, der Zeit oder der Person" bei „Mitteldingen" beginnt, stellt er Bernhards Lehre direkt auf den Kopf — oder genauer gesagt, er stellt sie vom Kopf auf die Füße.

Mit Augustin wird gegen Augustin, mit Bernhard wird gegen Bernhard, und mit der Bibel wird gegen die Bibel gekämpft, wie man sich anhand der angeführten Beispiele überzeugen kann. Das zeugt einerseits davon, daß diese ältere Literatur sich ebenso wie die Bibel durch innere Widersprüchlichkeit auszeichnet und daß ihr Gedankengut auf gegensätzliche Weise benutzt werden kann, und das zeugt andererseits auch davon, daß Hus' Methode und Konzeption eine selbständige Theorie ist, die das ererbte Gedankengut nur ausnutzt, assimiliert und in einen ausgesprochenen, völlig neuen antikatholischen und antifeudalen Sinn verwandelt.

Hus' subjektive Überzeugung, daß er die Schrift und die „heiligen Doktoren" richtig deutet, ist also nur eine Illusion. Die „heiligen Doktoren" benutzt er nur insofern, als sie seinen eigenen Gedankengängen dienen, und er verwandelt sie dabei bis zur Unkenntlichkeit. Ansichten, an die die katholische Theorie des ausgereiften Feudalismus anknüpft, verdreht er in deren völliges Gegenteil oder lehnt sie einfach ab.

Hus' gesamte Darstellung ist natürlich von Wiclifs Methode und Wiclifs Geist getragen und stützt sich auf Wiclifs Texte. Sie zeigt uns aber gleichzeitig Hus als einen hervorragenden selbständigen Denker.

Die grundlegende Beweisführung, die Komposition des Textes und sein ideologischer Inhalt sind Hus' eigene Angelegenheit, sind das eigenständige und „nicht übertragbare" Produkt des hussitischen Böhmens aus der Zeit, da in ihm die Revolution geboren wurde. Denn der hauptsächliche Gegenpol von Hus' Argumentation und Darstellung ist das gerade entstandene „Consilium" der Doktoren der Prager Theologischen Fakultät, das frischeste Ergebnis eines hartnäckigen ideologischen Kampfes, das man unterdrücken und beseitigen mußte.

Aber nicht nur das. Der Kampf von Hus' Partei besitzt bereits eine eigene Geschichte; es sind eigene Erfahrungen vorhanden, die man theoretisch verallgemeinern und in die eigene Lehre von der Macht und dem Gehorsam hineinprojezieren kann. So macht Hus in der Darstellung der „örtlichen Umstände des Gehorsams" die Tatsache geltend, daß er sich selbst der päpstlichen Kurie nicht gestellt hat, vor die er im Jahre 1410 vorgeladen war, und verleiht so seinem „Ungehorsam" gleichsam eine theoretische Begründung (vgl. S. 206 f. unseres Textes); in diesem Zusammenhang verwirft er die Exkommunikation „wegen Nichterscheinens", die am 15. März 1411 in Prag über ihn ausgesprochen worden war, und auf der Grundlage seiner Theorie von der Macht kann er sie als „vorgebliche Exkommunikation" qualifizieren, die ihn nicht betrifft und ihn nicht verpflichtet (vgl. S. 207f. unseres Textes).

Auf drei Jünglinge, Jan, Martin und Staschek, die am 11. Juli 1412 hingerichtet wurden, weil sie sich in Prager Kirchen laut gegen die Verkündung des Ablaß-verfahrens gewendet haben, kann Hus als auf ein leuchtendes Zeugnis und Beispiel dessen hinweisen, wie man „öffentlich dem lügnerischen Wort Antichrists widersprechen" soll (vgl. S. 209 unseres Textes). Seine früheren Mit-kämpfer und späteren Verräter an der Bewegung, Stanislaus von Znaim und Stefan Paletsch, kann er in den entgegengesetzten Menschentyp projizieren, die „lügnerischen Jünger des Antichrist, ... die sich ihnen angeschlossen hatten, haben sie trügerisch verlassen; denn, erschreckt durch die Strafen Antichrists und die Gefangensetzungen, haben sie sich dem entgegengesetzten Wege zugewandt" (vgl. S. 209—210). Hus denkt bestimmt an Stanislaus von Znaim und Stefan Paletsch, die sich sowohl von Wiclifs als auch von Hus' Programm losgesagt haben, nachdem sie im Oktober 1408 von Kardinal Balthasar Cossa festgenommen und eingekerkert worden waren und nachdem sie erkannt haben, daß sie wegen ihrer Überzeugung in Konflikt mit der heimatlichen königlichen Macht kommen könnten. Die lebendige Wirklichkeit der heraufkommenden Revolution ist die hauptsächliche Grundlage, auf der Hus' Lehre von der Macht und dem Gehorsam entsteht. In Hus' „De ecclesia" entstand so eines der viel-fältigsten und größten Werke des böhmischen theoretisch-philosophischen Denkens.

[29] Vgl. S. 235f. dieses Buches.
[30] Vgl. S. 204, 208 dieses Buches.
[31] Die Prager und die taboritische Formulierung der vier Artikel sind auf den Seiten 245ff. und 447ff. dieses Buches abgedruckt.

Der Leser wird vielleicht durch einen Vergleich der beiden Versionen, der Prager und der taboritischen, feststellen, daß zwar die Prager Version um vieles detaillierter, durchgearbeiteter und mit einem reichen Apparat aus-gestattet ist, daß die taboritische Version jedoch in vielem konsequenter und unvergleichlich umwälzender ist.

Das Programm der Vier Artikel war das grundlegende Programm der bürger-lichen Opposition in der hussitischen Revolution. Das bürgerliche Tabor, das die längste Zeit der revolutionären Kämpfe an der Spitze der Hussitenbewegung steht, formuliert seine Auffassung des Programms der Vier Artikel völlig im Geiste von Hus.

Worin besteht der Sinn der Vier Artikel in ihrer taboritischen Auffassung?

Der erste Artikel enthält die Forderung, die gegen das ideologische Monopol der Kirche gerichtet ist; es sollen nicht nur die von der Kirche gebilligten und eingesetzten Priester predigen, die die Interessen der Kirche und der herr-schenden Feudalherren zum Ausdruck brachten, sondern auch die hussitischen Prediger, die den Interessen des Volkes Ausdruck verliehen.

Die freie Predigt des Wortes Gottes bedeutet in der Sprache der Hussiten die Freiheit zur Verbreitung des hussitischen Programms, die Freiheit der Agi-tation in der gesamten damaligen Welt. Die Hussiten haben ihr Programm als ein weltumfassendes Programm aufgefaßt. Die Forderung des ersten Artikels, die scheinbar rein religiös ist, ist in ihrem Wesen eine bedeutende revolutionäre

Forderung. Sie stellt die Hussiten auf die Ebene der damals allmächtigen Kirche und fordert für die Hussiten eine gleichwertige Stellung im ideologischen Kampf. In dieser Forderung lebt Hus, der sich um das Verbot seiner Predigertätigkeit nicht gekümmert hat, der in der Bethlehemskapelle ohne Rücksicht darauf gepredigt hat, daß er in den Bann getan war, und der die Freiheit der Predigt des „Wortes Gottes" zur Geltung gebracht hat, das heißt die Freiheit der Verkündung des eigenen Programms mit aller Kraft, zu der er fähig war.

Der zweite Artikel enthält die bekannte Forderung nach Darreichung des Abendmahles unter beiderlei Gestalt (sub utraque specie). Und hier, in dieser am meisten religiös klingenden hussitischen Forderung, geht es vor allem um die Demokratisierung der Kirche und der Gesellschaft. Es soll das Vorrecht der Priester beseitigt werden, die sowohl Brot als auch Wein empfangen können und sich dadurch vom Volk unterscheiden und sich über es stellen, dem die Kirche nur das Brot zu empfangen erlaubte; Priester und einfacher Mensch sollen gleich sein.

Die Darreichung „unter beiderlei Gestalt" wurde im Jahre 1414 in Prag von Jakobellus von Mies und Nikolaus von Dresden eingeführt, das heißt zu einer Zeit, da Hus in Konstanz schon eingekerkert war. Diese Forderung konnte deshalb in Hus' Lehre nicht auftreten. Hus hat jedoch den Kelch, das spätere Symbol des Hussitentums, von Konstanz aus gebilligt.

Der dritte Artikel äußert die Forderung nach Säkularisation. Die Kirche soll keine weltliche Macht besitzen. Sie soll keine ungeheuren Güter besitzen, noch mit dem Gelde wuchern und von den Gläubigen Abgaben herauspressen. Das alles gilt auch vom Papst. Und was besonders wichtig ist, die weltlichen Menschen haben gegen diese weltliche Macht der Kirche aufzutreten — haben direkt gegen sie zu kämpfen. Diese Forderung ist eine der Hauptforderungen von Hus.

Im letzten, vierten Artikel ist einer der schwersten Angriffe gegen die beiden ersten Stände der feudalen Gesellschaft enthalten. Niemand von den Feudalherren darf Untaten begehen, ohne dafür zur Verantwortung gezogen zu werden, mag dieser ein König, ein Adliger oder ein Papst, ein Priester . . . sein. Das Volk hat das Recht, die Handlungen und die Taten der Herrscher, seiner Vorgesetzten, zu bewerten und aktiv gegen sie aufzutreten, sofern sie offensichtliche Sünden, das heißt Unrecht zulassen. In religiöser Gestalt ist hier eigentlich die Forderung nach einer konstitutionellen Regierung, nach demokratischer Kontrolle derjenigen, die herrschen, durch das Volk ausgedrückt. In dieser bei weitem wichtigsten Forderung der vier Artikel in der taboritischen Formulierung finden wir schließlich einen verkürzten Ausdruck von Hus' Sozial-Philosophie. Wenn die Prager in der Formulierung dieses Artikels von Hus auf der gesamten Linie abgewichen sind und die „Bestrafung" der Sünden von denjenigen forderten, „denen dies gebührt", das heißt nur von den herrschenden Ständen, so erhebt das bürgerliche Tabor dieses Grundprinzip von Hus in sein Programm, verleiht ihm in seiner Allgemeinheit einen zweifellos direkt revolutionären Sinn, und in seinem Geist beseitigt es die feudale Macht in Böhmen und im Ausland.

Der revolutionäre Kern von Hus 'Sozial-Philosophie hat sich so in das revolutionäre Programm von Žižkas und Prokops des Großen Tabor, hat sich in die Kritik der Waffen verwandelt.

[32] Vgl. dazu hauptsächlich die oben erwähnte „Chronicon" von Biskupetz (Höfler, a. a. O.) und die eucharistischen Traktate des bürgerlichen Tabors, die von Sedlák in seinem Buch „Táborské traktáty eucharistické" [Taboritische eucharistische Traktate] abgedruckt sind.

[33] Wie schon oben ausgeführt wurde, ist die marxistische Erforschung des vorhussitischen Volksketzertums vor allem mit der umfangreichen Arbeit der deutschen marxistischen Mediävistik verbunden. Es ist notwendig, besonders hervorzuheben, daß sich die deutsche marxistische Geschichtsschreibung bei der Erforschung des mittelalterlichen Volksketzertums auf die neuesten Quellenforschungen stützt und sich kritisch mit der neuesten — keineswegs bedeutungslosen — bürgerlichen häresiologischen Literatur auseinandersetzt. Weil die Arbeiten, die des weiteren angeführt werden, einen umfangreichen kritischen Überblick über diese Literatur und diese Quellen bringen, sei der Leser, der detaillierte Materialangaben sucht, auf sie verwiesen.
Auf der Grundlage langjähriger Forschungen und einer Reihe von Studien gelang es der deutschen marxistischen Mediävistik bereits, alle vier Schichten des vorhussitischen Volksketzertums (Katharer, Waldenser, Chiliasmus und Freigeisterei) in großen Monographien zu erfassen, die insgesamt die grundlegenden marxistischen Arbeiten im internationalen Maßstab sind. Die Monographie von G. Koch „Frauenfrage und Ketzertum im Mittelalter" (Berlin 1962), die der Autor nach einigen wertvollen Studien über die Anfangsphase des Waldensertums verfaßt hat, ist dem Katharertum und dem Waldensertum gewidmet. Sie übertrifft bei weitem den konkreten Rahmen der Frauenfrage in diesen Bewegungen und gibt auf einem hervorragenden fachlichen Niveau einen Gesamtüberblick der sozialen und ideellen Problematik dieser historisch wichtigsten ketzerischen Massenbewegungen. Dies betrifft vor allem die hervorragende Untersuchung des Katharertums, die den überwiegenden Teil des Buches bildet. Der Verfasser hat mit diesem Werk, in dem er namentlich die Beziehung von Katharertum und „Libertinismus" untersucht hat, eine empfindliche Lücke in der marxistischen Mediävistik ausgefüllt.
Eine ähnliche Funktion auf dem Abschnitt des Beghardentums und der Freigeisterei erfüllt die Monographie von M. Erbstößer und E. Werner (Ideologische Probleme des mittelalterlichen Plebejertums. Die freigeistige Häresie und ihre sozialen Wurzeln, Berlin 1960), die auf der Grundlage eines allseitigen Studiums der Quellen und der Literatur erarbeitet wurde und alle grundlegenden Aspekte und Zusammenhänge dieser Bewegung behandelt. Eine wertvolle phänomenologische Skizze der Problematik der Freigeisterei hat E. Werner schon früher in den oben erwähnten „Nachrichten über die böhmischen 'Adamiten' . . ." eingefügt.
Oben war auch schon die grundlegende marxistische Monographie über den mittelalterlichen Chiliasmus, das Buch B. Töpfers „Das kommende Reich des Friedens" (Berlin 1964) erwähnt, das einen breiten, dabei aber außergewöhnlich exakt begründeten Überblick über die Entwicklung des europäischen Chiliasmus bis zu Beginn des 14. Jahrhunderts (bis zu Dolcino) gibt. Töpfer hat durch seine Arbeit endlich eine feste Grundlage für die marxistische Darstellung der Beziehungen zwischen dem sektiererischen und dem revolutionären Radikalismus in der mittelalterlichen Volksbewegung und dem ketzerischen Denken geschaffen.

Aus der tschechischen Literatur muß man in diesem Zusammenhang von neuem auf die große Monographie von M. und M. Machovec „Utopie blouznivců a sektářů" [Die Utopie der Schwärmer und Sektierer] (Prag 1960), aufmerksam machen, die in ihrem ersten Teil das vorhussitische Waldensertum und die mystisch-pantheistische Bewegung behandelt; hier haben die Verfasser auch eine beachtenswerte Darstellung der Lehre Eckharts gegeben.

Als einen Beitrag zur Forschung über das vorhussitische Volksketzertum möchte der Autor dieser Einleitung auch das Kapitel „Das vorhussitische Volksketzertum" in seinem Buche „Husitská ideologie" [Die hussitische Ideologie] aufgefaßt wissen.

³⁴ Diese Dokumente sind in diesem Buch im Abschnitt „Die hussitisch-waldensische Etappe" abgedruckt.

„Anonnymi relatio de delictis, quae in arce Kozi et civitate Ustie super Lužnic commituntur a praedicatoribus et contra doctrinam Christianam et contra ritus at ecclesia aprobatos" stammt wahrscheinlich aus den Jahren 1415—1416 und ist katholischen Ursprungs. Dieses Dokument, das dadurch ungewöhnlich wichtig ist, weil es Zeugnis vom Volksketzertum im zukünftigen Zentrum des revolutionären Taboritentums gibt, hat Palacký in der Quellensammlung „Documenta Mag. Joannis Hus", Prag 1869, S. 636—638, veröffentlicht.

„Magistri universitatis studii Pragensis fideles suos graviter monent, ne adhaerent illorum doctrinae, qui purgatorium esse negant, cultum imaginum aliasque laudabiles ecclesiae ceremonias improbant" ist ein Dokument, das den ersten Angriff der hussitischen Rechten gegen den Volksradikalismus darstellt. Es ist vom 25. Januar 1417 datiert und wurde von Palacký, a. a. O., S. 654 bis 656, herausgegeben. Eine freie alttschechische Übersetzung dieses Dokumentes mit gleichem Datum wurde von Palacký in der Quellensammlung „Archív český", Bd. VI, Prag 1872, S. 36—37, veröffentlicht.

„Magister Christiannus de Prachatic graviter reprehendit Corandam praedicatorem Plznensem, quod et in doctrina Christiana et in ritibus ecclesiae novarum studiosus sit" stammt aus den Jahren 1417—1418, und sein Urheber ist der Vertreter der hussitischen Rechten Christiannus von Prachatitz. Der Adressat Koranda ist später ein führender Ideologe des bäuerlich-plebejischen Tabors, nach dessen Vernichtung wird er zusammen mit Nikolaus von Pilgram einer der ideologischen Hauptvertreter des bürgerlichen Tabors. Dieses Dokument ist dadurch wichtig, daß es Zeugnisse über den Einfluß der ungelehrten Laienprediger auf den „gelehrten" Koranda enthält. Auf der Grundlage dieses Dokumentes bewies zum Beispiel Preger die Entstehung des Taboritentums aus dem Waldensertum, und nach Preger wurden um dieses Dokument zahlreiche Polemiken geführt.

„Článkové věroučni" stammen wahrscheinlich von der Wende des Jahres 1418—1419, als es in Böhmen zum ersten konterrevolutionären Umschwung kommt, sie sind die schärfste Verurteilung des Volksradikalismus. Den Urheber muß man in den Kreisen der Prager hussitischen Rechten suchen. Herausgegeben von Palacký, „Archív český", VI, S. 37—38.

„Articuli XXIII a magistris cleroque Pragensi contra pullantia Taboritarum sectae dogmata publicati" entstanden wahrscheinlich im Herbst 1419. Es ist dies die umfangreichste, systematischste und formal am meisten durchgearbeitete Aufzählung der „Irrtümer" der hussitischen Linken, zusammen mit posi-

tiven rechtgläubigen Aussagen der hussitischen Rechten zu jeder einzelnen
Frage. Es werden gegenüber den „Článkové věroučni" Zugeständnisse gemacht
(zum Beispiel wird die Zulassung von Kindern zum Abendmahl zugestanden,
die im Brief an Koranda und in den rechtgläubigen Artikeln verurteilt worden
ist), und die Verurteilung der „Irrtümer" ist durch zahlreiche Ausnahmen und
durch bestimmte Kompromisse bedeutend relativiert, womit man wahrscheinlich der hussitischen Linken entgegenkommen will. Der insgesamt versöhn-
liche Ton zeugt davon, daß dieses Dokument nicht in die Zeit fallen kann, als
die Reaktion im Vormarsch war, sondern in eine Zeit, in der die Macht des
Volksradikalismus wuchs, in der der Volksradikalismus eine an Macht gleichwertige Bewegung geworden war und schon in seine eigene Offensive eintrat.
Das begann jedoch erst im Sommer und Herbst des Jahres 1419 nach dem Ausbruch der Revolution in Prag. Das Dokument ist vor allem dadurch bedeutsam, daß es zum ersten Mal von dem insgesamt antifeudalen Standpunkt des
Volksradikalismus zeugt (vergleiche dazu den weiteren Text).

Alle diese Dokumente zeugen davon, daß im Volksradikalismus der kirchliche
Ritus verurteilt wurde. Wir finden in ihnen eine Reihe von Darlegungen über
die Ablehnung des institutionellen Charakters der Priesterfunktion und über
die Laienausführung der Priesterfunktionen (Anonymi relatio, Christiannus
Brief, der Synodalbeschluß vom Jahre 1419), über die Ablehnung „des Fegefeuers" (der Universitätsspruch vom Januar 1419, Christiannus Brief, die „Článkové věroučni", die „Synodalbeschlüsse"), über die Leugnung der kirchlichen
Tradition und der „menschlichen Erfindungen" („Článkové věroučni", Christiannus Brief, der Synodalbeschluß). Darüber, daß der Eid, die Todesstrafe
und das Töten abgelehnt wurden, finden wir hier gleichzeitig unwiderlegliche
Beweise („Článkové věroučni", der Synodalbeschluß).

[35] Nikolaus' Schrift „De iuramento" entstand wahrscheinlich in den Jahren 1414—
1415, wurde von Sedlák in „Studie a texty", I, S. 86—94, veröffentlicht. Sie ist
in diesem Buche auf S. 2531. abgedruckt. Diese Schrift von Nikolaus enthält
die erste theoretisch durchgearbeitete Formulierung der waldensischen Ablehnung des Eides und der Todesstrafe. Die angegebene Schrift von Chrysostomus „Opus imperfectum in Mathaeum", auf die sich Nikolaus in seiner Argumentation sehr oft stützt, stammt jedoch nicht von Chrysostomus. Es ist dies
der sogenannte „Pseudo-Chrysostomus", manchmal wird er mit dem Konstan-
tinopolitanischen arianischen Priester Timothius und seinem im 5. Jahrhundert
ins Lateinische übersetzten Werk identifiziert.

Sedlák (ebenda, S. 96—117) hat auch Nikolaus' Schrift „De quadruplici missione" veröffentlicht, in der Nikolaus die institutionelle Auffassung der Priesterfunktion verwirft, er macht die göttliche „Berechtigung" zum Predigen
von der Kirche unabhängig, identifiziert sie mit inneren moralischen Qualifi-
kationen des Menschen und leitet davon die Berechtigung der Laienpredigt ab.
Die übrigen Schriften von Nikolaus sind bisher noch nicht veröffentlicht. Detailliert berichteten Sedlák in seiner Studie in „Hlídka" und Bartoš in seiner angeführten Arbeit über sie. In der Schrift „Puncta" leugnet Nikolaus die Gültigkeit der Handlungen eines unwürdigen Priesters, wobei er die Simonie so weit
faßt, daß er theoretisch die waldensische Ablehnung jeglicher Kirche als einer
verdorbenen Institution ausdrückt. Gleichzeitig reduziert Nikolaus auf der
Grundlage der historischen Kritik die Messezeremonie auf das Gebet und die

Weihehandlung. In der Schrift „De purgatorio" gibt Nikolaus die erste historisch bekannte theoretische Formulierung der waldensischen Ablehnung des Fegefeuers. Dieser und einige andere Traktate und Texte des Nikolaus von Dresden werden zur Zeit für die Veröffentlichung vorbereitet.

Über das denkerische Profil Johann von Selaus gibt seine erhalten gebliebene Postillensammlung aus dem Jahre 1418—1419 Zeugnis. Selau gedenkt an einer Stelle seiner Postille direkt des Nikolaus und seines Märtyrertodes. Aus der Postille ist ersichtlich, daß in dieser Zeit in Selaus Ansichten die waldensische Ablehnung des Eides und der Todesstrafe eindringen und daß dies insgesamt radikal antikirchliche Verhalten eng mit dem Volksradikalismus zusammenhängt.

[36] Nikolaus von Dresden ist selbst einer der Hauptinitiatoren der Kommunion in zweierlei Gestalt im Jahre 1414.

Über die Kommunion des Kelches und über den Kult von Magister Jan Hus im Volksradikalismus vergleiche hauptsächlich „Anonymi relatio".

Der Gedanke der Kommunion des Kelches erlangt im Milieu des Volksradikalismus sehr schnell eine radikale Form, die der demokratischen Gesinnung der Volksmassen entspricht. Es wird die Forderung durchgesetzt, daß das Sakrament in zweifacher Form auch den noch nicht sprechenden Kindern gereicht wird (vergleiche Christiannus Brief, Články věroučné und den Synodalbeschluß vom Jahre 1419, der in diesem Punkte dem Volksradikalismus Zugeständnisse macht und die Kommunion der Kinder erlaubt).

[37] In die Ansichten von Nikolaus und Johann von Selau dringt allerdings der Gedanke eines weiteren Schlages ein, der die verdorbene Kirche mit Bestimmtheit und Unabwendbarkeit treffen würde, der einen unbestimmten Eingriff des „weltlichen Armes" entlasten würde, zu dem beide eine äußerst kritische und nichtvertrauliche Stellung einnehmen. Bei Nikolaus und bei Johann von Selau zeigen sich schon das apokalyptische Trugbild der Verderbtheit der bestehenden Welt und Elemente der chiliastischen Vision vom Kommen des neuen Reiches Christi auf Erde. Nikolaus verschwindet im Jahre 1417 aus dem hussitischen Böhmen. Bei Johann von Selau wiederum verschwindet seit dem Ende des Jahre 1419, als im Tabor der Chiliasmus siegt, jegliche Bemerkung seines zufälligen positiven Verhältnisses zum Chiliasmus.

[38] In seiner praktischen revolutionären Tätigkeit vom Jahre 1419 an überwindet Johann von Selau zwar die Elemente des Defätismus aus seiner vorhergehenden Zeit, in der sie sich bei ihm unter Einfluß waldensischer Prinzipien geäußert haben, aber auch in seinem politischen Wirken, das seine Hauptbedeutung ausmacht, ist die revolutionäre Auffassung der radikalen Form des bürgerlich-oppositionellen Programms verkörpert. Johann von Selau gelangt nicht bis zum bäuerlich-plebejischen Programm. Über die zufällige theoretische Formulierung von Johann von Selaus Ansichten aus dieser Zeit sind jedoch keine Dokumente erhalten geblieben.

[39] Vgl. S. 271 dieses Buches.

Aus dem angeführten Abschnitt ist ersichtlich, daß die Idee der gesellschaftlichen Gleichheit, wenn auch in negativer Form, bereits in das Bewußtsein der Volksmassen eingedrungen war. Als Forderung nach Beseitigung der gesellschaftlichen Ungleichheit habe ich deshalb auch versucht, den Ausspruch „daß Ärgernisse und Unterschiede vernichtet würden" aus dem Flugblatt vom Berge

Bzí aus der gleichen Zeit zu interpretieren (vgl. „Husitská ideologie" [Hussitische Ideologie], S. 322). Ich erkenne nun auf der Grundlage von Töpfers Kritik („Fragen der hussitischen revolutionären Bewegung", S. 160), daß diese Interpretation vom sprachlichen Standpunkt her unwahrscheinlich ist. Ebenso wie Töpfer kritisierte J. Kejř meine Interpretation des Wortes „Unterschied" „Husitská ideologie a problémy jejího studia", Právněhistorické studie 9 [Die hussitische Ideologie und die Probleme ihres Studiums, in: Rechtshistorische Studien 9], Prag 1963, S. 297). Die Beseitigung der gesellschaftlichen Ungleichheit stand jedoch nichtsdestoweniger in diesem Augenblick auf der Tagesordnung.

[40] Über den fatalistischen Chiliasmus vergleiche die Dokumente, die in diesem Buche im Abschnitt „Die Etappe des fatalistischen Chiliasmus" abgedruckt sind.

Das älteste dieser Dokumente, das offensichtlich aus dem Herbst des Jahres 1419 stammt, ist der „Chiliastische Aufruf". Bartoš hat es als Beilage zu seiner Arbeit „Do čtyř artikulů pražských" [Bis zu den vier Prager Artikeln], S. 576—577, veröffentlicht.

Die größte uns erhaltene Äußerung eines chiliastischen Autors ist der „Chiliastický traktát neznámého autora" [Chiliastischer Traktat eines unbekannten Autors], den Bartoš ebenda, S. 582—591, veröffentlicht hat. Er stammt wahrscheinlich von der Jahreswende 1419—1420. Dieser Traktat ist eine wichtige theoretische Äußerung des böhmischen Chiliasmus, in dem der Autor aus einzelnen Ausprüchen des Alten und des Neuen Testaments ein detailliertes Bild der bevorstehenden Ankunft des Reiches Christi auf Erden zusammenstellt. Ausdrücklich wird hier vom Jahrtausend gesprochen. Aus den Anspielungen auf die Zweifel über Christi Wiederkehr wurde geschlossen, daß der Traktat unmittelbar in die Zeit fällt, als der Zeitpunkt für die prophezeite Verderbnis der Welt vergangen war.

Ihrem Inhalt und ihrer Methode der gezielten Deutung bestimmter biblischer Aussprüche in der Form der chiliastischen Theorie nach ähnelt die „Chiliastische Abhandlung" diesem Traktat, die Laurentius in seine Chronik aufgenommen hat (ed. Goll, FRB V, Prag 1893, S. 329 f.). Sie ist offensichtlich in der gleichen Zeit wie der chiliastische Traktat entstanden. Vor allem deshalb, weil es sich um eine Questie handelt (eine bestimmte Form der logisch-rationalen Operation mit biblischen Texten, in der auf der Grundlage bestimmter Voraussetzungen die aufgestellte These durch die Methode des Schließens weiter bewiesen und verifiziert wird), ist es ein geschlosseneres und mehr zielgerichtetes Dokument als der Traktat. Der biblische Text ist hier auch nur das Baumaterial für die eigene Konzeption des Autors, der Autor tritt hier offen als Autor auf, nicht nur als ein anonymer Ordner des biblischen Textes in die Form einer scheinbar unpersönlichen Konzeption. Die Questie ist die ausgereifte Äußerung dieser Phase des Chiliasmus, und mit ihren realistischen Elementen bezeichnet sie die Richtung seiner weiteren Entwicklung.

Unter dem Titel „Poučení a napomínání k lidu dvoje (v smyslu chiliastickém), aby v nastalý tento čas pomsty a zámutku všichni utekli se k horám, to je do měst pěti chraněných" [Belehrung und zweifache Ermahnung des Volkes (im chiliastischen Sinne), damit in dieser angebrochenen Zeit der Rache und Trauer sich alle zu den Bergen flüchten, das ist in die fünf befestigten Städte] veröffentlichte Palacký zwei chiliastische Flugblätter, die ihrem Inhalt nach ein bestimmtes Ganzes darstellen (vgl. „Archív český", VI, S. 41—44). Diese Dokumente muß man gleichfalls um die Jahreswende von 1419 bis 1420 lokalisieren. Sie sind dadurch bedeutsam, weil sie die meisten Anspielungen und Verweise auf die konkrete historische Situation enthalten, weil sie die Idee der „fünf heiligen Städte" betonen und weil sie davon zeugen, daß in den fatalistischen Chiliasmus das Bewußtsein von der Notwendigkeit des Kampfes gegen die Feinde eingedrungen ist.

Außer diesen Texten haben für die Kenntnis des Chiliasmus dieser Zeit einige Dokumente aus der Umgebung des Jakobellus von Mies große Bedeutung, die Goll veröffentlicht hat, „Quellen", II, S. 51—53, 57—59, 59—60. Von außerordentlicher Wichtigkeit ist, daß Jakobellus uns in einem Brief über die chiliastischen Prophezeiungen eine Nachricht über den genauen Termin hinterlassen hat, an dem der prophezeite „göttliche Schlag" geschehen sollte („nominastis certum tempus carnisprivii inter tempus Scolastice et Valentini, puto quod tempore illa plaga horibillissima super malos debuisset venire" — das ist in der Fastnacht zwischen dem 10. bis 14. Februar 1420; vgl. Goll, a. a. O., S. 60).

[41] Vgl. dazu die vorhergehende Anmerkung.

[42] Vgl. S. 275 f. dieses Buches.

[43] Jakobellus schreibt in der Urkunde der chiliastischen Prophezeiungen: „communis populus arripit carnalia et secularia arma concitatur per sacerdotes. . . contra inimicos. . ." (Goll, „Quellen", S. 58). Und in einem Brief an den taboritischen Ideologen Jičín erklärt Jakobellus dies noch genauer: „populus ex vestris predicationibus. . .et pericuposis scripture interpretationimus arripit arma bellica carmalia et relinquit consuetum laborem manuum suarum. . ." (Goll, a. a. O., S. 60).

[44] Vgl. S. 295 dieses Buches.

[45] Die Dokumente, die diese Entwicklungsetappe des bäuerlich-plebejischen Hussitentums abbilden, sind in diesem Buch in dem mit „Reifung der revolutionären bäuerlich-plebejischen Ideologie" betitelten Abschnitt abgedruckt. Es ist dies vor allem die „alttschechische anonyme Redaktion der chiliastischen Artikel", die von Palacký im „Archív český", III, S. 218—225, abgedruckt wurde.

Es ist dies eine Sammlung chiliastischer Artikel eines unbekannten Verfassers aus dem Jahre 1420. Wir finden in ihr viele Angaben, die wir noch im Traktat Pribrams finden werden. Es handelt sich hier um eine relativ große detaillierte Sammlung von Artikeln, die die eigentlichen Glaubensfragen betreffen. Sie zeigen, wie radikal sich die Taboriten mit der katholischen Glaubenslehre auseinandergesetzt haben und wie sie praktisch das gesamte religiöse gottesdienstliche System liquidiert haben. Einige eucharistische Artikel enthalten radikalste pikardische Auffassungen, nach denen nicht nur das Wunder der Transsubstantion geleugnet, sondern auch dem Brot und dem Wein jeglicher Charakter eines Sakramentes abgesprochen wird.

Außerordentlich wichtig sind die Artikel über den Verbrauchskommunismus und über die Einführung der gesellschaftlichen Gleichheit unter den Menschen.

Es sind hier jedoch auch noch ständig einige illusionäre Elemente enthalten, wie zum Beispiel die Vorstellung von der ungeschlechtlichen Geburt der Kinder.

Die hier dargestellte Form des revolutionären Chiliasmus ist überhaupt älteren Datums als die von Pribram dargestellte Form (vgl. dazu die weitere Darstellung). Dies geht zum Beispiel daraus hervor, daß hier von Christus gesprochen wird, der nach der Liquidierung der alten Welt persönlich auf die Erde zum Herrschen kommen wird, während wir bei Pribram lesen, daß „die Herrschaft dem gemeinen Volke gegeben werden soll". Der Vergleich beider Texte führt zu der Schlußfolgerung, daß Pribrams Auffassung jünger, ausgereifter ist, daß an ihr eine weitere Stufe der Rationalisierung des revolutionären Chiliasmus feststellbar ist. Es ist dies eine weitere Stufe des Abstraktmachens und der Humanisierung Gottes, eine weitere Stufe der Herausdrängung des Wunders aus der taboritischen revolutionären Ideologie.

Für die grundlegende Quelle wird Laurentius' Redaktion der chiliastischen Artikel aus seiner Chronik gehalten (vgl. Goll, FRB V, S. 454—462), deren Glaubwürdigkeit durch die führenden Ideologen des bäuerlich-plebejischen Tabors bestätigt ist.

Eine außergewöhnlich wichtige Quelle ist Pribrams Traktat „Život kněží táborských" [Das Leben der Taboritenpriester], (den Macek in seinem Buch „Ktož jsú boží bojovníci" [Wer sind Gottes Streiter], Prag 1950, S. 262—309, abgedruckt hat). Pribram hat seinen Traktat im Jahre 1429 niedergeschrieben, stützt sich aber auf authentisches Material aus dem Jahre 1420.

Wenn wir von Pribrams Beschimpfungen und Verleumdungen absehen, so ist sein Traktat deshalb besonders wertvoll, weil er eine genetische Darstellung des Chiliasmus bringt und gut zeigt, daß die taboritischen Radikalen, nachdem der Termin für den prophezeiten „Schlag Gottes" vorüber war, sich selbst zum Instrument des „Schlages Gottes" erklärten und den revolutionären Krieg gegen den Feudalismus entfachten. Der Übergang vom sektiererischen fatalistischen Chiliasmus zum revolutionären Chiliasmus ist bei Pribram außergewöhnlich plastisch dargestellt. Gleichzeitig ist aus dieser Darstellung ersichtlich, daß auch in diesem ausgereiften revolutionären Chiliasmus einige phantastische und illusionäre Elemente erhalten bleiben, wie die Vorstellung von der Auferstehung der Toten und die Vorstellung von der persönlichen Wiederkehr Christi in das „wahre Königreich". Dagegen ist offensichtlich, daß das sozial-politische Programm des Volkstabors von allen illusionistischen Elementen gereinigt ist und ein maximal realistisches Programm zur Liquidierung der tatsächlichen feudalen Verhältnisse darstellt. Pribram zitiert wenigstens eine ursprüngliche taboritische Schrift, in der die Theorie des revolutionären Chiliasmus entwickelt worden war, den Traktat des taboritischen Priesters Jan Čapek, und gibt schließlich die vollständige Darstellung des sozial-politischen Programms des bäuerlich-plebejischen Tabors.

Beide Redaktionen der chiliastischen Artikel entstanden Ende 1420, Pribrams Traktat im Jahre 1429. Die Vorlagen dieser Dokumente stammen jedoch zweifellos aus der ersten Hälfte des Jahres 1420. Die wesentlichen Unterschiede zwischen der anonymen alttschechischen Zusammenstellung und den beiden anderen Dokumenten zeugen davon, daß wir mindestens zwei verschiedene ursprüngliche Vorlagen annehmen müssen, auf deren Grundlage diese Dokumente ausgearbeitet wurden. Alle drei Dokumente enthalten gleichmäßig eine detaillierte Darstellung des radikalen antikirchlichen Programms dieser Zeit, das im wesentlichen nur eine Wiederholung des antikirchlichen Radikalismus ist, wie wir ihn in der anfänglich hussitisch-waldensischen Phase erkannt haben. Deshalb werden wir uns in der weiteren Darstellung mit ihnen nicht mehr befassen.

Von den Dokumenten, die in dieses Buch nicht aufgenommen worden sind, muß man die erste Redaktion der chiliastischen Artikel von Laurentius anführen (Goll, FRB V, S. 391—394), die mit der anonymen alttschechischen Redaktion korrespondiert, weiterhin Pribrams Traktat „Contra articulos Picardorum" (von Döllinger abgedruckt, Beiträge, II, S. 691—700), der mit Laurentius' zweiter Redaktion korrespondiert, ferner die Artikel des Andreas von Escobar (herausgegeben von Bartoš in der Zeitschrift „Jihočeský sborník historický" [Südböhmischer historischer Sammelband], Jahrgang 1938, S. 67—70), die offensichtlich die Entstehungsperiode der revolutionären bäuerlich-plebejischen Ideologie darstellen.

Zeitlich gehören hierher sicherlich auch die Artikel aus Jakobellus' „Výklad na zjevenie sv. Jana" [Deutung der Offenbarung Johannis] (herausgegeben von Šimek, Bd. I, 1932, S. 525—529), die in diesem Buche erst in den Schlußteil „Der pantheistische Ausgang des bäuerlich-plebejischen Hussitentums" aufgenommen sind, weil sie wichtiges Zeugnis von der Entstehung einer naturalistischen Lebensphilosophie noch im „voradamitischen" Stadium geben, in einer Zeit, in der in den oben angeführten Dokumenten der extreme Supranaturalismus vorherrscht. In dieser Richtung korrespondiert Jakobellus' Artikel völlig mit dem Text, „O falešných prorocích" [Von den falschen Propheten], den Palacký in den „Staré letopisy české" [Alte tschechische Chroniken] herausgegeben hat.

46 Vgl. dazu hauptsächlich den Auszug aus Pribrams Traktat „Život kněží táborských" [Das Leben der Taboritenpriester] und die alttschechische Redaktion der pikardischen Artikel auf den S. 297, 312—313 dieses Buches.

47 In der Abhandlung über mein Buch („Fragen. . .", S. 162—164) hat sich Töpfer insgesamt ablehnend zu meiner Unterscheidung zweier Phasen in der Entwicklung des revolutionären Chiliasmus dieser Etappe ausgesprochen. Seine Schlußfolgerungen haben mich jedoch nicht überzeugt. Töpfer interpretiert hier nicht genau meine Analyse, vor allem hat er sich bei weitem nicht mit allen Aspekten und Tatsachen auseinandergesetzt, die ich beim Vergleich der beiden Dokumentengruppen, die jene zwei Phasen charakterisieren, angeführt habe (die erste Redaktion des Laurentius' und die alttschechische anonyme Redaktion einerseits — die zweite Redaktion des Laurentius', Pribrams Redaktion und Pribrams Traktat „Das Leben der taboritischen Priester" andererseits).

Ich führe nur eine Tatsache an, die Töpfer völlig übersehen hat, die jedoch klar davon zeugt, daß beide Dokumentengruppen eine unterschiedlich zeitliche und inhaltliche Stufe der chiliastischen Konzeption direkt und explizit abbilden. Es geht um die unterschiedliche Formulierung der *gleichen* These vom „Ende der Welt". Während die alttschechische (und ebenso auch Laurentius' erste) Redaktion des Artikels davon spricht, „daß in dieser unserer Zeit sein wird das Ende des Zeitalters, das heißt die Vernichtung allen Übels auf dieser Welt" (vgl. S. 296 dieses Buches), spricht Laurentius' zweite Redaktion (ebenso wie Pribrams Redaktion und Pribrams „Leben") davon, daß „schon jetzt in diesem Jahre, im Eintausendvierhundertundzwanzigsten, schon jetzt das Ende der Welt angebrochen ist (!), das ist die Erfüllung. . ." (vgl. S. 303 dieses

Buches). Während also im ersten Falle das „Weltende" als ein Ereignis aufgefaßt wird, das *erst eintreten wird*, wird es im zweiten Falle als ein Ereignis
aufgefaßt, daß *bereits stattfindet*. Dieser grundlegende Unterschied ist auch aus
folgendem ersichtlich: die alttschechische Redaktion sagt, daß „heimlich Christus gekommen (ist)..., *damit* er ... besiege das widersetzliche Haus ..., *so soll*
auch zu dieser Zeit die ganze Welt *erneuert werden* durch ein leibliches Feuer"
(vgl. S. 298 dieses Buches); dagegen spricht die zweite Redaktion des Laurentius (und ebenso auch Pribram) davon, „daß schon jetzt die kämpfende
Kirche, ... wird *und ist* (!) eine andere Wiederkehr Christi, die schon eingetreten ist, *erneuert* im Königtum Gottes für den Pilgerstand..." (vgl. S. 305
dieses Buches). Der Inhalt der Erneuerung ist bereits eine *gegenwärtige Realität*
und keine *Aufgabe für die Zukunft*.
Ich werde hier keine weiteren Belege für die inhaltlichen Unterschiede beider
Auffassungen anführen; ich habe sie übrigens in meinem Buche dargelegt. Es
war jedoch notwendig, wenigstens diese eine Tatsache anzuführen, die völlig
eindeutig davon zeugt, daß beide Dokumentengruppen eine *unterschiedliche
zeitliche Stufe der Realisierung* des Programms der Erneuerung und damit natürlich auch seinen unterschiedlichen Inhalt ausdrücken. Die Dokumente reflek-
tieren einfach das, daß die Chiliasten ganz natürlich gezwungen waren, von
einem bestimmten Augenblick an die grundlegenden Ziele ihres Programms als
realisiert zu betrachten. So ist es auch in der abschließenden adamitischen Version (vgl. S. 328 dieses Buches), zu der unsere zweite Dokumentengruppe das
48 direkte Übergangsglied ist.
Vgl. dazu die Prager Formulierung des Programms der Vier Artikel vom
Juli 1420 (es handelt sich um ein frühneuhochdeutsches Flugblatt, das für das
deutsche Heer vor Prag bestimmt war. Aus den Handschriften der Preußischen
Staatsbibliothek hat es F. M. Bartoš als Beilage zu seiner Arbeit „Manifesty
Prahy z doby husitské" [Manifeste Prags aus der Hussitenzeit] in „Sborník
příspěvků k dějinám hl. města Prahy" [Sammelband von Beiträgen zur Geschichte der Hauptstadt Prag], Bd. VII, Prag 1933, S. 275—278 veröffentlicht).
Die taboritische Formulierung dieses Programms vom 22. November 1420 ist
gleichfalls in frühneuhochdeutschem Wortlaut erhalten geblieben (in der
Chronik Windeckes „Denkwürdigkeiten zur Geschichte des Zeitalters K. Sigismunds"; herausgegeben hat sie W. Altmann, Berlin 1893; der Text der Artikel
befindet sich hier auf den S. 248 ff., 451 ff.
49 Es sind dies die sogenannten „Adamitischen Artikel", die von Laurentius in
seine Chronik aufgenommen wurden (vgl. Goll, FRB V, S. 517—520) und in
diesem Buch auf S. 327 ff. abgedruckt sind. Nach der Mitteilung von Laurentius
ist dies ein Brief von Žižka, der nach der Niederschlagung der „Adamiten"
nach Prag gesandt wurde. In dem Brief wurde auf der Grundlage von Aussagen
der Gefangenen deren Lehre dargestellt.
50 Vgl. S. 303 dieses Buches.
51 Vgl. S. 321 f. dieses Buches. Aus Jakobellus' Artikeln ist ersichtlich, daß sich
schon in der Reifezeit der revolutionären bäuerlich-plebejischen Ideologie zwei
direkt entgegengesetzte Konzeptionen der Lebensphilosophie herausgebildet
haben: die naturistische, die bei der Lösung der Frage des Verhältnisses zwischen Mann und Frau die umwälzende Forderung nach Respektierung der
„menschlichen Natur" erhob, und die supranaturalistische. In die hauptsäch-

lichen offiziellen Dokumente aus der Zeit des revolutionären Chiliasmus dringt vor allem nur die supranaturalistische Konzeption ein. Nur Jakobellus' Artikel, Pribrams Traktat „Ad occurendum" und der Text „Von falschen Propheten" geben Nachricht von der Existenz der naturistischen Konzeption. Von der Existenz beider entgegengesetzter Konzeptionen zeugt ausdrücklich auch Cheltschitz' Traktat „O boji duchovním" [Vom geistigen Kampf] (vgl. ed. Krofta, S. 9—10).

⁵² Vgl. dazu die Auszüge aus zwei eucharistischen Traktaten von Martin Húska, die von Pribram in seinem Traktat „Život kněží táborských" [Das Leben der Taboritenpriester] aufgenommen wurden und auf S. 324 ff. dieses Buches abgedruckt sind. Sie wurden von Macek herausgegeben („Ktož jsú boží bojovníci" [Wer sind Gottes Streiter], S. 290—294). Beide Traktate hat Húska offensichtlich schon in der ersten Hälfte des Jahres 1420 geschrieben. Der vom Pribram mitgeteilte Inhalt beider Traktate zeigt die Einfachheit, gleichzeitig aber die Kraft und die Eindringlichkeit von Húskas Rationalismus und Sensualismus; zeigt, mit welcher zerstörenden Kraft und Ironie Húska es vermochte, die Unsinnigkeit und den zauberischen Charakter des gesellschaftlich wichtigsten Dogmas der mittelalterlichen Kirche, des Dogmas der Transsubstantion, zu enthüllen. Húska ist sich dabei voll der gesellschaftlichen Funktion bewußt, die dieses Dogma früher zu seiner Zeit ausgeübt hat und hält es direkt für einen verbrecherischen Betrug des Papstes, dem viele Menschen durch Mord und Verfolgung zum Opfer fielen.
Über Húskas eucharistische Lehre und sein Verhältnis zum „Adamitentum" enthält auch Cheltschitz' „Replika proti Mikuláši Biskupcovi" [Replik gegen Nikolaus Biskupetz] außerordentlich wichtige Angaben.

⁵³ Nach dem Zeugnis von Cheltschitz in seiner „Replika", vgl. ed. Straka, S. 54.

⁵⁴ Der rationale Kern des eigentlichen „adamitischen" Artikels in der Sammlung des Laurentius ist darin ersichtlich. Schon die Aufgeblähtheit dieses Artikels selbst gegenüber der Kürze und dem oft lakonischen Charakter der übrigen Artikel, die oft noch wichtiger sind, zeugen von der Demagogie und von der offensichtlichen tendenziösen Absicht, mit der Formulierung dieses Artikels zur Verleumdung und Skandalisierung des politischen und ideologischen Gegners in der öffentlichen Meinung zu einer Zeit „beizutragen", in der der Kampf um dessen vollständige Vernichtung geführt wird. Hieraus entspringt offensichtlich die eindrucksvolle Sorge und Aufmerksamkeit, um ein sehr buntes Bild der erregenden Laster — einschließlich des gemeinsamen Badens nach dem Beilager — entstehen zu lassen. Offensichtlich unsinnig ist die Beschuldigung der „allgemeinen" Nacktheit.
In dieser Hinsicht erregt vor allem Cheltschitz' Darstellung des „Adamitentums" in seiner „Replika" tiefe Zweifel an der Wahrheit dieses Artikels von Laurentius. Cheltschitz weiß nichts von den Orgien des Laurentius, von den Tänzen Nackter um das Feuer, vom Gesang der zehn Gebote, vom Herabreißen der Kleider usw. Er kennt nur das „adamitische" Abendmahl — ein Fest mit „Flirten" und der Anknüpfung von Liebesbeziehungen. Auch Jakobellus befaßt sich am Schluß seines „Výklad na zjevenie sv. Jana" [Deutung der Offenbarung Johannis] mit dem „Adamitentum". Er weiß sehr gut Bescheid darüber, daß die körperliche Liebe zwischen Mann und Frau als ein „göttlich Ding" aufgefaßt wird, er weiß aber nichts von den Orgien des Laurentius.

108

Nur darin, daß es sich bei den „Adamiten" um die göttliche Sanktion der „Unzucht und körperlichen Schändlichkeit" handelt, stimmen drei Quellen miteinander überein. Eine solche Konfrontierung ermöglicht es uns, festzustellen, was am „adamitischen" Naturismus glaubwürdig ist und was ihm Laurentius (beziehungsweise Žižkas Ermittlungsorgane) offensichtlich aus Absicht beifügen.

Es ist jedoch möglich, daß die ungeheuerliche und absurde offizielle Lebensphilosophie der feudalen Welt exzentrische Formen ihrer Ablehnung hervorrufen kann. Nur in diesem Zusammenhang ist es möglich, zufällige Exzesse des ketzerischen Denkens und der ketzerischen Praxis im Mittelalter richtig zu bewerten.

Uns macht eher die krampfhafte und gewaltsame *biblische* Form des „adamitischen" Naturismus stutzig, die vor allem eng mit dem Biblizismus des Hussitentums zusammenhängt und vom böhmisch-hussitischen Ursprung des „Adamitentums" zeugt. Auf jeden Fall ist der Begriff „Adamitentum" selbst völliger Unsinn. Dieser Terminus, den Äneas Sylvius eingeführt hat, steht jedoch in einem spezifischen Verhältnis zur böhmischen Vergangenheit. Wenn wir ihn als Arbeitsbegriff benutzen, so deshalb, damit wir ihm den richtigen Begriffsinhalt geben.

55 Vgl. S. 328 dieses Buches. Der Registrator der Artikel überliefert uns diese grundlegende Idee in einer sehr abstoßenden Form (Hinmordung von Frauen und Kindern usw.), ansonsten ist er jedoch überraschend karg und unwillig, offen Einzelheiten darzustellen. Daraus ist der tendenziöse Charakter der gesamten Sammlung ersichtlich. Es hätte nämlich nicht der politisch-ideologischen Kampagne gegen die Radikalen und nicht der Absicht gedient, sich still von der eigenen Vergangenheit zu trennen, wenn man detailliert den konkreten Inhalt ihres revolutionären Programms zur Umgestaltung der Gesellschaft dargestellt hätte. Es war im Gegenteil notwendig, den Inhalt ihrer Laster „darzustellen".

56 Das bedeutet jedoch nicht, daß das „adamitische" System der Anschauungen überhaupt nicht mehr von Spuren der chiliastischen Phantastik gezeichnet gewesen wäre. Auch das „Adamitentum" trägt noch den Stempel seines chiliastischen Stammbaumes in der Vorstellung von der Unsterblichkeit des Menschen, weiterhin von der wunderbaren Erblindung des Gegners (vgl. S. 329 dieses Buches). Dunkel und rätselhaft ist auch der Artikel über die „adamitische" Marie (vgl. S. 329 dieses Buches), der zumindest von einem fremden, eklektischen Element in der „adamitischen" Praxis zeugt. Gleichfalls verleiht der Biblizismus der „Adamiten", von dem schon die Rede war, ihrer antibiblischen und antichristlichen Ideologie einen krampfhaften Charakter, verstärkt deren Primitivismus und verschleiert formal das rationale und rationalistische Wesen ihrer Lehren.

Auch für das „Adamitentum" gilt, daß die Entwicklung des bäuerlich-plebejischen Hussitentums *spontan* verläuft, daß neue gedankliche Haltungen nicht in das gesamte System der Ansichten eindringen, sondern sich ihren Weg mit alten Ansichten bahnen.

In bezug auf die grundlegenden umstürzenden Gedankengänge der „adamitischen" Lehre geht es darüber hinaus nur um untergeordnete Überreste der mythologischen Denkweise, die *im wesentlichen* nicht die grundlegende gedankliche Qualität des „Adamitentums" als eines Gedankensystems entwerfen, das mit seinem Pantheismus den Chiliasmus einerseits und den transzendenten Idealismus und den Supranaturalismus der kirchlich-feudalen Philosophie andererseits vollständig überwunden hat.

57 Vgl. seine „Replika proti Rokycanovi" [Replik gegen Rokycana], wahrscheinlich um die Mitte der 30er Jahre enstanden. Herausgegeben von K. Černý „Rozpravy Chelčického v rkp. Pařížském" [Cheltschitz' Abhandlungen in der Pariser Handschrift], „Listy filologické" [Philologische Blätter], Jahrgang 20, 1898, S. 261—280, 384—401. Die deutsche Übersetzung der Replik veröffentlichte Goll, „Quellen", II, S. 82—96.

58 Die bibliographischen Angaben vgl. oben.

59 Ein gleiches Urteil darüber, wie Cheltschitz' freies intellektuelles Schaffen, das einzigartige Ausreifen seiner kühnen radikalen Theorie durch die hussitischen Siege, vor allem durch die Erfolge der taboritischen Macht, bedingt waren, hat P. Brock bereits im Jahre 1957 in dem oben angeführten Werk ausgesprochen.

60 Es sind dies der Traktat „O církvi svaté" [Von der heiligen Kirche], der wahrscheinlich aus den Jahren 1420—1421 stammt, der Traktat „O trojím lidu" [Von dreierlei Volk], wahrscheinlich um die Mitte der 20er Jahre, und Cheltschitz' Hauptwerk „Síť víry pravé" [Das Netz des rechten Glaubens], wahrscheinlich zu Beginn der 40er Jahre. Bibliographische Angaben siehe oben. Der Traktat „O církvi svaté" [Von der heiligen Kirche] ist in diesem Buch auf den Seiten 333—338 abgedruckt und die wesentlichen Teile aus der Schrift „Síť víry" [Netz des Glaubens] auf den Seiten 338—443.

61 In diesen beiden Traktaten aus der Anfangszeit der hussitischen Revolution und der literarischen Tätigkeit Cheltschitz' ist der grundlegende Inhalt des gesamten weiteren Denkens von Cheltschitz gegeben. Cheltschitz entwickelt zwar seine Gedanken weiter, präzisiert und vertieft sie — gleichzeitig mäßigt und entschärft er sie, im Grunde bewegt er sich aber in diesem Kreis, den er sich zu Beginn seines Denkweges gezogen hat. Darin besteht der markante Unterschied von Cheltschitz' Denken gegenüber der Entwicklungsdynamik des taboritischen Radikalismus.

62 Diese besteht darin, daß sich die Erwählung zur Erlösung in einem ununterbrochenen gerechten Leben äußert, das ist in einem ständigen praktischen Handeln für das „Gesetz Gottes". Damit wurde der Begriff des „Gesetzes Gottes" ein entscheidendes Glied in der wiclifitisch-hussitischen Auffassung der Prädestination, die auf diese Weise sowohl theoretisch als auch praktisch den Charakter der fatalen Vorausbestimmung verloren hat (vgl. die Kapitel 2—3 von Hus' Schrift „Von der Kirche", die Hus' Auffassung von der Kirche und von der Prädestination enthalten; sie sind auf den Seiten 155—163 dieses Buches abgedruckt). Cheltschitz faßt in der kleinen Schrift „Von der heiligen Kirche" die Kirche und die Prädestination genauso wie Wiclif und Hus auf (vgl. die Seiten 333—338 dieses Buches und die Anmerkung 28 auf Seite 94 ff.).

63 Vgl. Holinka, a. a. O., S. 71.

64 Vgl. hauptsächlich die Kapitel 7, 14, 30, 62—63, 66—67, 79 aus dem I. Teil und die Kapitel 9, 26, 50—51 aus dem II. Teil.
In den Kapiteln 6, 7 und 14 des ersten Teils findet der Leser Cheltschitz' Darstellung der Genesis der ständischen Ungleichheit. Nach Cheltschitz waren die

Menschen in den urchristlichen Gemeinden gleich; sie unterstanden nur heidnischen Obrigkeiten, das heißt einer äußeren Macht, die mit ihrem inneren Leben nichts gemein hatte. Erst später teilte sich die christliche Gesellschaft in „Stände" und so drangen die Ungleichheit, die Macht und die gewalttätige Beherrschung der Menschen ein. Diese Grundzüge der feudalen Gesellschaft sind nach Cheltschitz mit dem rechten „Christentum" unvereinbar, sie bedeuten das Eindringen der „heidnischen" Ordnung in die christliche Gemeinde. Der Inhalt des Begriffs „christliche Ordnung" verwandelt sich für Cheltschitz in direkt areligiöse Bedeutung. Cheltschitz bezeichnet mit diesem Begriff eine Gesellschaft, die der Feudalordnung entgegengesetzt und auf der Gleichheit begründet ist. Mit dem Begriff „Heidentum", „heidnische Ordnung" bezeichnet dagegen Cheltschitz jede Gesellschaft, die auf der Ungleichheit, Nötigung, Gewalt und Unterdrückung begründet ist, also auch die Feudalgesellschaft.

Wenn uns diese Kapitel Cheltschitz' antifeudalen und demokratischen Standpunkt dokumentieren, so dokumentieren uns die Kapitel 51 und 52 wiederum Cheltschitz' praktischen Defätismus, seine pragmatische Ablehnung des revolutionären Widerstandes. Cheltschitz schließt die Möglichkeit aus, Gewalt und die Mittel der Gewalt gegen die Unterdrückungspraxis der herrschenden Klassen zu wenden. Die Gedanken, die in diesen Kapiteln ausgedrückt werden, weisen deutlich auf die Sackgasse von Cheltschitz' Denken hin. In der Theorie gab er eine zerstörende Kritik der Feudalgesellschaft, sein Pazifismus zwingt ihn aber, diese Gesellschaft in der Praxis zu akzeptieren.

Er bleibt jedoch ein Meister der theoretischen Kritik; seine Analysen reichen von einzelnen eindringlichen Enthüllungen bis zum Erfassen der gesellschaftlichen Beziehungen der Feudalgesellschaft in ihrer Gesamtheit. In den Kapiteln 66 und 67 finden wir zum Beispiel eine hervorragende Charakteristik des Machtcharakters der zeitgenössischen Kirche und der wechselseitigen Verbundenheit und Bedingtheit des „kirchlichen Armes" und des „weltlichen Armes" in ihren Unterdrückungszielen. Cheltschitz erfaßt hier kühn auch die ideologischen Folgen, die aus dieser wechselseitigen Verbundenheit der beiden herrschenden „Stände" der Feudalgesellschaft entspringen.

Beim Lesen dieser beiden Kapitel — ebenso wie beim Lesen anderer Passagen — wird der Leser bemerken, wie Cheltschitz durch seine eigentümliche und scharfsinnige Darstellung den Sinn der Paulus-Briefe verwandelt, das heißt gerade jenes biblischen Textes, aus dem gewöhnlich die Untertanenschaft und die gesellschaftliche Ungleichheit abgeleitet wurden. Cheltschitz kann so dem Gegner gut den Wind aus den Segeln nehmen. Darin äußert sich seine theoretische und polemische Fähigkeit. Mit dieser seiner eigentümlichen Interpretation des Paulinischen biblischen Textes (auf ihr ist nicht nur das „Netz" sondern auch die andere grundlegende Schrift von Cheltschitz „O trojím lidu" [Von dreierlei Volk] begründet), betritt Cheltschitz bereits den Boden der kritischen Bibeldeutung, verknüpft er den biblischen Text mit der konkreten gesellschaftlichen und historischen Situation, in der er entstanden war.

Der gesamte zweite Teil ist überwiegend der kritisch ablehnenden Analyse der einzelnen Bestandteile der Feudalhierarchie gewidmet; die Kapitel 1—4 dem Herrenstand, 5, 6 und 10 dem Bürgerstand, 7, 11—14 dem Mönchsstand, 8 den kanonischen Orden, 15—16 den Universitätsmagistern, 17—28 der „Rotte der Pfarrer". Der größte Teil dieser Kapitel ist in diesem Buche abgedruckt.

Die Kapitel 1—4 im zweiten Teil des „Netzes" enthalten eine meisterhafte Kritik des Herrenstandes, in den Kapitel 9, 25 und 26 finden wir die Höhepunkte des „Netzes": eine eindringliche Enthüllung der Ausbeuterstruktur der Feudalgesellschaft und der Rolle der kirchlich-feudalen Ideologie. Wir können uns hier sehr anschaulich davon überzeugen, wie intensiv sich Cheltschitz die gesellschaftliche Bedingtheit und die gesellschaftliche Funktion der ideologischen Erscheinungen bewußt machte und wie tief er zu den realen Quellen der ideologischen Apologetik der herrschenden Verhältnisse vorzudringen vermochte.

Am Schluß des gesamten Buches, in den Kapiteln 51 und 52, bekräftigt Cheltschitz seine feste innere Überzeugung von einer gerechten Gesellschaft. Es soll dies das direkte Gegenteil der Feudalgesellschaft sein, es soll dies eine Gesellschaft sein, die auf der Liebe, der gegenseitigen Hilfe, der Brüderlichkeit und der Gleichheit ihrer Angehörigen begründet ist.

So siegt auch am Schluß des „Netzes" Cheltschitz' positives Ideal über die Skepsis und die Resignation, von denen sein Hauptwerk so stark durchdrungen ist. Die demokratische Vorstellung von einer Gesellschaft arbeitender Menschen — dieses grundlegende programmatische Postulat des bäuerlich-plebejischen Tabors — bleibt auch die schließliche Resultante von Cheltschitz' lebenslangem Gedankenkampf.

Cheltschitz lehnt in seinem Werk die Städte als die Pflanzstätten des Handels ab, den er verurteilt. Darin wurde manchmal sein reaktionärer Charakter gesehen. Solche Urteile entspringen dem Unverständnis des spezifischen Profils der radikalen Formen der antifeudalen Ideologie; diese ist nämlich gesetzmäßig nicht nur antifeudal, sondern auch „antikapitalistisch", indem sie die negativen Seiten der Warenproduktion als ein Mittel zur Aussaugung und Auspressung der Menschen verurteilt und gerade die Elemente angreift, aus denen allmählich der Kapitalismus entstand; das gilt nicht nur von den reformatorischen Formen dieser radikalen antifeudalen, das heißt bürgerlichen Ideologie, sondern auch von späteren Formen.

Gerade Cheltschitz' Partien über die „Rotten der Pfarrer" sind eine einzigartige soziologische Analyse dieser negativen Folgen der Warenproduktion. Dabei zeigt er, wie die Kirche religiöse Dienste auf der Grundlage eines „Kaufvertrages" anbietet und welche Folgen das für die kirchliche Institution und ihre Ideologie hat. Sie gipfelt darin, daß er den Menschenhandel der herrschenden Klassen als die Grundlage des ausbeuterischen Feudalsystems entlarvt. An dieser Stelle bekräftigt und vertieft Cheltschitz ähnliche Erwägungen von Hus in dessen Schrift „Über die Simonie".

[65] Es ist jedoch auch hier ersichtlich, daß Cheltschitz die knechtende Macht und die gesellschaftliche Ungleichheit als für die Heiden nützliche und ihnen von Gott gegebene Formen zuließ, weiterhin, daß seine Empörung vor allem durch die Infiltration dieser Formen in die christliche Gesellschaft und ihre Ideologie entsteht, nicht durch ihr eigenes Wesen (vgl. Holinka, a. a. O., S. 42—46; Schluß des Traktats „Von der heiligen Kirche", S. 338 dieses Buches).

[66] Vgl. hauptsächlich die Kapitel 45—46, 51—52, 73—76, 94—95 des I. Teils.

[67] Vgl. die Kapitel 45—48, 53—56 des I. Teils.

[68] Vgl. die Kapitel 92—93, 94 des I. Teils.

[69] Übereinstimmend hat auch H. Kaminsky auf den „Hobbesschen Ton" in einigen Formulierungen von Cheltschitz in seiner einleitenden Studie zu seiner Publikation „Peter Chelčický: Treatises on Christianity and the Social Order" aufmerksam gemacht.

[70] Einige von ihnen wurden veröffentlicht, hauptsächlich in der Edition von Karásek; sie werden als Teile größerer Zyklen aufgefaßt, die zusammenfassend betitelt sind „O šelmě" [Vom Raubtier], „O Antikristovi" [Vom Antichrist], bezeichnenderweise auch „O zákonech" [Von den Gesetzen] (vgl. dazu die Arbeit von E. Petrů).

I.

DAS BÜRGERLICHE HUSSITENTUM

1. Jan Hus: Synodalrede vom 19. Oktober 1405 „Du sollst lieben Gott..."

Rede des Magisters Jan Hus, gehalten in der Synode
am Hofe des Erzbischofs von Prag, im Jahre des Herrn 1405

Über das vornehmste Gebot im Gesetz (Matth. 22, 37): Du sollst lieben Gott, deinen
Herrn, von ganzem Herzen, von ganzer Seele und von ganzem Gemüt.
In allem mich fehlerhaft befindend, erzittere ich, die Worte des Gesetzes des
Herrn mit beflecktem Munde hervorzubringen, mit denen die Güte des heiligen
Geistes die Herzen der Gläubigen mit gnadenvollem Licht erleuchten kann;
denn zum Sünder spricht Gott: *„Was verkündigst du meine Rechte und nimmst*
meinen Bund in deinen Mund?" (Psalm 50, 16). Es ist nichts Gesundes an
meinem Leibe vor deinem Drohen, und ist kein Friede in meinen Gebeinen vor
meiner Sünde. Denn meine Sünden gehen über mein Haupt; wie eine schwere
Last sind sie mir zu schwer geworden. Meine Wunden stinken und eitern vor
meiner Torheit *(Psalm 38, 4—6)*, ja, es haben mich Übel umringt, die ohne
Zahl sind: Was also soll ich tun? Wahrlich mit dem Mörder zusammen will ich
sprechen, aber, unermeßlich elender noch, sage ich: Herr Gott, „verwirf mich
nicht von deinem Angesicht und nimm deinen heiligen Geist nicht von mir.
Tröste mich wieder mit deiner Hilfe", und mit dem führenden Geist, das ist
dem heiligen Geiste, der mit Dir ein einiger Gott ist, „rüste mich aus. Ich will
die Übertreter deine Wege lehren, daß sich die Sünder zu dir bekehren"
(Psalm 51, 13—15). Gib also Kraft, o Gott, durch deinen Geist, ohne den die
Reden nutzlos sind und die Herzen dürre bleiben. Wenn aber dein milder Geist
zugegen ist und die Herzen befruchtet, so erfüllt er sie mit Erkenntnis, reinigt
sie von Sünden. Wer sonst reinigt die Herzen der Demütigen, wenn nicht der
siebengestaltige Geist? Wer belehrt die Herzen der Einfältigen, wenn nicht
der, den der eingeborene Sohn des Vaters gesendet hat, daß er die einfältigen
Fischer die ganze notwendige Wahrheit der Kirche lehren sollte? So sagt der
eingeborene Sohn Gottes selbst *(Joh. 16, 13)*: „Wenn aber jener, der Geist der
Wahrheit, kommen wird, der wird euch in alle Wahrheit leiten." Von diesem
Geiste spricht der selige Papst *Gregor* in der Pfingsthomilie über jenen Satz
aus *Joh. 14, 26:* „Aber der Tröster, der heilige Geist, welchen mein Vater senden
wird in meinem Namen, der wird euch alles lehren." Ich will, spricht der
selige Papst *Gregor*, „die Augen des Glaubens in der Kraft dieses heiligen
Geistes erheben und die Väter des Neuen und Alten Bundes einzeln betrachten.
Wohlan, mit diesen geöffneten Glaubensaugen betrachte ich David, Amos,
Daniel, Petrus, Paulus und Matthäus und will dabei ermessen, welch ein
Künstler dieser heilige Geist doch ist. Indes versage ich in meiner Betrachtung;

denn er erfüllt einen jungen Zitherspieler und macht ihn zum Psalmisten. Er erfüllt einen Rinderhirten, der Sykomorenfrüchte pflückt, und macht ihn zum Propheten. Er erfüllt einen züchtigen Jüngling und macht ihn zum Richter über Greise. Er erfüllt einen Fischer und macht ihn zum Haupt der Kirche. Er erfüllt einen Glaubensverfolger und macht ihn zum Lehrer der Heiden. Er erfüllt einen Zöllner und macht ihn zum Evangelisten. O, welch ein Künstler ist dieser Geist, keine Zeit braucht es zum Lernen: In allem was er will, belehrt er, kaum daß er angerührt hat; und sein bloßes Anrühren ist Belehrung. Denn sobald er den menschlichen Geist erleuchtet, verwandelt er, hebt sofort auf, was gewesen, bringt sofort hervor, was nicht dagewesen ist. So der selige *Gregor.*

Wenn also jener Geist des Herrn so unmittelbar die Herzen rein macht, die Irrenden zurückruft und die Einfältigen plötzlich erleuchtet, daß sie seiner Gabe teilhaftig werden: so bleibt mir noch, daß ich, abgestumpft, wie ich bin, durch den Rauch der Sünde, und umgeben von jeglichem Mangel der Unkenntnis, mit Euch gemeinsam in Einigkeit eben dieses Geistes der heiligsten Dreifaltigkeit Hilfe anrufe durch den Vermittler, Jesus Christus, den Herrn, *der da ist der Weg und die Wahrheit und das Leben (Joh. 14, 6).* Der Weg, der wegführt von Sündhaftigkeit, die Wahrheit, die zum Werk anleitet, und das Leben, das lebendig macht durch Gnade. Darum, mit Vertrauen auf Gott, wollen wir durch Christus Gott Vater in Demut bitten, daß er Kraft geben möge, Gott den Sohn, daß er Weisheit geben möge, und Gott den heiligen Geist, daß er mir sein Wohlwollen verleihen möge, nutzbringend zu reden, und Euch, ihr Lieben, in fruchtbringender Weise sein Wort zu hören, mit Beistand der glorreichen Jungfrau, der Mutter des Herrn Jesu Christi.

Du sollst lieben Gott, deinen Herrn, von ganzem Herzen, von ganzer Seele und von ganzem Gemüt. So steht es geschrieben *Matth. 22, 37;* und so wird es im Gottesdienst dieses Sonntags gesungen. Da niemand einen anderen Grund legen kann außer dem, der gelegt ist, welcher ist Jesus Christus, wie der Apostel bezeugt *1. Kor. 3, 11,* so ist deutlich, daß das geistliche Haus der Kirche als festen Grund den Glauben an Christus hat, als Wände die Hoffnung auf das Leben, als festes Dach die Liebe. Auf diesen Felsen, der ein Fundament ist, wie niemand ein festeres legen kann, ist die Kirche Jesu Christi gegründet. Die Hoffnung aber ist aufgerichtet entsprechend den vier Wänden, hoffend, daß alles vergangene Übel kraft des Leidens Christi den Heiligen zum Ruhm werden wird, alles was sein wird im Segen kraft der Kindschaft Christi den Heiligen zur Seligkeit dienen wird, alles was über dem Menschen steht, ihm zum Nutzen verliehen, alles was unter den Menschen ist, zum glücklichen Gebrauch gegeben wird. Daraus erwächst die Liebe, die das geistliche Gebäude deckt, vollendend die Vollkommenheit der Kirche Jesu Christi.

An diesem Bau soll jeder Katholik mitwirken, besonders aber soll der Klerus sich dem Aufbau mit Sorgfalt widmen und an der Zerstörung seines Gegenteils eifrig arbeiten. Ein derartiger Aufbau besteht nicht in laufenden Neuerwerbungen weltlicher Güter, wie habgierige und ehrgeizige Geistliche meinen, sondern in Anhäufung von Tugenden, nach dem Beispiel des Herrn Jesu Christi. Im gleichen Verhältnis, wie die Kirche mit Tugenden geschmückt wird, wird sie Christo zu Gefallen erbaut und umgekehrt.

Damit aber keine Unklarheit entsteht, von welcher Kirche jetzt die Rede ist, muß man deutlichkeitshalber wissen: Die *Kirche* ist in einer Hinsicht das gegenständliche Gebäude, in erster Linie Gott geweiht, bestimmt für die Menge der Menschen, in ihr ihren Gott zu erheben; wie der Apostel *1. Kor. 11, 22* sagt: „Habt ihr aber nicht Häuser, da ihr essen und trinken könnt? Oder verachtet ihr die Gemeinde Gottes", das heißt, indem ihr schändlich darin schlemmt? Solcher Kirchen gibt es viele Arten. So ist etwas anderes die Metropole, die Kathedrale, die Parochiale, etwas anderes das Oratorium oder die Kapelle.

In zweiter Hinsicht wird „Kirche" im übertragenen Sinne gebraucht für die Gemeinden — seien es nun die geistlichen Diener darin, die man die ruhmvollen Männer der Kirche nennt, oder die Gläubigen allgemein, Laien und Kleriker. Und solcher Gemeinden gibt es so viele, wie es Vereinigungen von Gläubigen gibt. So nennt man die eine die Gemeinde von Rom, nämlich den Papst mit den Kardinälen, wenn sie durchs Tor hineinkommen und dem Herrn Christus in Tugenden nacheifern: eine andere die Prager Gemeinde, nämlich den Herrn Erzbischof mit den höheren Geistlichen, wenn sie durchs Tor eintretend die Sakramente Christi spenden, in Demut, in Armut, in Keuschheit, Barmherzigkeit und Geduld, Christum, den Seelenbischof nachahmend. Wenn aber die beiden genannten Kongregationen in den genannten Dingen entarten, dann sind sie nach dem Zeugnis der Wahrheit Diebe und Mörder *(Joh. 10, 1 und 8)*; und folglich sind sie Gemeinden des Antichrist.

In dritter Hinsicht ist „Kirche" die Gesamtheit der Erwählten, und diese wird genannt: Der mystische Leib Christi, Braut Christi und Himmelreich. Und so spricht der Apostel *(Eph. 5, 25)*: „Ihr Männer", sagt er, „liebet eure Weiber, gleichwie Christus auch geliebt hat die Gemeinde und hat sich selbst für sie gegeben". *So auch Augustin im dritten Buch „Von der christlichen Lehre", Kap. 33.; Und nach ihm der päpstliche Erlaß Nr. 32, Abhandlung 4: Über die Definition der Buße, 1. Kap.: Ecclesia usw. und: Über die Definition der Buße, 4. Kap.: Si ex bono usw. und an vielen anderen Stellen.* So aber wird die genannte Kirche geteilt, daß ein Teil ist die „triumphierende Kirche", das ist die Menge der Erwählten, die im Vaterlande herrschen. Sie wird die triumphierende genannt, weil sie über die Laster Satans triumphiert hat. Der zweite Teil unserer heiligen Mutter, der Kirche, ist die „streitende Kirche", das ist die Schar der Erwählten, die auf dem Wege sind. Sie wird die streitende genannt, weil sie gegen das Fleisch, die Welt und den Teufel den Kriegsdienst Christi ausübt. Und die Lenker dieser Kirche sind die vom heiligen Geist erwählten Bischöfe; die ermahnt *(Apg. 20, 28)* der Apostel mit den Worten: „So habt nun acht auf euch selbst und auf die ganze Herde, unter welche euch der heilige Geist gesetzt hat zu Bischöfen, zu weiden die Gemeinde Gottes, welche er durch sein eigen Blut erworben hat." *Der dritte Teil* der heiligen Mutter, der Kirche, ist die „schlafende Kirche", das ist die Menge der Erwählten, die im Fegefeuer schlafen. Sie wird aber schlafend genannt, weil sie sich dort nicht im Zustand des Erwerbens der Seligkeit befindet. Es setzt sich also die heilige Mutter Kirche zusammen aus *drei Teilen*, von denen der *erste*, der allgemeine und unterste, das Volk ist, das von erlaubter Arbeit lebt; und dieser Teil ist in Sicherheit, wenn er Gottes Gebote hält und treulich seiner Arbeit nachgeht. *Der zweite Teil* der Kirche sind die weltlichen Herrn; und dieser Teil, wenn er sich seinem Amt widmet, ist besser, aber mehr in Gefahr. Sein Amt ist es aber, das Gesetz Gottes zu verteidigen, die Diener Christi zu schützen und die Anhänger des Antichrist zu vertreiben. Dies ist nämlich die Ursache, warum sie das Schwert tragen, wie der Apostel *(Röm. 13, 4)* sagt. Und nach *Augustin* ist der König ein Stellvertreter der Gottheit. Dieser Stand ist aber in dreifacher Hinsicht gefahrvoll, weil er dazu neigt, von Überheblichkeit überwältigt zu werden, von weltlicher Begier und von entnervender körperlicher Lust. *Der dritte* und beste *Teil* der Kirche ist der Klerus, wenn er in wirksamer Weise dem Amt vorsteht, das ihm obliegt. Er soll nämlich die Welt verlassen, die Kirche beleben wie der Geist und allenthalben möglichst nahe Christo nachfolgen. Wenn er aber abfällt, so ist keiner schlechter oder herber, wahrlich wie der Antichrist, denn je höher die Stufe oder der Stand, desto schwerer der Fall, wie bekannt ist von Luzifer und von den Priestern, die den Herrn gekreuzigt haben, und von Judas. Wie nämlich Moses und Aaron als die ersten Priester des Alten Bundes die besten waren und die weiteren zu den schlechtesten herabsanken, wie das Ende ihrer Reihenfolge zeigt; so waren im Neuen Bunde Christus und seine Apostel die besten Priester, aber absteigend von der Erstzeit, und damit von der Nachahmung Christi zur Weltlichkeit, sind sie die Schlechtesten zur Zeit des Antichrist. Denn Christus sagt *(Matth. 16, 24)*: „Will mir jemand nachfolgen, der verleugne sich selbst und nehme sein Kreuz auf sich und folge mir." Und der Apostel *(Eph. 5, 1)* spricht: „So seid nun Gottes Nachfolger als die lieben Kinder." Also sollen die Christen Christus ihren Herrn nachahmen und beide Teile des Gesetzes halten, denn sonst wären sie entartet, würden sie nicht für Söhne Christi, sondern für Söhne des Antichrist, nicht für Söhne Gottes, sondern des Teufels gehalten, wie Christus bezeugt *(Joh. 8, 44)*: „Ihr seid von dem Vater, dem Teufel." Darin aber, daß die Menschen Christum im Wandel nicht nachahmen, besteht jede Übertretung der auf dem Wege befindlichen, wie der *selige Augustin* in der Schrift „Von der wahren Religion" sagt, wonach keine Sünde begangen werden kann, außer es wird erstrebt, was Christus verachtete, oder gemieden, was Christus ertrug. Daraus folgt, daß alle Menschen, die nach Christus gezeugt sind, bei Strafe der ewigen Verdammnis Christo nachfolgen müssen. Und weil der Adel eines tugendhaften Geistes sich am Schwierigen erweist, deshalb werden wir ermahnt, gleichsam als die liebsten Kinder Christum zu folgen, *nach dem oben angeführten Apostelwort:* „So seid nun Gottes Nachfolger als die lieben Kinder." Darin *begreift* der Apostel *drei Stufen von Gotteskindern und somit von Kindern des Herrn Jesu Christi. Die erste* Stufe kommt den gerechten Untertanen zu, er nennt sie Gottes liebe Kinder. *Die zweite* Stufe stimmt mit den gerechten weltlichen

Machthabern überein, er nennt sie Gottes liebere Kinder. *Die dritte* Stufe steht der Geistlichkeit zu, die Christo näher nachfolgt, er nennt sie Gottes besonders liebe Kinder. Aber wenn in der Nachahmung Christi jene Stufen entarten, dann wird die Reihenfolge der Stufen umgekehrt. Oft nämlich überragt der unterste Stand des Volkes durch hervorragende Tugend die andern. Daher sage ich des Näheren, daß von jeder dieser drei Stufen diejenigen Gottes liebe Kinder sind, die Gottes Gebote halten und ihren Vorgesetzten gehorchen, wie sie sollen.

Danach erscheint es, als ob die Weltgeistlichen und Privatkleriker, die die Stellung eines Ehrenkaplans und Ausnahmestellung, vom Geiste des Ungehorsams geleitet, anstreben, nicht so liebe Kinder Gottes sind, als wenn sie ihren Erzbischöfen, Bischöfen, Äbten, Prioren und Pröpsten demütig in erlaubten Dingen gehorchen wollten, wie sie es sollen, da sie doch nach dem unzerstörbaren Gesetz des unmittelbaren Stellvertreters Christi, des Apostels Petrus, sich aller menschlichen Ordnung unterordnen müssen um des Herrn willen und einem jeden, der sie dazu auffordert, nach Treu und Glauben Rechenschaft ablegen müssen. Denn (*1. Petr. 2, 13*) spricht der unmittelbare Stellvertreter Christi: „Seid untertan aller menschlichen Ordnung um des Herrn willen." Daraus folgt, daß dies Gottes Wille sei. Und weil sie sich ihren Oberen nicht so im Gehorsam unterwerfen wollen, den sie ihnen versprochen haben und von dem sie sich Ausnahmestellung verschaffen, so ergibt sich, daß sie dem Willen Gottes entgegen sind und damit nicht Gottes liebe Kinder sind. Denn liebere Kinder Gottes sind die, die Gottes Gebote und manchen Rat befolgen und sowohl den Oberen wie den Gleichgestellten gehorchen, wie sie sollen. Die liebsten aber sind, die Gottes Gebote und alle seine Ratschläge befolgen, den Oberen, Gleichstehenden und Untergebenen gehorsam sind, wie sie es sollen. So waren Christus, der Täufer und die ersten Apostel Christi Gottes liebste Kinder, die das ganze Gesetz erfüllten, wie (*Matth. 3, 15*) Gottes liebster Sohn sagt mit den Worten: „Also gebührt es uns, alle Gerechtigkeit zu erfüllen." Der wollte auch jeden Menschen zum Einhalten der Gebote und zur Gotteskindschaft führen, als er so sprach: „Du sollst lieben Gott, deinen Herrn, von ganzem Herzen, von ganzer Seele, von ganzem Gemüt." So unser Thema.

Und weil viele durch Satans List verführt, indem sie Gott abwerfen, behaupten, daß sie Gott lieben, muß man bemerken, um die verführerische Lüge des Teufels zunichte zu machen, daß *Gott lieben* bedeutet: in rechter Weise Gott wohlwollen. Da dies bei dem auf dem Wege befindlichen eine verdienstvolle Handlung ist, so ist deutlich, daß sie nur einem Menschen zuteil werden kann, der in Christus bleibt und in dem Christus bleibt aus Gnade. Und davon spricht Christus selbst *(Joh. 15, 4)*: „Bleibet in mir und ich in euch"; und gibt als Beispiel an: „Gleichwie die Rebe kann keine Frucht bringen von ihr selber, sie bleibe denn am Weinstock, also auch ihr nicht, ihr bleibet denn in mir", [verstehe man], verdienstliche Frucht bringen und nicht in rechter Weise Gott wohlwollen, wenn ihr nicht in mir bleibt durch die Anhänglichkeit der Liebe. Wie daher ein schlechter Mensch nicht in rechter Weise Gutes sagen kann, so kann er nicht in rechter Weise Gott wohlwollen, denn das gleiche Gesetz gilt für beide. Und das erste sagt der Heiland *(Matth. 12, 34)* mit den Worten: „Wie könnt ihr Gutes reden, dieweil ihr böse seid?", als ob er sagen wollte: gar nicht. Kann nach dem Ausspruch der heiligen Väter dieser Ausspruch sinnvoller verstanden werden, als daß die Bösen nicht in rechter Weise Gutes reden können. Wie ein fauler Baum nicht gute Frucht bringen kann *(Matth. 7, 18)*; so eindeutig ist die vorhergehende Behauptung.

Daraus folgt, daß für einen Menschen Gott in rechter Weise wohlzuwollen ist, recht zu leben; recht zu leben aber ist für einen Menschen, Gottes Gebote zu halten. Daraus folgt weiter, daß es nicht möglich ist, daß ein Mensch in der Liebe Gottes oder in der Gnade sei, wenn er nicht zu gleicher Zeit seine Gebote hält und folglich seinem Gott nach Gebühr dient. Dieses nämlich geht ineinander über: Daß ein Geschöpf Gott liebt und seine Gebote hält. Denn *(Joh. 14, 15)* spricht Jesus Christus: „Liebet ihr mich, so haltet meine Gebote", als ob er sagt: Wenn ihr das tut, so folgt daraus, daß ihr mich liebt.

Daher setzt er im Folgenden hinzu, was näher beschrieben „Gott lieben" bedeutet: „Wer meine Gebote hat und hält sie, der ist es, der mich liebt" [Joh. 14, 21]. Und der aus derselben Quelle geschöpft hat, das ist Johannes, der beim Mahl an der Brust des Herrn lag, spricht *(1. Joh. 2, 4)*: „Wer da sagt: Ich kenne ihn", das heißt in verdienstlicher Weise, und ihn somit liebt, „und hält seine Gebote nicht, der ist ein Lügner, und in solchem ist keine Wahrheit". Es ist also klar, daß es einem Geschöpf nicht möglich ist, Gott zu lieben, wenn es nicht zeitlebens seine Gebote hält; denn es ist unmöglich, daß eine Kreatur vernünftig ist, wenn ihr Gott nicht seine Gebote gegeben hat, es ist auch unmöglich, ein Gebot gebührend zu halten, wenn nicht die einzelnen Gebote insgesamt gehalten werden, da im 2. Kap. des Jakobusbriefs gesagt wird: „Denn so jemand das ganze Gesetz hält und sündigt an einem, der ist's ganz schuldig." Wer also das erste und größte Gebot hält, das ist: Gott lieben, der hält die Gebote. Daraus folgt umgekehrt: Wenn jemand seine Gebote hält, so liebt er ihn. Das wird deutlich *(Joh. 15, 10)*, wo Christus sagt: „So ihr meine Gebote haltet, so bleibet ihr in meiner Liebe" und wiederum: „Ihr seid meine Freunde, so ihr tut, was ich euch gebiete" [Joh. 15, 14]. Und *(1. Joh. 2, 3)*: „Und an dem merken wir, daß wir ihn kennen", nämlich im Glauben, der durch Liebe geprägt ist, „so wir seine Gebote halten". Und weiter: „Wer aber sein Wort hält, in solchem ist wahrlich die Liebe Gottes vollkommen" [1. Joh. 2, 5]. Und *(1. Joh. 3, 24)*: „Und wer seine Gebote hält, in dem bleibt Gott und er in ihm." Und *(1. Joh. 5, 3)*: „Denn das ist die Liebe zu Gott, daß wir seine Gebote halten".

Aus diesen Worten des Heilands und des Evangelisten ergibt sich deutlich, daß *niemand, der sich im Stand der Todsünde befindet, zu dieser Zeit seinen Gott liebt*. Und weiter folgt daraus, daß jeder *Geistliche, der Unzucht treibt oder direkt im Konkubinat lebt oder durch irgendeine Todsünde entstellt ist, Gott haßt*. Wenn er aber sagt: „Ich liebe Gott", so ist er ein Lügner und keine Wahrheit in ihm; denn in diesem Fall ist er ein Sohn des Teufels, vom Teufel stammend. Dieser Schluß ergibt sich aus dem Wort *(1. Joh. 3, 8–9)*: „Wer

Sünde tut, der ist vom Teufel; denn der Teufel sündigt von Anfang. Dazu ist erschienen der Sohn Gottes, daß er die Werke des Teufels zerstöre. Wer aus Gott geboren ist, der tut nicht Sünde, denn sein Same bleibt bei ihm; und kann nicht sündigen, denn er ist von Gott geboren." Daran wird's offenbar, welche die Kinder Gottes und die Kinder des Teufels sind, nämlich, weil die Kinder Gottes keine Todsünden begehen und so auch nicht Unzucht treiben, aber die Kinder des Teufels treiben Unzucht und geraten in allerlei Verbrechen. Und weiter ergibt sich, daß Kleriker, die offen im Konkubinat leben, offenbare Teufel sind, und die verborgen vor dem Blick der Menschen huren, sind versteckte Teufel und Zerstörer der Kirche Jesu Christi.

Wenn aber ein Lüstling aus der ketzerischen Schar der Hurer hervortritt und einwirft, daß die einfache *Unzucht* keine Todsünde sei, so werde gegen den schleichenden Lüstling das Schwert des Wortes Gottes gezückt, damit der Kopf dieses schändlichen Vergehens bei dem Lüstling abgeschlagen werden kann. Denn der Heiland sagt *(Matth. 5, 27–28)*: „Ihr habt gehört, daß zu den Alten gesagt ist: Du sollst nicht ehebrechen. Ich aber sage euch: Wer ein Weib ansieht, ihrer zu begehren, der hat schon mit ihr die Ehe gebrochen in seinem Herzen." Dort sagt also der Beste der Lehrer, um auch die entfernteste Gelegenheit zu dieser Sünde auszuschließen, nicht: Wer ein Weib begehrt, sondern: Wer ein Weib ansieht, ihrer zu begehren, hat schon die Ehe mit ihr gebrochen in seinem Herzen. Und der unzüchtige Lüstling hat keine Entschuldigung, daß der Herr damit ein Weib, das eines andern Frau ist, gemeint hat. Denn *(Gal. 5, 19)* unterscheidet der Herr Jesus durch den Apostel die Hurerei vom Ehebruch, indem er sagt: „Offenbar sind aber die Werke des Fleisches, als da sind: Ehebruch, Hurerei . . ." Und er zeigt, daß es tödlich ist, weil es des Himmelreiches beraubt, indem er so fortfährt: „Die solches tun, werden das Reich Gottes nicht erben" [Gal. 5, 21]. Und *(1. Kor. 6, 9–10)* sagt er: „Lasset euch nicht verführen. Weder die Hurer noch die Abgöttischen noch die Ehebrecher noch die Knabenschänder noch die Diebe noch die Geizigen noch die Trunkenbolde noch die Lästerer noch die Räuber werden das Reich Gottes ererben." Aber weil die Hurerei treibenden Geistlichen das Reich Gottes geringachten, will der Apostel ihre Üppigkeit bändigen und befiehlt, sie von der Gemeinschaft der Kirche Christi auszustoßen, wie bekannt ist von dem Hurer *(1. Kor. 5, 4–5)*; dort befiehlt er den im Namen des Herrn Jesu Christi Versammelten, in eben demselben Geiste den Unzüchtigen „zu übergeben dem Satan zum Verderben des Fleisches, auf daß der Geist selig werde am Tage des Herrn Jesu Christi". Und *später* [1. Kor. 5, 11] schreibt er vor: „So jemand sich läßt einen Bruder nennen unter euch und ist ein Hurer oder ein Geiziger oder ein Abgöttischer oder ein Lästerer oder ein Trunkenbold oder ein Räuber, mit dem sollt ihr auch nicht essen." Und hier ihr Fundament erwählend, bestimmt die Kirche *dist. 81*, wenn sie sagt: Wenn jemand Presbyter, Diakon oder Subdiakon ist und befindet sich im sündhaften Stand der Unzucht, dem verbieten wir von wegen des allmächtigen Gottes und kraft der Machtbefugnis des heiligen Petrus das Betreten der Kirche, solange bis er gebüßt und sich gebessert hat. Die aber lieber im Sündenstand bleiben, deren Messe soll [keiner] hören, denn ihr Segen verwandelt sich in Fluch und ihr Gebet in Sünde, wie Gott bezeugt durch den *Propheten*: „Fluchen will ich", sagt er, „über eure Segnungen". Die aber diesem heilsamen Gebot nicht gehorchen wollen, fallen in die Sünde des Götzendienstes. Und die Sündenstrafe erschwerend, erklärt die Kirche in derselben Bestimmung folgendermaßen: Wenn ein Bischof, Priester oder Diakon, nachdem er die Weihen des Diakonats erhalten hat, Unzucht oder Ehebruch treibt, soll er abgesetzt werden und aus der Kirche ausgeschlossen unter den Laien Buße tun. Seht, so schwer ist die Strafe für unzüchtige Kleriker, aber noch schwerer nach den Worten des Apostels, weil sie das Himmelreich nicht besitzen werden, und wird noch verschärft (*Off. Joh. 21, 8*), wo der, der auf dem Thron sitzt, das ist Jesus Christus, sagt: „Der Hurer ... Teil wird sein in dem Pfuhl, der mit Feuer und Schwefel brennt; das ist der andere Tod".

Und es ist offenbar, *daß des unzüchtigen Klerikers Strafe eine vierfache ist:* Die erste ist die Trennung von Christo, somit von der ganzen allerheiligsten Dreiheit, und von der Kirche. Die zweite ist das verdiente Verbot, den Gottesdienst auszuüben. Die dritte die Entziehung des Himmelreiches. Die vierte die Auferlegung der ewigen Strafe, im Feuer, das mit Schwefel brennt; wenn du, o Kleriker, diesen Strafen entgehen willst, so fliehe die Unkeuschheit sowohl des Leibes als auch der Seele, denn nur so liebst du Gott, deinen Herrn, von ganzem Herzen, von ganzer Seele und von ganzem Gemüt (wie das Thema besagt).

Da gesagt ist, *daß der Klerus der beste Teil der Kirche ist*, wenn er wirksam dem Amte vorsteht, das ihm obliegt, also muß er das erste und größte Gebot des göttlichen Gesetzes vor den anderen Teilen der Kirche im hervorrageneren Maße erfüllen. Denn ihm, der gleichsam der Gesetzeslehrer ist, wird, wenn er Gott fragt, was das größte Gebot des Gesetzes sei, vor allem ganz besonders die Antwort gegeben: *Du sollst lieben Gott, deinen Herrn, von ganzem Herzen, von ganzer Seele und von ganzem Gemüt*; das ist, spricht der Gesetzgeber *Christus Jesus*, das erste und größte Gebot: das erste, weil, was der Mensch auch erlernt, wenn er dies unterläßt, sein Lernen nicht nur überflüssig, sondern sogar schädlich ist, und das größte an Kostbarkeit ist es, weil, wenn es eingehalten wird, dem Menschen ganz unmöglich ist, auf dem Wege zu ermatten, da denen, die Gott lieben, wie seine Kinder, alle Dinge zum besten dienen (*Röm. 8, 28*). Da das also das erste und höchste Gebot ist, sollst du also zuerst und zumeist Gott, deinen Herrn, lieben von ganzem Herzen, von ganzer Seele und von ganzem Gemüt. Denn das ist das erste, größte, beste, natürlichste, ursprünglichste, leichteste, kürzeste und nützlichste Gebot: von dem fällt jeder Todsünder ab, da jeder Rückfall eines Christen in die Sünde allgemein als Abfall angesehen wird, so wie *Jesus Sirach 19, 2* sagt: „Wein und Weiber betören den Weisen". Daher werden im *Kanon kap. 3, quaest. 4* alle, die freiwillig das Gesetz übertreten und es verletzen, Abtrünnige genannt. Da also jeder, der Todsünden begeht, gegen das ganze Gesetz verstößt (*Jak. 2, 10*), so folgt, daß jeder Todsünder vom Christentum abfällt. Er ist nämlich ungehorsam und widerspenstig, zusammen mit dem ersten der Engel, dem Abtrünnigen, seinem Haupt und

Herrn Jesu Christo. Dafür gibt es eine Bestätigung des seligen *Augustin in "Vom Leben und Wandel der Kleriker", 2. Predigt*: Ein Geistlicher, sagt er, hat zwei Dinge gelobt: Heiligkeit und Gemeinschaftsleben; wenn er aus dieser Gemeinschaft zur Hälfte gefallen ist, ist er auch selbst zu Fall gekommen, folglich noch viel mehr, wenn er aus der Heiligkeit durch Begehung von Todsünden gefallen ist. Und wer diesem obersten Gebot, dem besten Gesetz Christi: Du sollst deinen Gott lieben von ganzem Herzen, von ganzer Seele und von ganzem Gemüt, entgegenhandelt, der muß für geringer als ein Abtrünniger gehalten werden.

Darum wollen wir uns selbst prüfen, o Kleriker, ob wir vom Gesetz Christi abtrünnig geworden sind, die wir nicht nur mit einer Sünde geschlagen, sondern über den ersten Abtrünnigen hinaus in fleischlichen Sünden gefangen sind. Denn nach der Prophezeiung des Heilands *(Matth. 24, 12)* nimmt jetzt die Ungerechtigkeit überhand, weil die Liebe in uns erkaltet ist. Denn die Kirche ist erkaltet, die in den Aposteln und Märtyrern feurig und heiß gewesen ist, weil diese, vom heiligen Geist erfüllt, sich selbst geringachteten und die geistlichen Dinge den weltlichen voranstellten, indem sie sagten *(Apg. 6, 2)*: "Es taugt nicht, daß wir das Wort Gottes unterlassen und zu Tische dienen." So hat auch der Apostel geglüht, der sagt *(2. Kor. 12, 14)*: "Ich suche nicht das Eure, sondern euch." Später aber, als die Kirche mit Reichtümern geradezu überhäuft wurde, begann bei den Klerikern die Gottesliebe abzuflauen und die Begehrlichkeit zu entbrennen, und dann zogen sie die weltlichen Dinge den geistlichen vor, als wollten sie widerlegen das heilsame Wort des Herrn *(Matth. 6, 25 und 33)*: "Ist nicht das Leben mehr denn die Speise und der Leib mehr denn die Kleidung? Trachtet am ersten nach dem Reich Gottes und nach seiner Gerechtigkeit, so wird euch solches alles zufallen." Zu unseren Zeiten aber ist die Liebe zu Gott und dem Nächsten traurigerweise so sehr erkaltet, daß es fast keine Sorge für die geistlichen Belange mehr gibt, weil unser ganzes Streben und Interesse im Unrat der Welt versunken ist. Denn nach dem Wort des Apostels *(Philipp. 2, 21)*: "Denn sie suchen alle das Ihre, nicht das Jesu Christi ist." Davon bewegt, sagt der selige *Bernhard* zu Papst Eugen: "Über die Preise der Lebensmittel und ihre unzureichende Menge wird täglich mit den Dienern geredet. Ganz selten hingegen wird mit den Priestern eine Vergleichung über die Sünden der Menge angestellt; wenn ein Esel fällt, so ist jemand da, der ihn aufrichtet, wenn eine Seele verloren geht, ist niemand da, der sich darum kümmert." Und Chrysostomus sagt: "Wenn das Volk keine Abgaben bringt, so schelten alle; wenn es aber gegen Gottes Gebote verstößt, so schilt niemand mit ihm." Der Grund dafür: Sie dienen mehr dem Mammon aus Habgier als dem Herrn Christus, um die Seligkeit zu gewinnen. "Denn sie geizen allesamt klein und groß" *(Jerem. 6, 13)*. Denn, o Schmerz, die Weltpriester täuschen Armut vor und ziehen dabei ihre Untergebenen aus durch Kollekten.

Und, was noch verwerflicher ist, Kirchenfürsten, wie die Päpste, die Erzbischöfe, Bischöfe, Erzdiakone, Äbte, Pröpste, Kanoniker und deren Anhang, treiben, um dem Mangel zu entgehen, auf teuflische Weise Unterstützungen ein, nach ihrem eigenen schandbaren Gutdünken, da doch weder göttliches noch menschliches Recht dazu verpflichtet, wenn eine schimpfliche, schwelgerische Verschwendung des Eigentums Christi dabei vor sich geht. Wo, frage ich, gibt es das göttliche Gesetz, daß ein solcher Kirchenvorsteher sein Volk besteuern soll? Vielmehr beraubt er unverdientermaßen das Volk Gottes, das er unter Strafe der Verdammnis verteidigen soll, anstelle es zu verteidigen, indem er es wie ein Folterknecht mit Strafen und Gericht einschüchtert. Aber der Herr ruft durch *Micha* *(3, 1—3)*: „Höret doch, ihr Häupter im Hause Jakob und ihr Fürsten im Hause Israel! Ihr solltet's billig sein, die das Recht wüßten. Aber ihr hasset das Gute und liebet das Arge; ihr schindet ihnen die Haut ab und das Fleisch von ihren Gebeinen. Und fresset das Fleisch meines Volks; und wenn ihr ihnen die Haut abgezogen habt, zerbrecht ihr ihnen auch die Gebeine; und zerlegt's wie in einen Topf und wie Fleisch in einen Kessel." Als Strafe für diese Tat setzt der Prophet [Micha 3, 4] hinzu: „Darum, wenn ihr nun zum Herrn schreien werdet, wird er euch nicht erhören, sondern wird sein Angesicht vor euch verbergen zur selben Zeit, wie ihr mit eurem bösen Wesen verdient habt."

Drittens aber, und das ist das Allerverwerflichste, schreiben die grundbesitzenden Geistlichen, die vom Volk die Reichen oder Fetten des Herrn genannt werden, die Mönche, auf Grund ihrer Habsucht Verbrüderungsbriefe, in denen sie ihre guten Werke übertreiben, gegen den Ausspruch des Heilands *(Luk. 17, 10)*: „Wenn ihr alles getan habt, was euch befohlen ist, so sprechet: Wir sind unnütze Knechte." Diese Briefe aber geben sie nur den Reichen und machen diese zu Teilhabern ihrer guten Werke, damit sie, für ihren Konvent gewonnen, ihnen die Bäuche und roten Backen stärken, ihre Geldbeutel füllen und ihren Grundbesitz vermehren.

Zweitens betteln auf Grund ihrer Habsucht von Päpsten, Bischöfen und weltlichen Herren ausgesandte geistliche Verbände, die aber nur von reichen Kirchen ausgehen und die überall in der Welt die größte Armut ihres Kollegiums vortäuschen. Solch ein Verband, der aus der verfluchten Habgier dieser Herren hervorgegangen ist (wieviele Pharisäer beziehungsweise Kleriker, die von Natur aus von der Welt getrennt, wie der Krebs aus dem Loch rückwärts in die Welt zurückkriechen, er schon zu Fall gebracht hat), ist nicht nur Gott bekannt, sondern, da er bei den Konventen dieser [Herren] unendlichen Streit und Haß verursacht, auch dem einfachen Volke, zumal die Argumente sich über die Lande verbreiten und er auch durch öffentliche Skandale schon aufgefallen ist.

Und viertens kommt der Teufel von Mittag dazu, nämlich, daß gewinnsüchtige Sammler oder Geldsammler und Bettler in großer Zahl durch großartige Feste, Wunderzeichen, Brüderschaften, Lug und Trug, einmal auf erlaubtem Wege, einmal heimlich, das ganze einfache Volk durch ihre Bettelei ausziehen und die ganze Kirche Christi in Verwirrung bringen. Und davon sagt der selige *Bernhard in der Predigt 21, Über des Hohe Lied:* Daß jede solche Bettelei zu verwerfen sei, die ziemlich die ganze Welt, aber besonders das Reich Böhmen, durch Beraubung mit Armen erfüllt. Aber was ist der Grund anders als die üppige Verschwendung bei einigen und das habgierige Festhalten bei den anderen, unter Vortäuschung von Freundschaft, die vor der Kirche Christi heuchlerisch bemäntelt wird. Diese falsche Freundschaft hat der hervorragende Seher der Kirche Christi mit dem inneren Auge betrachtend *(Bernhard: Predigt 77, Über das Hohe Lied)* geschildert: Nicht alle sind Freunde der Braut, die du heute bei dieser Braut stehen siehst; recht wenige sind es, die nicht das Ihre suchen; von allen Dingen dieser holden [Braut] lieben sie nur die Güter, und die können Christus nicht lieben, die ihre Hände dem Mammon gereicht haben. Siehe, wie sie einherschreiten, gepflegt, geschmückt, in bunten Gewändern, nicht wie ein Bräutigam, sondern wie eine Braut aus ihrem Gemach kommt. Aber woher, meinst du, entspringen ihnen dieser Überfluß an Gütern, diese Pracht der Kleidung, Üppigkeit der Tafel, Ansammlung von goldenen und silbernen Gefäßen, wenn nicht aus dem Besitztum der Braut? Daher kommt es, daß jene arm, mittellos und nackt bleibt, ein erbarmungswürdiger Anblick, ungepflegt, rauh und blutleer. Darum ist, was jetzt geschieht, nicht die Braut Schmücken, sondern Ausziehen; nicht Bewahren, sondern Verderben, nicht Verteidigen, sondern Aussetzen, das ist kein Lehren, sondern Preisgeben, kein Weiden der Herde, sondern Schlachten und Fressen, wie der *Herr* zu ihnen sagt: Sie verschlingen meine Herde wie Brot. Und *weiter*: Wen gibst du mir aus der Zahl der Pröpste, der nicht mehr darauf bedacht ist, die Beutel seiner Untergebenen zu leeren, als ihre Fehler auszurotten? Wo sind die, die mit Gebet den Zorn abbiegen, die ein Gott wohlgefälliges Jahr verkünden? *Und etwas später:* O, würden sie so wachsam in der Seelsorge erfunden, wie sie eifrig nach einem Bischofssitz rennen. O, wachten sie und würden sie die ihnen anvertraute Braut sorgfältig bewahren, nein, würden sie sich selbst bewachen und nicht dulden, daß man von ihnen sage: Meine Freunde und Verwandten sind gegen mich aufgestanden. So sagt im ganzen *Bernhard*.

Darum, alle ihr, die ihr den Weg des Herrn Jesu Christi in Demut wandelt, seht auf diese entsetzliche Schandtat, dieses schwere Verbrechen. Die jungfräuliche Braut Christi wird von denen zur schimpflichen Entehrung preisgegeben, denen sie zur Bewachung anvertraut ist. Die Führer der Völker sind heute nicht mit dem Gott Abrahams vereint, sondern haben sich zusammengeschart gegen den Herrn und gegen seinen Gesalbten, der mit lauter Stimme ruft: O ihr alle, die ihr vorübergeht, gebt acht und seht, ob es etwas Ähnliches gibt. Ich weine in Lumpen gehüllt, der Klerus vergnügt sich in Purpurgewändern. Ich werde für ihn meines eigenen Kleides beraubt, er brüstet sich mit königlichem Luxus aus Almosengeldern. Ich schwitze Blut im Todeskampf, er genießt das raffinierteste Bad. Ich verbringe die Nacht unter Schmähungen und Anspeien, er unter Gastmählern, Prassen und Trunkenheit. Ich werde, erschöpft, unter meinem Kreuz zum Tode geleitet, er zur Ruhe im Rausch. Ich schreie, ans Kreuz genagelt, er schnarcht im weichen Bett. Ich gebe aus übergroßer Liebe mein Leben für ihn, er erfüllt nicht einmal das Gebot der Liebe in der gebührenden Weise, wie ich ihm gesagt habe: *Du sollst lieben Gott, deinen*

Herrn, von ganzem Herzen, von ganzer Seele und von ganzem Gemüt; das sind die
Worte, die als Thema gewählt worden waren.

In diesen Worten zeigt sich *erstens* des Heilands Macht und Güte, daß er kindlich zu fürchten und zu lieben sei, wenn gesagt wird: *Du sollst lieben Gott, deinen
Herrn. Zweitens* die Unterweisung des Dieners Gottes und der Umfang, daß
Gott geliebt werden soll über alles um der endlichen Erlangung der Seligkeit
willen, wenn gesagt wird: von ganzem Herzen, von ganzer Seele und von ganzem Gemüt. Ich sagte zuerst, daß im Leitsatz des Heilands Macht und Güte
gezeigt werden, daß er kindlich zu fürchten und zu lieben sei. Denn weil er der
Herr ist, darum ist er mächtig, und weil er Gott ist, darum ist er gut; seht, das
ist die Macht und die Güte. Weil also der Herr mächtig, sogar allmächtig ist,
ist er kindlich zu fürchten. O Kleriker, fürchte diesen Herrn, zu dir nämlich
spricht er *(Maleachi 1, 6)*: „Bin ich Herr, wo fürchtet man mich?" Da er aber
der Herr ist, denn er ist König aller Könige und ein Herr aller Herren *(Off. Joh.
19, 16)*, hat er die Macht der größten Bestrafung, nämlich mit dem ewigen
Feuer. *Matth. 25, 41* sagt er: „Geht hin von mir, ihr Verfluchten, in das ewige
Feuer." Und soweit er Gott ist, hat er Kenntnis von allem Bösen, und soweit
der deine, hat er Dich, und weil er der Herr, dein Gott, ist, hat er überall Gewalt über dich, überall Kenntnis von dir, überall das Recht zu strafen; unter
diesen Bedingungen ist es unmöglich, daß er nicht straft, wenn jemand sündigt.
Darum fürchte Gott und halte seine Gebote *(Pred. Salom. 12, 13)*, denn so
liebst du den Herrn, deinen Gott. Und da Gott denen, die auf ihn hoffen, geneigt ist, sie zu erhalten, und denen, die Gutes tun, geneigt ist zu belohnen,
also hoffe auf ihn und tue Gutes, denn so liebst du den Herrn, deinen Gott. Weil
er aber der Herr, dein Gott, ist, darum soll er von dir, Kleriker, kindlich geliebt werden. Liebe ihn also, denn dein Herr und Vater ist von großer Güte. Laß
dich bewegen von der Güte dieses Vaters und Herrn, denn er verlangt nichts
von dir, was dir nicht förderlich ist; denn in Anbetracht der Größe seiner Herrschaft hat er dich nicht zum Diener, weil er dessen bedarf, sondern zu deinem
Nutzen.

Und *zweitens* ist er dein Vater und guter Herr, weil er dir die Belohnung nicht
ungebührlich lange vorenthalten kann, sondern damit zuvorkommt, indem er
im voraus mehr gibt, als du in angemessener Weise verdienen kannst. *Drittens*
ist der Herr dein guter Gott, weil er dich gegen alle, die sich dir widersetzen
können, verteidigt. Da er also der höchste Herr ist, so bedenke seine Macht,
damit kindliche Furcht dich vor dem Bösen zurückhalte. Und weil er Gott ist,
so betrachte die unermeßliche Güte Gottes, auf daß reine Liebe dich zum Guten
verlocke, denn dann liebst du Gott, deinen Herrn. Aus dem Gesagten ergibt
sich, daß kindliche Gottesfurcht und Gottesliebe hervorragende Maßstäbe sind,
die das ganze verdienstliche Leben des Menschen messen. Wenn die Kleriker
von diesen lassen (wie der Prophet sagt in *Psalm 14, 3*: „Aber sie sind alle abgewichen und allesamt untüchtig; da ist keiner, der Gutes tue, auch nicht
einer"), so ist offenbar, daß vom verdienstlichen Wege der Seligkeit die meisten
abgewichen sind.

Und vor allem muß man mit aufmerksamem Auge beobachten, ob der Papst, Kardinal, Erzbischof, Bischof, Abt, Diakon, Erzdiakon, Propst, Dekan, Beichtiger oder Pfarrer sein Schaf, das ist seine geistliche Tochter, durch Luxus umbringt, ob er sie durch seine eigene Hurerei verdirbt und durch Verschwendung um das Erbe Christi bringt, ob er sie mit Gewändern, kostbarer als ein Gemälde, schmückt, ob er sie üppiger nährt als einen Armen Christi, ja, als den eigenen Vater oder die eigene Mutter. Wir wollen auch sehen, ob die Pfründeninhaber sich beurlauben lassen und ihre Jahreseinkünfte verkaufen, ob sie Geschäfte wie Kaiphas treiben und den Ablaß möglichst teuer verkaufen, was sie umsonst empfangen haben, nicht um Gottes willen umsonst weitergeben wollen. Wie wollen auch sehen, ob die Pfründeninhaber, wie Erzdiakone und andere Vorsteher des Klerus, die ein gutes Leben führen, die Untergebenen gebührend für ihre Sünden strafen, oder, stinkend von eigenen Sünden, sie nicht aufsuchen, um sie zu bessern, sondern Geschenke annehmen und ihnen damit weiterhin erlauben zu sündigen. Weiterhin wollen wir feststellen, ob die Pfarrer für das Offertorium Kaution verlangen, die Armen zwingen zu opfern, indem sie ihnen, wenn sie nichts geben, das Begräbnis gnadenlos verweigern. Diese wahrlich würden nicht mit Tobias um Gottes willen ihren Nächsten begraben, da sie dem Bittenden die fremde Erde verweigern. Sie singen Totenmessen an den Festen der Apostel und anderen, wie auch am Sonntag gegen die Bestimmungen; und indem sie zu vier verschiedenen Zeiten unmittelbar am darauffolgenden Tage mehr als zehn Totenmessen singen, kürzen sie und lassen einiges weg. Den Grund dafür kann auch das plumpste Volk erfassen und darüber lachen, denn sie ordnen sogar nicht nur bänkelsängerische Gesänge an, sondern solche, die selbst das Evangelium Christi verdrehen, um die Ohren des Volkes zu kitzeln, und diese Auflösung wird von denen der Kirche selbst Frömmigkeit genannt.

Das bezeugt ihnen der fromme *Bernhard*, indem er sagt: Sie singen nämlich mehr dem Volk zu Gefallen als Gott. Sie singen nicht im Chor mit Maria, der Schwester Mosis, sondern im Palast mit Herodias, auf daß sie Teilnehmern des Gelages und dem Herodes gefallen, und damit wir (sagt er) auf die Plattheit dieser Spielmannslieder eingehen. Woher, frage ich, kommen soviel Orgeln, Zimbeln und solche monströsen Gesänge in die Kirche? *Und später sagt* er: Das Volk steht und bewundert mit Staunen die Manieriertheit der Sänger, die Mimik, die einer Hure anstehen würde, den Wettstreit der Stimmen, und diese lächerliche Zügellosigkeit wird Gottesdienst genannt, obwohl es scheint, daß das Volk nicht ins Bethaus, sondern ins Theater gekommen ist; und jene schreckliche Majestät, in deren Nähe man sich befindet, wird nicht gefürchtet, wo jenes allerheiligste Blut im Kelch gehalten wird, der Himmel sich öffnet, die Engel herzutreten und das Himmlische mit dem Irdischen vereinigt wird. So *Bernhard*.

Wir wollen auch feststellen, ob die Pfarrer und gottgeweihten Mönche zu Schenken geworden sind. Das können die Laien bezeugen, die in ihren Schenken um ihretwillen auf verschiedene Weise beschäftigt sind; und was ist es, wenn sie Urlaub erbitten, um ungehinderter in Prag oder woanders unter dem Vorwand des Studiums ihre unzüchtigen Schandtaten zu begehen. Aber sie sind verdorben und ein Greuel geworden in ihrem Treiben, sagt der *Psalmist*, und kehren nicht zurück von ihrem Treiben zu einem Leben frei von Sünde; denn *(Nehemia 9, 35)* wird gesagt: „Sie haben sich nicht bekehrt von ihrem bösen Wesen", denn sie treiben Wucher, sind Händler, verraten Beichtgeheimnisse, spielen Würfel. Zum Zeitvertreib suchen sie die Kirchen auf. Sodann entfachen sie Streit, der das Volk verwirrt, sie töten ihre Söhne im Geiste und zeugen sie im Fleische, die ihre Zeugen sind, daß sie Gott den geschworenen Bund nicht gehalten haben. Und um die geistliche Erbauung, die die Seelen rettet, kümmern sie sich nicht. Aber um Abgaben und Reichtümer zu vermehren, von denen ihre Nachkommen ein Wohlleben führen können und noch übermütiger werden, glauben sie am besten zu handeln, wenn sie ihre Untergebenen aus Habgier dazu verleiten, unter Übergehung sogar der eigenen Söhne, Eltern und armen Verwandten, für sie, die schon im Überfluß leben, testamentarische Zuwendungen anzuordnen. Sie bestellen sich zahllose Tricesimae, die sie gar nicht erfüllen; sie machen unerlaubte und betrügerische Tauschgeschäfte mit Pfründen wie mit Pferden, mit Zugaben in bar, deshalb werden sie später ewige Pein leiden.

Und was sagt man zu den Altaristen, Kaplänen und den schändlichen Mönchen, die, wenn sie schon vieles von dem Gesagten ausgeübt haben, von ihrem Vater, dem Teufel, geführt, sich unter den Volksreigen mischen, während sie schon halbtot die Sünden des Volkes und ihre eigenen beweinen sollten? Wahrlich, des *seligen Bernhard* Wort, o Schmerz, wird erfüllt: Die Mönche sind zu Besessenen, die Bekehrten Verderbte, die Priester Sadduzäer, die Kleriker Ketzer geworden. Und so wird *das Klagelied Jeremias (Klagel. 1, 6)* erfüllt: „Es ist von der Tochter Zion", das ist der kämpfenden Kirche, „aller Schmuck dahin"; denn zerstreut sind die Steine des Heiligtums, das sind die Priester der Kirche, die den Weg der Eitelkeit gehen. Und *(Klagel. 4, 5)*: „Die zuvor leckere Speise aßen", das ist, die einst sich geistlicher Güter erfreuten, „verschmachten auf den Gassen", von einer Torheit zur anderen fortschreitend, und „die zuvor in Scharlach erzogen sind", das ist: mit den Gaben des heiligen Geistes, „die müssen jetzt im Kot liegen", das ist: sie hängen den weltlichen Dingen an; und sind so, nach dem Psalmisten, in Endor untergegangen, zum Unrat der Erde geworden, nämlich verworfen, stinkend und unrein. Endor aber wird als Feuer der Zeugung ausgelegt und ist ein Zeichen des Höllenfeuers, das sie sich errichten, auf daß sie darin ohne Ende brennen. Davor aber zurückschreckend, o Kleriker, sollst du den Herrn, deinen Gott, lieben, weil in ihm Macht und Güte ist, so daß er kindlich zu fürchten und zu lieben ist. Soviel über das Erste.

Ich sagte: *zweitens*, weil in den herangezogenen Worten die Unterweisung für den Gottesdiener berührt wird und das Ausmaß, daß Gott geliebt werden soll über alles zur endlichen Erlangung der Seligkeit, wenn gesagt wird: von ganzem Herzen, von ganzer Seele und von ganzem Gemüt. O, wie gut wird der

Schüler Christi vom Lehrer, der alles weiß, bevor es geschieht, unterwiesen, Gott zu lieben, wenn die Art der Liebe zur heiligsten Trinität mit den dargelegten Worten in Übereinstimmung gebracht wird. *Lieben sollst du*, sagt der Heiland, der Führer im Glauben und beste Lehrer, *von ganzem Herzen, von ganzer Seele und von ganzem Gemüt*, als wollte er sagen, *daß es drei Arten gibt, Gott zu lieben*, die den drei ewigen Personen zukommen. Denn weil er Herr ist, Gottvater, sollst du ihn von ganzem Herzen lieben; und weil er Gott ist, der Sohn, sollst du ihn von ganzer Seele lieben. Und weil er dein ist, Gott der heilige Geist, sollst du lieben mit deinem ganzen Gemüt. So also sollst du den Herrn, deinen Gott, über alles lieben. Du sollst auch von ganzem Herzen lieben, also kräftig, Gottvater um der Macht willen. Du sollst auch von ganzer Seele lieben, also vernünftig, Gott, den Sohn, um der Weisheit willen. Und du sollst von ganzem Gemüt lieben, also innig, Gott, den heiligen Geist, wegen der Süßigkeit der Liebe. Und abermals sollst du den Herrn von ganzem Herzen lieben, also kräftig, damit dich der Widersacher nicht überwältige. Du sollst Gott von ganzer Seele lieben, also vernünftig, damit dich der Trug des Satans nicht verführe. Du sollst den Herrn, deinen Gott, lieben von ganzem Gemüt, also innig, daß dich nicht die Schmeichelei des Fleisches und der Welt verlocke. O, möge dir angenehm werden die Weisheit Christi, auf daß du nicht verleitet werdest vom Geist der Lüge und des Irrtums. Und möge dir die Wahrheit, Christus, leuchten, auf daß du nicht durch Widerwärtigkeiten niedergedrückt werdest, möge dich die Kraft Gottes stärken, daß du nicht von Anfeindungen überwältigt werdest, denn dann liebst du kräftig, vernünftig und innig den Herrn, deinen Gott, und folglich den Herrn Jesum Christum; denn wer den nicht so liebt, wie gesagt ist, der ist wahrlich anathema, nach den Worten des Apostels *(1. Kor. 16, 22)*: „So jemand den Herrn Christus nicht lieb hat, der sei anathema", sagt der Apostel; er sei anathema, das heißt: exkommuniziert, ausgestoßen, verloren und verdammt.

Und es ergibt sich in der Tat, daß viele Kleriker exkommuniziert sind und getrennt vom Herrn Christo, ja sogar verloren, und wenn sie nicht Buße tun, in Ewigkeit verdammt, erstens weil sie den Herrn nicht stark genug lieben, um sich tapfer vor die Herde des Herrn zu stellen nach dem Wort des Herrn *(Joh. 10, 12)*: „Der gute Hirte läßt sein Leben für die Schafe." Daher werden sie den mächtigen Gott sagen hören *(Hesek. 13, 5)*: „Ihr seid nicht vor die Lücken getreten und habt euch nicht zu Hürden gemacht um das Haus Israel, um im Streit zu stehen am Tage des Herrn." Dazu die *Glosse*: „Vor die Lücken treten" ist: für die Verteidigung der Herde mit freier Stimme den Mächten dieser Welt entgegentreten; „am Tage des Herrn im Kampf stehen" ist: ungerechten Streitigkeiten aus Gerechtigkeitsliebe Widerstand leisten. Denn für einen Hirten ist die Furcht, die Wahrheit zu sagen, nichts anderes, als schweigend den Rücken zu kehren.

Zweitens sind die Kleriker anathema, weil sie Gott nicht vernünftig lieben, indem sie töricht handeln. Denn *(Jerem. 10, 21)* spricht der Geist des Herrn: „Denn die Hirten sind zu Narren geworden und fragen nach dem Herrn nicht;

darum können sie auch nichts Rechtes lehren, und ihre ganze Herde ist zerstreut." Töricht, sagt er, haben sie gehandelt, weil sie aus Ehrgeiz sich um die verdienstlichen Früchte der Seligkeit gebracht haben. Töricht haben sie gehandelt, weil sie wegen der Jagd nach Vögeln und Wild das Heil der Seelen vernachlässigt haben, bereitwilliger, das für Almosen bestimmte Brot dem Hund als dem Armen zu geben. Töricht haben sie gehandelt, weil sie mehr Hunde als Arme Christi ernährt haben. Sie waren findiger, die Spuren des Hasen aufzusuchen als die schlimme Schuld des Sünders. Ebenso haben sie töricht gehandelt, wenn sie sagten, Gott wisse doch bereits, wer die Seinen sind, und wie wir auch leben, müßten wir selig oder verdammt werden; deshalb haben sie in törichter Verdummung Gott nicht gesucht, weil sie ihn nicht erkannt haben.

Töricht haben die Geistlichen gehandelt, weil sie die *Simonie* ausgeübt haben bei der Erlangung von Pfründen und durch Verkauf derselben die Sakramente des Giezi und Ischarioth. Die ersteren, nämlich die ihr Amt durch Simonie erworben haben, haben töricht gehandelt nach dem Ausspruch des seligsten *Papst Gregor aus dem „Registro etc.", Abschnitt 1, Frage 1*, wenn sie dem töricht widersprechen: Wenn ein Priester seine Kirche durch Geld erlangt, so soll er nicht nur die Kirche verlieren, sondern auch der Priesterwürde entkleidet werden, denn es ist keinem Gläubigen unbekannt, daß den Altar und die Zehnten und den heiligen Geist zu verkaufen. oder zu kaufen simonistische Ketzerei ist. Daher wird sich sein Segen in Fluch wandeln, weil er durch seine Beförderung zum Ketzer geworden ist. Und *an vorher angeführten Stellen*: Wenn jemand durch ungerechte persönliche Gunst oder unreine mündliche Bitten oder Anhängerschaft oder Dienstleistung oder betrügerisches Geschenk die Würde eines Bischofs oder Priesters, nicht auf das Heil der Seelen, sondern auf Begier nach eitlem Ruhm gestützt, erwirbt und diese nicht zu Lebzeiten freiwillig aufgibt und ihn der Tod nicht in strenger Buße vorfindet, so wird er zweifellos auf ewig untergehen. Das ist der Erben Simons glorreiche Buße.

Die *zweiten*, die Verkäufer, Kinder des Giezi und Ischarioth, haben töricht gehandelt, da sie die heilige allgemeine Bestimmung der Kirche verachtet haben, die steht *1. Frage 1*: Man sagt *(spricht die heilige Synode)*, daß es an verschiedenen Orten üblich sei, für den Empfang des Chrisma Geld zu geben, oder für die Taufe oder die Kommunion. Diese simonistische Ketzerei hat die heilige Synode verworfen und unter die Strafe des Banns gestellt und bestimmt, daß weder für die Weihe noch für das Chrisma, die Taufe oder Balsam, auch nicht für Beerdigung oder Kommunion irgend etwas genommen werden dürfe, denn die Gaben, die Christus umsonst gibt, sollen durch kostenlose Verteilung weitergegeben werden. Weil aber entgegen dem gesagten, vom heiligen Geist der Kirche übermittelten Grundsatz sich die Auslegungen des Antichrist einschleichen, einmal mit Arbeit, einmal mit Verpflegung, einmal mit Brauch bemäntelt, antwortet ihnen *Papst Innozenz* in einem Buch, und es steht nach ihm im *ersten Abschnitt, Frage 3, letztes Kapitel*: Wenn jemand, sagt er, Pfründen, das Priorat, Dekanat oder irgendeine geistliche Beförderung oder irgendein kirchliches Sakrament, zum Beispiel Chrisma oder heiliges Öl oder Altarweihen oder Kirchweihen, unter Einfluß der verwerflichen Brunst der Habgier mit Geld erkauft, soll er die übel erworbene Ehre verlieren, und der Käufer wie der Verkäufer oder Vermittler sollen mit dem Mal der Schande gezeichnet werden. Daraus folgt für die Erörterung gegen die Auslegung des Antichrist: Er sagt, daß weder für Verköstigung noch unter dem Vorwand eines Gewohnheitsrechtes vorher oder nachher jemand etwas nehmen oder geben darf, weil es simonistisch ist. Und aus diesem heiligen Gesetz, das im Evangelium Christi begründet ist, erhellt, daß es für die Händler in Pfründen und Sakramenten keine angemessene Entschuldigung mehr gibt, es sei denn, es gäbe eine Entschuldigung, die entschuldigt, daß jemand in Sünden Entschuldigungen vorbringt.

Töricht haben auch die Hirten, Priester, Magister und Doktoren gehandelt, die ihren ganzen Eifer und ihr Wissen in Habsucht verkehrt haben, die sie doch in erster Linie selbst bekämpfen sollen, und die als leuchtendes und wahrhaftiges Beispiel anderen vor Augen gestellt werden sollen, indem sie sie aus ihren Fehlern zu Tugenden führen. Aber ach, verdunkelt von den vielen Gaben der Habsucht und krumm im Gewissen, haben sie andere die Habgier durch Wort und Beispiel gelehrt, und nach dem Apostel *(Röm. 1, 21–22)*: „Dieweil sie wußten, daß ein Gott ist, haben sie ihn nicht gepriesen als einen Gott noch ihm gedankt", indem sie der Habsucht folgten, die Götzendienst ist, „sondern sind in ihrem Dichten eitel geworden, und ihr unverständiges Herz ist verfinstert. Da sie sich für weise hielten, sind sie zu Narren geworden." Und daher ruft der *Apostel* mit der Stimme des *Jesaja (1. Kor. 1, 20)* und spricht unter Tränen: „Wo sind die Klugen? Wo sind die Schriftgelehrten? Wo sind die Weltweisen?" Wo, sagt er, ist ein Kluger, das ist, ein Theologe, der das göttliche Gesetz und damit die höchste Weisheit erforscht? Oder wo ist ein Schriftgelehrter, das ist, ein Rechtsgelehrter, der sich täglich mit der Rechtsüberlieferung der Menschheit befaßt? Wo ist ein Weltweiser, das ist, ein in den freien Künsten bewanderter, der die Sprache untersucht und reinigt als ein Grammatiker; alle Feinheiten der Sprache zum Redeschmuck verwendet als Rhetoriker; über die Wahrheit Betrachtungen anstellt als Logiker; alle Zahlen in Verhältnisse setzt als Arithmetiker; alle Verhältniszahlen der Töne in Übereinstimmung bringt als Musiker; alle Bahnen der Sterne und die Finsternisse berechnet als Astronom; Länge und Breite und Umfang der Erde und die Höhe des Himmels als Geometer ausmißt. Wirklich töricht haben sie gehandelt, wenn sie nicht vor allem Gott gesucht haben. Wo also befindet sich der Kluge, der Schriftgelehrte, der Weltweise? Will er nicht sagen: Sie sind nicht im Gesetz des Herrn, weil sie so töricht waren, ihren Herrn nicht vor allem anderen zu suchen, und so in die Irre gegangen sind. Denn es ergibt sich eben dort *1. Kor. 1, 27*: „Sondern was töricht ist vor der Welt, hat Gott erwählt, daß er die Weisen zu Schanden mache." Töricht haben auch die Hirten, die Bischöfe gehandelt, indem sie ungebildete, zu junge, umherziehende Kleriker mit denkbar schlechtem Lebenswandel in großer Zahl geweiht haben, denn dadurch wird die

Kirche verwirrt, das Priestertum verurteilt und schändliche Räuberei getrieben.

Was das *erstere* betrifft, sagt der selige *Bernhard*: Die Unverschämtheit der Kleriker stört und verwirrt die Kirche allerorten. Denn von anderer Arbeit werden die Kleriker reich, sie verzehren die Früchte der Erde ohne Bezahlung, und ihr Übermut entspringt gleichsam aus der Üppigkeit. Wenn jemand wissen will, auf welche Weise der Übermut der Kleriker die Kirche verwirrt und verwirrt hat, der möge die Chroniken und die Aussprüche der Heiligen lesen, und er wird sehenden Auges feststellen und eindeutig erkennen, daß die ganze Zerrissenheit der Kirche von den Klerikern ausgeht, wegen ihrer Habgier. Wer hat das Schisma der Sarazenen verursacht, wenn nicht der Kleriker? Wer das der Griechen, wenn nicht der Kleriker? Wer das der Lateiner, wenn nicht der Kleriker? Und wer entzweit jetzt das Römische Reich, wenn nicht der Kleriker? Davon spricht der selige *Hieronymus*, ein großer und wahrhaftiger Geschichtsschreiber: Wenn ich die alte Geschichte durchforsche, kann ich keinen finden, der die Kirche gespalten und das Volk in dem Grade aus dem Gotteshaus verlockt hat, außer denen, die zu Priestern Gottes bestellt sind, und den „Propheten", das sind die Bibelforscher. *So Hieronymus.*

Über *das zweite*, nämlich, daß wegen der großen Anzahl von Priestern das Priestertum in Verruf gerät, spricht der *selige Hieronymus im Brief an den Priester Euander*: Die Diakone macht die geringe Anzahl ehrwürdig, die Priester macht die große Anzahl verächtlich. Und *der selige Bernhard sagt in einer Predigt*: Wegen der ungeordneten Vielzahl der Priester wird das Sakrament unseres Erlösers verachtet; sie sollten nämlich Stellvertreter Petri und Nachfolger der Apostel sein und sind Genossen des Judas und Vorläufer des Antichrist. Denn Petrus ist zu Christus gekommen und Judas auch; die Jünger sind zu ihm getreten und die Soldaten, die ihn kreuzigten, ebenfalls, so kommen heute die schlechten Priester zu ihm, die das, was sie auf dem Tische des Herrn opfern, auf dem Altar des Teufels opfern, indem sie das verehrungswürdige Sakrament besudeln.

Und davon sagt der Herr *(Maleachi 1, 6–7)*: „Zu euch Priestern, die meinen Namen verachten. So sprecht ihr: ‚Womit verachten wir deinen Namen?‘ Damit, daß ihr opfert auf meinem Altar unreines Brot." Dazu sagt *Hieronymus*: Den Leib Christi besudelt, wer unwürdig vor den Altar tritt. O, wenn dies doch der Priester bedächte, der falscher als ein Jude ist, grausamer als Judas Ischarioth, schlechter als ein Heide, reißender als jedes Raubtier, mitnichten ein würdiger Priester Gottes, sondern ein Luzifer, nicht Diener Christi, sondern des Antichrist, der nicht mit reinem Herzen, sondern mit einem von Verbrechen stinkenden Herzen, mit vom Kuß der Hure beflecktem Munde, mit verderbten Gedanken, mit tempelschänderischer Hand dreist es wagt, aber sich selbst zum Gericht, das verehrungswürdige Sakrament zu berühren und es noch unerlaubter als ein Tier und als Ischarioth, in den der Satan gefahren ist, zu verschlingen. O, daß er sich nicht scheut vor der gegenwärtigen heiligen Dreieinigkeit oder vor Christus, Gottes Sohn, der solch ein Verbrechen aus Barmherzigkeit erträgt, und nicht den Engel des Herrn fürchtet, der ihn mitten durchschneiden sollte, daß er sofort mit Judas mitten in die Hölle stürzt, wo er mit unauslöschlichem Feuer für immer brennen wird.

Aber wird nun der Klerus das Gesagte fürchten und angemessene Buße tun für seine Sünden? Denn seine Sünde steht nahezu unauslöschlich verzeichnet entsprechend jenem *7. Kap. des Jeremias*. Die Sünde Judas' ist mit eisernem Griffel und stählerner Spitze eingeritzt quer über ihre Herzen. Judas, was übersetzt heißt: der Bekenner, bezeichnet den Klerus, der behauptet, Gott besser als andere zu kennen. Aber gibt es ein falscheres Bekenntnis als dies, das er so lügnerisch mit seinen Taten widerruft? Darum ist es nicht verwunderlich, wenn gesagt wird, daß die Sünde des Klerus tief und unauslöschlich eingegraben ist. Wer kann Herzen, die in so ausgedehntem Maße verbrannt sind, heil machen? Uns ist es unmöglich, denn der Klerus ist das Herz des Volkes, das man (wie sie sagen) nicht anrühren darf. Wenn du dagegen murrst, sagt der Klerus: Es ist nicht erlaubt, vor der Öffentlichkeit die Fäulnis des Verbrechens des Klerus auszuwischen und das verwundete Herz mit Gottes Wort anzurühren und die Medizin der Nächstenliebe darauf zu gießen. Dabei bringt sich der Klerus vor allem Volk schamloserweise selbst durch Verbrechen Wunden bei, trägt seine Wunde öffentlich, aber verschmäht die Medizin, die von Verbrechen reinigt, wie ein Irrer und Wahnsinniger. O Kleriker, handle nicht also, sondern erweiche dein hartes Herz, laß dir den Eingriff des Arztes gefallen, nimm die Medizin des heilsamen Wortes zu dir, so wird das Öl der Liebe darauf gegossen werden, und dann wirst du lieben Gott, deinen Herrn, von ganzem Herzen, von ganzer Seele und von ganzem Gemüt; das verleihe dir Jesus Christus, der Herr, der ewige Gott, der als Mensch geboren ist von der Jungfrau, der von Ewigkeit zu Ewigkeit gelobt sei, Amen.

2. Jan Hus: Verteidigung einiger Artikel von Johann Wiclif

Der zweite Artikel (Lehrsatz)

Niemand ist weltlicher Herr, niemand ist geistlicher Vorgesetzter, niemand ist Bischof, wenn er sich im Stande der Todsünde befindet

Der Artikel hat *drei* Teile: *Erstens*: Niemand ist weltlicher Herr, solange er sich in Todsünde befindet. *Zweitens*: Niemand ist geistlicher Vorgesetzter, solange er sich in Todsünde befindet. *Drittens*: Niemand ist Bischof, solange er sich in Todsünde befindet.

Zum *ersten* ist zu sagen, daß Herr sein Haben voraussetzt. Und obwohl es nach *Aristoteles und dem Autor der 6 Prinzipien vielfältige Arten* des Habens gibt, so genügen im Vorliegenden *drei Arten des Habens*, nämlich das natürliche, weltliche und geistliche Haben. *Mit der ersten Art des Habens* besitzen die

Sünder die natürlichen Güter, aber dennoch nicht ausschließlich zu Recht, sondern [ausschließlich] zu Unrecht. *Das weltliche Haben* aber ist die Art des Habens, nach der die Mächtigen der Welt die Güter ihres Standes oder andere beiläufige haben; und das in *doppelter Weise* und zweifach zu verstehen, nämlich wirklich und angeblich. Aber *auf die dritte Art des Habens*, die bestmögliche ihrer Art, haben nur, die im Stande der Liebe und Gnade sind, das, was sie haben. Daher sagt wegen dieses so mehrdeutigen Habens der Heiland *Matth. 13, 12, Mark. 4, 25, Luk. 19, 26*: „Wer nicht hat, von dem wird man nehmen, auch was er hat." Da zeigt sich deutlich der oben genannte Unterschied. Daher besitzen der Gerechte wie der Ungerechte ihre zeitlichen Güter hier auf diesem Lebenswege und brauchen das gleiche mehrdeutige Wort, wie gleichklingend, aber doppeldeutig von einem Petrus, der seine Herrschaft in tyrannischer Weise ausübte, gesagt würde, er besitze, im Vergleich zu einem Paulus, der das seine nach Erbrecht besitzt.

Zum *zweiten* ist festzustellen, daß ein anderes das göttliche Recht ist, ein anderes das Kirchenrecht, ein anderes das weltliche Recht. Das göttliche Recht ist von Gott allein eingesetzt, von Christo durch Wort und Tat erklärt, als das Gesetz des Evangeliums.

Das *kanonische Recht* wird jenes Recht genannt, das von einem Kirchenvorsteher oder den Kirchenvorstehern eingesetzt und veröffentlicht worden ist, um die zu bewältigen, die gegen die heiligen Regeln rebellieren. Und man kann es erkennen als in Übereinstimmung mit dem evangelischen Recht befindlich, zum Beispiel die Glaubensartikel, die in heiligen Synoden oder Konzilien ausgelegt worden sind. So wie nämlich der Mensch dasselbe ist, wenn er auch in Kleidung und anderen Äußerlichkeiten, die zur Wahrnehmung gelangen, wechselt, so ist dasselbe das evangelische Gesetz oder die Wahrheit, die im Evangelium inbegriffen oder offenbart ist und von der Kirche später anders, aber nicht entgegengesetzt ausgelegt wurde, wie man sieht an der Formel des Glaubens, die wir glauben.

Das *weltliche Recht* aber ist von Menschen, um der Sünden willen, erfunden worden, um dem Staat ein Zwangsrecht zu geben über die Güter des Leibes und Besitzes, so wie das evangelische ein Recht über die Güter der Gnade gibt. Und diese Einteilung läßt sich zur Zweiteiligkeit zurückführen so: Etwas anderes ist *das göttliche Recht*, etwas anderes *das menschliche*. Das *göttliche Recht* ist ein Recht, das von Gott eingegeben ist. Das *menschliche Recht* ist ein Recht, das von Menschen um der Sünden willen erfunden ist. Aber diese beiden Teile sind in ihrer Gegenüberstellung, die zum Vergleich stattfindet, nicht gleichwertig. Denn alles wahre Recht ist göttliches Recht. Aber die Art der Eingebung, Veröffentlichung und Durchführung macht für uns den Unterschied.

Aus diesem ergibt sich die Unterscheidung von *natürlicher und weltlicher Herrschaft. Natürliche Herrschaft* ist die von Gott eingesetzte Herrschaft. Schon im ersten Rechtssatze begründet, die beliebige reiche Leute gleichem Rechte unterworfen zuläßt, aber Besitzentziehung, von Rechts wegen, nicht duldet. *Weltliche Herrschaft* aber ist eine Herrschaft, die auf Grund der Sünde von

Menschen errichtet ist, sie ist unveräußerlich zugleich und zu Recht, sofern gerechte Herren sind, kann aber auch von Rechts wegen abgefordert werden.

Zum *dritten* ist festzustellen, daß das *Gerechte in Wirksamkeit* etwas anderes ist, etwas anderes *das von außen herantretende oder erfahrene.* Auf *erstere Weise* ist allein das gerecht, was einer formal hat zur Ausübung der Gerechtigkeit. Und das kommt auf *zweierlei Weise* zu, indem entweder diese Gerechtigkeit das wesenhafte Sein des Gerechten ausmacht, auf welche Art nur Gott gerecht sein kann, oder indem diese Gerechtigkeit ein Hinzutretendes ist von der Art einer Eigenschaft, und so sind die vernünftigen Geschöpfe, die nur in der Gnade gerecht sind. *Auf die zweite Art* ist jede Kreatur gerecht, denn ein Seiendes, das gerecht ist und das gut ist, gehen einfach ineinander über. Die Gerechtigkeit aber, die von Natur aus und von selbst das Geschöpf begleitet, ist die Güte, durch die das Geschöpf geformt wird nach dem Willen des obersten Prinzips. Die Beweise für diese dreifache Teilung will ich jetzt lassen, weil sie aufhalten.

Viertens ist festzustellen, daß der Begriff *Herrschaft* einmal der *Form* nach und einmal der *Sache* beziehungsweise dem *Gegenstande* nach, das heißt für ein Objekt beziehungsweise das Zugrundeliegende oder den Umfang gebraucht wird, auf den sich die formale Herrschaft erstreckt; so nennt das Volk ein Besitzstück Herrschaft und sagt, Güter und Landbesitzungen sind für den Besitzer eine Herrschaft. Aber jetzt soll die Rede sein von der Herrschaft, die der Form nach — das ist das Verhältnis eines Zustandes — begriffen wird. Danach man von jemand sagen kann, er sei seinem Diener vorgesetzt, wie ein Mensch ein weltlicher Herr heißt, wenn er dem Dienenden gut oder auch schlecht vorsteht.

Nachdem dies festgestellt ist, kommen wir zu dieser Behauptung: Niemand im Stande der Todsünde hat das einfache Anrecht auf irgendein Gut Gottes. Und damit die Erklärung des Satzes nicht behindert werde durch Mehrdeutigkeit oder Unkenntnis der Ausdrücke, füge ich hinzu: daß das bloße Verbum „sein" heißen soll: „eindeutig ein Recht haben auf irgendein Gut", so zum Beispiel in jenem Falle, daß einer, wenn er ganz zu Recht besitzt, dies dann nicht zu Unrecht besitzt oder hat.

Nachdem dies festgestellt und behauptet worden ist, wird für den ersten Teil des Artikels der Beweis geführt, erstens so: Alles menschliche Recht setzt göttliches Recht ursächlich voraus. Also setzt auch alle gerechte Herrschaft von Menschen göttliches Recht in Hinblick auf Gott voraus. Aber jeder, der in Todsünde lebt, entbehrt demnach der gerechten Herrschaft in Hinsicht auf Gott. Also auch der eindeutig gerechten Herrschaft. So nämlich verhält sich in bezogenen Sätzen die logische Folge von „wenn" zu „eindeutig". So verhält es sich, wenn etwas gerecht oder ungerecht vor Gott ist, dann ist es eindeutig ein solches; denn das erste Gesetz der Logik kann nicht aus Willkür versagen.

Und daß jeder, der in Todsünde ist, somit der wahren Herrschaft entbehrt, wird so bewiesen: Alles Gute, was ein solcher besitzt, besitzt er zu Unrecht. Also versagt er in der Herrschaft über alles, was sich beherrschen läßt. Das Vorhergehende wird bewiesen. Der Sünder besitzt nur so, wie er ist, aber wie er auch sei, ist er zu Unrecht, also auf welche Art er auch besitzt, besitzt er zu Unrecht. Ersteres erklärt sich daraus, daß die Todsünde, wenn sie die Natur durchsetzt, noch viel deutlicher die Form oder das Äußere derselben durchsetzt, wie zum Beispiel, wenn das Leben eines Menschen ungerecht ist, so dann, weil er ungerecht lebt, jede seiner Handlungen ungerecht ist, denn er handelt nicht anders, als er lebt. Und da Leben für die Lebenden dieses Sein bedeutet, nach dem *2. Buch, Über die Seele,* so ergibt sich: Wie er zu Unrecht ist und lebt, so ist er zu Unrecht Herr und steht zu Unrecht im Verhältnis zu allen äußeren Dingen, die ihn umgeben.

Diese Erklärung mag vielen sophistisch erscheinen, würde aber jedem Metaphysiker voll glaubwürdig sein, denn sie ist der Schluß des ersten Philosophen, der *(Matth. 6, 22—23)* so spricht: „Wenn dein Auge einfältig ist, so wird dein ganzer Leib licht sein. Ist aber dein Auge ein Schalk, so wird dein ganzer Leib finster sein." In diesem Wort liegt nach den heiligen Lehrern folgender Sinn: Wenn die Bestrebung richtig ist, so wird die ganze Menge der folgenden Handlungen gerecht sein; und wenn die Bestrebung von der Gerechtigkeit abweicht, dann ist die ganze Menge der Werke, auch der ihrer Art nach guten, ungerecht. Gerechtigkeit ist nämlich nach *Aristoteles, 5. Buch der Ethik,* die hervorragendste der Tugenden, sie leuchtet unter den andern hervor, wie der Abendstern unter den Gestirnen; auf diesen Sinn scheint Christus anzuspielen, wenn er die Gesamtheit der gerechten Werke licht nennt und die Gesamtheit der ungerechten Werke finster. Und wenn daraus der Schluß gezogen wird, daß der Sünder zu Unrecht Leib und Seele und Organe oder irgendein anderes natürliches Gut hat, so ist es offenbar, daß er sehr wohl davon ausgeschlossen wird. Denn wenn ein solcher ungerecht lebt, so ist klar, daß er zu Unrecht eine Seele und somit das Leben hat, sonst hätte die Wahrheit, die nicht lügen kann, nicht so oft gesagt, daß der, der sein Leben liebt und es zu seinem Vergnügen entgegen der Gerechtigkeit lieben will, es verlieren wird, wie es *Joh. 12, 25* heißt. Denn niemand verliert, was er besitzt oder hat, wenn er nicht das Recht daran verliert. Also wenn er das Recht verliert, so verliert er wahrhaftig alles, was er hat. Unter anderm erörtert dies *Augustin in der Homilie über Johannes 1:* Die Sünde ist das Nichts, und die Menschen werden zu nichts, wenn sie sündigen. Denn niemand, der Todsünde begeht, besitzt in diesem Fall Leib und Seele und auch kein äußeres Gut, es sei denn in der anderen Bedeutung [des Wortes „besitzen"]; denn da er das Sein besitzt aus lauter Gnade, welches Sein nach dem Naturgesetz schuldig ist, im Gnadenstande zu verbleiben, so bleibt er, wenn er die Regel dieses Rechts verläßt, kein Geschöpf oder Besitzer von etwas, sondern nur in der anderen Bedeutung des Wortes. Also ist kein Mensch, der sich im Stande der Todsünde befindet, ein weltlicher Herr, es sei denn im anderen Wortsinn oder angeblich.

Ebenso wird auf folgende Art bewiesen: Wenn es vorkommt, daß ein Ungerechter eindeutig rechtmäßig über Irdisches herrscht, so träfe damit auch zu, daß ein Ungerechter völlig gerecht die irdischen Güter gebrauchen kann, über die er keine eindeutig gerechte Herrschaft hat. Diese Folge ergibt sich daraus, daß niemand eine freie und völlig rechtmäßige Herrschaft hat, dem von Rechts wegen jede Nutzung verweigert werden muß. Denn jedem rechtmäßigen Besitzer ist es erlaubt, sein Eigentum rechtmäßig zu nutzen. Aber gegen das damit Gegebene richtet sich Folgendes: Wenn also ein ungerechter Petrus irdischen Besitz hat und davon den Armen Almosen gibt, unter welchen Umständen du willst, er selbst aber bleibt ungerecht, so wird darin deutlich, daß, wenn der Gebrauch von irdischen Gütern seitens eines Ungerechten kein ungerechter wäre, es ganz besonders hier der Fall wäre; denn solch eine Handlung ist ein Gut im eigentlichen Sinne, das nichts verderben kann als die Ungerechtigkeit; wenn jemand in ihr Almosen verteilt, ist er ungerecht. Wenn das der Fall ist, verdirbt er dadurch auch jedes andere gute Werk, denn was er auch gibt mit Gerechtigkeit, würde ebenso vonstatten gehen.

Wird also angenommen, daß der ungerechte Petrus nicht auf ungerechte, sondern völlig gerechte Weise verteilt habe, so steht entgegen: Kein inneres Werk ist eindeutig gerecht, wenn es nicht von der Tugend der Gerechtigkeit ausgeht; aber der Verteilung des Petrus fehlte die Tugend der Gerechtigkeit in Petrus, da er zu Besitz gelangt ist, den die Ungerechtigkeit verwehrt; daher ist die gegebene Verteilung nicht eindeutig gerecht. Ja, weil Gerechtigkeit in jedem Falle Tugend wäre, *nach dem 5. Buch der Ethik*, so hat er, wenn er gerecht verteilt hat, tugendhaft verteilt und ist demnach ein Mann von Tugend, der wohlgefällig und verdienstlich vor Gott handelt. Das wäre folglich gegen die gesamte Lehre der Physik und Ethik, die besagen, daß, wer in Todsünde ist, ein im eigentlichen Sinne gutes Werk tun kann, aber nicht in guter Weise. Ebenso fordert Gott von diesem wie von jedem, der auf dem Wege ist, daß er nichts tut, er sei denn im Gnadenstand; dieser aber handelt außerhalb des Gnadenstandes, weil er in Todsünde ist, wie vorausgesetzt war, also handelt er anders, als er soll. Auch verpflichtet diese ausgeführte Andersartigkeit des Handelns den Petrus, nicht anders zu handeln unter irgendeiner Strafe, sondern unter der Strafe der Todsünde. Daraus ergibt sich: Wenn Petrus ungerecht ist, so sündigt er ununterbrochen, was er auch tun mag, beim Schlafen, beim Essen oder wenn er irgend etwas tut, das im eigentlichen Sinne gut ist. Dies wird einem Einsichtigen nicht zweifelhaft sein, der weiß, wie der innere Mensch, wenn er von Sünde verderbt ist, den ganzen Rest seiner leiblichen Natur ansteckt und alle seine Handlungen; und folglich: wessen Leben ungerecht ist, dessen Herrschaft über etwas ist auch ungerecht, und somit ist niemand ein weltlicher Herr, wenn er sich in Todsünde befindet.

Und wenn ein Zeugnis für diesen Satz verlangt wird, hier die Schlußfolgerung des Apostel (*1. Kor. 13, 3*): „Und wenn ich alle meine Habe den Armen gäbe und ließe meinen Leib brennen und hätte der Liebe nicht, so wäre mirs nichts nütze". Jedem, der die Ausdrücke kennt, ist bekannt, daß Ungerechtigkeit und Liebe zwei unmittelbar entgegengesetzte Begriffe sind, so daß eins von beiden im Menschen sein muß, und wenn eins in ihm ist, ist das andere nicht darin und umgekehrt. Und ebenso ist bekannt, daß es nicht möglich ist, daß ein Ungerechter etwas gebraucht, ohne es gleichzeitig ungerecht zu gebrauchen, vielmehr zu mißbrauchen. Dadurch wird es einem Ungerechten unmöglich, über jemand zu herrschen, ohne ihn zugleich ungerecht zu beherrschen oder vielmehr zu tyrannisieren, weil er ungerecht innehat, was anderen zukommt; also ist niemand gerechterweise ein weltlicher Herr, solange er sich im Stande der Todsünde befindet.

Wenn ein Zeugnis der heiligen Kirchenlehrer gesucht wird, hier ist ein *Satz* des großen *heiligen Augustin, im 37. Brief an Mazedonius,* und steht in der *14. Frage, 4. Kap.*: Was sage ich, wo so gesprochen wird, was soll ich sagen von den Wucherzinsen, die sogar die Gesetze und Richter selbst zurückzugeben befehlen; ist der grausamer, der dem Reichen etwas entzieht oder entreißt, als der, der den Armen mit Wucher zugrunde richtet? Daher ist dieses und derartiges ein ganz besonders ungerechter Besitz, und ich wollte, daß er zurückgegeben würde, aber es ist nicht möglich, dies durch einen weltlichen Richter zurückzufordern. Nun wollen wir klug betrachten, was im *Prolog der Bibliothek* steht: Der fromme Mensch hat eine ganze Welt von Schätzen, der unfromme aber nicht einen Obol. Können wir alle, die sich scheinbar der auf erlaubtem Wege erworbenen Dinge erfreuen, aber nicht fähig sind, sie zu nutzen, überführen, daß sie fremdes Eigentum besitzen? Das nämlich ist wahrlich nicht fremd, was man zu Recht besitzt, das aber besitzt man zu Recht, was man in gerechter Weise besitzt, und in gerechter Weise das, was man in guter Weise hat. Alles aber, was in unrechter Weise besessen wird, ist fremdes Eigentum; auf schlechte Weise aber besitzt, wer auf schlechte Weise gebraucht. Die Gerechtigkeit, sage ich, kann niemand auf schlechte Weise besitzen, und wer sie nicht liebt, der hat sie nicht; das Geld aber wird auch von schlechten Menschen auf schlechte Art besessen und von guten in umso besserer Weise besessen, je weniger es geliebt wird. *So Augustin.*

Auf dasselbe zielt der berühmte Lehrer, der *selige Hieronymus im Brief an Paulus,* wo er sagt: Von alters her wird gesagt: Dem Habgierigen fehlt sowohl, was er hat, als auch, was er nicht hat. Der Gläubige hat eine ganze Welt von Schätzen, der Ungläubige aber hat nicht einmal einen Obol. Auf dasselbe zielt der große heilige Patriarch *Chrysostomus,* der zweimal von den Bischöfen verdammt worden ist, der über jenes Wort *Matth. 6, 24* folgendes ausführt: Er sagt nicht: Niemand kann gleichzeitig Gott und Reichtümer besitzen, sondern: Niemand kann ein Diener Gottes und der Reichtümer sein. Denn etwas anderes ist es, Reichtümer zu haben, etwas anderes, dem Reichtum zu dienen. Wenn du Schätze hast und diese Schätze dich nicht hochfahrend oder gewalttätig machen, sondern du nach Vermögen den Hilflosen gibst, so bist du Herr über die Schätze, nicht ihr Diener; denn nicht die Schätze besitzen dich, sondern du besitzt die Schätze. Wenn dich deine Schätze aber hochfahrend oder gewalttätig machen und du, durch Habgier gefesselt, niemand etwas gibst, dann bist du Knecht deiner Schätze, nicht Herr, denn die Schätze besitzen dich, nicht du besitzt deine Schätze.

Seht, so ausdrücklich erklärt dieser große heilige Philosoph, daß der Hochfahrende oder durch eine andere Sünde Verdorbene kein Herr ist. Und eben-

140

falls, daß er keine Reichtümer besitzt. Ja, er sagt in der *29. Homilie*: Herren werden die Menschen fälschlich genannt. In Wahrheit aber ist niemand Herr außer Gott. Also ist niemand weltlicher Herr, der in Todsünde ist. Auf dasselbe zielt auch der *selige Anselm, Über die Auszeichnung der seligen Jungfrau, im letzten Kap.*, wo er sagt: Der nämlich darf kein Anrecht auf das, was Gott gehört, rechtmäßig haben, der seinem Willen in den Dingen, die Gottes sind, sich nicht scheut, mit schlechten Taten entgegenzutreten. *So jener.* Da kann, wer will, schreien, soviel er mag, und aus Ärger diese Heiligen angreifen.

Es wird aber noch weiter argumentiert, wenn der Beweis geführt wird, daß kein Mensch ein weltlicher Herr ist, wenn er in Todsünde ist, und zwar so: Im Hinblick auf das Herrenverhältnis, wie es ein Zeichen des Herrn ist, daß er dem vorsteht, was ihm dient. Aber der Ungerechte wird ja in diesem Falle nicht den irdischen Dingen vorgesetzt, sondern zum Gegenstand ihrer Dienstbarkeit gemacht, wie vorhin klar wurde durch *Chrysostomus*. Also ist er nicht ihr Herr. Das erhellt im weiteren Sinn aus der Ordnung der Herrschaft, da sonst jedes beliebige Geschöpf ohne Unterschied jedes andere beherrschen könnte, und in engerem Sinn daraus, daß jeder Todsünder in seiner Liebe willentlich dem ewigen Gut irgendein zeitliches Gut vorzieht, und dadurch, daß er diesem Zeitlichen dient, denn er unterwirft sich ihm gemäß der größten Macht, nämlich der des eigenen Willen.

Daraus wird offenkundig, daß das zeitliche Gut den Mißbrauchenden so sehr verdammt und ihn mit der größten Macht auf die niedrigste Stufe herabzieht, daß es dem Menschen dann nicht anders dient als ein Sklave, der seinen Herrn zu Boden wirft und ihn so an den Haaren in einen See schleift. Und daher sagen *die Heiligen* richtig, daß der Mensch das, was er am meisten liebt, zu seinem Gott macht, das ist sein Gut, das zu verehren er besonders bestrebt ist, denn das heißt Gott in einer Definition. Und es wird deutlich, wie philosophisch der höchste Philosoph *Matth. 6, 24* spricht: Niemand kann dienen, nämlich zugleich, Gott und dem Mammon. Und sein Schüler beklagt (*Röm. 1, 25*), daß die Philosophen sich von Gott zur Welt gekehrt haben und gedient dem Geschöpfe mehr denn dem Schöpfer. Und es ist klar, wie die Lehrer zu verstehen sind, die sagen, daß Götzendienst aus jeder Sünde entsteht. Weil einer durch die Sünde, die er begeht, selbst, durch Sünde der Welt, des Fleisches, des Teufels, in seinem Streben ein weltliches Gut, von dem er nur ein Abbild, eine Phantasie hat, vorzieht dem unvertauschbaren Gut, das über alle Phantasie hinaus erkennbar ist, wie *Augustin* zeigt *in Von der wahren Religion.* Daraus ergibt sich, daß jeder, der in Todsünde ist, der wirklichen Herrschaft über jedes Geschaffene ermangelt.

Das wird insgesamt bestätigt dadurch, daß, wer Sünde tut, der Sünde Knecht ist, nach dem Wort der Wahrheit *Joh. 8, 34.* Aber jede Sünde ist niedriger, weil ein geringeres Sein, als jedes Geschöpf. Also erniedrigt sich jeder Sünder dazu, einem Etwas zu dienen, das niedriger ist als irgendein Geschöpf. Und da der Herr, soweit er ein solcher ist, ein Vorgesetztsein bedeutet, so folgt, daß ein derartiger Sünder keinem Geschöpf wirklich vorsteht. Und es ergibt sich die

Antwort auf die politische Frage, durch die gefragt wird, was dazu nötig sei, daß jemand Herr von etwas sei. Denn das Vorhandensein der äußersten Mittel reicht nicht aus, auch keine Aussage von Zeugen, die ja täuschen können, auch nicht der Spruch des Richters, wie sich's erweist *Matth. 26, 59—68* an Christus, als er vor Gericht stand, oder an Susanna (Geschichte von Susanne und Daniel). Auch der leibliche Besitz genügt nicht; denn *Augustin, Vom Gottesstaat, Kap. 4* sagt: Ohne die Gerechtigkeit, was sind die Reiche anders als ein großer Raub? und auch die Erbschaft genügt nicht. Denn der *selige Hieronymus* sagt: Jeder Reiche ist entweder ungerecht oder eines Ungerechten Erbe. Wenn nämlich der Sohn Erbe wird von des Vaters Raub, Wucher, Diebstahl oder Simonie, was ist der Grund, daß er ist der Herr? Auch nicht Tausch oder Schenkung [genügt], denn wer kann rechtmäßig etwas tauschen oder geben? Daher ist zur Herrschaft erforderlich und ausreichend die Zugabe der Herrschertugend, durch deren Vermittlung er Gott dient; dann aber dienen ihm die unterstellten Dinge ohne Zweifel.

Ebenso: Wenn sich jemand etwas aneignet, was seinem König gehört, so ist er Verräter seines Königs, also ist in noch viel höherem Maße der, der sich aneignet, was Gott allein zustehen kann, Verräter seines Gottes. Das tut jeder Überhebliche und folglich jeder, der Todsünde begeht. Also ist jeder Todsünder Verräter seines Gottes. In zweiter Hinsicht ergibt sich das daraus, daß jeder Überhebliche seinem Gott den Gehorsam verweigert; da also allein Gott die Herrschaft zukommen kann, ohne daß er einem Höheren unterstellt wäre, folgt, daß jeder Überhebliche, in dem Umfange, in dem er es ist, eine Herrschergewalt für sich beansprucht, die nur Gott zustehen kann.

Ähnlich: Jeder Überhebliche wird von der Sünde beherrscht, wie der Apostel *(Röm. 5)* sagt, wo er sagt, daß die Sünde herrsche; aber keine Sünde ist ein Gott unterstellter Diener: Also unterwirft sich jeder Überhebliche, dem Herrn untreu werdend, dem genau entgegengesetzten Herrn, und folglich ist dann nicht gerechtfertigt, daß er etwas nach Gottes Recht innehat. Ein deutliches Beispiel ist: Wenn ein Diener eines weltlichen Königs, der von ihm viele Güter hat, aus Bosheit, ohne Grund zu haben, untreu zu werden, dem Feind seines Königs sich zum Dienst unterwirft, wie kann er dann rechtmäßig vom König sein Einkommen erhalten und durch seine Speisen und Getränke gestärkt werden, wenn er ein Gegner des Königs selbst ist?

Ähnlich: Jeder, der ungerechterweise einen Diener Gottes erschlägt, der sein Bild oder Gleichnis trägt und die Person des Herrn darstellt, wenn er dem ihm anvertrauten Amt obliegt, frevelt und verliert durch die Tat selbst seine Herrschaft. So ist es mit jedem, der nach Erlangung der Gnade sündigt. Also verliert er nach göttlichem Gesetz, was er im Gnadenstande gehabt hat. Das erhellt des weiteren daraus, daß er durchaus wirklich sich selbst erschlägt, deshalb, weil die Sünde Gott von der Seele trennt, [er] der durch dessen [Gottes] Gnade zuvor gelebt hatte und er da ein Bild seines Gottes war, indem er durch die Gnade mit ihm verbunden war und ihm diente mit dem würdigsten Dienst, den es gibt.

Daher möge der Mensch die Rechtsfälle des menschlichen Rechts betrachten: wenn jemand frevelt und so mit der höchsten Strafe bestraft werden muß; er wird sehen, daß der Sünder in solche Straffälligkeit gerät, in noch wirklicherem Grade Gott gegenüber, als einer, der, in dem Maße, in dem er gefrevelt hat, das Verbrechen der Majestätsbeleidigung begangen hat, Mordanschlag, Entehrung des obersten Herrn der Welt, durch gewaltsames Ergreifen der Herrscherrechte aus ungerechtestem Anlaß, durch die größte Unzucht und Schädigung des gesamten Staates und so hinsichtlich anderer Rechtsausbrüche dem Staat gegenüber, die im Gesetz des Herrn angeführt sind. So nämlich hat Adam durch Übertretung des Gebotes des Herrn die Herrschaft über seine Natur verloren, ist gestorben und hat alle seine Nachfahren, ja, den neuen Adam dem Tod unterworfen. Diese Grundsätze über das Vergehen erwähnt der *Philosoph im 5. Buch der Ethik.*

Es ist *offenbar*, daß jeder Ungerechte der Herrschaft ermangelt; erstens dadurch, daß die Art der göttlichen Gabe für ihn unmöglich geworden ist. *Zweitens* darum, daß er durch Ungerechtigkeit die Gnade Gottes verloren hat und damit die Herrschaft, die der Gnade folgt. Wenn er nämlich, nach menschlichem Gesetz vor Gericht gerufen, wegen Nichterscheinens oder mangelnder Vertretung seinen Besitz oder was er sonst innehat verliert, um wieviel mehr würde er, wenn er nach göttlichem Recht zitiert wäre, für seinen Herrn zu antworten, und ungerechtfertigt fernbliebe, seinen Besitz verlieren. Wahrlich umso begründeter, als Gott der wahrhaftigere Herr ist und, wenn er ruft, ein Herold mit mehr Würde, weil es die heilige Schrift, ja, sogar die ganze Dreieinigkeit mit ihren Heiligen ist, die da ruft, die nichts verlangen kann als Gerechtes. Und sicher ist, daß er, bei Strafe des Verlustes aller Güter bezüglich des Gnadenamtes, ruft zur ewigen Dienstbarkeit, denn auf andere Weise als durch Gnade ist es unmöglich, die Herrschaft beim Menschen mehr zu begründen als beim Tier, das der Mensch durch Vernunft und Tugend übertreffen soll.

Die genannte Wahrheit wird auch durch die Schriften des Alten und Neuen Testaments bewiesen. Denn (*1. Samuel 15, 23)* spricht der Prophet Samuel zu Saul: „Weil du nun des Herrn Wort verworfen hast, hat er dich auch verworfen, daß du nicht König seiest"; *und später* [1. Samuel 15, 26]: „Du hast des Herrn Wort verworfen, und der Herr hat dich auch verworfen, daß du nicht König seist über Israel." *Und weiter* [1. Samuel 15, 28]: „Der Herr hat das Königreich Israel heute von dir gerissen und deinem Nächsten gegeben, der besser ist denn du." Seht, so deutlich zeigt die Schrift, daß Saul wegen seiner Sünde, durch die er das Gebot Gottes übertreten hat, den Rechtsanspruch auf das Königreich verloren hat. Der ausdrückliche Beweis dafür ist *1. Samuel 13,1* , wo gesagt wird: Ein einjähriger Knabe war Saul, als er zu herrschen begann, zwei Jahre aber hat er über Israel geherrscht.[1] In welcher Weise ist dies wahr,

---

[1] Hier ist Hus Opfer einer falschen Lesart. Luther übersetzt: „Saul war ein Jahr König gewesen; und da er zwei Jahre über Israel regiert hatte, erwählte er sich. . ." – D. Hrsg.

daß Saul ein Jahr alt war, als er zu herrschen begann, da *(1. Samuel 9, 2)* gesagt wird: „Der hatte einen Sohn mit Namen Saul; der war ein junger, schöner Mann, und war kein schönerer unter den Kindern Israel, eines Hauptes längerer denn alles Volk." Was ist es zweitens wahr, daß er nur zwei Jahre über Israel geherrscht hat, da er doch viele Jahre regiert hat? Das erklärt der *Magister in der Scholastica historica* und sagt, daß Saul, als er gewählt wurde, so gerecht war wie ein einjähriger Knabe und zwei Jahre lang gerecht regiert hat.

Ebenso sagt der Prophet Daniel *(Dan. 3)*: Es gibt zu dieser Zeit keinen Fürsten, Propheten und Heerführer. Auf welche Weise ist dies wahr, da es viele aus königlichem Geschlecht gab und Daniel selbst Prophet war, wie aus *Dan. 1* ersichtlich ist. Diejenigen, die die Artikel verdammen, würden doch wohl nicht wagen, diese prophetische Schrift zu verdammen, sondern würden verstehen, daß um der Sünden des Volkes Israel willen zu jener Zeit kein Fürst ist, der die Herrschaft über das Volk würdig einnehmen könnte. Und kein Prophet ist da, der die Befreiung des Volkes würdig verkündigen oder verdienen könnte. Und kein Führer ist da, der das Volk aus der babylonischen Gefangenschaft führen könnte. Warum also würden sie nicht ebenfalls sagen: *Niemand ist würdig und rechtmäßig ein weltlicher Herr, wenn er sich in Todsünde befindet.*

Ebenso spricht der Herr *(Hosea 8, 4)*: „Sie machen Könige, aber ohne mich; sie setzen Fürsten, und ich darf es nicht wissen". Diese Schrift hat der *selige Bernhard in seinem Buch, das anfängt: Es sprach Simon Petrus, Kap. 13,* auf unser Thema bezogen; er sagt von denen, die unrechtmäßig in den Besitz kirchlicher Pfründen eintreten: Wer ist, der mit dieser Absicht die kirchlichen Würden und den Dienst im Heiligtum sucht, ja, sich suchen läßt? *Und später:* Sie wollen einherschreiten als Angesehene, sie streben den Menschen zu gefallen, sich zu bereichern und zu überheben und sich dieser Welt in jeder Hinsicht anzugleichen. Höre die Klagen des Herrn, was er über diesen so großen Frevelmut der Menschen sagt, der ein geduldiger Vergelter ist, die Buße mehr wünscht als die Strafe. „Sie machen, sagt er, Könige, aber ohne mich; sie setzen Fürsten, und ich darf es nicht wissen." [Darf also nicht wissen] alle, die in kirchlichen und anderen Würden, die zum Heiligtum gehören, ihre eigene Ehre suchen oder Reichtümer oder leibliche Genüsse, endlich: das Ihre und nicht, was Jesu Christi ist. *Später* stellt er fest: Die Wurzel allen Übels ist die Begierde. *Soviel dort.*

Und dieses Wort dieses Heiligen zeigt zur Genüge, daß sowohl Weltliche wie Geistliche, die schlecht leben, nicht in Wahrheit, sondern widerrechtlich Herren, Fürsten oder geistliche Würdenträger sind. Dies erklärt er noch offener *im zweiten Buch an Papst Eugen* mit den Worten: Der Gebrauch dieser Dinge, nämlich der zeitlichen Güter, soll gut sein, der Mißbrauch schlecht, die Sorge darum schlechter, das Erwerben derselben noch schimpflicher; so daß du diese auf irgendeine andere Art erwerben magst, aber nicht kraft apostoischen Rechtes, denn er konnte dir nicht geben, was er nicht hatte. Was er hatte, hat der Apostel gegeben, die Fürsorge, wie ich sagte, über die Kirchen.

Etwa die Herrschaft? Höre ihn selbst: Im Klerus, sagt er, sind nicht Herrschende, sondern Vorbilder der Herde. Und damit du nicht meinst, daß dies nur aus Bescheidenheit, nicht wirklich, behauptet wird, höre des Herrn Wort im *Evangelium*: Heidnische Könige herrschen über sie, und die die Macht über sie haben, werden gesegnet genannt. *Und weiter* (ihr aber richtet euch nicht danach):

Deutlich ist es, daß den Aposteln die Herrschaft untersagt wird, und magst du es auch wagen, an dich zu reißen als Herrschender das Apostolat oder als Apostolischer die Herrschaft, so wirst du klärlich an einem von ihnen gehindert; wenn du beides haben willst, wirst du beides verlieren, andernfalls halte dich nicht für ausgenommen von der Zahl derer, über die Gott sich so beklagt: „Sie machen Könige, aber ohne mich, sie setzen Fürsten, und ich darf es nicht wissen."

Siehe, wie eindeutig schließt dieser Heilige, daß der Papst Herrschaft und Apostolat unrechtmäßig zugleich in Anspruch nimmt und somit nicht von Gott aus regiert und ein Fürst ist, den der Herr selbst nicht anerkennt. Daher sind alle, die unrechtmäßig in kirchliche Pfründen gelangen, weil sie sie für sich selbst beanspruchen und schlecht leben, nicht die wirklichen Hirten und Führer, sondern sind Diebe und Mörder. Denn der Fürst der Hirten sagt *(Joh. 10, 1)*: „Wahrlich, wahrlich, ich sage euch: Wer nicht zur Tür hineingeht in den Schafstall, sondern steigt anderswo hinein, der ist ein Dieb und ein Mörder". *Und später* [Joh. 10, 8]: „Alle, die vor mir gekommen sind, die sind Diebe und Mörder".

Ebenso *(Luk. 12, 20)* erzählt der Heiland im Gleichnis vom Reichen, der sich am Reichtum unrechtmäßig erfreute, daß Gott zum Reichen gesagt hat: „Du Narr, diese Nacht wird man deine Seele von dir fordern, und wes wird's sein, das du bereitet hast?" So ist der, der sich Schätze sammelt und nicht gegen Gott reich ist. So offen sagt es die Wahrheit, daß jeder, der sich unrechtmäßig Schätze anhäuft, nicht gegen Gott reich ist und folglich vor Gott nicht Herr ist.

Ebenso wird *(Off. Joh. 3, 14 und 17)* gesagt: „Und dem Engel der Gemeinde zu Laodizea schreibe: Das sagt, der Amen heißt, der treue und wahrhaftige Zeuge, der Anfang der Kreatur Gottes". „Du sprichst: Ich bin reich und habe gar satt und bedarf nichts; und weißt nicht, daß du bist elend und jämmerlich, arm, blind und bloß" usw. Seht, der Bischof von Laodizea hat sich für reich gehalten, und der wahrhaftige Zeuge Christus, der nicht lügen kann, sagt, er sei elend und jämmerlich, arm und bloß, was der Bischof selbst nicht gewußt hat, denn durch die Sünde der Erkaltung in der Gnade war er weder warm noch kalt. Dieser also war nicht reich in Gott, obwohl er reich war nach seiner eigenen Schätzung und nach der der Menschen.

Und es ist deutlich, daß das Schriftwort wahr ist, das mit der Kraft des Gebotes sagt (Hosea 8, 4): „Sie machen Könige", das heißt widerrechtlich, „aber ohne mich", das ist, ohne daß ich ihren Mißbrauch der Herrschaft anerkannt hätte; „sie setzen Fürsten", nämlich dem Namen nach, „und ich darf es nicht wissen", das ist: ich habe nicht anerkannt ihr angemaßtes Fürstentum, wegen des Mißbrauchs.

Ebenso ist das *Schriftwort* wahr, das berichtet, daß Saul nach Übertretung des göttlichen Gebots verworfen wurde, daß er nicht mehr König sein sollte, wenn es sagt: „Du hast des Herrn Wort verworfen, und der Herr hat dich verworfen, daß du nicht König seist über Israel." Wahr ist auch *die Schrift*, wenn sie Saul danach König nennt. Das erklärt der eifrige Bibelausleger *Lyra*, der die Stelle *(1. Sam. 13, 1), die vorhin angeführt wurde: Ein einjähriger Knabe war Saul, als er zu herrschen begann, und zwei Jahre lang hat er über Israel geherrscht*, erklärt, indem er sagt: Man kann so sagen, weil nach diesen zwei Jahren nach Beginn seiner Regierung David von Gott erwählt wurde und von Samuel zum König gesalbt, wie es *1. Sam. 16.* zu finden ist; und seitdem hat Saul nicht mehr zu Recht, sondern nur noch unrechtmäßig geherrscht, deshalb werden hier die folgenden Jahre von seiner Regierungszeit abgerechnet. *Dies sagt Lyra, 1. Sam. 13, 1 am Anfang.* Ebenso erklärt er den Ausspruch *Hosea 8, 4:* „Sie machen Könige" mit den Worten: Sie haben geherrscht, nämlich die Könige von Israel, „aber ohne mich", weil durch göttliche Anordnung die Herrschaft über die zwölf Stämme David und seinen Nachkommen für ewig gegeben worden ist.

Aber es scheint, als ob das Gegenteil *(1. Kön. 11, 31)* dem Jerobeam gesagt wurde: „Denn so spricht der Herr, der Gott Israels: Siehe, ich will das Königreich von der Hand Salomos reißen und dir zehn Stämme geben". Dazu muß man sagen, daß dies nur indirekt, gleichsam durch Zufall geschieht, nämlich um die Sünde Salomons zu strafen, zu der er im Alter neigte und so Jerobeam das Volk strenge behandeln ließ, durch welche Behandlung zehn Stämme sich von ihm trennten, und so geschah dies durch Zulassung Gottes und nicht eigentlich durch eine Anordnung, die eine Sache um ihrer selbst willen betrifft. Daraus folgt: „Sie setzen Fürsten, und ich darf es nicht wissen", das heißt: Ich habe nicht gebilligt, nämlich die Bosheit des Volkes, das sich vom Reiche Davids getrennt und sich dadurch einen König durch eigenen Willen gegeben hat, und nicht durch Befehl des Herrn. *So Lyra über Hosea 8, 4.*

Und es ist deutlich, wie die Schriftworte in Übereinstimmung zu bringen sind, nämlich, daß Gott die gerechten Könige, Fürsten und Herren anerkennt, aber die ungerechten erkennt er nicht an hinsichtlich des Mißbrauchs oder des Versagens, wie dort: „Sie machen Könige, aber ohne mich". Aber er erkennt auch die Herrschaft der Bösen an, in bezug auf ihr Herrschersein nach außen, der Stellung nach, und hinsichtlich ihres Seins in bezug auf ihr Versagen, welcher Art die gerechte Strafe oder Besserung ist. Aber er erkennt es nicht an, daß jemand Tyrann ist.

Und hier ist zu bedenken, daß diejenigen, die die Güter des Herrn durch Sünde mißbrauchen, Werke tun, die ihrer Art nach gut sind, aber schlecht sind in ihrer moralischen Grundlage bei jenen, wenn sie zum Beispiel essen, zusammensitzen und teilen mit ihresgleichen; und Gott will und verfügt das Vorhandensein aller dieser Werke und das Gute, das daraus hervorgeht, aber er will nicht, daß sie Mißbrauch üben und von der Tugend lassen. Darum gab Gott dem König Pilatus die Gewalt und erkannte den Tod Christi an und damit alles

Gute, das daraus hervorging; aber er hat nicht anerkannt und erkennt nicht an, daß der König Pilatus die Königsgewalt mißbraucht hat.

Schon ist es klar, nach welchem wahren Sinn der Schrift niemand ein weltlicher Herr ist, solange er in Todsünde ist, weil niemand dann rechtmäßig herrscht, wenn er keine Gerechtigkeit hat, darum weil die Todsünde jede Gerechtigkeit aus dem Menschen vertreibt, nach der er formal tätig und dem Namen nach gerecht war. Wenn aber dieser Mensch niemals gerecht gewesen ist, wie es bei den Juden oder Heiden der Fall ist, dann befindet er sich ständig in Todsünde und ermangelt so der Gerechtigkeit, es sei denn, daß Gott jemand durch seine Kraft erhält.

Es sei also zugegeben, daß nicht nur ein Mensch in Todsünde, sondern sogar der Teufel König ist, wie *Hiob 40* von ihm oder dem Antichrist gesagt wird: Er ist ein König über alle Kinder der Überheblichkeit, ebenso auch ein Fürst, *Joh. 12, 31*: „Nun wird der Fürst dieser Welt ausgestoßen werden"; ebenso ein Herr, *Matth. 6, 24*: „Niemand kann zwei Herren dienen. ... Ihr könnt nicht Gott dienen und dem Mammon". Siehe, der Teufel ist König, Fürst und Herr, aber unrechtmäßig, mißbräuchlich, im falschen Sinne des Wortes, aber nicht rechtmäßig und wirklich. Und so sei es zugegeben, wirklich, weil der Reiche in der Hölle begraben liegt und die bösen Könige in der Hölle sind. Ebenso die Fürsten und Herren, ja, auch die geistlichen Würdenträger. So nennt der Apostel *(Eph. 6, 12)* die Teufel selbst Fürsten und Gewaltige und Herren der Welt, die in der Finsternis dieser Welt herrschen, mit denen wir zu kämpfen haben in der Macht und Kraft des Herrn Jesu Christi. Und aus dieser Schlußfolgerung ergibt sich gleichermaßen, daß *der zweite Teil des Artikels*, nämlich der: *Niemand ist ein geistlicher Vorgesetzter, solange er sich in Todsünde befindet*, wahr ist.

Der dritte Teil des Artikels ist dieser: *Niemand ist Bischof, wenn er sich in Todsünde befindet.*

Dazu sagt der *selige Augustin 8, 1. Untersuchung*: Wer den Bischofsstand wünscht, der wünscht ein gutes Werk, damit will er sagen, was der Bischofsstand sei, daß die Benennung für ein Werk ist, nicht für einen Rang. *Und später*: Wenn wir wollen, können wir die Bischöfe lateinisch mit „Aufsichtführende" [Superintendenten] übersetzen, auf daß der, der vorstehen, aber nicht fördern will, erkenne, daß er kein Bischof ist. *Dasselbe über Johannes, das steht 24.*

Ebenso Ambrosius 22, letzte Untersuchung: Hütet euch, ihr Brüder, vor der Lüge, denn alle, die sie lieben, sind Kinder des Teufels. Nicht nur in falschen Worten, sondern auch in Scheinwerken ist Lüge. Denn eine Lüge ist es, sich Christ zu nennen und die Werke Christi nicht zu tun. Denn eine Lüge ist es, sich als Bischof, Priester oder Kleriker zu bezeichnen und zu tun, was diesem Stande entgegengesetzt ist. *So Ambrosius in der Predigt, die er am Sonntag hielt über Abraham.*

Ebenso Gregor, das steht I, Untersuchung 1: Wer die heiligen Ämter verkauft oder kauft, kann nicht Priester sein. Davon steht geschrieben: Fluch dem, der gibt und empfängt, das ist: die simonistische Ketzerei. Wie können sie also, wenn sie verdammt sind und nicht heilig, andere heiligen? Und wenn sie nicht am Leibe Christi bleiben, wie können sie den Leib Christi reichen oder empfangen; wer verflucht ist, wie kann der segnen? Seht, dieser Heilige sagt nicht nur, daß Simonisten nicht Priester sind, sondern noch weiter, daß Simonisten nicht Priester sein können.

Ebenso in der Homilie: Er bestimmte aber weitere zweiundsiebzig, sagt er: Zu euch Priestern sage ich mit Betrübnis, daß wir manche unter euch gegen Bezahlung geistliche Ämter vergeben, die Gnade des Geistes verkaufen und durch fremdes Unrecht, unter Sündenschaden zeitlichen Gewinn aufhäufen gesehen haben. Warum, frage ich, kommt es euch nicht zum Bewußtsein, was die Stimme des Herrn mit den Worten vorschreibt: Umsonst habt ihr empfangen, umsonst sollt ihr geben. Warum haltet ihr euch nicht vor die inneren Augen, daß unser Erlöser, als er in den Tempel kam, die Tische der Taubenverkäufer umstürzte und das Geld der Wechsler ausschüttete? Welche sind es heute, die im Tempel Gottes Tauben verkaufen, wenn nicht diejenigen, die für die Handauflegung Bezahlung verlangen, durch welche Handauflegung doch der heilige Geist vom Himmel gegeben wird. Die Taube wird also verkauft, weil die Handauflegung, durch die der heilige Geist empfangen wird, gegen Bezahlung gewährt wird. Aber unser Erlöser stürzt die Tische der Taubenverkäufer um, denn er macht das Priestertum solcher Verkäufer zunichte. Daher kommt es, daß die *heiligen Kanones* die simonistische Ketzerei verdammen und die aus dem Priesterstand zu entfernen befehlen, die für die Spendung der geistlichen Würde Bezahlung verlangen. Und es wird klar, wie wenige heute wirkliche Priester sind.

Ebenso Hieronymus an Heliodor, das steht 2, Untersuchung 7: Nicht alle Bischöfe sind Bischöfe: Sieh Petrus an, betrachte Judas; anerkenne Stephanus, verwirf Nikolaus. Nicht die geistliche Würde macht den Christen aus. Sieh, so ausdrücklich sagt dieser Heilige, daß Judas und Nikolaus Diaconus keine Bischöfe sind, ja, daß der kein Christ sei, der sich die geistliche Würde anmaßt und kein gutes Leben führt.

Ebenso Augustin 2, Untersuchung 7: Wer sich über seine Regierung keine Rechenschaft gibt und seine Fehler nicht wieder gut macht, auch nicht die Übertretung seiner Kinder straft, der ist eher ein schamloser Hund als ein Bischof zu nennen.

Ebenso Chrysostomus, 25. Homilie, das steht im 40. Abschnitt unter der Überschrift: Nicht ist in Wahrheit Priester, wer Priester genannt wird; er sagt: Es sind viele Priester und wenige Priester. *Und später:* Ein böser Priester gewinnt durch sein Priestertum Schuld, nicht Ehre. *So weit jener.*

Derselbe, in dem unvollendeten Werk über den Satz des Evangeliums: „Der es empfangen hatte, ging hin und vergrub es in der Erde und verbarg das Geld seines Herrn", sagt: Den Diakonen und Lehrern, die nach seiner Voraussicht wirken, denen scheint Gott das Amt des Diakonats oder Priestertums gegeben zu haben, die sind gerecht; die aber ungerecht erfunden werden, die scheinen die Menschen eingesetzt zu haben, nicht Gott. Am Ausgang wird erkannt, wer von

148

Gott eingesetzt ist und wer von den Menschen. Denn wenn jemand seinen Dienst bis zum Ende gut ausführt, so wird offenbar, daß er von Gott eingesetzt worden ist. Wer aber seinen Dienst schlecht ausführt, der ist von Menschen eingesetzt. Wie aber manche Priester von Menschen eingesetzt werden, ist deutlich *im 8. Buch der apostolischen Kanones* gesagt: Wer aber von Menschen eingesetzt ist, der ist Gott gegenüber weder Diakon noch Priester. *So Chrysostomus.*

Ebenso sagt *der selige Remigius, in der 19. Homilie des Evangeliums: „Jesus zog in Jerusalem ein"*: Wer sind die, die Tauben verkaufen, wenn nicht diejenigen, die den heiligen Geist durch Handauflegen gegen Bezahlung mitteilen? Aber der Herr stürzt die Tische der Taubenverkäufer um, denn er macht die Bezahlung dieser Priester zunichte. Denn welcher Bischof die Gnade des heiligen Geistes verkauft hat, mag er auch scheinbar vor den Augen der Menschen in der bischöflichen Stola glänzen, vor Augen Gottes ist er schon des Priestertums entkleidet. Darum verdammen auch die heiligen Kanones die simonistische Ketzerei und befehlen, die aus dem Priesterstande zu entfernen, die für die Erteilung der geistlichen Gnade Bezahlung verlangen. *So Remigius.*

Sogar ein blinder Denker mag zusehen, ob nicht dies die Folge ist: Wenn ein Bischof in den Augen Gottes des Priestertums entkleidet ist, ist also der Bischof wahrhaftig vor Gottes Augen kein Priester mehr, weil er dessen entkleidet ist; und wenn er ableugnet, was daraus folgt, mag er sich unterfangen, ein Bischof zu sein, der vor den Augen der Menschen in der bischöflichen Stola glänzt, so ist er dennoch vor Gott kein Bischof oder Priester; oder er kann umgekehrt wählen, vor Gott ein Priester und Bischof zu sein und dabei nicht in bischöflicher Stola vor den Augen der Menschen zu glänzen; und offenbar ist, daß das zweite zu wählen ist und nicht das erste, wofern der Fall der Annahme dem freien Willen überlassen ist.

Und die Aussprüche der Heiligen gründen sich auf das Wort des Heilands *Matth. 5, 13*: „Ihr seid das Salz der Erde, wo nun das Salz dumm wird, womit soll man's salzen? Es ist hinfort zu nichts nütze", *Luk. 14, 35* setzt er hinzu: „Es ist weder auf das Land noch in den Mist nütze." Dies Wort führt *der selige Hieronymus* an, *An Heliodor, wie es steht 2, 7. Untersuchung*: Es ist nicht leicht, an der Stelle von Petrus und Paulus zu stehen und die Stelle derer, die schon mit Christus herrschen, innezuhaben. Das dummgewordene Salz ist zu nichts nütze, als fortgeworfen und von den Schweinen zertreten zu werden. Die also diesen Satz verneinen: Niemand im Stande der Todsünde ist Bischof, die verneinen auf ähnliche Weise diesen Satz: Das dummgewordene Salz ist zu nichts mehr nütze, nicht einmal im Mist. Das dummgewordene Salz ist der törichte Prälat, der, wie die Wahrheit sagt, zu nichts nütze ist, als fortgeworfen und von den Menschen zertreten zu werden; mögen sie auch jenen Satz verneinen: *2. Untersuchung 7*: Alle geistlichen Würdenträger gelten nicht als geistliche Würdenträger, denn nicht der Name macht den Bischof, sondern sein Leben.

Ebenso: Wenn ein Mensch, der in Todsünde ist, nicht wert ist, ein Christ genannt zu werden, so ist er im gleichen oder in noch höherem Maße nicht wert,

Bischof oder Priester zu heißen. Diese Folgerung ergibt sich, weil, so wie die Todsünde das Christsein verhindert, so auch das Bischof- und Priestersein; denn die Eigenart des Christseins ist ebenso unzerstörbar wie die des Priestertums und umgekehrt. Das Vorhergehende ergibt sich durch den *seligen Augustin in der Schrift „Vom christlichen Leben"*, der sagt: Welcher bereit ist, einen anderen zu verletzen oder ihm zu schaden, der lügt, wenn er sich Christ nennt. Und durch *den seligen Ambrosius, wie oben angeführt*: Es ist eine Lüge, sich Christ zu nennen und die Werke Christi nicht zu tun. Und durch *Chrysostomus, Homilie 20*, der sagt: Die sind niemals Christen gewesen, die von der Kirche abfallen. So wie nicht alle, die aus Israel sind, Israeliten sind, so sind nicht alle, die sich Christen nennen, Christen. Das wird auch klar durch den *seligen Hieronymus*, der von sich schreibt, daß er im Geist hinweggeführt und vor den Stuhl des Richters gebracht wurde, wo er vor der Helligkeit des Lichtes zur Erde fiel und nicht wagte, aufzusehen. Daher sagt er: Auf der Erde liegend, wagte ich nicht aufzublicken. Nach meinem Stande gefragt, anwortete ich, daß ich Christ sei. Aber der, dem ich antwortete, sagte: Du lügst; du bist ein Ciceronianer, kein Christ; wo dein Schatz ist, da ist auch dein Herz; da verstummte ich. Siehe, so spricht der gerechte Richter zum seligen Hieronymus, indem er sagt: Du lügst, wenn du dich Christ nennst; und er verneint es, daß er ein Christ sei, mit den Worten: Du bist ein Ciceronianer, kein Christ.
Aus diesen Worten erklärt sich das Vorangehende, nämlich, daß niemand, der in Todsünde ist, ein Christ ist. Die unangenehme Folge ist, daß nach den Aussprüchen dieser Heiligen zugegeben wird, daß die nicht Bischöfe, Priester und Christen sind, die sich in Todsünde befinden. Da Paulus voll des heiligen Geistes sagt *(1. Kor. 13, 2)*: „und hätte der Liebe nicht, so wäre ich nichts". Und *der selige Augustin, in der 1. Homilie über Johannes*, sagt: Die Sünde ist das Nichts, und die Menschen werden zu nichts, wenn sie sündigen. Und im *Buch der Selbstgespräche, Kap. 3*, sagt er: Sooft du vom Guten abweichst, trennst du dich vom Wort, weil es das Gute ist, auf diese Art wirst du zum Nichts, weil du ohne das Wort bist, ohne das nichts geworden ist. *Und später*: Ich bin sooft zum Nichts geworden, wie ich mich von dir getrennt habe, denn ich habe das Gute, das du bist, vergessen und bin sogar schlecht geworden. Und *im 4. Kap.* sagt er: Wenn ich also ohne dich war, war ich nicht, sondern ich war gar nichts. *So Augustinus.* Dazu sagt *der ehrwürdige Boetius in 4. Prosa 2* folgendes: Wenn es jemandem vielleicht verwunderlicher scheint, daß wir die Bösen, die die Führenden unter den Menschen sind, für nichtexistent erklären: es verhält sich aber so; denn von denen, die böse sind, sage ich nicht, daß sie nicht böse seien, sondern ich verneine klar und eindeutig, daß sie sind. Seht, wie deutlich diese großen Philosophen und Theologen zugeben, daß der Mensch in Todsünde nichts ist.
Was ist also verwunderlich, wenn vernunftgemäß zugegeben wird, daß niemand, der in Todsünde ist, Bischof, Priester oder Christ ist?
Warum folgen die Theologieprofessoren nicht jenen heiligen Philosophen und Theologen, indem sie mit Christo Jesu zugeben: „Meine Lehre ist nicht mein" *(Joh. 7, 16)*: „Denn ich suche nicht meinen Willen, sondern des Vaters Willen,

der mich gesandt hat" *(Joh. 5, 30)*; „Denn ich bin vom Himmel gekommen, nicht daß ich meinen Willen tue, sondern den Willen des, der mich gesandt hat" *(Joh. 6, 38)*; „Ich will noch nicht hinaufgehen auf dieses Fest" *(Joh. 7, 8)*, es folgt: „Da ging er auch hinauf" [Joh. 7, 10].

Und wieviele sind solche verneinenden Aussagen in der heiligen Schrift, die wir gezwungen werden, gelten zu lassen? Aber fern sei es, daß wir eine falsche Ansicht festhalten.

Die Lehrer des Kirchenrechts hätten erwägen müssen, daß man eine Sache verstehen sollte mehr in ihrer Bedeutung als in ihrer Mißdeutung (Außer „Über die Mittel des Glaubens unter den Erwählten" und „Über die Bedeutung des Wortes Abt"); also, daß Lehrmeinungen ihrem wahren Sinn nach nicht verdammt werden würden; denn niemand darf nur die Rinde der Worte, sondern er muß das Mark und den Inhalt verfolgen („Über den Eid", Kap.: „Formfehler im Priesterstande"). Nicht nur die Worte, sondern die Absicht der Worte haben wir zu beachten („Über Privilegien", Kap. „Um was").

Die Worte nämlich sollen der Absicht dienen und: Nach der Absicht der Redenden müssen die Worte verstanden werden *(ebenda)*; und: Nicht auf den Wortlaut ist das Augenmerk zu richten, sondern mehr auf den Willen des Redenden („Über die Bedeutung der Wörter", Kap. „davon").

Wenn also die Heiligen, die ihre Meinung aus der heiligen Schrift ziehen, sagen: daß niemand Herr, Bischof, Priester oder Christ ist, wenn er sich in Todsünde befindet, so muß man den wahren Sinn annehmen und nach diesem das Wort oder die schriftliche Darlegung gelten lassen. Andererseits muß man das Schriftwort gelten lassen, daß ein Todsünder König, Herr, Priester oder Diakon oder Bischof oder sogar Christ ist; König wie Pharao; Priester wie Annas; Diakon wie der Ketzer Nikolaus; Bischof wie Kaiphas und Judas. Dieser Judas, da er durch die Satzung Christi Bischof war, so war er auch Christ. Und es ist kein Widerspruch, wenn einer sagt: Judas ist kein Bischof und ein anderer sagt: Judas ist ein Bischof, es sei denn, daß sie es beide in der gleichen Bedeutung verstehen, so nämlich, daß der eine sagt, Judas sei Bischof rechtmäßig und im Gnadenstande, und der andere dasselbe verneint: Dann hat der erste etwas Falsches, der andere etwas Richtiges gesagt.

Siehe, wir haben ein ähnliches Beispiel von Johannes dem Täufer, der, gefragt von den Priestern und Leviten *(Joh. 1, 21)*: „Bist du Elias?", es verneinte und „Nein" sagte. Und die Wahrheit, die nicht lügen kann, sagt *(Matth. 11, 14)* zur Menge: „Er ist Elias". Siehe, sie widersprechen sich nicht, in denen derselbe Geist redet, denn etwas anderes ist es, was Johannes von sich bestreitet, etwas anderes, was die Wahrheit von ihm behauptet. Johannes verneint, daß er Elias in Person sei; die Wahrheit behauptet, daß er ein Elias an Geist und Kraft sei, nach jenem Satze *(Luk. 1, 17)*: „Und er wird vor ihm hergehen im Geist und kraft des Elias, zu bekehren die Herzen der Väter zu den Kindern und die Ungläubigen zu der Klugheit der Gerechten."

Was ist also Verwunderliches, oder welches Unzutreffende folgt daraus, wenn einer behauptet und sagt: Niemand in Todsünde ist Christi, und ein anderer behauptet und sagt, daß jemand in Todsünde Christi sei. Der erste spricht mit Paulus *(Röm. 8, 9)*: „Wer aber Christi Geist nicht hat, der ist nicht sein"; der zweite sagt mit dem Evangelisten Johannes: der Todsünder ist Christi, weil ihm der Vater alles in seine Hände gegeben hat *(Joh. 13, 3)*. Wenn also der Satz erklärt wird, kommt heraus, daß er kein Widerspruch ist. Der erste sagt: Niemand, der in Todsünde ist, ist Christi, wegen der Gnade, die angenehm macht; der andere sagt: Wer in Todsünde ist, ist Christi wegen der Natur.

Wie also diese beiden Behauptungen sich nicht widersprechen, so auch nicht die ersteren. Und diejenigen, welche gebührend erwägen würden, wie dies kein Widerspruch ist, es sei denn, wie *der Philosoph* sagt, Behauptung und Verneinung desselben von demselben und gemäß demselben, würden dann sehr leicht die heilige Schrift verstehen, die die Schwerfälligen (die die Kraft und Eigenart des Widerspruchs nicht kennen) nicht leicht fassen und gelegentlich öfters an ihr Anstoß nehmen; wie bei dem Schriftwort *Joh. 12, 44*: „Wer an mich glaubt, der glaubt nicht an mich, sondern an den, der mich gesandt hat."

Ähnlich an derselben Stelle [Joh. 12, 47 und 48]: „Und wer meine Worte hört und glaubt nicht, den werde ich nicht richten". „Das Wort, welches ich geredet habe, das wird ihn richten am jüngsten Tage".

Ähnlich das Apostelwort *(Galat. 2, 20)*: „Ich lebe aber, doch nun nicht ich". Ähnlich ist jener Satz, *Sprüche 13, 4*: „Der Faule will und will nicht".[2] Daher haben wegen solchen Anscheins von Widerspruch die Jünger, als der Heiland *(Joh. 16, 16)* zu den Jüngern sprach: „Über ein kleines, so werdet ihr mich nicht sehen; und aber über ein kleines, so werdet ihr mich sehen", gesagt: „Wir wissen nicht, was er redet" [Joh. 16, 18]. Wenn sie nämlich begriffen hätten, daß der Heiland das Wahre von verschiedenen Zeiten spricht, so hätten sie erkannt, daß es kein Widerspruch ist.

Und aus dem Gesagten kann schon deutlich sein, in welchem Sinn es wahr ist, daß niemand, der sich in Todsünde befindet, ein weltlicher Herr, Bischof oder geistlicher Würdenträger ist, denn er ist ein solcher nicht wahrhaftig, rechtmäßig, aus Gnaden, sondern nur dem Namen nach und ganz in der falschen Bedeutung des Wortes, weil in diesem Fall, wie gesagt, Gott solche Herrschaft, Würde oder Amt nicht anerkennt.

Daher sagt *Augustin, 6. Homilie, das steht 2. Untersuchung 7*: Nicht jeder, der sagt: „Friede sei mit euch", ist wie eine Taube zu hören. Die Raben nämlich fressen vom Aas, das hat die Taube nicht an sich, die von den Früchten der Erde lebt. Wie daher die weltlichen Herrn, wenn sie vor dem Angesicht der Kirche Zustimmung finden und sich aus der Sterblichkeit erheben, dadurch zur Gnade die weltliche Herrschaft wiedergewinnen, so gewinnen die Priester, Päpste und Bischöfe, wenn sie von der Sterblichkeit zur Gnade auferstehen, durch Gottes Gnade ihre frühere Würde wieder; und was sie auch getan haben — mag es ihnen auch nicht als Verdienst angerechnet werden zum ewigen Leben, weil sie bei ihrem Tun sündigen —, so nützen doch die Sakramente, die sie aus-

---

[2] Bei Luther heißt es: „Der Faule begehrt und kriegt's doch nicht." — D. Hrsg.

teilen, da sie es nicht aus eigener Kraft, sondern der Kraft Gottes tun, der Kirche in rechtmäßiger Weise. Die Schlüsselgewalt, die mit Todsünde zusammen einhergeht, bleibt in ihnen, wenn auch ihr Priestertum, wie *der selige Remigius* sagt, aufhört. Und es offenbart sich Gottes große Barmherzigkeit, Macht und Herrlichkeit: Barmherzigkeit, weil er die Sünder durch Gnade zur Herrschaft zurückberuft, wie König David, zum Bischofs- und Priesteramt, wie den Petrus, der verleugnete, aber Buße tat, ja, die Heiden zu seinem auserwählten Volk. Und davon spricht der Apostel *(Röm. 9, 25)*, wie *Hosea* [2, 25] sagt: „Ich will das mein Volk heißen, das nicht mein Volk war, und meine Liebe, die nicht die Liebe war", und die nicht Barmherzigkeit erlangt hat, eine, die Barmherzigkeit erlangt hat, „und soll geschehen: An dem Ort, da zu ihnen gesagt ward: Ihr seid nicht mein Volk, sollen die Kinder des lebendigen Gottes genannt werden." [Röm. 9, 26]. Die nämlich in Todsünde waren, waren zu der Zeit weder das Volk Gottes im Gnadenstand noch das geliebte, noch das, was die Barmherzigkeit der Begnadung erlangt hat. Aber durch das Zuvorkommen und Helfen der Gnade Gottes sind sie auferstanden aus der Sterblichkeit, sind Gottes erwähltes Volk und Kinder des lebendigen Gottes. Daher wurde *vorhin* gesagt: „Das soll geschehen: An dem Ort, da zu ihnen gesagt ward: Ihr seid nicht mein Volk, sollen sie Kinder des lebendigen Gottes genannt werden". So offenbart sich die Barmherzigkeit Gottes, die zuvorkommt, hilft und erhält. *Zweitens* offenbart sich die Macht Gottes dadurch, daß er durch einen unwürdigen und unreinen Diener ein sehr würdiges und reines Werk vollbringt, wie zum Beispiel Taufe, Lossprechung, Weihe und Predigt des Wortes Gottes. Daher sagt dazu *der selige Augustin im Buch: Über den Leib des Herrn, das steht 1. Untersuchung 1*: Innerhalb der katholischen Kirche wird der Dienst am Leibe und Blute des Herrn um nichts mehr durch den guten, um nichts geringer durch den schlechten Priester ausgeführt, weil er nicht im Verdienst des Weihenden, sondern im Wort des Schöpfers und in der Kraft des heiligen Geistes vollführt wird. Wenn nämlich die Weihe im Verdienst bestände, so hätte sie nichts mit Christo zu tun. Nun aber, wie er selbst es ist, der tauft, so ist er es selbst, der durch den heiligen Geist dies zu seinem Leib macht und in sein Blut verwandelt. *Derselbe sagt im Buch: Die Worte Gottes, das steht 1. Untersuchung, 1. Kap.:* So geschieht es, daß durch einen katholischen Priester, der verwerflich und heuchlerisch ist, wenn jemand zu ihm mit ehrlichem Herzen kommt, der heilige Geist in ihm die Vergebung der Sünden bewirkt, der in der heiligen Kirche so wirkt, daß er die Verwerflichen vertreibt und doch durch ihren Dienst die Verwerflichen sammelt.

Und auf dasselbe zielt *der selige Gregor, 1. Untersuchung, 1. Kap.: „Viele weltliche Menschen"* am Ende, wenn er sagt: Ob es von guten oder von schlechten Dienern innerhalb der Kirche verteilt wird, ist es Sakrament, weil es der heilige Geist auf mystische Weise belebt, jener, der einst zur apostolischen Zeit sich in sichtbaren Werken offenbarte; und sie werden nicht durch die Verdienste guter Sakramentsverwalter vermehrt oder durch die der schlechten verringert, denn weder der, der pflanzt, noch der, der bewässert, ist etwas, sondern der, der das

Gedeihen gibt, Gott. Dies über Leib und Blut des Herrn Jesu Christi. Dies muß man auch von der Taufe und Salbung wissen und bewahren, denn die göttliche Kraft wirkt geheimnisvoll in ihnen, und diese ist ausschließlich eine Kraft oder Macht von göttlicher, nicht menschlicher Wirksamkeit. *So jener. Drittens* wird die Herrlichkeit Gottes dadurch offenbar, daß er, wenn er die Sünder zur Gnade zurückruft und durch unreine Diener die Seelen von der Befleckung reinigt auf reine Weise, am Ende allen Heiligen herrlich erscheinen wird.

Wenn man mit dem Gesagten entsprechend vergleicht, so ergibt sich, daß ein vierter von den verdammten Artikeln wahr ist, etwa der:

Wenn ein Bischof oder Priester sich in Todsünde befindet, so ordiniert er nicht, bringt kein Meßopfer dar, weiht nicht und tauft nicht.

Es ergibt sich, daß, wenn er nach dem Gesagten nicht in würdiger Weise Bischof oder Priester ist, er dann nicht würdig ordiniert, Meßopfer bringt, weiht oder tauft. Daher sagt *Alexander* dem Bischof und Märtyrer *Valerian, das steht 24. Untersuchung 1. Kap.*: Wir haben gehört, die Gewalt zu binden und zu lösen ist den wahren, nicht den falschen Priestern vom Herrn übertragen. Als er den Aposteln sagen wollte: Wessen Sünden ihr vergeben werdet, dem sind sie vergeben, sagte er zuvor: Empfanget den heiligen Geist, um allen deutlich zu zeigen, daß der, der den heiligen Geist nicht hat, Sünden nicht behalten oder vergeben kann.

Ebenso *der selige Augustin, das steht 1. Untersuchung 1*: Vergebung der Sünden geben die Habgierigen nicht, die durch die Berufung, das ist durch die Stimme der Taube, gegeben wird, auch kann jeder taufen, obschon zu seinem Frieden die gelangen, denen es gegeben wird. Denn er sagt nicht zu Räubern und Wucherern: Wenn ihr jemand die Sünden erlaßt, dem sind sie erlassen; wenn ihr sie jemand behaltet, dem werden sie behalten. Denn von außen kann niemand gebunden oder gelöst werden, wenn nicht der ist, der einen anderen binden oder lösen kann. Gelöst wird, wer mit der Taube Frieden gemacht hat, gebunden, wer mit der Taube nicht Frieden hat. *So Augustin.*

Derselbe sagt über die wahre und falsche Buße: Gott hat den Lazarus, den er aus dem Grabe erweckte, seinen Jüngern zum Losbinden übergeben, dadurch zeigt er, daß die Gewalt zu lösen den Priestern gegeben ist; er sagte: Was ihr auf Erden lösen werdet, das soll auch im Himmel gelöst sein, das ist: Ich, Gott, und alle Ordnungen der himmlischen Heerscharen und alle Heiligen, die in Herrlichkeit preisen, bestätigen mit uns die, die ihr bindet und löst; er hat nicht gesagt: die ihr zu binden und zu lösen meint, sondern, an denen ihr Werke der Gerechtigkeit oder Barmherzigkeit vollbringt. Eure anderen Werke aber an den Sündern erkenne ich nicht an. *So Augustin.*

Derselbe über die Exodus-Stelle, wo man von der Goldplatte liest: Es wird aber eine Goldplatte ständig vor der Stirn des Priesters sein, diese (sagt er) bezeichnet das Unterpfand des guten Lebens; wer dieses wirklich, vollkommen (denn er ist nicht nur der Bezeichnung nach, sondern in Wahrheit Priester) hat, der allein kann die Sünden hinwegnehmen. *So Augustin.*

Ebenso Gregor im Buch der Dialoge: Nur die, die in diesem Fleisch leben, haben die Gewalt zu binden und zu lösen, wie die heiligen Apostel, die ihre Vorbilder und Lehre befolgen.

Derselbe in der 26. Homilie: Der Gewalt zu binden und zu lösen entäußert sich, wer sie zu seinem Vergnügen, nicht um des Lebenswandels seiner Untergebenen willen ausübt.

Daraus ergibt sich: Diejenigen, die die Artikel verdammt haben, müssen das Gesagte gelten lassen oder mit dem vierten Artikel zusammen verurteilen.

3. Jan Hus: Von der Kirche

Zweites Kapitel

Die eine universale Kirche wird in drei Teilkirchen unterteilt

Nachdem gesagt worden ist, was die universale heilige Kirche ist und daß sie nur eine ist, so wie Summe der Auserwählten nur eine ist, und daß sie auf der Welt sich in ihre Glieder unterteilt, muß man wissen, daß die heilige *universale Kirche sich in drei Teile teilt, nämlich in die triumphierende, die kämpfende und die schlafende.*

Die kämpfende Kirche ist die Zahl der Erwählten, solange diese hier auf dem Wege zum Vaterland ist. Und sie wird die *kämpfende* genannt, weil sie den Kriegsdienst Christi gegen das Fleisch, die Welt und den Teufel ausübt.

Die schlafende Kirche ist die Zahl der Erwählten, die im Fegefeuer leidet. Und sie wird die *schlafende* genannt, weil sie, wenn sie sich dort befindet, nicht mehr eine Vorleistung für die Seligkeit erbringt, denn sie hat durch Zuvorkommen und Hilfe der Gnade Gottes bereits das Verdienst erlangt, nach der Genugtuung im Fegefeuer im Vaterland belohnt zu werden.

Die triumphierende Kirche sind die Seligen, die im Vaterland ruhen, die gegen Satan, den Kriegsdienst Christi vollführend, endgültig triumphiert haben. Eine gemeinsame große Kirche wird aber aus allen diesen am Tage des Gerichts. Und zum Zeichen dieser Dreiteilung der universalen Kirche, sagen die Doktoren, *wird das Sakrament des Abendmahls in drei Teile geteilt.* Der *erste* Teil, der dem flüssigen Sakrament innewohnt, sagen sie, soll die triumphierende Kirche bezeichnen, die versunken und berauscht ist von der Durchtränkung mit göttlichem Wesen. Wie das Haupt der Kirche sagt *(Hohel. 5, 1),* wenn es seine Mitbürger und Tischgenossen ermuntert „Trinket, meine Freunde", spricht er, „und werdet trunken". *Die beiden andern Teile* aber werden durch die Hand des Herrn und durch das Verdienst der zu reinigenden Kirche bezeichnet. Durch diese *zwei Teile*, die der Priester in Händen hält, bezeichnet der größere, der unten liegt, die kämpfende Kirche, und der kleinere, der auf dem untergelegten liegt, bezeichnet die Kirche, die im Fegefeuer wartet. Sie nämlich stützt sich auf die Hilfe der kämpfenden Kirche. Und für diese *zwei Teile* bitten wir zweimal das Lamm, das das Haupt der Kirche ist, sich unser zu erbarmen. Aber für den *dritten* Teil, nach dessen Platz und Frieden wir streben, bitten wir, daß *dieses Lamm dreifachen Wesens* uns den endlichen Frieden schenken möge. Und daher hat Christus in seiner Demut *drei Stellen der Kirche besucht,* nämlich *den Nabel unserer bewohnten Erde,* in der er 33 Jahre in Judäa und Jerusalem lebte; *den Unterleib,* wo die Vorväter gereinigt wurden, indem er ein Stückchen seiner Kirche in der Seele herauszog. Aber als *drittes* stieg er endlich in den Himmel hinauf und *erlangte das Haupt,* das er nach dem *Triumph* krönte und zur Rechten Gottes setzte. Dies ist also die *dreifache Einteilung* der einen universalen oder katholischen Kirche, wenn es auch noch so viele Teilkirchen gibt.

Die *universale Kirche aber ist die Jungfrau, die Braut Christi, des jungfräulichen,* von der, als der *wahren Mutter,* wir geistlich geboren werden. Eine *Jungfrau,* sage ich, die „allerdinge schön" ist „und ist kein Flecken an ihr" *(Hohel. 4, 7);* „die nicht habe einen Flecken oder Runzel" *(Eph. 5, 27);* „sondern . . . heilig sei und unsträflich" und somit keusch ist in ihrer Ganzheit im Vaterland. Sie hat aber gehurt mit dem ehebrecherischen Teufel und mit vielen seiner Glieder und ist durch ihre Schandtaten zum Teil verderbt worden. Sie wird aber niemals im Bett des Bräutigams gesegnet und zur rechten Hand aufgenommen, um als *Braut umarmt* zu werden, bevor sie nicht rein jungfräulich ist, völlig ohne Runzel. Christus nämlich ist der Bräutigam der Jungfräulichkeit, und da er ewig lebt, ist es der Braut nicht erlaubt, sich von ihm zu trennen durch geistliche Unzucht. Daher heißt es von der Menge der himmlischen Bürger *(Off. Joh. 14, 4)*: „Denn sie sind Jungfrauen und folgen dem Lamme nach, wohin es geht". Es war aber Christus seit Anfang dieser Welt der Kirche Bräutigam durch Vorherbestimmung, in der Bestätigung der Engel gab er der Partei der Braut die Mitgift. So geschah es durch die Bestätigung des gerechten Abel und anderer Heiliger bis zu seiner Inkarnation, währenddessen das Verlöbnis ununterbrochen bestehen blieb. In seiner Menschwerdung aber beging er die zweite Hochzeit, indem er gleichsam als eine Königin einen Teil der gesamten Kirche schuf, der mit Besonderheit die christliche Kirche genannt wird. Da nämlich hat unser Führer und Gesetzgeber seine Braut mehr persönlich angesprochen, wie der Apostel *Hebräer 1 sagt,* und hat dadurch, daß er Mensch wurde, unsere Waffen angelegt und überwältigt die Feinde der Kirche wie ein Held und lehrt, wie dieser Teil der Kirche ihm als eifersüchtige Braut nachfolgen soll.

Daher steht die ganze christliche Lehre auf diesem Gebiet der Kirche, durch das wir den Bräutigam um seines Erscheinens im Fleische willen bitten, daß er uns lehren möge, das Irdische zu verachten und das Himmlische zu lieben. Verachten, das ist, in der Zuneigung hintenanstellen und über alles Christum den Bräutigam lieben.

Daraus ergibt sich, daß die *universale heilige Kirche* die *einzige Braut Christi* ist, *die am Ende die keuscheste Jungfrau ist,* die der Sohn Gottes aus ewiger Liebe und um sie sich zu eigen zu machen zur Ehe verbunden hat, an die wir fest glauben, wenn wir im *Glaubensbekenntnis* sagen: „Ich glaube an eine heilige katholische Kirche", und von der *im zweiten Glaubensbekenntnis* hinzugesetzt wird: „und apostolische". Sie wird aber *apostolisch* deshalb genannt, weil die Apostel volle, im Geist gereinigte Teile dieser Mutter Kirche sind, die sie durch die Lehre Christi und ihr eigenes Blut gepflanzt haben und durch deren Lehre und Vollmacht ihre Stellvertreter noch jetzt die Jungfräuliche leiten, die den Bräutigam der Kirche sucht. So wird gesagt im *24. Dekret, 1. Untersuchung*: Es bleibt, spricht Papst Leo, das Vorrecht Petri überall, wo nach seiner Gerechtigkeit ein Urteil gefällt wird. Denn er selbst wohnt im Himmel, er sieht und verwaltet, was Gott bindet und löst. Daher spricht *Bonifaz VIII. im außerordentlichen Dekretal*: Daß eine heilige katholische Kirche sei und diese, die apostolische, muß man mit starkem Glauben glauben und festhalten.

Die Einheit der katholischen *Kirche* besteht aber in der Einheit der Vorherbestimmung. Denn ihre einzelnen Glieder sind eins in der Erwähltheit und in der Einheit der Seligkeit. Denn ihre einzelnen Kinder sind am Ende in der Seligkeit vereint. Gegenwärtig besteht ihre Einheit in der Einigkeit des Glaubens und der Tugenden und in der Einigkeit der Liebe, wie *Augustin* darlegt: *In der Schrift über Johannes, über den Satz Joh. 17, 21: „Auf daß sie alle eins seien"*. Und *im Brief an Dardanus, wo er den Satz auslegt: Es ist gut, daß ein Mensch umgebracht werde fürs Volk!* Kaiphas, sagt er, hat vorausgesagt, daß Gott seine Kinder versammeln wird zur Gemeinsamkeit. Nicht, sagt er, an einem wirklichen Ort, sondern er hat sie vereinigt zu einem Geist und einem Leib, dessen alleiniges Haupt Christus ist; und diese Einheit berührt der Apostel, wenn er *Eph. 4, 3–6* sagt: „Und seid fleißig zu halten die Einigkeit im Geist durch das Band des Friedens. Ein Leib und ein Geist . . . , ein Herr, ein Glaube, eine Taufe; ein Gott und Vater unser aller", und es ist ohne Zweifel, daß ohne diese Einigkeit, wie zuvor gesagt ist, kein Heil ist.

Drittes Kapitel

Einwand, daß jeder Christ, auch der (zur Verdammung) vorherbestimmte oder der am Ende verdammt wird, Teil der Kirche sei; geschickte Auflösung dieses Problems an Hand von Beispielen

Aber gegen das eben Gesagte läßt sich erstens dadurch Einwand erheben, daß bei Bestehen dieses Satzes kein Vorherbestimmter Teil der heiligen Mutter, der universalen Kirche sei; eine falsche Folgerung, da jeder Christ Teil dieser Kirche ist, nach dem Wort *Matth. 13, 47*: „Abermals ist gleich das Himmelreich einem Netze, das ins Meer geworfen ist, womit man allerlei Gattung Fische fängt". Darüber sagt der *selige Gregor in der Homilie*: Die heilige Kirche wird mit einem ins Meer gelassen Netz verglichen, weil sie auch Fischern anvertraut ist und durch sie jeder ins ewige Reich aus den Fluten dieser Welt gezogen wird, auf daß er nicht in der Tiefe des ewigen Todes versinke.

Dies wird *zweitens* bestätigt durch das Wort *Matth. 22, 2–3 und 10*: „Das Himmelreich ist gleich einem Könige, der seinem Sohn Hochzeit machte. Und sandte seine Knechte aus, daß sie die Gäste zur Hochzeit riefen. Und die Knechte gingen aus auf die Straßen und brachten zusammen, wen sie fanden, Böse und Gute; und die Tische wurden alle voll". Dazu sagt *Gregor in der Homilie*: Seht, schon allein durch die Eigenschaft der Gäste wird offen gezeigt, daß durch die Hochzeit des Königs die jetzige Kirche bezeichnet wird, in der Böse und Gute znsammen sind, die gemischt ist durch die Verschiedenheit ihrer Söhne.

Das wird *drittens* bestätigt durch das Wort *Matth. 13, 41*: „Des Menschen Sohn wird seine Engel senden; und sie werden sammeln aus seinem Reich alle Ärgernisse und die da Unrecht tun." Ebenso durch das Wort *Matth. 5, 19:* „Wer nun eins von diesen kleinsten Geboten auflöst und lehrt die Leute also, der wird der Kleinste heißen im Himmelreich". In beiden Evangeliums-Aussprüchen wird nach *Gregor (12. Homilie)* „Himmelreich" die jetzige Kirche genannt.

Das wird *fünftens* bestätigt durch das Wort *Luk. 3, 16—17*: „Der wird euch mit dem heiligen Geist und mit Feuer taufen. In seiner Hand ist die Wurfschaufel, und er wird seine Tenne fegen und wird den Weizen in seine Scheuer sammeln, und die Spreu wird er mit ewigem Feuer verbrennen". Dort wird durch die *Tenne* die katholische Kirche bezeichnet, wie die *Lehrer* erklären und besonders *Augustin*, der in der *an Petrus* gerichteten Schrift über den Glauben *im letzten Kapitel* sagt: Halte daran fest und zweifle nicht, daß Gottes Tenne die katholische Kirche sei und in ihr bis ans Ende der Welt Spreu mit dem Weizen vermischt sein wird. Dieser Ausspruch *Augustins* hat seine Bestätigung durch das Wort Christi *Matth. 13, 24*: „Das Himmelreich ist gleich einem Menschen, der guten Samen auf seinen Acker säte"; und *später* [Matth. 13, 30]: „Lasset beides miteinander wachsen bis zu der Ernte".

Um dies und das Folgende zu verstehen, muß man voraussetzen nach den Worten des Apostels, daß Christus das Haupt der heiligen universalen Kirche ist und sie selbst sein Leib und jeder Erwählte sein Glied und damit Teil der Kirche, die Christi mystischer, das ist geheimnisvoller, Leib ist; durch die Kraft und den Einfluß des Hauptes, Christi, gelenkt und angefügt und verbunden durch die Bindung der Erwähltheit. Diese Voraussetzung erklärt sich aus dem Ausspruch des Apostels *Eph. 1, 22—23*: „Und hat ihn gesetzt zum Haupt der Gemeinde über alles, welche da ist sein Leib". Ebenso aus dem Satze, wo er in der Person der Erwählten *(Röm. 12, 5)* spricht: „Wir viele (sind) ein Leib in Christo". Und *(Eph. 4, 11—12)*: „Und er hat etliche zu Aposteln gesetzt, etliche aber zu Propheten, etliche zu Evangelisten, etliche zu Hirten und Lehrern, daß die Heiligen zugerichtet werden zum Werk des Dienstes, dadurch der Leib Christi erbaut werde." *Und später* [Eph. 4, 15—16]: „Lasset uns aber rechtschaffen sein in der Liebe und wachsen in allen Stücken an dem, der das Haupt ist, Christus, von welchem aus der ganze Leib zusammengefügt ist und ein Glied am andern hanget durch alle Gelenke, dadurch eins dem andern Handreichung tut nach dem Werk eines jeglichen Gliedes in seinem Maße und macht, daß der Leib wächst zu seiner selbst Besserung, und das alles in der Liebe".

Weiter ist zu erwähnen, daß Christus deshalb *Haupt der Kirche* genannt wird, weil er der Würdigste im Menschengeschlecht ist, der allen seinen Gliedern

Bewegung und Empfindung verleiht. So wie nämlich beim Menschen der Kopf der wichtigste Teil ist, der dem Leib des Menschen und dessen Teilen Bewegung und Empfindung gibt, ohne den weder der Leib noch irgend ein Glied bekanntermaßen auf natürliche Weise leben kann, so ist Christus die Hauptperson, der wahrhafter Gott und Mensch ist, der geistliches Leben und Bewegung der Kirche und jedem ihrer Glieder verleiht, ohne dessen Einfluß es nicht leben und empfinden kann. Und wie im Kopf des Menschen alle Sinne, so sind in Christo alle Schätze der Weisheit und göttlichen Wissens eingeschlossen, wie es aus *Kol. 2, 3* hervorgeht. Daher wird der genannte Satz vom Apostel dort einbegriffen *(Kol. 1, 16—20)*, wenn er sagt: „Es ist alles durch ihn und zu ihm geschaffen. Und er ist vor allem, und es besteht alles in ihm. Und er ist das Haupt des Leibes, nämlich der Gemeinde; er, welcher ist der Anfang und der Erstgeborene von den Toten, auf daß er in allen Dingen den Vorrang habe. Denn es ist das Wohlgefallen gewesen, daß in ihm alle Fülle wohnen sollte und alles durch ihn versöhnt würde zu ihm selbst".

Die Einheit des Leibes der Kirche aber zeigt der Apostel *1. Kor. 12*, indem er *zuerst* zeigt, daß die Verteilung der Gnaden, Ämter und Kräfte von dem einen geistlichen Herrn ausgeht, der in allen wirkt. Die Begnadung muß nämlich vorangehen, die der Ursprung des Amtierens bei den Geistlichen und des Wirkens bei den Laien ist. Der Geist aber gibt die Gnade, der Herr empfängt den Dienst, und der Gott fordert den Dienst. „Einem", *sagt er* [1. Kor. 12, 8—10], „wird gegeben durch den Geist zu reden von der Weisheit; dem andern wird gegeben, zu reden von der Erkenntnis nach demselben Geist; einem andern der Glaube in demselben Geist; einem andern die Gabe, gesund zu machen in demselben Geist, einem andern, Wunder zu tun; einem andern Weissagung; einem andern, Geister zu unterscheiden; einem andern mancherlei Sprachen; einem andern, die Sprachen auszulegen". Und diese neun Gaben scheint der Apostel bewußt ihrer Ordnung nach an den Menschen, die sie empfangen, aufzuzeigen. Gott hat, sagt er, Verschiedene in die Kirche gesetzt: zuerst die Apostel, zweitens die Propheten, drittens die Lehrer, dann die Glaubenskräfte, dann die Gaben, gesund zu machen, Hilfeleistung, Leitung, Sprachen, Auslegung der Sprachen, welche neun den Vorherigen zu vergleichen sind. Und an eben derselben Stelle macht der Apostel den Vergleich des Leibes der Kirche und seiner Glieder mit dem natürlichen Menschenleib und sagt [1. Kor. 12, 12]: „Denn gleichwie ein Leib ist und hat doch viele Glieder, alle Glieder aber des Leibes, wiewohl ihrer viel sind, doch ein Leib sind: also auch Christus".

Eine *dreifache Übereinstimmung und eine dreifache Verschiedenheit der Glieder des mystischen und des menschlichen Leibes* ist aber festzustellen. *Wie* nämlich die Glieder einen Leib bilden, dem die Seele verbunden ist. Und *zweitens*: So wie jedes Glied jedem andern nützlich ist, da sie sich gegenseitig bei ihrer Verrichtung unterstützen, so ist es bei den Gliedern der Kirche, durch die Kraft der Kommunion und das Band der Liebe. *Drittens* aber: So wie die Glieder sich in ihrer Gewalt haben, so auch die Glieder der Kirche. Denn nach *Chrysostomus* in *Vom unvollkommenen Werk* ist der Mensch ein Buch, in dem die ganze christliche Religion geschrieben steht. So wie also eine Beziehung von Haupt und Füßen besteht, so sind Vernunft und Trieb miteinander verbunden. So wie aber jedes edle oder unedle Glied ohne Wettstreit dem Willen dient, so dient jedes Glied der Kirche ohne Streit um Vorrang oder Gehorsam Christo. Und wie die bedeutenderen Glieder sich nicht wegen ihrer Vornehmheit überheben, sondern ihren Dienst tun nach der Leitung des Geistes zur Unterstützung der einzelnen, so soll es auch bei den Gliedern der Kirche sein. Und so wie Augen und Gesicht in ihrer Tätigkeit ohne Bedeckung sind, damit sie nicht jene Teile, die umhüllt sind, umstürzen und zu Fall bringen: So waren Christus und die Apostel durch Brunst der Liebe und das Fehlen der Brunst der Begierde nicht mit Zeitlichem auf irdische Weise umhüllt; solche Augen sollen als ihre Stellvertreter alle Geistlichen sein. Aber die unedleren Glieder, wie die Schamteile, liegen weiter im Innern, mehrfach und weicher verhüllt; und so ist es mit den Verächtlichen, durch die der Abgang der Kirche ausgeschieden wird. *Die Verschiedenheit* aber unter den Gliedern dieser zwei Körper läßt sich so feststellen: die *erste* ist: Da die Glieder der Kirche durch die Gnade verbunden werden, sind sie nicht auf Sitz oder Befindlichkeit am leiblichen Ort bezogen, wie die Glieder eines Menschen bezogen sind. Die *zweite Verschiedenheit*: Da sie mystische Glieder sind, widerspricht es sich nicht, sondern es stimmt, daß ein Glied verschiedenartige Aufgaben hat. Der Mensch ist nämlich gleichsam ein All, daher gebührt es ihm, ständig zu leisten, soviel er kann. Die *dritte Verschiedenheit* ist: Wenn auch die Glieder der Kirche ihre Kräfte von Christo eingegeben haben, wie die Glieder eines Leibes die Kräfte vom Geist eingegeben bekommen haben, durch die sie ihr Sein als Glieder erlangen, so geht doch der Einfluß voraus, und die Handlungsweise der Glieder ist freiwillig und gnadenvoll und verdienstlich.

Weiter ist festzustellen, daß wie einiges *im menschlichen Körper ist, was nicht Teil dieses Körpers selbst ist*, wie Speichel, Schleim, Kot, Eiter oder Urin, und dies nicht etwas vom Körper ist, weil es kein Teil des Körpers ist; etwas anderes aber *im menschlichen Körper ist als ein Teil*, wie jedes seiner Glieder, so ist einiges *im mystischen Leib Christi, welcher die Kirche ist, und ist dennoch nicht etwas von der Kirche, weil es kein Teil von ihr ist*, wie es sich verhält bei jedem Christ, der [zur Verdammnis] vorherbestimmt ist, der schließlich aus dem Leib selbst wie Kot ausgeschieden werden soll. Und somit ist etwas *anderes: von der Kirche* sein, etwas *anderes: in der Kirche* sein. Und es ist klar, daß daraus nicht folgt: Wenn irgendwelche der auf dem Weg Befindlichen in der Kirche sind, dann sind sie von der Kirche, sondern umgekehrt. Denn wir wissen daß das Unkraut mit dem Getreide wächst, der Rabe auf demselben Platz mit den Tauben sich nährt und die Spreu eingefahren wird mit dem Weizen zusammen, und doch gibt es eine nicht verallgemeinernde Unterscheidung zwischen ihnen, wie durch das Beispiel am menschlichen Leibe gezeigt worden ist. So müssen wir es uns bei der heiligen Mutter Kirche vorstellen, und dazu gehört der Text *1. Joh. 2, 18–19*, da es heißt: „So sind nun viele Widerchristen geworden... Sie sind von uns ausgegangen, aber sie waren nicht von uns. Denn

160

wo sie von uns gewesen wären, so wären sie ja bei uns geblieben". So wie die Ausscheidung heraustritt aus den Speisen und aus den festen Gliedern, obgleich sie nicht von ihnen ist, so gehen die Abgänge der Kirche, nämlich die Vorausverdammten, aus ihr hervor und sind doch nicht aus ihr hervorgegangen als ihre Teile, da kein Teil von ihr für immer von ihr abfällt, daß man ihnen mit Gottes Hilfe zu ihren Lebzeiten nicht werde beweisen können, daß sie bei ihrer Evangelisation gegen die Bosheit des unheilvollen Klerus ketzerische Auffassungen von der Schlüsselgewalt der Kirche hatten, nach dem Apostel, *1. Kor. 13, 8*; und das bestätigt der Apostel *(Röm. 8, 28–30)* mit den Worten: „Wir wissen aber, daß denen, die Gott lieben, alle Dinge zum besten dienen, denen, die nach dem Vorsatz", nämlich dem der Vorausbestimmung, „berufen sind". Denn welche er zuvor ersehen hat, die hat er auch verordnet, daß sie gleich sein sollten dem Ebenbilde seines Sohnes, auf daß derselbe der Erstgeborene sei unter vielen Brüdern. Welche er aber verordnet hat, die hat er auch berufen; welche er aber berufen hat, die hat er auch gerecht gemacht; und er schließt, indem er nach langer Beweisführung von den Verordneten sagt [Röm. 8, 38–39]: „Denn ich bin gewiß, daß weder Tod noch Leben, weder Engel noch Fürstentümer noch Gewalten, weder Gegenwärtiges noch Zukünftiges, weder Hohes noch Tiefes noch keine andere Kreatur mag uns scheiden von der Liebe Gottes, die in Christo Jesu ist, unserm Herrn."

Dazu ist zu beachten, daß, wie viele sagen, *das Verhalten der auf dem Wege Befindlichen zur heiligen Mutter Kirche vierfach ist. Einige sind in der Kirche sowohl dem Namen als auch der Sache nach,* wie die erwählten Katholiken, die Christo gehorchen, *andere weder dem Namen noch der Sache nach,* wie die vorausverdammten Heiden. Einige *nur dem Namen nach,* wie die vorausverdammten Heuchler. Und *einige der Sache nach, obschon sie dem Namen nach als Außenstehende erscheinen,* wie die erwählten Christen, die die Statthalter des Antichrist scheinbar im Angesicht der Kirche verdammen. So haben nämlich die Hohenpriester und Pharisäer unsern Erlöser als Lästerer und folglich als Ketzer, der doch der vorauserwählte Sohn Gottes war *(Röm. 1, 4),* zum schimpflichsten Tode verurteilt.

Des weiteren ist zu beachten, daß keine Stellung oder menschliche Wahl zum Glied der heiligen universalen Kirche macht, sondern göttliche Vorausbestimmung, hinsichtlich eines jeden, der Christo unverwandt in der Liebe folgt. Die *Vorausbestimmung* ist aber nach *Augustins* Schrift *„Von der Vorausbestimmung der Heiligen"* Erwählung göttlichen Willens durch Gnade. Oder, wie allgemein gesagt wird: *Vorausbestimmung* ist Vorausgewährung der Gnade in der Gegenwart und der Herrlichkeit in Zukunft. Es steht aber *Über die Buße Abschnitt 4 § 5*: Daher der Prophet..., *zweifach ist die Vorausbestimmung: eine,* durch die jemand hier zur Erlangung von Gerechtigkeit und Vergebung der Sünden bestimmt wird, aber nicht zur Erlangung des ewigen Lebens. Und auf diese Vorausbestimmung trifft die zweite Definition nicht zu, die oben genannt war. *Eine andere* ist die *Vorausbestimmung* durch die jemand dazu bestimmt wird, in Zukunft das ewige Leben zu erlangen, und dieser folgt auch die erstere, nicht aber umgekehrt. Denn wenn jemand zum ewigen Leben bestimmt ist, kann man folgerichtig hinzusetzen, so ist er zur Gerechtigkeit bestimmt, und wenn er das ewige Leben erlangt, so hat er Gerechtigkeit erlangt, aber nicht umgekehrt. Denn es werden viele in der Gegenwart der Gerechtigkeit teilhaftig, aber aus Mangel an Ausdauer werden sie nicht des ewigen Lebens teilhaftig. Daher wird *(Über die Buße, Abschnitt 4, §12 So also...)* gesagt: Viele erscheinen vorausbestimmt durch das Verdienst gegenwärtiger Gerechtigkeit, nicht aber durch die Vorherbestimmung zur ewigen Herrlichkeit. Diesen Satz begründet *Gratian* mit jenem Apostelwort *Eph. 1, 3–7*: „Gelobet sei Gott und der Vater unseres Herrn Jesu Christi, der uns gesegnet hat mit allerlei geistlichem Segen in himmlischen Gütern durch Christum; wie er uns denn erwählt hat durch denselben, ehe der Welt Grund gelegt war, daß wir sollten sein heilig und unsträflich vor ihm in der Liebe; und er hat uns verordnet zur Kindschaft gegen sich selbst durch Jesum Christum, nach dem Wohlgefallen seines Willens, zu Lob seiner herrlichen Gnade, durch welche er uns hat angenehm gemacht in dem Geliebten, an welchem wir haben die Erlösung durch sein Blut, die Vergebung der Sünden".

Und es ergibt sich ferner, daß die Menschen auf zweierlei Art von der heiligen Mutter Kirche sein können: entweder nach der Vorausbestimmung zum ewigen Leben, wie alle endgültig Heiligen von der heiligen Mutter Kirche sind. Oder nach der Vorausbestimmung zur nur gegenwärtigen Gerechtigkeit, wie alle, die irgendwann die Gnade der Sündenvergebung erlangen, aber nicht bis zum Ende aushalten. *Und es ergibt sich weiter, daß zweierlei Gnade ist. Nämlich die der Vorausbestimmung zum ewigen Leben*, aus der der Erwählte nicht endgültig fallen kann. *Eine andere Gnade erstreckt sich auf die gegenwärtige Gerechtigkeit*, die einmal da ist, ein andermal fehlt, die einmal zufällt, ein andermal fortfällt. Und die erste Gnade macht zu Kindern der heiligen universalen Kirche und macht den Menschen auf irgendeine Weise unendlich vollkommener als die zweite. Weil sie das unendliche Gut gewährt zum unaufhörlichen Gebrauch, und die zweite nicht. Und die erste macht zu Söhnen der ewigen Erbschaft, aber die andere macht zu Gott angenehm zeitlichen Verwaltern. Daher erscheint es glaublich, daß, wie Paulus zugleich ein Lästerer gewesen ist nach der gegenwärtigen Ungerechtigkeit und doch von der heiligen Mutter Kirche und damit gläubig und in der Gnade nach der Vorausbestimmung zum ewigen Leben; so Ischarioth zugleich in Gnade gewesen ist enstprechend einer gegenwärtigen Gerechtigkeit und doch nie von der heiligen Mutter Kirche nach der Vorausbestimmung zum ewigen Leben, da ihm diese Vorausbestimmung fehlte. Und so war Ischarioth, wenn er auch Apostel und von Christus erwählter Bischof gewesen ist, das ist der Name des Amtes, dennoch niemals ein Teil der heiligen universalen Kirche. So wie Paulus niemals ein Glied des Teufels war, obschon er einige Taten begangen hat, die den Taten der Kirchenverfolger ähnlich sind. Ähnlich Petrus, der durch Zulassung des Herrn zum schweren Meineid abgesunken ist, auf daß er umso mehr wieder emporsteigen sollte, denn in solche Sünden, wie *Augustin* sagt, zu fallen ist den Vorauserwählten förderlich.

Und daraus ergibt sich, daß es *zweierlei Trennung von der heiligen* Kirche gibt. Die *erste* ist die unzerstörbare, in welcher Weise alle Vorausverdammten von der Kirche getrennt sind. Und die *zweite* ist aufhebbar, in welcher Weise auch einige Ketzer durch eine aufhebbare Sünde von der heiligen Kirche getrennt sind, sie können aber durch Gottes Gnade wieder zum Schafstall des Herrn Jesu Christi kommen. Von solchen nämlich spricht er selbst *Joh. 10, 16:* „Und ich habe noch andere Schafe, die sind nicht aus diesem Stalle, und dieselben muß ich herführen". Er hatte noch andere Schafe nach der Vorausbestimmung, die nicht aus diesem Stall waren, das heißt aus seiner Kirche, nach der gegenwärtigen Gerechtigkeit, die er zum Leben geführt hat durch seine Gnade.

Und dieser Unterschied zwischen Vorauserwählung und gegenwärtiger Gnade ist sehr zu beachten. Denn einige sind Schafe nach der Vorausbestimmung und reißende Wölfe nach der gegenwärtigen Ungerechtigkeit, wie *Augustin, „Über Johannes",* erweist. Andere sind in ähnlicher Weise Kinder nach der Vorausbestimmung, aber noch nicht nach der gegenwärtigen Gnade. Und diese Unterscheidung berührt in beiden Teilen *Augustins „Über Johannes" 11,* wo gesagt wird: „Daß sie die Kinder Gottes, die zerstreut waren, versammeln werde", hat Kaiphas, sagt er, nur für das jüdische Volk vorausgesagt, darin sich Schafe befanden, von denen der Herr selbst sagt: Ich bin nur zu den verlorenen Schafen vom Hause Israel gesandt. Aber der Evangelist wußte, daß es andere Schafe gab, die nicht aus diesem Schafstall waren, die herangeführt werden sollten. Deshalb setzt er hinzu, nicht nur von dem Volk, sondern, daß er die Gotteskinder, die zerstreut waren, versammeln werde. Dies ist entsprechend der Vorausbestimmung gesagt. Denn sie waren noch nicht seine Schafe und auch nicht Gottes Kinder. *So Augustin.* Daher wird dazu *(Über die Buße, Abschnitt 4, §12 So also...)* gesagt: So also sind sie nicht Kinder, wenn sie nicht der ewigen Seligkeit teilhaftig sind, und hinzugesetzt, daß sie auf dreierlei Weise Kinder genannt werden: Entweder nur durch Vorausbestimmung, wie die, von denen Johannes sagt: Er wird sie wie Kinder Gottes, die zerstreut waren, versammeln. Oder durch Vorausbestimmung und Hoffnung auf ewige Seligkeit, wie die, denen der Herr sagte: Liebe Kindlein, ich werde nur noch kurze Zeit mit euch sein. Oder drittens durch Verdienst des Glaubens und der gegenwärtigen Gerechtigkeit, nicht aber durch Vorbestimmung zu ewiger Herrlichkeit wie die, von denen der Herr sagt: Wenn seine Kinder mein Gesetz verlassen und nicht in meinem Recht wandeln.

Elftes Kapitel

Der Klerus mißbraucht die Schrift und die ihm übertragene Gewalt

Weil viele Priester, ohne Christum, den höchsten Bischof, nachzuahmen, sich mit der der Kirche übertragenen Macht brüsten, ohne dementsprechend zu handeln, darum muß jetzt über die so geartete Gewalt gesprochen werden. Sie verkehren nämlich den Satz *(Matth. 18, 18)*: „Was ihr auf Erden binden werdet, soll auch im Himmel gebunden sein", dazu, daß alles, was sie selbst tun, jeder Mensch ganz und gar anerkennen müsse. Und das Wort Christi *Matth. 23, 2—3*: „Auf Moses Stuhl sitzen die Schriftgelehrten und Pharisäer; alles nun, was sie euch sagen, daß ihr halten sollet, das haltet" verkehren sie zu: daß jeder, der ihnen untergeben ist, ihnen in allem gehorchen soll; und rechnen sich die Priester alles, was ihnen im Evangelium angenehm klingt, ohne daß damit der Dienst der Nächstenliebe einhergeht, mit viel Geschrei zum Ruhm an. Aber was nach Arbeit klingt, nach Niedrigkeit vor der Welt und nach Nachfolge Christi, das verschmähen sie, als ob es ihnen schädlich wäre, oder tun so, als ob sie es einhielten, halten es aber nicht ein.

Darum, weil Jesus zu Petrus gesagt hat: Dir werde ich die Schlüssel des Himmelreichs geben und alles, was du binden wirst auf Erden etc. — nehmen sie dies sehr gern in Anspruch, um ihre Macht zu erhöhen. Aber was der Herr zu Petrus *Joh. 21, 15 ff.* gesagt hat: „Folge mir, und weide meine Schafe", das vermeiden sie wie Gift. Ähnlich das, was er den Jüngern *Matth. 18, 18* gesagt hat: „Was ihr auf Erden binden werdet, soll auch im Himmel gebunden sein", nehmen sie mit Freuden auf und preisen es; aber was er *(Matth. 10, 9)* gesagt hat: „Ihr sollt nicht Gold noch Silber . . . haben", scheuen sie wie eine Gefahr. Ähnlich, was er den Jüngern *(Joh. 20, 22—23)* gesagt hat: „Nehmet hin den heiligen Geist! Welchen ihr die Sünden erlasset, denen sind sie erlassen; und welchen ihr sie behaltet, denen sind sie behalten", nehmen sie ruhig an; aber weil er *(Matth. 11, 29)* gesagt hat: „Lernet von mir, denn ich bin sanftmütig und von Herzen demütig", deshalb nehmen sie die Sanftmut und Demut, die dem heiligen Geist die Stätte bereitet in ihren Herzen, doch nicht an.

Ebenso, daß der Herr den Jüngern *(Luk. 10, 16)* gesagt hat: „Wer euch hört, der hört mich", lassen sie als Gehorsam gegen sich selbst gelten; aber was er *Matth. 20, 25—28* gesagt hat: „Ihr wisset, daß die weltlichen Fürsten herrschen, und die Oberherren haben Gewalt. So soll es nicht sein unter euch; sondern so jemand will unter euch gewaltig sein, der sei euer Diener. Und wer da will der Vornehmste sein, der sei euer Knecht. Gleichwie des Menschen Sohn ist nicht gekommen, daß er sich dienen lasse, sondern daß er diene"; dies gewichtige Wort bekämpfen sie mit Wort und Tat, mit dem Wort, wenn sie sagen, daß sie herrschen müssen; und mit der Tat, weil sie nicht wie der Herr Jesus Christus der Kirche dienen wollen.

Und, um den ganzen Wortlaut der Schrift, besonders des Evangeliums zu überfliegen: Was ihnen so zu lauten scheint, daß sie reich verwöhnt, der Welt geneigt sein sollen und nichts Unangenehmes für Christus erdulden, das käuen sie wieder, machen es bekannt und dehnen es allzuweit aus. Was aber lautet wie Nachfolge Jesu Christi, wie Armut, Sanftmut, Demut, Geduld, Keuschheit, Mühe und Ausdauer, das unterdrücken sie oder legen es nach ihrem Belieben aus oder verwerfen es ausdrücklich, als ob es nicht zum Heil diente. Und der Teufel, der der schlimmste Sophist ist, verführt sie durch Unkenntnis der Folgen, indem er erklärt: Christus hat diese Gewalt Petrus und den übrigen Aposteln gegeben, folglich auch ihnen; daraus folgern sie selbst, daß ihnen erlaubt sei zu tun, wie sie wollen, und daß sie dann mit gleicher Eindeutigkeit selige Väter mit Christus sind, die die Kirche richten und für die Ewigkeit gekrönt werden müssen. Aber gesegnet sei der allwissende Christus, der jenes seinen Aposteln gesagt hat, weil er wußte, daß sie die ihnen übertragene Gewalt nach seinem Wohlgefallen ausgeübt haben im Dienst an seiner Braut.

Was die *Gewalt* betrifft, deren sich die Kleriker rühmen, so ist zu bemerken, daß „Gewalt" einmal für Herrschgewalt oder für wahre Gewalt gebraucht wird, wie *Römer 13, 1:* „Jedermann sei untertan der Obrigkeit, die Gewalt über ihn hat". Ein andermal wird es *übertragen* gebraucht für angebliche oder verdeckte Gewalt, wie *(Luk. 22, 53)* Christus seinen Häschern, die von der „Gewalt" der Hohenpriester ausgesandt sind, sagt: „Dies ist eure Stunde und die Macht der Finsternis". Und *Off. Joh. 6, 8* heißt es: „Siehe, ein fahles Pferd. Und der darauf saß, des Name hieß Tod, und die Hölle folgte ihm nach. Und ihnen ward Macht gegeben, zu töten den vierten Teil auf der Erde mit dem Schwert und Hunger und mit dem Tod und durch die Tiere auf Erden". Und *Off. Joh. 13* wird erzählt, wie der Drache dem Tier die Macht gegeben hatte und wie sie das Tier anbeteten und sprachen *[Off. Joh. 13, 4]:* „Wer ist dem Tier gleich, und wer kann mit ihm kriegen?" *Und später* [13, 7–8]: „Und ihm ward gegeben, zu streiten mit den Heiligen und sie zu überwinden; und ihm ward gegeben Macht über alle Geschlechter und Sprachen und Heiden. Und alle, die auf Erden wohnen, beten es an, deren Namen nicht geschrieben sind in dem Lebensbuch des Lammes, das erwürgt ist". Wer ist dieses Tier, das die Menschen anbeten, weil sie seine Macht fürchten? Wer dies liest, soll es erkennen und seiner vorgeblichen Macht widerstehen und es nicht ebenso fürchten, weil ihm die Macht gegeben ist, mit den Heiligen zu streiten und sie durch Vernichtung des Leibes zu besiegen, die es, wenn sie für Christi Gesetz sterben, endlich selbst besiegen. Denn zu ihnen sagt der Heiland *Matth. 10, 28:* „Und fürchtet euch nicht vor denen, die den Leib töten"; und *Joh. 16, 33:* „In der Welt habt ihr Angst, aber seid getrost, ich habe die Welt überwunden". Wozu Augustin über Johannes sagt: Sie haben vertraut und überwunden, in wem, wenn nicht in ihm? Denn jener hätte die Welt nicht überwunden, wenn die Welt seine Glieder überwände. Daher sagt der *Apostel:* „Dank sei Gott, der uns den Sieg gegeben hat", und setzt sofort hinzu: „Durch unseren Herrn Jesum Christum", der den Seinen gesagt hat: „Seid getrost, ich habe die Welt überwunden". *So Augustin.* Es überwinden aber die die Macht des Drachen und des Tieres, die die Gewalt der Vorausbestimmung besitzen, welches die vornehmste Gewalt ist, von der Johannes im ersten sagt: Er hat ihnen die Macht gegeben, Gottes Kinder zu werden: Auf diese Gewalt folgt die vollkommene Gewalt, das ist jene Gewalt, die Gott dem Seligen im Vaterlande gibt, im vollen Maße des Herrn teilhaftig zu werden und durch ihn jeglicher Kreatur.

Daher sollen die wirklichen Christusanhänger, die diese Gewalt erlangen wollen, jeder vergeblichen Macht widerstehen, die sich bemüht, sie von der Nachahmung Christi mit Gewalt oder List abzuhalten. Denn wenn man dieser Gewalt widersteht, wird nicht der göttlichen Ordnung widerstanden, sondern dem Mißbrauch der Macht. Und diesen Mißbrauch üben hinsichtlich der Schlüsselgewalt die Simonisten, die angeblich Unverdiente verdammen oder Gebundene lösen, und das wegen Verweigerung des ihnen angeblich geschuldeten Gehorsams oder wegen ihres Gewinns; von denen sagt der Herr *Hesek. 13, 19*: „Ihr entheiligt mich in meinem Volk um eine Handvoll Gerste und einen Bissen Brot, damit, daß ihr die Seelen zum Tode verurteilt, die doch nicht sollten sterben, und urteilt die zum Leben, die doch nicht leben sollten, durch euer Lügen unter meinem Volk, welches gern Lügen hört". Darüber *Gregor, 11. Untersuchung, 3: Den meisten. . .*: Richtig, sagt er, wird vom Propheten gesagt: Sie haben die Seelen getötet, die nicht sterben, und die Seelen lebend gemacht, die nicht leben. Denn einen Unsterblichen tötet, wer einen Gerechten verurteilt, und einen nicht Lebenden bemüht sich der zu beleben, der einen Schuldigen von der Strafe zu befreien sucht. Diesen Mißbrauch der Gewalt üben auch sie, die die heiligen Ämter verkaufen und kaufen, die Bistümer, Kanonikate, Pfarrstellen simonistisch erwerben und verschachern, dir für die Sakramente unverschämt Gebühren nehmen, die habgierig, genußsüchtig, schwelgerisch oder irgendwie schändlich leben und damit die priesterliche Macht besudeln. Diese nämlich, wenn sie auch sagen, sie erkennen Gott, verleugnen es mit den Werken *(Titus 1, 16)*, und folglich glauben sie nicht an Gott und haben so als ungläubige Söhne ungläubige Ansichten über die sieben Sakramente der Kirche, die Schlüssel, Ämter, Strafen, Sitten, Gebräuche und heiligen Dinge der Kirche, Reliquienverehrung, Ablaß und geistliche Würden.

Offenbar ist, daß solche den Namen Gottes verachten. Daher wird *(Maleachi 1, 6 bis 7 und 10)* gesagt: „Zu euch Priestern, die meinen Namen verachten. So sprecht ihr: Womit verachten wir deinen Namen? Damit, daß ihr opfert auf meinem Altar unreines Brot. Daß doch einer unter euch die Türen zuschlösse, damit ihr nicht umsonst auf meinem Altar Feuer anzündet! Ich habe kein Gefallen an euch, spricht der Herr Zebaoth, und das Speiseopfer von euren Händen ist mir nicht angenehm". Seht, das sagt der Herr den bösen Priestern, daß sie seinen Namen verachten und unreines Brot opfern. Daher, *in der ersten Untersuchung, 1. Kap.: Viele weltliche. . .*, und bei *Gregor*, nach der Erklärung der Sakramente und der Vollmacht, heißt es: Wir verunreinigen das Brot, das ist der Leib Christi, wenn wir unwürdig vor den Altar treten und als Unreine das reine Blut trinken. Und der Apostel *(Hebr. 10, 28—29)*: „Wenn jemand das Gesetz Moses' bricht, der muß sterben ohne Barmherzigkeit durch zwei oder drei Zeugen. Wieviel, meinet ihr, ärgere Strafe wird der verdienen, der den Sohn Gottes mit Füßen tritt und das Blut des Testaments unrein achtet, durch welches er geheiligt ist?"

Zum zweiten kreuzigen solche den Sohn Gottes. Denn der Apostel nennt sie *(Hebr. 6, 6)*: „die sich selbst den Sohn Gottes wiederum kreuzigen und für Spott halten". *Zum dritten* verstoßen sie gegen Christi Gesetz, wie der *selige Hieronymus* sagt, *Gegen den Propheten Sophonias, im 1. Kap. der ersten Untersuchung*: Die Priester, die das Abendmahl bereiten und das Blut des Herrn seinem Volk austeilen, handeln unrecht gegen Christi Gesetz, wenn sie meinen, das Abendmahlwunder brächten die Worte des Betenden hervor, nicht sein Lebenswandel, und nur das feierliche Gebet sei notwendig, nicht das Verdienst der Priester, von denen gesagt wird: Ein Priester, an dem irgendein Flecken ist, soll nicht hinzutreten, dem Herrn das Meßopfer zu bringen. *Viertens* lästern die Genannten die Majestät des Herrn. Daher heißen sie *2. Petr. 2, 10*: „Die, so da wandeln nach dem Fleisch in der unreinen Lust und die Herrschaft verachten".

Später [2. Petr. 2, 12]: „Aber sie sind wie die unvernünftigen Tiere, die von Natur dazu geboren sind, daß sie gefangen und geschlachtet werden, lästern, davon sie nichts wissen." Und dazu sagt der *selige Augustin über den 146. Psalm: Lobet den Herrn, denn er ist gut:* Wenn du das natürliche Maß durch maßlose Gefräßigkeit überschreitest und dich mit Wein berauschst, welches Lob Gottes auch deine Zunge verkündet, dein Leben ist Lästerung. *So jener.* Wie können also die Habgierigen, Simonisten, Schwelger und die anderer Schandtaten schuldig sind, in Rechtschaffenheit die Wahrnehmung vom Herrn und seinen Sakramenten haben, wenn sie wie Ungläubige den Namen Gottes verachten, sein Brot verunreinigen, sich selbst Gottes Sohn Jesum Christum kreuzigen und zum Spott machen, gegen Gottes Gesetz verstoßen und seine Herrschaft verachten und verlästern?

Und offenbar ist, daß sie solche sind, ein unheilvoller Klerus, der glaubenswidrig über die sieben Sakramente der Kirche, über die Schlüsselgewalt und andere zum Gesetz Christi gehörige Dinge denkt. Ebenso erhellt, daß der Ausspruch der Doktoren, deren Anführer damals *Stephan Paletsch* und *Stanislaus* waren, die Peter von Znaim, Johannes Elias, Andreas Brod, Johannes Hildesen, Matthäus den Mönch, Hermann den Eremiten, Georg Bora und Simon Wenda hinter sich hatten, [jener Ausspruch] der zum Anlaß von Streitigkeiten geworden ist, als wahr gelten kann für den Klerus, der einen schändlichen Lebenswandel führt: Denn sie sagen am Beginn ihrer Schrift: *Der Anlaß dieser Streitigkeit kommt von einigen aus dem unheilbringenden Klerus.*

Weil sie nämlich gegen die Schandtaten des unheilbringenden Klerus als Priester Christi gepredigt haben, daher ist der Streit entstanden; deshalb, weil der Klerus, der dem Volk das Unheil des Ärgernisses brachte und nicht die Predigt, die seinem Unheil zuwiderlief, dulden wollte, gegen die, die das Evangelium predigten und ihr Unheil durch Gottes Wort heilen wollten, aufgetreten ist und sie boshaft unterdrücken wollte. Aber es war die Absicht der genannten Doktoren, daß man ihnen mit Gottes Hilfe zu ihren Lebzeiten nicht werde beweisen können, daß sie bei ihrer Evangelisation gegen die Bosheit des unheilvollen Klerus ketzerische Auffassungen von der Schlüsselgewalt der Kirche hatten.

Durch welche Überlegungen veranlaßt Jan Hus der Macht des Papstes *widersprochen hat. Dazu verschiedene Darlegungen über den Gehorsam nach Kirchenvorschriften und Konzilien*

Weiterhin nach dem Grundsatz, nach dem sie glauben, daß alles, was sie sagen, unausweichlich und wahr sei, behaupten die genannten Doktoren, daß dem apostolischen Stuhl der römischen Kirche und den kirchlichen Vorgesetzten von den Untergebenen in allen Dingen gehorcht werden müsse, wenn nicht das absolute Gute verhindert oder das absolut Böse befohlen würde, sondern das Mittlere, das nach Art und Weise, Ort, Zeit oder Person entweder gut oder böse sein kann, nach dem Wort des Heilands Matth. 23, 3: „Alles nun, was sie euch sagen, daß ihr halten sollet, das haltet und tut's".

Und setzen hinzu, nach *Bernhard, im Brief an den Mönch Adam,* der so anfängt: Wenn du in der Liebe bliebest usw.; das Gesetz des Gehorsams ist gleichsam in den Baum der Erkenntnis von Gut und Böse gesetzt, der inmitten des Paradieses stand. Darin ist es wahrlich nicht zulässig, unsere Ansicht der Meinung der Kirchenlehrer voranzusetzen, in dieser Hinsicht darf kein Befehl oder Verbot der geistlichen Vorgesetzten außer acht gelassen werden.

Und *fahren fort: Einige aber aus dem Klerus im Reich Böhmen wollen dem nicht zustimmen und bemühen sich, soweit sie können, das gläubige Volk zum Gehorsam gegen die Geistlichkeit zu bringen und zur Unehrerbietigkeit gegen die Würde des Papstes, des Bischofs, des Priesters und des Klerus und lassen dabei außer acht, was der selige Augustin in der 8. Predigt mit den Worten sagt:*

Wenn du fastest, Tag und Nacht hindurch betest, in Sack und Asche büßt und nichts anderes tust, als was dir im Gesetz vorgeschrieben ist, und für dich selbst weise bist, aber dem Vater nicht gehorsam, verstehe: nicht dem leiblichen, sondern dem geistlichen Vater hast du alle [anderen] Tugenden zunichte gemacht, daher gilt der Gehorsam mehr als alle anderen sittlichen Tugenden. *So jener.*

In der Verbindung der gesagten Dinge mischen die *Doktoren* Wahres mit Falschem, Schmeichelei und Schrecken; diese drei sind in folgenden Worten eingeflochten: Einige aber aus dem Klerus, damit meinen sie unsere Partei, wollen dem nicht zustimmen und bemühen sich, soweit sie können, das gläubige Volk zum Ungehorsam zu bringen. Seht diese falsche Lüge, womit sie uns unterstellen, wir seien Volksverführer, während unsere Partei nicht die Absicht hat, *das Volk vom wahren Gehorsam zu verleiten, sondern daß das Volk eins sei, vom Gesetz Christi in Einigkeit geleitet.* Zweitens ist es das Bestreben unserer Partei, daß die Bestimmungen des Antichrist das Volk nicht verdummen oder von Christo trennen sollen, sondern daß das Gesetz Christi unverletzt regieren soll, zusammen mit der Gewohnheit des Volkes, die Gottes Gesetz bestätigt. *Drittens* will unsere Partei, daß der Klerus wirklich nach dem Evangelium Jesu Christi lebt, unter Ablegung von Prunk, Habsucht und Schwelgerei. Und *viertens* wünscht und predigt unsere Partei, daß die kämpfende Kirche wirklich aus ihren Teilen, die der Herr bestimmt hat, zusammengesetzt sein soll; nämlich aus Priestern Christi, die in reiner Weise sein Gesetz halten, aus weltlichen Edlen, die zur Befolgung der Anordnungen Christi anhalten; und aus einfachem Volk, das diesen beiden Teilen Christi gesetzentsprechend dient. Mögen also die Doktoren dies als Unrecht unsrer Partei zurechnen. Die Schmeichelei, die sie den Prälaten darbringen, und der Schrecken, mit dem sie unsere Partei einschüchtern, sind *in diesen Worten* enthalten: Sie bemühen sich, das gläubige Volk zum Ungehorsam gegen die geistlichen Vorgesetzten zu bringen und zur Unehrerbietigkeit gegen die Würde des Papstes, Bischofs, Priesters und Klerikers. Gelobt sei Christus Jesus, daß sie nicht gewagt haben zu sagen oder vergessen haben, uns die Verleumdung anzuhängen vom Ungehorsam gegen Jesus Christus, dem zu dienen Herrschen ist und dem zu gehorchen so viel gilt wie der Gehorsam keinem anderen gegenüber, es sei denn in dem Maße, wie dieser den Gehorsam gegen Gott erkennen läßt.

Daher zu diesem Ausspruch der Doktoren: „Dem Stuhl der apostolischen Römischen Kirche ist seitens der Untergebenen in allen Dingen zu gehorchen usw":
Über den Gehorsam ist zu sagen: Zu bemerken ist, daß *„Gehorsam"* erstens dem Verhältnis nach oder *ganz allgemein* gebraucht wird, wie das Folgeleisten jeglicher Kreatur gegenüber dem göttlichen Willen, entweder *ohne Widerstreben*, wie der Stein gehorcht, der nach unten fällt oder nach unten zu fallen trachtet, das Feuer, indem es aufsteigt, die Sonne, indem sie leuchtet, und so von den anderen Geschöpfen, oder jemand *gehorcht mit Widerstreben*, wie der Teufel oder ein verdammter Mensch, der gehorchen muß durch Erdulden, was er soll. Auf diese Weise reden die Heiligen, wenn sie sagen, daß alles seinem Schöpfer gehorcht, nur der sündige Mensch nicht gehorcht, das ist, er folgt nicht dem Befehl des Schöpfers ohne Widerstreben des eigenen Willens. Aber außerdem wird *„Gehorsam"*, insofern er eine Handlung der Tugend oder eine Tugend ist, so von einigen bestimmt: Gehorsam ist die Unterwerfung des eigenen Willens unter das Ermessen eines Höheren in erlaubten und ehrbaren Dingen; *oder*: Gehorsam ist das Verhältnis bei der freiwilligen Ausführung eines Befehls eines Höheren in erlaubten und ehrenhaften Angelegenheiten.

Die *erste Bestimmung* wird durch die Handlung, die *zweite* durch das Verhältnis ausgedrückt. Und aus diesen Bestimmungen folgt, daß es keinen *Gehorsam* in unerlaubten Dingen gibt und somit *„Gehorsam"* etwas Gutes bezeichnet, *„Ungehorsam"* etwas Böses. Mir scheint aber die erste Bestimmung darin mangelhaft zu sein, daß der Gehorsam etwas Allgemeineres ist als die Unterwerfung, da er auf Gott angewendet werden kann, Unterwerfung aber nicht. Gott hat nämlich der Stimme eines Menschen gehorcht. Denn *Josua 10, 14* wird gesagt: „Und war kein Tag diesem gleich, weder zuvor noch darnach, da der Herr der Stimme eines Mannes gehorchte; denn der Herr stritt für Israel"; und doch war der dreieinige Gott nicht einem Menschen unterworfen oder untergeben als ein Geringerer. Auch bezieht sich nicht jeder Gehorsam auf das Ermessen eines Höheren, denn Christus, wie *Luk. 2, 51* gesagt wird, war seinen Eltern untergeben. Und sicher ist, daß, wie unter den andern vom Weibe Geborenen kein größerer aufgestanden ist als Johannes der Täufer, so Christus unendlich größer war als Joseph oder Maria.

Da also Christus nichts getan hat, als was er sollte, ergibt sich, daß der Größere dem Geringeren untergeben oder gehorsam sein soll; denn alles, was der Quell des Glaubens, als der Vornehmste, gelehrt hat, muß befolgt werden. Daher ist Christus, der von zweierlei Natur war, *auf zweierlei Weise gehorsam* gewesen. Er hat nämlich Gott dem Vater in allem gehorcht, als der Geringere dem Vater gegenüber entsprechend seiner menschlichen Existenz. Er selbst nämlich sagt: „Der Vater ist größer als ich" *(Joh. 14, 28). Zweitens* hat er seinen Eltern gehorcht, die, wie gesagt, niedriger waren. Und er ist auch gegen die andern gehorsam gewesen, hat freiwillig das von ihnen zugefügte Leiden ausgehalten und gehorcht den wahren und heiligen Christen, indem er ihrem Mangel abhilft und ihren Wunsch erfüllt. Und es ist deutlich, daß nicht folgt: Jener hat jenem gehorcht, also ist er geringer als jener. Ähnlich folgt nicht: Jener hat jenem gedient, also ist er geringer als jener. Denn Christus hat einem anderen Menschen gehorcht und gedient, wovon *Jes. 43, 24—26* spricht: „Mir hast du Arbeit gemacht mit deinen Sünden und hast mir Mühe gemacht mit deinen Missetaten. Ich, ich tilge deine Übertretungen um meinetwillen und gedenke deiner Sünden nicht. Erinnere mich, laß uns miteinander rechten". Und *Matth. 20, 28* sagt er: „Des Menschen Sohn ist nicht gekommen, daß er sich dienen lasse, sondern daß er diene". Und von demselben sagt der Apostel *(Philipp. 2, 7)*: „Sondern entäußerte sich selbst und nahm Knechtsgestalt an". Und *Joh. 13, 4—5*: „Er nahm einen Schurz und umgürtete sich. Darnach goß er Wasser in ein Becken und hob an, den Jüngern die Füße zu waschen". Deshalb ist er nicht lügnerischer Weise, sondern wahrhaftig der Bischof, der Knecht der Knechte Gottes, nicht nur der von Rom, sondern allgemein von allen Kirchen, er ist auch der Bischof von Prag. Aber wie er Knecht oder Diener ist, nicht durch öffentlichen Zwang, denn ein zwangsweise tätiges Leben traf nicht auf ihn zu, so ist er der Bischof der Seelen, nicht der weltlichen Schätze und Besitztümer, denn dieser Bischof stieg nur einmal auf ein Eselsfüllen, demütig und sanft, wie *Sacharja 9, 9* bezeugt. Und *Matth. 8, 20* sagt er: „Die Füchse haben Gruben, und die Vögel unter dem Himmel haben Nester; aber des Menschen Sohn hat nichts, da er sein Haupt hinlege". Warum das? Die Ursache gibt der Apostel *2. Kor. 8, 9* an, mit den Worten: „Denn ihr wisset die Gnade unsers Herrn Jesu Christi, daß, ob er wohl reich ist, ward er doch arm um euretwillen, auf daß ihr durch seine Armut reich würdet".

Die *zweite Bestimmung* aber ist mangelhaft nach dem Gesagten, weil sie sagt, daß Gehorsam sei das Gehorsamsverhältnis gegenüber dem Befehl eines Höheren. Denn nicht jeder Gehorsam bezieht sich auf einen Höheren, dem gehorcht wird, oder auf einen Befehl. Denn manchmal bezieht er sich, wie gesagt ist, auf einen Geringeren. Und er bezieht sich auch auf einen Rat, wie, wenn ein Mensch den Ratschlägen Gottes gehorcht, zu denen er nicht verpflichtet ist unter Strafe der Todsünde. Er bezieht sich auch auf eine Bitte, so wie Gott auf die Bitte des

Josua gehorcht hat, indem er der Sonne bei Gibeon stillzustehen befahl und sich nicht zum Untergang zu neigen *(Josua 10, 13)*.

Daher sagt *Hieronymus im 113. Brief*: Gott scheint zuweilen den Bitten der Heiligen zu gehorchen. Und es ergibt sich, daß Gehorsam einmal die Erfüllung eines Befehls, einmal eines Rats, einmal einer Bitte ist, die weder Befehl noch Rat ist. Und manchmal auch einer Überredung, wie der Teufel Christus *Matth. 4* überredet hat, mit ihm zur heiligen Stadt zu gehen und auf einen sehr hohen Berg, und Christus in seiner Kraft ihm darin zugestimmt und seinen Willen erfüllt hat. Und somit müßte nach dieser Unterscheidung gesagt werden, daß „gehorchen" ist den Willen eines andern wirklich erfüllen; daher bezeichnet „Gehorsam" immer das Verhältnis von einem zum andern. Nicht aber die anderen Tugenden, wie es ersichtlich ist betreffs der Enthaltsamkeit und der Selbstbeherrschung.

Daraus läßt sich zusammenfassen, *daß der Gehorsam dreifach ist, wie auch die Demut: Des Größeren gegenüber dem Kleineren:* das ist der größte. *Des Gleichgestellten gegenüber dem Gleichen:* das ist der mittlere. *Eines Kleineren dem Größeren gegenüber:* das ist der geringste, und auf diesen trifft jene *erste Bestimmung* zu: Gehorsam ist die Unterwerfung des eigenen Willens unter das Ermessen eines Höheren in erlaubten und ehrenhaften Dingen. Und man kann ihn auch so *beschreiben:* Gehorsam ist die freiwillige Handlung eines vernünftigen Geschöpfs, wodurch es sich freiwillig und verständig seinem Vorgesetzten unterwirft, und bezeichnet etwas Gutes, wie „nicht gehorchen" etwas Böses bezeichnet; aber beides meint ein vernunftbegabtes Geschöpf als Subjekt. Und *zweitens* meint es als Grundlage ein Handeln, Erleiden, Schweigen oder etwas Ähnliches, worauf der Befehl ausgeht.

Wie daher *jede Sünde Ungehorsam* ist oder ihre Begleiterscheinung, denn jeder Tugendhafte gehorcht Gott, so ist jeder Sünder ungehorsam. Denn *der Gehorsam setzt sich aus Überlegungen und Willen zusammen. Aus Überlegung,* die erkennt, daß in gewissen Dingen gehorcht werden muß, und *aus dem Willen,* der dem Befehlenden zustimmt. Seine *Wirkungen* erstrecken sich aber auf die anderen Fähigkeiten und nach außen auf die Verwirklichung. Und da sich in der Schrift *guter und böser Gehorsam* findet, herrscht über den *guten* Klarheit, über den *schlechten* wird *1. Mose 3, 17* zu Adam gesagt: „Dieweil du hast gehorcht der Stimme deines Weibes mehr als der meinen, soll der Acker verflucht sein um deinetwillen". Und *Matth. 15, 3:* „Warum übertretet denn ihr Gottes Gebot um eurer Aufsätze willen?" Und *Apg. 5, 29:* „Man muß Gott mehr gehorchen als den Menschen".

Wenn daher einem Menschen mehr gehorcht wird als Gott, so wie Adam Eva gehorcht hat, so ist es immer ein *böser Gehorsam.* Daher ist jeder, der auf böse Art gehorsam ist, Gott ungehorsam; und so kommt es vor, daß derselbe Mensch gehorsam und ungehorsam ist, in Hinsicht auf verschiedene Gebietende oder verschiedene Gebote. Und es folgt nicht: Sortes ist ungehorsam, also ist Sortes nicht gehorsam. Sondern es folgt: Daß Sortes dem nicht gehorsam ist, in Hinsicht auf den er nicht gehorsam ist oder in Hinsicht auf dessen Gebot er ungehorsam ist. Und es ist klar, daß „gehorchen" im allgemeinen bedeutet, den Willen des Gebietenden zu erfüllen, und zwar gut, wie wenn ein Mensch oder ein geschaffener Geist, der im Gnadenstand ist, den erlaubten Willen des Gebietenden erfüllt. Schlecht aber, wenn entweder einer, der in Sünde lebt, den Willen des Gebietenden hinsichtlich des gegebenen Gebots erfüllt, z. B. wenn einer, der in Schwelgerei lebt, nach Vorschrift fastet; oder zweitens, wenn er ein böses Gebot gegen Gott erfüllt. Daraus erhellt, daß unmöglich ein vernunftbegabtes Geschöpf sittlich tugendhaft sein kann, wenn es nicht seinem Gott gehorsam ist.

Dazu muß man wissen, daß *der Gehorsam dreifach ist*, nach dem *heiligen Thomas 2, 2. Untersuchung 104. Kap. 5*, nämlich: ein ausreichender, vollkommener und unterschiedsloser. Der ausreichende Gehorsam ist der, der nur in den Dingen gehorcht, zu denen er durch das Recht der Natur verpflichtet ist, und der die Grenzen seiner Stellung nicht überschreitet. Dies ist der ausreichende Gehorsam, durch den jemand in den Dingen gehorcht, zu denen er ausdrücklich verpflichtet ist. Dafür sind die Beispiele aus der heiligen Schrift bekannt. Denn die Kinder sind verpflichtet, den Eltern zu gehorchen, nach dem Apostelwort *Kol. 3, 20*: „Ihr Kinder, seid gehorsam den Eltern in allen Dingen". Dies wird nur von den Dingen verstanden, die zur Zucht des äußeren Lebens und der Sorge für das Hauswesen gehören, wie *Thomas an der oben erwähnten Stelle* sagt. Ähnlich sollen die Knechte ihren Herren gehorchen, nach dem *Apostelwort*: „Ihr Knechte, seid gehorsam in allen Dingen euren leiblichen Herren" [Kol. 3, 22] und jenem *(1. Petr. 2, 18)*: „Ihr Knechte, seid untertan mit aller Furcht den Herren, nicht allein den gütigen und gelinden, sondern auch den wunderlichen"; das ist nur von den Dingen zu verstehen, die zu den erlaubten Knechtsdiensten gehören, wie *Thomas an gleicher Stelle* sagt: „Desgleichen sollen die Weiber ihren Männern untertan sein", nach dem *gleichen Petrus-Brief (1. Petr. 3, 1)* und ebenso nach dem oben angeführten Apostelwort *(Kol. 3, 18)*: „Ihr Weiber seid untertan euren Männern in dem Herrn". Das ist nur vor den Dingen zu verstehen, die zum erlaubten ehelichen Zusammenleben äußerlich gehören.

Ähnlich sind alle Christen den weltlichen Gewalten, jeder einzelne in seinem Stande, Gehorsam schuldig, nach dem Apostelwort *Titus 3, 1*: „Erinnere sie, daß sie den Fürsten und der Obrigkeit untertan und gehorsam seien." Und *(Röm. 13, 1)*: „Jedermann sei untertan der Obrigkeit, die Gewalt über ihn hat". Dort bestätigt der Apostel, daß jeder Mensch seinen Vorgesetzten sowohl in weltlichen als auch in geistlichen Dingen gehorchen soll, weil sie Gottes Diener sind, für die Guten eingesetzt zum Schutz, zur Reinigung und zum Lob, für die Schlechten aber zur Besserung, Strafe und Vergeltung; denn es ist keine Gewalt, außer von Gott, und wer der Gewalt widersteht, widerstrebt der Anordnung Gottes. Damit stimmt *Thomas 2, 2. Untersuchung 14. Kap. 6* überein; und alle diese Untertänigkeit oder der Gehorsam wird nur für die Stände verstanden, deren Vorgesetzte rechtmäßig sind und wenn sie gerechte Befehle geben, nicht anders. Damit stimmt die *Glossa ordinaria* überein, *über den Satz:*

Welche aber sind von Gott. Damit stimmt auch der *Magister sententiarum im 2. Buch, letzte Darlegung,* überein.

Der vollkommene Gehorsam ist jener, durch den der zum Gehorsam Verpflichtete sein ganzes Wollen und Nicht-Wollen bei der Verrichtung von Werken dem Ermessen seines Vorgesetzten anheimstellt, wenn nur das Gebot nicht dem göttlichen Willen zuwider ist oder den geheiligten Sitten oder den natürlichen Notwendigkeiten oder solange es nicht mit dem Gebot oder Rat des Herrn Jesu Christi unvereinbar ist. Und weil der Gehorsam sich auf Gebote und Ratschläge erstreckt, darum muß der *Unterschied angegeben* werden *zwischen dem Gebot und dem Rat im Evangelium,* wie sie durch Gegenüberstellung bestimmt werden.

Gebot nämlich ist die allgemeine Lehre Gottes, die jeden Menschen für immer verpflichtet bei Strafe der Todsünde, die von selbst eintritt, wenn er irgend einmal von ihr abgefallen ist. Daher haben die Seligen, die während der Zeit ihres Lebens gesündigt haben, zur selben Zeit Todsünde begangen. So wie die Verdammten auf Grund ständiger Übertretung ständig sündigen in der Hölle.

Ratschlag aber ist eine besondere Lehre Gottes, die nur verpflichtet bei Strafe der läßlichen Sünde und für Lebenszeit. Daher sagen die Lehrer: Das *Gebot* ist Sache der Unvollkommenen und verpflichtet sie auf Grund dessen, daß sie Knechte sind. Der *Rat* aber ist Sache der Vollkommenen, die er sogar darüber hinaus verpflichtet, verstehe, allgemein und für immer bei Strafe der Todsünde. Aber um die Gelegenheit zur Sünde auszuschalten, berät er sie wie Freunde. Wenn daher ein Heiliger durch die Größe des Göttlichen hinsichtlich eines Ratschlags in Todsünde fällt, so geschieht das durch Übertretung des ersten Gebots und nicht durch Nichtbefolgung des göttlichen Rats. Im *Vaterland* aber, wo keine Gefahr oder Gelegenheit des Sündigens besteht, gibt es keinen sogenannten Ratschlag. Denn im *Vaterland* gibt es keine *freiwillige Armut,* noch strebt sie den Mangel an, den Christus anrät *Matth. 19, 21:* „Willst du vollkommen sein, so gehe hin, verkaufe, was du hast". *Zweitens* [nicht] *der Gehorsam gegen einen dazu zwingenden Vorgesetzten,* von dem es *(Luk. 9, 23)* heißt: „Wer mir folgen will, der verleugne sich selbst und nehme sein Kreuz auf sich täglich und folge mir nach". Auch nicht das *Widerstreben der Keuschheit,* von der es *Matth. 19, 12* heißt: „Und sind etliche verschnitten, die sich selbst verschnitten haben um des Himmelreiches willen". Auch nicht die *wirksame Vergeltung den Gegnern gegenüber,* davon *Matth. 5, 44:* „Tut wohl denen, die euch hassen". Auch nicht das *demütige Ertragen solcher, die gewalttätig schlagen;* davon *Matth. 5, 39:* „So dir jemand einen Streich gibt auf deinen rechten Backen, dem biete den andern auch dar". Noch *die reichliche Vollbringung von Werken der Barmherzigkeit,* davon *Luk. 6, 30:* „Wer dich bittet, dem gib". Noch die *Zurückhaltung von Rede und Eid,* davon *Matth. 12, 36:* „Die Menschen müssen Rechenschaft geben am Jüngsten Gericht von einem jeglichen unnützen Wort, das sie geredet haben". *Matth. 5, 34:* „Ich aber sage euch, daß ihr überhaupt nicht schwören sollt". Auch keine Gelegenheit zur Sünde, davon [vgl. Matth. 5, 29]: Wenn dich dein Auge oder dein Fuß oder deine Hand ärgert, so reiß es aus, schlage ihn ab und wirf sie fort. Auch nicht die *Mäßigung in den Werken* [die hier verlangt wird], damit wir nach dem Aufhören ehrlicher Opferbereitschaft nicht in Heuchelei verfallen, davon *Matth. 6, 1:* „Habt acht auf eure Almosen, daß ihr die nicht gebet vor den Leuten." Auch nicht das *Beispiel der Übereinstimmung von Wort und Tat,* davon *Matth. 23, 3* von den Pharisäern gesagt wird: „Sie sagen's wohl, und tun's nicht." Deshalb rät er dem Heuchler: „Zieh zuvor den Balken aus deinem Auge" *(Luk. 6, 42).* Auch nicht die *irdische Besorgnis, die das Wort erstickt,* davon *Matth. 6, 31:* „Darum sollt ihr nicht sorgen und sagen: Was werden wir essen? usw." Auch nicht die *Zurechtweisung des Bruders,* davon *Matth. 18, 15:* „Sündigt aber dein Bruder an dir, so gehe hin und strafe ihn zwischen dir und ihm allein". Alle diese *zwölf Ratschläge* in ihrer ersten Form werden sie nicht haben als ein Sein von notwendiger Wirksamkeit, sondern sie werden ihnen in ihrer zweiten Form und Bedeutung Folge leisten, wie die ewigen Gebote; auf dem Wege aber zum Leben sind sie sehr nützlich. Und daß doch die Kleriker, speziell die Ordensleute, die die Ratschläge der Menschen hochschätzen, und alle andern, die sich auf Menschenrat verlassen, auf diese Ratschläge des himmlischen Arztes hören würden; denn sie sind ohne Zweifel geeignet, vor möglichen Sünden zu bewahren, von begangenen zu reinigen und die gewonnene Gesundheit zu erhalten. Daher sind alle auf dem Weg befindlichen auf diese Ratschläge oder wechselweise auf einige von ihnen verpflichtet, bei Strafe der läßlichen Sünde. Dies zu entscheiden, wird jeder vernünftige Mensch sich selbst der beste Richter sein, wenn er sieht, wie er durch mangelnde Befolgung eines von diesen in eine Sünde gerät; was er nicht so bald getan hätte, wenn nicht aus Nichtachtung des göttlichen Rats.

Auch ist festzustellen, daß der *12. Rat,* nämlich die *brüderliche Zurechtweisung,* manchmal ein Rat ist, wenn es sich um Verzeihliches handelt; manchmal ein Gebot, als Zurechtweisung für Todsünden. Und diese zweite Art erstreckt sich auf alle und verpflichtet immer, aber nicht für immer, sondern je nach Ort und Zeit, wann die Zurechtweisung nützlich erscheint.

Außerdem ist festzustellen, daß der *menschliche Gehorsam dreifach ist,* nämlich *geistlich, weltlich* und *kirchlich.* Der *geistliche* ist der rein nach Gottes Gesetz geschuldete; unter dem lebten Christus und die Apostel und sollen alle Christen leben. *Weltlicher Gehorsam* ist Gehorsam, der nach den bürgerlichen Gesetzen geschuldet wird. *Kirchlicher Gehorsam* ist Gehorsam nach den Vorschriften der Priester der Kirche, außerhalb der ausdrücklichen Urheberschaft der heiligen Schrift. *Der erstere Gehorsam* schließt von sich aus immer das Böse aus, sowohl von seiten des Gebietenden als des Gehorchenden. Wer nämlich entsprechend dem Gesetz Gottes befiehlt oder gehorcht, tut recht; drum wird sowohl zum Gebietenden als zum Gehorchenden *5. Mose 29, 8* gesagt: „Tue, was dich die levitischen Priester lehrten", nach dem, wie ich es ihnen befohlen habe.

Indem die Untersuchung jetzt darauf zu sprechen kommt, daß der *Gesetzgeber* nur etwas vorschreiben soll, das dem Gesetz entspricht, und der *Gehorchende* ihm nur insoweit gehorchen soll und niemals gegen den Willen des allmächtigen Gottes, [so sei bemerkt, daß] ich dafür anderswo *Augustin, Gregor, Hiero-nymus, Chrysostomus, Isidor, Bernhard* und *Beda* angeführt habe, *dazu die Heilige Schrift und die Kirchengesetze.* Diese lasse ich, um es kürzer zu machen, aus. Nur dieses Wort Isidors *(11. Untersuchung 3.)* sei genannt: Ein Vorgesetzter, der gegen den Willen Gottes oder gegen das, was in den heiligen Schriften ausdrücklich vorgeschrieben wird, etwas sagt oder anordnet, soll als falscher Zeuge Gottes und als Tempelschänder angesehen werden.

Achtzehntes Kapitel

Was der apostolische Sitz oder der Stuhl Petri ist; was Mietlinge sind. Wann man päpstlichen Befehlen gehorchen soll. Zuvor aber ein Bericht über die Streitigkeiten des Jan Hus gegen die päpstliche Partei

Nachdem einige Aussprüche über den Gehorsam angeführt worden sind, will ich wieder auf den Ausspruch der Doktoren zurückkommen, nach dem sich ergibt: *daß dem apostolischen Sitz der römischen Kirche und ihren Vorgesetzten von ihren Untergebenen in allen Dingen gehorcht werden muß; wenn nicht das rein Gute dadurch verhindert oder das rein Böse befohlen wird; sondern ein Mittleres, usw.*

Da muß man eine Feststellung über den *Apostolischen Sitz* machen, von dem viele, vor allem die *Kanonisten,* viel predigen und dennoch nicht wissen, was der apostolische Sitz sei. Denn einige meinen, es sei ein *wirklicher Sitz aus Holz oder Stein,* auf dem der Papst in Person zu sitzen pflegt; andere, daß es die *römische Kurie* sei; andere, daß es *der Stuhl des heiligen Petrus* sei, auf dem er persönlich gesessen hat; andere meinen, es sei Rom; andere, *die päpstliche Gewalt;* andere, die *Kirche oder Basilika des hl. Petrus.* Es ist aber zu beachten, daß er „*der apostolische*" heißt von apostolisch, *apostolisch* aber von Apostel kommt, *Apostel* aber heißt: von Gott gesandt. Den aber Gott gesandt hat, der Heiland, spricht *(Joh. 3, 34)*: Ich rede Gottes Worte. Daher sagt er auch zu den Jüngern *(Joh. 20, 21)*: „Gleichwie mich der Vater gesandt hat, so sende ich euch", nämlich zum Zeugnis der Wahrheit, das heilsame Wort zu predigen und durch Leben und Lehre dem Volk den Weg zur Seligkeit zu zeigen.

Darum hat jeglicher Priester, der nicht den eignen Ruhm erstrebt, sondern Gottes Ehre, Förderung der Kirche und das Heil des Volkes, der auch Gottes Willen tut und die Listen des Antichrist aufdeckt und Gesetz Christi predigt, die Zeichen an sich, die zeigen, daß ihn Gott gesandt hat.

Darum sagt *hinsichtlich des Ruhms* Christus Joh. 5, 41: „Ich nehme nicht Ehre von Menschen"; und *Joh. 8, 50*: „Ich suche nicht meine Ehre". Was das *zweite* anlangt, so sagt er *Joh. 5, 43*: „Ich bin gekommen in meines Vaters Namen, und ihr nehmet mich nicht an. So ein anderer wird in seinem eigenen Namen kommen, den werdet ihr annehmen". Vom *dritten* sagt er *Joh. 6, 38*: „Denn ich bin vom Himmel gekommen, nicht, daß ich meinen Willen tue, sondern den

Willen des, der mich gesandt hat." Christus hat ihn getan, weil er die Förderung der Kirche gesucht hat und das Heil des Volks. Vom *vierten* spricht er *Joh. 7, 7*: „Die Welt kann euch nicht hassen, mich aber haßt sie; denn ich zeuge von ihr, daß ihre Werke böse sind". Und vollends hat Christus gezeigt, daß er von Gott gesandt sei, weil er die Werke des Vaters tat. Davon spricht er *Joh. 10, 37—38*: „Tue ich nicht die Werke meines Vaters, so glaubet mir nicht; tue ich sie aber, glaubet doch den Werken, wollt ihr mir nicht glauben".

Und es ist klar, daß *eines Priesters heiliger Lebenswandel und die fruchtbare Arbeit am Wort Christi* dem Volk zeigen, daß er von Gott gesandt sei, weil er die Werke des Vaters tut. Auch soll anders kein Papst, Bischof, Priester oder Prediger sein, der nicht so von Gott gesandt wird. Und dazu sagt der Apostel *(Röm. 10, 15)* dies: „Wie sollen sie aber predigen, wo sie nicht gesandt werden?" Deshalb sagt *Augustin in der 65. Frage des Orosius*, wo Orosius fragt: Wie können wir wissen, wer von Gott gesandt wird? folgendes: Erkenne den als gottgesandt, den nicht das Lob oder vielmehr die Schmeichelei weniger Menschen erwählt hat, sondern den, den der beste Lebenswandel und die Prüfung seitens apostolischer Priester oder der gesamten Volksmenge mit ihrem Urteil empfehlen; der nicht bestrebt ist, Vorstand zu werden, der nicht Geld gibt, um die Bischofswürde zu erlangen. Denn wer vorzustehen bestrebt ist, wie einer der Kirchenväter sich gewandt ausdrückt, soll wissen, daß er ein Bischof ist, der nur vorstehen, nicht nützen will. *So Augustin.*

Hat man also, was ein *Apostel* ist, so hat man damit auch, was *apostolisch* ist. Denn *apostolisch* heißt der, der den Weg des Apostels innehält. Wie auch ein *wahrer Christ* genannt wird, wer Christum in der Lebensführung nachahmt: So ist *wahrhaftig apostolisch* der Priester, der die Lehre der Apostel befolgt, das Leben eines Apostels lebt und seine Lehre lehrt. Darum wird jeder Papst, inwieweit er die Lehre der Apostel lehrt und im Werk ausführt, insoweit *apostolisch* genannt. Aber wenn er die Lehre der Apostel hintenanstellt, indem er etwas Gegenteiliges in Wort oder Tat lehrt, so wird er wahrlich *pseudoapostolisch* oder *apostatisch* genannt. Daher steht *dist. 97*: Wenn jemand durch Geld oder Menschengunst oder Volks- bzw. militärischen Aufruhr ohne einmütige, und zwar kanonische Wahl auf dem apostolischen Stuhl inthronisiert wird, soll er nicht für apostolisch, sondern für apostatisch gehalten werden. Wenn also der Irrtum größer ist bei der *aktiven Wahl*, wenn die Wähler vom Teufel gezwungen worden sind, eine Person zu wählen, die Gott verwirft, so daß deutlich wird aus dem Werk und dem Vernachlässigen des geistlichen Amtes, daß er dem Leben der Apostel entgegengesetzt lebt, so folgt noch viel mehr, daß man einen solchen *nicht* für *apostolisch*, sondern für *apostatisch* halten muß.

Den *apostolischen Sitz* kann man nach dem Gesagten nennen: das Leben eines Priesters, der in wirksamer Weise das Leben eines Apostels darstellt; wie der *Sitz eines Apostels* das Leben eines Apostels ist. Daher sagt *Chrysostomus, 25. Homilie*: Für jeden Apostel ist die Tugend sein Thron, in der er vollkommener als die andern gewesen ist. Für Christus aber sind alle Tugenden zusammen gleichsam ein Sitz, weil er allein in allen Tugenden gleichermaßen vollkommen ist. Seht, dieser Heilige empfindet trefflich, daß das Leben jedes Apostels Christi sein besonderer Sitz ist, auf dem er sich niedergelassen hat, dadurch daß er hier Verdienste erwarb; und auf Grund des Wesens dieses Sitzes thront er bereits in der Herrlichkeit Jesu Christi, nach dem Wort *Matth. 19, 28*: „Ihr ... werdet ... auch sitzen auf zwölf Stühlen". Dort wird, nach *Augustin*, unter *12 Stühlen* verstanden der Apostel und aller heiligen Kirchenvorsteher Stellung, die, weil sie in der Seligkeit ist, nicht aufhören oder von Tyrannen vernichtet werden kann. Die *Zwölfzahl* aber, die die Zahl des Alls ist, bezeichnet nicht im einzelnen jene 12 Apostel; denn dann würde Ischarioth herrschen und Paulus ihm untergeben sein.

Der *Sitz* aber der *Majestät Christi* wird verstanden als Einsetzung in die ewige Herrschaft, von der er nicht abgesetzt werden kann. Und dieser Sitz Christi ist sein *innerer Sitz. Sein äußerer Sitz* aber, auf dem er sitzt, wohnt oder weilt durch die Gnade, sind alle Heiligen. So wie umgekehrt der *Sitz Satans*, auf dem er sitzt, wohnt und weilt, alle Bösen sind. Daher sagt er *(Off. Joh. 2, 12–13)* dem Engel, das ist der Kirche zu Pergamon, in der Gestalt des Menschensohnes, „der da hat das scharfe, zweischneidige Schwert: Ich weiß, was du tust und wo du wohnst: da des Satans Stuhl ist"; wozu die *Glosse* sagt: Verstehe, das ist: in denen Satan weilt, „und hältst an meinem Namen und hast meinen Glauben nicht verleugnet bei euch, da der Satan wohnt". Aber nun zum Hauptthema. Der *apostolische Sitz* ist dasselbe wie *Moses Stuhl*, davon der Heiland *Matth. 23, 2* spricht: „Auf Moses Stuhl sitzen die Schriftgelehrten und Pharisäer". *Moses Stuhl* aber ist nicht Mose, auch nicht *Moses* erhöhter *Sitz aus Holz oder Stein*, als des obersten Richters. Auch ist er nicht die *Synagoge*, sondern *dieser Stuhl* ist die Vollmacht, das Volk zu lehren und zu richten. Und dies wird in den Worten Christi gezeigt, wenn er sagt: *auf Moses Stuhl*. Und es folgt [Matth. 23, 3]: „Was sie euch sagen", das ist lehren kraft der Vollmacht und Lehre Moses, „das tut". Der *apostolische Stuhl* also ist die Vollmacht zu lehren und zu richten nach dem Gesetz Christi, das die Apostel gelehrt haben; auf dem sollen weise Männer sitzen, die den Herrn fürchten, in denen Wahrheit ist und die die Habsucht hassen. So ist es nämlich *(2. Mose 18, 15–16)*, als *Mose* zu seinem Verwandten Jethro sagte: „Das Volk kommt zu mir, Gott um Rat zu fragen. Denn wo sie was zu schaffen haben, kommen sie zu mir, daß ich richte zwischen einem jeglichen und seinem Nächsten und zeige ihnen Gottes Rechte und Gesetze". Das ist die Vollmacht zu richten und Gottes Gesetz zu lehren. *Jethro* sagte zu ihm [2. Mose 18, 21]: „Siehe dich aber um unter allem Volk nach redlichen Leuten, die Gott fürchten, wahrhaftig und dem Geiz feind sind", und so hat Mose getan. Dazu sagt *Lyra*: Mächtige, zu richten durch Weisheit und Erfahrung. Daher hat auch eine andere Übersetzung: „Weise", wo wir „Mächtige" haben, und die Gott mehr fürchten als die Menschen, in denen Wahrheit sei, nämlich des Lebens, der Lehre und der Gerechtigkeit, und die dem Geiz feind sind, weil habgierige Menschen leicht durch Geschenke von der Rechtlichkeit abgebracht werden. *So Lyra.*

O, daß doch dieser Stuhl jetzt solche Männer hätte! Und wo kann man sie sehen? Gewiß in der römischen Kurie, wo sie dem Stuhl des heiligen Petrus vorsitzen, das ist, in der Vollmacht der Apostel sitzen, welche die Vollmacht ist, in geistlichen Dingen zu richten und das Gesetz des Herrn Jesu Christi zu lehren, wenn ausgeschlossen bleibt jene Habgier, Ungerechtigkeit, Überheblichkeit und heiliges Leben herrscht. Der Heiland selbst bezeugt es *(Matth. 23, 2–3)* mit den Worten: „Auf Moses Stuhl sitzen die Schriftgelehrten und Pharisäer. Alles nun, was sie euch sagen, daß ihr halten sollet, das haltet und tut's; aber nach ihren Werken sollt ihr nicht tun: sie sagen's wohl, und tun's nicht". Seht, hier wird das Leben berührt, das der Werke des Gesetzes ermangelt. „Sie binden aber schwere und unerträgliche Bürden und legen sie den Menschen auf den Hals" [Matth. 23, 4]. Das ist die unvernünftige Lehre und Ungerechtigkeit. „Aber sie selbst wollen dieselben nicht mit einem Finger regen" [Matth. 23, 4]. „Das ist das verweichlichte Leben. Alle ihre Werke aber tun sie, daß sie von den Leuten gesehen werden" [Matth. 23, 5]. Das ist die eitle Ruhmsucht. „Sie machen ihre Denkzettel breit" [Matth. 23, 5] in Erlassen über die ganze Welt, als ob sie die ersten sind, die Gottes Gesetz befolgen, da ist die Heuchelei. „Sie machen die Säume an ihren Kleidern groß" [Matth. 23, 5], mit denen sie die Maultiere bedecken. „Sie sitzen gern obenan über Tisch" [Matth. 23, 6], zum Vergnügen und zur Auszeichnung, „und in den Schulen" [Matth. 23, 6], das ist, den kirchlichen Versammlungen; denn der eine will Kardinal sein, der andere Patriarch, der dritte Erzbischof. „Und haben's gern, daß sie gegrüßt werden auf dem Markt" [Matth. 23, 7], das ist: in der Öffentlichkeit, „und von den Menschen Rabbi genannt werden" [Matth. 23, 7], das ist: Unser Meister, indem sie die gesamte Kirche Christi regieren.

Darum nennen sie auch die *römische Kurie* die Meisterin der Kirchen. Unter dieser Bedingung sind sie möglicherweise Sitze, nicht Christi, sondern des Satans, und sitzen nach ihrer eigenen Lebensweise auf dem Stuhl der Pestilenz Von dem sagt der *Psalmist*, der von Christo Jesu spricht [Psalm 1, 1]: „Wohl dem. der nicht wandelt im Rat der Gottlosen noch tritt auf den Weg der Sünder noch, sitzt auf dem Stuhl der Pestilenz."[3] Dazu *Augustin*: Von unserm Herrn Jesu Christo, dem Menschen des Herrn, muß man dies verstehen, der nicht auf dem Stuhl der Pestilenz gesessen hat. Er wollte nicht eine irdische Herrschaft mit Überheblichkeit, als die der Stuhl der Pestilenz darum richtig verstanden wird, weil es allgemein niemand gibt, der frei ist von Herrschsucht und nicht menschlichen Ruhm begehrt. Pestilenz ist eine Krankheit, die sich weit verbreitet und alle, oder fast alle, ergreift. Indessen wird der „Stuhl" passender als eine verderbliche Lehre verstanden, deren Rede wie ein Krebs schleicht. Dies der *selige Augustin*, der den Stuhl der Pestilenz die Herrschbegier nennt und eine verderbliche Lehre; auf diesem Stuhl sitzen die Kirchenvorsteher, wollen weltlich herrschen und lehren, ihre eigenen Gebote und Lehren stärker als Gottes Gebote zu befolgen.

---

[3] Bei Luther: „. . . noch sitzt, da die Spötter sitzen." — D. Hrsg.

Auf dem *Stuhl* aber, das ist: In der Vollmacht des Gesetzes und der Lehre sitzt in Wahrheit der, der das Gesetz lehrt und die Gebote des Gesetzes ausführt. Daher sagt *Augustin über jenes Psalmwort* [Psalm 1, 2]: *„Er hat Lust zum Gesetz des Herrn"* folgendes: Etwas anderes ist: *im Gesetz sein,* etwas anderes: *unter dem Gesetz sein. Wer im Gesetz ist,* tut und handelt nach dem Gesetz. *Wer unter dem Gesetz ist,* wird nach dem Gesetz gezwungen. Seht, wie deutlich ist die Erläuterung des Heiligen. „Wer es aber tut und lehrt, der wird groß heißen im Himmelreich", sagt der Heiland *(Matth. 5, 19).* Richtig sitzt also *auf dem Stuhl des Moses oder Petrus,* der in der Vollmacht der heiligen Schrift gut lebt und gut lehrt, der nichts Fremdes zum Gesetz hinzufügt und nicht durch den Sitz Gewinn und Geltung anstrebt.

Dagegen sitzt auf *schlechte Weise auf dem Stuhl,* wer schlecht lehrt oder schlecht lebt oder wer Gutes lehrt und schlecht lebt oder wer weder Gutes lehrt, noch gut lebt. Und so sind leider viele, die suchen, was das ihre ist, und nicht, was Jesu Christi ist. Von denen sagt *unser Heiland:* „Auf Moses Stuhl sitzen die Schriftgelehrten und Pharisäer, sie sagen's wohl und tun's nicht" [Matth. 23, 2—3].

Und *dort* [Matth. 23, 13] sagt er weiter: „Weh euch, Schriftgelehrte und Pharisäer, ihr Heuchler, die ihr das Himmelreich zuschließet vor den Menschen! Ihr kommt nicht hinein, und die hinein wollen, laßt ihr nicht hineingehen". Hier ein anderes Stück, *Matth. 15, 6—9:* „. . .und also habt ihr Gottes Gebot aufgehoben um eurer Aufsätze willen. Ihr Heuchler, wohl fein hat *Jesaja* von euch *(29, 13)* geweissagt und gesprochen: „Dies Volk . . . ehrt mich mit seinen Lippen, aber ihr Herz ist fern von mir. Aber vergeblich dienen sie mir, dieweil sie lehren solche Lehren, die nichts denn Menschengebote sind." Auf *schlechte Art* sitzen also auf dem Stuhl *Moses und Petrus' oder Christi,* die Gutes lehren und nicht tun. Schlechter die, die es weder lehren noch tun. Am schlechtesten, die das Gute zu lehren verhindern. Noch mehr als am schlechtesten die, die schlecht leben, verbieten, Gutes zu lehren und ihre eigenen Lehren verbreiten. Alle diese sind Diebe und Mörder, *wie der wahre Hirt sagt:* „Alle, die vor mir gekommen sind, die sind Diebe und Mörder" [Joh. 10, 8]. Alle Genannten sind nicht durch Christus in den Schafstall gekommen, sind von anderer Seite auf den Stuhl gestiegen, suchen das Ihre; deshalb kann man sie Mietlinge nennen, nicht aber Hirten. Daher sagt der Heiland *(Joh. 10, 12),* indem er zeigt, wer ein *Mietling* und *kein Hirt ist:* „Der Mietling aber, der nicht Hirte ist, des die Schafe nicht eigen sind, sieht den Wolf kommen und verläßt die Schafe und flieht; und der Wolf erhascht und zerstreut die Schafe". Dazu sagt *Augustin in der Homilie über Johannes:* Der *Mietling* spielt hier keine gute Rolle und ist doch zu etwas nütze, er wird ja auch nicht *Mietling* genannt, wenn er nicht Lohn erhielte von dem, der ihn mietet. Wer ist also der Mietling, der tadelnswert, aber notwendig ist? Hier aber, meine Brüder, soll uns der Herr selbst leuchten, auf daß wir den Mietling erkennen und selbst nicht Mietlinge seien. Was also ist ein *Mietling?* Es sind gewisse Vorgesetzte innerhalb der Kirche, von denen Paulus sagt, daß sie das Ihre suchen, nicht, was Jesu Christi ist.

Was ist also: Das Ihre suchen? Sie lieben Christum nicht umsonst, suchen nicht Gott um Gottes willen, streben nach weltlichen Vorteilen, sind auf Gewinn begierig, wollen Ehre von den Menschen erhalten. Wenn solche Dinge von einem Vorsteher geliebt werden und um deretwillen Gott gedient wird, so ist ein solcher ein Mietling und soll sich nicht zu den Söhnen rechnen. Von solchen nämlich sagt *der Herr*: „Wahrlich, ich sage euch, sie haben ihren Lohn dahin". *So Augustin.* Daß aber solche auf dem Stuhl sitzen, *sagt er* nach einigen Zwischensätzen an *derselben Stelle*: Vernehmt aber, daß die Mietlinge notwendig sind; denn viele, die in der Kirche irdische Vorteile suchen, predigen doch Christum, und durch sie wird die Stimme Christi gehört, und die Schafe folgen nicht den Mietlingen, sondern der Stimme des Hirten durch den Mietling. Hört, wie die Mietlinge vom Herrn selbst dargestellt werden: „Die Schriftgelehrten", *sagt er*, „und Pharisäer sitzen auf Moses Stuhl; alles nun, was sie euch sagen, das ihr halten sollet, das haltet und tut's, aber nach ihren Werken sollt ihr nicht tun." Was hat er anderes gesagt als: Hört durch die Mietlinge die Stimme des Hirten. Denn da sie auf dem Stuhl Moses sitzen, lehren sie das Gesetz Gottes, also lehrt Gott durch sie. Wenn sie aber ihre eigenen Lehren lehren wollen, sollt ihr nicht hören und nicht danach handeln; denn solche suchen wirklich das Ihre, nicht, was Jesu Christi ist.

Kein *Mietling* aber hat es gewagt, zum Volk Gottes zu sagen: Ich suche das Eure, nicht, was Jesu Christi ist. *So Augustin*; und *am Ende dieser Homilie* schließt er mit den Worten: Seht, weshalb vom Mietling gesagt wird, er flieht, wenn er den Wolf sieht. Warum? Weil er keine Sorge um die Schafe hat. Warum hat er keine Sorge um die Schafe? Weil er ein Mietling ist. Was ist ein Mietling? Einer, der zeitlichen Lohn sucht; er wird nicht in Ewigkeit im Hause wohnen. *Dies sagt Augustin*; er zeigt, daß die, die jetzt in der Kirche Mietlinge sind, auf dem Stuhl sitzen, das heißt, in der Vollmacht, das Gesetz Gottes zu lehren. Und *ein weiteres Mal in der Homilie über Johannes, über jenes Wort im letzten Kapitel* [Joh. 21, 11]: „*Simon Petrus . . . zog das Netz auf das Land voll großer Fische*", sagt er: Der Geringste ist der, der durch Taten zunichte macht, was er durch Worte lehrt. Und *später*: Um schließlich zu zeigen, daß diese Geringsten verwerflich sind, die mit dem Wort lehren und Gutes reden, was sie durch schlechtes Leben wieder zunichte machen, und daß sie nicht nur gleichsam die Geringsten im ewigen Leben, sondern überhaupt nicht dort sein werden, fährt er, unmittelbar, nachdem er gesagt hatte „Der wird der Kleinste heißen im Himmelreich" [Matth. 5, 19], fort [Matth. 5, 20]: „Denn ich sage euch: Es sei denn eure Gerechtigkeit besser als der Schriftgelehrten und Pharisäer, so werdet ihr nicht in das Himmelreich kommen." Jene sind wahrlich Schriftgelehrte und Pharisäer, die auf Moses Stuhl sitzen. Und von ihnen *sagt er*: „Alles nun, was sie euch sagen, daß Ihr halten sollet, das haltet und tut's; aber nach ihren Werken sollt ihr nicht tun: sie sagen's wohl und tun's nicht" [Matth. 23, 3]. Und ähnlich spricht er über den Psalm: „*Wohl denen, die ohne Tadel leben*" [Psalm 119], über den Vers: „*Wohl denen, die seine Zeugnisse halten, die ihn von ganzem Herzen suchen*" [Psalm 119, 2].

Aus dem Gesagten ergibt sich, daß der *Stuhl Moses* oder der *apostolische Sitz* die Vollmacht ist, das Gesetz Gottes zu lehren; oder ein Geschlecht heiliger Päpste oder Bischöfe, die aufeinander folgen, das bedacht ist, vorzüglich zur Ehre Gottes zu urteilen und nützlich für die heilige Kirche und heilsam für den Vorgesetzten und Untergebenen, indem es keinen Unwürdigen befördert, nicht den Geeigneteren zurücksetzt, nicht ungeprüft jemand zu einem kirchlichen Amt zuläßt durch Gewinst, Blutsverwandtschaft oder irgendeine eigene persönliche Vorliebe.

Und es *erhellt ferner*, was apostolische Gebote sind, daraus, wie der *Bischof von Lincoln, in Erwiderung auf einen Brief des römischen Bischofs bezüglich der Beförderung eines seiner Verwandten zum Kanonikus der Lincolner Kirche*, folgendes antwortet: Den Geboten, sagt er, die apostolisch sind, gehorche ich aus kindlicher Liebe völlig, ergeben und ehrerbietig. Denen aber, die den apostolischen Geboten entgegen sind, widerstehe ich, besorgt um die Ehre des Vaters, und stelle mich ihnen entgegen. Zu beidem bin ich in Hinblick auf meine Sohnschaft durch göttliches Gebot verpflichtet. Apostolische Gebote sind nicht und können nicht andere sein als die der apostolischen Lehre und der Lehre unseres Herrn Jesu Christi selbst, des Lehrers der Apostel. *So der Lincolner.*

Erwägen soll also jeder gläubige Jünger Christi, auf welche Weise ein Gebot vom Papst ausgeht, ob es ausdrücklich das Gebot eines Apostels oder des Gesetzes Christi ist oder seine Begründung in Christi Gesetz hat; und wenn er dies erkennt, so soll er ehrfürchtig und demütig diesem Gebot gehorchen.

Wenn er aber wirklich erkennt, daß ein päpstliches Gebot dem Gebot oder Rat Christi widerspricht oder der Kirche zum Schaden gereicht, so soll er ihm kühn entgegentreten, auf daß er nicht durch Zustimmung Teilnehmer an einem Verbrechen wird.

Daher habe ich, vertrauend auf den Herrn und auf Christum Jesum, der mächtig und weise die Bekenner seiner Wahrheit schützt und sie mit dem Preis der ewigen Herrlichkeit belohnt, der *Bulle des Papstes Alexander V.* widerstanden, die im *Jahre des Herrn 1409 Herr Zbyněk*, Erzbischof von Prag, erwirkt hat, in der er gebietet, daß von keinem, wären sie auch durch apostolische oder sonstige Erlaubnis dazu befugt, Predigten oder Reden vor dem Volk gehalten werden dürfen außer in Bischofs-, Stifts-, Pfarr- oder Klosterkirchen oder den dazugehörigen Friedhöfen. Auch dieses Gebot, das den Werken und Worten Christi und seiner Apostel widerspricht, ist nicht apostolisch; denn Christus hat auf dem Meer, in der Wüste, auf dem Feld, in Häusern, in Synagogen, in Ortschaften, auf Straßen zum Volk gepredigt und dies seinen Jüngern befohlen *(Mark. 16, 15)* mit den Worten: „Gehet hin in alle Welt und predigt das Evangelium aller Kreatur". Sie aber sind gegangen und haben überall gepredigt, das ist, überall, wo ihnen durch Gottes Mithilfe das Volk zuhören wollte. Dieses Gebot also dient der Kirche zum Schaden, zum Anbinden des Wortes Gottes, daß es nicht mehr frei laufen kann, und drittens zum Vorurteil gegen die erbauten Kapellen, die von den Bischöfen bestätigt und vom apostolischen Stuhl rechtmäßig mit dem Vorrecht ausgestattet sind, daß das Wort Gottes in ihnen gepredigt werden kann. Man sieht, daß aus diesem Gebot keinerlei Förderung entspringt, sondern eine trügerische, unbeständige Täuschung, die darin besteht, daß Plätze, die dem Gottesdienst geweiht und rechtmäßig ermächtigt worden sind zum Zweck des Wortes Gottes, wegen persönlicher Bestrebungen oder ungerechter Bitten oder aus Rücksichtslosigkeit oder um zeitlicher Vorteile willen ihrer erlaubten Freiheiten beraubt werden. Daher habe ich betreffs dieses Gebotes den Papst Alexander selbst um eine genauere Erklärung von ihm ersucht; und während ich meine Appellation betrieb, ist der Herr Papst bald darauf gestorben. Und während ich kein Gehör in der römischen Kurie fand, hat *Herr Zbyněk*, der Erzbischof von Prag, Prozesse angestrengt, die mich belasten; wegen derer habe ich im *Jahre des Herrn 1410* an den *Papst Johannes XXIII.* appelliert, der zwei Jahre hindurch meinen Advokaten und Beauftragten keinerlei Gehör gab; in der Zwischenzeit wurde ich immer mehr durch Prozesse bedrängt. Da also die Appellation von einem Papst an seinen Nachfolger mir nicht genützt hat und da die Appellation über den Papst an das Konzil Verzögerung bedeutet und da es eine unsichere Sache ist, Hilfe in Bedrängnis zu fordern, deshalb habe ich endlich an das Haupt der Kirche, den Herrn Jesum Christum, appelliert. Er nämlich ist jedem Papst im Entscheiden eines Rechtsstreits überlegen, weil er nicht irren und dem, der rechtmäßig Gerechtigkeit anstrebt, diese nicht verweigern kann; auch kann er einen Menschen unter Zugrundelegung seines Gesetzes nicht unverdient verurteilen.

Außerdem widerstrebte ich der Fehlanordnung über die Ablässe, die erlassen oder veröffentlicht wurden im *Jahre des Herrn 1412*, durch *Bullen des Papstes Johannes XXIII.*, wovon ich an anderer Stelle genug gesagt habe. Nichts nämlich kann der Papst rechtmäßig gebieten, als was zur Vernichtung des Bösen und zum Aufbau der Kirche dient, als allgemein gehalten werden soll. Dies bezeugt der Apostel *(2. Kor. 10, 4–5)* mit den Worten: „Denn die Waffen unserer Ritterschaft sind nicht fleischlich, sondern mächtig vor Gott, zu zerstören Befestigungen. Wir zerstören damit die Anschläge und alle Höhe, die sich erhebt wider die Erkenntnis Gottes." Und *(2. Kor. 13, 10)* sagt er: „Auf daß ich nicht ... Schärfe brauchen müsse nach der Macht, welche mir der Herr zu bessern und nicht zu verderben gegeben hat". Daher schreibt der *Lincolner im Brief an den Papst* folgendes: Der apostolische Stuhl kann keine Kirchenspaltung veranlassen, denn ihm ist vom Heiligsten der Heiligen Jesu Christo die Macht übergeben, ganz und gar, wie der Apostel bezeugt, zum Aufbauen und nicht zum Zerstören. Und *später*: Darum kann, sagt er, Eure Weisheit auch nicht gegen mich hart urteilen, weil alle meine Rede oder Handlung auf diesem Gebiet nicht Widerrede oder Empörung ist, sondern die schuldige Ehrerbietung eines Kindes gegen Vater und Mutter, das heißt gegen Christus und die Kirche, weil sie Befolgung des göttlichen Gebotes sind. Dies kurz zusammenfassend, sage ich, daß die Heiligkeit des apostolischen Stuhles nichts vermag als hinsichtlich des Aufbaus und nicht der Zerstörung. Das ist nämlich die Fülle der Macht: alles zu vermögen zum Aufbau. Das aber, was man „Einsetzungen" nennt, dient nicht zum Aufbauen, sondern zur offensichtlichen Zerstörung, also kann es der gesegnete apostolische Stuhl nicht tun. *Dies sagt der*

Bischof von Lincoln, der wegen Papst Innozenz' an den Richterstuhl Christi appelliert hat.

Davon erzählt der Castreser im 7. Buch, daß beim Tode des Robert von Lincoln eine Stimme am Hofe des Papstes gehört worden ist: Komm, du Elender, zum Gericht, und am Morgen wurde der Papst tot aufgefunden, als ob er mit der Spitze eines Stabes in die Seite gestochen worden sei; denn der Lincolner glänzte offenkundig durch Wunderzeichen, und dennoch wurde nicht erlaubt seitens der Kurie, ihn in das Verzeichnis der Heiligen aufzunehmen.

Und es *erhellt,* daß der Papst irren kann, und zwar umso schwerer, da im gegebenen Falle seine Sünde um so mehr vervielfacht wird an Menge, Stärke und Unüberwindbarkeit, wie *Bernhard im Buch an Papst Eugen* sagt. Der Menge nach insofern, als sie über die ganze Christenheit verbreitet ist; der Stärke nach, wenn sie sich auf die Entziehung der geistlichen Güter bezieht, die die Fürsorge für die Seelen betrifft; und in bezug auf ihre Unüberwindbarkeit, wenn niemand ihm zu widersprechen wagt, entweder wegen seines Bündnisses mit dem weltlichen Arm oder wegen der versteckten Strafen, die gegen die Söhne des Gehorsams geschleudert werden, oder wegen der Beförderungen und geistlichen Würden, die er seinen Mithelfern vorbehält. Darum, wie der Papststand, wenn er der Kirche nützt, mehr Verdienst erwirbt, so verliert der verkehrte Papststand in Person eines Mannes, der den Stand mißbraucht, mehr an Verdienst, weil er der Kirche mehr schadet. Zeichen aber des Versagens eines Papstes ist es, wenn er das Gesetz Gottes und die frommen Bekenntnisse des Evangeliums hintansetzt und menschlichen Satzungen anhängt, weswegen *Bernhard Eugen* anschuldigte.

Ein *zweites Zeichen* ist es, wenn Papst und kirchliche Vorgesetzte die Lebensführung Christi verlassen und der Welt auf weltliche Weise verbunden sind.

Ein *drittes Zeichen* ist, wenn er weltliche Krämer im Amt Christi befördert und sich bemüht, vor allem um sein weltliches Leben weiterzuführen, die armen Kirchen zu belasten.

Ein *viertes Zeichen* ist es, wenn er durch sein eigenes Gebot oder durch Betrauung von Ungeeigneten mit der Fürsorge des Hirten die Seelen, die er retten soll, des Wortes Gottes beraubt. Darum hat der *Lincolner,* der dies erwog, keinen Verwandten des Papstes als Kanonikus der Lincolner Kirche zulassen wollen und unter anderem eine vernünftige Begründung dafür gegeben. Nach der Sünde des Luzifer, *sagt er,* welche auch am Ende der Zeit die des Sohnes der Verderbnis, des Antichrist, sein wird, den Herr Jesus mit dem Hauch seines Mundes töten wird, ist nicht und kann nicht etwas anderes der apostolischen oder evangelischen Lehre so widersprechend oder feindlich und dem Herrn Jesu Christo selbst so verhaßt und verabscheuungswürdig und verwünschenswert und dem menschlichen Geschlecht so verderblich sein wie die Seelen, die durch Dienst und Amt der Hirtenfürsorge lebendig gemacht und gerettet werden sollen, durch Betrug am Hirtendienst zu töten und zu verderben. Diese Sünde begehen nach deutlichen Zeugnissen der Heiligen Schrift offensichtlich diejenigen, die im Besitz der Vollmacht des Hirtenamtes mit der Milch und der Wolle der Schafe Christi ihren fleischlichen Lüsten Genüge tun und die Pflichten des Dienstes im Hirtenamt zur Einwirkung des ewigen Heils für die Schafe Christi nicht ausüben. Dieses Nichtausüben des Hirtendienstes ist, wie die Schrift bezeugt, gleichbedeutend mit dem Töten und Verderben der Schafe Christi. Daß aber diese zwei Arten von Sünden, wenn auch auf verschiedene Art, die schlimmsten sind und jede andere Art der Sünde unermeßlich übertreffen, wird daraus offenkundig, daß sie zwei anderen genannten, freilich auf ungleiche und verschiedene Weise besten Dingen unmittelbar entgegengesetzt sind: Das Schlechteste nämlich ist, was dem Besten entgegengesetzt ist, usw. Und da unter Guten die Sache des Guten besser ist als der Angeklagte und unter Bösen die Sache des Bösen schlechter als der Angeklagte, ist deutlich, daß die Einsetzer solcher überaus schlechten Verderber der Gottähnlichkeit und Gottgleichmachung unter den Schafen Christi in das Amt der Kirche Christi schlimmer sind als die schlechtesten Verderber selbst und dem Luzifer und Antichrist näherstehen und daß sie sich in dieser Schlechtigkeit stufenweise übertreffen, die sie größere und göttlichere Gewalt erhalten haben zur Erbauung und nicht zur Zerstreuung; um so mehr sollten sie gehalten sein, von der Kirche Gottes solche überaus schlimmen Verderber auszuschließen und auszurotten. *So der Lincolner Bischof.*

Er will, kurz gefaßt, ausdrücken, daß das Töten und Verderben der Schafe Christi zwei schlimmste Sünden sind, obgleich in verschiedener Weise, aus dem Grunde, weil die Belebung der Schafe durch die Gnade und das Führen zur Herrlichkeit für die Schafe zwei beste Güter sind, obgleich in verschiedener Weise, denen jene zwei, Töten und Verderben, entgegengesetzt sind. Und weil Töten der Gegensatz von Lebendigmachen und Verderben der von Verherrlichen ist, folgt, daß diese beiden Sünden in dem Maße schwerer sind, in welchem Maße jene Güter wichtiger sind, denen sie entgegengesetzt sind. Und da Gott die Ursache dieser Güter von sich aus ist, folgt, daß in dem Maße die Mörder und Verderber der Schafe schlechter als andere sind, wie Töten und Verderben der Schafe schlimmere Verbrechen sind. Und es ist klar, daß diejenigen des Antichrist und Satans schlimmste Diener sind, die die Seelen zugrunde richten.

Daher kann man feststellen, daß sich gegen einen vom rechten Weg abweichenden Papst auflehnen dem Herrn Christo gehorchen ist, was besonders bei den Einsetzungen zutrifft, die den Eindruck persönlicher Begünstigung machen. Darum rufe ich die Welt zum Zeugen, daß die päpstliche Pfründenausteilung in der Kirche weit und breit Mietlinge aussät und auf seiten der Päpste Gelegenheit gibt, durch jene die Macht der Stellvertretung zu erhöhen, zuviel Wert zu legen auf weltliche Würde und allzusehr zu trachten nach einer Heiligkeit, die auf Einbildung beruht. Jene Doktoren aber, die weltlichen Lohn vom Papst erwarten oder knechtisch seine Macht fürchten und darum sagen, daß er von unermeßlicher Macht sei, unfehlbar, keiner Kritik unterworfen; daß ihm erlaubt sei, alles zu tun, was er will, sind falsche Propheten und falsche Apostel des Antichrist.

Aus dem Gesagten *erhellt* nun, daß „*Apostolischer Sitz*" die Vollmacht ist, zu richten und das Gesetz Christi zu lehren. Oder zweitens ein Geschlecht heiliger

Päpste, die aufeinanderfolgen, wie gesagt. Und so wird „Apostolischer Stuhl" verstanden: *distinct. 22: Die allerheiligste. . ., wo zu Papst Anaklet sagt*: Dieser apostolische Stuhl ist als Haupt und als Türangel, wie gesagt, von dem Herrn, nicht von jemand anders bestellt; und wie durch die Türangel die Tür gelenkt wird, so werden durch die Vollmacht dieses heiligen apostolischen Stuhles, durch göttliche Anordnung alle anderen Kirchen regiert. Jener Papst wollte, daß er selbst Haupt und Türangel wäre; Haupt im Vorstehen, Türangel im Regieren. Aber er hat ein ziemlich schwaches Argument, seine Ansicht zu beweisen. Denn er führt den Beweis durch einen Vergleich, wenn er sagt: Wie durch die Türangel die Tür gelenkt wird, so werden durch die Vollmacht dieses heiligen apostolischen Stuhles, durch göttliche Anordnung alle anderen Kirchen regiert. Das hätte ausgereicht zu beweisen, daß Papst und Kardinäle sich selbst recht regieren. Denn wie durch eine Angel nur eine Tür gelenkt wird, so wäre es nach ihrer Lehre und Vollmacht gut, daß sie selbst sich gut regierten, und danach, daß auch andere Kirchen sich regierten.

Denn wie regieren jene unsere Prager Kirche, wenn nicht dadurch, daß sie den Habgierigen Pfründen austeilen und Geld einsammeln? Aber wo bleibt die Lehre oder eine andere Ausübung der Gewalt?

Drittens wird „Sitz" für Macht gebraucht, und so wird es in *der distinct. Inferior verstanden, wozu Papst Nikolaus sagt*: Der geringere Sitz kann den höheren nicht lossprechen; und dies schließt er, reichlich unverschämt, aus *Jesaia 10, 15*: „Mag sich auch eine Axt rühmen wider den, der damit haut, oder eine Säge trotzen wider den, der sie zieht?", indem er behauptet: Wenn wir dies aus der heiligen Schrift zitieren, haben wir damit sonnenklar bewiesen, daß keiner, der geringere Macht hat, den, der größere Macht hat, seinem Rechtsspruch unterstellen oder eigenen Entscheidungen unterwerfen kann. Seht, dort nennt er einen niederen Sitz einen Menschen mit geringerer Vollmacht und höheren Sitz einen Menschen mit größerer Vollmacht. Wie aber wird „Sitz" verstanden? Das sagt *Pelagius, distinct. 21*, mit den Worten: Der erste Stuhl des Apostels Petrus ist die römische Kirche, die nicht Flecken noch Runzel noch ähnliches hat. Seht, dort wird gesagt, daß der Stuhl Petri die römische Kirche sei: Aber wie wird es wahrgemacht, daß sie ohne Flecken und Runzel ist? Denn nicht der Papst ist jener Stuhl oder jene Kirche, auch nicht der Papst mit den Kardinälen, die nicht ohne Flecken sind; auch nicht die steinerne Kirche. Wahrlich, ich kann es nicht anders fassen, als daß dieser Stuhl ist: alle die, die das Leben Petri bis zum Ende nach dem Gesetz Christi nachahmen. Diese nämlich werden zuerst im Vaterland ohne Flecken und Runzel sein. Ob das aber die Meinung dieses Papstes gewesen ist, weiß ich nicht.

Daher sagt *Augustin, über den* [122.] *Psalm: „Ich freute mich über die, so mir sagten" usw., über den Vers: „Denn daselbst stehen die Stühle zum Gericht"*, zum Thema folgendes: Auf welche Weise haben dort die Stühle zum Gericht gesessen? Ein seltsames Rätsel, eine seltsame Frage, wenn als Stuhl nicht das verstanden wird, was die Griechen Thron nennen. *„Throne"* nennen die Griechen *Sitze*, gleichsam auszeichnende. Also, meine Brüder, ist es nicht seltsam, wenn

Menschen auf Sitzen, auf Sesseln sitzen. Daß aber die Sitze selbst sitzen, wie können wir das erklären? Als ob jemand sagte: hier sollen Stühle sitzen, oder hier sollen Sessel sitzen; im Sessel kann man sitzen, auf Sitzen sitzen, auf Stühlen wird gesessen, nicht die Sitze selbst sitzen. Was ist das also, was dort steht: *Die Stühle saßen zum Gericht?* Sicher seid ihr gewohnt,das Wort Gottes zu hören: *Der Himmel ist mein Thron, die Erde ist der Schemel für meine Füße.* Lateinisch aber wird dies so genannt: *Der Himmel ist mein Stuhl.* Welche sind es, wenn nicht die Gerechten? Welche sind die Himmel, wenn nicht die Gerechten? Was ist die Kirche? Sie hat so viele Einzelkirchen, wie sie auch eine ist. So also die Gerechten; so sind die Gerechten der Himmel, wie sie die Himmel sind. Auf ihnen aber sitzt Gott, und von ihnen aus richtet Gott. Und nicht ohne Grund ist gesagt worden: „*Die Himmel erzählen die Ehre Gottes*" [19. Psalm]. Die Apostel aber sind Himmel geworden. Wodurch sind sie Himmel geworden? Weil sie gerecht gemacht worden sind. Wie ist der Sünder zu Erde geworden? Ihm ward gesagt: *Erde bist du, und wirst zur Erde zurückkehren*: So sind die Gerechtgewordenen Himmel geworden. Sie haben Gott getragen, und von ihnen aus leuchtete Gott Wunder, donnerte Schrecken und regnete Tröstungen. Sie waren also der Himmel und erzählten die Ehre Gottes. Denn, auf daß ihr wißt, daß sie die Himmel genannt sind, spricht er dort im selben *Psalm* [19, 5]: „Ihre Stimme [4] geht aus in alle Lande und ihre Rede an der Welt Ende." Wenn du fragst: wessen, wirst du finden: die der Himmel. Wenn also der Himmel der Stuhl Gottes ist, die Apostel aber der Himmel, so sind sie auch zu Gottes Stuhl geworden, sie selbst sind Gottes Thron. An anderer Stelle ist gesagt worden: *Die Seele des Gerechten ist der Thron der Weisheit.* Eine große Sache ist dieser Ausspruch: Eines Gerechten Seele ist der Weisheit Thron, das ist: In der Seele eines Gerechten sitzt die Weisheit, wie auf ihrem Thron, und fällt ihre Urteile von dort aus; also sind sie die Throne der Weisheit, und darum hat der Herr zu ihnen gesagt: Ihr werdet auf zwölf Stühlen sitzen und die zwölf Geschlechter Israel richten. So wie sie selbst auf zwölf Stühlen sitzen werden, so sind sie auch selbst Gottes Stuhl. Von jenen also ist gesagt: Dort haben die Stühle gesessen. Wie werden dort die Stühle sitzen, die Stühle, die gesessen haben? Und wer sind die Stühle, von denen gesagt ist: Die Seele der Gerechten ist der Weisheit Stuhl. Wer sind die Stühle des Himmels? Die Himmel. Wer sind die Himmel? Der Himmel. Was ist der Himmel? Das, von dem der Herr sagt: Der Himmel ist mein Stuhl; und die Gerechten selbst sind Stühle und haben Stühle, und in jenem Jerusalem werden die Stühle sitzen. Wozu? Zum Gericht. *Ihr werdet sitzen*, sagt er, *auf zwölf Stühlen und die zwölf Geschlechter Israel richten.* Wen werden sie richten? Die unten auf Erden sind. Wer wird richten? Die Himmel geworden sind. *So spricht Augustin* und zeigt aus der Schrift, daß die Gerechten der Stuhl Gottes sind und die, die richten werden. *Viertens* wird „*Sitz*" gebraucht für den Ort, an dem ein Apostel eine erkennbare Zeit geweilt und das Volk nach dem Gesetz Christi gelenkt hat. Und auf diese Weise ist Jerusalem,

---

[4] Luther übersetzt „Schnur". – D. Hrsg.

nicht die bloße Stadt, sondern, mit der Bevölkerung zusammen, der Sitz des Apostels Jakobus gewesen, der dort als erster Bischof, von den Aposteln erwählt, von Gott bestellt gewesen ist. Und *Antiochia* war der erste Sitz des Apostels Petrus; und folgendes sagt *Papst Marcellus, 24. Untersuchung, 1.*: Wir bitten euch, ihr Brüder, nichts anderes zu lehren oder zu denken, als was ihr vom seligen Apostel Petrus und den übrigen Aposteln und Vätern überkommen habt. *Später*: Sein Sitz, nämlich Petri, war zuerst bei euch, ist aber später auf Befehl des Herrn nach Rom verlegt worden; diesem stehen wir, durch den Beistand der göttlichen Gnade, heute vor. Wenn aber selbst eure Kirche von Antiochia, die einst die erste war, hinter dem römischen Stuhl zurückgetreten ist, so gibt es keine, die nicht ihrer Gerichtsbarkeit unterworfen wäre. Seht, dieser Papst hat sehr schön begonnen, aber er schließt sehr verwirrend. Zuerst sagt er bittend: Die Priester sollten nichts anderes in Antiochia lehren, als was sie von Petrus und den anderen Aposteln und von den heiligen Vätern überkommen hätten. O, wenn doch dies alle Kleriker täten! Dann sagt er, daß *Petri Stuhl* bei ihnen gewesen sei, das heißt, der erste bekannte Ort seines Aufenthalts, an dem er als Bischof das Gesetz Christi gelehrt hat. Und dies ist wahr. Aber wenn er sagt: Später ist er nach Rom übertragen worden, nämlich der Stuhl Petri, weiß ich schon nicht mehr genau, was für ein Stuhl hinübergetragen worden ist: denn die Kirche, der Ort, das Volk doch nicht. Wenn gesagt wird, die Vollmacht Petri, das Gesetz zu lehren; die war zur Zeit Petri in Antiochia und in Rom. Was ist also übertragen worden, außer Petrus, als er von Antiochia nach Rom kam? Dem Petrus hat aber Papst Marcellus nicht vorgestanden, und Petrus ist auch jetzt nicht der römische Stuhl. Was also hat dort jenes Pronomen „dem" auf sich, wenn er sagt: *„dem wir vorstehen"*? Wahrlich, sehr verworren spricht dieser Papst, weil er nach der Schenkung als Bischof von Rom bestrebt war, daß durch die Vollmacht des Kaisers der römischen Kirche der erste, das ist, der würdigste Sitz genannt wurde, dem er vorstand; und so strebte er danach, daß die Priester von Antiochia ihm unterstellt würden. Ob das Petrus, als er in Rom wohnte, beabsichtigt hat, weiß ich nicht. Aber ich weiß, daß er in seinen Briefen gewünscht hat, daß sie den Fußspuren Christi nachfolgen sollten. Wie noch jetzt viele Päpste und Kanonisten unklar vom Apostolischen Stuhl reden, will ich übergehen; aber ich behaupte nicht, daß die Stadt Rom der apostolische Stuhl sei in so notwendiger Weise, daß ohne sie die Kirche Jesu Christi nicht bestehen könnte. Denn wenn möglicherweise Rom zerstört wäre wie Sodom, könnte doch noch die christliche Kirche bestehen. Auch ist nicht wahr, daß überall, wo der Papst ist, Rom sei; obschon das wahr ist, daß überall, wo der Papst ist, solange er hier auf der Erde ist, dort die Vollmacht Petri im Papst ist, solange er nicht abweicht vom Gesetz unseres Herrn Jesu Christi. Und soviel möchte ich für jetzt vom apostolischen Stuhl gesagt haben.

Neunzehntes Kapitel

Welche Werke gute, böse oder mittlere sind. Ebenfalls: Wann man den geistlichen Vorgesetzten gehorchen oder widerstreben soll

Nachdem gesagt ist, was der Apostolische Stuhl sei, muß gesagt werden, in welchen Dingen dem Apostolischen Stuhl gehorcht werden muß. Die genannten Doktoren sagen: daß in allen Dingen von den Untergebenen gehorcht werden muß, wenn nicht das reine Gute verhindert oder das reine Böse befohlen wird, in dem, was nach Art, Ort, Zeit oder Person sowohl gut als auch böse sein kann.

Und das beweisen sie durch vier geeignete Zeugen, nämlich durch *den Heiland, Bernhard, Augustin und Hieronymus.* Und weil die Doktoren die Unterscheidung *Bernhards im Brief an den Mönch Adam* vom reinen Guten und reinen Bösen angenommen haben: darum ist festzustellen, daß *Bernhard*, nachdem er zeigt, daß man niemand im Bösen gehorchen darf, er folgenden Schluß zieht: Also steht fest, daß Böses tun, auf wessen Befehl es auch sei, nicht Gehorsam, vielmehr Ungehorsam ist; freilich muß man dabei beachten, daß einige Dinge rein gut sind, einige rein böse; und daß in solchen die Menschen nicht gehorchen dürfen, wie ja auch jene nicht unterlassen werden dürfen, wenn sie auch verboten würden. So sollen diese nicht, wenn sie auch befohlen würden, getan werden. Ferner sind zwischen diesen mittlere, die je nach Art, Ort, Zeit oder Person sowohl gut als auch böse sein können. Und in diesen Dingen besteht der Gehorsam, gleichwie im Baum der Erkenntnis von Gut und Böse, der inmitten des Paradieses stand. In diesen Dingen ist es in der Tat nicht recht, unsere Ansicht der der Meister vorzuziehen. In diesen darf keineswegs Befehl oder Verbot der Vorgesetzten außer acht gelassen werden. *Später:* Glaube, Hoffnung und Liebe und ähnliche Dinge sind reine Güter und können weder verboten noch nicht betrieben werden. Rein böse sind: Diebstahl, Kirchenschändung, Ehebruch und sonstige ähnliche Dinge, die auf gute Art keineswegs befohlen oder getan werden und auf schlechte Art weder verboten noch unterlassen werden können. Denn niemandes Verbot kann den Geboten entgegentreten, niemandes Befehl ein Vorrecht auf Verbotenes geben. Außerdem gibt es mittlere Dinge, die, wie bekannt, von sich aus weder gut noch böse sind. Sie können aber ohne Unterschied sowohl gut als auch böse, sowohl befohlen als auch verboten werden, aber von den Untergebenen kann in diesen Dingen nicht auf böse Art gehorcht werden. Von der Art sind, wie ich als Beispiel anführen will, Fasten, Wachen, Lesen und alles Derartige. Man muß aber wissen, daß einige mittlere über das Ermessen der Unreinen oder Bösen hinausgehen. Denn wenn auch die Ehe geschehen und nicht geschehen darf, so darf doch die vollzogene nicht mehr aufgelöst werden. Was also vor der Hochzeit ein mittleres sein konnte, erlangt bei den schon Vermählten die Kraft eines reinen Guten. Ebenso ist Eigentum zu besitzen für den weltlichen ein mittleres, weil ja auch erlaubt ist, es nicht zu besitzen. Für den Mönch aber, weil ihm Besitz nicht erlaubt ist, ist es ein rein Böses. *So Bernhard.*

Zu bemerken ist auch, daß im Sprachgebrauch derer, die über die menschlichen Handlungen sprechen, ein *Werk* von ihnen *neutral* genannt wird, das in seiner ursprünglichen Zielsetzung weder ein Gutes der Sittlichkeit noch ein Böses des Lasters genannt wird, wie bauen oder weben. Es werden aber *Werke im wesentlichen gut oder schlecht* genannt, die das Wesen oder die Natur eines in sittlicher Hinsicht guten oder bösen Werkes bezeichnen; aber sie schließen in sich nicht die äußeren Umstände ein, die die Natur solcher Handlungen der Gattung der Tugend oder des Lasters einordnen, wie z. B. Almosengeben oder einen Menschen töten. Beides kann nämlich auf gute wie auf böse Art geschehen, je nach der Verschiedenheit der Ursache oder der Absicht des Handelnden. Denn Almosen aus eitler Ruhmsucht zu geben ist böse, wie einen Menschen zu töten kraft der Vollmacht Gottes, auf daß er die Kirche nicht verderbe, gut ist. Einige aber sind *festgefügte Werke*, die schlechthin sittlich gut oder böse genannt werden, wie ehebrechen und stehlen als Laster und aus reiner Liebe Gott und den Nächsten lieben als Tugend. Kurz gesagt: auf die Art ist eine Handlung schlechthin gut, wie Gott aus reiner Liebe lieben; eine andere schlechthin böse, wie Gott hassen.

Ebenso gibt es etwas, was *im wesentlichen gut ist*, was nämlich den Menschen mehr urteilen läßt, daß es gut sei, als urteilen, daß es schlecht sei, wie fasten, Almosen geben. Ein anderes ist *im wesentlichen böse*, was nämlich den Menschen mehr zu urteilen veranlaßt, daß es schlecht sei, als daß es gut sei, obwohl es auf gute Art geschehen kann, wie einen Menschen töten. Aber ein *neutrales Werk* wird die Handlung genannt, die den Menschen nicht mehr veranlaßt zu urteilen, daß sie gut als daß sie schlecht sei, auch nicht umgekehrt, wie weben, essen, pflügen oder laufen.

Daher nimmt die *schlechthin gute Handlung die erste Stelle ein, die im wesentlichen gute Handlung gleichsam die Mittelstellung und die neutrale Handlung die unterste Stufe.* Beispiel für die drei: Gott lieben, fasten und weben. Ähnlich ist es in ihren Gegensätzen. Denn eine Handlung ist schlechthin böse, wie Gott hassen, oder im wesentlichen böse, wie einen Menschen töten. Aber ein drittes, nämlich neutrales Böses, gibt es nicht, weil es dann nicht keins von beiden wäre. Es wird nämlich keins von beiden genannt, weil es nicht mehr zur Tugend neigt als zum Laster oder umgekehrt.

Weiter ist festzustellen, *daß eine Zweiteilung der menschlichen Handlungen besteht,* daß sie entweder *tugendhaft* oder *lasterhaft* sind. Dies ist offenkundig, weil, wenn ein Mensch lasterhaft ist und tut irgend etwas, so handelt er lasterhaft. Und wenn er tugendhaft ist und tut etwas, so handelt er tugendhaft. Denn wie das *Laster*, welches Verbrechen genannt wird oder Todsünde, insgesamt die Handlungen des Menschen durchtränkt, so belebt die *Tugend* alle Handlungen des tugendhaften Menschen in dem Maße, daß er, im Gnadenstande lebend —, sogar, wie es heißt, im Schlafe Verdienst erwirbt und betet und in allem, was er tut, wie die *heiligen Lehrer* sagen, besonders der *selige Augustin, Gregor, Hieronymus und andere.* Und dieser Satz gründet sich auf das Wort Christi Jesu, unseres Heilands, das er im

6. Kap. des Lukas[5] gesagt hat: „Wenn nun dein Auge einfältig ist, so ist dein ganzer Leib licht", das ist: Wenn die Absicht in der Gnade gut ist zum Werk, dann ist dein ganzer Leib, das ist die ganze Anzahl deiner Werke, licht, weil sie rein ist vor Gott. Wenn aber dein Auge, das ist deine Gesinnung, ein Schalk ist, verdorben und verunreinigt durch das Laster, so ist dein ganzer Leib, nämlich der Werke, finster, das ist lasterhaft. Daher befiehlt der *Lehrer der Heiden, der Apostel Paulus*: „Also tut es alles zu Gottes Ehre" *(1. Kor. 10, 31)*. Und an anderer Stelle *(1. Kor. 16, 14)*: „Alle eure Dinge lasset in der Liebe geschehen". Darum ist die gesamte Lebensführung in der Liebe tugendhaft und die ganze Lebensführung eines Menschen außerhalb der Liebe lasterhaft.

Daraus *ergibt sich*, daß, wie niemand neutral sein kann in Hinsicht auf Tugend oder Laster, weil er notwendigerweise entweder in der Gnade des allmächtigen Gottes sein muß oder außerhalb der Gnade; so kann keine Lebensführung eines Menschen neutral sein. In tugendhaften Dingen also muß man dem Vorgesetzten gehorchen, in lasterhaften aber kühn entgegentreten.

Nachdem dies festgelegt ist, auch im *Kap. 17 vom Gehorsam*, muß jeder gläubige Christ sich hüten zu glauben, daß, wenn der Bischof von Rom oder ein geistlicher Vorgesetzter etwas befiehlt, was es auch sei, dies wie ein Gebot Gottes zu befolgen sei; als ob jener Vorgesetzte nicht irren könnte, wie es Christus nicht kann.

Zweitens soll er von den Geboten im Gesetz des Herrn verstehen, daß einige uns *überall befohlen werden*, einige nur *an gewissen Stellen. Überall* werden die Dinge vorgeschrieben, die wir ununterbrochen in verdienstvoller Weise tun wollen, wie *Augustin* sagt, daß die ganze Wahrheit in der Schrift sich aneinanderreiht. Eine befohlene Aufgabe aber, für die kein Grund vorliegt oder kein Nutzen der Kirche Christi, ist weder *explizite noch implizite in der heiligen Schrift* enthalten. Und wenn eine solche vom Papst oder von einem anderen geistlichen Vorgesetzten befohlen würde, ist der Untergebene nicht verpflichtet, sie zu tun, auf daß nicht gegen die Freiheit des Gesetzes des Herrn dadurch verstoßen werde. Denn wir müssen als glaubhaft annehmen, daß Gott uns nichts zu tun befiehlt, als was für uns verdienstlich und vernünftig ist und folglich uns zum Heil dient.

Die Schlußfolgerung sei diese: Den tugendhaften Vorgesetzten, ja, auch den wunderlichen sind die Untergebenen verpflichtet, willig und freudig zu gehorchen, wenn sie befehlen, die Gebote des Herrn Jesu Christi zu erfüllen. Diese Folgerung ist klar. Denn *Matth. 23, 2—3* spricht Christus: „Auf Moses Stuhl sitzen die Schriftgelehrten und Pharisäer. Alles nun, was sie euch sagen, daß ihr halten sollet, das haltet und tut's", nämlich alle meine Gebote. Dazu sagt *Augustin, über Johannes, wie im letzten Kap. gesagt worden ist*: Indem sie auf Moses Stuhl sitzen, lehren sie Gottes Gesetz, also lehrt Gott durch sie; wenn sie aber ihre eigenen Gesetze lehren wollen, so hört und tut nicht danach. *So*

---

[5] Falsches Zitat. Richtig: Luk. 11,34. — D. Hrsg.

Augustin. Und im Hinblick darauf sagt auch Christus *Luk. 10, 16*: „Wer euch hört, der hört mich; und wer euch verachtet, der verachtet mich" usw., und folglich Gott den Vater, denn es wird ihnen nicht gehorcht als Menschen, sondern als Dienern Gottes, dem hauptsächlich gehorcht wird.

Darum darf niemand einem Menschen auch in einer geringen Angelegenheit gehorchen, die dem göttlichen Gebot widerspricht, welches vom seligen Bernhard göttlicher Ratschlag genannt wird. Denn Apg. 5, 29 sagt Petrus: „Man muß Gott mehr gehorchen denn den Menschen". Darum, wie uns befohlen wird, den Vorgesetzten in erlaubten und ehrbaren Dingen zu gehorchen, unter Beachtung der Umstände, so wird uns befohlen, ihnen ins Gesicht zu widersprechen, wenn sie auf Wegen wandeln, die den göttlichen Ratschlägen oder Geboten entgegengesetzt sind.

Wenn Paulus, der anordnet, daß wir seine Nachfolger sein sollen *(1. Kor. 4, 16)*, wegen seiner leichten Schuld Petrus ins Angesicht widersprach, wie *Galat. 2, 11ff.* berichtet wird; so sollen wir mehr dem Paulus gehorchen und jedem Verfasser der heiligen Schrift als diesem römischen Bischof in mittleren oder neutralen Werken. Und da wir nicht gehalten sind, irgendeinem Apostel zu folgen, soweit er nicht dem Herrn Jesu Christo folgt, wie es sich aus der Definition des Apostels ergibt, so ist klar, daß wir keinen geistlichen Vorgesetzten nach den heiligen Aposteln gehorchen müssen, soweit er nicht Christi Rat oder Gebote befiehlt oder rät. Deshalb nennt der heilige Apostel *1. Kor. 4,16 und 11, 1*, als er anrät, daß wir seine Nachfolger sein sollen, sofort die Form der Nachfolge, indem er hinzufügt: „gleichwie ich Christi". Darum muß ein verständiger Untergebener die Gebote des Vorgesetzten prüfen, wenn er vom Gesetz Christi oder seiner Regel abzuweichen scheint. Denn nicht jeder Vorgesetzte ist unsträflich. Und daher befiehlt Christus mehrmals, wachsam im Werke zu sein, davon er *Mark. 13, 37* sagt: „Das sage ich allen: Wachet!" Und *1. Joh. 4, 1* spricht der Apostel: „Ihr Lieben, glaubet nicht einem jeglichen Geist, sondern prüfet die Geister, ob sie von Gott sind: denn es sind viele falsche Propheten ausgegangen in die Welt". Und *Matth. 24, 11* spricht der Heiland: „Und es werden sich viel falsche Propheten erheben und werden viele verführen."

Und dazu spricht sehr schön der *heilige Bernhard im Brief an den Mönch Adam*, indem er ihn tadelt, weil er seinem Abt unüberlegt gehorcht hat, gegen die Regel seines Ordens. Daher sagt er in der Form des Ausrufs, aber des spöttischen: Welch ein gehorsamer Mönch, dem aus allen Worten seiner Vorgesetzten auch nicht ein Jota entfällt! Er beachtet nicht, wie das beschaffen ist, was befohlen wird, gibt sich allein damit zufrieden, daß es befohlen wird; und das ist sein unverzüglicher Gehorsam. Wenn das richtig ist, müßte bereits der Satz aus dem Buche des Evangeliums: „Seid klug wie die Schlangen" getilgt werden, und es würde das folgende genügen: „Und ohne Falsch wie die Tauben". Ich sage aber nicht, daß von den Untergebenen über die Befehle der Vorgesetzten geurteilt werden soll, wenn nichts dabei gefunden wird, das den göttlichen Gesetzen widerspricht. Aber für notwendig erkläre ich auch die Klugheit, durch die beobachtet wird, ob sich Widersprüche finden, und die Freiheit, mit der selbständig zurückgewiesen wird. *Wiederum sagt er*: Nichts habe ich zu fragen, dürfte jener gemeint haben, der Befehl gab. Sage mir bitte, wenn er dir nun ein Schwert in die Hand gegeben und dich bewaffnet hätte, ihm selbst die Kehle abzuschneiden, würdest du ruhig geblieben sein? Wird das nicht von anderen, da du es hindern kannst, als Totschlagsverbrechen gewertet? Sieh also, ob du nicht etwa unter dem Vorwand des Gehorsams einer schlimmeren Sache dienst. *So Bernhard*; er führt viele Zeugnisse der Schrift dafür an und schließt: Du also meinst, gegen alle diese und andere derartige zahllose Zeugnisse der Wahrheit müßte jemandem gehorcht werden? Eine hassenswerte Verdrehung, wenn die Tugend des Gehorsams, die immer für Wahrheit kämpft, gegen die Wahrheit gerüstet wird. *So Bernhard.*

Daher führt Bernhard selbst *in der Predigt über die Ankunft des Herrn fünf Bedingungen auf, die den Gehorsam rechtfertigen*: *1.*, daß das Werk ein heiliges ist, weil man nicht gehorchen darf gegen Gott; *2.*, daß es freiwillig ist *3.*, daß es rein ist, entsprechend einer heiligen Gesinnung, nach der Lehre des Heilands *(Matth. 6, 22)*: „Wenn dein Auge einfältig ist, so wird dein ganzer Leib licht sein". *4.*, daß es vernünftig ist, denn Übertreibung und Vernachlässigung schaden; und *5.*, daß es fest bis zu seinem gehörigen Ende ausgehalten werden soll. Daraus ergibt sich, daß ein Untergebener, der sieht, wie ein unvernünftiges Gebot des Vorgesetzten, das bekannt ist oder sein soll, der Kirche zum Schaden gereicht, indem es dem Gottesdienst und dem Gewinn des Heils der Seelen abträglich ist, diesem Vorgesetzten entgegentreten soll. Denn solch ein Widerstand ist wahrer Gehorsam, nicht nur Gott erwiesen hinsichtlich des Gebots der brüderlichen Ermahnung, sondern auch dem Vorgesetzten selbst, denn kein Vorgesetzter soll etwas anderes empfangen als das Gute. Wenn also ein Untergebener auf Grund des Gehorsams dem Vorgesetzten zu einem im wesentlichen Guten verpflichtet ist, so folgt, daß er ihm gehorcht, wenn er ihm so widerstrebt, wie er muß, weil er etwas Gutes tut, wenn er ihn vom Bösen abbringt. Daraus folgt, daß ein Untergebener, der seinem Vorgesetzten im Bösen gehorcht, nicht von der Sünde freigesprochen wird. Denn der Heiland sagt *Matth. 15, 14*: „Wenn aber ein Blinder den andern leitet, so fallen sie beide in die Grube." Das ist: Wenn ein blinder, das ist ein unverständiger oder böser Vorgesetzter, einen blinden, das ist einen unverständigen oder bösen Untergebenen durch Befehlen zum Werk führt, fallen sie beide in die Grube des Irrtums. Darum sagte *Christus unmittelbar davor (Matth. 15, 14) zu seinen Jüngern von den Schriftgelehrten und Pharisäern*, die gelehrt haben, daß es Sünde sei, Brot mit ungewaschenen Händen zu essen, obgleich es keine Sünde ist: „Lasset sie fahren! Sie sind blinde Blindenleiter". Was ist das: *Lasset sie fahren?* Die *Glosse* besagt: Überlaßt sie ihrer Lehrmeinung; sie sind blind, das ist verdunkelt von Überlieferungen.

Und diese Regel Christi befolgen auch die *unvernünftigen Tiere*; denn ein *Pferd oder Esel*, die vor sich eine Grube bemerken, versuchen, wenn man sie anspornt, den Absturz nach Kräften zu vermeiden. Das ist auch von der *Eselin* bekannt, die den Engel erkannte, der verhinderte, daß sie den Weg, den *Bileam* reisen wollte, fortsetzte, und mit menschlicher Stimme die Unvernunft des Propheten schalt [4. Mose 22, 21 ff.]. Davon spricht im spöttischen Ton *Bernhard zum*

Mönch Adam in seinem Brief: Du gehorsamster Sohn, du ergebenster Schüler, hast deinen Vater und Lehrer nicht einen Moment lang, oder anders ausgedrückt, wie es heißt, einen Fuß lang, sich zeitlebens von dir entfernen lassen; so daß du nicht gezaudert hast, nach ihm auch in die Grube, nicht mit blinden, sondern sehenden Augen wie Bileam zu fallen. *So jener.*

Aus diesen Wahrheiten aber läßt sich weiter folgern, daß es den niederen Klerikern, ja auch den Laien erlaubt ist, über die Werke ihrer Vorgesetzten zu urteilen. Das geht daraus hervor, weil es eine Art von Urteil gibt, das des *überlegten und verborgenen Gutachtens vor dem Gerichtshof des Gewissens*. Und ein zweites *Urteil der mit Vollmacht ausgestatten Rechtsprechung im Gerichtshof der Kirche. Auf die erste* Art soll der Untergebene hauptsächlich über sich selbst urteilen, nach dem Wort *1. Kor. 11, 31*: „Denn so wir uns selber richteten, so würden wir nicht gerichtet". Und *auf die zweite Art* soll er alles richten, was sein Seelenheil angeht. Nach dem Wort *1. Kor. 2, 15*: „Der geistliche Mensch aber richtet alles". So soll der Laie die Werke seines Vorgesetzten richten, wie der Apostel die Werke des Petrus durch Tadeln gerichtet hat *(Galat. 2, 14)*: „Aber da ich sah, daß sie nicht richtig wandelten nach der Wahrheit des Evangeliums, sprach ich zu Petrus vor allen öffentlich: So du, der du ein Jude bist, heidnisch lebst und nicht jüdisch, warum zwingst du denn die Heiden, jüdisch zu leben?" *Zum zweiten* soll der Laie den Vorgesetzten beurteilen, ob er zu fliehen sei. Denn *Matth. 7, 15* spricht Christus: „Seht euch vor vor den falschen Propheten, die in Schafskleidern zu euch kommen, inwendig aber sind sie reißende Wölfe". *Zum dritten* soll er dafür befinden, ihn als geistlichen Vorgesetzten einzusetzen, ihn leiblich zu ernähren oder sonst auszustatten. Denn sonst würden niemals die Kleriker von den Laien zu Pfarrern, Beichtigern oder Almosenverwaltern gewählt werden.

So ist es also den Reichen dieser Welt erlaubt, mit sorgfältiger Beurteilung zu prüfen, welchen Geistlichen und auf welche Weise sie *Almosen* übergeben wollen, und sich vorzusehen vor reißenden Wölfen, wie der Apostel sagt *(Apg. 20, 29 ff.)*. Und nach *Chrysostomus, in De opere imperfecto, Homilie 20*, ist das deutlich daran zu erkennen, daß sie mehr das Geld als das Seelenheil der Untergebenen suchen, entgegen dem Wort des Apostels *2. Kor. 12, 14*: „Ich suche nicht das Eure, sondern euch". Daher sagt er *(Apg. 20, 29)*, in prophetischer Weise diese falschen Apostel voraussehend: „Das weiß ich, daß nach meinem Abschied werden unter euch kommen greuliche Wölfe, die die Herde nicht verschonen werden". Und weil dieser Wolfscharakter deutlich wird durch Beraubung der zeitlichen Güter und durch Auferlegung von Strafen zu dem Zweck, noch mehr zeitliche Güter an sich zu reißen, erklärt er von sich, den entgegengesetzten Brauch zu haben [Apg. 20, 33—34]: „Ich habe", *sagt er*, „euer keines Silber noch Gold noch Kleid begehrt. Denn ihr wisset selber, daß mir diese Hände zu meiner Notdurft und derer, die mit mir gewesen sind, gedient haben."

Also sollen die Untergebenen, die fromm in Christo leben, das Leben der Apostel bedenken und überlegen, ob ihre geistlichen Vorgesetzten nach deren Art leben. Wenn sie nämlich im geistlichen Dienst nachlässig sind, sorgfältig, Geld einzutreiben, die evangelische Armut verachten und zur Welt neigen, auch noch andere Schändlichkeiten deutlich erkennbar aussäen: dann werden sie, wenn es so ist, aus dem Werk erkennen, daß sie von der Religion Jesu Christi, des Herrn, abgewichen sind. Also, ihr beherzten Anhänger des Gesetzes Christi, richtet euer Glaubensauge *zuerst* auf ihre Werke, ob sie zur Weltlichkeit neigen. *Zweitens*, achtet auf ihre Gebote, ob sie etwas von Habsucht oder weltlichem Gewinn an sich haben. *Drittens*, zieht die heilige Schrift zu Rate, ob sie dem Ratschlag Christi entsprechend Befehle geben; und demgemäß glaubt ihnen oder glaubt ihnen nicht, wenn das Umgekehrte der Fall ist. Denn die Pfarrer sollen nicht zu den Laien sagen: Was geht es euch an, über unser Leben und Werk zu urteilen?, da unser Heiland sagt *(Matth. 23, 3)*: „Nach ihren Werken sollt ihr nicht tun." Und danach erklärt er der Menge die Werke der Geistlichen, damit sie sie erkennen und zu ihrem eigenen Heil vermeiden sollen. Und wenn die Geistlichen sagen: Was kommt es euch zu, über unser Leben und Werk zu urteilen?, so soll denen von den Laien gleich widersprochen werden: Was kommt es euch zu, unsere Spenden zu empfangen? Denn der Apostel sagt *2. Thess. 3, 6—8*: „Wir gebieten euch aber, liebe Brüder, in dem Namen unsers Herrn Jesu Christi, daß ihr euch entziehet von jedem Bruder, der da unordentlich wandelt und nicht nach der Satzung, die er von uns empfangen hat. Denn ihr wisset, wie ihr uns sollt nachfolgen. Denn wir sind nicht unordentlich unter euch gewesen. Haben auch nicht umsonst das Brot genommen von jemand; sondern mit Arbeit und Mühe". *Und weiter* [2. Thess. 3, 10]: „Und da wir bei euch waren, geboten wir euch solches, daß, so jemand nicht will arbeiten, der soll auch nicht essen."

Und *es ist klar*, daß die Untergebenen über die Gebote und Werke ihrer Vorgesetzten vernünftig urteilen sollen, denn andernfalls wären sie in Gefahr der Todsünde, wenn sie nicht sorgfältig über sie urteilten, in welchen Dingen sie ihnen glauben, in welchen ihnen folgen sollen und in welchen sie ihnen vernunftgemäß nach dem Gesetz Gottes gehorchen müssen. Denn der beste Lehrer, der Herr, hat uns im voraus ermahnt: „Sehet euch vor vor den falschen Propheten" *(Matth. 7, 15)*. Und: „Hütet euch vor dem Sauerteig der Pharisäer" *(Matth. 16, 6)*. Und *(Matth. 24, 23 und 26)* spricht er: „Glaubet nicht, geht nicht hinaus", und: „Nach ihren Werken sollt ihr nicht tun" *(Matth. 23, 3)*. Er selbst hat auch Priester und Volk ermahnt, über seine Werke zu urteilen, indem er *Joh. 8, 46* sagt: „Welcher unter euch kann mich einer Sünde zeihen?" Und *Joh. 10, 38*: „Glaubet doch den Werken, wollt ihr mir nicht glauben." Und wie schlimm ist das für die Kirche Christi, daß unsere Geistlichen mehr fordern, daß ihrer Zustimmung oder Ablehnung in allen ihren Urteilen geglaubt wird, als sie fordern, daß geglaubt wird dem Glauben der heiligen Schrift, der der katholische Glaube ist. Und sie strafen mehr für die Übertretung ihrer eigenen Satzungen als die Lästerer des eigentlichen Glaubens Christi. Daher kann von ihnen das *Psalmwort* gesagt werden: „Der mein Brot aß, hat mich unter die Füße getreten". Sie selbst nämlich, wie sie behaupten, verzehren das Erbteil Christi und schätzen doch ihre Gebote höher als die unseres Herrn Jesu Christi selbst.

Zwanzigstes Kapitel

Nicht in allen Dingen muß der Kirche oder ihren geistlichen Vorgesetzten gehorcht werden, auch im Bereich der mittleren Werke, die weder gut noch schlecht sind. Zweitens, die Exkommunikation kann nicht die Ausführung der Gebote Christi ausschließen

Damit die Doktoren in ihrer zwiefachen Behauptung besser verstanden werden, wenn sie sagen: Der römischen Kirche und den Geistlichen muß von den Untergebenen in allen Dingen gehorcht werden usw., *und wiederum*: Also muß ihnen gehorcht und Folge geleistet werden, setze ich nach der richtigen Grammatik voraus, daß diese Verbindung: *„es muß gehorcht werden"* dasselbe bedeutet wie die Verbindung: „er muß gehorchen". Und weiter, daß das Wort *„er muß"* die Schuld der Verpflichtung zum Gehorsam bei Strafe der Todsünde bezeichnet. Diese Voraussetzung ergibt sich aus der Berufung der Doktoren auf das Wort des Heilands *Matth. 23, 3:* „Alles, was sie euch sagen, das ihr halten sollet, das haltet und tut's". Dieses Wort des Herrn nämlich ist ein Gebot. *Zweitens* ergibt sich diese Voraussetzung aus den Worten der Doktoren, wenn sie sagen: Einige aber im Reich Böhmen wollen nicht zustimmen und versuchen, soweit sie können, das gläubige Volk zum Ungehorsam hinsichtlich der Geistlichen zu bewegen und zur Unehrerbietigkeit gegen die päpstliche, bischöfliche, priesterliche und geistliche Würde. Nun ist bekannt, daß der Ungehorsam und die Unehrerbietigkeit, die die Doktoren erwähnen, eine Todsünde wäre. *Drittens* ergibt sich diese Voraussetzung aus der Anführung des *seligen Augustin,* wo er sagt: Wenn du deinem Vater nicht gehorsam bist (verstehe: nicht dem leiblichen Vater, sondern dem geistlichen), hast du alle Tugenden verloren. Nun ist es klar, daß ein tugendhafter Mensch nicht alle seine Tugenden verlieren kann, außer durch Todsünde. Und somit trägt nach jenem Gutachten der Ungehorsam den Stempel des Verbrechens. Dieser Ausspruch der *Doktoren* also, durch die Voraussetzung: Der römischen Kirche und den Geistlichen muß von den Untergebenen in allen Dingen gehorcht werden usw., hat eine derartige Bedeutung, nämlich: Er muß gehorchen bei Strafe der Todsünde.

Daher schreien sie jetzt, dieser Ansicht entsprechend, daß ich der römischen Kirche ungehorsam sei, und deswegen exkommunizieren sie mich. Und bekannt ist, nach dem Gesetz Gottes und dem kanonischen Gesetz, *daß niemand exkommuniziert werden darf, es sei denn wegen einer Todsünde,* wie ich an anderer Stelle gesagt habe.

Unter Beibehaltung dieser Voraussetzung mache ich diese Feststellung: Keinem Apostelsitz der römischen Kirche, das ist keinem Papst mit seinen Kardinälen, wie es die Doktoren fassen, und keinen Geistlichen muß von den Untergebenen in allen Dingen gehorcht werden, die nicht reine Übel und reine Güter sind.

Es wird bewiesen: Keiner römischen Kirche und Geistlichkeit ist bei Strafe der Todsünde ein König, Markgraf, Fürst, Baron, Ritter, Bürger oder Bauer so verpflichtet zu gehorchen, daß er kein Eigentum besitzen oder eine Ehe ein-

gehen soll; und diese Dinge, nämlich Eigentum besitzen, Ehe eingehen, sind
für jene Personen weder reine Güter noch reine Übel, daher der Schluß. Die
Folge ist bekannt, und das Nähere ergibt sich durch den *seligen Bernhard im
Brief an den Mönch Adam,* wenn er sagt: Man muß wissen, daß diese indifferenten [mittleren] Werke meist in die Bezirke der unreinen oder bösen übergehen: Denn während eine Ehe eingegangen werden kann oder nicht, so kann
doch eine vollzogene nicht mehr aufgelöst werden. Was also vor der Hochzeit
ein Mittelding war, erlangt bei den Vermählten die Kraft eines reinen Guten.
Ebenso: Eigentum zu besitzen ist für einen weltlichen Menschen zwar ein Mittelding, weil es auch erlaubt ist, es nicht zu besitzen; für einen Mönch aber, weil
ihm nicht zu besitzen erlaubt ist, ist es ein reines Übel. *So Bernhard.*
Das *Weitere* wird so bewiesen: Keiner römischen Kirche ist es erlaubt, bei
Strafe der Todsünde zu befehlen, daß ein König, Markgraf, Fürst, Baron, Ritter,
Bürger oder Bauer eine Ehe schließt oder kein Eigentum besitzt; also ist auch
keiner der genannten bei Strafe der Todsünde verpflichtet zu gehorchen. Die
Folge ist bekannt, und die Ursache ist klar: Weil es der römischen Kirche nicht
erlaubt ist, ihr Gebot über den bloßen Ratschlag Christi zu stellen. Aber indem
die römische Kirche befiehlt, daß ein König, Markgraf, Fürst, Baron oder Ritter
nichts Eigenes besitzt, würde sie ihre Vorschrift über einen Ratschlag Christi
stellen, welcher der erste Rat unter den zwölf hauptsächlichen Ratschlägen
des Evangeliums ist, nämlich die freiwillige Armut, die in der Lossagung vom
Eigentum besteht, was die Dürftigkeit in sich begreift. Christus rät, er befiehlt
nicht, wenn er zu einem vornehmen Jüngling spricht *(Matth. 19, 21):* „Willst
du vollkommen sein, so gehe hin, verkaufe, was du hast, und gib's den Armen
. . ., und folge mir nach". Ähnlich würde die römische Kirche, wenn sie befiehlt,
daß ein König, Markgraf, Fürst oder sonstiger Weltlicher eine Ehe eingehen
soll, gegen Christi Rat befehlen. Wie, würde sie dann also nicht gegen Christus
handeln? Denn die Bewahrung der Keuschheit bis zum Tode ist der dritte
evangelische Rat Christi, davon der *Matth. 19, 12* sagt: „Und sind etliche verschnitten, die sich selbst verschnitten haben um des Himmelreichs willen". Das
befiehlt Christus nicht, sondern rät dazu, daß der, dem es möglich ist, es freiwillig einhalten soll, *indem er sagt:* „Wer es fassen kann, der fasse es".
Eine große Anmaßung der römischen Kirche wäre es also, jemand bei Strafe
der Todsünde über die Ratschläge ihrer Herrn hinaus zu zwingen. Das nämlich
würde bedeuten, unerträgliche Lasten auf die Schultern der Menschen zu legen,
wie der Heiland *Matth. 23, 4* sagt; diese tragen die Schriftgelehrten und Pharisäer, die auf Moses Stuhl sitzen, nicht selbst, sondern legen sie anderen auf, wie
Christus daselbst sagt. Davon spricht der Apostel Christi, der die Geheimnisse
Gottes geschaut hat, die die römische Kirche nicht gesehen hat; er hat nicht
gewagt zu befehlen, zu heiraten oder enthaltsam zu bleiben. Er sagt also
1. Kor. 7, 7: „Aber ein jeglicher hat seine eigene Gabe von Gott, einer so, der
andere so". Nichts wollte der Apostel befehlen, als was der Herr durch ihn
befahl, und somit, was dem Gehorchenden nützlich war. Denn viele sind Ratschläge für andere, die für uns nicht ratsam sind wegen unserer Schwäche und

Unkenntnis. Wie einer, ohne Sünde zu begehen, in Gottes Namen heiratet, während es besser für ihn wäre, seine jungfräuliche Keuschheit zu bewahren; er weiß es aber nicht und glaubt das Gegenteil. Darum sagt der *Apostel*: „Ein jeglicher hat seine eigene Gabe von Gott, einer so, der andere so". *Darauf folgt* [1. Kor. 7, 9]: „So sie aber sich nicht mögen enthalten, so laß sie freien; es ist besser freien, denn Brunst leiden". Manche Dinge sind also für manche nützlicher, die anderen minder nützlich wären. Daher wäre es ein bemerkenswerter Irrtum zu glauben, daß alle Ratschläge Christi für alle nützlich wären, daß sie auf den Buchstaben genau erfüllt werden müßten. Und daher ist ein Sohn nicht bei Strafe der Todsünde verpflichtet, seinem Vater zu gehorchen, daß er nicht besitzen soll oder daß er heiraten soll. Ähnlich verhält es sich auch mit einer Tochter, welche er nicht rechtmäßig zwingen kann, bis zum Tode keusch zu bleiben oder zu heiraten.

Also: Wenn dieser Satz der Doktoren wahr wäre, daß dem apostolischen Sitz der römischen Kirche von den Untergebenen in allen Dingen gehorcht werden muß usw.,

so folgt: daß Wenzel, römischer König und König von Böhmen, und ähnlichermaßen Sigismund, König von Ungarn, ständig Todsünde begehen würden deshalb, weil sie dem Gebot der römischen Kirche und Papst Bonifaz mit seinen Kardinälen nicht gehorcht haben, indem sie nicht die Herrschaft abgetreten haben, jener das römische Königreich, dieser das Königreich Ungarn. Und klar ist, daß die Herrschaft abtreten für diesen und jenen kein reines Übel ist, wie sich aus den Worten *Bernhards* ergibt. Und da die genannten Könige dieses Gebot noch nicht erfüllt haben und von Bonifaz selbst noch nicht freigesprochen worden sind, folgt, daß sie bis jetzt im Ungehorsam verharren. Aber welcher klare Kopf wollte so etwas behaupten, da doch nach dem Gesetz des Herrn der Papst Bonifaz solches nicht unternehmen durfte?

Ebenso folgt, daß einige von den genannten Doktoren, z. B. Stanislaus, Petrus von Znaim, Johannes Eliae und noch mehr, sich ständig in päpstlicher Exkommunikation befinden. Das ergibt sich daraus, weil sie der apostolischen römischen Kirche bis heute nicht gehorcht haben. Oder wenn sie wegen der Streitigkeiten insgeheim schon gehorcht haben, so sind sie noch nicht von Entheiligung freigesprochen, denn es ist durch Papst Innozenz befohlen worden bei Strafe der Exkommunikation, der Entziehung der Pfründen und der Degradierung, daß sie dem Magister Mauritius wirklich die Stelle, die er wünschte, geben und zusprechen sollten; und sie, die durch den Notar vor Zeugen ernsthaft dazu ermahnt worden sind, haben bis heute diesem Gebot nicht gehorcht, obschon dem Magister Mauritus die Stelle zu geben nicht ein reines Übel ist, das befohlen wird. Obgleich es vielleicht für den Magister Mauritius selbst ein Übel ist, diese Stelle so unverschämt zu verlangen; und auch für die Doktoren selbst ist es vielleicht ein Übel. Weil sie als die, die den ersten Platz in der Versammlung lieben, den Mauritius nicht zulassen. Mögen sie nur nicht auf beiden Seiten in jener Anrede Christi, des demütigsten Magisters, gemeint sein *(Luk. 11, 43)*: „Weh euch Pharisäern, daß ihr gern obenan sitzet in den Schulen". Und

Matth. 23, 8 wird hinzugefügt: Und euch von den Menschen „Rabbi" nennen laßt.

Also ist in den im wesentlichen guten Handlungen wie Fasten und Gebet, die nicht rein böse sind, der römischen Kirche oder der Geistlichkeit nicht zu gehorchen außer in einem Maße, das die Vernunft bemißt.

Das *erhellt*, weil es vorkommt, daß ein Untergebener in dem Maße Gebet oder Fasten betreibt, daß er ermattet und sich und der Kirche schadet; dies aber muß vom Befehlenden wie vom Gehorchenden vermieden werden: folglich ist das Vorhergegangene wahr. Denn es steht fest, daß es Versuchung Gottes wäre, einem Vorgesetzten zu gehorchen oder bei sich selbst zu geloben: Ich will immer nur soviel essen oder trinken; immer nur soviel an Kleidung oder Bedeckung haben; und so ist es mit anderen Ratschlägen, die falsch aufgefaßt werden. Und eine noch größere Torheit wäre es für den Vorgesetzten, eine Gesamtheit zu einer einheitlichen Form dieser Art zu verpflichten. Denn nach Verschiedenheit der Zeit, Krankheit oder Gesundheit, Jugend oder Alter, Wärme oder Kälte gebührt es, bei ein und derselben Person solche Dinge abzuwandeln, und noch viel mehr sind in einer größeren Gemeinschaft die verschiedenen Mittel den verschiedenen Personen anzupassen. Denn nach *Aristoteles, 2. Buch der Ethik*, ist nicht dasselbe ein Mittelding bei allen. Denn ein Mittelmaß an Speisen, dem Milon angemessen, der täglich einen Ochsen essen wollte, ist nicht ein angemessenes Mittelmaß für jeden jungen Mann oder für einen Alten, Gesunden oder Kranken.

Und daher hat der Heiland seine Jünger, die wegen Nichtfastens angegriffen wurden, vollständig entschuldigt. Denn *Matth. 9, 14* heißt es: „Indes kamen die Jünger des Johannes zu ihm und sprachen: Warum fasten wir und die Pharisäer so viel, und deine Jünger fasten nicht?" Der Heiland hat diesen Anklägern, die sich mit den Pharisäer zum Tadeln Christi verbündet haben, Antwort gegeben, indem er für seine Jünger so spricht [Matth. 9, 15—17]: „Wie können die Hochzeitsleute Leid tragen, solange der Bräutigam bei ihnen ist? Es wird aber die Zeit kommen, daß der Bräutigam von ihnen genommen wird; alsdann werden sie fasten. Niemand flickt ein altes Kleid mit einem Lappen von neuem Tuch; denn der Lappen reißt doch wieder vom Kleid, und der Riß wird ärger. Man faßt auch nicht Most in alte Schläuche; sonst zerreißen die Schläuche, und der Most wird verschüttet, und die Schläuche kommen um. Sondern man faßt Most in neue Schläuche, so werden sie beide miteinander erhalten". Dort *entschuldigt* der Heiland die Jünger *wegen Nichteinhaltens der Fasten. Erstens* deswegen, weil der Bräutigam der Kirche selbst zu der Zeit mit seinen Söhnen die Freiheit verstattete. *Zweitens*, weil jedes körperliche Fasten ihnen zu der Zeit nicht zukam, wie *Lyra* sagt: Daher sagt der Bräutigam: Können die Kinder des Bräutigams traurig sein, das ist sich Leid durch Fasten zufügen? Er sagt gleichsam: Nein, weil ihnen jetzt das Fasten nicht zukommt. Es werden aber Tage kommen, nämlich des Leidens, da der Bräutigam von ihnen genommen werden wird durch den Tod, was seine körperliche Gegenwart angeht, und dann werden sie fasten, nämlich mit dem Fasten der Trauer, nach *Joh. 16, 20*: „Ihr werdet weinen und heulen". Dann werden sie fasten, nämlich, wenn ihnen solches Fasten zukommt. Und dann beweist der Heiland durch ein zwiefaches Beispiel, daß ihnen damals das leibliche Fasten nicht zukam. Denn im *5. Kap. des Lukas* werden auch die Vorschriften erwähnt, daher er dort sagt: „Warum fasten des Johannes Jünger so oft und beten so viel, desgleichen der Pharisäer Jünger; aber deine Jünger essen und trinken? Er sprach aber zu ihnen: Ihr könnt die Hochzeitsleute nicht zu fasten treiben, solange der Bräutigam bei ihnen ist", als wollte er sagen: Über den Willen des Bräutigams hinaus könnt ihr seine Angehörigen nicht rechtmäßig veranlassen zu fasten.

Wahrlich ein gütiger Prior und Abt ist Christus, der seine Jünger nicht beschwert, sondern ihnen ein sanftes Joch und eine leichte Last auflegt und den Pharisäern und Schriftgelehrten, die auf Moses Stuhl sitzen, sagt, daß sie schwere und unerträgliche Bürden auf die Schultern der Menschen legen, sie selbst aber nicht mit dem Finger bewegen wollen. So nämlich legen die jetzigen Prälaten und Beichtiger viele Fasten auf, viele Gebete und andere Dinge, die das Volk belasten, und sie allein tun nicht das Geringste.

Daher sagen sie öfter, *laßt uns essen, und laßt den Pöbel für uns fasten.* Da also der *Heiland* solche Gebote derselben unerträgliche Bürden nennt, weil sie über die Gebote und Ratschläge Christi hinaus die Menschen belasten: Welcher Weise würde sagen, daß der Untergebene verpflichtet ist, in solchen Fällen bei Strafe der Todsünde seinem geistlichen Vorgesetzten zu gehorchen? Ebenso ist mit ungewaschenen Händen zu essen ein neutrales Werk, weder rein gut noch rein böse; und doch waren die Jünger Christi nicht nach dem Gebot derer, die auf Moses Stuhl saßen, dazu verpflichtet, also ist es auch heut so. Die Folgerung ist bekannt, weil die Voraussetzung gleich ist bei derartigen Satzungen, die nicht im Gesetz des Herrn begründet sind.

Der zweite Teil wird klar durch *Matth. 15, 2*, wo, als die Pharisäer und Schriftgelehrten zu Jesum sagten: „Warum übertreten deine Jünger der Ältesten Aufsätze? Sie waschen ihre Hände nicht, wenn sie Brot essen", er selbst sie wegen Übertretung der Gebote Gottes getadelt und gezeigt hat, daß seine Jünger damit keine Sünden begingen, wenn sie ihre Aufsätze nicht hielten, indem er sagte [Matth. 15, 20]: „Aber mit ungewaschenen Händen essen verunreinigt den Menschen nicht". Welches ist jetzt der Grund dafür, daß jeglicher Untergebene in jeglichem neutralen oder mittleren Werk seinem Vorgesetzten zu gehorchen verpflichtet sei? Da es feststeht, daß es einen törichten Vorgesetzten geben kann, der völlig unüberlegt seinen Untergebenen mit solchen neutralen Werken belastet. Daher hat *Bernhard*, wie oben gesagt, weislich die Bedingungen für den *Gehorsam* festgesetzt, unter denen *eine* ist, daß ein vernünftiger Befehl vorliegen muß, da Übertreibung und Vernachlässigung verderben.

Daher ist kein menschlicher Befehl oder Rat gesetzeskräftig oder zu befolgen außer in dem Maße, in dem er durch das Beispiel eines göttlichen begründet wird.

Und daher kommt es, daß kein dem Vorgesetzten erzeigter Gehorsam zum Verdienst gereicht außer in dem Maße, in dem er sich an die Gebote und Ratschläge des Herrn Jesu Christi anlehnt. *Es ist klar*, daß der Gehorsam, der Christo geschuldet und erzeigt wird, von sich aus Ursache der Verdienstlichkeit ist; und in dem Grade, wie er wächst oder abnimmt, so auch das Verdienst. Daher ist nichts frömmer als der Gott erzeigte Gehorsam, wie das *Dekret lehrt, 8. Untersuchung, 1. Kap.: „Man muß wissen. . .“*: Besser ist Gehorsam als Opfer, und gleichsam Sünde der Wahrsagerei ist es zu widerstreben, und gleichsam ein Verbrechen, sich nicht zufrieden zu geben. Der Gehorsam allein, *sagt das Dekret*, ist die Tugend, die das Verdienst des Glaubens hat, ohne den jeder überführt wird, ein Ungläubiger zu sein, wenn er auch gläubig zu sein scheint. Bei Opfern, *sagt es*, wird das fremde Fleisch geschlachtet, aber durch Gehorsam wird der eigene Wille getötet. Dort ist es sonnenklar, daß vom Gott geschuldeten Gehorsam die Rede ist. Denn *1. Samuel 15, 23* spricht Samuel zu Saul: „Weil du nun des Herrn Wort verworfen hast, hat er dich auch verworfen, daß du nicht König seist.“ Und Saul hat zu Samuel gesagt [1. Samuel 15, 24]: „Ich habe gesündigt, daß ich des Herrn Befehl und deine Worte übertreten habe; denn ich fürchtete das Volk und gehorchte ihrer Stimme“. Und es wird klar, in welchem Maße die geistlichen Vorgesetzten des Volkes lästern, die aus der Schrift oder dem Kirchenrecht diesen Gehorsam für sich beanspruchen. *Es erhellt zweitens*, daß das Zeugnis *Augustins*, welches die Doktoren für sich anführen, in der *86. Predigt*, wo er sagt: Wenn du fastest, Tag und Nacht betest, in Sack und Asche lebst oder irgend etwas anderes tust, was nicht im Gesetz des Herrn befohlen ist, und wenn du dir selbst weise zu sein scheinst und dabei deinem Vater ungehorsam bist (verstehe: nicht dem leiblichen Vater, sondern dem geistlichen), so hast du alle Tugenden verloren, *dies erhellt*: Daß, wer Gott, seinem geistlichen Vater, nicht gehorcht, alle Tugenden verloren hat. Und daher fügt *Augustin* hinzu: Darum gilt der Gehorsam mehr als alle anderen sittlichen Tugenden. Entfernt von der Richtigkeit ist also die Beweisführung der Doktoren, aus diesem Zeugnis herzuleiten, was sie behaupten wollen.

Ferner stelle ich folgende Behauptung auf: Unbeschadet einer angeblichen Exkommunikation, die angedroht oder schon ausgesprochen worden ist, muß ein Christ Christi Gebote ausführen.

Das ergibt sich aus der Behauptung des seligen Petrus und anderer Apostel *(Apg. 5, 29)*: „Man muß Gott mehr gehorchen denn den Menschen“. Daraus ergibt sich folgerichtig, daß ein Priester Christi, der nach seinem Gesetz lebt, Kenntnis der Schrift und das Verlangen hat, das Volk zu erbauen, predigen soll, unbeschadet einer angeblichen Exkommunikation. Das ergibt sich daraus, daß das Wort Gottes zu predigen dem Priester befohlen worden ist, nach Zeugnis des Apostels Petrus *Apg. 10, 42*: „Und er hat uns geboten, zu predigen dem Volk und zu zeugen“ und *Matth. 10, 5*: „Diese zwölf sandte Jesus, gebot ihnen und sprach: Gehet nicht auf der Heiden Straße“ *und weiter* [Matth. 10, 7]: „Geht aber und predigt und sprecht: Das Himmelreich ist nahe herbeigekommen“. Und aus *Lukas 9 und 10* ergibt sich dasselbe. Und es ergibt sich auch aus *Augustin, der im Vorwort zu seinen Predigten sagt*: Wenige Priester sind, die Gottes Wort auf gerechte Weise predigen, aber viele sind, die auf verdammungswürdige Weise schweigen. Einige aus Nichtwissen, die sich weigern zu belehren, andere aus Nachlässigkeit, die Gottes Wort geringachten. Aber weder jene noch diese können von schuldhafter Schweigsamkeit freigesprochen werden: denn die dürfen nicht vorstehen, die nicht predigen können, und die dürfen nicht schweigen, die predigen können, wenn sie auch nicht Vorsteher sind. *So jener.*

Ebenso [wird es deutlich] *durch den heiligen Hieronymus, über den Satz Hesekiel 3, 18: „Wenn ich dem Gottlosen sage: Du mußt des Todes sterben, und du warnst ihn nicht und sagst es ihm nicht, damit sich der Gottlose vor seinem gottlosen Wesen hüte, auf daß er lebendig bleibe: So wird der Gottlose um seiner Sünde willen sterben; aber sein Blut will ich von deiner Hand fordern."* Dort sagt *Hieronymus*: Der Priester ist verpflichtet zu predigen, er hüte sich davor, daß ihn nicht Menschenfurcht schweigen mache. Eine große Gefahr bringt es, Gottes Worte zu verschweigen, aus *dreifachem Grunde*: nämlich aus Furcht, aus Trägheit oder Kriecherei. Ebenso aus *Gregor im Hirtenbrief, Kap. 15 und 43. Untersuchung: „Leiter soll sein. . .",* wo er sehr nachdrücklich den Beweis führt durch viele Schriftzeugnisse und unter anderem sagt: Es ist ja geschrieben, daß ein Klang gehört wird, wenn jemand das Heiligtum betritt im Angesicht Gottes, und daß er dann nicht stirbt. Denn ein Priester, der hinein- oder hinausgeht, stirbt, wenn der Klang über ihm nicht gehört wird; weil er den Zorn des geheimen Gerichts gegen sich heraufbeschwört, wenn er ohne Klang der Predigt einhergeht. *So jener.* Dasselbe ergibt sich durch den *seligen Isidor, der im dritten Buch, Über das höchste Gut,* spricht: Die Priester werden für die Schlechtigkeit der Gemeinden verdammt, wenn sie die Unwissenden nicht erziehen oder die Sünder nicht schelten.

Da also nach dem Gesagten jeder das Amt des Predigers nach dem Gebote annimmt, der zum Priesterstand kommt, ist klar, daß er dieses Gebot ausführen muß, ungeachtet einer vorgeblichen Exkommunikation.

Ebenso kann es keinem wahren Katholiken zweifelhaft sein, daß ein mit genügender Lehre ausgestatteter Mensch mehr dazu verpflichtet ist, die Unwissenden zu lehren, die Zweifelnden zu beraten, die Ungehorsamen zu züchtigen, denen, die Unrecht tun, zu vergeben, als irgendwelche Werke der Barmherzigkeit auszuführen. Wenn also einer, der geeignet ist, leibliche gute Werke zu tun, dazu bei Strafe der Verdammnis verpflichtet ist, wie sich aus *Matth. 25* ergibt, umso mehr einer, der zu geistlichen Werken geeignet ist. Daraus ergibt sich, daß predigen für den Priester und Almosen geben für den Reichen nicht Mitteldinge sind, sondern Gebote.

Weiter ist klar, daß, wenn ein Papst oder ein anderer Vorgesetzter einem Priester befiehlt, nicht zu predigen, der doch so beschaffen ist, wie gesagt wurde, oder einem Reichen, keine Almosen zu geben, so darf der Untergebene nicht gehorchen.

Daher habe ich, gestützt auf dies Gebot des Herrn, das Gebot des Papstes Alexander bezüglich des Predigtverbotes nicht angenommen; und daher ertrage ich in Demut die Exkommunikation und vertraue darauf, daß ich den Segen meines Gottes damit erlangen werde, zu dem der Psalmist sagt: Mögen sie fluchen, du aber segnest. Der auch gesegnet hat, als er Matth. 5, 11—12 sprach: „Selig seid ihr, wenn euch die Menschen um meinetwillen schmähen und verfolgen und reden allerlei Übles wider euch, so sie daran lügen. Seid fröhlich und getrost; es wird euch im Himmel wohl belohnt werden."

Einundzwanzigstes Kapitel

Umstände, die bei den Geboten der geistlichen Vorgesetzten zu beachten sind. Dazu eine Stelle aus Daniel 9, die erklärt und auf die Märtyrer, die in Bethlehem begraben sind, angewandt wird.

Nun müssen wir kurz über die Zeugnisse sprechen, die die Doktoren zur Bestärkung des menschlichen Gehorsams herangeführt haben. Denn zuerst sagen sie: Der römischen Kirche und den Prälaten muß von den Untergebenen in allen Dingen gehorcht werden usw. nach dem Ausspruch des Heilands, Matth. 23, 3: „Alles nun, was sie euch sagen, das ihr halten sollet, das haltet und tut's".

Da wundere ich mich, warum die Doktoren die Worte des Heilands offensichlich beschnitten haben; sie haben nämlich nicht davorgesetzt [Matth. 23, 2]: „Auf Moses Stuhl sitzen die Schriftgelehrten und Pharisäer", und nicht hinten zugefügt [Matth. 23, 3]: „Aber nach ihren Werken sollt ihr nicht tun". Sondern sie haben nur das Mittelstück vorgetragen und gesagt: „Alles, was sie euch sagen, das ihr halten sollet, das haltet und tut's." Hier scheint es mir, daß sie es deshalb getan haben, weil der Papst und die andern Prälaten der Kirche nicht mit Schriftgelehrten und Pharisäern verglichen werden wollen; und wenn etwas von ihren bösen Werken gesagt wird, sind sie entrüstet. Und auf der anderen Seite schmeicheln ihnen die Doktoren und Magister mit solchen Worten. Und so laden jene sich Lehrer auf, die ihnen die Ohren kitzeln und ihr Gehör von der Wahrheit ablenken, und die Magister schmeicheln ihnen. Deshalb wird die Weissagung des Apostels an ihnen beiden erfüllt: denn *2. Tim. 4, 1—4* beschwört der Apostel den Timotheus mit den Worten: „So bezeuge ich nun vor Gott und dem Herrn Jesus Christus, der da zukünftig ist, zu richten die Lebendigen und die Toten mit seiner Erscheinung und mit seinem Reich: Predige das Wort, halte an, es sei zur rechten Zeit oder zur Unzeit; strafe, drohe, ermahne mit aller Geduld und Lehre. Denn es wird eine Zeit sein, da sie die heilsame Lehre nicht leiden werden; sondern nach ihren eigenen Lüsten werden sie sich selbst Lehrer aufladen, nach dem ihnen die Ohren jücken; und werden die Ohren von der Wahrheit wenden und sich zu den Fabeln kehren". Also ist es nicht verwunderlich, daß die Prälaten gern die Aussprüche der genannten Doktoren aufnehmen, weil sie alle diese Aussprüche mit dem Öl der Schmeichelei bestrichen haben und kein Wort des Tadels angewandt haben, um ihre Bosheit zu dämpfen. Aber kommen wird der gerechteste Lehrer, Bischof und Richter, der das Streicheln der Doktoren und die Bosheit der Prälaten auf gerechteste Weise abwägen wird. *Der hat gesagt* [Matth. 23, 2]: „Auf Moses Stuhl sitzen die Schriftgelehrten und Pharisäer. Alles nun, was sie euch sagen, daß ihr halten sollt, das haltet und tut's; aber nach ihren Werken sollt ihr nicht tun: sie sagen's wohl, und tun's nicht".

Wahrlich, dieser Meister hat die Bosheit der Prälaten und Doktoren nicht gestreichelt; er hat die Wahrheit gesagt, seine Gläubigen gelehrt und die Schriftgelehrten, die auf Moses Stuhl sitzen, auf Grund ihrer schlechten Taten verurteilt. Er hat wahr gesagt und wahr gelehrt, daß „auf dem Stuhl Moses" *(von dem oben Kap. 18.)* bedeutet: in der Vollmacht zu richten und das Gesetz Gottes zu lehren, in der Mose *(2. Mose 18, 16)* gesagt hat: „Sie kommen zu mir, daß ich richte zwischen einem jeglichen und seinem Nächsten und zeige ihnen Gottes Rechte und seine Gesetze". „Alles nun, was sie euch sagen" *(verstehe*: was den Stuhl betrifft), das haltet", nämlich im Herzen, „und tut es" im Werk. „Aber nach ihren Werken sollt ihr nicht tun" *(verstehe*: haltet ihre Lehren, nicht ihren Lebenswandel ein); „sie sagen's nämlich und tun's nicht". *Chrysostomus sagt*: Den Glauben predigen sie und handeln als Ungläubige; sie geben andern den Frieden, den sie selbst nicht haben; die Wahrheit rufen sie aus und lieben doch die Lüge, sie schelten die Habgier und lieben doch die Begehrlichkeit. *Augustin* [sagt], *wie oben im 18. Kap.*: Indem sie auf dem Stuhl Moses sitzen, lehren sie Gottes Gebot, also lehrt Gott durch sie; wenn jene aber ihre eigenen Lehren lehren wollen, so hört nicht auf sie und handelt nicht danach.

Klar ist also dieses wahrhaftige Wort und Gebot Christi, durch das deutlich wird: Er befiehlt nicht, alle Gebote derer, die auf Moses Stuhl sitzen, zu halten und zu tun, weil er sonst nicht hinterher gesagt hätte: Sie legen nämlich schwere und unerträgliche Lasten auf, folglich solche, die nicht getragen werden müssen; und es stand im letzten Kap. fest, daß er wegen des Gebots über das Essen mit ungewaschenen Händen und wegen des Fastens seine Jünger entschuldigt hat.

Sodann ist zum Zeugnis *Augustins*, welches die Doktoren unmittelbar anschließen, gegen Ende des vorigen Kap. gesprochen worden. Zum Ausspruch des *seligen Hieronymus, über die Erklärung des Glaubens, ist im 16. Kap.* gesprochen worden, wobei angenommen wurde, daß er zu Papst *Damasus* gesprochen hat; aber durch Einsichtnehmen in viele alte Bücher haben wir erfahren, daß er an den *seligen Augustin* geschrieben hat, den er öfters in seinen Briefen „*Papst*" nennt, dieser *Augustin* war ein wahrer Papst in der Bedeutung, daß er Petri Sitz und Glauben hatte. Wie auch erhellt am Anfang von *Kap. 13*, an den *seligen Bernhard*, wo er von reinen Guten und von reinen Bösen spricht und vom Mittleren, wovon oben im *19. Kap.* die Rede war. Und hinzugefügt wird: und in diese Mitteldinge ist das Gesetz des Gehorsams eingefügt, gleichwie im Baum der Erkenntnis von Gut und Böse, der inmitten des Paradieses stand. In diesen Dingen ist es wahrlich nicht erlaubt, unsere Ansicht den Lehrsätzen der Lehrmeister vorzuziehen, in diesen Dingen ist kein Befehl noch Verbot der Vorgesetzten außer acht zu lassen. An der Stelle ist zu bemerken, daß das Adverbium der Ähnlichkeit, gleichwie, eine gewisse, nicht aber eine völlige Ähnlichkeit bezeichnet. Denn *(1. Mose 2)* im Baum der Erkenntnis von Gut und Böse war ein Gesetz von Gott aufgestellt, der nicht täuschen oder getäuscht werden kann. Und dieses Gesetz ist unter Todesstrafe gestellt worden. Denn Gott sprach zu Adam [1. Mose 2, 17]: „Aber von dem Baum der Erkenntnis des Guten und Bösen sollst du nicht essen; denn welches Tages du davon issest, wirst du des Todes sterben". Zu bedenken ist also dort der Gebieter, zu bedenken ist das Gebot, zu bedenken die Lage des zum Gehorsam verpflichteten Menschen. Der Gebieter war Gott, der nicht irren kann. Das Gebot war ein sehr nützliches. Und der Mensch war einer, der Gott selbst so gebieten hörte. Von dem Baum der Erkenntnis von Gut und Böse also nach dem abschlägigen Gebot zu essen, war rein böse. Als Vergleich soll angenommen werden, daß ein Vorsteher namens Petrus seinem Untergebenen Johannes befiehlt, Erdbeeren zu sammeln, und es soll erwogen werden, ob der Gebietende dabei nicht irren kann und in welchem Maße das Werk dem Gehorchenden nützlich ist und ob der Gehorchende zu diesem Werk so geeignet ist wie Adam zum Gebot Gottes: so ist klar, daß das Gleichnis in allen drei Hinsichten nicht angemessen ist. Denn sowohl der Vorsteher kann irren, das Werk ist nicht ebenso nützlich, und vom Gehorchenden steht auch fest, daß er zu jenem Werk nicht im gleichen Verhältnis steht wie Adam zu Gottes Gebot.

Daher sagt *Bernhard*, daß das ein mittleres Werk ist, das nach Art und Weise, Ort, Zeit oder Person sowohl gut als auch böse sein kann. Dort nennt dieser Heilige die Umstände von seiten des Befehlenden, des Werkes und des Gehorchenden. Wenn er also sagt, ein Werk sei ein mittleres der Art und Weise nach, so meint er dort ein gebührendes Maß an Überlegung, so daß der Befehlende nicht von den göttlichen Ratschlägen abweicht. Denn wenn der Vorgesetzte einem Untergebenen Petrus, einem in Gottes Gesetz ausgebildeten Priester, befiehlt, am Sonntag die Schweine zu füttern, und Gott ihm rät, an demselben Tage ein außerordentliches gutes Werk zu tun, das mit jenem Tun unvereinbar ist: dann ist der Priester Petrus mehr verpflichtet, Gottes Rat als des Vorgesetzten Befehl zu befolgen. *Das ist offensichtlich*, denn der Vorgesetzte ist ehrwürdiger, dem jeder Untergebene mehr zum Gehorsam verpflichtet ist, und die auferlegte Handlung ist nützlicher; doch die vom Vorgesetzten auferlegte Handlung, nämlich am Sonntag die Schweine zu füttern, ist gegenüber der Verdienstlichkeit gleichgültig, die von Gott auferlegte Handlung aber hat in sich den Charakter des Verdienstes.

Daher möchte ich dem *heiligen Bernhard* in diesem Falle antworten: Wenn der selige Benedikt ihm befohlen hätte, die Schweine zu füttern, und zur gleichen Zeit ihm Gott geraten hätte, denen, die darum bitten, in der Kirche Rat zu erteilen zum Heil ihrer Seelen, so schätze ich, daß das Ansehen des Ratgebenden und die Nützlichkeit des Rates, die größer war als die Nützlichkeit des Gebotes des heiligen Benedikts, Bernhard gezwungen hätten, eher dem göttlichen Rat als dem Gebot Benedikts, zur Ehre Gottes und zum Heil derer, die um Rat fragten, zu gehorchen. Und daraus scheint sich zu ergeben, daß wir mehr verpflichtet sind jedwedem göttlichen Rat als einem damit nicht zu vereinbarenden menschlichen Befehl. Zweitens scheint sich zu ergeben, daß niemand einem persönlichen Befehl zu gehorchen verpflichtet ist, außer in dem

Maße, in dem dieser zu einem göttlichen Rat oder Gebot ermahnt. Und *es ergibt sich*, daß in der „Art und Weise" einbegriffen ist das gebührende Maß an Vernunft und die Eigenart des Befehls, welche der Gehorchende wie der Befehlende überlegen soll. Welchen Sinn hätte es etwa, daß auf Befehl eines dummen, üppigen Bischofs ein Priester Schweine füttert und die Schafe Christi, die er mit seinem eigenen Blut erlöst hat, ohne Nahrung zu lassen?

Ähnlichermaßen ist *der Umstand des Ortes* zu erwägen. Denn wenn ein Vorgesetzter dem Untergebenen befehlen würde, sich am Ort seiner Feinde dem Gericht zu stellen, die dem Untergebenen das Todesurteil zu erwirken bestrebt sind, so ist der Untergebene nicht zu gehorchen verpflichtet. Daher sagt *Papst Clemens im 5. Buch „De Sentencia et re iudicata in Clementinis pastoralis"*: Wer nämlich würde es wagen und aus welchem Grunde ist jemand verpflichtet zu wagen, sich dem Urteil einer solchen Versammlung zu stellen? Sich in den Schoß der Feinde werfen und zum Tode durch gewaltsames Unrecht, nicht Vollstreckung eines Rechtsspruches, sich selbst freiwillig anzubieten? Solches wird zu Recht gefürchtet und nach gutem Brauch vermieden. Davor scheut sich die menschliche Vernunft, schaudert das natürliche Empfinden. Der ist folglich unvernünftig, der annimmt, daß eine solche Vorladung den, der vorgeladen wird, zwingen kann. Auch die Möglichkeit zur Verteidigung, die vom Naturrecht ausgeht, darf nicht genommen werden; denn das darf nicht einmal der Kaiser aufheben, was Teil des natürlichen Rechtes ist.

Ebenso *Papst Nikolaus, An Kaiser Michael, 3. Untersuchung 5:* Daß Verdächtigte und Gegner nicht Richter sein durften, schreibt die *Vernunft* von selbst vor und wird auch durch viele Beispiele erwiesen. Denn was kann jemand seinem Gegner Lieberes und Schätzenswerteres geben, als wenn er sich dem zum Angriff überläßt, den er vielleicht selbst zu schädigen wünscht? Das hat daher die *Synode von Konstantinopel bekanntermaßen im sechsten Kap. ihrer Canones* verboten. In demselben *Kap. sagt Papst Gelasius,* ein strenger Verfolger der Ketzer: Ich frage, was für ein Gericht sie vorspiegeln, wo kann er verhandeln? Und etwa vor ihnen? So daß dieselben die Gegner, Zeugen und Richter sind; aber einem solchen Gerichtshof dürfen nicht einmal menschliche Rechtsstreitigkeiten anvertraut werden. Wenn aber einem Gericht, an dem dieselben die Gegner sind, die die Richter sind, nicht einmal menschliche Rechtsgeschäfte überlassen werden dürfen, wieviel weniger göttliche, das heißt kirchliche. Wer weise ist, sieht dies ein. Und daher hat wahrlich der fromme *Kaiser Justinian* dies in seinen Gesetzen, wie bekannt, erlassen, indem er sagt: Es sei dem, dem der Richter verdächtig vorkommt, erlaubt, ihn abzulehnen, bevor die Verhandlungen beginnen, und sich an einen anderen zu wenden. Denn es ist gewissermaßen natürlich, den Nachstellungen der Richter ausweichen und dem Rechtsspruch von Feinden entfliehen zu wollen. So hat der *heilige Johannes Goldmund* sich geweigert, die Versammlung eines gegen ihn zusammengetretenen Konzils zu betreten, und zwar dort, wo selbst Gratian schließt: Ein Angeklagter ist keinesfalls zur Aburteilung aus seinem Land zu führen. Daher sagt *Papst Fabian 3. Untersuchung 6.:* Dort aber soll immer die Gerichtsverhandlung durchgeführt werden, wo das Verbrechen begangen wird; und wer nicht beweisen kann, was er vorgeworfen hat, soll die Strafe, die er beantragt hat, selbst erleiden. Ebenso *Papst Stephanus 3. Untersuchung 6*: Die Erlaubnis, jemand anzuklagen, soll nicht über die Landesgrenzen hinausgehen, sondern jede Anklage soll im Lande gehört werden. Dasselbe erhellt *3. Untersuchung 6., aus der römischen Synode cap.: „Neminem. . .".*

Welche Färbung oder welchen Sinn hat der Gehorsam, daß eine vorgeladene Person 300 Meilen weit, dem Papst selbst unbekannt, von Feinden angezeigt, so ruhelos durch feindliches Gebiet reist und zu Feinden kommt, die Richter und Zeugen sind; daß sie die Habe der Armen verschwenderisch verbraucht, oder, wenn sie keine Mittel hat, auf erbärmliche Weise reist unter Durst und Hunger? Und was ist die Frucht ihres Erscheinens? Mit Gewißheit die Vernachlässigung der ihr von Gott auferlegten Arbeit in bezug auf das eigene Heil und das der anderen. Auch wird sie dort nicht gelehrt, recht zu glauben, sondern zu streiten, was einem Gottesdiener nicht gestattet ist. Dort wird sie vom Konsistorium ihrer Mittel beraubt werden, wird im heiligen Wandel erkalten, zur Ungeduld durch Bedrückung aufgereizt werden und, wenn sie nichts zu geben hat, verurteilt werden, auch wenn sie die Gerechtigkeit auf ihrer Seite hat. Und, was noch schlimmer ist, gezwungen werden, den Papst wie Gott mit gebeugten Knien anzubeten.

Gelobt sei also Gott, der *1. Mose 18, 21* gesagt hat: „Darum will ich hinabfahren und sehen, ob sie alles getan haben nach dem Geschrei, das vor mich gekommen ist, oder ob's nicht also sei, daß ich's wisse". Gelobt sei Gottes Sohn, der vom Himmel herabgekommen ist, „zu suchen und selig zu machen, das verloren ist" *(Luk. 19, 10)*. Der „ging umher in alle Städte und Märkte, lehrte in ihren Schulen und predigte das Evangelium von dem Reich und heilte allerlei Seuche und allerlei Krankheit im Volke. Und da er das Volk sah, jammerte ihn desselben; denn sie waren verschmachtet und zerstreut wie die Schafe, die keinen Hirten haben" *(Matth. 9, 35—36)*. Gelobt sei Christus, der Petrus *Matth. 18, 15* befiehlt: „Sündigt aber dein Bruder an dir, so gehe hin und strafe ihn zwischen dir und ihm allein". Daher wird der Papst keine Bibelstellen finden außer solchen, die das Gegenteil besagen, daß Christus solchen Ladungen gefolgt ist. Wenn nämlich Päpste jenes Gesetz Christi *Matth. 7, 12* erwögen: „Alles nun, was ihr wollt, daß euch die Leute tun sollen, das tut ihr ihnen auch; das ist das Gesetz und die Propheten", so nehme ich an, daß sie vernünftigerweise keine Menschen vorladen wollten und sie nicht zwängen, solchen gefahrvollen und unbekannten Weg zu gehen. Warum sollten sie also andere ohne ersichtlichen Grund vernunftgemäß sich Anstrengungen zu unterziehen zwingen?

O, daß sie doch das vorbildliche Leben betrachteten, dessen Urheber der Bischof Christus ist, der die Irrenden und vom Teufel Bedrängten aus Güte aufgesucht hat, nicht durch Vorladen, nicht durch Exkommunizieren, Einkerkern oder Verbrennen; der auch Petrus und in ihm jedem seiner Stellvertreter geboten hat: „Sündigt aber dein Bruder an dir, so gehe hin und strafe ihn usw.". Dabei sollte ein Stellvertreter Petri bemerken: *Erstens*, daß, wenn er einen

Bruder strafen will, er sich zuerst untadelig verhalten soll, denn die Nächstenliebe beginnt in sich selbst. Wie kann also ein Prälat, der ganz übergossen ist
von simonistischer Ketzerei, Hochmut, Verschwendung oder Habsucht er-
laubtermaßen einen Bruder strafen? Zu ihm spricht der Herr: „Du Heuchler,
zieh zuvor den Balken aus deinem Auge und siehe dann zu, daß du den Splitter
aus deines Bruders Auge ziehest" *(Luk. 6, 42)*. Oder wie kann er jemand zum
Tode verurteilen, wenn der Heiland *Joh. 8, 7* spricht: „Wer unter euch ohne
Sünde ist, der werfe den ersten Stein auf sie". Wahrlich, wenn dieses Gesetz
Christi bedacht wird, wird sich zu diesen Zeiten selten ein Prälat finden, der
imstande wäre, jemand rechtmäßig zu strafen oder wegen Ketzerei zu verdammen.

Zweitens soll der Stellvertreter Christi bemerken, daß der Heiland folgenden
Befehl gegeben hat: „Gehe hin!", wobei er befiehlt, daß die Richter, um die
Untergebenen strafen zu können, die Örtlichkeiten besichtigen müssen, an
denen das Verbrechen begangen worden sein soll, wie auch die Gesetze lauten.
Denn Christus hat so gehandelt, ähnlich auch die Apostel. Und so wird es
Christus im letzten Gericht tun, wie er allein *Matth. 25* voraussagt. *Drittens*
soll der Stellvertreter Petri oder Prälat bemerken, daß er in der Art des Stra-
fens klug, beharrlich und eifrig sein soll, daß er nicht vor der dritten Vermah-
nung exkommunizieren soll. *Viertens* soll er sich die Anzahl der zuverlässigen
Zeugen merken, durch die über das Vergehen des Bruders etwas festgestellt
wird. Und *fünftens* soll er es der Gemeinde als der höheren Instanz sagen. So
nämlich gebot der Herr dem Petrus: *Sage es der Gemeinde.*

*Aus dem Gesagten folgere ich, daß die vorgebliche Exkommunikation mich nicht
betrifft und mich nicht bindet; denn meine Feinde sitzen in Rom als Richter und
Zeugen, und es geht in diesem Fall in erster Linie um den Richter. Der Weg ist mir
zu weit, auf allen Seiten von feindlichen Deutschen umgeben, ich sehe nicht, daß
das Erscheinen Frucht bringt, sondern die Vernachlässigung des Volks im Wort
Gottes. Ich hoffe, daß mir Christus Schutz gegeben hat, indem er Matth. 10, 16—17
sprach: „Siehe, ich sende euch wie Schafe mitten unter die Wölfe; darum seid klug
wie die Schlangen und ohne Falsch wie die Tauben. Hütet euch aber vor den Menschen; denn sie werden euch überantworten vor ihre Rathäuser und werden euch
geißeln in ihren Schulen." Und Matth. 24, 25—26: „Siehe, ich habe es euch zuvor
gesagt. Darum, wenn sie zu euch sagen werden: Siehe, er ist in der Wüste, so gehet
nicht hinaus — siehe, er ist in der Kammer! so glaubt nicht." „Siehe, hier ist
Christus! oder: da! so sollt ihr's nicht glauben" [Matth. 24, 23]. Christo selbst
habe ich mich daher anvertraut, auf daß er entweder in der angeblichen Exkommunikation der Menschen oder außerhalb derselben durch natürlichen oder gewaltsamen
Tod mein Leben beenden möge.*

Hinsichtlich *des Umstandes der Zeit* ist es nicht zweifelhaft, daß verlangt wird,
daß sowohl der Befehlende wie der Gehorchende weiß, wann eine im wesentlichen gute oder eine neutrale Handlung geschehen soll. Wenn nämlich der Vorgesetzte dem Untergebenen am Ostertag zu fasten befähle oder bei gesundem
Leibe am Karfreitag nicht zu fasten: Wäre es dem Untergebenen erlaubt, wider

den von der Kirche anerkannten Brauch zu gehorchen? Auch gegen das widerstrebende Gewissen des Untergebenen? Oder wenn er ihm befähle, mitten in
der Nacht ohne Grund im Walde unter wilden Tieren herumzuschweifen. Und
viele gibt es noch solcher Gebote, die der Vernunft widersprechen. Auch darf
nicht als folgerichtig herangezogen werden, wenn irgendwo in den *Lebensbe-
schreibungen der heiligen Väter* gefunden wird, daß die Untergebenen in solchen
unangebrachten Werken oder neutralen Dingen gehorcht hätten. So wie einige
der heiligen Väter, wie *Hugo von Sankt Victor in seinem Büchlein mit dem
Titel* „Über Dinge, die nicht rechtmäßig geschehen können" sagt: So wie wir
lesen, sagt er, daß einige der heiligen Väter viele Dinge, die als der menschlichen
Vernunft widersprechend bezeichnet werden, zur Erprobung der Stärke des
Gehorsams den Untergebenen befohlen haben, wie, trockene Stümpfe zu be-
gießen, bis sie Sprossen hervortreiben, harte Felsen durch darüberfließendes
Wasser zu erweichen, wilde Tiere mit befehlenden Worten zu zähmen.

Was den Umstand der Person betrifft, ist klar, daß die Vernunft Lenkerin sein
muß sowohl in dem im wesentlichen guten, wie im neutralen Werk. In dem im
wesentlichen guten Werk: wenn ein Vorgesetzer seinem Untergebenen befehlen
würde, Almosen zu verteilen und dabei die Kinder zu berauben oder eine Buße
in der Fastenzeit auf sich zu nehmen, die er nicht auszuhalten imstande ist,
oder übermäßig viel zu beten, womit die Beichtiger die Menschen beschweren.

Wahrlich, in solchen Fällen soll man auch nicht einmal auf den Papst hören.
Denn ein Vater ist mehr verpflichtet, seine Kinder zu ernähren, als anderen
Almosen zu geben; und unerträgliche Lasten ist er nicht verpflichtet auf sich
zu nehmen. Und genau so verhält es sich bei den neutralen Werken. Wenn der
Papst mir befehlen würde, Flöte zu blasen, Türme zu bauen, Kleider zu weben
oder zu flicken und Würste zu stopfen, muß da nicht meine Vernunft urteilen,
daß der Papst töricht befahl? Warum soll ich meine Überlegung nicht darin
einem Papstspruch vorziehen? Ja, wenn er mir solche Dinge mit allen unseren
Doktoren zusammen befähle, würde doch die Vernunft entscheiden, daß ihr
Befehl töricht wäre.

Ebenso, wenn ein Papst aus eigenem Antrieb, sogar mit Befehl, einem, der dazu
ungeeignet ist, weil er die Sprache des Volkes nicht beherrscht, das er leiten soll,
aufgibt, ein Bistum zu übernehmen, soll etwa jener gehorchen, indem er es annimmt? Klar ist, daß er es nicht soll. Auch das Volk brauchte ihn nicht anzunehmen, denn sie würden sich auch niemand zum Füttern der Schweine oder
Ziegen halten, der diese Tiere nicht füttern kann.

Und es ergibt sich, daß ein treuer Schüler Christi zuerst auf Christi Beispiel
sehen soll und in dem Maße auf den Vorgesetzten hören, als er sein [Christi]
Gesetz und Dinge, die vernünftig und erbaulich und erlaubt sind, seinem Untergebenen vorschreibt. Denn der *glorreiche Märtyrer Gottes, Cyprian sagt, 8. Bestimmung, im Dekret*: Wenn Christus allein gehört werden soll, so dürfen wir
nicht darauf achten, was ein anderer vor uns zu tun für richtig gehalten hat,
sondern was der, der vor allem ist, Christus, zuerst getan hat. Diese feste Regel
verlassen die Statthalter Antichrists, wenn sie sagen, der Ungehorsam gegen

die päpstlichen Erlasse sei aufs schwerste zu bestrafen; und somit wird Christus samt seinem Gesetz hintangesetzt. Daher also, angenommen, daß dem Papst und den Prälaten in allen neutralen Dingen gehorcht werden muß, könnte der Papst das Gesetz Christi erschwerend anordnen, daß kein Christ irgendein neutrales Werk tun dürfte, welches er nicht selber durch nachträgliche Zustimmung bestätigt. Und folglich könnte er seine Statthalter einsetzen, jedermann vorzuladen, in ihrem Gerichtshof zu erscheinen, um sich zu verantworten, und sie somit nach Wunsch zu plagen, wie sie können, und das Volk zu strafen, wie sie es machen bei den Lossprechungen, Vorbehalten und Befreiungen.

Und, das kann man glauben, sie würden es noch weiter treiben, wenn sie nicht fürchteten, daß das Volk, wenn es ihre Ränke erkennt, sich empören würde. Denn schon jetzt erleuchtet Gott sein Volk, damit es nicht von Christi Wegen abgebracht werde.

Denn *Daniel 11, 31—32* hat er vorausgesagt: Und Arme werden von ihm abstehen und das Heiligtum verwüsten und werden Greuel der Verwüstung verursachen, und die Gottlosen werden falsche Zeugnisse geben. „Aber die vom Volk, so ihren Gott kennen, werden sich ermannen und es ausrichten." Die Arme Antichrists, die abstehen und das Heiligtum Gottes besudeln, sind die bösen Geistlichen, die ein Greuel sind wegen ihrer Verbrechen und eine Verwüstung durch das Verwerfen der Nachahmung Christi. Von diesem Greuel spricht Christus *Matth. 24, 15:* „Wenn ihr nun sehen werdet den Greuel der Verwüstung . . ., daß er steht an der heiligen Stätte". Und *Mark. 13, 14:* „Daß er steht, wo er nicht soll (von dem der Prophet Daniel gesagt hat)". Und wenn der Prophet zusetzt: Und die Gottlosen werden falsches Zeugnis reden [so bedeutet das]: Sie werden sagen, daß sie Christi Zeugnis halten, werden es aber nicht halten; denn sie werden es verkehrt auslegen zur Erhöhung ihrer selbst und um ihre Sünden zu entschuldigen. „Die vom Volk aber, so ihren Gott kennen", das ist ihn erkennen durch die Gabe der Gnade Gottes, werden Christus durch Nachahmung empfangen und die Gebote des Zeugnisses Jesu Christi ausführen. Aber weil über die, die derartiges lehren, Verfolgung des Todes kommt, deshalb sagt *Daniel* [11, 33—34]: „Und die Verständigen im Volk werden viele andere lehren; darüber werden sie fallen durch Schwert, Feuer, Gefängnis und Raub eine Zeitlang. Und wenn sie so fallen, wird ihnen eine kleine Hilfe geschehen; aber viele werden sich zu ihnen tun betrüglich."

Das Verständnis dieses Textes legt eine Erfahrungstatsache aus, denn die durch Gottes Gnade gelehrten einfachen Laien und Priester belehren sehr viele durch das Beispiel des guten Lebens, und, indem sie öffentlich dem lügnerischen Wort Antichrists widersprechen, fallen sie durchs Schwert. Wie bekannt ist von den Laien *Johann, Martin und Staschek*, die, als sie den lügnerischen Jüngern des Antichrist widersprachen, ins Schwert gestürzt sind. Andere aber, die ihren Hals für die Wahrheit preisgegeben haben, sind zu Märtyrern geworden, gefangen, eingekerkert und hingerichtet, und haben dennoch nicht die Wahrheit Christi verleugnet, sowohl Priester wie Laien und Frauen. Aber die sich ihnen angeschlossen hatten, haben sie trügerisch verlassen; denn, erschreckt durch die Strafen Antichrists und die Gefangensetzungen, haben sie sich dem entgegengesetzten Wege zugewandt. Aber immer noch vermehrt der Herr die Söhne der Kirche, die geduldig sind und die Wahrheit des Herrn Christus verkünden. Gelobt sei also Gott und der Vater unseres Herrn Jesu Christi, der den Weg zur Wahrheit den Weisen und Klugen verborgen hat und ihn den einfachen Laien und kleinen Priestern offenbart hat, die es mehr vorziehen, Gott zu gehorchen als den Menschen, die auch in den im wesentlichen guten und in den neutralen Werken, indem sie Christi Leben vor Augen haben, in dem Grade den Prälaten gehorchen, in dem diese Handlungen, durch ihre Umstände bestimmt, sich sinngemäß zurückführen lassen auf die Förderung der Nachahmung Jesu Christi. Diese nämlich erfassen wirklich, daß eine Handlung, damit sie tugendhaft sei, acht äußere Umstände rechtfertigen, die sich in diesem Vers finden: *Wer, was, wo, wieviel, wie oft, warum, wie und wann. Wer* bezieht sich auf die Person, die gehorchen soll. *Was* nämlich soll sie tun, wenn es befohlen wird. *Wo,* weil es an dem einen Orte zuträglich ist, in einer im wesentlichen guten oder neutralen Tätigkeit zu gehorchen, nicht aber an einem anderen oder an jedem. *Wieviel* nämlich soll sie gehorchen, denn nur soweit als etwas Erbauliches befohlen wird, das sich auf Gebot oder Rat Christi zurückführen läßt. Denn nicht unbegrenzt ist jemand seinem persönlichen Vorgesetzten zu gehorchen verpflichtet, wie die Unvernünftigen schwatzen, die sagen, daß die Befehlsgewalt des Papstes sich ohne Grenzen erstrecke und ihm alle Christen in diesem Grade gehorchen müßten. *Wie oft* nämlich kann er Handlungen rechtmäßig begehen; denn es gebührt nicht, daß ein Untergebener auf Gebot eines Priesters, der ihm eine Buße auferlegt, zwei Grossi oder Denare gibt oder wöchentlich drei Tage fastet. Daß er also soviel Grossi geben soll oder soviel Tage fasten, wieviele ein Laie vorschreibt oder als Grenze festlegt, wenn er nicht den Geldbeutel des Beichtigers füllen will, daß er soviel für den Bau der Peterskirche gibt, wie er darbringen würde, wenn er dort wäre, und soviel für die Kasse des Papstes, wie er auf der Reise verbraucht hätte, und so mit den anderen Steuern, die vom Teufel erfunden worden sind. Der Gläubige muß auch den Umstand des Zweckes erwägen. *Warum,* das ist nämlich, zu welchem Zweck soll er in einer Handlung, die vorgeschrieben wird, gehorchen; denn wenn es zur Ehre Gottes und zum Nutzen der Kirche unmittelbar führt, so ist es ein gutes Ziel. Wenn aber ein anderes Ziel vorgegeben wird, dann ist es dem Apostelwort entgegengesetzt: Alles, was ihr tut, das tut im Namen Jesu Christi. Denn der Zweck mißt alles Mittlere, was um seinetwillen geschieht. Daher schließt *Aristoteles, im 2. Buch Über die Seele,* mit den Worten: Es ist recht, alles nach seinem Ziel zu benennen, so daß, wenn das Ziel gut ist, das Mittel dazu auch gut ist. Ein weiterer Umstand wird hinzugefügt, wenn gesagt wird: *Wie.* Denn es genügt nicht, etwas im wesentlichen Gutes zu machen, sondern es wird verlangt, daß es auf gute Art geschieht. Nichts aber kann von einem Menschen gut gemacht werden, wenn er nicht in der Liebe ist; daher sagt der *Apostel*: Alle eure Dinge lasset in der Liebe geschehen. Und daß nichts vom Menschen gut gemacht wird ohne Liebe, beweist der Apostel *1. Kor. 13, 3* mit den Worten: „Und wenn ich alle meine Habe den Armen gäbe und ließe meinen Leib brennen und hätte der Liebe nicht, so wäre mir's nichts nütze". Und der Grund ist, daß eine Rebe nicht Frucht bringen kann, wenn sie nicht am Weinstock bleibt, wie der *Heiland Joh. 15, 4* mit diesen Worten ausspricht: Ihr könnt nicht Frucht bringen, ihr bleibet denn in mir, nämlich vermittels der Liebe. Daher wird allgemein gesagt, wie ein Philosoph mit Namen Phantasma behauptet hat, daß Gott kein Vergelter der Substantive, sondern der Adverbien sei. Und es erhellt, daß zum wahren Gehorsam Gnade oder Liebe erforderlich ist und dann die anderen Umstände, die in diesem Adverbium, nämlich: *Wie*, einbegriffen sind. Denn der Gehorchende soll das aufgetragene Werk ausführen: mit Liebe, demütig, klüglich, freudig, eifrig und bereitwillig. Die letzte Bedingung ist: *Wann*, nämlich, ist es passend, ein aufgetragenes Werk auszuführen, wie zuvor von der Zeit gesagt worden ist; denn ohne Zweifel gibt es viele Werke, die im wesentlichen gut oder neutral sind, die nicht zu jeder Zeit befohlen werden dürfen und in denen folglich nicht zu jeder Zeit gehorcht werden kann.

Aber dafür läßt sich auch so der Beweis führen: Angenommen, der Papst befiehlt irgendeinem ihm unterstellten Kleriker kraft des heiligen Gehorsams und unter Verheißung der Lossprechung von Buße und Schuld oder einer andern Gnadenerweisung, daß er als erstem einem begegnen solle, der dem Papst völlig gehorsam ist; und [angenommen,] er befiehlt irgendeinem Laien unter gleicher Bedingung, daß er als erstem einem begegnen solle, der dem Papst ungehorsam ist, und dieses Geheiß wäre mit schwerster Banndrohung verbunden, und dazu soll angenommen sein, daß jeder Kleriker wie Laie, der diesem Papst untertan ist, ihm zuerst völlig gehorsam gewesen sei und daß jeder Kleriker als erstem einzeln einem Laien begegnete und umgekehrt. So scheint ein Widerspruch die Folge zu sein, denn es wird etwas nicht Existentes vom Kleriker Petrus und vom Laien Paulus, die einander jeweils als erstem begegnen, angegeben; und ich frage, ob Petrus im Augenblick der Begegnung dem Papst gehorsam ist. Wenn ja, dann muß man in dem Fall sagen, daß Paulus in dem Moment ungehorsam ist; denn wenn er als erstem Petrus begegnet, der dem Papst ganz gehorsam[6] ist, und ihm doch auferlegt worden ist, als erstem einem dem Papst Ungehorsamen zu begegnen, so folgt, daß Paulus den Tadel des Ungehorsamen verdient und ebenso Petrus; wenn Petrus aber in diesem Fall im Moment der Begegnung dem Papst ungehorsam ist, dann muß man einräumen, daß Paulus gehorsam ist und folglich auch Petrus, denn vor der Begegnung war jeder von beiden gehorsam, und Petrus wird durch die Begegnung nicht ungehorsam, sondern sein Gehorsam wird bestätigt, nach dem Gesagten. Auch kann man wegen solcher Widersprüche nicht den Fall abstreiten. *Erstens*, weil das Geheiß nur neutral oder möglich ist. *Zweitens*, weil der Vorgesetzte etwas schlechthin Unmögliches und völlig Sinnloses befehlen kann; also kann er eben darum oder

---

[6] Der Zusammenhang erfordert: „gehorsam", während im lateinischen Text der Druckfehler „inobediens" („ungehorsam") erscheint. — D. Hrsg.

wegen des ersten Grundes diesen Befehl geben. Darum bleibt keine Antwort übrig als die Wahrheit: daß wegen seines Befehlens weder Kleriker noch Laie in geringerem oder höherem Maße Strafe oder Belohnung erlangen. Denn es ist notwendig, daß ein Befehl, dem gehorcht werden soll, zuerst vor Gott sinnvoll ist. Und dann soll er getan werden, wenn ihn auch niemand kraft menschlichen Gehorsams befiehlt, denn sonst wird der Mensch der Vernunft ungehorsam. Und *es wird offenbar*, daß, wie man in diesem Falle nicht völlige Freisprechung oder Verdammung erwarten kann, so auch ganz allgemein nicht in einem päpstlichen Gericht, wenn nicht in dem Maße, indem sie jemand zuerst vor Gott verdient hat. So muß nämlich diese logische Kontroverse aufgelöst werden. Ähnlich, wenn angenommen wird, daß der Prior Petrus zwei klösterliche Zwölfergruppen hat, die ihm alle gehorsam sind, und der zuverlässigeren Gruppe befiehlt, nicht mit der anderen zu sprechen, es sei denn, wenn sie ungehorsam ist, um sie zum Gehorsam zurückzuführen. *So ergibt sich*, daß die zweite Zwölfergruppe nicht mit der andern spricht, außer wenn sie dem Petrus gehorsam ist, um den Gehorsam zu bestärken; und es kann Paulus aus der ersten Gruppe mit Linus von der zweiten Gruppe reden, und jeder behauptet dabei, den Gehorsam zu bewahren, so, daß unmittelbar vor jenem Gespräch jeder von ihnen Petrus rechtmäßig gehorsam war, und der Widerspruch wird offenbar.

Ebenso, wie *Bernhard im Brief an den Mönch Adam sagt*, können die Mitteldinge indifferent, sowohl gut als auch böse, entweder geboten oder verboten werden. Wenn also ein Vorgesetzter böse gebietet oder verbietet, so muß der Untergebene, wenn er erkennt, daß dieser böse gebietet oder verbietet, ihn nach dem Gesetz der Liebe wie einen Bruder ermahnen, denn wenn er so gebietet oder verbietet, sündigt er gegen Gott und seinen Bruder. Das wird deutlich aus jener Regel Christi *Matth. 18, 15*: „Sündigt aber dein Bruder an dir, so gehe hin und strafe ihn zwischen dir und ihm allein".

Und nichts steht dem entgegen, daß der an Tugend Überragende den, der ihm im Lebenswandel unterlegen ist, tadelt, wenn er auch höheren Standes ist; denn sonst würde dies Gesetz Christi zunichte, das anordnet, daß jeder Vorgesetzte, der Christ ist, wenn er sündigt, von einem anderen gestraft werden soll. Denn dies Gesetz sagt ganz allgemein: Wenn dein Bruder gegen dich sündigt, so strafe ihn. Darum, wenn, was unmöglich ist, Christus sündigte, so wäre er, da er unser Bruder ist *(Hebr. 2, 11ff.)*, von der Kirche zurechtzuweisen. Darum hat er dies gemeint, als er *(Joh. 8, 46)* zur Menge sagte: „Welcher unter euch kann mich einer Sünde zeihen?"

Daher singt *die Kirche* dementsprechend *in Person unseres Heilands*: Mein Volk, was habe ich dir getan, womit habe ich dich betrübt, antworte mir, nämlich durch Vorwerfen. Und *Jes. 1, 16–18*: „Laßt ab vom Bösen, lernet Gutes tun, trachtet nach Recht, helfet dem Unterdrückten, schaffet dem Waisen Recht, führet der Witwe Sache. So kommt denn und laßt uns miteinander rechten, spricht der Herr". Es ist also *deutlich*, daß jeder, der auf dem Wege ist, wenn er sündigt, vom Mitbruder gestraft werden soll; denn sonst verginge das

Gesetz Christi, indem er ein Heilmittel gegen die Flecken seiner Braut verordnet. Paulus hat sich diesem widersetzt *(Galat. 2, 11ff.)*, als er für eine leichte Schuld dem Papst Petrus ins Angesicht Widerstand leistete. Und er hat in seiner Schrift der Nachwelt überlassen, daß sie in solchem Fall ihren Bruder ähnlich behandeln solle. Daher ist es glaubenswidrig zu behaupten, daß der Ranghöhere nicht von einem niedrigeren Untergebenen hinsichtlich des Lebenswandels getadelt werden kann; es kann also in solchem Falle der Sohn den Vater, die Tochter die Mutter, der Untergebene den Vorgesetzten, der Schüler den Lehrer tadeln, nach dem Gesetz der Liebe.

Aber *Einwand wird dagegen dadurch erhoben,* daß der Papst auf Erden die Stelle des Herrn Jesu Christi vertritt. Ihn aber durfte niemand tadeln, wie sich aus *Matth. 16, 23* ergibt, wo wegen der Zurechtweisung Christi Petrus „Satan" genannt wird. Ist es also ebenfalls nicht erlaubt, seinen Stellvertreter zurechtzuweisen? Aber dieser Beweis hinkt gar sehr, denn man hätte auch sagen müssen, daß jeder Stellvertreter Christi sündlos wie Christus sei. Aber wohl kann man folgern, daß weder der Papst noch jemand anders gestraft oder zurechtgewiesen werden soll, soweit er dem Haupt Jesus Christus folgt. Aber wenn ein Bischof oder Beichtiger, der Christi Stelle vertritt, einen Akt der Ausschweifung an einer Jungfrau oder ehrbaren Frau zu begehen versucht, muß man ihn dann nicht aufs schärfste zurechtweisen als einen Antichrist und einen Feind und Verräter seiner eigenen Seele? Denn bei dieser unerlaubten Handlung vertrat er nicht die Stelle Christi, sondern eher die des Antichrist und Teufels, der die Frau auf schändlichste Weise versucht. Und *es ergibt sich,* daß jenes Wort *Bernhards,* das die Doktoren anführen, daß es in diesen, nämlich mittleren, Dingen wahrlich nicht recht ist, unsere Ansicht über die Satzung der Lehrmeister zu stellen, und daß in diesen Dingen der Vorgesetzten Befehl und Verbot nicht unbefolgt zu lassen sei, [in dem Sinne] verstanden werden muß, daß die äußeren Umstände zur Ausführung des geschuldeten Gehorsams hinzutreten müssen, wie gesagt worden ist: entsprechend der Art und Weise, des Ortes, der Zeit und der Person. Denn oft gehorcht vernunftgemäß ein Schüler besser nicht in einem indifferenten, sei es neutralen Werk oder auch im wesentlichen guten Werk, indem er den Grund dafür angibt, daß es nicht sinnvoll ist, so zu gehorchen. Wie es mir schon oft ergangen ist, wenn ich etwas befohlen habe und, eines Besseren belehrt, sogar mit Dank die Belehrung angenommen und dem Schüler gehorcht habe. Und ebenso verhält es sich mit den Prälaten; denn zu unsern Zeiten sind die Prälaten, die recht oft aus Unkenntnis in ihren Befehlen irren, von den Untergebenen liebevoll zum Wohle der Kirche zurechtzuweisen.

Aber weiter *wird dagegen Einspruch erhoben*: Der Gleiche hat über den Gleichen keine Befehlsgewalt. Da also der Papst jede Person, die auf dem Wege ist, überragt und jeglicher Höherstehende seinen Untergebenen, scheint es, daß es nicht Sache eines auf dem Wege Befindlichen ist, den Papst, oder [Sache] eines Untergebenen, seinen Vorgesetzten zurechtzuweisen. Hier wird nun (von mir) behauptet, daß, verneint man die Existenz eines Höherstehenden (Gottvater habe mit Notwendigkeit keine Befehlsgewalt über den Heiligen Geist, und beide seien doch gleichstehende Personen)) die folgende Konsequenz keine Gültigkeit hat: „Gottvater hat mit Notwendigkeit die Befehlsgewalt über Gott, den Sohn, wegen dessen angenommener Menschlichkeit und sind dennoch beide absolut gleich." Folglich würde, wenn kein Gleichstehender Befehlsgewalt über einen Gleichen hätte, die katholische Glaubenslehre Schaden erleiden. Und *wiederum*: Es gibt eine stellvertretende Befehlsgewalt, welcher Art jede menschliche Befehlsgewalt ist, wie der Apostel *1. Tim. 6, 17* sagt: „Den Reichen von dieser Welt gebiete, daß sie nicht stolz seien". Eine andere Befehlsgewalt aber hat ihre ursprüngliche beziehungsweise in sich selbst ruhende Authentizität und jedwede Kreatur. Und *es ist klar*, wie dürftig jene Beweisführung ist hinsichtlich Gegenstand und Form. Man erkennt nämlich nach diesem Grundsatz, daß der Gleiche nicht die Befehlsgewalt der Machtvollkommenheit über seinesgleichen hat deshalb, weil er dem Befehlenden gleichgestellt ist. Aber was steht dem entgegen, daß der an Tugend Überragende den ihm Unterlegenen hinsichtlich seines Lebenswandels zurechtweist, wenn er auch hinsichtlich des Ranges der Höhere ist?

Aber noch wird Einwand erhoben durch den *Kanon, dist. 21 „Jetzt also ..."*, wo gesagt wird, daß keiner der heiligen Bischöfe es gewagt hat, über Papst Marcellinus den Urteilsspruch zu fällen. Vielmehr haben sie gesagt: Mit deinem eigenen Munde entscheide deinen Fall, du sollst nicht unserem Rechtsspruch unterworfen sein. Hier nun wird behauptet, daß diese Äußerung der Bischöfe nicht Gottes Gesetz aufheben kann, wonach er durch Paulus den Papst Petrus zurechtgewiesen hat. *Zweitens* wird gesagt, daß es sehr überflüssig gewesen wäre, wenn sie ihn in diesem Falle gestraft hätten, denn sie ersahen aus seiner Zerknirschung, daß er schon ganz und gar von Gott gestraft war. *Drittens* wird gesagt, daß er ausreichend von ihnen gestraft worden ist, wenn sie sagten: Mit deinem eigenen Munde entscheide deine Sache, nicht durch unser Urteil. Und *wiederum*: Laß dich nicht in unserm Gerichtshof verhören, sondern nimm deine Rechtsangelegenheit auf dich selbst. Und *weiter* sagten sie: Du wirst nämlich durch dich selbst gerechtfertigt oder durch deinen eigenen Mund verurteilt werden. Wahrlich, sehr hart ist diese Bestrafung, denn die Strafenden überlassen das strafende Urteil dem Papst selber. Daher hat Marcellinus, als er dieses hörte, über sich das Urteil der Absetzung gefällt.

Und es wird offenbar, daß ein Untergebener mit Klugheit, nach dem Gesetz der Liebe, einen irrenden Vorgesetzten zurechtweisen und auf den Weg der Wahrheit zurückführen kann. Wenn nämlich ein Vorgesetzter durch Abirren vom Weg dazu kommen würde, von Räubern ausgeplündert zu werden, oder in Todesgefahr geraten würde, so wäre es dem Untergebenen erlaubt, ihn zurückzuhalten und somit vor der Gefahr zu bewahren. Also ist es doch wohl nach dem Obersatz erlaubt, wenn der Vorgesetzte auf einem sittlichen Irrweg ein Raub der Dämonen wird und in die Gefahr des schlimmsten Todes, des der Sünder, gerät? Wenn sich der Vorgesetzte im ersten Falle freute, warum sollte er sich nicht noch mehr im zweiten freuen? Wenn er im ersten Fall den Wächter zuläßt, warum nicht im zweiten?

Auch steht dem nicht jenes Wort des *seligen Augustin, in Vom Streit zwischen Tugenden und Lastern,* entgegen: Wie beschaffen die sein sollen, die Befehl geben, soll von den Untergebenen nicht erörtert werden. Das ist wahr und deutlich, daß sie nicht willkürlich darüber Erörterungen anstellen dürfen, wie beschaffen sie sein sollen; die Vernunft aber schreibt ihnen vor, daß sie gut sein sollen, daß sie nicht ungezügelt leben sollen; und wenn sie böse leben, sollen die Untergebenen dies betrachten und ihren bösen Werken einen Riegel vorschieben. Daher sagt *Augustin*: Wenn man dem Befehl eines Menschen gehorchen soll, so muß man sich der göttlichen Befehlsgewalt unterwerfen. Er selbst sagt nämlich: Wer euch hört, der hört mich; wer euch verachtet, der verachtet mich. Und *später setzt er hinzu*: Aber weil er vorausgesehen hat, daß in Zukunft nicht alle so sein würden, meint er dennoch, sämtliche Untertanen als seine Jünger begreifend, im voraus [Matth. 23, 2–3]: „Auf Moses Stuhl sitzen die Schriftgelehrten und Pharisäer. Alles nun, was sie euch sagen, daß ihr halten sollet, das haltet und tut's; aber nach ihren Werken sollt ihr nicht tun". Und es erhellt, daß mit dem Eifer der guten Absicht die Untergebenen das Leben der Vorgesetzten erörtern und erwägen sollen, wie sie, wenn sie gut sind, ihnen nacheifern; wenn sie schlecht sind, ihre Werke nicht nachahmen, sondern in demütigem Sinn für sie beten und ihnen gehorchen, wenn sie Gutes befehlen. Sonst, wenn sie es nicht erörterten, würden sie mit dem blinden Führer in die Grube fallen, und es könnte leicht dazu kommen, daß sie den Antichrist als Gott verehren und wie das Judenvolk, das seinen Vorgesetzten zustimmte, sich gegen den Herrn Christum verschwören.

Dreiundzwanzigstes Kapitel

Über die Enthebung und das Interdikt, die von der Tyrannei des Papstes ausgehen

Nun muß von der Enthebung geredet werden, wobei festzustellen ist, daß „entheben" in der Überschrift bedeutet: ein Amt oder irgendein Gut für ein Vergehen zu entziehen. Daher bezeichnen das, was die alten Bestimmungen „entheben" (suspendere) nennen, die neuen Kirchengesetze und Erlasse als „untersagen" (interdicere) und nennen eine kirchliche Amts- oder Pfründenenthebung ein kirchliches „Interdikt der Ausübung eines kirchlichen Amtes". Wenn man die *Definition* der eben genannten *Amtsenthebung* zugrunde legt, so ist festzustellen, daß so, wie es Gott gebührt, den Menschen von sich aus zuerst zu exkommunizieren, so auch, ihn *seines Amtes zu entheben*. Daher ist es unmöglich, daß ein Papst oder Bischof jemand rechtmäßig seines Amtes entsetzt, wenn ihn nicht Gott zuvor entsetzt hat. So wie es unmöglich ist, daß ein Papst etwas Rechtes denkt, wenn nicht Gott zuvor diesen Gedankengang ver-

215

ursacht hat. Darum sagt zu Recht der Apostel *2. Kor. 3, 5*: „Nicht daß wir
tüchtig sind von uns selber, etwas zu denken als von uns selber; sondern daß
wir tüchtig sind, ist von Gott". Und der höchste Bischof selbst sagt *Joh. 15, 5*:
„Ohne mich könnt ihr nichts tun". Daraus ergibt sich, daß die vom Prälaten
ausgesprochene *Amtsenthebung* nur insofern gilt, als der allmächtige Gott sie
selbst bewirkt. Daher erstreckt sich die von Gott ausgehende *Amtsenthebung*
auf Priester, Könige und jede Art von Höherstehenden, die er des Amtes
entsetzt oder durch Strafe aus dem Leben scheiden läßt. Daher hat er jemand
von der Priesterwürde abgesetzt, wie *Hosea 4, 6* geschrieben steht: „Denn du
verwirfst Gottes Wort; darum will ich dich auch verwerfen, daß du nicht mein
Priester sein sollst". Und *Jes. 1, 13*: „Bringt nicht mehr Speisopfer so vergeblich!" Und *Maleachi 1, 10*: „Ich habe kein Gefallen an euch,... und das
Speisopfer von euren Händen ist mir nicht angenehm". Und der Apostel Christi
enthebt alle, die in Sünden sind, des Dienstes am Leibe und Blute Christi
1. Kor. 11, 27 mit den Worten: „Welcher nun unwürdig von diesem Brot isset
oder von dem Kelch des Herrn trinket, der ist schuldig an dem Leib und Blut
des Herrn." Ebenso wird *1. Sam. 2, 29–31* von der schweren Amtsenthebung
des Eli und seines Geschlechts gelesen, darum, weil er seine Söhne nicht in
gebührender Weise gestraft hatte, daher Gott zu Eli sagte: „Warum tretet
ihr denn mit Füßen meine Schlachtopfer und Speisopfer, die ich geboten
habe in der Wohnung? Und du ehrst deine Söhne mehr denn mich, daß ihr euch
mästet von dem Besten aller Speisopfer meines Volkes Israel. Darum spricht
der Herr, der Gott Israels: Ich habe geredet, dein Haus und deines Vaters Haus
sollten wandeln vor mir ewiglich. Aber nun spricht der Herr: Es sei fern von
mir, sondern wer mich ehret, den will ich auch ehren; wer aber mich verachtet,
der soll wieder verachtet werden. Siehe, es wird die Zeit kommen, daß ich
will entzweibrechen deinen Arm und den Arm deines Vaterhauses". *Später* [1.
Sam. 2, 34–35]: „Und das soll dir ein Zeichen sein, das über deine zwei Söhne,
Hophni und Pinehas, kommen wird: Auf einen Tag werden sie beide sterben.
Ich aber will mir einen treuen Priester erwecken, der soll tun, wie es meinem
Herzen und meiner Seele gefällt". Ebenso wird von der Amtsenthebung eines
Königs gelesen *1. Sam. 15, 23* von Saul, der gegen das Gebot Gottes die
Feinde seines Gottes verschont hat: „Weil du nun des Herrn Wort verworfen
hast, hat er dich auch verworfen, daß du nicht König seist."
Und es ist *offensichtlich*, wie *verschiedenartig* die *Amtsenthebung* sein kann, denn
es gibt eine *Enthebung vom Amte, eine vom Einkommen oder von irgendeinem
Gute*, von dem der Sünder rechtmäßig enthoben wird wegen seines Vergehens.
Ebenso gibt es eine *De-facto-Enthebung* und eine *De-jure-Enthebung* mit weiteren Unterteilungen. Die *De-jure-Enthebung* muß Gott, wie gesagt wurde, zuerst
verursachen und lenken. Die *De-facto-Enthebung* bewirkt Gott zuweilen durch
gute Diener, zuweilen durch böse Diener; *von sich aus* aber enthebt er jeden
verbrecherischen Prälaten von seinem Amt oder Dienst, solange er der Tatsache nach in Sünde ist. Weil er durch den Tatbestand, daß er in Todsünde
gefallen ist, in allem, was er tut, sündigt; und folglich wird ihm von Gott ver-

216

boten, dies zu tun, und folglich wird er von Gott von diesem Amte entsetzt. Daher sagt der Prophet im *Psalm 50, 16–20*: „Aber zum Gottlosen spricht Gott: Was verkündigst du meine Rechte und nimmst meinen Bund in deinen Mund, so du doch Zucht hassest und wirfst meine Worte hinter dich? Wenn du einen Dieb siehst, so läufst du mit ihm und hast Gemeinschaft mit den Ehebrechern. Deinen Mund lässest du Böses reden, und deine Zunge treibt Falschheit. Du sitzest und redest wider deinen Bruder; deiner Mutter Sohn verleumdest du". Dort zählt Gott *die Sünden* auf, *wegen derer er den Sünder* der Verkündigung seines Bundes, das ist das Gesetz der Wahrheit, *enthebt*: Die *erste* Sünde ist der Ungehorsam gegen Gott. Die *zweite* das Verwerfen der Predigt. Die *dritte* der Diebstahl. Die *vierte* der Ehebruch. Die *fünfte* die Boshaftigkeit des Mundes, die sich teilt in Lüge, Lästerung, falsches Zeugnis, Meineid, Tücke, Herabsetzung anderer, Eigenlob, Schmähung, schändliche Redeweise usw. Die *sechste* Sünde kommt durch das Ärgernis an Christo.

Nach diesem *kann man zusammenfassen*: daß es wenige Richter, Prediger und andere, die Gottes Bund dem Volk verkünden, gibt, die nicht von Gott ihres Amtes, von der Verkündigung seines Testaments enthoben sind. Feststellen mag also der Gläubige an der genannten Entsetzung vom Amte der Verkündigung des Testamentes Gottes und nach dem oben angeführten dreifachen Beispiel, ob unsere Prälaten und Kleriker vom Amt enthoben würden: *Erstlich*, ob sie die Kenntnis der heiligen Schrift und die Evangelisation verhindern: dann werden sie nämlich vom Herrn ihres Amtes enthoben, wie man in einem kleinen Fall *Hosea 4. Kap.* liest. Denn unsere Prälaten haben in jeder Weise die größere Menge an Stoff und Formen zur Predigt und zahlreiche Ursachen, deshalb sie mehr predigen sollten als die Priester im alten Bunde, und doch üben sie dies Amt im geringeren Maße aus. Da nun der größere Grund vorhanden ist und derselbe Herr zugegen, der nach seiner Gerechtigkeit nicht die Strafe für das größere Vergehen verringern kann, so *ergibt sich*, daß unsere Prälaten, wenn sie so beschaffen sind, noch strenger des Amtes enthoben sind; und außerdem um so mehr, je eifriger sie zur Zeit des Antichrist für den Bund Christi einzutreten verpflichtet wären.

Was die *zweite Amtsenthebung* betrifft, die vom Herrn an Eli vollzogen worden ist, soll der Gläubige folgendes feststellen: Ob etwa unsere Prälaten entweder gar nicht oder in noch schuldhafterer Weise ihre geistlichen Söhne strafen, als die natürlichen Söhne des Eli von ihm gestraft worden sind. Und um zu erkennen, daß diese Schuld größer ist, soll der Gläubige diese *zwei Dinge* beachten: *erstens*, daß ein Prälat seinem geistlichen Sohn in höherem Maße verpflichtet ist als in der Art, in der er seinem leiblichen Sohne verpflichtet ist. Und *zweitens*, daß eine Strafe, um des damit gewonnenen Geldes willen auferlegt, durch das die Sünde bezahlt wird, viel verwerflicher ist als eine Strafe, die das Unrecht an Gott wiedergutmachen sollte und aus natürlicher Liebe erlassen worden ist, so wie Eli seine Söhne geschont zu haben scheint. Was die *dritte Art der Enthebung* sowohl von Priestern als auch Königen und anderen weltlichen Herren betrifft, soll der Gläubige bemerken, daß sie den offenkundigen Feinden des Herrn mehr wegnehmen um ihrer eigenen Vorteile willen als *Saul dem Amalek* aus Begierde nach seinem Besitz. Wenn es aber so ist, ist es nicht zweifelhaft, daß derselbe Gott, der dieselbe Gerechtigkeit nicht vernachlässigen kann, die größeren Sünder schwerer bestraft. Darum ist es ein deutliches Zeichen für die Schwere der Strafe, daß Gott die Bestrafung bis zum Tode aufschiebt und sie nicht in diesem Leben straft, sondern läßt sie im weltlichen Wohlleben herumschweifen gleichsam als Verworfene, die unverbesserlich sind.". *Dort zählt Gott die Sünden auf, wegen derer er den Sünder der dest du."* Aber ach, diese *dreifache Amtsenthebung* bemerken die Menschen nicht; und besonders die Höherstehenden in der Welt sollten wahrlich öfters bedenken, wie sie vom Amt und Einkommen für immer enthoben sind. Daher sagt *Origines* über jenes Wort *(4. Mose 25, 3—4)* „Da ergrimmte des Herrn Zorn über Israel, und er sprach zu Mose: Nimm alle Obersten des Volks, und hänge sie dem Herrn auf an der Sonne" *in seiner 20. Homilie* folgendes: Der Herr hat zu Moses gesagt, er soll alle Obersten nehmen und sie Gott gegenüber zur Schau ins Licht der Sonne stellen. Das Volk sündigt, und die Fürsten werden gegen die Sonne gezeigt, das ist zur Untersuchung vorgeführt, auf daß sie vom Licht beurteilt werden. Siehst du, was der Stand der Fürsten des Volkes ist? Sie werden nicht nur für ihre eigenen Sünden gerichtet, sondern sie werden auch gezwungen, für die Sünden des Volkes Rechenschaft zu geben, ob nicht etwa ihre Schuld sei, daß das Volk sich vergeht; ob sie etwa nicht belehrt haben, ob sie sie nicht etwa angestiftet haben oder nicht Sorge getragen haben, die zu verurteilen, die den Anstoß zur Schuld gegeben haben, auf daß nicht die Ansteckung sich auf die Menge verbreite. Dies alles nämlich zu tun droht den Fürsten und Lehrern, wenn nämlich dadurch, daß sie dies nicht ausführen und nicht Sorge tragen für das Volk, das Volk sündigt, so werden sie selbst zur Schau gestellt und selbst zum Verurteilen vorgeführt. Es klagt sie *Mose*, das ist das Gesetz Gottes, an als nachlässig und müßig, und der Zorn Gottes wird sich auf sie richten und vom Volk ablassen. Wenn dies die Menschen bedächten, würden sie niemals wünschen oder bestrebt sein, die Herrschaft über das Volk zu erlangen. Mir nämlich genügt es, daß ich für meine eigenen Sünden und Verfehlungen angeklagt werde, es genügt mir, über mich selbst und über meine Sünden Rechenschaft zu geben. Was habe ich es nötig, auch noch für die Sünden des Volkes vor die Sonne gestellt zu werden, vor der nichts verborgen, verschleiert oder verheimlicht werden kann. Und *er setzt hinzu:* Mögen also die Fürsten zur Schau gestellt werden, und wenn die Schuld bei ihnen ist, läßt der Zorn Gottes vom Volke ab. So *spricht Origenes* und zeigt, wie die Fürsten für die Sünde der Ausschweifung, die das Volk begangen hat, schwer verklagt worden sind. Wehe also den heutigen geistlichen und weltlichen Fürsten, die selbst in Ausschweifungen leben und damit ein schlechtes Beispiel ihren Untertanen geben und die Untergebenen nicht strafen; oder wenn sie sie strafen, es aus Habgier tun: Solche sind unzweifelhaft von Gott ihres Amtes enthoben. Denn geschrieben steht *im päpstlichen Gesetz im dritten Kapitel der Dekretalien, Über Leben und Ehrbarkeit der Geistlichen:* Wir gebieten deiner Brüderlichkeit, daß du die unserer Gerichtsbarkeit unterstellten Kleriker, vom Subdiakonat aufwärts, die Beischläferinnen haben, sorgfältig ermahnen läßt, daß sie jene von sich entfernen und sie nicht wieder zu sich nehmen. Wenn sie sich aber nicht fügen wollen, so enthebe sie bis zur angemessenen Genugtuung ihrer kirchlichen Pfründen; und wenn sie trotz der Enthebung es vorzögen, jene bei sich zu behalten, so laß sie für immer aus diesen Pfründen entfernen. Weil es also kein Versagen des Gesetzes, sondern nur der Vorgesetzten gibt, die es ausüben, deshalb sagt der Papst *vorher im selben Abschnitt*: Die Prälaten aber, die in ihren Sünden es vorzögen, solche zu behalten, besonders unter Annahme von Geld oder eines andern zeitlichen Vorteils, die wollen wir der gleichen Strafe unterwerfen. Und *dist. 83 heißt es auf Veranlassung des seligen Gregor*: Wenn ein Bischof der Hurerei seiner Kleriker zustimmt auf Grund von Zahlung oder Schmeichelei und sie nicht kraft seines Amtes bekämpft, soll er seines Amtes enthoben werden. Diese Amtsenthebung soll, *nach dem Archidiakonus*, eine immerwährende sein und der Absetzung gleichkommen, wegen der Schwierigkeit, die Bischöfe zu versammeln, um solche Bischöfe oder solch einen Bischof abzusetzen, der auf simonistische Weise die Gerechtigkeit verkauft hat oder verkauft. Und weil ein Metropolit, wie der Bischof von Rom einer ist, hinsichtlich seiner Kardinäle nachlässig sein kann in der Durchführung dieser heiligen Bestimmung, deshalb verordnen die Kirchengesetze drittens als Mittel gegen die Verwirrung, daß die Messe des Priesters nicht gehört werden soll von dem, dem bekannt ist, daß jener Priester solche Hurerei treibt; auch sollen ihm keine Kirchengüter dienen, damit er sein schandbares Leben weiterführt. *Denn 32. dist. „Keiner…"* spricht *Papst Nikolaus* so: Keiner soll die Messe eines Priesters hören, von dem er unzweifelhaft weiß, daß er eine Beischläferin unterhält usw. Daher sagt *Alexander II. in derselben 32. dist.*: Wir geben den ausdrücklichen Befehl, daß niemand die Messe eines Priesters hören soll, von dem er unzweifelhaft weiß, daß er eine Beischläferin hat. *Und es folgt*: Daher hat auch die heilige Synode dies unter Exkommunikation gestellt mit den Worten: Wer von den Priestern, Diakonen und Subdiakonen, nach dem Erlaß unseres Vorgängers seligen Angedenkens, des heiligen Papstes Leo oder Nikolaus, über die Keuschheit der Kleriker, sich offenkundig eine Beischläferin ins Haus nimmt, oder, wenn er eine hat, sie nicht verläßt, dem gebieten wir von seiten des allmächtigen Gottes und kraft der Vollmacht des Petrus und Paulus und verbieten ihm gänzlich, daß er eine Messe singt noch das Evangelium liest noch die Epistel bei der Messe noch im Altarraum mit denen, die der genannten Bestimmung gehorsam sind, zum Zwecke des Gottesdienstes weilt, noch Einkünfte von der Kirche erhält. Darüber sagt der *Archidiakonus*, daß das Volk einem solchen den freiwilligen Zehnten entziehen soll; denn die Spende wird nur wegen des Amtes gegeben. Und da die Verurteilung dieselbe oder noch größer ist für jedwede größere Hurerei, so scheint es recht, daß der Untergebene vom höhergestellten Prälaten des Amtes enthoben werden soll für jegliches schwerere geistliche Vergehen. Und da es sicher ist, daß luzifergleiche Überheblichkeit bei einem Prälaten, Versäumnis der Evangelisation und die Habgier des Ischarioth schwerere Vergehen sind als fleischliche Hurerei, so ist es offenkundig, daß der höchste Prälat Christus Jesus, dem diese schwereren Vergehen völlig bekannt sind, von der Enthebung nicht abgehalten wird durch irgend eine Entschuldigung, die selbst strafwürdig ist.

Daraus *läßt sich*, wenn nach dem Zustand der Kirche gefragt wird, entnehmen, daß vom Papst bis zum geringsten Priester kaum einer in der jetzigen Zeit ausgeschlossen ist von Amtsenthebung, außer dem, der dem Herrn Jesu Christo untadelig nachfolgt. Schon ist ja gesagt worden, daß die Hurer enthoben werden, ebenso die Simonisten: *und zwar 1. Untersuchung 1: „Quicunque. . ." durch Gregor und im Kap. „Reperiunter" durch Ambrosius*. Ebenso werden die Kleriker des Amtes enthoben, die schimpflichem Erwerb und Wucher obliegen, *dist. 88 „Consequens. . ."* Und da alle solche nach dem Gesetz Christi der Kirche unwürdig dienen, ist klar, wie vielfältig Regelwidrigkeiten und Entweihungen in der Geistlichkeit der Kirche vorhanden sind.

Über die Entweihung habe ich *in der Abhandlung über den verborgenen Feind gesprochen* und gezeigt, wie jeder unwürdige Priester den geistlichen Tempel Gottes entweiht, das ist vergewaltigt, entheiligt und verunreinigt, der nach den Worten der Heiligen seiner Natur nach zweifellos ehrwürdiger ist als alle steinernen Tempel, die den Tag des Gerichts nicht überdauern werden. Und wehe mir, wenn ich schweige und die Habsucht oder die offensichtliche Ausschweifung des Klerus nicht bekämpfte. Denn *dist. 83* wird gesagt: Ein Irrtum, dem nicht entgegengetreten wird, wird gebilligt, und die Wahrheit wird, wenn sie nicht verteidigt wird, unterdrückt. Es zu unterlassen also, wenn man die Verderbten zur Rede stellen kann, ist nichts anderes als ihnen Vorschub leisten. Auch ist der nicht frei vom Verdacht geheimer Teilhaberschaft, der einem offenkundigen Verbrechen entgegenzuwirken aufhört. *Ebendort*: Der scheint dem Irrenden zuzustimmen, der nicht hinzueilt, um das zu beschneiden, was der Verbesserung bedarf.

Daher spricht *der selige Gregor im 15. Kap. seines Hirtenbuches unter Zitierung von Klagel. 2, 14: „Deine Propheten haben dir lose und törichte Gesichte gepredigt und dir deine Missetaten nicht geoffenbart"*, um dich zur Buße zu bewegen, folgendermaßen: Die Propheten werden ja in der heiligen Sprache manchmal Lehrer genannt, die, solange die flüchtige Gegenwart dauert, richten und offenbaren, was kommen wird. Die klagt Gottes Wort an, falsche Gesichte gehabt zu haben; denn wenn sie sich scheuen, die Schuld zu bestrafen, so schmeicheln sie den Schuldigen vergeblich mit dem Versprechen der Straffreiheit, weil sie die Missetaten der Sünder nicht aufdecken. Denn sie haben, statt zu tadeln, geschwiegen; der Schlüssel aber der Offenbarung ist die strafende Predigt. Denn durch Schelten deckt jemand die Schuld auf, von der oft nicht einmal der weiß, der sie begangen hat. *So jener. Auch steht es dist. 43: „Sit rector. . ."*

Und daß doch unsere Doktoren dies bedenken mögen, dann würden sie nicht die Lebensführung der Prälaten sanft anfassen und nicht müßig sein, ihnen die Missetaten aufzudecken, um sie zur Reue zu veranlassen. Sie sollen selbst zusehen, auf wieviele Arten jemand einem andern beim Verbrechen zustimmt.

Denn er stimmt zu, wenn er mitwirkt, verteidigt, Rat gibt und ermächtigt, nicht droht noch tadelt.

Nun vom *Interdikt*, womit die Kleriker wegen eines Menschen oder wegen mehrerer das Volk Christi beschweren. Durch diese *drei Kirchenstrafen* nämlich, *Exkommunikation, Enthebung und Interdikt*, tritt zu seiner eigenen Erhöhung die Geistlichkeit das Laienvolk unter die Füße, vermehrt die Habsucht, schützt die Boshaftigkeit und bereitet die Wege für den Antichrist. Alle diese *drei Strafen* häufen sie nämlich auf den *Ungehorsam* in dieser Weise: daß sie, falls irgend jemand ihnen nicht nach ihrem Gutdünken gehorcht, ihn exkommunizieren und seines Amtes entheben und, wenn er ihrem Willen standhaft widersteht, das Interdikt über die Gemeinde verordnen, die Ausübung des Gottesdienstes, die Spendung der Sakramente und das kirchliche Begräbnis verbieten, und zwar auch völlig gerechten Menschen, auf daß sie durch diese ausgeklügelte Beschwernis ihren Willen erlangen.

Ein offenkundiges *Zeichen* aber dafür, daß sie vom *Antichrist* ausgehen, ist, daß diese *Kirchenstrafen*, die sie in ihren Prozessen Blitzstrahl nennen, gegen die geschleudert werden, die das Gesetz Christi predigen und die Schändlichkeit der Geistlichen anprangern. Das *zweite Zeichen* ist, daß diese Kirchenstrafen mehr auferlegt werden wegen Ungehorsams gegen sie selbst als wegen Ungehorsams gegen Gott und somit mehr wegen eines Privatunrechts als wegen eines Unrechts gegen unseren Gott. Auf diese Weise geht nämlich der Erzfeind, der in Listen geübt ist, vor, daß er über den Gehorsam gegen Christus den Gehorsam gegen den Antichrist setzt und so die Exkommunikation sich anmaßt wegen Ungehorsams gegen sich, die Christus doch eingesetzt hat für Ungehorsam gegen Gott.

Er geht aber in folgender Weise vor: *Zuerst* verleumdet er einen Jünger Christi, *dann* klagt er ihn an, *dann* lädt er ihn vor Gericht, exkommuniziert ihn, enthebt ihn des Amtes und ruft dann, wenn er ihn nicht ins Gefängnis oder zum Tode bringen kann, den weltlichen Arm zu Hilfe und überhäuft, wenn er ihn auch so nicht bezwingen kann, ihn aus Bosheit mit dem Interdikt. Hauptsächlich aber geht er so vor gegen die, die die Schändlichkeit des Antichrists aufdecken, der sich vor allem die Geistlichkeit zu eigen gemacht hat. Daher hält er auch jene Kirchenstrafen zum Schutz vor seinen Klerus, z. B. vor die, die aus Begierde nach Pfründen Streit anzetteln, und wenn das Volk nicht die gewünschten Zehnte gibt, wenn ein Fürst die weltlichen Güter der Geistlichkeit beschlagnahmt oder zurücknimmt, wenn irgendein Geistlicher von den Weltlichen, wenn auch als schändlicher Dieb oder sonst als Verbrecher, gefangen und im Gefängnis gehalten wird oder wenn ein Priester so verletzt wird, daß Blut fließt, oder auch wenn das Volk einmal aus rechtmäßigem Grunde den Prälaten den Gehorsam versagt. Christus aber, der höchste Priester, hat, als der Prophet ins Gefängnis geworfen wurde, obschon doch kein größerer als dieser unter den vom Weibe Geborenen aufgetreten ist, kein Interdikt verordnet, auch nicht, als Herodes ihn enthaupten ließ. Ja, als er selbst ausgezogen, gegeißelt und verspottet wurde von den Soldaten, Schriftgelehrten, Pharisäern, Beamten und

Hohenpriestern, nicht einmal da hat er einen Fluch ausgesprochen, sondern hat für sie gebetet und gesagt *(Luk. 23, 34)*: „Vater, vergib ihnen, denn sie wissen nicht, was sie tun". Und diese Lehre hat er seinen Gliedern weitergegeben, indem er *Matth. 5, 44–45* sagt: „Liebet eure Feinde; segnet, die euch fluchen; tut wohl denen, die euch hassen; bittet für die, so euch beleidigen und verfolgen, auf daß ihr Kinder seid eures Vaters im Himmel; denn er läßt seine Sonne aufgehen über die Bösen und über die Guten und läßt regnen über Gerechte und Ungerechte".

Daher lehrt in der Befolgung dieser Lehre mit Wort und Tat der erste Stellvertreter Christi und Bischof von Rom *(1. Petr. 2, 21–23)* die Gläubigen mit den Worten: „Denn dazu seid ihr berufen; sintemal auch Christus gelitten hat für uns und uns ein Vorbild gelassen, daß ihr sollt nachfolgen seinen Fußtapfen; welcher keine Sünde getan hat, ist auch kein Betrug in seinem Munde erfunden; welcher nicht wiederschalt, da er gescholten ward, nicht drohte, da er litt". Und Paulus, der denselben Pfad wandelt, sagt *Röm. 12, 14*: „Segnet, die euch verfolgen, segnet, und fluchet nicht". Diese Lehre haben auch die andern Heiligen befolgt, die bei ihrer Verfolgung keine Exkommunikation oder Absetzung geschleudert und auch kein Interdikt ausgesprochen haben, sondern die, je schwerer die Verfolgung war, die über sie kam, desto mehr sich dem göttlichen Dienst gewidmet haben.

Als aber nach einem Jahrtausend der Satan seiner Bande ledig geworden war und der Klerus vollgestopft war mit dem Unrat der Welt und überheblich geworden in Wollust, Hochmut und Unduldsamkeit, da hat *das Interdikt seinen Ausgang genommen.* Denn *Papst Hadrian,* der im Jahre des Herrn 1154 zu regieren begann, hat wegen der Verwundung eines einzigen Kardinals ganz Rom unter das Interdikt gestellt. Oh, wie duldsam war noch dieser Papst, allerdings nicht so wie Christus, Petrus oder Paulus oder der Apostel Andreas.

Später hat *Alexander III.,* der 1159 zu regieren begann, das Königreich England mit dem Interdikt belegt *(de Sponsalibus, Kap. 2 „Non est vobis").*

Papst *Cölestin III.,* der im Jahre 1082 zu regieren begann[7], sagt einiges über das Interdikt *im Kapitel* „*Quaesivit de maioritate et obedientia*".

Später hat *Innozenz III.,* der im Jahre des Herrn 1199 zu regieren begann, das Interdikt öffentlich durch viele Dekretalen bekanntgegeben, wie *im Kap. vom Laterankonzil, Über die Pfründen, im 3. Buch der Dekretalien.*

Später haben *Bonifaz VIII., Innozenz IV. und Clemens V. im 6. Buch und in den Clementinen* derartige Interdikte weiter ausgedehnt. Und so vermehren sich ununterbrochen diese Interdikte, weil der Klerus immer mehr entbrennt in Habgier, weltlichem Prunk und Unduldsamkeit.

Daher suche ich ständig nach der *Begründung* und dem *Sinn des allgemeinen Interdikts,* durch das Gerechte unverdientermaßen der Sakramente, wie Abendmahl und Beichte, und anderer Dinge beraubt werden, zuweilen selbst die

---

[7] Papst Cölestin III. amtierte von 1191—1198. Hus gibt den Regierungsantritt irrtümlich mit 1082 an. — D. Hrsg.

Kinder der Taufe. Ähnlich [suche ich zu ergründen,] warum Gott der Dienst seitens gerechter Männer durchs Interdikt entzogen wird, das um eines einzigen Menschen willen verhängt worden ist? Sehr verwunderlich wäre es, wenn einem irdischen König der Dienst aller seiner guten Diener entzogen würde wegen eines seiner Diener, der ihm entgegen wäre. Und ganz und gar erst, wenn wegen eines Dieners, der ein guter, treuer Diener des Königs ist, ein Vasall, der diesen seinem Wunsch gefügig machen will, allen Dienern des Königs verbieten würde, dem König den Dienst zu leisten. Wie kann also ein Papst oder Bischof so unüberlegt, ohne ein Schriftzeugnis oder eine Offenbarung zu haben, so leichtfertig den dem König Christus geleisteten Dienst verbieten? Denn wenn ein allgemeines Interdikt über eine Stadt oder einen Sprengel verhängt worden ist, wird die Sünde nicht verringert, sondern vermehrt. Denn den Gerechten wird das Begräbnis verweigert entgegen der Schrift, *Jesus Sirach 7, 37*: „Ja beweise auch du den Toten deine Wohltat." Wer wollte zweifeln, daß die gerechten Toten zu bestatten ein Werk der Barmherzigkeit ist? Denn *Tobias 12, 12* spricht der Engel Raphael zu Tobias: „Da du so heiß weintest und betetest, standest von der Mahlzeit auf und begrubst die Toten, hieltest die Leichen heimlich in einem Hause und begrubst sie bei der Nacht, da brachte ich dein Gebet vor den Herrn." Wer wird auch bezweifeln, daß *die Beichte zu hören, heilsamen Rat zu erteilen, das Wort Gottes zu predigen Werke der Barmherzigkeit sind?* Ebenso das Sakrament des Abendmahls dem frommen Volk zu reichen und zu taufen. Welch einen Sinn hat es also, diese Dinge dem Volk Gottes zu entziehen, ohne daß es solches verdient hätte? wirst du eine richtige Antwort Daher schreibt der *selige Augustin an Bischof Maximus, das steht 24. Untersuchung 3:* Wenn du, sagt er, über diese Angelegenheit ein Urteil hast, daß sich durch vernünftige Begründung oder Zeugnisse heiliger Schriften erklären läßt, so sei so gnädig, uns zu belehren, wie gerechtermaßen für die Sünde des Vaters der Sohn verdammt werden kann oder die Frau für die ihres Mannes oder der Knecht für die seines Herrn oder irgend jemand in seinem Haushalt; und selbst ein Ungeborener, wenn er zu der Zeit, da das gesamte Haus mit dem Bann belegt ist, geboren wird, so daß es nicht möglich ist, im Falle der Todesgefahr durch das Bad der Erneuerung ihm zu Hilfe zu kommen. Es war nämlich eine leibliche Strafe, durch die, wie wir lesen, einige Gottesverächter mit allen den Ihren, die an der Gottlosigkeit teilgenommen hatten, umgekommen sind unter den Heiligen. Damals sind allerdings zum Schrecken der Lebenden sterbliche Leiber dahingerafft worden, die doch einmal gestorben wären. Eine geistliche Strafe ist es aber, die so, *wie geschrieben steht:* „Was ihr binden werdet auf Erden, soll auch im Himmel gebunden sein", die Seelen bindet, von denen gesagt ist: „So wie die Seele des Vaters, ist auch die Seele des Sohnes mein. Die Seele, die sündigt, wird sterben". Ihr habt vielleicht gehört, daß einige Priester, die einen großen Namen hatten, einen Sünder mitsamt seinem Hause verflucht haben, aber vielleicht hätten sie, wenn sie gefragt worden wären, mir keine angemessene Begründung dafür geben können. Ich jedenfalls fände, wenn mich jemand fragte, ob dies zu Recht geschieht, keine Antwort; ich habe nie-

mals gewagt, dies zu tun bei Vergehen, die von mehreren gemeinsam gegen die Kirche begangen worden sind, bevor ich sie nicht aufs dringendste ermahnt hatte. Aber wenn dir Gott offenbart hat, auf welche Art dies rechtmäßig geschehen kann, so werde ich dein jugendliches Alter und deinen geringeren kirchlichen Rang keineswegs verachten. Ich Älterer bin bereit, vom Jüngeren, ich als langjähriger Bischof von einem Kollegen, der noch nicht ein Jahr im Amt ist, mich belehren zu lassen, auf welche Art ich Gott und den Menschen eine wahre Rechenschaft geben kann, wenn wir unschuldige Seelen für ein fremdes Verbrechen, das sie nicht von Adam her bekommen haben, mit dem alle gesündigt haben, mit geistlichem Tode bestrafen. Denn Clazianus, der Sohn, hat zwar vom Vater die Erbsünde des ersten Menschen geerbt, die durch die heilige Taufquelle abgewaschen wird; aber daß das, was sein Vater an Sünden begangen hat, nachdem er ihn gezeugt hat, und woran er selbst nicht teilnahm, ihn auch nicht angeht, wer wollte das bezweifeln? Was soll man von der Ehefrau sagen? Was von den vielen Seelen des gesamten Haushaltes? Wenn davon eine Seele durch diese Strenge, mit der dieses ganze Haus verflucht worden ist, ohne Taufe den Leib verläßt und stirbt, so ist der Tod zahlreicher Leiber, wenn unschuldige Menschen aus der Kirche gewaltsam dahingerafft und umgebracht werden, mit diesem Schaden nicht zu vergleichen. Wenn du also für diese Sache einen Grund angeben kannst, so teile ihn auch uns schriftlich mit, daß auch wir es tun können, wenn aber nicht, kannst du es einer unüberlegten Regung des Gemüts zuschreiben. Wenn du daher gefragt werden wirst, wirst du eine richtige Antwort nicht verdrehen können. *So Augustin.*
Nach diesem schließt *Gratian* folgendermaßen: Wie also aus dem Zeugnis deutlich hervorgeht, wird einer ungerechterweise für die Sünde eines anderen exkommuniziert, und nicht haben diejenigen einen vernünftigen Grund, die wegen der Sünde eines einzelnen das Urteil der Exkommunikation über seine ganze Familie aussprechen. Die ungerechte Exkommunikation schadet aber nicht dem, der von ihr betroffen wird, sondern dem, der sie ausspricht.
Dabei ist *zu bemerken,* daß über die Worte *Augustins* die *Glosse zum Dekret im zusammenfassenden Kapitel* sagt, daß dieser Bischof wegen der Sünde des Clazianus dessen ganze Familie exkommuniziert hatte; er meinte aber, dies geschehe zu Recht, weil einerseits mit leiblicher Strafe jemand für die Sünde eines anderen bisweilen bestraft wird, andererseits, weil einige berühmte Priester etliche um fremder Sünden willen exkommuniziert haben. Im *ersten Teil des Kapitels* bittet *Augustin* ihn um die Begründung und den Sinn seiner Auffassung. *Im folgenden* zeigt er, daß keine der genannten Begründungen zur Bekräftigung seines Urteils ausreicht. Im *dritten* geht er zum besonderen Beispiel über und beweist, daß das gegen die Familie des Clazianus ausgesprochene Urteil ungerecht ist. *Und schließlich* rät er dem Bischof, er solle, wenn er nicht für seine Ansicht Rechenschaft ablegen will, von diesem Irrtum lassen und der Wahrheit nacheifern. *Soweit die Glosse.*
O, daß doch das Wort des *seligen Augustin mitsamt der Glosse* diejenigen erwägen möchten, die exkommunizieren und wegen eines Menschen ein allge-

meines Interdikt über eine Gemeinde oder Stadt verhängen. Warum treffen sie durch Bann und Interdikt die Gemeinde, die keine Schuld hat? Und warum verhindern sie die guten, frommen Priester am Gottesdienst und das fromme Gottesvolk am Empfang der Sakramente und Gott an seiner Ehrung, die ihm dabei zuteil wird, und die Toten am Begräbnis und öfters die Kinder an der Taufe, so daß sie ohne dieselbe sterben und verdammt sind nach der Lehre *Augustins?* Daher sagt die *Glosse des Dekrets über jenes Wort*: Wenn eine Seele durch diese Strenge, mit der dieses ganze Haus verflucht worden ist, ohne Taufe den Leib verläßt und stirbt, so ist der Tod zahlloser Leiber, wenn unschuldige Menschen aus der Kirche gewaltsam entfernt werden, diesem Schaden nicht zu vergleichen. *Die Glosse* nennt die *Begründung*: Eine größere Sünde ist, wenn eine Seele durch die Sünde des Unglaubens umkommt, als wenn zahllose Leiber der Märtyrer für Gott sterben; und das scheint in den Worten gesagt zu werden: Wenn Unschuldige aus der Kirche entfernt werden und wenn die Leiber der Märtyrer umkommen, ist das kein Schaden, sondern nach der Umgangssprache spricht man dort von Totschlag. *Ebenso sagt die Glosse*: Schwerer sündigt der, durch dessen Schuld die Seele eines Kindes ohne Taufe aus diesem Leben scheidet, als wer viele Unschuldige aus der Kirche gerissen hat, indem er sie tötete.

Aber ach, alles dies beachtet die verblendete Bosheit des Klerus gar nicht, der wegen einmaliger Nichtzahlung einer kleinen Geldsumme, auch seitens eines armen Menschen, der nicht zahlen kann, das Volk durchs Interdikt der Sakramente der Kirche, wie gesagt ist, beraubt. Das hat Christus nicht gelehrt, der vor allem die Geistlichkeit gelehrt hat, nicht vor Gericht zu streiten, indem er *Luk. 6, 29—30* sprach: „Und wer dich schlägt auf einen Backen, dem biete den andern auch dar; und wer dir den Mantel nimmt, dem wehre nicht auch den Rock. Wer dich bittet, dem gib; und wer dir das Deine nimmt, da fordere es nicht wieder". Aber der unduldsame Klerus wird diese so heilsame Lehre Christi, wenn er sie hört, verlachen. Das ist nicht zu verwundern, denn der Heiland sagt später *Matth. 7, 26*: „Und wer diese meine Rede hört und tut sie nicht, der ist einem törichten Manne gleich, der sein Haus auf den Sand baute."

Wer, sage ich, ist törichter als der Klerus, der sich auf den Unrat dieser Welt gründet und Christi Lehre und Leben zum Gespött macht. Soweit nämlich ist der Klerus schon verderbt, daß er diejenigen haßt, die häufig predigen und den Herrn Jesum Christum nennen; und wenn jemand Christus für sich anführt, reißen sie sofort den Mund auf und sagen mit gehässiger Miene: Bist du Christus? Und nach Art der Pharisäer entehren und exkommunizieren sie die, die Christum bekennen.

Daher haben die Prälaten, weil ich Christum und sein Evangelium gepredigt und den Antichrist entlarvt habe und wollte, daß der Klerus nach Christi Gesetz leben, zusammen mit Herrn Zbyněk, dem Erzbischof von Prag, zuerst vom Papst Alexander eine Bulle erwirkt, daß in den Kapellen das Wort Gottes zum Volk nicht mehr gepredigt werden soll. Über diese Bulle habe ich appelliert und habe niemals Gehör finden können. Darum habe ich, als ich vorgeladen wurde, aus vernünftigen Gründen nicht Folge geleistet, weswegen sie meine Exkommunikation angeordnet haben durch Michael de Causis, nach geschehener Einigung; und zuletzt haben sie jetzt das Interdikt verhängt, wodurch sie das Volk Christi ohne seine Schuld beschweren.

Es wäre also mein Wunsch, daß die Doktoren, die da sagen, daß in den Kirchenprozessen nicht das rein Gute verhindert und das rein Böse befohlen wird, sondern nur Mittleres, dieses bewiesen. Und vor allem, daß sie bewiesen, daß ein so allgemeines Interdikt ein Mittelding zwischen dem rein Guten und rein Bösen sei, das doch Unschuldige der Sakramente und des Begräbnisses beraubt, den Gottesdienst verhindert und nichts Gutes mit sich bringt, sondern Ärgernisse, Verleumdung und Haß. Und wie werden die Doktoren zeigen können, daß es erlaubt sei, das Volk von den Sakramenten, vom Begräbnis und vom Gottesdienst auszuschließen, weswegen, wie gesagt wurde, der hervorragendste Kirchenlehrer, der *selige Augustin*, den Bischof Auxilius getadelt hat. Der Doktoren Beweisführung ist zusammengesetzt aus heuchlerischer Verschleierung und Bauernschlauheit; sie könnten *Augustin* nicht zufriedenstellen, wenn sie sagten, die Doktoren: „Es entspricht dem Kanzleistil der Kirche und der römischen Kurie, der allgemein angewendet und befolgt wird". Seht, das ist heuchlerische Verschleierung. „Seit der Zeit unserer Vorväter", seht, das ist die Bauernschlauheit. „Es werden dort nur mittlere Dinge befohlen". O, ihr Doktoren, welcher Kirche gehört diese Sprache an, etwa der apostolischen? Sagt, von welchem Apostel stammt dieser Stil oder von welchem Heiligen nach den Aposteln? Niemals ist es der Stil Christi, jenes Hauptes der heiligen Kirche, in dessen Rede die ganze der Kirche nutzbringende Wahrheit enthalten ist.

Aber ich frage, wo findet sich dieser Ausspruch? Jeden Ort, jede Stadt, jeden Flecken, jedes Dorf oder jede Burg, von der Gerichtsbarkeit ausgenommen oder nicht, zu dem oder zu denen dieser Johannes Hus sich begibt und solange er sich dort aufhält und verweilt und nach seiner Abreise drei fortlaufende Tage hindurch, unterwerfen wir in diesem Schreiben insoweit dem kirchlichen Interdikt und wollen, daß in ihnen der Gottesdienst aufhört.

Vielleicht gründet sich dieser Stil darauf: „Daß man allzeit beten und nicht laß werden solle", *Luk. 18, 1*, oder ebenda: „Lobet den Herrn, alle Heiden" [Psalm 117, 1]. Und: „Lobet den Herrn ... an allen Orten" [Psalm 103, 22]. Aber was würden die Urheber des Kanzleistils sagen, wenn es vorkäme, daß Jan Hus zur heiligen Stadt Jerusalem käme, in der die Cherubim und Seraphim nicht aufhören, täglich insgemein zu rufen: Heilig, heilig, heilig ist der Herr Gott Zebaoth. Werden sie etwa wegen dieses Bannstrahls dort mit dem Gottesdienst aufhören? So daß Christus, der gerechte Anwalt, nicht mehr bei Gott dem Vater für seine getreuen Glieder eintritt oder der Engelchor nicht mehr ruft: Heilig, heilig, heilig ist der Herr Gott Zebaoth. Wird diese Stimme aufhören, von der Johannes *Off. Joh. 5, 11–13* spricht: „Und ich sah und hörte eine Stimme vieler Engel um den Stuhl und um die Tiere und um die Ältesten her, und ihre Zahl war vieltausendmal tausend; und sie sprachen mit großer Stimme: Das Lamm, das erwürget ist, ist würdig, zu nehmen Kraft und Reichtum und Weisheit und Stärke und Ehre und Preis und Lob. Und alle Kreatur, die im Himmel ist und auf Erden und unter der Erde und im Meer und alles, was darinnen ist".

Die Doktoren können nicht sagen, daß dies nicht zutreffend sei; denn alle vernünftigen Geschöpfe unterstehen nach dem Stil der römischen Kurie dem Gebot derselben Kirche. Denn alle menschliche Kreatur untersteht dem römischen Bischof, so spricht sein Kanzleistil im *Ergänzungserlaß Bonifaz VIII.*

„Ferner erklären wir aller menschlichen Kreatur, daß sie dem römischen Bischof untersteht, wir sprechen es aus und setzen es fest, daß es unbedingt heilsnotwendig sei". Ähnlich untersteht die Engelskreatur demselben römischen Bischof, wie der Kurienstil in der Bulle des Papstes Clemens ausspricht: *„Wir gebieten den Engeln des Paradieses, die Seele jenes Menschen sofort aus dem Fegfeuer zu befreien und in die Herrlichkeit des Paradieses zu führen".* Da also nach jenem Stil der Kurie alle vernunftbegabte Kreatur, sowohl die der Engel wie die der Menschen, dem römischen Bischof im Befehl untersteht und da der Kanzleistil in einem Prozeß derselben Kurie sagt, daß, zu welchem Ort — von Gerichtsbarkeit ausgenommen oder nicht — Jan Hus sich wendet und solange er dort ist, wir dem kirchlichen Interdikt unterliegen, *so folgt*: Wenn durch die Möglichkeit, die von der unumschränkten Macht Gottes ausgeht, Jan Hus durch den Tod zum himmlischen Jerusalem kommt, so muß dies selbst dem kirchlichen Interdikt unterliegen. Aber gelobt sei der allmächtige Gott, der geboten hat, daß die Engel mit allen Heiligen in diesem himmlischen Jerusalem dieser Art von Interdikt nicht unterliegen. Gelobt sei auch Christus, der höchste römische Bischof, der seinen Gläubigen die Gnade gegeben hat, daß sie, wenn zur Zeit kein römischer Bischof vorhanden ist, durch die Führung des Herrn Christus doch ins himmlische Vaterland gelangen können. Wer nämlich wollte sagen, daß zu der Zeit, da ein Weib Namens Agnes offensichtlich zwei Jahre und fünf Monate lang allein Papst gewesen ist, kein Mensch selig geworden wäre; oder daß ebenso nach dem Tod eines Papstes in der Zwischenzeit zwischen dem Tode des Papstes und der Wahl seines Nachfolgers, keiner der zu der Zeit sterbenden Menschen gerettet würde? Gelobt sei der allmächtige Gott, der seine kämpfende Kirche so leben heißt, daß sie beim Tode des Papstes nicht dadurch ohne Haupt oder tot ist. Denn nicht vom Papst, sondern von ihrem Haupte Christus hängt ihr Leben ab und davon, daß, wenn der Papst zum Narren und zum Ketzer wird, die kämpfende Kirche die getreue Braut Christi bleibt. Gelobt sei auch der Herr, der das eine Haupt der Kirche ist und sie so wirksam in der Einheit erhält, daß sie, wenn das sogenannte Haupt in den Päpsten in drei Teile geteilt ist, doch die einzige Braut des Herrn Jesu Christi bleibt.

Jetzt nämlich ist *Balthasar*, genannt *Johann XXIII.*, in Rom; *Angelus Corrarii*, genannt *Gregor XII.*, in Arimno und *Petrus de Luna*, genannt *Benedikt*, in Aragon. Warum zwingt nun nicht einer von ihnen, der „heiligster Vater" genannt wird, mit der Vollmacht seiner Herrschaft die andern mit ihren Anhängern, sich seiner Gerichtsbarkeit zu unterwerfen? Woher sagt der Kanzleistil der *römischen Kurie*, er habe über jeden Menschen auf Erden die volle Herrschaft? Also ist diese Grundlage ziemlich schwach als Grundlage und als

Beweis, daß irgend etwas verpflichtet sein soll, den Stil der römischen Kurie unverbrüchlich anzunehmen. Denn im *6. Buch „de constitutionibus"* wird als Regel angegeben, daß, wenn zwei Priester über dieselbe Versorgung Briefe vom Papst haben, die an einem Tage ausgestellt sind, der, dem der Papst den Kanonikat verliehen hat, dem vorgezogen werden soll, dem er den Kanonikat nicht verliehen hat, wenn der Verantwortliche nicht mehr weiß, wer die Urkunde zuerst erhalten hat. Wenn sie aber im gleichen Gnadenstand sind, nach der Form des päpstlichen Kanzleistils, soll der, der zuerst eingereicht hat, in der Pfründe den Vorrang haben. Und *drittens*: Wenn sie in diesen drei Dingen gleich sind, dann sollen die Kanoniker, denen die Vergabung zusteht oder der größere Teil derselben, verpflichtet sein zu wählen, wobei dann der zweite der Frucht der Gnade entraten soll, wenn nicht etwa aus dem Wortlaut der päpstlichen Briefe ausdrücklich hervorgeht, daß der Papst für alle beide sorgen wollte.

Diese dreigliedrige Maxime des Kurienstils scheint ein Grundsatz gegen Christum zu sein[1]; denn angenommen, wie es in der Mehrzahl der Fälle vorkommt, daß der Vorgezogene im Kanonikat oder im Zeitpunkt der Bewerbung oder im Vorzeigen des Gnadenbeweises oder drittens in der Wahl des Kapitels vor Gott, soviel man will, unwürdiger ist als der andere, dann muß nach der Maxime dieses Kanzleistils gegen das Urteil Christi entschieden werden. Daher folgt, daß die Maxime dieses Stils gegen das Gewissen und mithin gegen Christus ist. Was ist das also für ein Beweis: „Der allgemein übliche und anerkannte Stil erlaubt oder behauptet dies, also ist es mit dem Gesetz Christi vereinbar und als katholisch anzuerkennen".

Jene Bauernschlauheit aber, die die Doktoren gebrauchen, nämlich daß so seit der Zeit unserer Vorväter geglaubt und eingehalten worden ist, würde hinreichend beweisen, daß die Doktoren selbst auf Irrtum beruhenden Gewohnheiten der Heiden und Juden glauben und innehalten; ja, daß sie noch den Beel verehren müßten, wie ihn die Böhmen, solange sie Heiden waren, verehrt haben. Sie haben für sich das Wort *Hes. 20, 18*: „Ihr sollt nach eurer Väter Geboten nicht leben und ihre Rechte nicht halten". Was ist das also für eine unverschämte Beweisführung von ihnen: „Seit der Zeit unserer Vorfahren ist dies geglaubt, befolgt und gehalten worden, also muß es auch von uns geglaubt, befolgt und gehalten werden."

Solche törichten Beweise bringen törichte Menschen vor, um die Entschuldigung für ihre Sünden zu entschuldigen. Aus der Schar jener ist der nicht, der im *106. Psalm, 6—7* sagt: „Wir haben gesündigt samt unsern Vätern; wir haben mißgehandelt und sind gottlos gewesen. Unsre Väter in Ägypten wollten deine Wunder nicht verstehen; sie gedachten nicht an deine große Güte".

Und wenn etwa die Doktoren behaupten, daß sie in ihrem Ausspruch die Erzväter meinen, die heiligen Propheten oder Apostel oder die späteren Heiligen, so hätten sie ausdrücklich ihre Schriften anführen sollen, gegen die es nieman-

---

[1] „maxime" im Text ist Druckfehler für „Maxima". — D. Hrsg.

dem erlaubt gewesen wäre aufzutreten; dann hätte aber ihr der Klugheit und Vernunft Abbruch tuender Anspruch aufgehört, mit dem sie sagen, daß in den Prozessen nach dem Stil der Kirche und der römischen Kurie, der seit der Zeit unserer Vorväter gebraucht und befolgt wird, nur mittlere Dinge zwischen dem rein Guten und rein Bösen befohlen werden. Denn wer von den heiligen Vätern, den Propheten, Aposteln und anderen Heiligen befiehlt, daß überall, wo ein Mensch, der noch so schlecht sein kann, sich hinbegibt, der Gottesdienst aufhören soll? Christus jedenfalls hat, als er den ungehorsamen Judas, seinen Verräter, sah, nicht mit dem Gottesdienst aufgehört bei seinem großen Abendmahl. Im Gegenteil, er hat in seiner Gegenwart die heiligen Handlungen ausgeführt und ihm seinen heiligen, göttlichen Leib zu essen gegeben und die Jünger beständig ermahnt, mit ihm zu wachen und zu beten, auf daß sie nicht bei dem gewaltsamen Überfall der Schriftgelehrten, Pharisäer und Hohenpriester in Anfechtung fallen sollten. Auch hat der gütigste Bischof nicht aufgehört mit seinem göttlichen Gebet, als er geschmäht und gekreuzigt wurde, sondern hat für die, die ihn kreuzigten, gebetet: „Vater, vergib ihnen, denn sie wissen nicht, was sie tun" *(Luk. 23, 34)*. Daher hat er mit Geschrei und Tränen gebetet „und ist auch erhört, darum daß er Gott in Ehren hatte" *(Hebr. 5, 7)*. Daher haben seine wahren und offensichtlichen Stellvertreter, die Apostel und andere Heilige, ihn darin nachgeahmt, zuerst Stephanus, der *Apg. 7, 59* sprach: „Herr behalte ihnen diese Sünde nicht", denn sie wissen nicht, was sie tun.

Und es ist zu verwundern, warum sie wegen der Juden, die leugnen, daß Christus Gott sei, und somit sein ganzes Gesetz nicht anerkennen, kein Interdikt verhängen; oder wegen der offenkundigen Simonisten, die die vornehmsten unter den Ketzern sind und durch die Schriften der heiligen Apostel und anderer Heiliger verdammt, exkommuniziert, des Amtes enthoben und mit Interdikt belegt und aus den heiligen Priesterstand ausgestoßen. Der Grund ist, daß jene Simonisten die Exkommunikationen, Amtsenthebungen und Interdikte verkaufen und kaufen. Und mit diesen gleichsam als mit ihren Waffen erhalten und verteidigen sie ganz besonders die Simonie. Der Beweis dafür ist nicht erforderlich, denn der simonistische Handel ist schon deutlich vor den Augen der Bauern, die von den Simonisten beschwert, belästigt, bedrückt und ausgeplündert werden. Denn so stark ist die Ketzerei des Simon und Giezi geworden, daß sie nicht allmählich, sondern dreist und bei jeder passenden und unpassenden Kaufgelegenheit auch wider Willen die Menschen zu dieser Art des Verbrechens zwingt. Und all dieser Handel entspringt dem Kanzleistil der römischen Kurie, der auch die andern Bischofskurien sich im simonistischen und giezitischen Stil unterwirft. Das erhellt aus Ablaßbriefen der Bestätigungen, Befreiungen, Zulassungen und aus anderen, die erfunden worden sind, um Geld auszupressen.

Noch wäre *von der Verdammung der 45 Artikel zu reden*. Aber ich will es kurz sagen: Bis heute haben die Doktoren des Gerichtshofes nicht bewiesen, daß einer von ihnen ketzerisch, irrig oder anstößig sei. Aber ich wundere mich, warum die Doktoren noch nicht im Gerichtshof lehren, daß der Artikel von der Wegnahme der zeitlichen Güter nicht in Anwendung kommen darf. Zum Beispiel dieser: Die weltlichen Herren können nach ihrem Gutdünken die zeitlichen Güter den Geistlichen entziehen, die in ihrem Verhalten sündigen. Da schweigen sie mit den Hohenpriestern und Pharisäern und versammeln sich nicht im Gerichtshof, um jene, die diesen Artikel anwenden, zu verdammen; wahrlich, was sie befürchteten, ist eingetroffen für sie und wird noch in Zukunft eintreffen.

Sie werden nämlich ihre zeitlichen Güter verlieren; aber gebe Gott, daß sie ihre Seelen bewahren.

Die Doktoren sagten, daß dann, wenn die Verdammung der Artikel ausgesprochen wäre, Frieden und Eintracht herrschten. Aber ihre Vorhersage hat sich in das Gegenteil verkehrt. Denn es freuten sich die Verdammenden, aber es trauern die, die Zins geben müssen. Sie haben diesen Artikel verdammt: Die Zehnten haben den Charakter reiner Almosen. Und viele kamen zum Gerichtshof und baten, daß ihre Einkünfte, die Almosen seien, nicht fortgenommen würden. Aber einige Herren vom Gerichtshof haben folgende Antwort gegeben: Seht, ihr habt zuerst verworfen, daß die Zehnten reine Almosen seien, und jetzt sagt ihr, sie seien Almosen, und somit geht ihr gegen die Verdammung an. Und soviel für jetzt, anderes bleibt, das später erörtert werden soll. (Es endet der Traktat des Magisters Jan Hus Über die Kirche).

4. Jan Hus: Gegen acht Doktoren

Zweites Kapitel

Weiterhin führen die Doktoren folgende Worte an: Was das nun anlangt, daß er fordert, daß die Magister für die Wahrheit dieser Bulle Begründungen niederschreiben, nicht irgendwelche, die der Überredung dienen, sondern solche, die aus dem Text der Bibel stammen und eine wirksame Beweiskraft haben: so scheint er damit erstens zuzugeben, daß er der Sekte der Armenier angehörte, die sich nur auf die Zeugnisse der Bibel, nicht auf andere Zeugnisse der Kirche und der anerkannten heiligen Lehrer stützen wollen. Und zweitens will er damit solche theologischen Beweise fordern, die entweder mit ihrer eigenen Überzeugungskraft auskommen sollen oder die nicht einmal solche Überzeugung verlangen, vielmehr erwarten lassen, daß ihnen einfach demütiger Glaube zuteil werden. Und drittens will er damit durch seine Handlung jenen schwerwiegenden Irrtum einführen, daß den offenen Briefen der Päpste, Kaiser, Könige, Fürsten und Herren von dem Untergebenen nicht geglaubt und nicht gehorcht werden soll, wenn nicht die Wahrhaftigkeit und Vernünftigkeit derartiger Briefe mit wirksamen und einleuchtenden Begründungen den Untergebenen selbst von der Herrschaft dargelegt wird. Und wer kann ermessen, wie groß dieser Irrtum sei und wie groß die Verwirrung durch ihn in der gesamten Welt?

Was nun den *Anfang dieses Ausspruchs betrifft*, so gestehe ich, mit vielen Magistern, Baccalaurei und Studenten der Universität gemeinsam gefordert zu haben, die Doktoren sollten aus dem Gesetz Gottes und mit wirklichen Vernunftgründen darlegen, ob die *Bulle Von der Aufrichtung des Kreuzes* nach ihrem Inhalt jeden Studierenden bei Strafe der Todsünde verpflichten, mit den ihnen von Gott gegebenen Gütern dem römischen Bischof **Hilfe** zu leisten, und ob sie dem Volk wie Glaubensdinge zu predigen seien. Wenn ich damit gesündigt habe, so mag der allmächtige Gott darüber befinden. Und ob die Forderung vernunftwidrig sei, mag, wenn es möglich ist, die ganze Welt erörtern.

Und *es ist klar*, daß die erste Anmerkung oder der Zusatz der Doktoren *falsch* ist. Falls das Wort „es scheint" eine Behauptung sein soll, wenn sie sagen: „Er scheint erstens zuzugeben, daß er der Sekte der Armenier angehört", so würden sie nämlich ebenso von jedem Menschen sprechen, der in Zweifelsfällen Unterweisung aus dem Gesetz Gottes und aus einer Begründung, die mit dem Gesetz übereinstimmt, verlangte. Ja, sogar die heiligen Lehrer *Augustin und Hieronymus* würden nach dem Zusatz der Doktoren zugeben, von der Sekte der Armenier zu sein. Denn der *selige Augustin* spricht zum *seligen Hieronymus im Brief, der dist. 9. steht*: Ich habe gelernt, nur den Verfassern, die man jetzt die kanonischen nennt, die Verehrung und Ehrfurcht zu erweisen, daß ich nicht zu glauben wage, sie könnten sich etwa beim Schreiben geirrt haben. *Und weiter*: Die andern aber lese ich so, daß ich, wie groß auch die Heiligkeit oder Gelehrsamkeit sei, durch die sie sich auszeichnen, doch nicht etwas für wahr halte, weil sie mich durch andere Schriftsteller oder kanonische oder glaubenswürdige Begründungen überzeugen konnten, daß es nicht mit der Wahrheit unvereinbar sei. Der *selige Hieronymus aber sagt zur Jungfrau Demetrias*: Eine Sache, die nicht ein Zeugnis der heiligen Schrift für sich hat, kann ebenso leicht verworfen wie bewiesen werden. Und daher wiederholt der *selige Augustin* öfters, man solle ihm nicht glauben, insoweit er sich nicht auf die Schrift gründet; und die *Begründung* gibt er im *2. Buch Vom christlichen Glauben*, wo er am Schluß sagt: Alles, was der Mensch außerhalb der heiligen Schrift lernt, wird, wenn es schädlich ist, dort verworfen, wenn nützlich, dort zu finden sein.

Da also die heilige Schrift die *Kreuzeserhöhung* nicht erwähnt mit ihren *Ablaßbriefen*, in der doch alles Nützliche zu finden ist und in der Gott die Fülle des Glaubens niedergelegt hat, wie ist eine solche *Kreuzerhöhung* mit ihren Ablässen wie ein apostolischer Befehl zu bewerten, da sie auch nicht einer von den *vier höheren heiligen Kirchenlehrern aufgeführt*, sie auch kein Heiliger, wie es scheint, hinzu erfunden hat und sie sich auch nicht aus den Taten der Apostel oder der Heiligen, die ihnen folgten, ergibt, durch deren Beispiel Gott die Nachfolgenden unterwiesen hat? Davon sagt der *selige Gregor im 23. Buch der Moralia*: Gott hat in der heiligen Schrift alles, was dem einzelnen begegnen kann, einbezogen und in ihr durch die Beispiele der Vorangegangenen auch das Leben der Nachfolgenden unterweisen lassen. Ob also *diese heiligen Kirchenlehrer* wegen dieser Aussprüche der Sekte der *Armenier* anzugehören scheinen, mögen die *acht Doktoren* selbst aus ihrer „Bemerkung" und ihrem „Zusatz" erforschen.

Wenn aber das Wort „*es scheint*" in ihrem Ausspruch nur den Anschein bezeichnet und nicht das Sein irgendeiner Sache, dann ist die Bemerkung der Doktoren wahr, nämlich: daß es den Doktoren so scheint, aber nicht an dem ist; wie in einem ähnlichen Falle der *Doktor Stanislaus in seiner Abhandlung* erklärt, wo er den Ausspruch auflöst, *den er zuvor ausgesprochen hat*: Es scheint aus den festgelegten Worten der Kirche offensichtlich zu folgen, wie aus andern angeführten Beweggründen, daß das gegenständliche Brot in jenem Sakrament verbleibt. Er sagt nämlich, daß dort dies Wort „*Es scheint*" den Anschein bezeichnet, nicht das Sein, wie in diesem Beispiel, wenn man sagt: Es *erscheint* dem Sinn des leiblichen Auges, daß die Sonne in ihrem gesamten Ausmaß eine Größe von zwei Fuß hat. Daher *verneint der Doktor* selbst die Schlußfolgerung: „*Es scheint* dem Sinn der leiblichen Augen, daß die Sonne in ihrem gesamten Ausmaß eine Größe von zwei Fuß hat, folglich *ist* die Sonne in ihrem gesamten Ausmaß nur zwei Fuß groß", und sagt: Der Vordersatz ist wahr, und die Folgerung ist falsch. Ebenso *gilt auch diese Schlußfolgerung nicht:* Es *erscheint den acht Doktoren*, daß *Jan Hus* zugibt, von der Sekte der *Armenier* zu sein, also *ist Jan Hus* von der Sekte der *Armenier*. Denn wie der Gesichtssinn getäuscht wird hinsichtlich der Größe der Sonne, so täuscht sich die Auffassung der Doktoren über *Jan Hus'* ehrliche Absicht.

Zur *zweiten Bemerkung der Doktoren*, die nach der wahren Grammatik ganz *unzutreffend* ist, wäre es nicht wert zu sprechen, hätte ich nicht die Absicht, meine Meinung darzulegen. Ich bekenne nämlich, daß ich nichts als zum Heil schlechthin notwendigen Glauben in meinem Herzen anerkennen, nichts bewahren, predigen und behaupten will, es sei denn, ich habe jenen theologischen Beweis dafür: Dies sagt die heilige Schrift, explizit oder implizit, also ist es als Glaubenssatz zu glauben, zu bewahren und zu behaupten; und so will ich in Demut meinen Glauben, das ist die Bereitwilligkeit, der heiligen Schrift zu glauben, benutzen, will bewahren, glauben und behaupten, solange noch Atem in mir ist, alles was in der Schrift steht.

Was die *dritte Bemerkung* anlangt, wo sie sagen: „*Dort will er drittens diesen schwerwiegenden Irrtum einführen*, usw.": So beurteilen *die Doktoren* dort erstens meinen Willen, der ihnen nicht bekannt ist, indem sie sagen: *Dort will er*. *Zweitens* lügen sie, wenn sie sagen: *Er will diesen schwerwiegenden Irrtum einführen*. *Drittens* drohen sie mit der großen Zahl der Päpste und weltlichen Machthaber. Das ist nicht verwunderlich, denn das haben zuvor die Schriftgelehrten und Pharisäer gegen Jesus unternommen. Denn sie haben seine gerechte Bestrebung zum Bösen ausgelegt und ihn lügnerisch angeklagt, er hätte einen schwerwiegenden Irrtum eingeführt, indem sie *Luk. 23, 2* sagten: „Diesen finden wir, daß er das Volk abwendet und verbietet, den Schoß dem Kaiser zu geben". Und *was das dritte betrifft*, als sie Pilatus, der an seiner Unschuld festhielt, nicht überzeugen konnten, so haben sie die Furcht vor dem Kaiser in die Waagschale geworfen, indem sie *Joh. 19, 12* sagten: „Läßt du diesen los, so bist du des Kaisers Freund nicht". Aber ich hoffe, daß *unsere acht Doktoren* mich nicht durch ihre Lügen von der Wahrheit Jesu Christi abbringen werden und nicht durch die Furcht vor den Mächten dieser Welt. Denn Lügen und Drohungen sind Beweismittel der Heiden und Jünger des Antichrist, deren ungeachtet die Kinder Gottes, die vom Geist Gottes getrieben werden, weder päpstlichen Briefen noch denen der Kaiser, Könige oder Fürsten gehorchen müssen, außer inwieweit sie im Einklang stehen mit dem Willen des höchsten Bischofs und mächtigsten Königs, mit dem unseres Herrn Jesu Christi.

Daher sollen die Gläubigen darauf achten und mit wachsamer Überlegung sorgfältig erörtern, ob *die Briefe der Päpste oder Fürsten etwas befehlen, was dem Gesetz Christi zuwider ist.* Wenn sie das erkannt haben, müssen sie dem bis zum Tode widerstehen und keinesfalls gehorchen. So nämlich hat Mattathias Widerstand geleistet, von dem *1. Makkab. 2, 19—22* gesagt wird: „Da sprach Mattathias frei heraus: Wenn schon alle Länder dem Antiochus gehorsam wären und jedermann abfiele von seiner Väter Gesetz und willigte in des Königs Gebot, so wollen doch ich und meine Söhne und Brüder im Bunde unsrer Väter wandeln. Da sei Gott vor! Das wäre uns nicht gut, daß wir von Gottes Wort und Gottes Gesetz abfielen. Wir wollen nicht willigen in das Gebot des Antiochus." So haben auch *die Makkabäer,* die heiligen Märtyrer, widerstanden, von denen der jüngste *(2. Makkab. 7, 30)* kühn gesprochen hat: Ich will nicht dem Gebot des Königs gehorchen, „sondern ich will das Gesetz halten, das unsern Vätern durch Mose gegeben ist". So haben auch viele Männer und viele Frauen dem Brief des Königs Antiochus widerstanden.

Darüber findet man *1. Makkab. 1,* daß König Antiochus ein Schreiben durch sein ganzes Königreich gehen ließ, sie sollten alle ein einheitliches Volk sein und jeder sein Gesetz verlassen, und es wird hinzugesetzt, daß alle Völker in die Weise des Antiochus willigten; und viele aus Israel willigten auch darein und opferten den Götzen. Es ist aber kein Zweifel daran, daß jene Juden dies von Furcht bewegt getan haben. Aber viele andere ließen sich lieber grausam niedermetzeln, als daß sie den ungerechten Geboten des Königs gefolgt wären. Daher wird später in *demselben Kapitel* beschrieben, daß sie die Bücher des Gesetzes Gottes zerrissen und verbrannt haben. Und alle, bei denen man Bücher des Bundes Gottes fand, und alle, so das Gesetz Gottes hielten, schlugen sie nach Befehl des Königs tot, auch die Weiber, welche ihre Kinder beschnitten, nach Befehl des Königs Antiochus. Wenn unsere Doktoren wagten, in der Weise der genannten heiligen Märtyrer und heiligen Frauen den Briefen der Päpste und Fürsten entgegenzutreten, würde es Gott einmal der ganzen Welt kundmachen. Und wie es mir scheint, geben die *Doktoren in ihrer dritten Bemerkung* zu, daß, wenn *Papst* oder *König* den Doktoren *schriftlichen* Befehl erteilte und ihnen eine Schar Soldaten dazu gäbe, daß sie alle Prager Juden umbringen sollten, so würden sie solchen Briefen gehorchen. Denn *nach ihrer Bemerkung* würden sie nicht nach der Vernünftigkeit solcher Briefe fragen. Die Juden sind ja die vornehmlichsten Feinde der Kirche, weil sie leugnen, daß Christus Jesus wahrhaftiger Gott ist; und folglich leugnen sie sein Gesetz und daß der Papst Stellvertreter Christi, somit Gottes, sei. Und die *Doktoren* stimmen den Papstbriefen zu und erkennen es auch an, daß alle Menschen, welchen Standes sie auch seien, sich zur Vernichtung des Volkes in Apulien rüsten. Von diesem Volk sind nach dem anerkennenswerten Zweifel der Doktoren viele Gotteskinder, weil sie Christen sind, und leugnen nicht in dem Maße wie die Juden den Herrn Christum ab. Nach der hinreichenden Ähnlichkeit des Beispiels oder nach dem Obersatz *läßt sich folgern*, daß die Doktoren auf Befehl des Papstes oder von Königen, ohne nach dem Grund zu fragen, die Prager Juden erschlagen würden. Und besonders deshalb, damit sie Ablässe dafür erhalten. Ja, *da zwei Doktoren, die aus den acht besonders hervortreten*, sagen, daß wir, wie *Paletsch* behauptet, uns außerhalb der ganzen christlichen Glaubensgemeinschaft befänden und daß wir, wie der *sanfte Doktor Stanislaus* sagt, gleichsam der verfluchte mittlere Sohn seien, eine falsche evangelische Geistlichkeit, die über die Grundlagen der Kirche nach Kräften Irrtümer ausgestreut hat, so scheint zu folgen, daß sie, wenn der Papst den Doktoren Ablaßbriefe schickte, damit sie uns töteten, das ausführen würden, wenn sie könnten. Die *Begründung ist klar*, denn aus dem Grunde, aus dem sie dem zustimmen, daß gegen ein christliches Volk (das sie in ihrer Bosheit nicht kennen wollen) eine grausame Verfolgung zum Zweck seiner Vernichtung begonnen wird, würden sie sich in noch stärkerem Maße mit unserer Vernichtung einverstanden erklären. So haben nämlich die *Hohenpriester, Schriftgelehrten und Pharisäer* mehr gegen die Apostel Christi, ihre eigenen Stammessöhne, als gegen ein fremdes Volk gewütet, das ihren Satzungen in Schulen und Synagogen und im Tempel des Herrn nicht so offen widersprochen hat.

Der *Beweis für das Gesagte* läßt sich auch aus den folgenden *Worten der Doktoren* herleiten, wenn sie sagen: *Wer kann es ermessen, wie groß der Irrtum dann wäre und wie groß die Verwirrung auf der ganzen Erde*, nämlich: wenn den offenen Briefen der Päpste, Kaiser, Könige, Fürsten und Herren von den Untergebenen nicht geglaubt und gefolgt würde, außer ihre Wahrhaftigkeit und Vernünftigkeit wäre dargelegt. Wenn also keiner ermessen könnte, wie groß jener Irrtum wäre, und die Doktoren ihn mir zuschreiben, *so folgt*, daß auf Papst- oder Königsgebot diese Doktoren mich erschlagen würden, wenn sie könnten. Das ist klar, weil sie keine wahrheitsgemäße Begründung verlangen würden, warum sie dies tun sollten, um nicht selbst in den schweren, den unermeßlichen Irrtum zu verfallen, den sie mir hier *in ihrer Bemerkung* zuschreiben. Aber ich meine, der Irrtum wäre nicht größer, wenn man die Briefe des römischen Bischofs so erörtert und ihre Begründung sucht, als den Brief des Großkönigs *Artaxerxes* zu untersuchen und den des *Hohenpriesters der Juden*. Der König Artaxerxes hat nämlich auf Rat seiner Fürsten und besonders auf Rat des bösen Haman ein Schreiben durch alle seine Provinzen gesandt und darin befohlen, daß alle Juden an einem Tage vernichtet werden sollten. Davon heißt es *Stücke zu Esther 1. Kapitel*: „Der große König Artaxerxes entbietet den hundertundsiebenundzwanzig Fürsten von Indien bis an Mohrenland samt den Amtleuten, die ihnen untergeben sind, seinen Gruß." *Und weiter*: „Demnach hielt ich mit meinen Fürsten Rat, wie solches geschehen möchte (nämlich, daß wir Frieden hätten). Da zeigte mir an Haman, mein klügster, liebster und treuster Rat, der

234

nach dem König der Höchste ist, wie ein Volk sei, das, in allen Landen zerstreut, sonderliche Gesetze hatte wider aller Lande und Leute Weise und stets
der Könige Gebot verachte, dadurch sie Frieden und Einigkeit im Reich verhindern. Da wir nun vernahmen, daß sich ein einziges Volk wider alle Welt
sperrte und seine eigene Weise hielte und unseren Geboten ungehorsam wäre,
dadurch sie großen Schaden täten und Frieden und Einigkeit in unserem Reich
zerstörten: befahlen wir, daß, welche Haman, der oberste Fürst und der Höchste nach dem König, unser zweiter Vater, anzeigen wird, mit Weib und Kind
durch ihrer Feinde Schwert ohne alle Barmherzigkeit umgebracht und niemand verschont werde; und das auf den vierzehnten Tag Adars, des zwölften
Monats, in diesem Jahr; auf daß, die von alters her bis jetzt ungehorsam gewesen sind, alle auf einen Tag erschlagen werden und ein beständiger Friede in
unserm Reich bleiben möge." Seht, da hätten *unsere Doktoren* die Vernünftigkeit dieser Briefe nicht wie *Mardochai* gefordert und hätten ihnen nicht widersprochen. Auch nicht bei ähnlichen Briefen, denn, *wie sie sagen*, wäre es ein
unermeßlicher Irrtum, dies zu tun, und brächte Verwirrung in der ganzen
Welt. Im Gegenteil: Da die *Doktoren* selbst in der Weise des *Haman* Rat geben
und sagen, daß ein Volk sei, das neue Gesetze hätte gegen den gewohnten Brauch
der gesamten Geistlichkeit, die Gebote der Vorgesetzten verachte und
den allgemeinen Frieden störe und auch sonst unsere Partei mit vielen weiteren
Vorwürfen anschuldigen, so geben sie in ihren Schriften zum Ausdruck, daß
unsere Partei nach dem Rat Hamans völlig untergehen sollte. Aber *Haman*
möge sich vorsehen, daß er nicht einmal durch die Klugheit und Demut des
Mardochai und der *Esther* auf *mystische Weise ans mystische Kreuz geschlagen*
werde.
Über die *Briefe des Hohenpriesters* aber, denen entgegenzutreten und deren
rationale Begründung zu verlangen für diejenigen, die sich dagegenstellten,
kein unermeßlicher Irrtum und keine unrechtmäßige Verwirrung gewesen
ist, gewinnt man Klarheit in der *Apg. 9, 1–2*, wo es heißt: „Saulus aber
schnaubte noch mit Drohen und Morden wider die Jünger des Herrn und ging
zum Hohenpriester und bat ihn um Briefe gen Damaskus an die Schulen, auf
daß, so er etliche dieses Weges fände, Männer und Weiber, er sie gebunden
führte gen Jerusalem": *Jesus* aber hat, als er *Saulus* zu Boden warf, ihnen
widerstanden und schließlich *Paulus* selbst, der später das Gegenteil dieser
Briefe lehrte und die Juden in die Enge trieb, die solche Briefe anerkannten.
Und ähnliche *Briefe* haben sie vom *römischen Oberpriester*, daß sie die Männer
und Frauen, die auf dem Weg des reinen Gesetzes Christi wandeln, vor Gericht
laden, exkommunizieren und mit Hilfe des weltlichen Armes in Fesseln schlagen
sollten. Aber der höchste Gesetzgeber Christus Jesus hat vielen, Männern sowohl wie auch Frauen, den Geist der Tapferkeit gegeben, daß sie die Briefe, die
den Furchtsamen Schrecken einjagen, nicht fürchteten. Denn sie haben von
Gott dieses sein heilsames Gebot angenommen *(Hes. 20, 18)*: „Ihr sollt nach
eurer Väter Geboten nicht leben und ihre Rechte nicht halten". *Und es zeigt
sich*, daß kein unermeßlicher Irrtum und keine Verwirrung in der ganzen Welt,

sondern Wahrheit und Gerechtigkeit sprießen, Frieden und Eintracht wachsen würden, wenn die Untergebenen nur auf die Wahrheit der Briefe achteten und ihre Vernünftigkeit gemäß dem Gesetz Gottes suchten und somit erkennten, was vernunftgemäß zu tun sei. *Augustin* sagt nämlich, der Anfang des Gehorsams sei, erkennen zu wollen, was befohlen wird. Und das bestätigt der große Kirchenfürst an seinen Untergebenen, *der Apostel an den Korinthern*, indem er *in seinem Brief*, den er an sie geschrieben hat *(1. Kor. 10, 15)*, sagt: „Als mit den Klugen rede ich; richtet ihr, was ich sage". Wenn also die *Aussprüche der Doktoren* auf alle Untergebenen Einfluß hätten hinsichtlich der Gebote und der Werke ihrer Vorgesetzten, so würde das Urteil der Vernunft ausgeschlossen. Was würde also *Christus* Weises lehren *Matth. 23, 2–3*: „Auf Moses Stuhl sitzen die Schriftgelehrten und Pharisäer. Alles nun, was sie euch sagen, das ihr halten sollet, das haltet und tut's; aber nach ihren Werken sollt ihr nicht tun"? Hier nämlich befiehlt Christus, die Untergebenen sollen nicht nach den Werken derer, die auf Moses Stuhl sitzen, handeln. Aber wie können sie dieses Gebot erfüllen, wenn sie nicht mit dem Urteil der Vernunft erörtern, welche ihrer Werke böse sind? Wenn sie nicht ähnlichermaßen erörtern, welche ihrer Befehle in den Briefen böse sind und keinesfalls auszuführen? Daher sagt *Augustin, Über Johannes*: Hört, wie die Mietlinge vom Herrn selbst dargestellt werden. „Auf Moses Stuhl", *sagt er*, „sitzen die Schriftgelehrten und Pharisäer. Alles nun, was sie euch sagen, das ihr halten sollet, das haltet und tut's; aber nach ihren Werken sollt ihr nicht tun." Was hat er anders gesagt als: Hört durch den Mietling die Stimme des Hirten; denn da sie auf Moses Stuhl sitzen, lehren sie Gottes Gesetz; also lehrt Gott durch sie; wenn sie aber ihre eigenen Lehren lehren wollen, so hört nicht darauf und tut nicht danach; denn gewiß suchen solche das Ihre, nicht, was Jesu Christi ist. *Dort ersieht man*, daß es notwendig ist, mit dem Urteil der Vernunft zu erörtern, ob jene Mietlinge das lehren, was von Gott ist oder was von ihnen ist, und somit hören und tun, was von Gott ist, und nicht auf das hören, was von den Mietlingen, nicht aber von Gott ausgeht. Dies aber sollten die gläubigen Untergebenen aus dem Geiste Gottes tun, der durch den Apostel *1. Thess. 5, 21* sagt: „Prüfet aber alles, und das Gute behaltet". Das Gute mit Glauben und Werken. Da es also öfters vorkommt, daß die Schriftgelehrten, die auf Moses Stuhl sitzen, am Worte Christi Anstoß nehmen, aus Blindheit des Verstandes, und wie Blinde andere in die Grube der Sünde leiten: wie soll ein Untergebener, wenn er in die Grube der Sünde und später der Verdammnis durch die Briefe eines blinden Papstes, Kaisers, Fürsten oder Herren geführt worden ist, vor jenem Richter sich mit Erfolg entschuldigen, der *Matth. 15, 14* gesagt hat: „Lasset sie fahren! Sie sind blinde Blindenleiter. Wenn aber ein Blinder den andern leitet, so fallen sie beide in die Grube"? Und klar ist, daß der Heiland dort von der *geistlichen Blindheit* spricht, von der *Gregor im Hirtenbuch* spricht: Wenn der Hirt über die Steilwände der Laster schreitet, muß notwendigerweise die Herde zum Absturz gebracht werden. Und dementsprechend redet der *heilige Bernhard im Buch der Betrachtung* dazu folgendermaßen: Es ist eine wunderliche, ja gefahrvolle

Sache: Ein blinder Späher, ein unwissender Lehrer, ein hinkender Läufer, ein nachlässiger Vorsteher und ein stummer Herold. Daher nehme ich stark an, daß *diese acht Doktoren*, wenn sie sich etwa in Todesgefahr befänden, keinen blinden Türwächter anstellen, keinen unwissenden Lehrer, der sie nicht der Gefahr zu entgehen lehren könnte, annehmen und auch keinen hinkenden Läufer oder stummen Herold verwenden würden, wenn sie einer Gefahr entgehen wollten; und schon gar nicht solche, die in ihren Schriften Ratschläge geben, aus denen die Doktoren erkennen würden, daß ihnen der leibliche Tod aller Wahrscheinlichkeit nach droht. Welchen Grund hat es also, daß die Untergebenen nicht mit Überlegung die Briefe ihrer Vorgesetzten erörtern und ihnen nur dann gehorchen sollen, wenn sie übereinstimmen oder nicht im Widerspruch sind mit den Briefen des höchsten Herrn Jesu Christi?

Zwölftes Kapitel

Weiterhin sagen die Doktoren: Daß der Papst auch imstande ist, die Gläubigen aufzurufen und weltliche Hilfsmittel zu fordern, um die Stellung der kämpfenden Kirche, den apostolischen Sitz, die Stadt Rom und ihre Umgebung und die Güter der Kirche zu verteidigen; ferner, um zu zügeln, zu bändigen und zur Ordnung zu rufen die Gegner und Feinde unter den Christen und sie leiblich zu strafen und die Unverbesserlichen auszustoßen und mit der Todesstrafe zu peinigen, das alles ist offenkundig. Denn Mose, der mit Aaron zu den Priestern des Herrn gehört, wie es im Psalm heißt, „trat in das Tor des Lagers und sprach: Her zu mir, wer dem Herrn angehört! Da sammelten sich zu ihm alle Kinder Levi. Und er sprach zu ihnen: So spricht der Herr, der Gott Israels: Gürte ein jeglicher sein Schwert um seine Lenden und durchgehet hin und zurück von einem Tor zum andern das Lager, und erwürge ein jeglicher seinen Bruder, Freund und Nächsten. Die Kinder Levi taten, wie ihnen Mose gesagt hatte; und fielen des Tags vom Volk 23 000 Mann.[1] Da sprach Mose: Füllet heute eure Hände dem Herrn, ein jeglicher an seinem Sohn und Bruder, daß heute über euch der Segen gegeben werde" (2. Mose 32, 26—29).

Zum besseren Verständnis und zur Lösung der Probleme ist *erstens* zu bemerken, daß es etwas anderes ist *zu kämpfen*, etwas anderes, *zum Kampf zu raten*, etwas anderes, *wenn ein Kleriker kämpft*, etwas anderes, *wenn ein Laie*; etwas anderes, *wenn ein Leviter oder Priester im Alten Bunde kämpft und einen Menschen tötet*, etwas anderes *im Neuen Bund*; etwas anderes, *es auf Gottes ausdrücklichen Befehl* zu tun, etwas anderes, *ohne Gottes ausdrücklichen Befehl*. Etwas anderes *in einer Sache Gottes*, etwas anderes *in eigener Sache und aus eigenem Gutdünken*. Daher sagt das *Dekret, 23. Untersuchung, 8. Kap. „Occidit..."*: Wir wollen nicht nur die Taten selbst ansehen, sondern auf Zeit und Ursache, auf die Absicht, auf die Verschiedenheit der Personen und

---

[1] Hus spricht von 23 000 Mann, während der Luthertext 3000 angibt. — D. Hrsg.

was sonst noch zu den Taten selbst hinzukommt, sorgfältig zurückgehen, denn anders können wir nicht zur Wahrheit gelangen. *So das Dekret.*

Zweitens stelle ich fest und behaupte, daß *drei Bedingungen den gerechten Krieg rechtfertigen,* nämlich: *der gerechte Anspruch, die zulässige Ermächtigung* und *die gute Absicht.* Die *Voraussetzung* ist klar, weil nur mit diesen Grundlagen es jemandem erlaubt ist, seinen Nächsten zu bekriegen. Es ist nämlich gemäß der *ersten Bedingung* notwendig, daß der Kriegführende *sich im Gnadenstand befindet und Gerechtigkeit gegenüber Gott übt oder ein Unrecht zu beseitigen hat;* und das auch nach menschlichem Recht, aber vor allem nach göttlichem, denn sonst tut er alles auf ungerechte Weise, was er auch tut. Denn die Wahrheit spricht *Matth. 7, 18:* „Ein guter Baum kann nicht arge Früchte bringen, und ein fauler Baum kann nicht gute Früchte bringen". Dieses Wort, verstanden nach der Lehre der Heiligen vom Menschen und von den verdienstlichen und unverdienstlichen Werken im Sinne des Vergleiches, heißt aber: daß ein Mensch der gut ist, keine unverdienstlichen Taten begehen kann. Ähnlich kann kein, Mensch, der böse ist, verdienstliche Werke tun: So kann etwa ein böser Mensch nicht Gutes reden. Denn die Wahrheit spricht *Matth. 12, 33—34:* „Denn an der Frucht erkennt man den Baum. Ihr Otterngezüchte, wie könnt ihr Gutes reden, dieweil ihr böse seid?". Weil wir nun alles in der Liebe tun sollen, nach dem Apostelwort *1. Kor. 16, 14* „Alle eure Dinge lasset in der Liebe geschehen", und wenn in der Liebe, so auch in Christi Gerechtigkeit, so ergibt sich daraus die erste Bedingung. Aus diesem Umstand *ist ersichtlich, daß die Ursache, für die jemand kämpfen soll, die Gerechtigkeit Gottes sein muß,* nicht irdischer Besitz, Ehrgeiz oder eitler Ruhm oder persönliche Rache. Niemand darf sich nämlich dem Kriege (das ist der Todesgefahr) aussetzen, außer in einer Sache, in der er, wenn er fällt, zum Märtyrer würde; aber solche Sachen sind nicht irdischer Besitz, Ehrgeiz, eitler Ruhm oder persönliche Rache: also *ist die Schlußfolgerung richtig.* Denn andernfalls würde der Krieger Gott umsonst versuchen und sich der Gefahr der ewigen Verdammnis aussetzen, weil er kein einfältiges Auge hat, nach dem Satz *Luk. 11, 34:* „Wenn nun dein Auge einfältig ist, so ist dein ganzer Leib licht; so aber dein Auge ein Schalk ist, so ist auch dein Leib finster". Wie aber, frage ich, könnte eine Bestrebung gerecht sein, in der ein Mensch auf ungerechte Weise um den Besitz eines Herrschaftsbereiches oder aus Ehrgeiz, eitler Ruhmsucht oder persönlicher Rache sich der Gefahr des Todes und damit der ewigen Verdammnis aussetzte, was nicht erlaubt ist?

Und hinsichtlich *der zweiten Bedingung* ist klar, daß es nicht jeder beliebigen Person aus der Volksmenge erlaubt ist, einen Krieg anzustiften, ja sogar überhaupt keinen, wenn er *die Möglichkeit hat,* sich *nach menschlichem oder göttlichem Gesetz* auf andere Weise *sein völliges Recht zu verschaffen.* Wenn nämlich die Hilfe des Rechts versagt, dann soll *auf Veranlassung des Fürsten,* nachdem Gottes Rat erforscht worden ist, *zur Kriegsführung übergegangen werden.* Daher sagt *Augustin zu Bonifacius,* das steht *24. Untersuchung, 3. Kap.* „Noli existimare. . .": Der Krieg muß den *Zwang der Notwendigkeit* haben, damit Gott aus der Zwangslage befreit und in Frieden erhält. Denn der *Frieden* wird nicht deshalb erstrebt, daß man *Krieg* führen kann; sondern der *Krieg* wird geführt, um den *Frieden* zu gewinnen. Dort will er sagen, *daß der Krieg nicht ein Gut an sich ist,* sondern zum Frieden führen soll, wie ein Eingriff oder ein bitterer Trank zur Gesundheit des Leibes. Und so ist das *Gesetz Christi,* das am leichtesten, sichersten und schnellsten zum besten Frieden führt, das Gesetz, das in diesem Falle am meisten zu beachten ist.

Die *dritte Bedingung* rechtfertigt hauptsächlich und letztlich den Krieg wie jedes gerechte Werk. Denn (wie ich gesagt habe) spricht die Wahrheit *Luk. 11, 34 und Matth. 6, 22* „Wenn nun dein Auge einfältig ist, so ist dein ganzer Leib licht". Es muß also die *Gesinnung* eines jeden, der Krieg führt, gereinigt werden von dem Schmutz der eitlen Ruhmsucht, der Begier, andere zu verurteilen, dem Bestreben, eigenes Unrecht zu rächen, und zwar unter Zurückstellung des eigenen Zornes, von der Begierde, zeitliche Güter zu erwerben. Und ausrüsten muß man sich mit dem Eifer für die Ehre Gottes, indem man auf jeder Seite das Gut der Tugendhaftigkeit und die Bestrafung für Gott gegenüber begangenem Unrecht anstrebt, und man soll bei einer Kriegführung, die keine Verwüstung mit sich bringt, das Ziel haben, die Güter des himmlischen Vaterlandes zu gewinnen. Es *verderben* nämlich die *Zielsetzung eines Krieges* der Wunsch zu schaden, der Wunsch zu herrschen, die Grausamkeit der Rache und das Gepränge, mit dem der Angriff vorgetragen wird, und jede verbrecherische Handlungsweise. Daher ist es für den Kämpfenden sehr schwierig, die *16 Bedingungen der Nächstenliebe* einzuhalten, die jeder Mensch aus Heilsnotwendigkeit haben soll.

Daraus ergibt sich, daß *niemand seinen Nächsten angreifen soll, als aus Liebe und zum Nutzen des also Angegriffenen.* Das ersieht man aus der *dritten* genannten *Bedingung,* nämlich *der rechten Absicht.* Denn wenn sie fehlt, so fehlt die Liebe, und es wird gesündigt durch Totschlag oder Begier nach fremdem Gut oder Eigenrache oder eitler Ruhmsucht. Aber wer weiß, ob der Angegriffene, den der Kriegführende töten will, deshalb aus der Liebe fällt und als Verdammter stirbt durch die Sünde eines unbußfertigen Todes? Wer aber möchte vernünftigerweise, daß er selbst so gestraft würde?

Drittens stelle ich fest und behaupte, *daß es etwas anderes ist zu sagen: Der Papst kann die Personen der Gläubigen aufrufen und Hilfsmittel verlangen* usw., wie die *Worte der Doktoren* besagen, und *etwas anderes zu sagen: Der Papst ruft zu Recht die Personen der Gläubigen auf und verlangt Hilfsmittel zur Vernichtung seiner Feinde* usw. Denn die erstere Behauptung kann sich bewahrheiten durch *Gottes absolute Allmacht,* durch die er einen solchen Aufruf veranlassen und dem Papst selbst den Befehl geben kann, so zu handeln. Daß er aber rechtmäßig so aufgerufen hat oder aufruft, das bedarf der Ermächtigung durch Gott. Daher haben *die Doktoren in ihrer Schrift* nicht zu behaupten gewagt, daß der Papst zu Recht die Gläubigen zur Vernichtung seiner Feinde aufruft, *sondern sie haben sich so ausgedrückt*: Der Papst hat die Möglichkeit, die Personen der Gläubigen aufzurufen und Hilfsmittel zu verlangen usw., um zu vernichten und mit Todesstrafe zu peinigen. Das ist gewiß, *sagen sie*: Denn Mose hat so gehandelt, also kann auch der Papst so handeln. Und weil die *Doktoren* versucht haben, die *Bullen über den Kreuzzug zum Zwecke der Vernichtung des Ladislaus und seiner Mannen* durch ihre Schriften als unerschütterlich darzustellen, daher verstehe ich ihre Beweisführung in dem Sinne, daß es dem Papst erlaubt war, auf diese Art die Personen der Gläubigen aufzurufen und weltliche Hilfsmittel zu verlangen zur Verteidigung der Stellung der kämpfenden Kirche usw., wie am Anfang dieses Kapitels.

Viertens stelle ich fest, daß es etwas anderes ist, *Menschen zu vernichten und zu erschlagen,* etwas anderes, *sie mit Drohungen oder milderen Strafen als mit dem Tode zu bestrafen.* Ebenso ist es etwas anderes, *Ungläubige so zu peinigen,* etwas anderes, *die Christen.* Ebenso liegt der *Fall* anders, *wenn offenkundige Ketzer das Gesetz Gottes angreifen,* als wenn man wegen zweier oder dreier sich um *die Papstwürde wechselseitig raufender Männer eine abweichende Meinung laut werden läßt.* Und etwas anderes ist es wiederum, *wenn allein die Sache Gottes betrieben wird,* etwas anderes, *wenn die Sache eines Menschen beigemischt ist.*

Und diese Dinge sind sehr wohl festzustellen, denn die Gier des Papstes und der Geistlichen ist so angewachsen, daß sie für jedes, auch vorgebliches, Unrecht ihre Nächsten bis zum Tode verfolgen wollen unter dem Mantel der Sache Gottes. Dafür gibt es drei Mittel: erstens dem Menschen ketzerische Verderbtheit anzuhängen und nach dem Urteilspruch von bestochenen oder unwissenden Richtern einen unschuldigen Christen zu verbrennen. Zweitens einen Menschen zu exkommunizieren und zu bedrücken und um seinetwillen nach Gutdünken dem Volk den Gottesdienst vorzuenthalten. Und drittens einem Menschen anzuhängen, er sei ein Feind der Kirche deshalb, weil er den Lauf ihrer offensichtlichen Begehrlichkeit oder Habsucht behindert.

Und diese *drei Dinge,* nämlich *Ketzerei, Kirchenfeindschaft und Exkommunikation,* sind, wie der Papst in *seiner Bulle* befindet, in Ladislaus und seinen Anhängern vorhanden; wenn er mit strengem Befehl gebietet, ihn öffentlich als exkommuniziert, meineidig, Kirchenspalter und Lästerer, als rückfälligen Ketzer, Begünstiger der Ketzer, als schuldig des Majestätsverbrechens, auch als Verschwörer gegen Uns und damit gegen die Kirche und des Meineids schuldig zu erklären und ihn und seine Genossen, die ihm anhängen und folgen, wie Ketzer zu bestrafen. Wahrlich, diese Schmähungen und Vorwürfe hat der Heiland seinen Verfolgern und Kreuzigern gegenüber nicht angewandt, obwohl er das Haupt der Kirche ist, die damals in dem Haupt selbst und in ihren vornehmsten Gliedern verfolgt wurde.

Um also zu zeigen, daß der *Papst die Gläubigen zu Recht aufgerufen* und weltliche Hilfsmittel verlangt hat, um die zu vernichten und mit der Todesstrafe zu peinigen, die seine Feinde und, wie sie sagen, Feinde der kämpfenden Kirche sind, bleibt den *Doktoren* noch vieles zu beweisen. *Erstens,* daß der Papst eine gerechte Strafbefugnis hatte, die die erste Bedingung für einen gerechten Krieg ist; wenn er sie aber gehabt hat, so hat er sich im Gnadenstand befunden, wie die *zweite Bemerkung* oder *Voraussetzung* besagt. Wenn er aber in der Gnade gewesen ist, so ist er auch in der Liebe gewesen und hat folglich die *16 Bedin-*

gungen der Nächstenliebe gehabt. Und da *die Liebe allgemein und völlig geduldig ist* und nicht Böses mit Bösem oder Schmähung mit Schmähung vergilt, sondern im Gegenteil wohltut, wie zu sehen ist *bei Christo und seinen Aposteln, den Märtyrern und denen, die im Sinne des Evangeliums kämpfen*: Folglich erträgt der Papst demütig und geduldig das ihm angetane Unrecht. Aber dieser Folgerung widerspricht in Wirklichkeit der Wortlaut *der Bulle*. Sodann ist *zweitens* die *Liebe gütig* und entzündet den Menschen mit edlem Feuer, seinen Feinden wohl zu tun. Und der Papst in seinen Bullen exkommuniziert, stempelt zum Ketzer und verurteilt in eigener Sache, wenn er Ladislaus einen Verschwörer gegen sich nennt, wie er sagt: Einen Verschwörer auch gegen Uns. Wie hat er da ein gütiges Herz auch gegen seinen Verfolger, wenn er so wütet? *Und drittens eifert die Liebe nicht.* Aber wie kann der Papst nicht mißgünstig sein, wenn *Gregor* ihm nicht weichen will, auf daß er allein an der Spitze der weltlichen Macht vor allen anderen wie Gott verehrt werde? Und *viertens treibt die Liebe nicht Mutwillen*, aber die Kriegführenden auf seiten des Papstes töten auf seine Veranlassung Menschen, vernichten Güter, auch von unschuldigen Menschen, sosehr sie auch den Papst demütig anerkennen wollen. Und *fünftens bläht sich die Liebe nicht* auf. Aber die Krieger des Papstes blähen sich auf, wenn sie sagen, daß sie ihren Feinden alles zu Recht antun und daß sie das ewige Leben und Vergebung der Sünden unfehlbar verdienen. *Und so verhält es sich mit den anderen Bedingungen bis zur 15., die besagt, daß die Liebe alles erduldet*; dieser Bedingung bedient sich der Papst mit seinen Streitern nicht, denn er hält eine Verfolgung, die geringer ist als jene, welche Christus erduldete, nicht aus und überläßt die Rache nicht ihm, damit er auf eine unermeßlich bessere Art sein Unrecht, sogar mit Verleihung der ewigen Seligkeit, vergilt.

Zweitens bleibt den *Doktoren* die Aufgabe zu beweisen, *daß der Papst die zweite Bedingung für den Krieg gehabt hat, nämlich die Ermächtigung Gottes*, einen Krieg in solcher Weise zu führen. *Es ist klar*, daß es nicht erlaubt ist, so grausame Kriege zum Zwecke der Vernichtung von Christen zu verkünden und zu veranlassen, wenn nicht mit hinreichender Vollmacht. Aber keine Vollmacht ist ausreichend außer der Bevollmächtigung durch Christus, der das Haupt der Kirche ist. Da also Christus in seinem Gesetz dieses Verfahren nicht einführt, das der Papst fordert, sondern zum Frieden hinleitet durch Wort und Beispiel, so folgt, daß es zu jenem Krieg keine Ermächtigung durch Christus gibt, wenn er ihn nicht selbst vielleicht durch geheime Offenbarung ermächtigt hat. Wer wollte es bezweifeln, daß ein so schwerer Kampf innerhalb der Christenheit für beide Seiten unsicher sei, soweit er nicht von der Urheberschaft des Hauptes Jesu Christi ausginge?

Es mag also der Papst betrachten, *ob er nach Art der Väter des alten Bundes niemand angreift als die Ungläubigen*, hauptsächlich um Gott angetanes Unrecht zu strafen, nachdem Gott zuvor um Rat gefragt war. So haben nämlich die *alten Väter* gehandelt, wie man *2. Mose 17* findet, als sie gegen Amalech gekämpft haben. *4. Mose 25* hat Gott nach Tötung der Hurer befohlen, die Midianiterinnen, die ihnen Ärgernis erregten, zu erschlagen. Und

1. Samuel 3[1] hat David Gott um Rat gefragt. *Und dies findet sich allgemein,* sooft irgendwelche Väter des Alten Bundes rechtmäßig Krieg geführt haben. Wenn sie aber ausgezogen sind, ohne vorher Gott zu fragen, haben sie versagt. Wie es sich findet *Josua 7*[2]; *Richter 9 und 1. Samuel 7.* Im Neuen Bunde aber muß man die heilige Schrift zu Rate ziehen und, wenn sie es befiehlt, um Gott angetanes Unrecht zu vergelten, vorgehen gegen die Feinde Christi unter *unbedingter* Wahrung der Nächstenliebe.

Drittens bleibt den *Doktoren* die Aufgabe, hinsichtlich des Papstes *die dritte Bedingung* zu beweisen, nämlich, *daß er die rechte Gesinnung hatte,* gereinigt von Herrschsucht, Gier nach weltlichem Besitz und dem Streben nach persönlicher Rache, und daß er seinen Krieg führt, ohne Unordnung zu stiften, daß er nur für Gottes Ehre und für das Heil jenes Volkes eifert, gegen das er einen so schweren Krieg unter Verheißung der Seligkeit heraufbeschwört.

Diese Bedingungen der guten Absicht aber können Schaden erleiden durch *jene Worte,* mit denen er befohlen hat, daß alle Kirchenvorsteher den Ladislaus öffentlich mit lauter und verständlicher Stimme als ehedem und gegenwärtig exkommuniziert, meineidig, als Kirchenspalter und Lästerer, als rückfälligen Ketzer, Begünstiger der Ketzer, als schuldig des Majestätsverbrechens, auch als Verschwörer gegen Uns erklären und weiterhin, daß sie sich zur Verteidigung der Stellung und zur Ehre der genannten Kirche und Unser selbst zur Verfolgung des Ladislaus und seiner Anhänger, der zuvorgenannten Rebellen und Feinde, wie vorausgeschickt wurde, und zu ihrer Vernichtung rüsten. Denn er scheint das Bestreben nach persönlicher Rache einzuflechten, wenn er sagt: auch als Verschwörer gegen Uns; ähnlich auch das Streben nach eigener Ehre, *wenn er sagt*: für die Verteidigung der Stellung und zur Ehre der genannten Kirche und Unser selbst. Wenn nämlich der Papst nur Gottes Ehre und die seiner Braut, der universalen Kirche, im Sinn hätte, so müßte er zuerst sich und seinen engeren Kreis bekämpfen, was die Ungerechtigkeit angeht. Das ergibt sich aus der *ersten Bedingung des Krieges,* weil niemand einen andern bekämpfen darf außer aus brüderlicher Liebe. Aber jede Nächstenliebe beginnt bei sich selbst. Also muß er eher bei sich und seinen Hausgenossen anfangen als bei auswärtigen Feinden. Denn wenn er die zu überfallen, zu vernichten und zu töten befiehlt, die mit Gewalt irdische Güter rauben, aber selbst mit den Seinen durch Simonie noch mehr von allen Seiten zusammenrafft, wenn er Hochmut oder andere Vergehen in sich und in seiner Kurie gedeihen läßt, die in Hinsicht auf seine Stellung und in Hinsicht auf den durch sie gegebenen Anstoß schlimmer sind als die der Räuber, die irdische Güter rauben, so wird ihm dies Wort des Herrn vorgeworfen werden, *Luk. 6, 41–42:* „Was siehest du aber einen Splitter in deines Bruders Auge, und des Balkens

---

[1] Das 1. Buch der Könige ist nach Hus' Zitierweise das Buch Samuel. Der angegebene Inhalt gehört zum 7. Kapitel dieses Buches. Hus spricht irrtümlich vom letzten Kapitel. – D. Hrsg.

[2] An der angegebenen Stelle (Josua 17) ist nichts Entsprechendes zu finden. Es muß heißen: Josua 7. – D. Hrsg.

in deinem Auge wirst du nicht gewahr? Oder wie kannst du sagen zu deinem Bruder: Halt stille, Bruder, ich will den Splitter aus deinem Auge ziehen, und du siehst selbst nicht den Balken in deinem Auge? Du Heuchler, zieh zuvor den Balken aus deinem Auge und siehe dann zu, daß du den Splitter aus deines Bruders Auge ziehest!" Dieses Wort des Evangeliums bezieht sich unmittelbar auf diejenigen, die im Amt der Apostel sind. Denn *unmittelbar zuvor* spricht der Herr [Luk. 6, 39—40]: „Kann auch ein Blinder einem Blinden den Weg weisen? Werden sie nicht alle beide in die Grube fallen? Der Jünger ist nicht über seinen Meister; wenn der Jünger ist wie sein Meister, so ist er vollkommen". *Und es folgt*: „Was siehst du aber den Splitter, usw", damit wollte der Heiland, daß seine Jünger vollkommen sein sollten in dem Maße, daß sie, frei von jeder Todsünde, das Volk belehren sollten und so die Sünden aus seiner Seele vertreiben, wie es ihr Meister Jesus Christus getan hat. Wenn sie aber Sünden in sich hätten und dabei andere lehren wollten, sie zu unterlassen, so wären sie Blinde und Heuchler; und diese blinde Heuchelei sollen die Stellvertreter der Apostel vor allen Dingen vermeiden.

Also soll der Papst bei sich und seiner Kurie mit der Reinigung beginnen, damit er nicht verkehrt handelt; er soll die Laster seines Hofes bekämpfen, damit er zu Recht die fremden abstellen kann. So nämlich hat *Mose* nicht die Führung des Volkes gegen äußere Feinde übernommen, bevor er nicht nach der Anbetung des goldenen Kalbes 23000 Mann seines eigenen Volkes erschlagen hatte, damit er so den Herrn besänftige, indem er das Gott angetane Unrecht vergalt, und damit er ein demütiges Volk zu seiner Kriegführung hätte. Diese Geschichte findet sich *2. Mose 32*.[1] So hat auch *Josua*, als er sah, daß Gott erzürnt war wegen des Diebstahls der goldenen Stange, sich geweigert, zum Kampf auszuziehen, wenn nicht zuvor die Sünde in Achor bestraft werde. Wie es sich findet *Josua 7*.[2] *Samuel* hat auch, als er zum Führer des Volkes berufen wurde, geboten, alle fremden Götter aus ihrer Mitte zu verbannen: *1. Samuel 7*.[3] Wenn also in der Kurie des Papstes die Habsucht herrscht, die Götzendienst ist, *Eph. 5, 5*, und somit Anbetung des aus Gold und Silber gegossenen Kalbes, also eines anderen Gottes, und wenn die Regel des Gesetzes Christi weggenommen ist, die mehr Gewicht hat als alles Gold der Welt, wie kann der Papst dann einen rechtmäßigen Krieg gegen Auswärtige veranlassen, ohne daß er bei seinen Hausgenossen, die die Feinde seiner Seele sind, beginnt, die Vergehen zu bekämpfen? Denn wenn man das Unrecht so vergelten soll, daß man durch den hauptsächlichen Frieden, den Frieden Gottes mit den Menschen, zum Frieden unter den Menschen gelangt, so muß man hauptsächlich Vergeltung üben bei den Hausgenossen, die Gottes *Verräter* sind.

Und dazu hat der *erhabene Gregor im Register der Frankenkönigin* dies geschrieben: Da geschrieben steht: Gerechtigkeit erhöht ein Volk, aber die Sünde ist

---

[1] Vgl. S. 205, Anm. 1 — D. Hrsg.
[2] Vgl. S. 210, Anm. 2 — D. Hrsg.
[3] Vgl. S. 210, Anm. 1 — D. Hrsg.

der Leute Verderben, so glaubt man, ein Königreich sei dann beständig, wenn jede Schuld, die erkannt wird, alsbald gesühnt wird. Da also die Ursache für das Absinken des Volkes die schlechten Priester sind (wer nämlich soll für die Sünden des Volkes als Anwalt eintreten, wenn die Priester, die bei Gott hätten Fürbitte leisten sollen, noch schwerere Sünden begehen und in eurer Umgebung die Priester ein schamloses, schimpfliches Leben führen), so müssen wir mit Eifer darangehen, solches zu strafen, damit nicht das Verbrechen weniger den vielen zum Verderben werde. *Später*: Denn es darf nicht verheimlicht werden, was wir gesagt haben, denn wer bessern kann und es unterläßt, macht sich selbst zweifellos zum Teilhaber des Vergehens. Und dem *Frankenkönig schreibt er dort im nächsten Kapitel* folgendes: Schon längst haben wir geschrieben, ihr sollt bei den Priestern die leiblichen Laster und die Verderbtheit der simonistischen Ketzerei bei allen Bischöfen verurteilen und sie aus dem Gebiet eures Königreiches ausweisen lassen und dort nicht mehr ihnen zu erlangen gestatten, als in den Geboten des Herrn ist. Und *es folgt*: Wie gegen äußere Feinde also, so sollt ihr euch auch bemühen, gegen innere Feinde der Seelen wachsam zu sein, damit ihr dadurch unseres Gottes Feinde treulich bekämpft und hier glücklich unter seinem Schutz regiert und zur ewigen Seligkeit durch die Führung seiner Gnade gelangt. Darüber ist kein Zweifel, daß dieser *heilige römische Bischof* bei seinen Hausgenossen und Geistlichen keine offenbaren fleischlichen Sünden oder die Verderbtheit der simonistischen Ketzerei zugelassen hat; denn er sagt *im Register, 1. Unters. 1.*: Wenn ein Priester eine Kirche durch Geld erlangt, soll ihm nicht nur die Kirche genommen, sondern auch der **Rang** des Priesters entzogen werden. *Und wiederum*: Wer durch Geld die Weihe erlangt, wird dazu befördert, daß er zum Ketzer wird. *Und abermals 1. Unters. 2.*: Wie es einem Bischof nicht ziemt, die Hand, die er auflegt, zu verkaufen, so darf ein Bediensteter oder Notar nicht bei seiner Wahl seine Stimme oder Feder verkaufen. Und *es wird klar*, wie rechtmäßig dieser Heilige an die Königin und den König der Franken geschrieben hat, daß sie, wenn sie Frieden mit Gott und anderen Völkern haben wollten, ihre Hausgenossen von Sünden reinigen sollten und eine gerechte Bestrafung ergehen lassen. Es ist nicht zweifelhaft, daß, wenn beim *Papst und seinen Höflingen und der Geistlichkeit der gesamten Kirche* die fleischlichen Sünden, Ehrgeiz, Habsucht und simonistische Ketzerei aufhörten, der Gott des Friedens seiner Kirche schneller Frieden gäbe, als es der Papst durch einen Kreuzzug könnte, zumal da vielleicht Gott wegen der eben genannten Laster Räuber aufwiegelt, damit nicht in einem solchen bitteren Kirchenfrieden diese schändlichen Geistlichen gleichfalls in Frieden sind.

5. Das bürgerlich-hussitische Programm der Vier Artikel

a) Die Prager Formulierung der vier Artikel vom Jahre 1420
(frühneuhochdeutsches Original)

Wissenlichen sein allen gelaubigen, die disen brief sehen, hörent oder lesent, wie daz für uns kumen ist, daz manche künig, fürsten und herren, ritter und knechte, burger und gepaür niht wissen die sache dez kriges in den kunigreich zu Behem der gelaubigen in den vorgenn. lande mit dem kunig Sigmund von Ungern und seinen nachvolgern, dii aus volfurunge der pfaffen den heiligen cristnelichen gelauben kezerreii und nach irr macht vortilgen. Sunder wir hörrn, daz im falsche und lugenhaftige sache des vorgenn. krigs geschriben und gesagt werden, mit den lande und leutte, ritter und knechte, felschlich und jamrlich wetrogen werdent umb leibe und umb sele, darumb, daz dii seligen undergetruckten werden. Umb die warhaftig sache des vorgenn. krigs geoffenbart werde. Sullen wissen all frum kristen, daz alle gelaubigen des vorgenn. landes widerseczen sich und mit der hilf gotz willen haben sich wider zu seczen bis in den tod dem vorgenn. künig Sigmund durch der stuck willen, die hernach geschriben stent; wenn sie haben gepeten und wegert, daz der vorgenn. kunig freyung gebe den selben stüken in dem lande zu Beheym, und so wällen sie in gern aufnemen alz einen kunig und heren des selben landes. Und alz wir haben gehort, das er das wolde getan haben, hetten in nit etzlich bischoffe und girig pfaffen vorleiten etc.

Darus das erste stuck ist, das das wort gotz alz weit, als dij ist das konigreiche zu Behem, frey und an hindernuss von den pristren Jhesu Christi gepredigt und vorkundegt werde nach dem wort Christi, der spricht also, do we schreibt sand Marcus und sand Matheus an den lesten capitulo: „Get in die in gancz werlt, predigt daz ewangelium einer ytzlichen creature.“ Und auch sanctus Paulus 1ᵃ Cor. IIIIᵒ: „Redint in den zungen nyemant sol vorbitten“, sunder ein iczleicher sol bitten, alz er schreibt Thess. IIᵒ, daz die red gotz leufe und vorclert wurde allen enden.

Das ander stuck ist, das der leichnam unsers herrn Jhesu Christi in der gestalt des brotes und seines heiligen blutes in der gestalt des weins allen gelaubigen kristen, die das begern und nicht haben hindernusse der tötlichen sunden, frey und an hindernusse gegeben sullen werden nach dem gepot und der saczung unseres hailandes Jhesu Christi, der do hat gesprochen: „Nement und esset, daz ist mein leichnam, und trincket aus dem alle, daz ist mein blüt der newen Ee, daz fir vil vergossen wirt“ Math. XXVI, Mar XIIII, Luc XXII. Und in dem, daz der herr spricht: „daz thuet“, wirt ain gebot gegeben den zwelfpotten. Und da spricht die auslegung: „Nempt und gebet den andern in meiner gedechnusse.“ Zu der nemung des heiligen leichnam in der gestalt des brot und zu trinken sein heiliges bluet in der gestalt des weins, vorpeüt unser hailant Jhesu Christus bij der ewigen verdampnüss allen cristen, indem daz er spricht, alz uns beschreibt sanctus Johannes an dem VI. capitolo: „Es sein dann, das ihr esset mein fleisch, des menschens uns, und trinket sein blut, so werdt ir niht haben daz leben. Mensch, der do isszt mein fleischz und trinket mein blüt, der hat das ewig leben, wann mein leichnam ist werlich ein speisze und mein bluet ist werlich ein trank; der das isset mein fleisch und trinket mein bluot, der weleibet in mir und ich in ym." Und gleicherweise spricht sand Paul Cor. XI: „Bewer sich selber der menschz und also esse von disen brot und trinke aus dem kelche." Also haben enphangen dise sacrament di ersten kristen und das beweren die alten heiligen mit manichen rechten der heiligen kristenheit, dii alzu lang weren zu schreiben in deutschen zunge, sunder der dii lerer und pücher an den lateinischen leüten also:

Canon de consecracione di II. „Comperimus" et concilium Carthaginense, et ponitur in canone XXVI qu. VI. „Is qui". Et canon beati Gregorii in omelia paschali, et ponitur de consecr. di II. „Quis scit". Et canon Augustini eiusdam dist. „Disiungitur". Et canon eiusdem „Quia passus est". „Et cadotes". Et idem dicit beatus Dyonisius de ecclesiastica ierarchia cap. de eukaristia. Et Cyprianus martir epistula sua XXXVII. de lapsis. Et beatus Ambrosius libro de sacramentis, et ponitur de consecr. di II. „Huius sacramenti". Et Origines omelia XVI. super Numer. Augustinus lib. I. de symbolo et idem in sermone quadragesimali. Et Ambrosius in cantico suo „Exultet iam angelica turba celorum". Et libro tripartite historie. Et Beda in omelia super Johanne. Et Leo papa in sermone quadragesimali, qui sic incipitur: „Predicaturus vobis". Et Fulgencius de minimis officiis in libro, cuius prologus sic incipit: „Ea, que per anni circulum". Et Remigius super I. Cor. X.: „Calix, cui benedicimus". Et Thomas super quatuor XLVIII. et idem parte III. qu. LXXXII. et qu. LXXVIII. art. II. et idem in summa sua XXXIX. Et Paschasius in libro de sacramentis cap. X. et c. XVI. et c. XX. Et Lira super I. principio IX. „Venite et comedite panem meum". Item I. Cor. XI. Et Wilhelmus de Monte Lauduno in suo sacramentali. Et Albertus Magnus in suo tractatu de officio misse; quorum scripta et testimonia lectori relinquimus propter brevitatem etc.

Das drite stuke ist, das dii weltlich herrschaft obir dii zeitlich schatze und guter, dii die pristerschaft besiczet wider daz gebot Christi und zu einer hindernüsse der pristerlichen wirdikeit und zu schaden der weltlichen herschaft, von der genomen werdenten entfrindt und daz die pristerschaft widergebrocht wurd zu der ordnunge und zu dem leben zu zelffpoten und daz in unser her Ihesus Christus geboten hat und gesprochen hat, als uns schreibe sanctus Matheus X cap. „Nicht schult ir wösiczen golt, noch silber, noch gelt in ewern butelii." Und auch spricht Christus Math. XX, 25: „Die firsten der heiden herschen mer und grossen gevalt haben obin ynen; seii nicht wirt es sein also under euch." Und Luc. XXII, 25 schr[eibt]: „Die konige der valkir herrschen der ewer und die do gevalt haben, woltet ir geheissen werden; ir aber niht also, sunder der der groste untter ew ist, der werd also der cleinst, und der vorgeher also der diiner." Etzlicher weiss schr[eibt] sanctus Marcus in dem X. und sanctus Petrus I Pe V schr[eibt], wie daz sii nicht sullen herschen in den pristrn. Und sant Paulus schreibt I Thy VI: „Wann wir haben di narunge und di mit wir uns mügen bedecken, so sullen wir uns begnügen lassen." Und schreibt I Th IIII: „Seit meine nachvolger, brüder, als und ich Christi." Und Phil III: „Seit mein nachvolger, prüder, und merkt die, die also wandern, als ir habt unser gestalt." Aber die gestalt und die weise der zwelfpotten ist die, alz do spricht sant Peter: „Holt noch silber ist mir nicht." Und so hot gesprochen der herre zu pristrn Aaron Numer XVIII: „In ewerm lande nichts nicht werdt ir besiczen noch teil haben unter yn. Ich bin dein teil und dein erbe in dem mittel der kinder Israel." Item Levit. XXV, Num XXVI, Deut X und XII und XIIII und XVIII, Josue XIII, I Paralip VI, Josue XIIII und XVIII und XXI. Und got der herre spricht also, do beschr[eibt] Ezechiel XLIIII: „Nicht wirt yn ein erbe, wan ich byn ir erbe, und die besiczunge wirt ir nicht geben in dem lande Israel, wan ich byn ir besiczunge." Gleicher weise schreibt sant Pauls I Thym ultimo: „Du mensch gots, flewch die ding", daz ist reiche ze werden. Dor auf spricht uns die auzlegunge: „Ez ist nichts nicht so herbe, nichts nicht so suodleich und schedeleich, alz daz ein gaistlich man, zu mal ein solicher der do helt die stat der wirdekeit, sich fleisset nach dem reichtum diser werlt, wan diser im, nicht allein ym, sunder andrn allen schedenlich ist, den er gibt ein ander beyspel, wan ein gebot ist von sant Pauls, der do spricht: „die ding flowsch." Gleicher weis spricht sant Jeronimus und Augustinus und Ambrosius, und wirt bewert in den gaistlichen rechten XXII c. „Clerici" et c. sequentibus, et extra, lib. III de honestate clericum „Fraternitatem". Und sant Bernardus zu dem babst Eugenio und ander vil gezewgnisse der heiligen schrift.

Das virde stucke, das alle totliche sunde, sunderlichen die offen frawen, sunden und alle unordentlichkeit wider das gesecz gotz in eynem iglichen wesen zustoret und vertriben werden ordenlich und mit vernunft von den amptleuten, die dar zuo verbunden sein aus dem gesecz Jhesu Christi, wan nach der schrift sant Pauls Ro I. [Die] soliche ding wirken oder tuon, die seint wirdig des tods und nicht allein, die sie tuon, sunder die do auch den tüern, die sünde verhengen. Also do sein gemeinlich in dem volke offenbar unkeusch mit freyen frawen, quesserige, bülerei hoffem, trunkenheit, diibereye, morderey, meyneyde, wücherey, kryge, zweytracht und ander sunde den gleich hantwerker, die nicht nucze sein der cristenheit, die sein erdacht ums girlichen gewyns willen. Und in der pristerschaft symoneys keczerey. Und das haisset symoneys kerczerey, wann man nimpt gelt von der tauff, von der firmung, von der beiht, von der heiligen ölung, von der begrabung, von vigilie, von XXX selmessen und von den dreisigsten, von jarenzeiten und sust von andern messen. Auch seint gezalt zu de vorgenannten keczereyn, die verkauffen die begrabung. Auch in dem selben urtail sein die bischoff, die do weyhen prister umb geet und kirchen, altar, capellen, kelche, messgewant, alter tuoch, corporal und zuvor als die do den falschen ablass verkaufft haben, die do vre vil ladung getan haben, und die lewte frewelich gebannet haben umb gericht und erdacht opfer und die da sust ander betrügnis der einveltigen menschen gerawben han. Dorumb alle die vorgenannt sunde ist ein iglicher getrewer knecht Jhesu Christi schuldig zu hassen und zu verbelgen in sich und in seinen nehsten, also doch daz ein iglicher behalt die ordenunge seins ampts und seins wesen.

Dorumb wer ez uns nü ymands schemlicher ding und grawsamer sünd zuschreibn wolt aber unser vorgeschr. gute und heilige meynunge, der sol gehort werden von allen frumen kristen, die unser meynunge haben gelesen oder gehört lesen, alz ein falscher böser gezeueg, wan unser meynunge nichts anders ist, wann daz wir mochten behagen unsrm herren Jhesu Christo von allen unsern krefften und seine gebot mit ganczen fleisse verkundigen und erfullen. Dorumb müsse wir von des ampts wegen, daz uns verlegen ist, sten mit gewaltiger hant kegen eynem iglicher, der uns durch der sachen willen anvichtet und uns umb vil wenden und abziihen von unserm guten willen, den wir haben in der beschüczunge und beschirmunge der ewangelischen und gotlichen warheit, dor zu ein iglicher verbunden ist, als wider einen frevelichen betriger und tyranen and alz einen grawsamen entricht ist. Und were es ob ymant von unser gemeyne etzliche unczimlich, snode oder böse ding tete, so bezewgen wir, daz daz gancz und gar geschiht wider unseren willen, wan unser wille nicht ander ist mer, wenn daz wir gancz und gar alle unzymlichkait und snödikeit mochten vertreiben. Were ez aber, daz ymants denckt, daz wir im teten gewalt, daz were an dem leichnam oder an dem güte, do entschuldigt uns die grosse not, der wir nicht entgehen mügen also daz wir von grosser not wegen kirchen, klöster, hewser oder vesten musten brechen und brennen, do uns oder den unsrn schade mochte geschehen. Daz sol uns nymand fur ubel haben, wan das als wol unser veinde tun und haben getan als wir; wan das sullen wissen alle früme kristen, das wir wollen mit nichte nicht wolden brechen oder zuostören kirchen, alter oder klöster, do gots dinst ynne geschehe, ez wer den daz uns grosse not dor zuo dringe. Und an solichen nöten wissen wir wol, das das ein iglicher mensche und land und stat tete und tun muste etc.

b) Die taboritische Formulierung der vier Artikel vom Jahre 1420 (frühneuhochdeutsches Original)

Unser herre Jhesus Cristus, der umb uns bitterlich sin plut vergossen hat, der si mit uns und uch allen. amen. lieben brüder und nochgeburen, wir tün uch zu wissen, also ir von den lentherren horen sagen, das wir uwer vigent worden sint (und wir globent uch das wol also unsern lieben nochgeburen), daz ir daz nit glouben sollent, sundern ir wissen sollent, wes vigent wir sint: also aller bosen pfaffen und weltlicher lute, die wider das heilige ewangelium schribent und stont. wir tunt uch ouch zu wissen, wir hassent ouch alle bösen Cristen umb vier artikel: das erst ist, daz das gotesort an allen stetten sol geprediget sin und also in aller cristenheit, und nicht geschicht. der ander artikel ist, das der wore licham unsers herren und sin heiliges plüt allen truwen Cristen jungen und alten gerecht werden. und der dritt artikel ist, das der allerherschaft von deme höchsten priester (es si der bobest) biss an den minsten und cleinsten nicht geleit werden es si güter oder zinse, und daz die vor genant herschaft der

248

geistlichen mit Hilfe der weltlichen vertilget werde. der vierde artikel ist, das alle offenbore sünden vertriben werdent, es sige von dem konige oder von den lantschen herren oder von dem pladecken oder pfarrer, geistlichen oder weltlich. darumbe getruwen wir uch wol also unsern lieben brüdern, das ir die worheit ufnement und uns darinne beholfen sint wider alle velscher und ungloibigen Cristen geistliche und weltlich, die diser heiligen worheit widerstrebent. und des gebent uns ouch ein antwurt mit uwern briefen. und thunt ir dez nit, so wissen wir wol, das ir gotes vigent wollent sin und aller brüder vom Thaber. geben zu Brachatitz an fritag vor Kathrine.

Hans Zischo, Cwal der oberst houptman von dem Thabor und Jencko houptman zü Brachatitz.

II.

DAS BÄUERLICH-PLEBEJISCHE HUSSITENTUM

1. Nikolaus von Dresden: Über den Eid

Der Eid ist nach dem kanonischen Recht und nach menschlichen Gesetzen erlaubt, aber Meineid und Schwören bei Kreaturen oder aus geringfügigen Anlässen oder den Eid häufig anzuwenden wird verboten. Zum Beispiel *Etrav. Über den Eid*: „*Etsi Christus. . .*" und an vielen Stellen des Dekrets und der Dekretalen. Christus aber hat in seinem Gesetz *Matth. 5, 20* gesagt: „Denn ich sage euch: Es sei denn eure Gerechtigkeit besser als der Schriftgelehrten und Pharisäer, so werdet ihr nicht in das Himmelreich kommen". Aber die Gerechtigkeit der Alten, wie dort ersichtlich ist, war [Matth. 5, 33]: „Zu den Alten ist gesagt: Du sollst keinen falschen Eid tun und sollst Gott deinen Eid halten". Und *2. Mose 20, 7*: „Du sollst den Namen des Herrn, deines Gottes, nicht mißbrauchen". Und somit scheint es nicht der Fall zu sein, daß unsere Gerechtigkeit viel größer ist als die der Schriftgelehrten, weshalb die Strafe des Evangeliums in Kraft treten kann: „Ihr werdet nicht in das Himmelreich kommen". Darum hat Christus hinzugesetzt [Matth. 5, 34—35]: „Ich aber sage euch, daß ihr überhaupt nicht schwören sollt, weder bei dem Himmel, denn er ist Gottes Stuhl, noch bei der Erde, usw." [Matth. 5, 37]: „Eure Rede aber sei: Ja, ja; nein, nein." Und damit sich nicht jemand diesem Gebot entziehen kann durch die Spitzfindigkeiten der Logik, wie einige sagen: nicht gänzlich, das ist in einem gewissen Maße nicht, sagt *Jacob* in seinem *Kanon, 5. Kap.*: „Vor allem, meine Brüder, schwört nicht, weder beim Himmel noch bei irgend etwas anderm, noch auch bei der Erde, Eure Rede aber sei: Ja, ja; nein, nein, auf daß ihr nicht dem Gericht verfallt".
Die Ursache aber, weshalb der Eid geleistet wird, führen die oben erwähnten Gesetze an, nämlich, daß die Wahrheit gewonnen wird und daß aus Furcht vor dem Eid der Eifer der streitenden Parteien sich legen soll (*Über den Verleumdungseid*: „*Ceterum. . .*"). Davon spricht Chrysostomus in dem unvollendeten Werk über das *5. Kapitel des Matthäus*: „Wer sich nicht scheut zu lügen, fürchtet auch den Meineid nicht. Denn wer lügt, übertritt die Wahrheit in seinem Herzen; wer aber falsch schwört, verläßt in seinen Worten Gott. Was ist also der Unterschied zwischen Gott verlassen und die Wahrheit überschreiten, da Gott auch die Wahrheit selbst ist? Der einzige Unterschied ist der, daß wir, wenn wir lügen, die Wahrheit in unserem Herzen, wenn wir aber falsch schwören, Gott in den Worten verlassen. Denn mit dem Wort tun wir den Menschen Genüge, mit dem Gewissen Gott. Gott selbst, der verboten hat, falsch zu

schwören, hat auch später selbst geboten, nicht zu schwören. Wer also nicht fürchtet, beim Schwören Gottes Gebot außer acht zu lassen, wird sich auch beim Meineid nicht fürchten. Was willst du also? Fürchtet er Gott, oder fürchtet er Gott nicht? Wenn er Gott fürchtet, so lügt er auch ohne Eid nicht, wenn er aber Gott nicht fürchtet, so kann er auch unter Eid nicht die Wahrheit sagen. Soweit jener.

Und warum wird beim Evangelienbuch geschworen? Sie sagen, weil die Anwesenheit der Evangelien Furcht einflößt und daher eher die Wahrheit gesagt wird (*Über das Urteil*, „*Rem non novam...*"). Davon spricht wiederum *Johannes Chrysostomus* am erwähnten Ort: Hört, ihr Geistlichen, die ihr den Schwörenden die heiligen Evangelien bringt: Wie könnt ihr bei diesen Eiden in Sicherheit sein, die ihr Gelegenheit zum Meineid gebt? Ist etwa der, der Feuer herbeiträgt, durch das ein Brand angefacht wird, an diesem Brande unbeteiligt? Oder wer das Schwert darreicht, womit ein Totschlag begangen wird, ist er nicht der Helfer dieses Totschlages? So wird, wer einem Gelegenheit zum Meineid gibt, Teilnehmer seines Meineides. Ihr sagt, wir haben ihnen das Evangelium gegeben, damit sie schwören, nicht damit sie falsch schwören. Wenn es möglich wäre, gut zu schwören, habt ihr zu Recht gesagt: Wir geben ihnen das Evangelium, damit sie schwören; nun aber, da ihr wißt, daß auch gut zu schwören eine Sünde ist, wie könnt ihr frei ausgehen, die ihr Gelegenheit gebt, daß gegen Gott gesündigt wird? Der Eid wird nie einen guten Ausgang haben. *Und es folgt*: Wenn das Feuer wegbleibt, kommt es nicht zur Feuersbrunst; nimm das Schwert fort, und der Totschlag wird nicht begangen; so hebe also den Eid auf, und es geschieht kein Meineid. Dies ist von denen gesagt, die bei ihrem Gott schwören. Die aber bei den Elementen schwören, deren Frevel ist noch verwerflicher. Denn den Himmel und die andern Dinge hat Gott zum Dienen geschaffen, nicht dazu, daß die Menschen bei ihnen schwören sollen. Denn seht, im Gesetz wird befohlen, daß bei niemandem geschworen werden soll als bei Gott. Wer aber beim Himmel oder bei der Erde schwört oder was es sonst sei, bei dem er schwört, der vergöttlicht es. Daher macht sich jeder, der bei irgendeinem Ding schwört, auch wenn das Schwören erlaubt wäre, zum Götzenanbeter, denn er würde seine Eide nicht Gott halten, sondern den Elementen. Und er sündigt in zweierlei Hinsicht: erstens, weil er schwört, sodann, weil er das, bei dem er schwört, vergöttlicht. Und sieh, er erläutert im einzelnen, weshalb man nicht bei den Elementen schwören darf: weder beim Himmel, sagt er, weil er Gottes Thron ist, das heißt nicht Gott; noch bei der Erde, weil sie der Schemel seiner Füße ist, das heißt keine Göttin; noch bei Jerusalem, weil sie die Stadt des großen Königs ist, nicht der große König selbst; noch auch bei deinem Haupt, denn du vermagst nicht ein Haar schwarz oder weiß zu machen. Als wollte er sagen: Welche Wichtigkeit hat es, daß du bei dir selbst schwörst. Hast du etwa das Vermögen, auch nur ein Haar weiß oder schwarz zu machen? Wenn also jemand bei seinen Söhnen schwört oder bei sich selbst, wie auch bei einem Besseren, so macht er ihn für sich zum Gott. Soweit jener.

Denn in jenem Schriftstück, bei dem der Eid zu leisten verlangt wird, besteht ja auch das Evangelium nicht, wie es ersichtlich ist *1. Unters. 1.*: „*Marchion...*" Dort heißt es: „Marchion und Basilides und die übrigen Landplagen von Ketzern haben Gottes Evangelium nicht, weil sie den heiligen Geist nicht haben, ohne den jede Lehre ein menschliches Evangelium wird. Auch glauben wir nicht, daß das Evangelium, das gelehrt wird, in den Worten der heiligen Schriften besteht, sondern in ihrem Sinn, nicht in der Oberfläche, sondern im Mark, nicht in den Blättern der Aussprüche, sondern in der Wurzel des Inhalts". *So dort.* Es ist also verwunderlich, daß es jemand wagt, einen andern zum Eid zu zwingen bei etwas, das aus solchen „Blättern" wie Buchseiten zusammengebunden ist; obgleich doch beim Eid, der zuvor beschrieben wurde, es nicht erlaubt ist, bei geschaffenen Dingen zu schwören. Daher sagt *Chrysostomus 12. Unters. 1.*: Wenn irgendein Rechtsstreit vorliegt, so scheint der wenig zu tun, der bei Gott schwört; wer aber beim Evangelium schwört, der scheint mehr damit getan zu haben. Solchen soll man sagen: Ihr Toren, die Schriften sind von Gottes wegen heilig, nicht Gott wegen der Schriften. *Chrysostomus über Matthäus*: Aber vielleicht sagst du: Was soll ich machen? Er glaubt mir nämlich nicht und will nicht glauben, wenn ich es nicht beschwöre. Laß dir lieber gefallen, dein Geld zu verlieren als dein Seelenheil. Deine Seele sollte dir wertvoller erscheinen als dein Besitz. Wenn du irgendein Besitztum verlierst, so kannst du dennoch leben; wenn du Gott verloren hast, wie willst du dann leben? Weißt du nicht, daß, wer den Eid unterläßt aus Gottesfurcht, dafür größeren Lohn hat, als wenn er ein Almosen gegeben hätte? *So jener.*
Und dazu, daß sie behaupten, es würde nicht einfach der Eid, sondern die Bereitschaft zum Schwören untersagt, weil jemanden nicht der eigene Wille zum Schwören veranlassen soll, sondern die zwingende Notwendigkeit, sagt *Chrysostomus im angeführten Werk*: Sage mir, mein Freund: Was gewinnst du, wenn du schwörst? Denn wenn dein Gegner glaubte, daß du recht schwörst, würde er dich niemals zwingen zu schwören; aber weil er annimmt, daß du falsch schwören wirst, deshalb drängt er dich zur Beeidigung; und wenn du geschworen hast, wird er nicht gleichsam über die Richtigkeit deines Eides beruhigt schweigen, sondern er wird sich beim Urteilsspruch mit dem Gefühl eines durch Meineid Verurteilten zurückziehen. Der Eid hat niemals einen guten Ausgang. Einige werden annehmen, du hast aus Habsucht geschworen, andere, du hast falsch geschworen. Die aber von dir Gutes denken wollen, wenn sie auch nicht glauben, daß du falsch geschworen hast, können doch nicht beweisen, daß du wahr geschworen hast. Niemand aber kann zu deiner Verteidigung sagen, du habest fromm gehandelt. Also setzt du dich, wenn du schwörst, den Schmähungen deiner Feinde, der Verdächtigung deiner Freunde aus. Sieh, mein Freund, ich ermahne dich, keinen Menschen zum Schwören zu zwingen, gleich, ob du meinst, er werde wahr schwören oder falsch, sondern tritt lieber davon zurück; denn wenn er auch wahr schwört, so bist du doch, was dein Gewissen angeht, für jenen die Ursache zum Meineid geworden; denn du zwingst ihn zu schwören in der Absicht, daß er nicht richtig, sondern falsch schwören soll.

Wenn du aber meintest, er werde wahr schwören, brauchtest du ihn nicht zum Schwören zu zwingen. O, du Unverständiger, der du einen andern zum Schwören zwingst! Du weiß nicht, was du tust. Jener hat, wenn er auch einen Meineid schwört, den Gewinn beim Meineid; du aber wirst, ohne Gewinn dabei zu haben, als Teilnehmer am Meineid jenes Mannes erfunden. *So jener.*

Auch werden die Schwörenden nicht durch eine solche Furcht oder Notwendigkeit entschuldigt, denn auch erzwungener Wille ist Wille: *15. Unters. 1.*: „*Merito . . .*", wo es heißt: Es wird gefragt, ob zu Recht bei einem Nichtwollenden Sünde genannt werden kann, was er zu tun gezwungen worden ist? Denn eine solche Handlung wird auch eine unfreiwillige genannt. Aber er will doch gewiß den Erfolg dieser Handlungsweise: so wie jemand, wenn er auch nicht falsch schwören will, es aber doch tut, weil er leben möchte, wenn ihn jemand mit dem Tode bedroht, falls er's nicht tut. Er will es also tun, weil er leben will. Und somit strebt er von sich aus nicht danach, falsch zu schwören, sondern durch das Falschschwören zu leben. *So jener.* Und so verhält es sich auch mit dem Übel beim Schwörenden, denn nach Chrysostomus, wie zuvor gesagt ist, ist das rechte Schwören auch Sünde, und der Eid hat nach ihm niemals einen guten Ausgang usw., wie oben. Denn nicht das ist zu erwägen, daß jemand gezwungen wird, sondern wie das beschaffen ist, wozu er gezwungen wird (*23. Unters. 6.*: „*Vides . . .*"): Auch darf niemand gegen Gottes Gebot in Gedankenlosigkeit verfallen. Darin zeigt er sich nämlich besonders tadelnswert, indem er die Liebe zu Gott der Liebe zur Welt nachstellt; denn man soll auch nicht die fürchten, die den Leib töten, wenn sie die Menschen gegen die Gerechtigkeit zwingen wollen. So die *32. Unters. 2.*: „*Lotharius . . .*" Auch wäre der Tod eher zu wählen (*De cons. dist. 4.*: „*Eos quos . . .*"). Der Heiland spricht also *Mark. 8, 35*: „Wer sein Leben verliert um meinet- und des Evangeliums willen, der wird's behalten". Davon spricht Paulus *Galat. 1, 6* und *8—9*: „Mich wundert, daß ihr euch so bald abwenden lasset von dem, der euch berufen hat in die Gnade Christi, zu einem andern Evangelium. Aber so auch wir oder ein Engel vom Himmel euch würde Evangelium predigen anders, denn das wir euch gepredigt haben, der sei verflucht! Wie wir jetzt gesagt haben, so sagen wir auch abermals: So jemand von euch Evangelium predigt anders, denn das ihr empfangen habt, der sei verflucht!" Und es folgt [Galat. 1, 10]: „Wenn ich den Menschen noch gefällig wäre, so wäre ich Christi Knecht nicht". Damit stimmt der *Kanon „Si solus", dist. 8,* überein, wo es heißt: Wenn allein Christus gehört werden soll, so dürfen wir uns nicht nach dem richten, was irgendeiner vor uns zu tun für richtig gehalten hat, sondern nur nach dem, was Christus, der vor uns ist, zuvor getan hat. Denn man soll nicht den Satzungen der Menschen folgen, sondern der Wahrheit Gottes, denn durch den Propheten Jesaja spricht Gott: „Vergeblich dienen sie mir, dieweil sie lehren solche Lehren, die nichts dem Menschengebote sind" [Matth. 15, 9]. *So dort.*

Und da der heilige Apostel Jacobus und Johannes Chrysostomus zusammen mit Haymon, von dem später die Rede sein wird, näher beim Evangelium bleiben und mit Christo übereinstimmen, nämlich, daß man überhaupt nicht schwören soll, als andere, die über dieses Thema sprechen: Deshalb sollen sie als weniger verdächtig angesehen werden, und man soll an ihnen festhalten und ihnen mehr folgen als den anderen, die weitschweifiger reden; auf daß wir nicht dem Urteilsspruch Christi verfallen, nämlich: Ihr werdet nicht in das Himmelreich kommen, wenn eure Gerechtigkeit nicht größer ist usw., wie oben.

Fast alle anderen, die über diese Angelegenheit sprechen, außer den zuvor Genannten, tun nichts anderes, als uns hin-, vielmehr zurückzuführen zur Gerechtigkeit der Alten, die sie beim Eid innegehabt haben, nämlich: nicht bei den Kreaturen zu schwören, keinen Meineid zu schwören, nicht ständig bereit sein, etwas zu beeiden, und nicht aus geringer Ursache zu schwören, wie oben; wie aus den Sätzen erhellt, die *32. Unters. 1. und 2.* sich durchgängig finden. Und somit tun sie nicht, wie sie lehren, daß unsere Gerechtigkeit größer sein soll als die der Alten, wie es Christus befiehlt und Jacobus, Johannes Chrysostomus und Haymon halten. Wenn also ein Engel vom Himmel ein anderes Evangelium lehrte, so müßte man ihm nach der Lehre des Paulus, die oben angeführt ist, mit Mißtrauen begegnen. Daher sagt Augustin im *Vorwort des 3. Buches über die Trinität, das steht 9. dist.: „Noli . . .“:* Unterwirf dich nicht sklavisch meinen Briefen, als ob es kanonische Schriften wären. Und im *nächsten Kap.* folgt: Ich kann und darf nicht leugnen, daß sowohl in den größeren wie auch in unsern vielen kleinen Schriften viele Dinge sind, die zu tadeln einem gerechten Urteil, nicht der Unbesonnenheit, gemäß wäre. Und weiter folgt im *nächsten Kap.:* Andere aber führe ich so an, daß ich, wie sehr sie sich auch durch Heiligkeit und Weisheit auszeichnen mögen, etwa nicht deshalb für wahr halte, weil sie so gedacht haben, sondern weil sie mich durch andere Zeugnisse, kanonische Schriften oder einleuchtende Begründungen, überzeugen konnten, daß es mit der Wahrheit nicht unvereinbar sei. Und was Hieronymus von Ruth und Thamar sagt, die durch die Schrift getadelt worden seien, tadelt Lyra (*Matth. 1*), wie dort erhellt, wo es heißt: Auch soll es niemand bewegen, wenn ich darin von den Aussagen des Hieronymus Abstand wahre; denn die Aussprüche der Heiligen haben nicht ein solches Ansehen, daß man nicht die entgegengesetzte Meinung haben darf in Dingen, die nicht durch die heilige Lehre festgelegt sind. Darum spricht *Augustin im Brief an Vincentius* (das steht *9. dist.: „Noli. . .“ 2.*) von den Schriften der heiligen Lehrer: Diese Art von Schriften ist hinsichtlich der Geltung vom biblischen Kanon zu unterscheiden. Sie werden nämlich nicht so gelesen, als ob in ihnen ein Zeugnis über die Sache vorgebracht würde, so daß es nicht erlaubt wäre, anderer Meinung zu sein, so wie es einige vielleicht anders verstanden haben, als es die Wahrheit erfordert. Wir befinden uns in der Gruppe derer, die sich nicht zu schämen brauchen, auch auf uns das Apostelwort *Philipp. 3, 15* anzuwenden: „Und solltet ihr sonst etwas halten, das lasset euch Gott offenbaren“. Und so heißt es in der *10. dist.:* „Weder dem Kaiser noch sonst einem Wahrer der Frömmigkeit ist es gestattet, sich etwas gegen Gottes Gebote herauszunehmen, noch etwas zu tun, was den evangelischen, prophetischen oder apostolischen Regeln widerspricht.

Und wenn gesagt wird: Dennoch hat Christus bei sich selbst, beim Apostel Paulus und bei einem Engel den Schwur gebilligt, so wird dieselbe Frage in der *Glosse*, über den Satz *Off. Joh. 10,6*: „Und schwur bei dem Lebendigen von Ewigkeit zu Ewigkeit", mit den Worten behandelt: Dagegen verbietet der Herr *Matth. 5, 34* das Schwören gänzlich; ein Engel aber darf nicht tun, was der Herr verbietet, also usw. Dies löst Haymon mit den Worten auf: Die Menschen werden zu Recht vom Schwören abgehalten, er selbst aber, der die Wahrheit ist, kann niemals trügen, und darum kann er selbst schwören, da er nicht trügen kann. Sein Eid aber ist alles, was er redet, denn alles, was er sagt, wird zweifellos erfüllt. *So jener.*

Und über den Eid bei Paulus spricht *Thomas 2, 2 Unters. 89 Art. 84*, daß er nie geschworen habe außer in seinen Schriften, wo die sorgfältigere Überlegung keinen überstürzten Ausdruck zuläßt; er selbst aber hat gewußt, daß er beim Schreiben seines Briefes nicht geirrt hat; denn er hat seine Lehre nicht von einem Menschen empfangen, sondern durch Offenbarung Christi *(Gal. 1, 12)*. „Denn wir fehlen alle mannigfaltig (in der Rede). Wer aber auch in keinem Worte fehlt, der ist ein vollkommener Mann" *(Jak. 3, 2)*, also schwöre überhaupt nicht, denn du kannst dich täuschen. Und so spricht Isidor über das höchste Gut: Niemals soll der schwören, der fürchtet, einen Meineid zu schwören, denn das Schwören Gottes ist, etwas von ihm selbst keinesfalls Angeordnetes, zu zerstören *(22. Unters. 3 „Incommutabilis. . .")*. Aber weil Gott allumfassend ist, verbietet er überflüssige und unnütze Worte und folglich auch den Eid.

Die Schwörenden mögen also die Weise betrachten, in der diese drei Personen geschworen haben, und sollen diese Weise völlig befolgen oder das Schwören überhaupt unterlassen. Aber es scheint schwierig zu sein, diese Weise vollständig zu erfassen; sicher erscheint der Rat, uns der Eide einfach zu enthalten. Wenn man dies also bedacht hat, so sind die, die nach Christi Gesetz und den Aussprüchen der Heiligen, des heiligen Chrysostomus und anderer, nicht schwören wollen, nicht für Ketzer zu halten, obgleich weltliche Gesetze und menschliche Lehren solche Menschen ungerechtermaßen verdammen, wie es *Extrav. de Sym.*, „*Etsi quaestiones. . .*" heißt: Denn die Gesetze der Menschen sagen, daß etliche, die in ihrem Glaubenseifer besonders eng denken, auch die notwendigen und gesetzmäßigen Eide verachten. Und *Extrav. De fide instrum., letztes Kapitel*, wird am Ende gesagt: Sie sind von übertriebener Ehrfurcht befangen, so daß sie nicht einmal einen wahrhaftigen Eid leisten wollen. Und *Extrav. über die Ketzer*, „*Excommunicamus . . .*", *10 § „Quia vero . . .*", die von Innozenz III. ist, heißt es: Wenn einige von ihnen die Heiligkeit des Eides in verdammenswerter Verstocktheit verschmähen und nicht schwören wollen, so sollen sie schon allein dadurch für Ketzer gehalten werden. Und *Bernhard* stimmt im *genannten Kap. „Etsi quaestiones. . .*" damit überein, wenn er sagt: „Die Ketzer nämlich wollen auch die Wahrheit nicht beschwören, darum werden sie eben dadurch für Ketzer gehalten." *So diese.*

Aus diesen Aussprüchen würde sich die Folge ergeben, daß Johannes Chrysostomus ein Ketzer ist, der dabei bleibt, daß auch recht zu schwören eine Sünde
sei und daß der Eid niemals einen guten Ausgang habe; ebenso Haymon und
Jacobus. Da mögen also jene sehen, die selbst Ketzer sind, wie sie mit jenen
zusammen vor dem stehen, der gesagt hat, man solle überhaupt nicht schwören,
und für die folgendes Strafurteil geschaffen ist: Ihr werdet nicht in das Himmelreich kommen. Auch wir werden es sehen. Wir wünschen aber dennoch lieber
daß nach diesem Leben Christus und die Heiligen solche finden, die sich in
Wort, Lehre und Tat auf sein Gesetz gründen, als solche, die auf menschliche
Gesetze und eigene Satzungen ihre Verteidigung bauten. Für sie trifft das wahrlich gut zu, was die Pharisäer heuchlerisch zu Christo *(Joh. 8, 13)* gesagt haben:
„Du zeugst von dir selbst, dein Zeugnis ist nicht wahr". Und ihnen wirft der
Heiland die Worte vor *Matth. 15, 3*: „Warum übertretet denn ihr Gottes Gebot
um eurer Aufsätze willen?" Sie heißen böses Volk *(Jer. 13, 9—10)*, wo der
Herr spricht: „Eben also will ich auch verderben die große Hoffart Judas und
Jerusalems. Das böse Volk, das meine Worte nicht hören will" und in Reinheit
des Herzens wandeln. Denn sie ehren den christlichen Glauben nicht, den sie
als eng bezeichnen, und meinen, sie brauchten in keiner Weise zu zaudern, ihn
zu übertreten (im *Kap. „Etsi quaestiones. . ."* wie oben). Aber ihre eigenen
Satzungen schätzen sie sehr hoch ein und halten sie für nützlich, von denen es
Matth. 23, 24 heißt: „Ihr verblendeten Leiter, die ihr Mücken seihet und
Kamele verschluckt".
Und über die Maßen verwunderlich erscheint es, daß jetzt im Zeitalter der
Gnade und des neuen Bundes jemand, der das neue Gesetz und Evangelium
halten will, also überhaupt nicht schwören, ein Ketzer sein soll; ja, daß viele,
wie zu fürchten ist, um dessentwillen verbrannt und getötet worden sind, da
doch der Eid große Gefahr in sich enthält, sowohl wegen der Größe Gottes,
dessen Zeugnis angerufen wird, als auch wegen der Zweideutigkeit der menschlichen Sprache, durch deren Worte die Eide bekräftigt werden, wie Thomas
sagt. Und vielleicht erfüllt sich auf diese Weise die Weissagung *Dan. 11, 33
und 35,* daß zur Zeit des Antichrist „werden etliche fallen durch Schwert, Feuer,
Gefängnis und Raub eine Zeitlang; und der Verständigen werden etliche fallen,
auf daß sie bewährt, rein und lauter werden".
In der ursprünglichen Kirche sind die Gläubigen gemeinsam gefallen durchs
Schwert, wie es von den Märtyrern bekannt ist, später aber und besonders seit
der Konstantinischen Schenkung begannen sie durchs Feuer zu fallen, und
zwar viele, die keinen Eid leisten wollten oder weil sie Gott von ganzem Herzen
lieben und ihm allein dienen wollten, wie er es mit den Worten geboten hat: „Du
sollst Gott, deinen Herrn, anbeten und ihm allein dienen".
Und angenommen, daß jemand in Ketzerei befunden wird, so soll man ihn
doch, sagt Paulus, nicht deshalb verbrennen, sondern soll ihn meiden, wie er
Tit. 3, 10 sagt: „Einen ketzerischen Menschen meide, wenn er einmal und abermals ermahnt ist"; und der Heiland hat *(Matth. 13, 29—30)* den Knechten, die
das Unkraut ausreißen wollten, gesagt: „Nein! auf daß ihr nicht zugleich den

Weizen mit ausraufet, so ihr das Unkraut ausjätet. Lasset beides miteinander wachsen bis zur Ernte". „Die Ernte ist das Ende der Welt" (ebenda v. 39). Christus Jesus nämlich ist selbst sanftmütig und von Herzen demütig, er „ist nicht gekommen, der Menschen Seelen zu verderben, sondern zu erhalten" *(Luk. 9, 56)*.

Sie sagen aber, daß ohne Grund und Rechtfertigung keiner getötet werden darf. Ich sage, daß solches auch die Gerechtigkeit der Alten war, unsere aber muß größer sein, denn sonst werden wir nicht in das Himmelreich kommen. *Matth. 5, 21:* „Ihr habt gehört, daß zu den Alten gesagt ist: Du sollst nicht töten, usw." Ich weiß nicht, wie sie sich nach dem Gesetz der Gnade und der frohen Botschaft entschuldigen wollen, denn es ist ein Gesetz der Liebe. Nach dem Gesetz der Furcht aber heißt es: Den Übeltäter sollst du nicht am Leben lassen.

Heutzutage aber fallen sie „durch Gefängnis und Raub eine Zeitlang" [Dan. 11, 33], wie die Erfahrung lehrt, die die beste Lehrerin in allen Dingen ist, auf welche Weise viele Gläubige nach der Weise des Antichrist durch die heutigen Vorladungen in den Kerker gezogen werden in der Art, wie es im *10. Psalm, 8—9*, vom Antichrist berichtet wird: „Er sitzt und lauert mit den Reichen in den Dörfern, er erwürgt die Unschuldigen heimlich; seine Augen spähen nach den Armen. Er lauert im Verborgenen wie ein Löwe in der Höhle; er lauert, daß er den Elenden erhasche, und er hascht ihn, wenn er ihn in sein Netz zieht". Seht, ein Wort über die Vorladung des Antichrist durch den Propheten! Sonst weiß ich nicht, daß die Vorladung in der heiligen Schrift bezeugt sei. Sondern daß sie hingehen sollen in alle Welt, das ist Christi Gesetz. So spricht der Herr über das Geschrei zu Sodom *1. Mose 18*, und an vielen Stellen der Bibel und des Gesetzes heißt es, sie sollen besuchen, zurechtweisen und bessern am Ort des Vergehens. Vom Vorladen aber findet man nichts außer dem obigen: wenn er sie ins Netz zieht, was von Lyra an derselben Stelle auf den Antichrist bezogen wird.

Einige wollen auch dadurch Ausflüchte machen, daß sie sagen, daß jener Text des Evangeliums [Matth. 5, 20] „es sei denn eure Gerechtigkeit besser" auf den voranstehenden Satz bezogen werden muß, nämlich jenen: „Wer nun eines von diesen kleinsten Geboten auflöst und lehrt die Leute also, der wird der Kleinste heißen im Himmelreich" [Matth. 5, 19], und sie erklären es: „es sei denn eure Gerechtigkeit besser" heißt: Zum Heil genügt nicht nur die gute Lehre, wenn nicht das gute Leben dazukommt, daher sagt er vorher: „Wer nun auflöst usw."

Chrysostomus verbindet den Wortlaut mit dem Vorhergehenden und dem Folgenden und nennt die die kleinsten Gebote, die die Menschen für am geringsten halten. Das erste ist: „Zu den Alten ist gesagt: Du sollst nicht töten" [Matth. 5, 21]; das zweite: „Ihr habt gehört, daß zu den Alten gesagt ist: Du sollst nicht ehebrechen" [Matth. 5, 27]; das dritte: „Es ist auch gesagt: Wer sich von seinem Weibe scheidet... [Matth. 5, 31]; das vierte: „Ihr habt weiter gehört, daß zu den Alten gesagt ist: Du sollst keinen falschen Eid tun..." [Matth. 5,

33]. Davon sagt er an der oben angegebenen Stelle: Seht, das ist das vierte Gebot, das die Habsüchtigen für das geringste halten, die nicht glauben, daß recht zu schwören eine Sünde sei; ohne diese Sünde aber kann das Gebot des Gesetzes nicht gut bestehen: Denn wenn der Eid nicht untersagt würde, können die Meineide nicht unterbunden werden. Aus dem Eid entspringt nämlich der Meineid. *So jener.* Und dies scheint der Sinn des Wortlauts und die Absicht des Gesetzgebers Christi zu sein; denn wenn er sagt: „es sei denn eure Gerechtigkeit besser", so schließt er sogleich die Rechtssätze der Alten mit seinen Geboten zusammen an, indem er sagt: „Ihr habt gehört, daß zu den Alten gesagt ist usw." Denn nicht kann als Gerechtigkeit angenommen oder benannt werden, daß sie das Gesetz auflösten und jene kleinsten Gebote, von denen Chrysostomus spricht, sondern es war die reine Ungerechtigkeit gegen das Gesetz, es zu übertreten. Wenn er also im Sinne jener verstanden sein wollte, hätte er eher gesagt: „Wenn eure Gerechtigkeit nicht besser ist als die Ungerechtigkeit der Schriftgelehrten usw." Also muß man Chrysostomus folgen.

Und was der *Apostel Hebr. 6, 16* sagt: „Die Menschen schwören ja bei einem Größeren, denn sie sind; und der Eid macht ein Ende alles Haders, dabei er fest bleibt unter ihnen". Dadurch wird kein Recht festgelegt, das eine Vorschrift zum Handeln ist; denn er lehrt nicht dort in jenem Kap. über das Thema des Eides, sondern der Hoffnung; er erzählt nur eine Tatsache, daß sie es so tun. Darum sagt er: „Der Eid dient zur Befestigung", nicht: „Er muß dazu dienen". Davon spricht in knapper Form *Augustin 22. Unters. 1.*: Im Neuen Testament wird gesagt, daß wir überhaupt nicht schwören sollen. Das scheint mir deshalb gesagt worden zu sein: Nicht, weil das recht Schwören eine Sünde ist, sondern weil falsch schwören eine so ungeheure Sünde ist; von der will er uns weit entfernt wissen, wenn er ermahnt, überhaupt nicht zu schwören. So jener. Und dazu sagt *Bartholomäus von Brixen, in der Glosse Arg.*, daß manchmal etwas nicht um seiner selbst willen verboten wird, sondern um dessentwillen, was daraus entstehen kann. Das führt an die *11. Unters. 3 „Nolite..."*, und die *37. dist. „Ideo..."*, *Origenes, Über Matthäus*, sagt: Ich meine, es ist nicht recht, daß ein Mensch, der nach dem Evangelium leben will, seinen Widerpart eidlich verpflichtet. Wenn es nämlich dem einen nicht gestattet ist zu schwören, was ein bekanntes Gebot nach dem Evangelium Christi ist, dann darf man auch den anderen nicht zum Eid auffordern. Denen es also gefällt zu schwören, sollen die, die um Gottes und ihres Seelenheils willen nicht zu schwören wagen, nicht wie vorher verdammen.

2. Anonymer Bericht über die Schandtaten, die in der Burg Kozí und in der Stadt Ustie an der Lužnice begangen wurden von den Predigern, sowohl gegen die christliche Lehre als auch gegen die von der Kirche gebilligten Bräuche

Zum ersten ist in und vor der Burg Kozí sowie in Ustie gepredigt worden und wird noch gepredigt, daß die Weihungen der Geräte und der kirchlichen Sakramentalien ohne Wirkung seien; vielmehr kann ein Priester, wenn ein beliebiges Tuch oder Gewebe, ja, sogar ein Schleppkleid auf der Erde oder einem Tisch oder einem Faß ausgebreitet wird, die Messe feiern und auch das Volk das Abendmahl empfangen. Aber die Bischöfe, die von jenen Predigern kobylky (Heuschrecken) oder hřebenáři (Wollkrämpler) genannt werden, hätten alle diese Weihungen der Gerätschaften und der Sakramente, der Altäre und der Kirchen um der Habsucht willen erfunden; und sie sagen, daß dies alles ein einfacher Priester tun könne. Das begründen sie, vom Größeren aufs Kleinere schließend: Wenn ein einfacher Priester den Leib Christi gegenständlich machen kann, dann kann er diese Dinge um so mehr tun. Mit dieser Begründung erteilen sie dem Volk auch außerhalb der Messe das Abendmahl und weihen, indem sie nur einige Gebete sprechen.

Weiterhin behaupten sie, daß die Taufe und die Meßfeier und alle anderen Gottesdienste außerhalb der Kirche stattfinden können. Und so halten sie dann Meßfeier in Scheunen und taufen in Teichen und in halteřonibus (Fischbehältern). Sie sagen, daß der steinerne Kirchenbau, in dem jene bösen kubĕnàři (Hurer, Ehebrecher) die Messe halten, eine Räuberhöhle sei, und sagen, die Heiligenfiguren darin seien nichts nütze. Und am Karfreitag haben sie dem Volk gesagt, sie hätten ein Götzenbild angebetet; das beweisen sie mit der Erklärung, daß die kubĕnáři (Hurer) oder kuklikones (Kapuzenträger) eine Messe weder anfangen noch vollenden können. Und sie selbst haben an diesem Tag zwei vollständige Messen in einer Scheune nahe bei Kozí gehalten und haben dazu mit Verachtung gesagt: že dnes kubĕná řii kuklíkowé w lútky a w špalky budú hráti (Heute werden die Hurer und Kapuziner mit Puppen und Götzenbildern ein Spielchen machen). Das Volk aber hört dies, hält es für eine löbliche Rede und lacht, vielmehr es lästert und entzieht sich dabei dem schuldigen Gehorsam. Auch von einfachen Laien ist gepredigt worden. Und die Prediger selbst haben Beichten in den Häusern der Stadt gehört. Danach haben sie, aus Verachtung für die Kirche, den Knaben eines Laien, der Krampeř heißt, außerhalb der Kirche in fließendem Wasser getauft. Dieser Laie ist wegen seiner Irrpredigt in der Festung des Herrn von Řečice ausgepeitscht worden. Er ist noch immer der festen Meinung, daß jeder Priester böse ist, der es nicht mit Hus hält, und daß ein solcher kein Meßopfer vollziehen könne. Und so bringen auch auf Grund jener Predigten viele Laien ihre Frauen nach der Geburt in die Kirche und ähnlich auch die Anverlobten, aus Verachtung für die Kirche.

Ebenso sagen sie: „Alle Priester sind bis jetzt Diebe gewesen, weil sie euch das Blut Christi nicht gegeben haben". Sie lehren das Volk folgendes: „Wenn solch ein Hurer dir den Leib Christi reicht und sagt: Glaubst du, daß hier der Leib Christi ist?, so sage: Ich glaube es. Wenn er weiter sagt: Glaubst du auch, daß dort Christi Blut ist?, so sage: „Ich glaube es nicht". Und der Grund dafür ist, daß Christus das Abendmahl unter beiderlei Gestalt gegeben hat; und wenn Christus den Unterschied zwischen diesen beiden Dingen nicht gewußt hätte, hätte er nicht unter zweierlei Gestalt gegeben, also...

Ebenso sagen sie, daß es besser sei, Würfel zu spielen als bösen Prälaten etwas darzubringen; und sie nennen jeden böse, der es nicht mit Hus hält; und wer der Wahrheit abgeschworen hat und wer den Zehnten gibt, der begehe Todsünde. Und sie fügen hinzu, Hus habe mehr in der katholischen Kirche Gutes gestiftet und mehr Wunder getan als die heiligen Petrus oder Paulus; denn diese haben es leiblich getan, Hus aber geistlich.

Weiterhin haben Laien, die während einer Pest Priester zur Prozession bei einer Beerdigung haben wollten, von jenen beeinflußt, den Toten das Geläut, die Messe und Opfergaben vorenthalten und die Toten allein zu Grabe getragen, unter Absingen des Liedes: My křesťané wiery prawé (Wir Christen wahren Glaubens), wobei sie statt des Kreuzes einen Stab getragen haben. Und als sie die Toten in die Gräber gelegt haben, haben sie sie mit den Worten gesegnet: já tě porúčiem bohu Jésu Christu papežowú mocí, neb tolik mohu jako arcibiskupowé (Ich übergebe dich dem Gott Jesu Christo aus päpstlicher Vollmacht, denn ich gelte ebensoviel wie die Erzbischöfe). Und sie sagen dazu, daß es für einen Toten, der auf dem Friedhof der Hurer und Kapuzenträger liegt, besser wäre, unterm Galgen zu liegen, und statt bei ihren Messen zu stehn, ist es besser, hundert Meilen zu einem guten Priester zu laufen. Und der Grund sei, daß solche Hurer keine wirkliche Meßfeier vollziehen. Daher kann jeder Laie die Oblaten, die sie darbringen, nehmen und sich damit den Hintern wischen.

3. Die Magister der Universität Prag ermahnen ihre Gläubigen eindringlich, nicht der Lehre derer anzuhangen, die behaupten, es gäbe kein Fegefeuer, und die die Bilderverehrung und andere löbliche Gebräuche der Kirche verwerfen

„Vorwurf der Magister von Prag, die Wiclif-Anhänger sind, gegen die Anhänger Wiclifs, daß sie auf irrige Weise predigen. Čert čerta káže, ale pozdě; zmazawše Českú zemi bludy, i odwoláwají" (Ein Teufel tadelt den andern, aber zu spät; jetzt, da sie Böhmen mit Irrtümern verseucht haben, widerrufen sie).

Allen Gläubigen Christi, zu denen der vorliegende Wortlaut gelangt: Johannes Cardinalis, Magister der freien Künste und Baccalaureus des Kirchenrechts, Rektor und Professorenkollegium der Universität Prag, die dazu besonders berufen sind, in Einstimmigkeit: Heil und in der Wahrheit und im Glauben Jesu Christi und durch seine Mehrung und Förderung reichliches Wohlergehen.

Jener alte, arglistige Feind des Menschengeschlechts richtet, wenn er auch die gläubigen Christusverehrer von seiner allgemein anerkannten Wahrheit durch Bekämpfung seiner Gesetze Christi nicht wegführen kann, doch darauf sein stets wachsames Bestreben, ob er vielleicht unter dem Vorwand der Frömmigkeit einige zur Verachtung und Geringschätzung derselben verleiten könne, wodurch er ein Zerwürfnis der brüderlichen Liebe und schließlich die Verachtung des Gesetzes selbst verursachen kann. Wahrlich, wir berichten es mit großem Schmerz, uns ist durch zahlreiche Berichte und wiederholten Lärm zu Ohren gekommen, wie einige aus verschiedenen Ortschaften auf Grund irriger, teuflischer Lehre zum Schaden des christlichen Glaubens und der Frömmigkeit unüberlegt annehmen und zu beweisen versuchen, es gäbe kein Fegefeuer, und folglich soll man nicht für die Toten beten oder Almosen geben; auch solle man in der Kirche keine Bilder haben; ja, es widerspräche sogar, wie sie fälschlicherweise behaupten, dem Gesetz Christi, Bilder Christi und der Heiligen zu haben. Außerdem hätten die Weihungen von Salz und Wasser, des Taufquells, die seit langem am Sonntag stattfinden, und zwar in der gesamten christlichen Welt, wie auch andere Weihehandlungen der Kirche, die durch die heiligen Väter und die christliche Lehre bekräftigt und anerkannt worden sind, den Irrtum in sich nach ihren falschen Phantasien. Daher wollen sie jene, zusammen mit anderen löblichen Kirchengebräuchen, völlig abschaffen und bemühen sich, sie auszurotten.

Damit es also nicht den Anschein hat, daß unser Gemüt angesichts so schwerwiegender Irrtümer ungerührt bliebe, damit auch nicht jemand von uns glaubt, daß wir solchen Irrtümern zustimmten, aber damit auch nicht durch unser Stillschweigen irgend jemand die freie Möglichkeit, dem Irrtum zu verfallen, gegeben wird: Deshalb wollen wir allen diesen und sonstigen Unbesonnenheiten, die sich verbreiten können, gemeinsam entgegentreten und ermahnen euch, insgesamt jeden einzelnen und im einzelnen die Gesamtheit, bei der Barmherzigkeit Jesu Christi und eurem Seelenheil, und bitten euch hiermit inständig, daß ihr mit der heiligen Mutter Kirche, mit uns und mit den heiligen Kirchenlehrern gemeinsam glaubt und bekennt, daß nach diesem Leben das Fegefeuer, und zwar bis zum letzten Tage des Gerichts, dauern wird; daß ihr fest erklärt, daß man geistliche Unterstützung wie Gebete, Fasten, Almosen und Messen für die Toten und andere Werke der Frömmigkeit wirken soll, daß ihr aber die Bilder des Gekreuzigten und die seiner Heiligen, die Weihungen des heiligen Taufbrunnens, des Salzes und Wassers, der Psalmsonntagszweige, der Feuer, Kerzen, Eier, Käse und anderer Dinge des Osterbrauches, Weihräucherungen, Besprengungen mit Weihwasser, Glockengeläute, Friedenskuß und sonstige Gebräuche, die seit langem in der heiligen Kirche Gottes gehalten werden und die mit Gottes Gesetz übereinstimmen, bei euch nicht ausrotten lassen sollt. Denn ihr wißt aus den Kanones der Heiligen, daß in den Dingen, über die die heilige

Schrift nichts Genaues festgesetzt hat, die Sitte des Gottesvolks und die Satzungen der Vorväter wie ein Gesetz zu halten sind. Und wie Übertreter der göttlichen Gesetze, so sollen die Verächter der kirchlichen Gebräuche gezüchtigt werden.

Wir bitten außerdem, daß ihr, wenn zu euch Verkündiger der genannten Irrlehren mit ihren falschen Lehrsätzen kommen, die gegen diese unsere Ansicht lehren wollen, ihnen das Gehör verweigert, solange bis sie vor uns bewiesen haben, daß ihre Ansicht rechtmäßig ist. Seid dabei um die genannten Dinge aufmerksam und eifrig bemüht als die, die der Wahrheit Förderung mit allen Mitteln betreiben und zugleich alles, was eurem Seelenheil und der brüderlichen Eintracht im Wege ist, beseitigen. Gegeben in Prag im Jahre des Herrn 1417, den 25. Januar, im Hause, das der Michaelskirche in Prag gehört, unter dem Siegel des Rektorats.

4. Magister Christiann von Prachatitz tadelt den Pilsener Prediger Koranda aufs heftigste, weil er in der christlichen Lehre und in den Bräuchen der Kirche Neuerungen einführen will

„Dieser Brief ist von Magister Christiann von Prachatitz einem Prediger namens Koranda geschrieben worden, der damals Prediger in Pilsen war."

Frieden, Heil und Beständigkeit im Unglück, lieber Bruder in Christo. Was hört man jetzt, was für üble Gerüchte verbreitet bereits das Volk über dich, wie sehr werden sich die Feinde der Wahrheit freuen, wenn sie merken, daß wir untereinander nicht einig sind, wenn sie von der Zwietracht unter uns hören, daß wir selbander und selbst mit Wort und Tat zu verwirren wetteifern! Daraus können sie gewiß unsere Vernichtung voraussagen, da unser Heiland sagt: Jedes Reich, das mit sich uneins wird, wird wüst werden. Dieser unser Kampf gegeneinander kommt nirgendwoanders her als vom Teufel, dem Übeltäter, der durch vielerlei Versuchungen, durch Vorladungen und Exkommunikationen, Interdikte und Ketzerurteile, die Schlachtreihe unseres Verbandes nicht zertrennen konnte; darum hat er Unkraut zwischen den Weizen gesät, hat einige von der einträchtigen Meinung der Brüder abtrünnig gemacht und sie veranlaßt, den Lehrsätzen und Schriften der Magister, die doch wahr sind, zu widersprechen. Und einige, die nur den Eifer haben, nicht den, der der Weisheit gemäß ist, haben schmerzlicherweise die zahlreichen brüderlichen Ermahnungen der Magister unbeachtet gelassen und folgen ihrer eigenen Ansicht und den unverständigen Leuten beiderlei Geschlechts, die unter dem Anschein der Frömmigkeit sehr oft die Gemüter vieler Unschuldiger schädigen; die ihnen einreden, es gäbe kein Fegefeuer, man solle nicht für die Verstorbenen beten, nicht auf die Hilfe der Heiligen hoffen, nicht „Salve regina" singen; die Reliquien der Heiligen, die nicht sicher echt sind, auf den Misthaufen werfen, schließlich ihre Bilder mit Feuer verbrennen und sich nicht um Gebräuche und kirchlichen Kult, die von Menschen erfunden seien, kümmern, sondern sich lieber in allen Dingen nach den Bräuchen der ursprünglichen Kirche richten. Nun klingt das öffentliche Gerede und Gerücht über dich in unsern Ohren, und in ganz Prag, ja im ganzen Reich Böhmen hört man, wie du durch deine Predigt die Heiligenbilder schimpflicherweise aus der Kirche verwiesen hast und wie du kleinen Kindern, die noch nicht herunterzuschlucken verstehen und vermögen, das Abendmahl unter beiderlei Gestalt reichst und wie du die kirchlichen Gebräuche insgesamt und im einzelnen, die der heiligen Schrift gar nicht widersprechen, geringschätzt und weder durch dich noch durch einen anderen ausüben lassen willst. O, welch unvernünftige Lehre, o Unvernunft dieser Lehre, wenn sich diese Dinge so verhalten, wie geredet wird; wie viele werden durch dich verärgert, wie viele werden ihre Liebe von dir abziehen! Vor kurzer Zeit nämlich, wenn der Name Koranda gehört wurde, waren alle des Lobes voll und strömten zusammen und bewunderten die Reden und seinen festen Glauben und den Eiferer für die Wahrheit. Aber nun hat sich das Saitenspiel der Freude in Trauer verwandelt, verändert hat sich die edle Farbe des guten Rufes in Schimpf, und der einst als vornehmster Verfechter des Gesetzes galt, heißt bereits um seiner Phantasien willen dessen größter Widersacher. Darum, liebster Bruder, soll dich dies, was ich schreibe, nicht beschweren noch dich, hoffe ich, zu Worten der Schmähung veranlassen; aus Nächstenliebe habe ich so geschrieben, obschon ich nicht behaupte, in den Augen des Herrn gerecht zu sein. Ich will aber, soviel an mir liegt, daß das Gesetz Gottes gefördert wird. Denn ich weiß, daß einige von uns, die die evangelische Wahrheit beim Herrscher eifrig zu fördern bemüht sind, sehr durch die oben beschriebenen Dinge niedergeschlagen sind und sagen, sie wollen sich nicht mehr unsretwegen verwickeln, sondern wie andere ein ruhiges Gemüt behalten. Ohne vom hauptsächlichen evangelischen Grundsatz abzuweichen, wollen wir im übrigen die unbegründeten Neuerungen bekämpfen, wenn sie das Wort mit diesen verkünden. An allen Enden nämlich erscheinen unter den Unsrigen falsche Priester, die trunksüchtig, verschwenderisch und über die Maßen anstößig sind; die mit der Heuchelei, daß sie etwas Neues aufgebracht haben, die Taschen der Witwen leeren, Armut predigen, aber dabei die Schande der Armut mit dem Schleier irgendeiner Heuchelei verhüllen. Sie wollen die Einkünfte der Kirche haben und dabei ohne Arbeit an allem Überfluß haben. Wenn sie aber nicht genug geben, ziehen sie, wenn die Scheuer leergedroschen ist, zu den reicheren Kirchen und ziehen mit gefüllter Börse wieder von dannen, indem sie sagen: Wir müssen auch noch anderen das Evangelium bringen. Daraus läßt sich offensichtlich schließen, daß diese nicht vom Geist des Herrn, sondern vom Geist der Lüge getrieben werden. Du aber, Bruder, sei nicht so, sondern ahme die Regel der Apostel, die du predigst, im Wirken nach. Nirgendwo lesen wir nämlich, daß die Apostel hinsichtlich des Guten geteilter Meinung gewesen sind; sondern, um Israel zu retten, haben sie manchmal selbst jüdische Sitten befolgt, haben die Beschneidung, obschon sie damals nicht notwendig war, zugelassen, haben sich selbst nach den Riten jener geheiligt, wie man aus

266

dem Ausspruch des Paulus vernehmen kann, der so spricht: „Gebet kein Ärgernis weder den Juden noch den Griechen noch der Gemeinde Gottes; gleichwie ich auch jedermann in allerlei mich gefällig mache und suche nicht, was mir, sondern was vielen frommt, daß sie selig werden" *(1. Kor. 10, 32—33).* Wahrlich, wenn die Unsrigen diesen Ausspruch bedächten, würden sie niemals von sich aus gegen die Meinung der Brüder vorgehen, sondern sich den anderen in den geistlichen Bräuchen anpassen, auf daß alle selig werden. Denn für mich steht fest, was ich gehört habe und was ich weiß: Was täglich durch die Unsrigen geschieht, gewinnt nicht nur [nicht] die Gegner der Wahrheit zur Annahme der Wahrheit, sondern stößt diejenigen ab, die unsere stärksten Freunde und Förderer der Wahrheit sind. Wahr ist, daß Herr Čenko neulich schwer angeschuldigt hat, welche die Ansichten, Aussprüche und Schriften der Magister außer acht lassen und nach ihrem eigenen Kopf handeln; er hat mit seinen Magistern beschlossen, er wolle den Brief der Magister über die kirchlichen Sitten in seinem Gebiet in jeder Weise zu halten befehlen. Zweitens will er keinesfalls zulassen, daß die kleinen Kinder nach der Taufe sofort das Abendmahl erhalten. Und das sollten auch der König und alle Unsrigen tun, wenn wir das Wohl unseres Reiches unbeirrt erlangen wollen. Und obgleich einige Schriften für die Abendmahlserteilung an die kleinen Kinder eintreten, die das Abendmahl auch manchmal so erhalten haben, und einige Dinge sich wie das genaue Gegenteil der Schrift anhören, so wäre es doch gut und nützlich, nicht sofort auf die ungewohnte andere Seite überzutreten, ohne zuvor öfters mit den Gelehrten zu beraten, ob es dienlich sei, so oder auf andere Weise diese Neuerungen zu verbreiten. Ich wage nicht, unüberlegt zu bestimmen, was Gott in diesem Falle genehmer wäre. Ich wünsche, daß alle demütig gleichsam in die Verbannung gehen sollen, auf daß wir, indem wir den Hauptstreitpunkt, der das Abendmahl betrifft, hintanstellen, uns den Dingen zuwenden, worin wir übereinzustimmen scheinen. Das rate ich auch dir, wenn du den Erfolg unserer Partei wünschst, daß du deine womöglich manchmal phantastischen Lügengebilde hinter dir läßt und dich nach der Schar der wahrheitsliebenden Magister richtest und dich nicht aufspielst als einer, der allein mehr versteht als die anderen. Sonst, wenn du anders handelst, wirst du, fürchte ich, die Frucht samt der Arbeit verlieren.

5. Die Glaubensartikel

Diese nachfolgenden Artikel, die Hussens Anhänger und ihre Gefolgschaft nicht hatten befolgen wollen, sind vom Magister von Jesenitz und auch von anderen Magistern, die Hussens Partei führten, bereits widerrufen worden — sie sollen nicht befolgt werden, außer in beiderlei Gestalt.[1]

---

[1] Gemeint ist die Darreichung des heiligen Abendmahls. — D. Hrsg.

Diese Artikel leiten sich aus der heiligen Schrift und aus den Verfügungen der heiligen Kirche und der gelehrten Doktoren her und sollen befolgt werden:

Der erste besagt, daß der Leib des Herrn Jesus der christlichen Gemeinde gereicht werden soll, die Vernunft besitzt und danach verlangt.

Desgleichen soll den Kindern, solange sie nicht fähig sind, die Vernunft zu benutzen, weder der Leib noch das Blut Gottes des Herrn im Sakrament gereicht werden.

Desgleichen kann einem Kranken, der aus wahrem Glauben nach dem Leib Gottes verlangt hat und dann plötzlich in geistige Umnachtung fällt — und das läßt sich gut beweisen —, der Leib Gottes gereicht werden.

Desgleichen soll daran geglaubt werden, daß die Seelen nach diesem Leben ins Fegefeuer kommen, das bis zum Jüngsten Tage dauert.

Desgleichen sollen wir beten und Almosen geben, und es sollen Gottesdienste in der Kirche stattfinden für die Seelen, die im Fegefeuer sind.

Desgleichen sollen wir die Heiligen bitten, Gnade für uns bei Gott dem Herrn zu erbitten.

Desgleichen sollen die Christen die festgelegten Feiertage heiligen und auch die Fasten nicht ohne große Not auslassen.

Desgleichen können ehrbare und notwendige Schwüre auf Wahrheit, Gerechtigkeit und bei Urteilen ohne Sünde sein.

Desgleichen soll die Messe weder verkürzt noch ohne einen geweihten Altar, ohne Ornat und die anderen ehrenvollen und dazu notwendigen Vorbereitungen gelesen werden.

Desgleichen soll das Blut Gottes nicht auf den Straßen und Wegen herumgetragen werden.

Desgleichen sollen die Messen nicht in tschechischer Sprache gesungen werden.

Desgleichen heiligt ein guter Priester ebenso wie ein schlechter, wenn er die Messe liest, den Leib Gottes vollkommen, er tauft auch vollkommen und vergibt dem Bußfertigen die Sünden wirklich, und dies gilt auch für die anderen Sakramente.

Desgleichen soll keinem anderen als dem Priester gebeichtet werden.

Desgleichen sollen die Kirchenordnung über die Glocken, Bilder, Taufbecken, über das Weihen von Wasser und Salz, der Lichtmeß, von Osterbroten, Lämmern und anderen gewöhnlichen und der heiligen Schrift nicht zuwiderlaufenden Dingen sowie die anderen ehrbaren Kirchenbräuche dabei erhalten bleiben.

Desgleichen soll die Taufe bei einem normalen Taufbecken stattfinden, und Chrisma und geweihtes Öl sollen für die Taufe wie auch für die Kranken bereitgehalten werden, eine Nottaufe kann aber auch von einer Wehmutter und einem Laien und auch mit gewöhnlichem Wasser durchgeführt werden, wie es von altersher gehandhabt wurde.

Desgleichen sollen Schädlinge und böse Menschen nach Gesetz und Barmherzigkeit bis zum Tode hingerichtet werden.

Desgleichen soll weder ein Laie noch ein Weib in der Kirche predigen dürfen.

Desgleichen soll der Kuß in der Messe als das Zeichen heiligen Friedens nach gutem altem Brauch beibehalten werden.

Desgleichen sollen alle anderen guten Bräuche und die Verfügungen der heiligen Kirche, die nicht der heiligen Schrift und den guten Sitten zuwiderlaufen, beibehalten werden.

6. 23 Artikel von den Magistern und der Geistlichkeit von Prag, gegen die aufkeimenden Lehrmeinungen der Sekte der Taboriten veröffentlicht

„23 Artikel, bei denen sich der gesamte Klerus bescheiden wollte, um der Erhaltung der Einheit willen, im Jahre 1418."

Im Jahre des Herrn 1418 haben um das Fest des heiligen Wenzel die Brüder, nachdem mehrmals eine Versammlung der Magister und der älteren Brüder und zahlreicher Priester in Prag stattgefunden hatte, um die Meinungsverschiedenheiten in gewissen Dingen zu beseitigen, in denen und durch die die Verschiedenheit unter den Brüdern unter ihnen und gegen sie wie auch im Volk viele verschiedenartige Ärgernisse und nichtige Streitigkeiten erzeugt hat, beschlossen, in einmütigem Bekenntnis dieser Artikel zu verbleiben und sie einträchtig zu halten und die anderen schlichten Leute sie zu halten in gleicher Weise zu unterweisen und zu lehren. Niemand darf also irgendeine Neuerung, wenn sie ihm gleich nützlich erscheint, von sich und aus eigenem Antrieb einführen und predigen oder vertreten wollen, bevor er sie der Gemeinschaft der Brüder zum Behandeln und Prüfen und mit Zeugnissen der Schrift zu stützen und zu bestätigen vorgebracht und dargestellt hat. Wenn aber jemand anders handelt und aus eigenem Ermessen sich von diesem entfernt und etwas anderes lehren oder etwas Entgegengesetztes halten oder etwas Neues ohne allgemeine Zustimmung einführen will, der soll wissen, daß jeder den Gefahren, die solche eigene unbesonnene Handlungsweise mit sich bringt, unterliegt.

1. Erstens: Die kleinen Kinder sollen nach der Taufe das Abendmahl in der Form von Leib und Blut des Herrn in vernünftiger Weise erhalten, wobei zuerst bedacht sein soll, ob das Kleine fähig ist, es zu empfangen, nämlich, ob es dies vermag und es nicht wieder ausspeit. Sonst muß man bei ihm noch mit dem Abendmahl warten. Wenn es geeignet ist, dann soll man ihm ein kleines Stückchen des ersten Sakraments in den Mund stecken und, nachdem der Mund eine kurze Zeit geschlossen war, danach einen Tropfen des Blutes Christi, der aus dem Kelch mit dem Finger aufgenommen und über dem Kelch hinüberbefördert wird, ihm ein oder zweimal in den Mund hineinträufeln.

2. Weiter: Niemand soll zu behaupten wagen, daß nur die Dinge geglaubt und als Glaubenssätze oder sonstwie gehalten werden sollen, die in der heiligen Schrift ausgesprochen und darin ausdrücklich festgesetzt sind, so daß er nichts halten will, außer was sie ausdrücklich ausdrückt oder ausgesprochen festlegt.

Obschon nämlich alle Wahrheit, die unserm Heil dienlich ist, in der heiligen Schrift ursprünglich niedergelegt ist, verborgen oder ausdrücklich, so drückt sie doch nicht alles aus und macht es deutlich, wie zum Beispiel jenes, daß der heilige Geist ein Gott sei, der dem Sohn und dem Vater an Göttlichkeit gleich ist, was nirgends in den heiligen Schriften zu finden ist, obgleich es sich dort gemäß der Wahrheit des Sachverhalts befindet. So muß man von vielen anderen Wahrheiten sagen, welche die einen deutlicher, die anderen undeutlicher dargestellt haben: Wahrlich, alles zu erkennen, was in der heiligen Schrift einbeschlossen ist, vermag niemand; auch die Apostel selbst haben Gottes Werk manchmal nicht verstanden.

3. Weiter: Für die Seelen, die vorauserwählt sind, ist nach diesem Leben das Fegefeuer anzunehmen; das erhellt gewissermaßen aus allen heiligen Kirchenlehrern, die vom ersten, Dionysius, bis zu den letzten es einmütig in ihren Schriften gelten lassen. Aber freilich darf niemand über sein unbestimmtes Ende und sein künftiges Geschick eine feste Zuversicht haben und somit deswegen im Guten nachlassen oder im Schlechten versinken; denn niemand weiß, wohin er einmal gelangen oder fallen wird.

4. Weiter: In den Messen soll das Gedächtnis der Toten nach der Sitte des Meßkanons für diejenigen gepflegt werden, die sich tatsächlich oder möglicherweise im Fegefeuer befinden.

5. Weiter: Gebete und Almosen und andere sinnvolle geistliche Hilfsmittel soll man für die Toten vorschriftsmäßig darbringen; unter ihnen sollen keinen Raum finden alle die öffentlichen Messen, käuflichen Gebete und Gesänge der Gebetsverbrüderungen, die schon an sich den Makel der simonistischen Ketzerei oder der Habgier der Geistlichkeit eher an sich tragen als das Wesen einer Unterstützung der Toten.

6. Weiter: Die Heiligen, die in der triumphierenden Kirche sind, können den Erwählten, die dafür geeignet sind, auf Erden wirksam Hilfe leisten, und zwar durch Beten und Fürbitte, was ihre Empfindungen geistlicher Liebe für uns bei Gott sind; oder auf andere Weisen, indem sie uns im Übel beistehen oder im Guten fördern. Dennoch soll man sich gar sehr vor einer regelwidrigen Verehrung derselben hüten, denn die erste und meiste Beachtung muß immer auf Christum gerichtet sein und darf auf keine Weise beiseite geschoben oder behindert oder irgendwie gedämpft oder unterlassen werden.

7. Weiter: Niemand soll wagen zu behaupten und daran festzuhalten, daß man auf keinen Fall schwören darf; denn Christus und andere Heilige haben aus schwerwiegenden Anlässen von der Liebe bewegt geschworen: Vielmehr soll man nur nicht aus einem leichten, einfachen Grunde wie um eines geringen zeitlichen Besitzes willen schwören: Bei diesen Dingen sind den Menschen Urteil und Eid mit Gefahr verbunden; in ihnen ist besser, nicht zu schwören als zu schwören. Niemand kann nämlich sagen, daß der Eid an sich unerlaubt sei; denn Christus hat geschworen und der Apostel, ähnlich auch der Engel, obschon jeder Eid wie auch jedes Urteil für die Menschen mit Gefahr verbunden ist.

270

8. Weiter: Niemand soll wagen zu behaupten und daran festzuhalten, daß große Übeltäter, wenn sie anders auf milde Art nicht zurückgeführt oder gebessert werden können, keinesfalls zu Recht mit Gottes Ermächtigung durch den weltlichen Arm bisweilen hingerichtet werden können. Allerdings nur so, daß zum Heil des zu Bestrafenden das Heil des Gemeinwohls nach Möglichkeit erstrebt und der Rechtsfall und die Hinrichtung mit Gottes Gesetz in Übereinstimmung gebracht werden.

9. Weiter: Niemand soll wagen zu behaupten, daß ein Priester bereits dadurch, daß er öffentlich oder privat Todsünde begeht, nicht mehr mit göttlicher Vollmacht taufen und das Abendmahl weihen und die andern Sakramente den Gläubigen spenden kann, wenn nicht jemandem das Gegenteil von Gott wirklich offenbart worden ist. Denn Priestertum ist eine Bezeichnung des Amtes, nicht der Verdienstlichkeit. Freilich sollen stets lieber gute, heilige Priester, wenn die Möglichkeit besteht, aufgesucht werden und falsche Propheten zu ihrer Schande gemäß dem Evangelium gemieden werden.

10. Weiter: Niemand darf oder kann das Meßopfer weihen, wie heilig er auch sein mag, als ein Priester, der dazu bestimmt und geweiht ist.

11. Weiter: In der Ohrenbeichte sind als Buße, wenn es die Sache erfordert, leibliche Fasten aufzuerlegen, Kasteiung des Leibes und andere Werke der Genugtuung wie Gebete, Almosen und Tränen zu befehlen; und nach diesem soll dem Büßenden sinngemäß die Hand aufgelegt werden. Denn zur Buße genügt es nicht immer, die Sünden zu unterlassen, sondern es wird verlangt, für sie Genugtuung zu leisten nach dem Vermögen des Büßenden und ihnen für immer den Eingang zu verwehren.

12. Weiter: Die Kranken sollen mit dem Öl der letzten Ölung gesalbt und durch Gebete der Priester mit Gott versöhnt werden. Dies nämlich ist das Wesen des siebenten Sakraments, und dieser Gebrauch stammt von den Aposteln und ist von der ursprünglichen Kirche bekräftigt worden.

13. Weiter: Den Vorgesetzten, geistlichen wie weltlichen, auch den bösen und wunderlichen, darf man nur in erlaubten und ehrenhaften Dingen gehorsam sein; aber in unerlaubten Dingen soll man ihnen liebevoll und vernünftig entgegentreten. Obgleich man jedem Menschen aus Nächstenliebe gehorchen soll, muß man doch den Vorgesetzten sowohl aus Nächstenliebe als auch aus Notwendigkeit gehorsam sein.

14. Weiter: Den Satzungen der Kirche und vernünftigen Vorschriften, die zum Gesetz Christi hinleiten und dem Gesetz Gottes in keiner Hinsicht widersprechen und die frommen Gebräuche nicht beschränken, soll man nach dem Zeugnis der heiligen Schrift gehorchen.

15. Weiter: Auf die Aussprüche der heiligen Lehrer der ursprünglichen Kirche, die sich unmittelbar auf die heilige Schrift gründen, muß man sich treulich stützen und muß bei ihren Lehren bleiben und nicht aus geringem Grunde oder Eigenmächtigkeit oder Bosheit von ihnen abgehen.

16. Weiter: Alle heiligen Handlungen, Gewohnheiten und Gebräuche der Kirche, die Gottes Gesetz dienen oder die Kirche zieren und die frommen Sitten

bei den Christgläubigen fördern, sind zu befolgen, und zwar für immer, außer wenn einmal etwas anderes, das zu tun besser wäre, aufkommt.

17. Weiter: Weihungen von Wasser zum Taufen und Weihungen anderer Dinge, die in der Weise der ursprünglichen Kirche von den Heiligen gehalten und von den Kirchenlehrern anerkannt worden sind, dürfen zu Recht stattfinden; aber die Hoffnung auf das Seelenheil darf nicht in sie gesetzt werden. und vor den Mißbräuchen, die durch sie die Folge sein können, muß man sich sorgfältig hüten.

18. Weiter: Die Anordnung der Meßfeier hinsichtlich der Form der Gewänder, der Bräuche und Weihehandlungen darf ohne besondere, dringende Notwendigkeit in nichts geändert werden; auch die Vollziehung des Meßopfers darf ohne ebendiese Notwendigkeit nicht in anderer Weise durchgeführt werden. Denn diese Anordnung ist nach den Aussprüchen der heiligen Lehrer mit schönen und nützlichen Gründen erklärt worden, die niemand grundlos entkräften soll.

19. Weiter: Evangelium und Epistel sollen bei der Messe in der Volksprache gesungen werden; die andern aus gewissen Ursachen herrührenden Abweichungen und Verschiedenheiten, die Anstoß erregen können . . ., wäre es besser, beiseite zu lassen und weiterhin in lateinischer Sprache zu bringen, zum Beispiel das Gebet für die Gläubigen und das Eucharistiegebet.

20. Weiter: Kirchliche Bilder können in der Kirche belassen werden, wenn sie nicht überflüssig und auf herausfordernde falsche Art ausgeschmückt sind, so daß sie die Augen der Abendmahlsempfänger von der Verehrung des Leibes des Herrn ablenken oder die Gedanken auf sich ziehen oder sonst stören. Sie können nämlich nicht so sein, daß sie irgendwie angebetet oder durch Kerzenopfer, Kniefall oder andere Formen der Verehrung verehrt werden, die vielmehr dem göttlichen Leib zu erweisen sind. Vielmehr sollen sie nur zur bloßen Darstellung der Dinge, die an Christus oder durch Christus geschehen sind, dienen, welche schlichte Menschen in ihnen auf leichtere Art erkennen können, die so in ihrer Frömmigkeit gefördert werden.

21. Weiter: Der Sonntag und andere Feiertage Christi und der seligen Jungfrau und der Apostel und anderer Heiliger, die in der ursprünglichen Kirche gefeiert und durch Zeugnisse der heiligen Kirchenlehrer anerkannt sind, sollen gefeiert werden. An ihnen nämlich entsteht durch das Zusammenkommen des Volkes viel Gutes im christlichen Volk, so die Bekanntschaft mit dem Wort Gottes und die Erteilung des Abendmahls und die Beschäftigung des Volkes mit dem Gottesdienst. Auf daß diese Dinge sich mehren und verbreiten unter der Menge, sollen sie treulich gefördert werden; von ihnen das Volk abzubringen, scheint dasselbe zu bedeuten, wie die Gott gebrachten Opfer für das Volk zu vermindern, was den Söhnen des Eli keinen Nutzen gebracht hat.

22. Weiter: Die Fasten der Kirche, zum Beispiel die vierzigtägige Fastenzeit und das Fasten zu den vier Zeiten (Quatember) und an den Vortagen der Feste der Heiligen, wie Christi und der Apostel, sind von denen, die es aushalten können, auszuhalten und durchzuführen und nicht durch Fleischverzehr und

andere Schmausereien zu brechen. Denn Christus hat mit seinen Aposteln wie auch mit den wichtigeren Heiligen diese Formen der Enthaltsamkeit empfohlen und gelehrt und an sich gezeigt, daß sie den Büßenden sehr nützlich sind. Andernfalls würde das Volk, wenn diese Fasten abgeschafft wären, sich der Völlerei des Fleischessens, von der es zurückgehalten werden soll, hingeben und dadurch zu einer ungesunden Leibesverfassung kommen.

23. Weiter: Die evangelischen Priester, die unter dem Volk arbeiten, können alle notwendigen Dinge, ohne sich selbst daran zu binden, nach göttlichem und natürlichem Recht in beschränktem Maße besitzen und mit ihnen für sich und die Bedürfnisse der Armen redlich sorgen, obgleich sie gehalten sind, auf weltliches Eigentum gänzlich zu verzichten.

1. Chiliastischer Aufruf

Die Gnade des allmächtigen Vaters, unseres himmlischen Gottes, werde euch
gewährt, auf daß ihr sie wieder in Treue empfanget, wie den Heiligen zukommt,
denn Gott müssen sie fürchten, sagend:
O grenzenlose Gnade, die Du einem jeden genügend gibst,
Und das alles aus Liebe, ohne daß wir es verdient hätten.
Und dafür sei Ihm Preis und Ehre der Anbetung, Lob und Dank des Gebets in
alle Ewigkeit; laßt uns denHerrn in der Ehrbarkeit und Heiligkeit des eigenen
Lebens erwarten, wissend, daß der Herr schon vor der Türe steht und der Morgenstern, der schon aufgegangen ist, Ihm von Osten her leuchtet. Laßt uns deshalb
sehr fleißig wachen, denn wir wissen nicht, zu welcher Stunde der Engel zum
dritten Male in sein Horn stößt. Und sogleich wird sich die Sonne erhellen, die
Finsternis wird weichen und die Dunkelheit vergehen, dem Holz wird Blut ent-
strömen, und es wirdherrschen Der, Den nicht erwarten, die auf Erden wohnen.
Und wer immer Seine Stimme hört, wird von Furcht erfaßt werden. Und deshalb
wollen wir bereit sein, wenn der Herr kommt, mit ihm zur Hochzeit zu gehen.
Aber wer ist denn bereit? Doch nur der, der in Christus ist und Christus in ihm.
Und der ist in Christus, der Ihn ißt. Denn den Leib Christi essen heißt, im
Leben an Ihn glauben, und Sein Blut trinken, es mit Ihm für Seinen Vater
vergießen. Und der empfängt seinen Leib, der Sein Gut öffnet, und der ißt
Seinen Leib, der lebhaft Seinen Worten lauscht. Und daneben werden wir alle
der Leib Christi sein, wie der heilige Paulus sagt, die Glieder seines Gliedes.
Und um dieses Essens willen werden die Gerechten glänzen wie die Sonne im
Königreich ihres Vaters, wenn Er kommt in den Wolken in seiner Herrlichkeit
und großen Macht und die Heerscharen Seiner ruhmreichen Engel schickt,
alles Übel aus Seinem Erbteil hinwegzufegen. Und dann wird erschrecken die
Unwahrheit und vergehen die Lüge, es wird verschwinden die Ungerechtigkeit
und eine jede Sünde, es wird blühen der Glaube und wachsen die Gerechtigkeit, und das Paradies wird sich uns öffnen und die Güte sich vermehren, und
die Liebe wird da sein reich und vollkommen. Aber kurz zuvor werden die
lebendigen Wasser aufhören zu fließen drei Stunden lang, und die Sonne wird
sich in Dunkelheit kehren und der Mond in Blut, und die Sterne werden vom
Himmel fallen, denn es wird sie herunterreißen der Drache mit seinem Schwanz,
so daß, wer auch stünde, fällt und fehlgeht. Und die Zeit wird sich wandeln
in ein altes Schweigen in sieben Tagen, so daß keiner übrigbleibt, wie in den ersten

274

Anfängen. Und der Mann wird teurer sein denn Gold, und der Mensch wird verlangen, einen Menschen zu sehen, ohne daß er ihn sieht, und seine Stimme zu hören, ohne daß er sie hört. Aber überglücklich, der lebend bleibt in den zweitausend und dreihundert und fünfunddreißig Tagen, denn zu der Zeit wird die heilige Stätte gereinigt, wie der heilige Daniel sagt.

Diese Dinge schreiben wir euch, die ihr vollkommen seid und alle Speisen zu euch nehmen könnt, nicht wie jene, die sich von Milch nähren, um nicht zu ersticken, die unvernünftig sind, sondern als den weisen, die verständig sind, sich in Gott, ihrem Herrn tüchtig zu freuen und immerdar. Wie auch wir euch aufrufen für den glorreichen Vater: Hütet euch vor Götzenbildern und neigt euch vor keinem sichtbaren Ding als vor dem Vater selbst, dem unermeßlichen Schöpfer, den kein menschliches Auge, kein Herz und kein Sinn erfassen kann. Und so heißt er unermeßlicher Gott. Und ich rufe euch auf, hütet euch vor den falschen, lügnerischen Priestern, denn sie sind der Schwanz, der die Sterne vom Himmel herunterreißt, wie der Prophet Jesaias sagt. Auf daß der Herr nicht verkürzet jene Tage und sie die von Gott Auserwählten nicht in die Irre führen. Gott der Herr stärke euch in allem Guten immerdar, ihr alle, die ihr Ihm treu ergeben seid, gedeiht in Frieden. Amen. Ich rufe euch auf im Namen Gottes: Tut dieses Schreiben der ganzen Gemeinde kund.

2. Zwei Belehrungen und Ermahnungen (in chiliastischem Sinne) an das Volk, damit es in der hereingebrochenen Zeit der Strafe und der Trübsal „auf die Berge" fliehe, das heißt in die fünf befestigten Städte

a)

Gott der Herr sei mit euch, er erleuchte und tröste euer Herz in eurem Kummer und Schmerz! Geliebte Brüder und Schwestern in Gott! Sehen wir diese schwere, schreckliche und gefahrvolle Zeit an, die von Christus, von den Aposteln und den heiligen Propheten geweissagt worden ist und die größte Trübsal und Tage voll äußerst großer göttlicher Strafe verheißt. Und diese von Christus geweissagte Zeit gibt sich kund besonders in mancherlei verschiedenartigen und versteckten Verirrungen, in Kämpfen und im Nachsinnen über Kämpfe. Denn es rotten sich schon manche zusammen gegen das Gebot Christi in der Meinung, es sollte nicht mit dem leiblichen Schwerte ordnungsgemäß gekämpft werden gegen das Übel und die Schändlichkeit, gegen die Verirrung und die Ketzerei. Christus hat aber gesagt: Rottet euch nicht zusammen, wenn ihr von Kämpfen und Streitigkeiten hört, denn diese Dinge müssen sein, wie es die heiligen Propheten geweissagt haben. Und insbesondere sagt der heilige Jesaias: Auf besondere Weise werdet ihr sie besiegen, nämlich die Widersacher, die Heuchler, die Verführer und alle, die den von Gott Auserwählten sich in den Weg stellen. Denn es sagt der heilige Johannes in seiner Offenbarung, im siebzehnten Kapitel [Off. Joh. 17, 14]: „Diese werden streiten mit dem Lamm, und das Lamm

wird sie überwinden (denn es ist der Herr aller Herren und der König aller
Könige) und mit ihm die Berufenen sind die von Gott Auserwählten." Und
auch diese Zeit gibt Christus kund an den Streitigkeiten, an den vielen Übel-
ständen, an der Vermehrung der Schlechtigkeit, an den vielen Unterdrük-
kungen, der Verderbnis, der Schändlichkeit an heiligem Orte, das heißt an den
Sünden, Götzenbildern, Höhlen und anderem gottesschändlichen Unflat, an
der Bedrängnis, der Festnahme und dem Morden vor allem der von Gott Auserwählten. Und es gibt viele andere Zeichen und Taten, an denen man diese
Zeit erkennen kann, die sich bereits genähert hat und vor der Türe steht; wie
man die Sommerzeit erkennt am Laub und am Obste, so gibt Christus diese
Zeit der höchsten Trübsal kund in seinen Lehren. Und in dieser Zeit legt Christus seinen Gläubigen das besondere Gebot auf, nicht nur die Sünden zu
fliehen, sonderen auch die Umwelt böser, feindlicher und unaufrichtiger Menschen, indem er sagt: Fliehet auf die Berge, das heißt zu den Gläubigen, die ihre
Hoffnungen, ihre Gemüter und ihr Trachten zu Gott erheben wider alle und
über alle Gewalt. Und wiederum spricht er: Betet, damit ihr würdig seid, alle
Dinge zu fliehen, die sich euch in den Weg stellen werden. Und deshalb befiehlt
Gott der Herr zu fliehen, erstens, damit jeder seine Seele rette; zweitens, damit
das Herz nicht weich werde unter den bösen Menschen; drittens, damit sie
nicht fürchten die Drohungen und Gebote, die man auf Erden hören wird;
viertens, damit sie kein Teil haben an den bösen Menschen und fünftens, damit
sie mit ihnen nicht erleiden die Wunden, wie dies bezeugen der heilige Johannes und der heilige Jeremias. Da euch die Dinge bekannt sind, mühet euch und
eilet also zu fliehen wie das Feuer die Umwelt der Bösen und lasset euch nicht betören, noch heget einen Zweifel, daß es ist Christi Wille, daß ihr euch zusammen-
tut mit den Auserwählten Gottes in dieser Zeit der großen Trübsal. Denn es sagt
Christus im Evangelium des heiligen Matthäus im vierundzwanzigsten Kapitel
[Matth. 24, 31]: „Und er wird senden seine Engel oder Boten mit hellen Posaunen, und sie werden sammeln seine Auserwählten von den vier Winden". Und
im Evangelium des heiligen Lukas im siebzehnten Kapitel [Luk. 17, 37]: Als
seine Jünger ihn fragten und sprachen: „Herr, wo? Er aber sprach zu ihnen: Wo
das Aas ist, da sammeln sich auch die Adler." Saget nun also nicht, was sollen
wir vor Gott fliehen? Wo auch immer ein Gerechter stirbt, da stirbt er gut. Das
ist wahr eine bestimmte Zeitlang, aber nicht immer. Wie es auch Lot eine
geraume Zeit gut war in Sodom unter den Bösen, aber zur Zeit der Strafe, als
Gott ihm befahl, von dort zu fliehen und fortzugehen, da war es ihm schon
nicht gut zu sterben wie seinen beiden Schwiegersöhnen, die mit den Bösen
versunken sind, da sie nicht fortgehen wollten. So werden auch jetzt die gerechten Menschen, auch wenn sie eine geraume Zeit unter den bösen Menschen
hatten gut leben und sterben können, in der Zeit der Strafe nicht gut sterben,
da sie das besonders in dieser Zeit erlassene Gebot Gottes übertreten, das befiehlt, die Umwelt der Bösen zu meiden. Deshalb befiehlt Christus der Herr
und sagt: Denkt an Lots Weib! Wer seine Seele retten will, nämlich unter
den Bösen, der wird sie verlieren, wie Lots Weib sein Leben verloren hat,

da es nicht nur unter den Bösen blieb, sondern sich auch entgegen dem Gebot umgesehen hat. Es ist notwendig, sich daran zu erinnern, da auch Christus uns befiehlt, uns nicht umzusehen nach den Häusern, Gütern und allen körperlichen Dingen, noch den Verführern zu glauben, die da sagen, wo auch immer der Gerechte stirbt, da stirbt er gut. Denn Christus sagt: Wenn sie euch sagen werden, hier oder da ist Christus, so glaubt ihnen nicht, wenn sie nämlich sagen werden: Wenn der Mensch nur die Sünden flieht — Christus ist ihm gnädig auf dem Lande oder in der Stadt, so ist das ein großer Betrug. Denn Christus sagt weiter: Es werden falsche Propheten aufstehen und Zeichen und Wunder geschehen lassen, damit, was durchaus sein könnte, auch Auserwählte in die Irre geleitet werden. Was sind das aber für große Zeichen, die die falschen Christusse und falschen Propheten geben? Es können ausgezeichnete Personen von Magistern und Adligen sein, die, obzwar sie sich den Anschein gegeben haben, etwas zu sein, doch deutlich nichts sind. Und mittels dieser verführen sie die Auserwählten Gottes, indem sie sagen: Sieh, es befolgen dies weder die Magister noch die Herren, nur ein paar Leute, die sich absondern und aus ihren eigenen Köpfen heraus vortragen. Und siehe, selbst sie verführen die einfachen Menschen, wenn sie aus ihren Köpfen heraus beweisen, wo ihnen die Schrift oder Beweise fehlen, und sie führen viele andere betörende Dinge wider das Evangelium an, wenn sie zum Beispiel zu den Leuten sagen, die das Wort Gottes treibt, die Güter zu verlassen und ihrer nicht zu achten: Geht nicht von eurem Gut weg, man täuscht euch! Denn das sprechen sie offensichtlich wider das Evangelium, wo es heißt: Wer sein Haus verläßt, den Bruder, die Schwester, den Vater oder die Mutter, den Boden oder die Erde um meinetwillen, der bekommt hundertmal mehr und erlangt das ewige Leben. Und wieder sagen sie, um die Menschen zu verführen: Geschieht es zu Recht, daß man die Männer von den Frauen wegruft und die Frauen von den Männern und dadurch die Ehen zerstört und so die Leute trennt und Zweifel ihnen schafft; aber sie künden keineswegs den Menschen das Evangelium aufrichtig in der von Gott festgesetzten Zeit. Denn wenn sie die Zeit der jetzigen Tage der Strafe erkennen würden, müßten sie selbst den Leuten sagen, daß in einer solchen dunklen Zeit Christus die Menschen aller Stände trennt, wie der heilige Lukas im siebzehnten Kapitel sagt [Luk. 17, 34, 35 und 37]: „In derselben Nacht werden zwei auf einem Bette liegen; einer wird angenommen, der andere wird verlassen werden. Zwei werden mahlen miteinander; eine wird angenommen, die andere wird verlassen werden. Und sie [die Jünger] antworteten und sprachen zu ihm: Herr, wo? Er sprach zu ihnen: Wo das Aas ist, da sammeln sich auch die Adler". Deshalb, Brüder und Schwestern, wo ihr wißt, daß der Leib Christi dargereicht wird mit allen Teilen der göttlichen Wahrheit, versammelt euch da in der Zeit der Strafe und der höchsten Trübsal. Und die Versammlungsstätten können in dieser Zeit wegen des starken und schrecklichen Antichristen nicht sein auf dem Lande oder anderswo, sondern in den befestigten Städten, von denen der heilige Jesaias fünf nennt, und zwar am Tage der Ankunft des Herrn Jesus Christus. Und dies ist wiederum vielen zum Lachen, und so sagen sie: Ja, ja, es sind eben mehr Sünden in den Städten als auf dem Lande. Darauf ist zu antworten: Jawohl, es gab mehr Sünden in Ägypten als im Judenreiche, aber Jesus floh mit Josef und Maria vor Herodes nach Ägypten, als es ihm der Engel Gottes befahl. So ist es auch jetzt, da Gott will und befiehlt, daß sich in dieser Zeit seine Gläubigen in den befestigten Städten versammeln und zu ihnen fliehen, eine klare Sache, daß er die Bösen zu seiner Zeit auslöschen wird. Deshalb hat Gott der Herr seinen Priestern befohlen, daß sie fleißig rufen und sagen: Tut euch zusammen, und zieht in die befestigten Städte, denn sehet, ich werde machen ein übel Ding und führen eine große Vernichtung von Mitternacht her herbei. Deshalb tut es not, ohne Verzug sich zu versammeln, um Buße zu tun und zu wehklagen über die eigenen und auch die fremden Sünden, und zu beten am Tage und in der Nacht zu Gott dem Herrn und ihn zu bitten, sie zu retten in der Zeit der größten Trübsal. Und auch, damit sie sich richten nach Gottes Wort, nach guten Beispielen und Ratschlägen und vor allem, damit sie sich erfüllen mit der kostbaren Speise und dem Trunke des Herrn Jesus Christus. Deshalb sagt Gott der Herr durch den heiligen Propheten Joel, im zweiten Kapitel [Joel 2, 11–13]: „Denn der Tag des Herrn ist groß und sehr schrecklich: Wer kann ihn leiden? Doch spricht auch jetzt der Herr: Bekehret euch zu mir von ganzem Herzen mit Fasten, mit Weinen, mit Klagen! Zerreißet eure Herzen und nicht eure Kleider und bekehret euch zu dem Herrn, eurem Gott! Denn er ist gnädig, barmherzig, geduldig und von großer Güte, und ihn reut bald der Strafe."

Wer weiß, ob er sich vielleicht umdreht und vergibt und uns seinen Segen gibt. Laßt uns also Gott unsrem Herrn darbringen ein trockenes und ein nasses Opfer. Blast die Posaunen in Zion, das heißt unter den Gläubigen, weihet die Fasten, ruft die Mengen herbei, versammelt das Volk. Heiligt die Versammlung, versammelt die Alten und die Jungen und die Kinder, die an den Brüsten saugen, es verlasse der Bräutigam sein Lager und die Braut ihr Bette. Die Gnade Gottes sei mit euch, möge euch Gott der Herr die Dinge zum Nutzen und zur Rettung wenden, möget ihr die Dinge dem Willen Gottes gemäß verstehen und sie nach seinem Gebote erfüllen. Lasse uns Gott der Herr in allem Guten aushalten.

b)

Der barmherzige Erlöser sei bei euch in eurer Bedrängnis und Trübsal, Amen. Geliebte Brüder in Gott! Wisset, daß schon gekommen ist die Zeit der größten Trübsal, daß sie hereingebrochen ist und vor der Türe steht, die Zeit, die uns geweissagt ist von Christus in seinen Evangelien, von den Aposteln in ihren Briefen, von den Propheten und vom heiligen Johannes in seiner Apokalypse. In dieser Zeit befiehlt Gott der Herr seinen Auserwählten durch Jesaias im 51. Kapitel, die Umwelt der Bösen zu fliehen, indem er sagt: Fliehe ihre Umwelt, mein Volk, damit ein jeglicher seine Seele rette vor dem Zorne und Jähzorne des Herrn und keine Wunden davon erleide. Und damit vielleicht nicht erweiche euer Herz und Furcht entstehe vor den Stimmen, die man auf Erden hören wird. Und durch den heiligen Johannes sagt er in der Offenbarung, im achtzehnten Kapitel [Off. Joh. 18, 4 und 5]: „Und ich hörte eine andere Stimme vom Himmel, die sprach: Gehet aus von ihr, mein Volk, daß ihr nicht teilhaftig werdet ihrer Sünden..., denn ihre Sünden reichen bis in den Himmel". Wohin aber sollen fliehen die Auserwählten Gottes? In die befestigten Städte, die Gott der Herr geschaffen hat, damit sich in ihnen verbergen seine Auserwählten zur Zeit der größten Trübsal. Und dieser Städte gibt es fünf, die sich dem Antichristen nicht verschreiben und nicht ergeben werden, und von ihnen sagt Jesaias im neunzehnten Kapitel [vgl. Jes. 19, 18]: Am Tage der Ankunft Christi werden sein fünf Städte im Lande Ägypten, unter den allen, die die Söhne Gottes von der göttlichen Wahrheit wegdrücken. Und solche heißen nach der Rede des heiligen Johannes die sittlichen Sodom und Ägyptus. Und diese Städte werden sprechen in kannanäischer Sprache, das heißt vom gelobten Lande. Und sie werden schwören auf den Herrn der Heerscharen und versprechen, Gott und seinem Gesetze treu zu sein, und eine Stadt wird die Sonne genannt werden unter den Städten, in die zu fliehen Gott der Herr durch Jesaias, im sechsundzwanzigsten Kapitel, den Auserwählten befiehlt, indem er sagt [Jes. 26, 20 und 21]: „Gehe hin, mein Volk, in deine Kammer und schließ die Tür nach dir zu; verbirg dich einen kleinen Augenblick, bis der Zorn vorübergehe. Denn siehe, der Herr wird ausgehen von seinem Ort, heimzusuchen die Bosheit der Einwohner des Landes über sie". Und er befiehlt seinen Priestern durch Jeremias im vierten Kapitel, in diese Städte zu gehen, und sagt [Jer. 4, 5—7]: „Verkündigt in Juda und schreiet laut zu Jerusalem", das heißt beim Christenvolke, „und sprecht: ‚Blaset die Drommete im Lande!' Ruft mit voller Stimme und sprecht: ‚Sammelt euch und laßt uns in die festen Städte ziehen!' Werft zu Zion ein Panier auf; fliehet und säumet nicht! Denn ich bringe ein Unglück herzu von Mitternacht und einen großen Jammer. Es fährt daher der Löwe aus seiner Hecke, und der Verstörer der Heiden zieht einher aus seinem Ort", wider Gott und sein Gesetz, welcher ist der König von Ungarn, der viele Heiden um sich versammelt hat und aus seiner Stadt, nämlich aus Ungarn, herausgegangen ist, um dein Land in eine Wüste zu verwandeln. Deine Städte werden zerstört werden und ohne Einwohner sein. Da ihr nur diese Kunde wisset, denket fleißig an Gott den Herrn selbst und säumet nicht, denn er steht vor der Türe. Denn Esra sagt: Es wird verlangen der Mensch, in die Stadt zu gehen, und er wird nicht können; laßt euch nicht schwankend machen von den ungläubigen Verführern, die da sagen: Dies wird nicht in unserer Zeit geschehen; denn schon hat es sich erfüllt, und Gott weiß, wann es sein wird. Denn wer den Propheten nicht glaubt, der ist jüdischen Glaubens. Für diese aber gelten nicht die Weissagungen, sondern nur für die Getreuen, so wie der heilige Paulus sagt im Briefe an die Korinther im vierzehnten Kapitel [1. Kor. 14, 22]: „Die Weissagung aber nicht den Ungläubigen". Deshalb sollt ihr, die ihr getreu seid, die heilige Weissagung nicht mißachten. Denn es sagt Gott der Herr durch Amos den Propheten im neunten Kapitel [Amos 9, 10]: „Alle Sünder in meinem Volk sollen durchs Schwert sterben, die da sagen: Es wird das Unglück nicht so nahe sein, noch uns begegnen"; und die weiter [noch] sagen: Es geschieht dies weder in unserer Zeit noch in der Zeit unserer Kinder. Die Gnade Gottes sei mit euch. Amen.

3. Chiliastischer Traktat eines unbekannten Verfassers

Weil der Weg derselbe ist für das restliche Volk, das von den Assyrern übriggelassen wurde, die „meines Zornes Rute", das heißt gegen die Feinde der Kirche heißen, wie er an dem ähnlichen Tage war, als das Volk aus dem Lande Ägypten zog: So scheint es notwendig am Tage der Werke des Herrn, da er begonnen hat, seine Kinder solche Wege zurückzuführen, daß wir uns des Mosaischen Gesetzes erinnern, wo sich dieser Weg beschrieben findet. Aber damit wir nicht mit der Heiligkeit der Engel die Gläubigen Christi zu täuschen scheinen, indem wir eitel einhergehen, aufgeblasen von fleischlichen Gedanken, laßt uns vor allem am Haupt festhalten, das ist am Evangelium Jesu Christi, und den ganzen Leib der Predigt durch Verbindungen und Vereinigungen des Gesetzes und durch die Propheten herstellen, auf daß er wachsen möge zur Stärkung der Vereinigung mit Gott. In Erinnerung also an den Auszug Israels aus Ägypten wollen wir in dieser Weise beginnen.
Als nämlich die Kinder Israel, durch harte Arbeit zermürbt, in Ägypten unter Stöhnen zu Gott riefen, hat der Herr ihr Seufzen erhört und gedachte an seinen Bund, den er mit ihren Vätern geschlossen hatte, und erbarmte sich ihrer. Er gab seine Weisheit in die Seele seines treuen Dieners und gebot ihm, mit Zeichen und Wundern gegen die schrecklichen Könige aufzutreten; und indem er den Gerechten ihren Lohn gab, führte er sie hinaus auf einem wunderbaren Wege, gab ihnen einen Wolkenschleier des Tags und nachts das Licht einer Feuersäule. Nachdem sie durch das Meer geführt und die verfolgenden Ägypter insgesamt vernichtet worden waren, hat er sie mit wunderbarem Brot gespeist und, nachdem er alle Feinde vor ihrem Angesicht vertilgt hatte, in das Land, das er ihnen zugeschworen hatte, hineingeführt.
Wir, die geistlich sein sollen, wollen diesen geistlichen Ereignissen die geistlichen Ereignisse des Neuen Testaments vergleichen. Wir wissen ja, wie die Witwe im Evangelium, die in der Stadt lebt, von ihrem Widersacher schwere Bedrückung aushalten muß *(von ihr Luk. 18)*, beim Sammeln von Stroh und Brennen von Ziegeln, um das Haus des Pharao, das Erbitterung hervorruft, zu erbauen; diese kommt oft zum Richter und fordert, ihr Recht zu bekommen. Daher hat sie die Stola ihres Friedens ausgezogen und, in den Sack ihrer Bedrängnis gehüllt, hat sie jeden Tag zum Höchsten gerufen und auch ihre Söhne ermahnt zu rufen: „Seid beherzter", sagt sie, „ihr Söhne, und ruft zum Herrn, und er wird euch aus der Hand Pharaos, das ist der bösen Machthaber, reißen." Aber was meinen die, die sie mit den Augen der Juden so verlassen sehen? Meinst du, er wird sie nicht erhören, die mit ihren Söhnen Tag und Nacht zu

ihm schreit? Wahrlich, er hat sie erhört und ihren Kindern Langmut erzeigt und nicht einen Diener, sondern seinen Sohn geschickt, der aus seiner großen Barmherzigkeit begonnen hat, sie zu befreien. Aber weil er, als er von fern kam, ohne irgendwelchen Glauben zu finden, sie gegen sein Gebot mitsamt ihren Kindern schlafend vorgefunden hat, deshalb entbrennt sein Zorn gegen sie, und seine Plagen wüten gegen sie, durch die sie jedoch gereinigt und zum Guten geführt wird. Aber ihre Feinde werden wie der Widersacher überall vernichtet; denn es wird ihnen Gelegenheit zur Buße gegeben, und sie werden von neuerlichen sieben Plagen getroffen, und wenn sie, durch diese gestraft, nicht gebessert werden, so werden sie in einem Augenblick alle zusammen vernichtet werden. Und zweifellos wird ihnen an diesem Tage Furchtbares geschehen, an jenem Tage, der, weil er in Flammen sich zeigt, die Erwählten läutert wie Gold und der, wenn vom Haus Gottes das Gericht seinen Ausgang nimmt, das Haus, das Erbitterung erweckt, nicht unversehrt lassen wird.

Und aus diesen Gründen haben die Heiligen von diesem Tage schreckliche Dinge vorausgesagt. Denn der erste von ihnen hat vorausgesagt, an diesem Tage wird eine Plage kommen, mit der keine andere weder jetzt noch in Zukunft verglichen werden kann; ein anderer hat gesagt, der Tag werde im Feuer erscheinen, ein anderer nennt ihn Tag des Zornes, des Untergangs und Jammers, weil an diesem Tage niemand verschont wird, sondern gegen alle, auf verschiedene Art allerdings, Gottes Zorn toben wird und überall Plagen sein werden. Durch sie werden, wie gesagt ist, die Erwählten zum Guten gebracht, aber für die Bösen, das heißt für das Haus des Antichrist, die Gewaltherrschaft ausüben, wird ohne jede Entschuldigung der Untergang kommen. Wer wird an diesem Tage den Tod bringen, der uns fliehen wird? Wo werden wir uns verbergen oder bei wem unsere Zuflucht nehmen, wenn endgültig die Sünden der ganzen Welt heimgesucht werden? O daß wir hineingehen könnten in das Zelt und hinter verschlossenen Türen eine Zeitlang bei dem Gottesvolk rasten könnten, so lange, bis sein Zorn vergangen ist. Und obgleich auch über die Erwählten sein Zorn in Gestalt wilder Tiere herfallen wird und sie durch die Bisse böser Schlangen fortgejagt werden, so wird doch jener Zorn nicht ewig dauern, sondern bald werden die Verwirrten ein Zeichen der Rettung bekommen, denn vor dem Urteilspruch Gottes werden sie durch das Wort, auf dem sie so viele große Beschwernisse haben, daß durch sie alle ägyptischen Greuel, die an ihnen haften, wie mit Feuer ausgebrannt werden, und diese werden sie im Laufe der Verheißung nicht mehr aufkommen lassen. Und obwohl sie auf diesem wunderbaren Wege leiden müssen, sind sie doch nicht ohne Gnade verlassen, denn an jener Stelle des Berges Zion und überall wird Gott angebetet; sie werden über sich am Tage einen Wolkenschleier haben, das ist der Leib Christi, und tagsüber wird sie die Sonne nicht beliebig mit ihrer Glut verbrennen; sondern er wird den Feuerschlund hinsichtlich der Wirkung seiner Glut dämpfen und sein feuriges Wort, das in der Nacht leuchtet, wie er zuvor gesagt hat. Deshalb werden die Gerechten durch Feuer und Wasser mit ihrem Silbergerät geleitet und erwarten den Untergang der Gottlosen. Wenn der gekommen sein wird, werden sie frei sein und ins heilige Land kommen und dort zuversichtlich Wohnung nehmen, und es wird ihnen und ihren Kindern nach ihnen wohlergehen; und sie werden nicht vom Herren abweichen und in der Wahrheit in diesem Lande gepflanzt werden.

Schon ist Christus an diesem großen Tag erschienen, um seine Kirche wiederherzustellen und das ehebrecherische Geschlecht ein Ende nehmen zu lassen. Als die Apostel, die durch Vorzeichen Kenntnis von dieser Wiederkunft haben wollten, sprachen: „Sage uns, was wird das Zeichen deiner Wiederkunft und der Vollendung der Zeit sein", hat Christus ihnen die Zeichen angegeben und gesagt: „Wenn diese Dinge eintreten, so erhebt euer Haupt, denn eure Erlösung ist herbeigekommen"; aber als sie die Zeit und die Stunde genau wissen wollten, sind sie gleichsam wegen ungehörigen Verlangens zurechtgewiesen worden. Darum laßt euch genügen, diese Wiederkunft aus den Zeichen zu ersehen. Und weil Gott sein Geheimnis seinen Dienern, den Propheten, offenbart hat, indem er ihnen zeigte, sie zu verstehen, wollen wir nichts über diese Zeichen hinaus erfragen. Aber es ist eine Sache, die staunens- und verwunderswert ist, daß die Weisen dieser Welt die Gestalt der Erde genau aus den Zeichen erkennen können und doch diesen Zeitpunkt nicht feststellen können. Was ist anders über sie zu urteilen, als daß sie vom ehebrecherischen Geschlechte sind, die es nicht wert sind, daß ihnen das Verständnis der Vorzeichen gegeben werde? Aber sie sollen sich nur vor dem Zeichen des Propheten Jonas hüten, durch das Christus als schwach und machtlos dargestellt wird denen, die aus seinem Tod und Begräbnis Folgerungen ziehen und ihm deshalb als einem Ohnmächtigen nicht glauben wollen, indem sie alles, was er gesagt hat, für unmöglich halten. Aber was ist danach über sie für ein Urteil zu fällen? Dieses: daß sie, Christum zu erkennen, säumiger sind als die Hure; denn diese Hure hat nicht nur längst zuvor sein Anlitz erkannt, sondern hat auch von ihm in den Sprichwörtern geweissagt mit folgenden Worten: „Mein Mann ist einen fernen Weg gezogen. Er hat den Geldsack mit sich genommen; er wird erst am Tage des Vollmonds wiederkommen" *(Sprüche 7, 19, und 20)*. Was ist der Mond? Die Verkörperung der Zeit und das Zeichen des Zeitalters. Was ist also der Vollmond anders als die lauteren Sakramente des Leibes Christi? Dieser Leib Christi wird, weil er von David ursprünglich ausgeht, an anderer Stelle die Wurzel Davids genannt; er öffnet das versiegelte Buch und macht es verständlich. Und deshalb leuchtet wie der Vollmond zu seinen Tagen dieser Tag, wenn er eintritt, und weil Er wiederkommen wird. Seht, wie fein hat das die Hure überlegt, hat es längst vorausgesehen, und die Weisen erkennen das Geschehen noch immer nicht! Daher werden nach der Weissagung die Huren vor ihnen den Vorrang haben. Daß sie doch wie Blinde, die die Wand betasten, denen die Sonne am Mittag untergegangen ist, diese [Hure] und jene [Weisen] erkennen und ermessen wollten! Denn Christus ist gekommen, dessen Ankunft sichere Zeichen sie bestreiten wollen. Welche Zeichen nimmt er an? Er ist an seinem Tage gekommen, der sich wie ein Dieb hereingeschlichen hat, und hat uns alle schlafend vorgefunden, wie es von Jesaja vorausgesagt worden ist: „Insgemein", sagt er, „haben sie geschlafen", und ebenfalls: „Sie haben alle geschlafen und geschlummert". Als wir also im tödlichen Schlummer geschlafen haben, ist der Sturm des göttlichen Zornes hereingebrochen, dem die vom Apostel vorhergesagte Uneinigkeit und die Erscheinung des Antichrist vorausgegangen sind, das Erscheinen des Zeichens Christi und der gänzliche Untergang des Götzenkultes; und es naht die Zeit, da die kleinen Judenkinder und die Zugtiere Gott zum Opfern vorgeführt werden, und es beginnt der Gesang der Kinder vor dem Siege Christi. Ägypten wird mit den sieben letzten Plagen getroffen, die Menge aus Babylon durch Jeremia zurückgerufen, deren König Heu wie ein Rind aß. Wahrlich, das Volk ist das Heu, und dies so lange, bis sieben Zeiten sich abgewechselt haben. Die Wasser der Ägypter sind in Blut verwandelt, denn sie haben die Knaben, durch die er das Licht der Welt zu geben begann, verbrannt und in sie hineingeworfen; ihre Erstgeburt, das ist dieses ruhmreiche Geschlecht, wird vom Engel der Priester und das andere vom Würgeengel an allen Enden vernichtet, und allgemein alle übrigen Zeichen, die im Evangelium, in den Schriften der Apostel und Propheten, enthalten sind, die dem Tag des Herrn vorausgehen oder folgen, werden erfüllt werden. Wer also, wenn nicht ein Ungläubiger, wird, wenn er diese Zeichen sieht, nicht glauben, daß dieser Tag gekommen ist?

Es folgt: *Von der Wiederherstellung und Befreiung der Kirche*
Christus ist gekommen, um seine Kirche wiederherzustellen, denn die Erwählten werden zurückkehren zum Felsen, von dem sie sich entfernt hatten, und zu der Höhlung des Ortes, von dem sie abgestürzt sind. Es wird nämlich als Grundstein von Zion der anerkannte Eckstein gelegt werden, und dann werden auf ihn die Steine der Ordnung nach geschichtet und auf einem Grund von Saphiren auferbaut werden. Und der Stein wird als Bollwerk gesetzt werden, und seine Tore werden in Stein gehauen sein, und das Haus des Herrn wird wiederhergestellt sein. Denn dieser Stein ist in Zions Grundmauern eingesetzt, über dem viele gleichsam lebende Steine aufgesetzt worden sind zu geistlichen Bauten, und immer noch werden welche hinzugetan. Und deshalb enthält die Schrift des Petrus diesen Ausdruck: „Ich werde legen", und die des Jesaja: „Ich werde setzen", und abermals: „Ich lege in Zion einen Grundstein, einen bewährten Stein. . ., der wohl gegründet ist" *(Jes. 28, 16)*. Denn das Haus Gottes ist wüst geworden und ist geworden, als ob es nicht mehr vorhanden sei. Daher wird zum Grundstein Christus Jesus gesetzt, damit das Heiligtum Davids, des gestürzt ist, wieder aufgerichtet wird und die Lücken seiner Mauern, die eingefallen sind, wieder zugebaut werden: Es soll gänzlich wieder aufgebaut werden, wie es in alten Zeiten war. Und darum setzt der Prophet dort den kennzeichnenden Wortlaut: „Ich werde wieder aufbauen, denn was zuvor gebaut war, ist zusammengestürzt". Ebenfalls ist er gekommen, die Kirche zu befreien und in einem Schafstall zu versammeln. Er wird nämlich seine Engel aussenden und die Erwählten aus allen Ländern versammeln lassen, in die er sie hinausgestoßen hat in seinem Zorn und großen Grimm; denn er hatte vier Winde aus vier Himmelsrichtungen über sie hereinbrechen lassen (das ist vom geistlichen

Standpunkt) und hat sie in alle Winde zerstreut; und es gibt kein Volk, zu dem sie nicht gewissermaßen als Flüchtlinge gekommen sind und das sie nicht in seinen Greueln nachgeahmt haben. Und dadurch haben sie ihre Freiheit verloren. Aber er ist schon gekommen, sie zu befreien und an diesen Ort zurückzuführen, der auch deswegen gelitten hat, um die zerstreuten Kinder zu versammeln. Und dann werden sie wahrhaft Freie sein, wenn sie von Christo befreit werden. Und diese Versammlung und Befreiung der Kinder Gottes wird der Untergang der Gottlosen werden, davon geschrieben steht: Ich werde alles auf Erden versammeln, spricht der Herr, Mensch und Vieh, die Vögel des Himmels und die Fische des Meeres, und die Gottlosen werden zu Fall kommen.

Über die Art und Weise

Warum fragt man mich nach der Art und Weise der Wiederkunft? Das haben die Engel hinreichend beschrieben, als sie zu den Aposteln sagten (*Apg. 1, 11*): „Ihr Männer von Galiläa, was stehet ihr hier und sehet gen Himmel? Dieser Jesus, welcher von euch ist aufgenommen gen Himmel, wird kommen, wie ihr ihn gesehen habt gen Himmel fahren. Er wird, weil er in einer Wolke aufgenommen ist, also auch in einer Wolke zurückkehren." Und daher spricht Christus: „Sie werden des Menschen Sohn kommen sehen in den Wolken des Himmels mit großer Kraft und Herrlichkeit." Aber weißt du, daß die Wege durch die Wolken die großen, vollkommenen Erkenntnisse sind? So erklärt auch der Apostel Paulus: „Denn der Herr selbst wird im Befehl", wie David betet: „Mach dich auf, o Herr, im Gebot", und mit der Stimme des Erzengels, die Markus „eine große Stimme" nennt, „und mit den Posaunen Gottes vom Himmel herabsteigen, mit denen er die Engel aussenden wird". Und über alle, die von dieser Wiederkunft reden, hinaus sagen sie im Wort seiner neuen Weisheit, daß Christus kommt. Davon steht geschrieben: „Als alles still und ruhig und die Nacht bis zur Mitte ihres Ablaufs vorgeschritten war, ist dein allmächtiges Wort, o Herr, vom Himmel, vom königlichen Thron herabgekommen, ist wie ein streitbarer Krieger mitten auf die dem Untergang geweihte Erde gesprungen." Ebenso bei Jesaja: „Wie wenn ein Löwe und ein Löwenjunges über seiner Beute brüllt und wenn ihm die Menge der Hirten entgegeneilt, wird er sich nicht vor ihrem Geschrei fürchten und sich vor ihrer großen Zahl nicht scheuen: So wird der Herr der Heerscharen herabsteigen, um auf dem Berge Zion zu streiten." Und *2. Mose*: „Der Herr ist auf dem Berg Pharan erschienen, und mit ihm Tausende von Heiligen, in seiner Hand ist das flammende Gesetz. Ebenso Jesaja: „Denn siehe, der Herr wird kommen im Feuer", und wiederum: „Siehe, der Name des Herrn kommt von weitem"; und der Psalm: „Die Rute deiner Kraft wird der Herr von Zion ausgehen lassen, zu herrschen mitten unter ihren Feinden". Was ist aber die Rute? Erzähle, was du siehst, Jeremia: „Ich sehe einen erwachenden Zweig". „Du hast recht gesehen, denn ich will wachen über mein Wort" (*Jer. 1, 11–12*). Es wird also durch all dieses offenbar, daß er im Wort kommen wird. Aber gleichwie der Leib Christi von der Jungfrau Maria in Windeln gewickelt worden ist, so daß wenige ihn erkannt haben, so sind auch heute denen, die untergehen, die Worte Christi verborgen; deswegen sagen sie wie die übelsten Spötter, die nach der Weise ihrer eigenen Sinnenbegierde wandeln, unter Hohngelächter: Wo ist denn die Wiederkunft Christi?

Weiter: Wie lange diese Wiederkehr dauern wird, auf diese Frage scheint der Engel dem Daniel die Antwort gegeben zu haben, nämlich: „Eine Zeit und noch eine Zeit und die Hälfte einer Zeit". Diese Zeit bezeichnet die Zeit der Vision, in der sich alle Zeichen erfüllen sollen, die die Wiederkunft Christi bezeichnen. Sieben Zeiten sind es, die einander folgen beim König von Babylon, das sind die sieben letzten Plagen. Die Hälfte einer Zeit die um der Erwählten willen verkürzte Zeit, welche die Gottlosen nicht zur Hälfte erleben werden. Und wenn dieses sich erfüllt hat und die Zerstreuung der Schar des Gottesvolkes ein Ende nimmt, wird sich alles vollenden, und das Ende dieser schrecklichen Zeit der Wiederkunft, die die Sündhaftigkeit der Welt heimsucht, wird kommen.

Vom Königreich

Der Herr Christus, der vor Pilatus gesagt hat: „Nun aber ist mein Reich nicht von dannen", wird mit Sicherheit die Herrschaft innehaben, wie geschrieben steht: „Und der Herr wird König sein über die ganze Erde"; und ebenfalls: „Und das Reich wird des Herrn sein". Davon spricht auch Johannes: „Und das Reich dieser Welt ist das Reich unseres Herrn Jesu Christi geworden", worum wir im Matthäusevangelium bitten, weil es noch nicht völlig gekommen ist. Daher haben die Apostel auch nach Christi Auferstehung die Frage danach gestellt. Dem Vater aber hat es gefallen, nach der Wiederherstellung dies Reich einer kleinen Schar von Auserwählten hier auf Erden zu übergeben, wie geschrieben steht: „Die Zeit ist gekommen, und die Heiligen haben das Reich erlangt", und weiter: „Und ein Gericht wird stattfinden, dadurch die Gewalt vernichtet und aufgerieben werden und bis zum Ende verschwinden soll, das Reich aber und die Macht und die Fülle der Herrschaft, die über alle Himmel ist, soll dem Volke der Heiligen des Höchsten gegeben werden". Davon sagt auch der Apostel „Er muß die Herrschaft innehaben usw." Um die recht häufig zu beten, ermahnt uns Jesaja: „Die ihr gedenkt", spricht er, „an den Herrn, schweiget nicht und gebt ihm keine Ruhe, bis er Jerusalem bestätigt und sein Ansehen in der Welt aufrichtet." Aber, wie lange dieses Reich währen wird, warum fragt man danach, da noch im Evangelium gesagt wird: „Und er wird im Hause Jakob in Ewigkeit herrschen." Und Jesaja: „Er wird sitzen auf dem Stuhl Davids und in seinem Königreich, daß er's zurichte und stärke mit Gericht und Gerechtigkeit von nun an bis in Ewigkeit". Und Daniel: „Dessen Reich ist ein ewiges Reich, und alle Könige werden ihm dienen und gehorchen". Denn jetzt wird es kommen in der Wahrnehmung von Anfang an und ausgesprochen, was zuvor ohne Wahrnehmbarkeit gekommen war, weswegen Christus gesagt hat: „Das Reich Gottes ist in euch selbst", was doch nicht mit Wahrnehmbarkeit gekommen ist.

Von der Entfernung der Ärgernisse

Nun ist Christus in der Vollendung der Zeit in seinem Meßopfer uns erschienen, welche Vollendung er selbst als Ernte bezeichnet, in die die Engel ausgesandt werden, um alle Ärgernisse zu sammeln und somit keines stehen zu lassen, das nicht eingesammelt wird, denn sie werden dabei auch nicht irgend etwas Unreines oder Greuelerregendes übriglassen; denn die, die in jenem Reich leben werden, werden gerecht sein, werden strahlen wie die Sonne und wie Funken durchs Schilf laufen und leuchten wie der Glanz des Himmels; aus ihm werden die Verwerflichen wie schamlose Hunde und Zauberer vertrieben werden. Ich nehme nicht an, daß irgendein Böser und Anstößiger in diesem Reich verbleiben wird, vielmehr ist es klar, daß die fünf törichten Jungfrauen außerhalb dieses Reiches bleiben werden, und jene, die außerhalb des Reiches stehen, werden so zu Christo sprechen: „Wir haben mit dir gegessen und getrunken, und auf den Straßen hast du uns gelehrt". Aber auch zahllose andere Völker, die auch herbeilaufen und den Herrn suchen, werden sagen: „Kommt, laßt uns zum Berg des Herrn hinaufsteigen, und der Herr wird uns seine Wege lehren". Von denen wird keiner in das Reich hineinkommen können, wenn er nicht zuvor von allem Schmutz gereinigt wird. Und deretwegen heißt es in der Offenbarung, daß die Tore dieser Stadt weder tags noch nachts geschlossen werden. Es ist also gewiß, daß die Bösen aus diesem Reich herausgeworfen werden und allein die Guten darin verbleiben werden. Daher liest man auch von den Aposteln in einer bildlichen Redewendung in der Apostelgeschichte: „Ein Fremder wagte nicht, sich ihnen auszuschließen".

Ob die Bewohner dieses Reiches zurückgeführt werden zum Zustand des ersten, unschuldigen Menschen? Wenn wir genügend Honig finden, laßt uns essen, daß es uns nicht widerfahre, ihn auszubrechen. Es ist genug für uns, jenes zu glauben, das übrige wird nach den Tagen der Vision der höchste Lehrer ausführen, wenn er kommt. Uns erscheint es aber, als ob den anderen Geschlechtern nicht dasselbe gegeben worden ist wie den heiligen Aposteln Gottes, weil die Apostel in den wunderbaren Zustand des neuen Paradieses versetzt worden sind, in dem Christus der Baum des Lebens war, und daran ist kein Zweifel, daß sie hier vollkommener waren als der erste Mensch; dennoch haben sie selbst auf die wundersame Herrlichkeit gewartet, die kommen sollte, die bereitet ist, am Ende der Zeit an uns offenbart zu werden, der verglichen zu werden die Leiden dieser Zeit nicht wert sind, in der alle Geschöpfe befreit werden von der Knechtschaft der Verderbtheit und in der allein den befreiten Kindern des Teufels gesagt wird: Wenn ihr zu dieser (Herrlichkeit) gelangt, so weiß ich gänzlich nicht, wem die Heiligen verglichen werden können. Erscheint etwa jene Herrlichkeit als gering, daß sie zum Licht für die Heiden bestellt werden und daß sie alle Völker der Erde nennen und loben werden? Und dann werden die Kinder derer, die die Heiligen erniedrigt haben, kommen und die Spuren ihrer Füße anbeten, alle, die sie geschmäht haben, und werden sie Stadt des Herrn, Zion, nennen, die des heiligen Israel. Denn diese werden nicht das zweite, sondern das neueste Haus sein, das größeren Ruhm hat als das erste; deren Tage werden erneuert wie am Anfang, und wie von Anfang werden sie das Erbe besitzen und werden sein, wie sie gewesen sind, als sie nicht verworfen waren, und werden mit größeren Gütern belohnt werden, als sie am Anfang hatten. Es zeigt sich also daraus, zu welchem, wie beschaffenen Zustand die Heiligen im Reich Christi und in dieser Herrlichkeit, die offenbart werden soll, geführt werden sollen.

Denen, die in diesem Reich sind, werden die Sünden verziehen, und ihrer Schande wird nicht mehr gedacht werden, denn wenn sie aus den verschiedenen Ländern versammelt worden sind, wird reines Wasser über sie gegossen und, nachdem das steinerne Herz entfernt ist, ihnen ein neues, fleischernes Herz gegeben werden. Und sie selbst werden wandeln in den Geboten und die Rechte innehalten und im Land ihrer Väter wohnen und werden an die schlechten Wege gedenken, und die Schandtaten, die sie selbst begangen haben, werden ihnen mißfallen. Es ist also klar, daß es in diesem Reich keinerlei Sünde geben wird, aus dem alle Ärgernisse entfernt werden und in das nicht Unreines hineinkommen wird. Wenn aber in irgendeinem Kind oder Erwachsenen eine Erbsünde oder Todsünde ist, so wird das in diesem Reich nicht mehr sein, in dem Frieden herrschen wird und nicht mehr im Lande von Schande zu hören sein wird, von Verwüstung und Vernichtung innerhalb seiner Grenzen. Daher sagt auch Jeremia zu den Versammelten *(ver. 32, 39—41)*: „Ich will ihnen einerlei Herz und Wesen geben, daß sie mich fürchten sollen ihr Leben lang, auf daß es ihnen und ihren Kindern nach ihnen wohlgehe; und will einen ewigen Bund mit ihnen machen, daß ich nicht will ablassen, ihnen Gutes zu tun; und will ihnen meine Furcht ins Herz geben, daß sie nicht von mir weichen; und soll meine Lust sein, daß ich ihnen Gutes tue; und ich will sie in diesem Lande pflanzen treulich."

Wann dies erfüllt ist, oder auf welche Art es sich nach der Auferstehung, wie gehofft wird, erfüllt

In diesem Reich werden sie Kinder zur Welt bringen ohne Aufregung. Jetzt nämlich gebiert die Kirche unter Schmerzensgeschrei und hat wenige Töchter, später aber werden ohne Schmerz viele geboren werden. Ihre Mutter wird sagen: „Ich bin die unfruchtbare Kirche. Wer hat mir denn diese gezeugt?" Und ebenso Augustin: Ich habe einen Ort, bereite meinen Ort für mich. Von den leiblichen Kindern aber, die gewiß in diesem Reich zur Welt kommen werden, wenn es der Wille des heiligen Geistes ist, meine ich, daß die Kinder, die geboren und getauft werden, nach der Taufe, wenn sie in dem Reich sind, nicht mehr durch die Todsünde sterben werden, denn es wird keinen Tod mehr [nach dem Leben] geben; wenn ein Kind nach 100 Jahren im hohen Alter am Ende seiner Tage sterben wird und auch, wenn schon ein einjähriges Kind stirbt.

Von den körperlichen Leiden

Wenn die Sünden vergeben sind, wird er auch die Strafen für Sünden erlassen; denn der Weizen wird hervorgerufen und vermehrt werden, wie auch die Baumfrucht und das Gewächs auf dem Acker, und sie werden nicht mehr unter den Völkern die Schmach des geistlichen oder leiblichen Hungerleidens tragen; schon werden die Trauernden getröstet werden, und es wird ein Zelt geben als Schirm gegen die Sonnenglut und zur Sicherheit und zum Verbergen vor dem Sturm, das ist vor dem Zorn der Starken, der auf die Wand einstürmt, und vor Regen. Und welche Leiden auch jetzt vorkommen mögen, von allen werden sie befreit werden, daher geschrieben steht *(5. Mose 30, 1—9)*: „Wenn nun über dich kommt dies alles, es sei der Segen oder der Fluch, die ich dir vorgelegt habe, und du in dein Herz gehst, wo du unter den Heiden bist, dahin dich der Herr, dein Gott, verstoßen hat, und bekehrst dich zu dem Herrn, deinem Gott, daß du seiner Stimme gehorchest, du und deine Kinder, von ganzem Herzen und von ganzer Seele, in allem, was ich dir heute gebiete, so wird der Herr, dein Gott, dein Gefängnis wenden und sich deiner erbarmen und wird dich wieder versammeln aus allen Völkern, dahin dich der Herr, dein Gott, verstreut hat. Wenn du bis an der Himmel Ende verstoßen wärest, so wird dich doch der Herr, dein Gott, von dort sammeln und dich von dort holen und wird dich in das Land bringen, das deine Väter besessen haben, und wirst es einnehmen, und er wird dir Gutes tun und dich mehren über deine Väter. Und der Herr, dein Gott, wird dein Herz beschneiden und das Herz deiner Nachkommen, daß du den Herrn, deinen Gott, liebest von ganzem Herzen, ganzer Seele, auf daß du leben mögest. Aber diese Flüche wird der Herr, dein Gott, alle auf deine Feinde legen und auf die, so dich hassen und verfolgen; du aber wirst dich bekehren und der Stimme des Herrn gehorchen, daß du tust alle seine Gebote, die ich dir heute gebiete. Und der Herr, dein Gott, wird dir Glück geben in allen Werken deiner Hände, an der Frucht deines Leibes, an der Frucht deines Viehs, an der Frucht deines Landes, daß dir's zugut komme. Denn der Herr wird sich wenden, daß er sich über dich freue, dir zugut, wie er sich über deine Väter gefreut hat". Wenn man diese Güter also geistlich und leiblich besitzt, was kann dem Gerechten dann fehlen oder was kann ihn betrüben, da geschrieben steht: „Den Gerechten wird nichts, was ihm geschieht, betrüben?"

Über den Fortbestand der Sakramente

Es werden aber alle heilsnotwendigen Sakramente fortbestehen, aber sie werden nicht mehr der Nichtigkeit unterworfen sein, denn zu seiner Zeit wird er seinen Weizen und seinen Wein frei machen und wird ihn nicht mehr den Feinden seiner Kinder zu essen geben, wie er in Jesaja geschworen hat, sondern nur

die, die ihn einfahren, werden essen und den Herrn loben, und die, die ihn einbringen, werden in seinen heiligen Wohnungen trinken; keiner der Männer,
die berufen waren und nicht kommen wollten, wird dieses Mahl essen; zu ihm
werden weder die törichten Jungfrauen zugelassen noch jene, die der Bekanntschaft mit Christus unwert sind. Sie werden ausschließlich essen und trinken,
in neuer Weise mit Fröhlichkeit, ohne sich an das Frühere, was dahingegangen
ist, zu erinnern, und werden jener Dinge nicht mehr gedenken — daher heißt
es: „Erinnert euch nicht an das Frühere, und seht nicht mehr auf das Alte" —,
sondern sie werden sich freuen und fröhlich sein in Ewigkeit in der neuen
Schöpfung. Sie werden es nicht mehr zum Gedächtnis an Christi Leiden tun,
wie sie es zu tun gewohnt waren, sondern zum Gedächtnis an den Sieg Christi;
denn solange, bis er kommt, hat der Apostel gesagt, werden sie durch Essen
und Trinken Christi Tod verkündigen, aber danach Christi freudenvollen Sieg.
Denn all diese Zeit hindurch werden die Gerechten traurig sein. Aber dann
werden sie froh sein, wenn sie Rache sehen und ihre Hände im Blut der Sünder waschen. Daher sagte Christus: „Ich werde den neuen Wein trinken, wenn
das Reich Gottes kommt, und ich gehe hin, euch die Stätte zu bereiten, daß
ihr an meinem Tisch esset und trinket in meinem Reich". Dieses voraussehend
hat der Mann, der mit Christo beim Mahl saß, gesagt: „Selig ist, wer das Brot
im Reiche Gottes ißt". Und dann wird die heilige Hochzeit und das unbefleckte
Brautbett sein, sie werden alle ein Volk der Erwählung und eine königliche
Priesterschaft sein; denn alle werden zweifach bekleidet werden, mit Wolle
und mit Leinen, das ist die priesterliche und die königliche Würde. Wie könnte
also einer sagen, das es keine Sakramente mehr geben wird? Wenn sie nach der
Auferstehung alle nur Könige wären und Weise, dann würde es nur tausend
Jahre währen und nicht mehr. Priester aber werden sie sein nicht dem Amt,
sondern der Würdigkeit nach usw. Ob aber alle sieben Sakramente fortbestehen
werden, weiß ich nicht, weil ja auch jetzt schon einige von ihnen nicht mehr
beobachtet werden.

Von den Lehren

Alle Söhne der Kirche werden durch Gott gelehrt sein, und alle werden von
Gott lernen können. Vom Großen bis zum Kleinen werden alle ihn erkennen,
und es wird kein Mensch mehr seinen Nächsten belehren. Denn er wird die
Weisheit der Weisen verderben und die Klugheit der Klugen verwerfen, denn
er wird die Weisen von Idumaea verwerfen. Und es wird kein Gelehrter noch
jemand, der die Worte des Gesetzes auslegt, auftreten, dessen gelehrte Zunge
nicht verstanden werden kann, in dem keinerlei Weisheit ist. Was wie die Blüte
des Grases ist, wird verdorren, denn Christus kommt, die Wasser auszudörren.
Das feurige Wort nämlich wird, wenn es kommt, diese Elemente verflüssigen.
Wie das Wachs angesichts des Feuers zerfließt, so wird diese Weisheit vergehen
vor der feurigen Weisheit Gottes usw.

4. Chiliastische Abhandlung

Weiterhin führten sie für die Wahrheit der obenangeführten Artikel die heiligen Schriften an, die sie nach ihrem Sinn auslegen; und ich habe getrachtet, aus ihnen einen Teil für die Nachfahren zu sammeln, damit allen offenbar ist, wie närrische Köpfe einfache Menschen verführt haben.

Erste Voraussetzung: Die Aussprüche, von denen der erste in der Offenbarung des heiligen Johannes 10, 7 geschrieben steht, nämlich der, daß „in den Tagen der Stimme des siebenten Engels, wenn er posaunen wird, soll vollendet werden das Geheimnis Gottes, wie er hat verkündigt seinen Knechten, den Propheten", und der andere bei Dan. 12, 7: „Und wenn die Zerstreuung des heiligen Volkes ein Ende hat, soll solches alles geschehen", sind wahrhaftig.

Zweite Voraussetzung: Wenn sich alle Leiden Christi erfüllt haben, die vom heiligen Geist durch die Propheten vorausgesagt worden sind, dann werden sich im ganzen Hause allgemein, und nicht eher, die späteren vorhergesagten Herrlichkeiten zeigen.

Dritte Voraussetzung, daß die Worte des Alten und des Neuen Testaments und die Worte der Propheten und der heiligen Apostel, wie sie niedergelegt sind und wie sie lauten, wahr sind und als wahre angeführt werden können.

Vierte Voraussetzung, daß man den Worten Gottes nichts hinzufügen noch etwas von ihnen wegnehmen soll.

Und wie ich diese Voraussetzungen niedergelegt habe, so habe ich die Auslegung vorgenommen, die die Grundlage fast aller meiner Predigten ist. Schon jetzt am Ende der Welt kommt Christus an dem Tage, der der Tag des Herrn heißt, damit er das aufrührerische Haus bezwingt und das Ende in ihm herbeiführt und, die Kirche bessernd, der Erde das Lob auferlegt, er kommt, das Königtum auf dieser Welt einzunehmen und hinauszuwerfen alle Übel und alle, „die Unrecht tun", und „irgendein Gemeines und das da Greuel tut und Lüge" (Off. Joh. 21, 27) nicht hineinzulassen.

Über das Ende: Unter Ende verstehe ich, was Christus im Matth. 24, 1—31 prophezeit hat und wovon er Matth. 13, 49 und von dem er folgendermaßen berichtet Jes. 28, 22: „Denn ich habe ein Verderben gehört, das vom Herrn Zebaoth beschlossen ist über alle Welt", und die Jeremias mit den Worten auslegt: „Denn ich will mit allen Heiden ein Ende machen, dahin ich dich zerstreut habe; aber mit dir will ich nicht ein Ende machen; züchtigen aber will ich dich mit Maßen, daß du dich nicht für unschuldig haltest", Jer. 30, 11. „Daß...die den Herrn verlassen, umkommen", Jes. 1, 28. Aber bei einigen enden so viele Sünden, und sie werden aus Heiden zu Heiligen; und deshalb steht geschrieben: „Seine Zunge (ist) wie ein verzehrend Feuer", Jes. 30, 27. „Die Übertreter und Sünder miteinander zerbrochen werden", Jes. 1, 28. „Damit ich alle verliere, die dich quälen", Soph. 3, 19.

Welt: Die Welt fasse ich auf, wie sie der Apostel annahm (in der Epistel) an die Hebr. 9, 26, wenn er so sagt: „Nun aber am Ende der Welt[en]"; da er hervorhebt, daß es eine größere Anzahl Welten gibt, und sagt, daß einige schon geendet haben. Und wie es auch Matth. 12, 32 auffaßt, wenn er sagt: „Aber wer etwas redet wider den heiligen Geist, dem wird's nicht vergeben, weder in dieser noch in jener Welt", deren Ende er Matth. 13, 40 mit den Worten voraussagt: „So wird's auch am Ende dieser Welt gehen", und wenn er vorherbestimmt, daß eine andere sein wird, fügt er hinzu: „weder in der zukünftigen". Und wiederum anders, wenn in Luk. 20, 35 gesagt wird: „Welche aber würdig sein werden, jene Welt zu erlangen". Er sagt nicht, die zukünftige, sondern jene usw. Und so auch behauptet er bestimmend, daß es mehr Welten gibt, wobei er den Unterschied zwischen Welt und Erde macht. Wenn jedoch eine sehr bedeutende Veränderung in den Menschen geschieht, dann endet die Welt. Ich nenne also das Ende der Welt die Verwandlung der Guten zum Besseren und die Ausrottung der Schlechten, weil geschrieben steht: „Denn ich will mit allen Heiden eine Ende machen. . .; aber mit dir will ich nicht ein Ende machen", Jer. 30, 11.

Den Tag des Herrn nenne ich den Tag der Rache, von dem Jes. 63, 4 sagt: „Denn ich habe einen Tag der Rache mir vorgenommen". Und 61, 1 und 2: „Der Geist des Herrn ist über mir . . .; zu verkündigen ein gnädiges Jahr des Herrn und einen Tag der Rache unseres Gottes"; von dem auch geschrieben steht bei Luk. 4, 19. „Denn ihr selber wisset gewiß, daß der Tag des Herrn wird kommen wie ein Dieb in der Nacht", 1. Thess. 5, 2; „denn er wird durchs Feuer offenbar werden" 1. Kor. 3, 13. „Daß zuvor der Abfall komme", sagte der Apostel 2. Thess. 2, 3 voraus, und von ihm berichtet auch Zacharias 14, 1—2.

Und an diesem Tage wird Christus sicherlich kommen (Habakuk 2, 3), „Des Menschen Sohn ist gekommen, ißt und trinkt; so sagt ihr: Siehe, der Mensch ist ein Fresser und Weinsäufer", Luk. 7, 34; weil er auf dem unbefleckten Wege kommt (Psalm 100, 2), singen die heiligen Psalmen, und „Ihr Mund soll Gott erheben" (Psalm 149, 6); und sie werden singen (Psalm 150). „Da werdet ihr singen wie in der Nacht eines heiligen Festes und euch von Herzen freuen, wie wenn man mit Flötenspiel geht zum Berge des Herrn", Jes. 30, 29 und Psalm 100. Und begreife, daß ihr in den letzten Tagen die Absichten des Herrn verstehen werdet, Jer. 30, 24. Daß das Buch schon versiegelt war, Jes. 29, 11 und Dan. 12, 4; beim Brechen der sieben Siegel (Off. Joh. 5, 5; 6, 1 und 8, 1ff.) wurde es geöffnet. Denn wenn Christus kommt, wird er in Unschuld inmitten seines Hauses wandeln und Taten der Barmherzigkeit tun. Darüber hinaus wird er auch gerechte Urteile jedem der Anklopfenden verkünden, da er den Übeltäter nicht kennt, weil er Übeltätern nicht öffnen kann, sagt er: „Ich kenne euch nicht", Matth. 25, 12. Schon verfolgt er die Priester, die heimlich am Nächsten hingen. Schon mit dem stolzen Auge des Meisters fängt er an, nicht mehr das Brot der Weisheit zu essen, und „der die Weisen zurückkehrt und ihre Kunst zur Torheit macht," Jes. 44, 25; 1. Kor. 1, 20. Und den ungesättigten Herzen der Geizigen verweigert er gleichfalls seine Sakramente. Die Unbefleckten, das sind Priester, die nicht besitzend sind und von sich abgeschüttelt haben den Staub der Begierde, die mit Gott sitzen und schon jetzt Christum dienen. Schon nimmt er sich vor, den Stolzen aus dem Hause zu jagen. Schon der, der niederträchtige Worte seiner eigenen Ungerechtigkeit spricht, kann nach den Aussprüchen der Schrift (niemanden) regieren, denn „einer jeglichen Waffe, die wider dich zubereitet wird, soll es nicht gelingen," Jes. 54, 17. Was jetzt noch bleibt, daß er jeden Morgen die Gottlosen vertilgt und „daß ich alle Übeltäter ausrotte aus der Stadt des Herrn" (Psalm 101, 8), und „um den Abend, siehe, so ist Schrecken da; und ehe es Morgen wird, sind sie nimmer da. Das ist der Lohn unserer Räuber und das Erbe derer, die uns das Unsere nehmen," Jes. 17, 14; im Psalm 101, 1 desgleichen: „Von Gnade und von Recht will ich singen und dir, Herr, lobsagen".

Es sind angeführt die Zeichen dieses Kommens, wenn gesagt wird: „Psalmen werde ich singen und begreifen, bis du zu mir kommst auf dem unbefleckten Wege" (Psalm 100, 1—2). Auch schon die Kinder singen Psalmen und einige begreifen die verborgenen Geheimnisse. „Siehe, des Herrn Name kommt von fern, sein Zorn brennt und ist sehr schwer; seine Lippen sind soll Grimm und seine Zunge wie ein verzehrend Feuer und sein Odem wie eine Wasserflut, die bis an den Hals reicht, zu zerstreuen die Heiden, bis sie zunichte werden, und er wird die Völker mit einem Zaum in ihren Backen hin und her treiben," Jes. 30, 27—28. „Denn der Herr ist zornig über alle Heiden und grimmig über all ihr Heer; er wird sie verbannen und zum Schlachten überantworten," Jes. 34, 2. „Nun will ich mich aufmachen, spricht der Herr; nun will ich mich emporrichten, nun will ich mich erheben. Mit Stroh geht ihr schwanger, Stoppeln gebäret ihr; Feuer wird euch mit eurem Mut verzehren. Und die Völker werden zu Kalk verbrannt werden, wie man abgehauene Dornen mit Feuer ansteckt. Die Sünder zu Zion sind erschrocken, Zittern ist die Heuchler angekommen," Jes. 33, 10—12, 14, „daß sie so ein ungehorsames Haus sind," Hes. 3, 9 (26, 27). Denn „als ein heftiger Kriegsmann, mitten in das Land,so verderbt werden sollte," und in einem Augenblick wird das ruhmvolle Volk untergehen, das ist, der himmlische Stand der Priester wird schnell und plötzlich vernichtet, Buch der Weisheit 18, 15, „die Himmel zergehen mit großem Krachen," 2. Petrus 3, 10, und „daß Himmel und Erde beben wird," Joel 4, 16.

Das Lob der Kirche bezeichne ich darin, erstens, daß sie sich versammelt, zweitens, daß sie sich reinigt, drittens, daß sie sich vermehrt, viertens, daß in ihr der Frieden eingeführt wird, fünftens, daß sie gleichgestellt wird im Ruhm den Ersten, sechstens, daß sie einen größeren Ruhm haben wird, als sie je gehabt hat. Damit sie dies für die Kirche von Gott dem Herren erbitten, rufen alle Heiligen im Gebet durch Jesajas folgendermaßen aus: „die . . . nimmer stillschweigen sollen und die des Herren gedenken sollen; auf daß bei euch kein Schweigen sei und ihr von ihm nicht schweiget, bis daß Jerusalem zugerichtet und gesetzt werde zum Lobe auf Erden," Jes. 62, 6—7. Auf welcher Erde, das deutet Sophonias, wenn er sagt: „Ich mache ihr ein Lob und einen Namen auf der ganzen Erde, in die die Verfolgungen sie getragen haben," Soph. 3, 19.

Über die Sammlung und Vereinigung der Kirche. „Und ich habe noch andere Schafe, die sind nicht aus diesem Stalle; und dieselben muß ich herführen, und sie werden meine Stimme hören," Joh. 10, 16. „Und er wird senden seine

Engel mit hellen Posaunen, und sie werden sammeln seine Auserwählten von den vier Winden", Matth. 24, 31. „Siehe, ich will sie sammeln aus allen Landen, dahin ich sie verstoße durch meinen Zorn, Grimm und große Ungnade; und will sie wiederum an diesen Ort bringen, daß sie sollen sicher wohnen. Und sie sollen mein Volk sein; so will ich ihr Gott sein; und ich will ihnen einerlei Herz und Wesen geben, daß sie mich fürchten sollen ihr Leben lang, auf daß es ihnen und ihren Kindern wohlgehe; und will einen ewigen Bund mit ihnen machen, daß ich nicht will ablassen, ihnen Gutes zu tun, und will ihnen meine Furcht ins Herz geben, daß sie nicht von mir weichen." Nachdem du das gut gelesen hast, dann beachte dies: „Und soll meine Lust sein, daß ich ihnen Gutes tue. Und ich will sie in diesem Lande pflanzen treulich, von ganzem Herzen und von ganzer Seele." Jer. 32, 37—41; und „denn man wird's mit Augen sehen, wenn der Herr Zion bekehret," Jes. 52, 8, weil „Darum siehe, es kommt die Zeit, spricht der Herr, daß man nicht mehr sagen wird: So wahr der Herr lebt, der die Kinder Israel aus Ägyptenland geführt hat," Jer. 16, 14 und 23, 7—8 und 31. „Und die Heiden sollen erfahren, daß ich der Herr sei, spricht der Herr, wenn ich mich vor ihnen an euch erzeige, daß ich heilig sei. Denn ich will euch aus den Heiden holen und euch aus allen Landen versammeln," Hes. 36, 23—24. Diese Sammlung und Vereinigung wird sicherlich geschehen, weil sie auch Christus vorausgesagt hat. Und an diesen Versammelten werden erfüllt alle Dinge nach der guten Absicht des heiligen Geistes, an die in den Aussprüchen des Jeremias erinnert wird, die sich wahrlich erfüllen müssen, und der zeigt, daß nach dem Weggang der Väter nun die Söhne antreten, aber es wird dies immer nach den Absichten des heiligen Geistes verstanden. „Wenn du bis an der Himmel Ende verstoßen wärest, so wird dich doch der Herr, dein Gott, von dort sammeln und dich von dort holen," 5. Mose 30, 4.

Von der Säuberung und Reinigung der Kirche: „Er wird seine Tenne fegen," Matth. 3, 12, und „eine jegliche Rebe an mir, die nicht Frucht bringt, wird er wegnehmen; und eine jegliche, die da Frucht bringt, wird er reinigen, daß sie mehr Frucht bringe," Joh. 15, 2. Siehe, dazu gehören noch die Verdienste, denn bei der Ankunft des Herrn werden die Bösen jämmerlich ausgerottet und der Weinberg wird jenen anvertraut werden, die Frucht bringen. „Und will reines Wasser über euch sprengen, daß ihr rein werdet," Hes. 36, 25. Und im Glauben geläutert, wie das Gold durch Feuer geläutert wird, werden sie sich als rein erweisen, „wenn nun offenbaret wird Jesus Christus," 1. Petr. 1, 7. „Er wird die Kinder Levi reinigen und läutern wie Gold und Silber," und deshalb werden sie rein sein, „dann werden sie dem Herrn Speisopfer bringen in Gerechtigkeit. Und wird dem Herrn wohlgefallen das Speisopfer Judas und Jerusalems wie vormals und vor langen Jahren," Maleachi 3, 3—4. Und wiederum legt er verdienstvolle Taten vor. Wiederum wird gesagt: „Und muß meine Hand wider dich kehren und deinen Schaum aufs lauterste ausfegen und all dein Blei ausscheiden und dir wieder Richter geben, wie zuvor waren, und Ratsherren wie im Anfang. Alsdann wirst du eine Stadt der Gerechtigkeit und eine fromme Stadt heißen. Zion muß durch Recht erlöst werden und ihre Gefangenen durch Gerechtigkeit, daß die Übertreter und Sünder miteinander zerbrochen werden, und, die den Herrn verlassen, umkommen," Jes. 1, 25—28. „Und siehe, ich zerbreche alle, die dich gequält haben," Soph. 3, 19.

Über die Vermehrung der Kirche: „Und eine jegliche (Rebe), die da Frucht bringt, wird er reinigen, daß sie mehr Frucht bringe," Joh. 15, 2. „Und ladet zur Hochzeit," Matth. 22, 9, weil sich versammeln werden die Lahmen und die Tauben, die an jenem Tage die Stimme des Herrn hören. Von hier Jerem. 31, 8: „Siehe, ich will sie aus dem Lande der Mitternacht bringen und will sie sammeln aus den Enden der Erde, Blinde und Lahme, Schwangere und Kindbetterinnen, daß sie in großen Haufen wieder hierher kommen sollen. Sie werden weinend kommen und betend, so will ich sie leiten; ich will sie leiten an den Wasserbächen auf schlichtem Wege, daß sie sich nicht stoßen," Jerem. 31, 8—9. „Daß die Kinder deiner Unfruchtbarkeit werden noch sagen vor deinen Ohren: Der Raum ist mir zu eng; rücke hin, daß ich bei dir wohnen möge." Und ihre Mutter sagt in ihrem Herzen: „Wer hat mir diese geboren? Ich war unfruchtbar, einsam, vertrieben und verstoßen. Wer hat mir diese erzogen? Siehe, ich war allein gelassen; wo waren denn diese?" Jes. 49, 20—21. „Und wird dich in das Land bringen, das deine Väter besessen haben, und wirst es einnehmen, und er wird dir Gutes tun und dich mehren über deine Väter," 5. Mose 30, 5.

Über den Frieden der Kirche: Der von den Toten auferstandene Christus befahl den Winden und Meeren, und „da ward es ganz stille," Matth. 8, 26. Die Auserwählten werden Frieden haben mit Gott, weil er nicht mehr zornig sein wird auf sie. So wie geschrieben steht: „Ich habe mein Angesicht im Augenblick des Zorns ein wenig vor dir verborgen; aber mit ewiger Gnade will ich mich dein erbarmen, spricht der Herr, dein Erlöser. Denn solches soll mir sein wie das Wasser Noahs, da ich schwur, daß die Wasser Noahs sollten nicht mehr über den Erdboden gehen. Also habe ich geschworen, daß ich nicht über dich zürnen noch dich schelten will," Jes. 54, 8—9. Und weiter unten: „Aber meine Gnade soll nicht von dir weichen, und der Bund meines Friedens soll nicht hinfallen," den Frieden mit den Menschen werde ich haben, Jes. 54, 10. „Denn welche Heiden oder Könige dir nicht dienen wollen, die sollen umkommen, und die Heiden verwüstet werden," Jes. 60, 12. „Wie ist's mit dem Dränger so gar aus, und der Zins hat ein Ende!", Jes. 14, 4. Die Weisen dieser Welt werden ihnen nicht wehren wie heute, weil nicht sein wird, daß „des Geizigen Regieren ist eitel Schaden; denn er erfindet Tücke, zu verderben die Elenden mit falschen Worten, wenn er des Armen Recht reden soll," von denen Jes. 32, 7 spricht; und schließlich: „Und alle Zunge, so sich wider dich setzt, sollst du im Gericht verdammen," Jes. 54, 17. „Daß aus ihrer Mitte beseitigt werden alle prahlerischen Hoffärtigen und unter ihnen nur das arme Volk belassen wird," Soph. 3, 11—12. „Und will zu deiner Obrigkeit den Frieden machen," Jes. 60, 17. Daß die letzten Heiligen Füße sind, „und richte unsere Füße auf den Weg des Friedens," Luk. 1, 79. „Er schafft deinen Grenzen Frieden," Psalm 147, 14. Keinerlei Dinge werden als Schemel diesen Füßen untergestellt, die mit Schuhen angezogen sein werden, die den Früheren verboten waren, Edom aufzuerlegen, wo der verlorene Sohn, als er zum Vater kam, beschuhet wurde. Deshalb wird gesagt: „Und großen Frieden deinen Kindern," Jes. 54, 13.

Von der gleichen Herrlichkeit mit den ersten (Christen). „Erneuere unsere Tage wie vor alters," im letzten Kapitel der Klagel. Jer. (5, 21). „Versammle alle Stämme Jakobs, und laß sie dein Erbe sein wie von Anfang," Jes. Sir. 36, 13 „Und sie sollen sein, wie sie waren, da ich sie nicht verstoßen hatte," Sach. 10, 6. „Und will sie wiederbringen zu ihren Hürden," Jer. 23, 3. „Daß sie sich mehren und wachsen sollen. Und ich will euch wieder bewohnt machen wie vorher," Hes. 36, 11. „Wohlan, ich will dich wiederum bauen; . . . du sollst noch fröhlich pauken und herausgehen an den Tanz," Jer. 31, 4. „Diese letzten haben nur eine Stunde gearbeitet, und du hast sie uns gleich gemacht, die wir des Tages Last und die Hitze getragen haben," Matth. 20, 12.

Von der größeren Herrlichkeit des jüngsten Hauses: Es werden aus dem Königreich Christi alle Übel hinausgeworfen und auch die, „die da Unrecht tun" (Matth. 13, 41), „bis der Tag anbreche und der Morgenstern aufgehe in euren Herzen" (2. Petr. 1, 19), „dann werden die Gerechten leuchten wie die Sonne in ihres Vaters Reich," Matth. 13, 43. „Die Sonne soll nicht mehr des Tags dir scheinen," Jes. 60, 19, sondern sie selber werden „zum Licht der Heiden," Jes. 49, 6. Und sie werden sich freuen, wenn sie die Rache sehen, da sie auch die Rache vollziehn, Luk. 18, 7. Weil die, welche die Kirche zweiundvierzig Monate zertreten, Off. Joh. 11, 2, Füße werden, das ist den letzten Heiligen zum Übel. Und denen die Apostel ein verrufener Auswurf waren, sie sind zum Tode bestimmt, sie „werden auch gebückt zu dir kommen, die dich unterdrückt haben, und alle, die dich gelästert haben, werden niederfallen zu deinen Füßen," Jes. 60, 14. Denn sie werden „zugerichtet und gesetzt. . .zum Lobe auf Erden," Jes. 62, 7. Und das „auf der Erde deiner Verfolgung," Soph. 3, 19. „Doch eure Traurigkeit soll in Freude verkehrt werden," Joh. 16, 20. Diese mit dem Vorhergehenden verbundenen Dinge zeigen „die größere Herrlichkeit dieses jüngsten Hauses als die jenes ersten," Aggaeus 2, 10, und verkündet, daß sie mit größeren Geschenken beschenkt werden, als sie am Anfang hatten, Hes. 36, 11. Und das wird wahrlich geschehen, wenn alle Leiden Christi erfüllt sind. Das bezeichnet der Apostel durch das Gleichnis mit den Worten, 1. Kor. 12, 21: „Es kann das Auge nicht sagen zu der Hand" usw. bis (26): „Und so *ein* Glied wird herrlich gehalten, so freuen sich alle Glieder mit." Und ich behaupte, daß der Sinn dieses Gleichnisses auch der ist, daß es von diesem Körper versteht, in dem auch die Werte des Standes sind, in dem die Verachteten zu Richtern gesetzt werden sollen (1. Kor. 6, 4). Und wem in einem solchen Leibe Ehre gebührt, dem wird Ehre gegeben. Aber das verstehen sie von den letzten Heiligen so, die sie Füße nennen, damit sie diese Erde zum Erbe bekommen, weil geschrieben steht: „Und will dir und deinem Samen nach dir geben das Land, darin du ein Fremdling bist, das ganze Land Kanaan, zu ewiger Besitzung, und will ihr Gott sein," 1. Mose 17, 8, und gleichfalls Dan. 7, 27: „Aber das Reich, Gewalt und Macht unter dem ganzen Himmel wird dem heiligen Volk des Höchsten gegeben werden."

C. DIE REIFUNG DER BÄUERLICH-PLEBEJISCHEN IDEOLOGIE

1. Die pikardischen Artikel

a) Die alttschechische Redaktion der pikardischen Artikel

Zuerst, daß in dieser unserer Zeit sein wird das Ende des Zeitalters, das heißt die Vernichtung allen Übels auf dieser Welt.

Desgleichen auch, daß diese Zeit nicht mehr ist die Zeit der Gnade und des Erbarmens noch der Barmherzigkeit gegenüber den bösen, dem göttlichen Gesetze widerstrebenden Menschen.

Desgleichen ist diese Zeit bereits die Zeit der Strafe und der Vergeltung gegenüber den bösen Menschen mit dem Schwerte oder dem Feuer, so daß alle Widersacher des göttlichen Gesetzes geschlagen werden sollen mit dem Schwerte oder dem Feuer oder auf andere Art getötet.

Desgleichen solle in dieser Zeit Christus dem Herrn nicht mehr nachgefolgt werden in seinem Erbarmen und in seiner Güte zu den bösen Menschen, und wer die Menschen dazu führt, der verführt sie gleichsam; sondern es solle ihm schon nachgefolgt werden im Eifer und in der gerechten Vergeltung.

Desgleichen sind weltliche und geistliche Menschen verpflichtet, ihre Hände zu weihen im Blute der Bösen.

Desgleichen ist der verflucht, der sein Schwert daran hindert, das leibliche Blut der Feinde Gottes zu vergießen.

Desgleichen solle schon den Feinden Gottes alles Gut abgenommen werden oder verbrannt oder vernichtet.

Desgleichen solle jeder, wer immer dieses Wort Christi zu dieser Zeit vernimmt, der da im Judenreiche lebt, auf die Berge fliehen; und wer nicht herausgeht aus den Städten und den Dörfern und aus den befestigten Orten auf die irdischen Berge oder nach Tabor, der begehet eine Todsünde.

Desgleichen werde jeder, der nicht auf die Berge flieht, verderben mit den Städten und Dörfern und den befestigten Orten von dem Schlage Gottes.

Desgleichen kann zu dieser Zeit niemand gerettet werden noch sich schützen vor den Schlägen Gottes, es sei denn auf den Bergen.

Desgleichen sollen zu dieser Zeit der Strafe alle Städte, Dörfer und befestigten Orte von den guten Menschen schon geleeret werden und verlassen.

Desgleichen schon verlassen worden, werden sie von keinem Guten je mehr besucht.

Desgleichen solle nach diesem Auszuge Prag als das große Babylon mit allen Städten, Dörfern und befestigten Orten schon verbrannt werden und vernichtet.

Desgleichen sind die Taboritenbrüder zu dieser Zeit der Strafe die Engel Gottes, gesandt aus den Städten, Dörfern und den befestigten Orten, die Guten auf die Berge zu führen wie den Lot aus Sodom.

Desgleichen sind die Taboritenbrüder zu dieser Zeit der Strafe die Heerscharen Gottes, gesandt, alle Ärgernisse und Überstände aus dem Königreich Christi hinauszufegen und die Bösen aus der Umgebung der Guten und aus der heiligen Kirche.

Desgleichen sollen die Taboritenbrüder die Strafe vollziehen und die Wunden schlagen mit Feuer und Schwert den Feinden Gottes und allen Städten, Dörfern und den befestigten Orten.

Desgleichen sind die Taboritenbrüder der Leib, von dem geschrieben steht: Wo der Leib ist, da sammeln sich auch die Adler.

Desgleichen stehet von diesen Brüdern das geschrieben: Jeder Ort, den euer Fuß berühren wird, wird der eure sein; denn darum haben sie wenig verlassen, auf daß sie vieles gewinnen.

Desgleichen welcher Herr, Knappe, Bürger oder Bauer ermahnet worden ist von den Taboritenbrüdern, daß er ihnen behilflich sein solle in diesen vier Stücken: zuerst in der Befreiung jeder Wahrheit, zweitens in der Mehrung des Ruhmes Gottes, drittens im Handeln zur Erlösung des Menschengeschlechts und viertens in der Vertilgung der Sünden, und der nicht dieses tun wollte: daß ein jeder von diesen solle als Satan und Drache vernichtet werden und erschlagen, und sein ganzes Gut solle werden von diesen Brüdern genommen oder vernichtet; und auch, daß einer jeden Stadt, einem jeden Dorfe oder einem jeden befestigten Orte solle das von ihnen angetan werden.

Desgleichen wer auch immer einem solchen Feind von ihnen Steuern zahle oder eine Hilfe erweise oder eine Gunst, von ihnen auch vernichtet werden solle am Leibe und am Gute.

Desgleichen solle jede Kirche, Kapelle oder jeder Altar, die zur Ehre Gottes des Herrn und einem Heiligen zu Namen errichtet, als götzendienerisch vernichtet oder verbrannt werden.

Desgleichen solle jedes Pfarr-, Kanonikus-, Kaplans- und jedes andere priesterliche Haus, das ihnen zum Wohnen gegeben ward, sowie jede andere priesterliche Stiftung schon vernichtet werden oder verbrannt.

Desgleichen werden zu dieser Zeit der Strafe nur fünf Städte übrigbleiben, in denen nur die Menschen gerettet werden, die zu ihnen fliehen, und alle anderen Städte, Dörfer und befestigten Orte sollen mit allen, die in ihnen wohnen, vernichtet werden oder verbrannt wie Sodom.

Desgleichen, wie in Hradiště oder Tabor nichts mein und nichts dein ist, sondern sie alles gemeinsam haben, so soll auch allen alles und immer gemeinsam sein, und niemand soll etwas Eigenes haben; sonst, wer etwa Eigenes hat, der begehet eine Todsünde.

Desgleichen solle von den Eheleuten der eine von dem anderen ohne dessen Willen auf die Berge ziehen oder in diese fünf Städte fliehen und die Kinder und alles andere verlassen.

Desgleichen werden die Schuldner, wenn sie auf die Berge oder in die schon erwähnten fünf Städte fliehen, vom Zahlen ihrer Schulden schon ledig.

Desgleichen ist jetzt schon zu dieser Zeit des Endes des Zeitalters, die Tag der Strafe heißt, heimlich Christus gekommen wie ein Dieb, damit er durch sich oder durch seine schon erwähnten Engel besiege das widersetzliche Haus und ihm ein Ende mache durch den Tod der Strafe durch Feuer oder Schwert, besonders aber durch Feuer; denn wie einst erneuert worden ist die Welt durch eine Wassersündflut, so soll auch zu dieser Zeit die ganze Welt erneuert werden durch ein leibliches Feuer; und darum sollen alle Städte, Dörfer und befestigten Orte verbrannt werden.

Desgleichen wird schon jetzt zum Ende des Zeitalters Christus in seiner leiblichen Gestalt vom Himmel herniedersteigen, und ein jedes Auge wird ihn erblicken, und er wird kommen, um sein Königreich hier auf Erden anzutreten, und er wird ein großes Abendmahl bereiten seiner Braut, der heiligen Kirche, hier auf den irdischen Bergen, als der König unter die Feiernden herniedertretend, und er wird alle, die kein Hochzeitsgewand anhaben werden, hinunterstürzen mit allen anderen Bösen, die außerhalb der Berge sein werden, in die innere Finsternis.

Desgleichen wird in dieser Zeit Christus in leiblicher Gestalt kommen und alle Ärgernisse aus seinem Königreich hinwegfegen und alle, die Böses tun. Und in dieses Königreich wird er nichts Beschmutztes hineinlassen noch diejenigen, die eine Lüge oder eine Schändlichkeit begehen; und auch seine Kirche wird er hier auf Erden errichten zum größeren Ruhme und Preis, als es war zur Zeit der ersten heiligen Kirche.

Desgleichen werden, wenn so zu dieser Zeit Christus kommen wird in den Wolken und in seiner Herrlichkeit und mit den Engeln, diejenigen, die schon gestorben sind in Christo, auferstehen von den Toten und als die ersten kommen mit ihm zu richten die bösen Lebendigen und Toten. Und dann werden diejenigen, die zu dieser Zeit noch lebendigen Leibes angetroffen werden, mit ihrem Leibe noch emporgerissen werden in die Wolken und in die Lüfte, Christus entgegen; und das wird in Bälde geschehen, in einigen Jahren. Und das werden viele lebendig erleben, und sie werden die Heiligen erblicken, die gestorben sind und wieder von den Toten auferstehen werden; und unter ihnen werden sie erblicken den Magister Hus.

Desgleichen solle kein König mehr auf Erden gewählet werden, denn Christus selbst wird schon herrschen.

Desgleichen werden diejenigen, die lebendig bleiben, überführt werden in den Stand der Unschuld zu dieser Zeit, wie Adam und Enoch und Elias im Paradiese, und sie werden nimmermehr Hunger leiden noch Durst, noch werden sie haben irgendwelche leiblichen oder geistigen Schmerzen, noch wird einer leiden eine Widerwärtigkeit.

Desgleichen werden zu dieser Zeit diejenigen, die lebendig bleiben, in heiliger und reiner Ehe hier auf Erden auf den Bergen leibliche Söhne und Enkel zeugen.

298

Desgleichen werden zu dieser Zeit die Ehemänner Kinder zeugen ohne die Erbsünde, und die Ehefrauen werden gebären ohne Schmerzen und Trübsal.

Desgleichen sagen einige, daß zu dieser Zeit die Weiber empfangen werden und
gebären ohne einen männlichen Beischlaf, wie die heilige Jungfrau Maria.

Desgleichen wird es zu dieser Zeit, da es keine Erbsünde geben wird und die
Söhne geboren werden in der Gnade Gottes, auch nicht mehr notwendig sein,
daß sie empfangen eine Taufe aus Not.

Desgleichen wird es, da es zu dieser Zeit hier auf Erden kein Ärgernis geben wird
noch eine Sünde, auch nicht mehr notwendig sein, das Sakrament des göttlichen
Leibes und Blutes zu empfangen; denn auf eine neue engelische Weise werden sie
ernähret werden nicht zum Andenken an das Martyrium des Herrn Christi, wie
uns jetzt befohlen ist, sondern zur Erinnerung an den Sieg des Herrn Christi.

Desgleichen werden zu dieser Zeit nur die Guten übrigbleiben ohne alle Schmerzen und Leiden, und es wird niemand den andern etwas lehren, noch werden
notwendig sein Bücher oder Schriften, noch die Bibel, denn das Gesetz Gottes
wird einem jeden geschrieben stehen auf dem Herzen, und jegliche weltliche
Weisheit wird vergehen.

Desgleichen wird zu dieser Zeit in vielen Stücken aufhören und zu Ende sein
das Neue Testament.

Desgleichen wird es zu dieser Zeit auf Erden kein Regieren geben und keine
Herrschaft noch eine Untertanenschaft, und es werden aufhören alle Steuern
und die Zinsen, auch wird niemand den andern zu etwas nötigen, denn es
werden sein alle gleiche Brüder und Schwestern.

Desgleichen wird ein von guten Eltern gezeugtes Kind nicht gebunden sein an
die Wassertaufe, denn im Leibe einer guten Mutter empfängt es den Heiligen
Geist, aus einer würdigen Empfängnis des göttlichen Leibes und Blutes durch
die Mutter.

Desgleichen gereichen den Kindern, die von bösen Eltern gezeuget sind, weder
die Taufe noch andere Sakramente zur Erlösung, denn es bemächtigen sich
ihrer deren Bosheit und Verdammnis.

Desgleichen gereicht einem Kindlein die Taufe nicht zur Erlösung, wenn ihm
nicht gegeben wird das Sakrament des Leibes und Blutes des Herrn Christi.

Desgleichen sollen die Kinder nicht getauft werden mit der gewöhnlichen Be-
sprechung noch durch einen Taufpaten, noch durch ein von einem Priester geweihtes und zu diesem Zwecke in der Kirche aufbewahrtes Wasser, sondern an
einem beliebigen Orte und mit einem beliebigen reinen Wasser.

Desgleichen solle kein Chrisma und auch kein heiliges Öl noch Wasser zur
Taufe oder zum Besprengen geweiht oder in den Kirchen oder anderswo aufbewahrt werden.

Desgleichen die heilige Beichte bei den Priestern zu halten sind die sündigen
Menschen nicht verpflichtet, denn es ist genug, wenn der Sündige Gott dem
Herrn selbst die Beichte ablegt in seinem Geiste.

Desgleichen weiht kein Priester, der sich in einer Todsünde befindet oder in
irgendeiner Ketzerei, das Sakrament des göttlichen Leibes und Blutes des

Herrn Christus, noch tauft er, noch erläßt er die Sünden. Und deshalb nehmen einige die Gefäße und den Kelch, in denen sich das Sakrament solcher Priester befindet, und andere nehmen und brechen das Sakrament zu ihrem Vergnügen und werfen es hinaus, da sie nicht glauben, daß bei diesen Priestern sich ein Sakrament befunden habe.

Desgleichen, daß von solchen Priestern kein Sakrament angenommen werden noch daß jemand bei ihnen zur Messe sein solle, denn sie sind verflucht von Gott dem Herrn.

Desgleichen hat Judas weder gegessen noch getrunken das Sakrament des Leibes und des Blutes des Herrn Christus bei seinem letzten Abendmahle.

Desgleichen können die Menschen mehr als nur einmal, sondern jeden Tag, sooft sie wollen das Sakrament des Leibes und des Blutes des Herrn Christus empfangen.

Desgleichen sollen keine menschlichen Verfügungen noch irgendeine Anordnung der Heiligen, als da sind Stundengebete, die Ordnung für die Messe und für einen anderen Gottesdienst, das Kreuzzeichen, der Friedenskuß, die Ornate, das Weihen von Öl, Wasser, Salz, von Kelchen, von Wein, Brot und anderen Dingen, das Kahlscheren des Kinnes und der Tonsur, das Weihräuchern, das Besprengen und das Segnen, noch die anderen menschlichen Anordnungen, als die Anordnungen des Antichristen, eingehalten werden.

Desgleichen ist jeder Priester, der mit einer Tonsur und ohne Bart oder im Ornate die Messe liest, die geschmückte Hure, von der geschrieben steht in der Offenbarung des heiligen Johannes.

Desgleichen soll auch jede Messe verachtet werden, und man solle sein im gewöhnlichen Alltagsgewand, und man solle die Messe abhalten an einem beliebigen Orte und alles andere lassen, nur die weihenden Worte sprechen, wie sie Christus gesprochen hat: So und nicht anders soll die Messe gelesen werden.

Desgleichen ist, wer im Ornate die Messe liest, in diesem Augenblick kein Priester mehr, und so weiht er auch nicht, sondern er ist ein Heuchler und betet vergeblich; aber auch derjenige, der dies lobet, ist ein Heuchler und betet vergeblich.

Desgleichen soll das Sakrament des göttlichen Leibes und Blutes mit lauter Stimme und in der Sprache des einfachen Volkes für die geweiht werden, die in der Messe sind.

Desgleichen soll das Sakrament des göttlichen Leibes und Blutes nicht emporgehoben werden noch bis zum nächsten Tage zur Empfängnis aufbewahret.

Desgleichen soll die Messe nicht lateinisch oder in einer anderen Sprache als in der des einfachen Volkes gesungen oder gelesen werden.

Desgleichen sollen nicht sein die Meßbücher lateinisch gesungen, die Viatiken und die anderen Stundengebetsbücher, die Ornate, die Chorhemden, die silbernen und goldenen Monstranzen und ebensolche Kelche, die silbernen oder goldenen Gürtel, die gesprenkelten oder gestickten Gewänder, geschnitten, bemalt und teuer — diese Dinge sollen nicht sein, und deshalb sollen sie vernichtet und beseitigt werden.

Desgleichen ist es besser, daß die Laien in Röcken und Jacken aus den Ornaten gehen, als daß die Priester in ihnen die Messe lesen.

Desgleichen helfen uns keine Heiligen im Himmel nach Christus durch ihre Gebete.

Desgleichen soll niemand fordern noch bitten noch rufen zu den Heiligen, die im himmlischen Vaterlande sind, um irgendwelche Hilfe, noch daß sie Fürbitte einleiten sollen für uns bei Gott dem Herrn, denn das wäre Götzendienst.

Desgleichen sollen wir nicht fasten zu den Festen der Heiligen noch ihre Feiertage heiligen noch ihres Namens wegen ihnen zu Ehren Kirchen bauen oder Altäre, denn das ist Götzendienst.

Desgleichen sollen wir nicht die Knochen der Heiligen und ihre Reliquien in den Kirchen mit ihrem Namen aufbewahren, noch sie in Ehren halten für ihr heiliges Andenken.

Desgleichen haben nach dem irdischen Tode die christlichen Seelen schon keinen Ort und auch keine Zeit zu ihrer Läuterung, und so soll man auch an das Fegefeuer nicht glauben.

Desgleichen ist es nutzlos und töricht, für die Seelen der Verstorbenen zu beten, zu fasten oder Almosen zu geben, und deshalb sollen die Seelenmessen und die Vigilien nicht sein.

Desgleichen sollen die Fasten der vierzig Tage, der Hundetage, die Freitags- und anderen Vigilien, als die Erfindungen des Antichristen, nicht gehalten werden, sondern an diesen Tagen solle ein jeder Fleisch essen oder was ihm gerade genehm ist.

Desgleichen sollen den Bußfertigen keine Fasten auferlegt werden noch Almosen noch Gebete noch etwas anderes, sondern daß sie gingen und fortan nicht mehr sündigten.

Desgleichen soll kein Tag geheiligt werden durch körperliches Nichtstun als der Sonntagstag selbst.

Desgleichen soll von den Christen nichts geglaubt noch gehalten werden, was nicht ausdrücklich in der Bibel gesagt ist und geschrieben.

Desgleichen soll außer der Bibel keine Schrift der heiligen Doktoren oder irgendwelcher Magister und Gelehrter weder gelesen noch gelehrt noch verkündigt werden, denn das sind Menschen, die in die Irre geraten konnten.

Desgleichen ist, wer sich übt in der siebenten Kunst oder darin seine Meisterschaft ablegt oder sich darin Meister nennen läßt, ein Heide und armselig und begeht eine Todsünde wider die Lehre des Herrn Christus.

Desgleichen sollen die Priester keine Einkünfte haben noch Güter noch Vieh noch Pferde noch Höfe noch Häuser, in ihnen zu wohnen, noch etwas Vergängliches, wenn es ihnen auch gegeben würde von den Almosen und sie diese Dinge nach dem weltlichen Recht und Herrschaft nicht besitzen wollten.

Desgleichen können die Priester, die keine Bischöfe sind, wenn es ihnen nützlich scheint, sich einen Priester zum Bischof wählen und ernennen, und dieser kann andere Schüler oder Laien zu Priestern weihen.

Desgleichen geziemt es sich nicht, daß in einer Kirche oder in einer Ansiedlung mehr als eine Messe gelesen wird, auch wenn es dort viele Priester gibt.

Desgleichen können, wenn so nur eine Messe gelesen wird, die anderen Priester gut einige Jahre lang bleiben, ohne die Messe zu lesen, und unter den Laien den Leib und das Blut Gottes empfangen.

Desgleichen sind für diese eine Messe keine Kirchen notwendig, denn wenn einer will, kann er die Messe auch außerhalb der Kirche lesen; besteht aber bereits eine Kirche, dann soll in ihr nicht mehr als ein Altar für die eine Messe sein.

Desgleichen soll keine Messe gelesen werden im Namen der Mutter Gottes oder irgendeines anderen Heiligen.

Desgleichen soll, wer bei der Messe anwesend ist, aber nicht das Sakrament des Leibes und des Blutes Gottes empfängt, nicht sprechen: Vater unser, der du bist im Himmel, denn er würde lügen, sagte er: Unser täglich Brot gib uns heute; und auch der kann es nicht in Wahrheit sagen, das er wäre in der Messe.

Desgleichen sind keine Eheleute verpflichtet, sich die Ehepflichten zu zahlen.

Desgleichen soll niemand eine Abbildung irgendwelcher himmlischer oder irdischer Dinge oder ein Bild machen oder besitzen noch ein solches in Ehren halten, denn das wäre ein Götzendienst.

Desgleichen kann das Bild des heiligen Johannes auf dem Dukaten oder des heiligen Ladislaus auf dem ungarischen Gulden oder die Abbildung des Bandes auf dem böhmischen Gulden oder das Löwenbildnis auf dem Silbergroschen wohl gemacht werden, auch in den Beuteln und Geldtaschen ohne Schaden aufbewahrt werden, oder es kann gut sein auf einer Fahne oder einem Siegel das Bild eines Löwen, eines Adlers, eines Lammes, einer Gans oder die Abbildung einer Krone oder eines Kelches.

Desgleichen geziemt es sich für keinen Christen, das durch Erdrosselung getötete Fleisch, aus dem das Blut nicht abgezapft worden ist, zu essen, auf apostolische Weisung hin.

Desgleichen geziemt es sich für niemand, Blut zu essen, auch nicht Blutwurst mit Blut.

Desgleichen ist im Sakrament auf dem Altar in Gestalt des Brotes nichts vorhanden als nur der Leib Christi, trocken ohne Blut und ohne Seele, noch ist der Leib hier verbunden mit der Gottheit; denn sonst würden wir hier den Leib mit Blut essen gegen die Anordnung Gottes.

Desgleichen ist im Kelche auf dem Altar in Gestalt des Weines hier nichts anderes vorhanden als nur das Blut selbst ohne den Leib, ohne die Seele und die Gottheit; denn sonst würden wir empfangen das Blut mit dem Fleische gegen die Anordnung Gottes.

Desgleichen solle darum nicht geglaubt werden, daß im Sakramente des Leibes Christi oder im Sakramente seines Blutes hier der wahrhafte und volle Gott und Mensch vorhanden sei. Und darum soll man hier nicht niederknien und sich neigen wie vor dem wahrhaften Gott dem Herrn; denn wer sich hier so neiget, der betreibet Götzendienst.

Desgleichen sagen andere, daß es gäbe kein Sakrament des Leibes und Blutes des Herrn Christus, denn in Gestalt des Brotes auf dem Altar sei hier nicht der Leib Christi noch in Gestalt des Weines hier sein Blut, sondern es sei nur gemeines Brot und gemeiner Wein, was wir zum Gedenken an Christus den Herrn essen und trinken und so seinen Leib und sein Blut nur geistig, aber nicht mittels des Sakramentes empfangen.

Desgleichen empfängt nicht nur in Gestalt des Brotes und Weines, sondern in jeder Speise und in jedem Tranke, wie in den Erbsen oder Graupen oder in anderem Fleische, auch im Biere oder Wasser, jeder gläubige Christ den Leib und das Blut des Herrn Christus geistig, aber nicht mittels des Sakramentes, zur Erinnerung an ihn.

Desgleichen soll darum die Gestalt des Brotes oder Weines nicht auf dem Altar aufgestellt werden, noch soll sich hier jemand neigen noch glauben, daß hier wäre Christus der Herr, der wahrhafte Gott und wahrhafte Mensch, denn das wäre Götzendienst. Und darum haben einige von den Altären unser allerheiligstes Sakrament des Leibes und Blutes des Herrn Christus heruntergeworfen und mit den Füßen getreten.

Desgleichen gibt es auch keinen Priesterstand, dem allein es geziemte, das Sakrament des Leibes und Blutes des Herrn Christus zu segnen und zu weihen, denn jeder Christ vermag eine jede Speise und einen jeden Trank zu segnen, damit man da empfängt den Leib und das Blut des Herrn Christus geistig, aber nicht mittels des Sakramentes.

Desgleichen sind weder Kirchen noch Altäre notwendig zu dieser Segnung und Weihe, denn das kann gut vor sich gehen in jedem Hause und an jedem Tische und vorgenommen werden von jedem Christen und zum Mittagessen wie auch zum Abendbrote, ebenso wie in der Kirche auf dem Altar. Finis errorum Taboritarum [Das Ende der Irrtümer der Taboriten].

Dies halten die Taboritenpriester bereits:

Zuerst, daß im Sakramente auf dem Altar nach der Weihe dasselbe Brot bleibt wie vor der Weihe.

Desgleichen, daß sich dieses Brot nicht verwandelt in den Leib Gottes noch der Wein in das Blut Gottes.

Desgleichen, daß nicht ist in diesem Sakramente der ganze Christus, der wahrhafte Gott und der wahrhafte Mensch, mit seinem Leib und seiner natürlichen Substanz, mit der er von der Jungfrau Maria geboren wurde und mit der er sitzet zur Rechten Gottes, noch daß hier ist Christus lebendig.

b) Die lateinische Redaktion der pikardischen Artikel

1. Erstens, daß schon jetzt in diesem Jahre, im Eintausendvierhundertundzwanzigsten, schon jetzt das Ende der Welt angebrochen ist, das ist die Erfüllung alles Bösen. Das ist eine Irrlehre.

2. Weiterhin, daß schon jetzt da sind die Tage der Rache und das Jahr der Vergeltung, in dem alle Sünder der Welt und alle Gegner des Gesetzes Gottes umkommen werden, so daß niemand bleibt, und müssen untergehen durch Feuer und Schwert, und die sieben letzten Plagen, von denen berichtet wird im 39. Kapitel des Jes. Sir. [35–36], nämlich durch Feuer, Schwert, Hunger, Zähne der Tiere, Skorpione und Schlangen, Hagelschlag und Tod. Das ist eine dem christlichen Glauben unerträgliche Irrlehre.

3. Weiterhin, daß es schon in der jetzigen Zeit der Rache keine Zeit für Liebe und Mitleid gibt, sofern es Gott angeht, und daß deshalb den bösen Menschen und den Gegnern des Gesetzes Christi keine Taten der Barmherzigkeit erwiesen werden sollen. Das ist verhärtete Ketzerei.

4. Weiterhin, daß schon in der jetzigen Zeit der Rache Christi in der Bezeigung der Friedlichkeit, der Sanftmut und des Mitleids mit den Gegnern des Gesetzes Christi nicht nachgeeifert und nachgefolgt werden soll, sondern nur in Eifer, Zorn, Grausamkeit und gerechter Vergeltung. Das ist verhärtete Ketzerei.

5. Weiterhin, daß in dieser Zeit der Rache jeder Gläubige verflucht ist, der sein Schwert zurückhält, damit er nicht leiblich in eigener Person das Blut der Gegner des Gesetzes Gottes vergieße, daß aber jeder Gläubige seine Hände im Blute Christi zu waschen habe, damit jeder selig ist, der der armen Tochter die Vergeltung vergilt, wie sie uns vergalt. Das ist Ketzerei und gewaltsame Grausamkeit.

6. Weiterhin, daß in dieser Zeit der Rache jedem Priester Christi erlaubt werden kann und werden soll, nach dem allgemeinen Gesetz persönlich zu kämpfen, zu töten, zu verwunden und zu töten die Sünder mit dem stofflichen Schwert oder mit anderem Kriegsgerät. Das ist Ketzerei.

7. Weiterhin, daß, solange die kämpfende Kirche besteht, schon in dieser Zeit der Rache, lange vor dem Jüngsten Gericht, alle Städte, Dörfer, Burgen und alle Bauwerke vernichtet und verbrannt werden wie Sodom, deshalb weil der Herr sie nicht betritt, noch irgendein Guter. Das ist ein Irrtum einer noch nie gesehenen und ungehörten Grausamkeit.

8. Weiterhin, daß in diesem Christentum, solange noch die kämpfende Kirche besteht, in dem oben erwähnten Schlag nur fünf stoffliche Städte bleiben werden, in die die Gläubigen zur Zeit der Rache zu fliehen haben, weil sie außerhalb dieser fünf Städte nirgends Rettung werden finden können. Das ist Irrtum und Lüge falscher Propheten.

9. Weiterhin, daß schon in diesem Jahr der Rache die Stadt Prag wie Babylon von den Gläubigen vernichtet und verbrannt werden soll. Das ist eine unerträgliche Unwahrheit, voll von Unterdrückung der Gerechten und ein Schaden der Gläubigen.

10. Weiterhin, daß schon in diesem Jahr der Rache niemand errettet und vor den Schlägen des Herrn bewahrt werden kann, außer in der Versammlung auf den leiblichen Bergen und in den Felsenhöhlen, wo die Gläubigen jetzt versammelt sind. Das ist ein Irrtum.

11. Weiterhin, daß schon in dieser Zeit der Rache, wer auch das Wort Christi läse oder predigen hörte, denen er predigte [Matth. 24, 16]: „Alsdann fliehe

auf die Berge, wer im jüdischen Lande ist," und nicht aus den Städten, Dörfern oder Burgen auf die leiblichen Berge herausgeht, wo jetzt die gläubigen Brüder versammelt sind, der sündigt tödlich gegen das Gebot Christi und wird mit diesen Städten, Dörfern oder Burgen durch den Schlag des Herrn gestraft und wird umkommen. Das ist ein Irrtum.

12. Weiterhin, daß nur jene Gläubigen, die auf den oben erwähnten Bergen versammelt sind, jener Leib sind, „da sich die Adler sammeln" [Matth. 24, 28], und sind Vertreter Gottes, in die ganze Welt gesandt, alle Schläge der oben erwähnten Rache zu verursachen und zu vollziehen die Rache an den Völkern und ihren Städten, Dörfern und sie haben [zu vernichten und zu brandschatzen], und über alle, die mit der Zunge ihnen widersprechen, werden sie zu Gericht sitzen. Das ist Irrtum und Lüge.

13. Weiterhin, jeder Herr, Knappe, Bürger oder Bauer ist von den besagten Gläubigen aufgerufen, diese vier ihrer Gebote zu halten, nämlich Freiheit jeder Wahrheit, zweitens, die Unterstützung des Gesetzes Gottes, drittens, die Sorge um die menschliche Errettung, viertens, die Unterdrückung der Sünden nach ihren Mitteln, und wer sich nicht leiblich und gegenwärtig an sie hält, daß ein jeder solcher als Satan oder als Drache von ihnen unterdrückt oder getötet und sein Eigentum eingezogen werde. Das ist Irrtum.

14. Weiterhin, daß alle zeitliche Ware der Gegner des Gesetzes Christi in der Zeit der jetzigen Rache die besagten Gläubigen auf alle Art und Weise anfallen und verwüsten, sie wegnehmen, verbrennen oder leiblich vernichten sollen. Das ist Irrtum.

15. Weiterhin, daß alle Bauern und Untergebenen, die aus Zwang den jährlichen Zins den Gegnern des Gesetzes Gottes zahlen, diese sollen vertilgt und verdammt und deren Güter als Güter der Gegner verheert werden. Das ist Irrtum und Anstiftung zu Raub und Diebstahl.

16. Weiterhin, daß schon jetzt die kämpfende Kirche, die lange vor der letzten Wiederkehr Christi zum Jüngsten Gericht bestehen soll, wird und ist eine andere Wiederkehr Christi, die schon eingetreten ist, erneuert im Königtum Gottes für den Pilgerstand, nämlich so, daß es in ihm keine Sünde, keine Übel, keine Schändlichkeiten, keine Lügen noch irgendwelche Befleckungen geben wird. Das ist verhärteter Irrtum.

17. Weiterhin die oben erwähnten Ansichten über jenen Text des Matthäus, 13, 40 und 24, 14 über das Ende der Welt zu gründen und unter dem Ende der Welt das Ende und das Ziel der jetzigen Zeit oder des jetzigen Jahres zu verstehen, nach welchem ein anderes Jahrhundert kommt, das ist die Zeit und das Jahrhundert der pilgernden und der wie die Sonne glänzenden Menschen, einfach und ohne jegliche Befleckung in jenem oben erwähnten Königreich des Vaters, das so vom Anfang bis zum Ende der Welt dauern wird, und niemals wird die Ewigkeit zu Ende gehen, das ist der Welt, ist ein ungelehrter Irrtum.

18. Weiterhin, daß in dem oben erwähnten erneuerten Königreich der pilgernden Menschen niemand die Bösen leiblich mit den Guten verbinden kann, bevor diese nicht ihre Schlechtigkeit abgelegt haben. Das ist Irrtum.

19. Weiterhin, daß schon bei der Erneuerung des Königreichs die Auserwählten sogleich von den Toten auferstehen werden in ihren Leibern bei der ersten Auferstehung, die lange der zweiten Auferstehung vorhergehen wird, die eine allgemeine sein wird; mit ihnen wird Christus, vom Himmel herabgestiegen auf die leibliche Erde, verkehren, und jedes Auge wird ihn erblicken. Und er wird große Feste und Abendmahle auf den leiblichen Bergen veranstalten, und wenn er eintritt, damit er die Feiernden sieht, wirft er alle Bösen in die innere Finsternis und alle, die nicht auf dem Berge sein werden, wird er in einem Augenblick durch Feuer vernichten, wie er einmal alle, die nicht in der Arche Noah waren, durch die Sintflut vernichtet hat. Das ist Irrtum.

20. Weiterhin, daß bei der ersten Auferstehung der Toten diejenigen, die als Lebende mit Christus in die Luft entführt werden, leiblich nicht sterben, sondern mit Christus wahrnehmbar im lebendigen Leben auf Erden leben werden und sich an ihnen buchstäblich alles erfüllt, was der Herr Jes. 65, 17 sagt: „Denn siehe, ich will einen neuen Himmel und eine neue Erde schaffen" usw. bis ans Ende des Kapitels, und in der Off. Joh. 21, 1: „Und ich sah einen neuen Himmel und eine neue Erde" usw. bis ans Ende des Kapitels. Das ist Irrtum.

21. Weiterhin, daß wie vorher gesagt wurde, in dem oben erwähnten Königreich Christi, das durch die erwähnten Plagen erneuert ist, die pilgernden Menschen keinerlei Widerwärtigkeiten haben werden, weil jegliches Leiden Christi und seiner Glieder aufhört. Das ist Ketzerei.

22. Weiterhin, daß in dem oben erwähnten Königreich der pilgernden Menschen, welches bis zur allgemeinen Auferstehung der Toten dauern wird, lange vorher „jegliche Schinderei der Armut aufhört und der Zins verschwindet" und aufhören werden alle Fürstentümer und weltlichen Herrschaften. Das ist Ketzerei und Täuschung der einfachen Menschen.

23. Weiterhin, daß es jetzt den Gläubigen nicht erlaubt ist in diesem Königreich einen gläubigen König zur Rache an den Bösen zu wählen, aber zum Lobe der Guten deshalb, weil nur der Herr herrschen und das Königreich dem Volk der Erde übergeben wird. Das ist Irrtum.

24. Weiterhin, daß der Ruhm dieses erneuerten Königreichs auf dieser Pilgerfahrt bis zur allgemeinen Auferstehung der Toten größer sein wird, als es der Ruhm der Urkirche war. Das ist Irrtum.

25. Weiterhin, daß dieses Königreich der kämpfenden Kirche, die das letzte Haus vor der allgemeinen Auferstehung der Toten ist, mit größeren Geschenken beschenkt wird als das erste Haus, das ist die Urkirche. Das ist Irrtum.

26. Weiterhin, daß in diesem erneuerten Königreich der kämpfenden Kirche den Menschen nicht die Sonne der menschlichen Vernunft leuchten wird, das ist, daß keiner seinen Nächsten unterrichten wird, denn alle werden Schüler Gottes sein. Das ist Ketzerei.

27. Weiterhin, daß es kein geschriebenes Gesetz Gottes im erneuerten Königreich der kämpfenden Kirche geben wird und alle geschriebenen Bibeln vernichtet werden, weil das Gesetz Christi allen in ihr Herz geschrieben sein und man der Lehrer nicht bedürfen wird. Das ist Irrtum.

28. Weiterhin, daß das Gesetz der Liebe, sofern es seinen Sinn an vielen Stellen betrifft, die den oben erwähnten Ansichten widersprechen, wie über die Widerwärtigkeiten, das Unrecht an den Gläubigen, die Täuschungen, das Streiten, die Lügen, die Übel, wird erfüllt werden, die Wirksamkeit verlieren und aufhören, das ist in dem so erneuerten Königreich der kämpfenden Kirche. Das ist Ketzerei.

29. Weiterhin, daß die Frauen im erneuerten Königreich der leiblich pilgernden Kirche Söhne und Töchter ohne leibliche Zerstörungen und ohne Schmerzen gebären werden. Das ist Ketzerei.

30. Weiterhin, daß noch nach der allgemeinen Auferstehung der Toten die Menschen Söhne und Töchter bis zu den Enkeln gebären werden. Das ist Ketzerei.

31. Weiterhin, daß im Königreich der pilgernden Kirche die Ehefrauen nicht verpflichtet sind, ihren Männern zu Willen zu sein, noch umgekehrt diese ihnen. Das ist Ketzerei.

32. Weiterhin, daß die Ehefrauen im erneuerten Königreich ohne Befruchtung durch körperlichen Samen gebären werden. Das ist Ketzerei.

33. Weiterhin, daß es den Ehefrauen in dieser Zeit der Rache erlaubt ist, sich von den Männern zu scheiden und von ihnen fortzugehen, um gläubig zu sein, wenn auch gegen deren Willen, und auch von ihren Kindern und von ihren Wohnungen auf die leiblichen Berge oder in die fünf Städte. Das ist Irrtum.

34. Weiterhin, daß bei der Erneuerung des Königreiches der pilgernden Kirche alle Kirchen, Altäre, Basiliken, die der Ehre Gottes geweiht und mit dem Namen irgendeines Heiligen außer Christus benannt sind, als kirchenräuberisch oder simonistisch bis auf den Grundstein zu zerstören, zu verbrennen oder anders zu vernichten sind. Das ist ein Irrtum, der nach Verschlimmerung auf der ganzen Welt ohne Nutzen riecht.

35. Weiterhin, daß alle Priesterhäuser als ketzerisch und angesteckt von den gläubigen Priestern weder bewohnt noch besucht, sondern daß sie vernichtet werden sollen. Das ist Irrtum.

36. Weiterhin, daß die evangelischen Priester nach der Weise des Evangeliums kein zeitliches Besitztum haben können, dessen sie zum Lebensunterhalt und zur Kleidung bedürfen, weil ihnen das bürgerliche Recht ganz und gar weggenommen und abgenommen wurde, und daß von solchen keine Sakramente angenommen werden sollen. Das ist blöder Irrtum.

37. Weiterhin, daß die Ziergewänder für die heiligen Messen, die von der Urkirche — die bestimmt sündenfrei war — eingeführt und festgelegt wurden, ketzerische Kleider und Fetzen sind, und deshalb haben sie zu Mänteln für weltliche Menschen und für andere nichtgehörige Bedürfnisse verbraucht zu werden. Das ist blöder und geschmackloser Irrtum.

38. Weiterhin, daß alle, die die Messe in Ornaten, wenn auch ohne Überfluß und Herrlichkeit, sowie mit Tonsuren lesen, angestellte Huren sind. Das ist Irrtum.

39. Weiterhin, daß alle, die die heilige Messe — auch wenn sie sicherlich nicht sündig sind — nach der Ordnung und im gewöhnlichen Gewand der Urkirche lesen, keine Priester, sondern Heuchler sind, und daß sie vergebens beten und daß deren Messen nicht gehört werden sollen. Das ist Ketzerei.

40. Weiterhin, die Messe unter dem weiten Himmel und in den Häusern und in Zelten zu lesen und die Ordnung der Urkirche ohne äußerstes Bedürfnis zu ändern und die Kirchen trotzig zu verachten, in die sie jetzt gehen können: Das ist abergläubischer Irrtum.

41. Weiterhin, daß kein Priester, der in irgendeiner Todsünde ist, von Gott die Macht zu vergeben oder zu taufen hat. Das ist Ketzerei.

42. Weiterhin, daß Judas das Altarsakrament des Leibes und des Blutes Christi während des letzten Abendmahls nicht angenommen, noch Macht erhalten hat zu vergeben. Das ist Ketzerei.

43. Weiterhin, daß es erlaubt sei, das Altarsakrament, das die Priester in der Todsünde so weihen — jedoch ungläubig —, hinauszuwerfen oder auf der Erde zu zerstreuen und das [Abendmahls-]Geschirr fortzutragen, oder daß sich die weltlichen Menschen die Sakramente mit ihrem Geschirr verächtlich an die Brust legen können. Das ist gottlos und schlimmste Ketzerei.

44. Weiterhin, daß im Altarsakrament des Brotes und des Weines nicht der rechte Gott und Mensch enthalten, heilige und gegenwärtig sind. Das ist Ketzerei.

45. Weiterhin, daß im Altarsakrament nicht der rechte Gott und Mensch durch ehrfürchtige Verbeugung verehrt werden soll. Das ist Ketzerei.

46. Weiterhin, daß man vor dem Altarsakrament weder niederknien soll, noch andere Äußerungen der göttlichen Ehrung vornehmen soll. Das ist Ketzerei.

47. Weiterhin zu glauben, daß im Sakrament des Leibes Christi weder in der Weise des Brotes noch in der Weise des Weines der ganze Christus sei, der in sich seinen Leib und sein Blut habe: das ist Ketzerei.

48. Weiterhin, daß es weder erlaubt noch nützlich sei, das Altarsakrament auf den nächsten Tag für den Gebrauch der Gläubigen oder für die Wiederholung des Gottesdienstes aufzuheben. Das ist Irrtum.

49. Weiterhin, daß es während der heiligen Messe niemals erlaubt sei, das Altarsakrament nach der Ordnung der Urkirche emporzuheben. Das ist Irrtum.

50. Weiterhin, daß in jeder Nahrung der Mensch den Leib und das Blut Christi sakramental einnimmt ebensogut wie im Sakrament, wenn der Mensch nur in der Liebe ist. Das ist Irrtum.

51. Weiterhin, daß es in keiner Pfarre an einem beliebigen Tage weder erlaubt noch nützlich sei, mehr als eine Messe zu lesen. Das ist Irrtum.

52. Weiterhin, daß ein und derselbe weltliche Mensch das Altarsakrament empfangen darf, so oft es ihm an einem Tage beliebt. Das ist Irrtum gegen die Satzung.

53. Weiterhin, daß die Gläubigen keine Dinge halten und glauben sollen, außer denen, die ausdrücklich und klar im Kanon der Bibel enthalten sind. Das ist Irrtum.

54. Weiterhin zu glauben oder zu halten, daß das Altarsakrament oder die Taufe nicht mit den anderen Sakramenten zusammen dauern sollen in der pilgernden Kirche, bis endlich Christus gekommen ist, ist Irrtum.

55. Weiterhin, daß alle menschlichen Satzungen und kirchlichen Gewohnheiten, so lobenswürdig und nützlich sie sein mögen, wie die Spreu vom Weizen einfach weggeräumt und vernichtet werden sollen. Das ist Irrtum.

56. Weiterhin, daß man keine Dekrete der allgemeinen Kirche und die Satzungen der heiligen Väter vom heiligen Geist als gesetzlich aufbewahren soll, weil man genug haben soll an den Satzungen, die im Evangelium ausgesprochen wurden. Das ist Irrtum.

57. Weiterhin haben die Gläubigen die Schriften und Sammlungen der Predigten der heiligen Doktoren, im Wissen und im Leben von der Urkirche anerkannt, wie Dionysios, Origines, Cyprian, Chrysostomus, Hieronymus, Augustin, Gregor und anderer, weder zu lesen noch durch sie zu lernen, noch sich auf sie zur Bestätigung des Sinnes der Schrift zu berufen. Das ist blinder, unwissender und unkundiger Irrtum.

58. Weiterhin, daß die Menschen niemals und auf keine Weise alle Wahrheiten der Philosophie und der Künste, auch wenn sie vielleicht das Gesetz Christi unterstützen, studieren oder sich mit ihnen befassen sollen. Das ist Irrtum.

59. Weiterhin, daß es nicht erlaubt sei, das Taufwasser zu heiligen oder zu weihen und das geheiligte in der Kirche aufzubewahren. Das ist Irrtum.

60. Weiterhin, daß die Kinder ohne Paten und ohne die seit der Urkirche üblichen Fragen und Antworten getauft werden sollen, da dies doch bequem ohne diese geschehen kann. Das ist Irrtum.

61. Weiterhin zu behaupten, daß die Gläubigen niemals auf irgendeine Weise die Ohrenbeichte beachten noch sie einhalten sollen: das ist Irrtum.

62. Weiterhin, daß dem Büßenden und Beichtenden niemals leibliche Fasten und Strafen des Leibes und andere Bußetaten auferlegt werden sollen, wie Gebete, Almosen und Tränen, sondern daß es genüge zu sagen: „Gehe hin und sündige nicht wieder!“ Das ist Irrtum.

63. Weiterhin, daß man das heilige Chrisma zur Salbung der Kranken und der Getauften in der Kirche Gottes nirgends halten und aufbewahren sollte. Das ist Irrtum.

64. Weiterhin, daß es allen möglichen Priestern, Nichtbischöfen, erlaubt sei, nach eigenem Willen und Belieben selbst den Bischof zu weihen. Das ist ein unvernünftiger Irrtum.

65. Weiterhin, daß wir Pilgernden keinen Heiligen haben, der im Himmelreich ist, von dem wir auf irgendeine Weise irgendeine Hilfe zu fordern oder zu erbitten verpflichtet sind. Das ist Irrtum.

66. Weiterhin, daß die Heiligen, die im Himmel sind, den pilgernden Menschen nicht durch ihre Gebete oder andere Hilfe beistehen. Das ist ein geschmackloser Irrtum.

67. Weiterhin, daß die Gläubigen keine vierzigtägigen Fasten der Urkirche, trockene Tage, Freitage usw. einzuhalten haben, sondern daß an diesen

Tagen jeder nach seinem Willen ißt, was er will und was ihm beliebt. Das ist Irrtum.

68. Weiterhin, daß die Gläubigen außer dem Sonntag keinen anderen Feiertag nach irgendeiner Festlegung der Urkirche feiern sollen. Das ist Irrtum.

69. Weiterhin, daß man einfach auf keine Weise den Himmel anerkennen oder irgendwie beweisen soll das Fegefeuer der Seelen, die den Körper verlassen haben. Das ist Irrtum.

70. Weiterhin, daß für die toten Gläubigen, mag dies sonstwer sein, keinerlei Fürbitten, Gebete und Almosen als verboten gemacht werden sollen. Das ist Irrtum.

71. Weiterhin, daß die Gläubigen in den Kirchen während des Gottesdienstes keine Hymnen, Lobgesänge und Gesänge singen sollen, die aus der Urkirche hervorgegangen sind. Das ist Irrtum.

72. Weiterhin, daß es keinem Christen erlaubt sei, auf irgendeine Weise erwürgtes Fleisch oder Nahrung aus dem Blute irgendeines Tieres zu essen. Das ist Irrtum.

2. Die Schilderung der Entstehung des revolutionären Chiliasmus in Pribrams „Leben der Taboritenpriester"

Hier beginnt die Schilderung des Anfangs der Taboritenpriester, und dieser Anfang war äußerst lügenhaft und falsch, grausam und ganz unrechtmäßig.

Nachdem wir durch die Gnade Gottes die gewaltigen Irrtümer und den groben Unfug der Taboritenpriester zum Schaden dieses unersetzlichen Landes bereits ausgesagt haben aus ihren Festlegungen und ihrer ketzerischen und verführerischen Urkunde, wo sie in sündhafter Weise Abgründe der Hölle gegraben und vor die Füße der einfachen Menschen gelegt hatten, damit diese insgesamt hineinfielen — meinen wir nun mit göttlicher Hilfe hier ihr Leben von Anfang an zu beschreiben, wie sie auf großen Irrlehren und Unglauben und unerhörten Lügen ihr Leben und ihre Anfänge begründet haben und wie so vom Teufel, der ein Lügner ist und der Vater der Lüge, ihr Leben, ihre Reden und Predigten ihren Anfang nahmen und zu fürchten steht, daß sie am Teufel und an seinen Irrlehren verderben. Deshalb meinen wir zur besseren Warnung der Gläubigen die schlimmsten Taten von ihrem Anfang an zu erzählen, damit die gläubigen Christen ihnen als Verführern und Lügnern in dieser Urkunde und in anderen Verfügungen nicht länger wollen Glauben schenken.

Über ihre falschen Weissagungen vom Tage des Jüngsten Gerichts

Zuerst wollen wir erzählen, und es ist fast dem ganzen Lande bekannt, daß die Taboritenpriester, das sind Nikolaus, ihr gräßlicher und falscher Bischof, Markolt, Čapek und Koranda, der ketzerische Martínek, Johann Teutonicus von Saaz, Zikmund, Vilém, Mašek Filús, Blažek, Varčík, Kániš, Lukáš und Kvirýn, Antoch, Pšenička und Jičín, Svešta, Sova und Poláček, Petr Němec und Prokop Sliven, Matěj Vlk und Vaněk Ryšavý, der Prophet Tomáš, der stumme Pater Bedřich und alle ihre anderen Gesellen, die vor zehn Jahren durch eine teuflische Eingebung anfingen zu weissagen und falsch und lügenhaft zu predigen, zu schreiben und zu verkünden, daß schon in diesem Jahr, und das war das Jahr eintausendundvierhundertundzwanzig seit der Geburt des Herrn, mit Sicherheit der Jüngste Tag sein werde und sein solle, und das bewiesen sie irrig und falsch mit der heiligen Schrift. Und daraus ist doch klar ersichtlich, daß ihre Anfänge lügnerisch und falsch waren und daß sie sollen deshalb von den Gläubigen in ihren schlimmen Ansichten als Verführer und Betrüger besieget werden.

Über die Verbrennung aller christlichen Städte

Desgleichen, daß die Taboritenpriester weissagten als falsche Propheten und predigten und riefen, daß die Zeit schon angebrochen sei, in der alle Städte, Dörfer und Gebäude vernichtet und durch Feuer verbrannt werden sollen wie Sodom und Gomorra, und sie führten die heilige Schrift an, daß der Herr sie länger nicht besuche. Das aber ist eine Lüge und Ketzerei und eine seit Anfang der Welt von einem Menschen niemals vernommene Grausamkeit.

Sie weissagten, daß nur fünf Städte auf der Welt übrigbleiben werden

Desgleichen weissagten sie als falsche Propheten, daß bei diesem Schlag Gottes nur fünf Städte übrigbleiben sollen auf der ganzen Welt, in die sich die Auserwählten Gottes begeben und vor diesem Schlag Gottes flüchten sollen, und wer sich verweilet, der müsse verderben; und das begründeten sie listig mit der Schrift des Propheten Jesaias, mit dem Kapitel, in dem er von den fünf Städten in einem anderen Sinne spricht [Jes. 19, 18].

Sie weissagten, daß das ganze Land brennen werde durch Schwefel

Desgleichen weissagten weiterhin die Taboritenpriester in falscher Weise und führten lügnerisch Jesaias an zum Beweise, daß das ganze Land zu dieser Zeit verbrennen werde durch Schwefel und Feuer.

Daß die Stadt Prag brennen werde

Desgleichen weissagten sie und vermeinten zu beweisen, daß die Stadt Prag werde vernichtet werden durch Feuer wie Babylon.

Daß alle flüchten sollen auf die Berge

Desgleichen predigten die Taboritenpriester, die falschen Propheten, sie schrieben Briefe und riefen mit schrecklicher Stimme, es sollen alle fliehen vor diesen

Schlägen auf die irdischen Berge, und dabei fälschten sie die Reden Christi, in denen er sagte: „Alsdann, wer in Judäa ist, der fliehe auf die Berge. Und wer auf dem Felde ist, der wende sich nicht um, seine Kleider zu holen ... und komme nicht hinein, etwas zu holen aus seinem Hause" [Mark. 13, 14, 16, 15].

Auch noch über diese Flucht

Desgleichen legten sie in den Disputationen falsches Zeugnis ab gegen unsere Widerreden und sagten, daß es sei der Befehl Gottes bei ewiger Verdammnis, daß alle liefen aus ihren Städten auf die Berge.

Daß die Weiber von den Männern auf die Berge zu ihnen laufen sollen

Desgleichen predigten sie, daß die Weiber von ihren Männern und Kindern weg auf die Berge laufen sollen, damit sie mit ihnen nicht verderben. Und so taten eine Menge Weiber und Mädchen und Jungfrauen, danach aber sind viele von ihnen zurückgekehrt nach Hause mit einem dicken Bauche.

Wie sie das Volk arg verzauberten

Desgleichen, daß die Taboritenpriester, die lügnerischen Propheten, mit ihrem falschen Geschrei eine große Menge Volkes und Gemeinden dergestalt betöret und gequälet haben, daß diese von ihren Weibern und Kindern, von den Häusern und Gütern gelaufen sind wie von Donner und Blitz gehetzt und viele ihre Güter vor Furcht hinausgetragen haben in die Städte und auf die Dörfer und sie jedem Beliebigen verteilten und mitten auf dem Markte umherwarfen, und sie liefen, sie diesen falschen Propheten auszuhändigen, andere schauten sich wieder nach ihren Stätten um, ob sie noch stehen oder schon zusammengefallen sind, und mit denen, die nicht wegziehen wollten. Und so beraubten sie die elenden Armen schlimmer als Gewalttäter und brachten sie um ihre Güter und stießen sie und ihre Kinder bis zum heutigen Tage in beklagenswerte Armut etc.

Von der den Armen durch sie entlockten Geldtruhe

Desgleichen dachten sich die Taboritenpriester, diese lügnerischen Propheten und gemeinen Verführer der einfältigen Gemeinde, da sie noch nicht genug daran hatten, daß sie so große Mengen Volkes so abscheulich und in der Seele, im Glauben und an den irdischen Gütern betrogen hatten, sogleich einen zweiten schändlichen Betrug aus, und sie predigten dem ihnen auf die Berge zugelaufenen Volke in der Stadt Písek und trugen ihm auf, daß alle Brüder sollten alles zusammenbringen, und zu diesem Zwecke stellten sie ihnen ein oder zwei Truhen auf, die ihnen die Gemeinde fast ganz vollschüttete. Und dieser Truhe

Verwalter war der ehrlose Matěj Lauda aus Písek; und er und auch andere waren der Truhe Schaffner und verwalteten sie mit den Priestern nicht mit Verlust. Und aus dieser häßlichen Tat ist am besten zu erkennen, wie abscheulich sie das Volk seiner Güter und seiner Arbeit beraubten und sie sich selbst aneigneten und sich mästeten.

Sie taten dem Volke einen neuen Betrug an, daß alle Bösen sollten verderben

Desgleichen begannen die Leute, die schon so weit verführt waren und ihren offensichtlichen Betrug und sich ihrer Güter so beraubt sahen, die sahen, daß es weder geschieht noch geschehen ist, was ihre Propheten geweissagt hatten, gegen die Propheten zu murren und aufzubegehren, da sie sehr litten Mangel, Hunger, Elend und Not. Da dachten sich die falschen Verführer, um das Volk irgendwie zu beruhigen, eine neue Lüge aus und sagten, die ganze christliche Kirche werde eine solche Neuordnung erfahren, daß alle Sündigen und Bösen gänzlich sollen verderben und auf der Erde nur übrigbleiben werden die Auserwählten Gottes, diejenigen, die sich auf die Berge flüchten.

Von der Herrschaft der Auserwählten tausend Jahre lang

Desgleichen, daß die Auserwählten Gottes mit Christus dem Herrn auf der Erde herrschen werden sichtbar und fühlbar tausend Jahre lang.

Daß die Bauern bekommen werden zu eigen das gesamte Besitztum der Bösen

Desgleichen, daß die Auserwählten Gottes, die sich auf die Berge geflüchtet haben, das gesamte Gut der zugrundegegangenen Bösen haben und all ihr Besitztum frei zu eigen bekommen werden, und sie werden herrschen auf allen ihren Gütern, und „ihr werdet haben eine solche Fülle an allem, daß euch über sein wird Silber und Gold und Geld."

Daß die Bauern nicht länger werden zahlen die Zinsen

Desgleichen sagten sie ihnen weiter und predigten, daß „ihr nicht länger werdet zahlen euren Herren die Zinsen noch ihnen werdet länger untertan sein, sondern es werden euch frei sein ihre Dörfer, Teiche, Wiesen, Wälder und ihr gesamtes Gut, und niemand wird euch daran hindern"; dies begründeten sie mit Jesaias und sagten: „In diesen Tagen wird aufhören die Steuer, und es wird sein kein Gewinn." — Aber es hat sich alles umgekehrt; denn die Bauern, die einen einzigen Zins ruhig hatten gezahlet, zahlen jetzt fünf und einige auch sechs Zinsen und Steuern, und Freiheit können sie bekommen weder im Hause noch in den Wäldern noch in den Gruben unter der Erde, ja, man beraubt, schindet und treibt sie überall.

Von ihren allzu grausamen Predigten, daß alle Bösen werden sterben eines plötzlichen Todes

Desgleichen wollten diese Verführer das Volk schon dieser Freiheit entgegenführen und ihren Lügen irgendeinen Beweis erbringen dafür, und so begingen sie die allzu große Grausamkeit, die unerhörte Gewalttätigkeit und menschliche Rechtlosigkeit zu rufen und zu predigen, sagend, daß schon da sei die Zeit der Rache, die Zeit des Abschneidens aller Sündigen, die Zeit des göttlichen Zornes und die Zeit jeglicher Vergeltung, in der alle Bösen und Sündigen durch einen plötzlichen Tod an einem Tage sterben werden und verderben und daß allein die Auserwählten Gottes auf der Welt übrigbleiben werden, und dazu führten sie viele Schriften in lügnerischer Weise an.

Was Koranda predigte in Pilsen

Desgleichen predigte dazu der Priester Koranda in Pilsen, daß wir werden an einem Tage aufstehen, daß aber alle tot daliegen werden mit der Nase nach oben und daß mehr Häuser übrigbleiben werden in Pilsen als böse Menschen lebendig.

Sie predigten die unerhörte Grausamkeit, daß alle Bösen sollen ermordet werden

Desgleichen, als es nicht eintrat so und als auch Gott der Herr es nicht getan hat, wie sie gepredigt hatten, wußten sie es selbst herbeizuführen, und sie dachten sich wieder eine neue und äußerst schlimme Grausamkeit aus. Und sie begannen zu predigen eine auf Erden bisher nicht vernommene Grausamkeit, indem sie sagten, daß schon da sei die Zeit der Rache, in der alle Sündigen geschlagen werden sollen mit den Schlägen, die beschrieben sind im Buche Ecclesiasticon [Jesus Sirach], das heißt mit dem Schwerte, mit dem Feuer, mit zweischneidigen Waffen, mit Tigerzähnen, mit Skorpionen und Schlangen, mit dem Tode, mit dem Blute, mit Unterdrückung, mit Hunger und Geißeln, mit Hagelschlag, mit der Rute, mit dem Knüttel und mit andern Schlägen.

Es ist nicht mehr Barmherzigkeit, sondern die Zeit der Rache ohne alle Gnade

Desgleichen predigten, schrieben und riefen weiterhin die grausamen Schelme, die Taboritenpriester, da sie wollten aufpeitschen das Volk und in Wut versetzen, damit es würde ohne Zweifel diese Schläge, und tue, daß nicht mehr da sei die Zeit der Barmherzigkeit, sondern die Zeit der Rache, und schlüge ohne Gnade alle Sündigen mit den oben beschriebenen Wunden und ihnen die Kehle durchschneide, und sie hießen uns und die anderen, die wir sie ermahnten zur Barmherzigkeit, auf daß sie nicht predigten solche unerhörten Grausamkeiten, schädliche Heuchler.

314

Daß man Christus nicht mehr solle nachfolgen in seiner Stille

Desgleichen, daß man zu dieser Zeit der Rache nicht mehr nachfolgen solle
Christus in seiner Stille, Sanftheit und Gutmütigkeit zu den Feinden, sondern
daß man ihm solle nachfolgen im Zorne, in Wut, im Jähzorn und in der Vergeltung der Rache.

Sie machten sich zu den Engeln, die Gott aussendet, auszutreiben alle Ärgernisse

Desgleichen, daß sei schon angebrochen die Zeit, in der Gott der Herr aussendet
seine Engel, das heißt Menschen in Vertretung der Engel, und sie werden beseitigen aus seinem Reich, das heißt aus der Christenheit, alle Sünden und Sünder
und alle Ärgernisse; das belegten sie mit der heiligen Schrift [Matth. 13, 41].

Daß auf der ganzen Welt sein werde nicht ein einziger Sünder

Desgleichen, daß in der ganzen Christenheit und auf der ganzen Welt nirgends
mehr sein werde ein Sünder noch eine Sünde noch irgendein Ärgernis, und das
belegten sie mit dem gleichen Evangelium [Matth. 13].

Und darauf begannen unstatthafte Kämpfe

Desgleichen wollten sie ihren grausamen Predigten vom Strafgerichte die Tat
folgen lassen, und so ließen sie fahren jegliches statthafte und christliche Kämpfen und alle heiligen Gründe, die sich für einen statthaften und christlichen
Kampf und zur Verteidigung der Wahrheit geziemen, wie dies der heilige
Augustin beschreibt, und zwar, daß der Kampf für den heiligen Streit geführt
werde von ordentlichen Mächten, denen in statthafter Weise die Macht zur
Besserung verliehen ist von Gott und von der heiligen Kirche, und sie ließen
fahren die Barmherzigkeit, das Wohlgefallen und den Willen zum Erschlagen,
das Wohlgefallen am Herrschen, das grausame Gemüt und das ehrgeizige
Streben und die anderen heiligen Gründe, die sich geziemen für einen christlichen Kampf, und sie begannen zu predigen und zu weihen unchristliche
Kämpfe, den Gründen nach böse und unwürdig, das heißt grausam und wild
ohne jede Barmherzigkeit, allen obengenannten statthaften Gründen widersprechend.

Verflucht sei jeder, der nicht zücket das Schwert

Desgleichen predigten und riefen sie, daß verflucht sei jeder, der zurückhält
sein Schwert vom Vergießen des Blutes der Feinde Gottes, und hochgelobt sei
jeder, der der Tochter Babylons vergilt der Rache Vergeltung, die sie ihnen
vergolten hat.

Daß alle sich waschen sollten die Hände im Blute

Desgleichen predigten und riefen sie, daß alle sich heiligten beim Morde an den Sündern und daß sie sich sollten die Hände baden und abwaschen in ihrem Blute und so sollten gepriesen sein.

Wer von ihnen aber stürbe, der solle erlöset sein

Desgleichen aber predigten und versprachen sie dem Volke, daß, wer von ihnen in diesem Kampfe werde fallen und erschlagen werden, zu selbiger Stunde werde sicher sein des Reiches Gottes.

Von den Büchern Čapeks, durch Mord erfüllt vom Anbeginn der Welt

Desgleichen führe ich, obgleich alle diese Dinge dem ganzen böhmischen Lande bekannt sind, zum besseren und leichteren Zeugnis aller dieser Dinge hier doch die Bücher eines ihrer hauptsächlichsten und eines der ersten größten Verführer, des Priesters namens Jan Čapek, an, in denen er anführet falsch und irrig viele Schriften des Alten Testaments und mit ihnen alle diese Grausamkeiten begründet und dabei rät und befiehlt, es möchten sie alle ohne Bedenken ausführen, und auf diese Bücher als auf die erste Grundlage dieser Kämpfe haben er und die anderen Priester diese unstatthaften, unchristlichen und grausamen Kämpfe gegründet, und mit ihnen verteidigen sie sich und reden sich heraus, aus denen führe ich kurz einige Stücke an, aus denen ein jeder verstehen kann die unaussprechliche Grausamkeit und die Verirrungen dieses Čapek und seiner ganzen Gefolgschaft.

Wie Čapek äußerst grausame und mörderische Stücke schreibt in diesen Büchern

Zuerst schreibt er und sagt: Die jetzige Zeit heißet Tag der Rache und des Strafgerichtes für die, die nicht tun wollen wahre Buße. Desgleichen werden gestrafet werden die Sündigen durch ein dreifaches Strafgericht. Zuerst werden sie gegeißelt werden mit der Rute und dann mit dem Knüttel und mit anderen Schlägen und dann gezüchtigt mit dem Feuer und dem Schwerte. [Es folgen Zitate aus der heiligen Schrift.]

Es beurteile ein jeder das unerhörte und mörderische Schreiben

Es möge erkennen ein jeder Gläubige dieses Schreiben des Priesters, wie alles daran ist äußerst ungerecht, überaus grausam und wie es ist lügnerisch und irrgläubig und verflucht und ketzerisch gefälschet, das Schreiben, in dem er sagt, die Zeit der Rache sei gekommen, und er führet und lehret das einfache Volk, das sich versammelt hat auf den Bergen, daß es solle umhergehen überall im Lande und alle Sünder auf der ganzen Welt ohne alle Gnade und Barmherzigkeit erschlagen, ihre Häuser und Gebäude niederreißen und verbrennen, den Altären die Ecken abschlagen und sie auf die Erde werfen, daß es solle ihre Güter und Gebäude anzünden und alle in Würden erhobenen Menschen niederbeugen und sie als Auswüchse ausschneiden, alle Menschen wie ein Stoppelfeld im Ofen verbrennen und ihnen lassen weder die Wurzel noch den Wipfel, auch, daß es sie solle dreschen wie die Ähren, das Blut aus ihnen herausziehen, sie töten und vernichten mit Skorpionen und Schlangen und wilden Tieren. O, du überaus grausame Priesterschaft und Laiengemeinde! Ist dies doch schlimmer als Neros und Domitians Grausamkeit und Henkertum und auf Erden bisher nicht vernommen worden noch in Chroniken jemals beschrieben, was beinahe alle Taboritenpriester predigten und andere darüber hinaus noch viele andere grausamere Schriften für ihre Kämpfe anführten und in anderen Traktaten sammelten und predigten! Und aus diesem Grunde sagen wir euch: Sie sollten nicht Priester heißen, sondern Tyrannen, Verführer, Lügner, Brandstifter, Mordbuben und blutige Henker.

Von ihrer allzu mörderischen Satzung

Desgleichen erließen sie, da sie an diesen Grausamkeiten nicht genug hatten, eine neue Satzung und erklärten sie durch Rede, Schrift und Bedrohung als rechtlich gültig: Welcher Herr, Ritter oder Knappe, Bürger oder Bauer auch immer ermahnt werde von den gläubigen Brüdern, in diesen vier Stücken es mit ihnen zu halten, als da sind Befreiung jeder Wahrheit, Förderung der Lobpreisung Gottes, Handeln zur Erlösung des Menschengeschlechtes und Vertilgung der Sünden auf ihre Art und Weise, und es nach dieser Ermahnung nicht mit ihnen halte, der solle als Satan und Drache von ihnen vernichtet werden und gemordet und sein Gut ausgeraubt.

Die Priester selbst mordeten mit dem Schwerte und dem Spieße und feuerten mit Flinten und brannten mit Feuer

Desgleichen geriet diese Priesterschaft dann in eine solche teuflische Wut, daß sie selbst die Menschen mordeten mit eigener Hand, sie mit dem Schwerte schlugen und mit dem Spieße erstachen, daß sie aus Flinten und Armbrüsten tödliche Schüsse abgaben und alle dem Priesterstande verbotenen weltlichen Waffen zu Mordzwecken verwandten; wenn ihnen aber einer sagte, wie Christus den Priestern gepredigt habe, nicht mit dem Schwerte zu schlagen, dann verteidigten sie sich mit der heiligen Schrift und sprachen: „Christus hat gesagt: Schlaget sie nicht bis dahin, das aber ist bis zu dieser Zeit; und deshalb können wir schon schlagen und vernichten."

Die Priester brandschatzten selbst

Desgleichen brandschatzten sie aus dieser ihrer äußerst schlimmen Ansicht heraus mit eigener Hand, indem sie in der einen Hand das Sakrament des

Leibes Gottes trugen und in der anderen eine Fackel, und sie brandschatzten selbst und freuten sich dabei.

Daß sie mit keinem einen Waffenstillstand schlossen

Desgleichen predigten und verwehrten sie aus dieser entflammten Wut heraus, daß man mit keinem Feinde einen Waffenstillstand schlösse noch einen solchen einginge, mit den Worten, daß die heilige Schrift sage: Du sollst nicht Verhandlungen eingehen mit ihnen; und zwar deshalb, damit sie immer könnten alles vernichten.

Daß sie können alles nehmen und vernichten

Desgleichen predigten sie und führten falsche Beweise in der Schrift, daß sie können zur Zeit der Rache alle feindlichen Güter gehörig wegnehmen und vernichten, sei es durch Wegnehmen oder Verbrennen oder durch eine andere Art der Vernichtung; und so stürzten sie das einfache Volk in die größte Rechtlosigkeit.

Daß es sich nicht gehöre, einen König zu wählen

Desgleichen predigten sie, daß es sich nicht mehr gehöre, einen König zu haben noch einen zu wählen, denn Gott der Herr will selbst schon über das Volk herrschen, und die Herrschaft soll gegeben werden dem einfachen Volke. Sie begründeten dies mit dem Propheten Daniel, und sie taten es gegen diejenigen, die zum Haupte und zur Ordnung des Landes sprachen, damit sie hätten in ihren Sachen Freiheit und keine Hindernisse.

Daß alle Herren und Ritter sollen ausgeschnitten werden

Desgleichen predigten und lehrten sie, daß alle Herren, Knappen und Ritter sollten vernichtet und ausgeschnitten werden als ein Auswuchs, und dies haben sie tatsächlich gemacht, daß sie viele von ihnen ermordeten.

Daß sollten aufhören die Steuer und der Zins

Desgleichen lehrten sie und begründeten durch Jesaias, daß sollten aufhören die Steuer und die Mahnungen und die Gebühren mit dem ganzen Fürstentume und der weltlichen Herrschaft.

Daß abgeschafft werden sollen alle königlichen und weltlichen Rechte

Desgleichen predigten sie, daß alle fürstlichen und ländlichen, städtischen und bäuerlichen Rechte, wie nützlich und gesetzlich sie auch sein mögen, als menschliche und nicht göttliche Verfügungen sollen schon abgeschafft werden.

318

Alle Satzungen sollen fallen

Desgleichen lehrten sie und predigten, daß alle menschlichen Satzungen und Verfügungen, da sie nicht erlassen habe der himmlische Vater, abgeschafft werden sollen.

Daß die Welt solle untergehen und eine neue anfangen

Desgleichen predigten sie und verkündigten, daß die Welt nach der Rede Christi schon solle untergehen durch diese Schläge und ein neues Zeitalter werde beginnen für die Auserwählten Gottes, und es werde anbrechen ein neues Reich Gottes, gebessert durch diese Schläge, in dem die Menschen werden scheinen wie die Sonne und in dem sie werden weilen bis zum großen Tage des Jüngsten Gerichts. Sie begründeten dies durch die Heilige Schrift im Evangelium des heiligen Matthäus im dreizehnten Kapitel, daß auferstehen werden die Toten. Desgleichen, daß in diesem Reiche Gottes die auserwählten Toten werden schon auferstehen von den Toten in ihren Leibern, und zwar durch die erste Auferweckung und nicht durch die letzte; und sie begründeten dies durch Daniel und den heiligen Johannes, der da saget: Gelobt sei, der da anwesend sein wird durch die erste Auferweckung.

Daß Christus werde herniedersteigen und mit ihnen wohnen

Desgleichen, daß in diesem Zeitalter und im gebesserten Königreiche Christus werde herniedersteigen und wohnen leiblich mit den Auserwählten und mit dem Auge dabei sichtbar sein, und es wird ihn erblicken ein jedes Auge. Und er wird ihnen bereiten große Feste und ein großes Abendmahl auf den irdischen Bergen, und er wird gehen, den Thron zu bewahren, und wer hier nicht angetroffen wird, wie in der Arche, der wird zugrunde gehen.

1. Die Artikel aus Jakobellus' „Erläuterung der Offenbarung des heiligen Johannes"

In dieser Gemeinde freveln so manche, indem sie sagen, Christus habe im heiligen Brote nicht seinen wirklichen Leib hingegeben. Und dieses Wort des Frevels läuft um in diesem Königreich bei Priestern und Laien. Die Priester reichen das Brot ungeweiht dar, und das Volk empfängt es so.

Der zweite Punkt ist, daß das heilige Abendmahl, das die Heiligen nur einmal am Tage darreichten und nur den Erfahrenen, von einigen einige Male dargereicht wurde und das Volk es einige Male am Tage empfing. Im Levitikus [3. Mose 16, 2] wird den Söhnen des Aaron gesagt, sie sollen nicht zu jeder Stunde in das Heiligtum eintreten. Und auch im Gleichnis Christi wird gesagt, daß der Vater des Hauses ein Maß Weizen gegeben hat zu seiner, das heißt zur rechten Zeit, die festgelegt worden ist von den Heiligen und von Jesus Christus. Hier aber freveln einige, indem sie es viele Male am Tage empfangen.

Drittens frevelt der Schelm, indem er sagt, daß dieses Christi Abendmahl nicht morgens gereicht werden solle, sondern nach dem Beispiele Christi des Abends. Und deshalb fasteten sie den ganzen Tag über.

Viertens frevelt der Schelm wider das Heiligtum, indem er sagt, daß die Ordnung, die in der gesamten Kirche eingehalten wird, der Weihe des Allerheiligsten hinderlich und eine Ordnung des Antichristen sei. Darum gibt man das Allerheiligste wie auch die Priesterschaft der Verachtung preis, und das eben macht der Schelm.

Der fünfte Punkt ist, daß die neue Art der Weihe des Allerheiligsten eingehalten wird, daß nämlich die lauten Worte der Einweihung vom ganzen Volke gehört werden. Das aber wurde so von den Heiligen in der ursprünglichen Kirche nicht getan, der Ungläubigen und Vorwitzigen wegen. Dionysius erzählt, daß für diejenigen, die Zweifel hegten an der Weihe, bei der Weihe des Allerheiligsten zwei Diakone zur Seite standen. So aber einzuführen die neue Art ist wider die Versammlungen und Einwilligung der Heiligen und ist ein Frevel des Schelmes wider das Heiligtum.

Sechstens solle man sich nicht neigen vor dem Allerheiligsten, und die Gott gebührende Ehrerbietung solle dem Allerheiligsten entzogen werden. Da aber die menschliche Natur Jesu Christi das Haus seiner Göttlichkeit ist, sollen wir uns Gott hier neigen. Die Entmenschten aber sprechen und sagen in verschiedener Weise, daß hier keine Göttlichkeit vorhanden sei. Wo aber in Wahrheit der Leib Christi ist, da ist auch die Göttlichkeit. Andere sagen, der Leib Christi sei nicht hier; andere wieder, er sei wohl da, aber er sei tot; andere wieder, er sei ohne Blut; und wieder andere, er sei nicht mehr hier, sondern er sei wohl beim ersten Abendmahle dagewesen, dann aber in den Himmel aufgestiegen.

Siebentes solle schon in dieser Ankunft Christi und in dieser Zeit der Rache das sichtbare Sakrament aufhören; so sagt der Schelm frevelnd wider das Heiligtum Christi.

Achtens solle man das Allerheiligste nicht emporheben und nicht sichtbar auf dem Altar aufstellen, damit so der Glaube falle von dem Allerheiligsten in den Herzen der Gläubigen.

Neuntens frevelt der Schelm wider das Heiligtum, indem er sagt, daß heilige Eheleute heilige Kinder gebären und eine Taufe nicht notwendig sei; das aber ist wider das Evangelium Christi. Andere sagten wieder, man solle keinen taufen, er sei denn dreißig Jahre alt wie Christus, und er solle die Worte des Glaubens selbst für sich sprechen und selbst von sich aus beantworten. Das aber ist wider seine Heiligen und wider die heiligen Schriften und die heilige Lehre Christi.

Zehntens sagt er, daß die Weiber gebären werden ohne Schmerzen und ohne den männlichen Samen.

Elftens werde das Königreich Christi hier sein und mit sichtbarem Auge sichtbar, und es werden von den Toten auferstehen viele Heilige, und sie werden mit ihm hierher kommen und sagen: „Sprich, auf daß sich diese beiden Söhne setzen" etc.; und es werden keine Sünden sein und auch keine Sünder hier auf Erden; und die Geburt der Söhne werde ohne Schmerzen sein, und die Heiligen werden sein ohne Taufe. Dies aber ist ein Frevel wider die Heiligen; denn die Heiligen sind nicht darum gesandt, daß sie so sprechen.

Zwölftens solle die körperliche Ehe in dieser Erneuerung der Kirche aufhören, und seien welche durch den Ehebund vereinigt, so sollen sie geschieden werden.

Dreizehntens, daß es in der römischen Kirche keine wahrhafte Priesterschaft gibt, und deswegen weihen sie so nicht; das aber ist wider den Glauben an das Allerheiligste, damit es in Vergessenheit gerate. Und deshalb weihten die Laien auch die Weiber; das aber ist ein Frevel.

Vierzehntens, daß in der kommenden Zeit einige schon den Zustand der Unschuld erreichen und ihn schon erreicht haben, und es solle sich schon ziemen, im neuen Ehebunde zu leben, ohne daß es eine Sünde wäre, zu sündigen mit einer Beliebigen, die man liebt. Das aber sage ich nicht zur Schande der Seelen, sondern zu ihrer Warnung. Und die neue Priesterschaft solle sein ohne Weihe; und es solle sein eine neue Jungfernschaft, und diese Jungfernschaft solle zerstört werden; und es werde sein ein neuer Ehebund, und deshalb sollen die ersten Ehefrauen entlassen und andere genommen werden.

Der fünfzehnte Punkt ist, daß manche Priester alles Beichten geschmäht haben und daß man nur bei Reue und ohne Rat bleiben und sich mit dem bloßen Leib des Herrn begnügen solle. Das aber ist gegen die ersten Heiligen, die privat ihre Sünden bekannten und den Rat des Heiligen Geistes annahmen. Und ich höre, daß sie in ihren sodomitischen Sünden und im Unglauben zur Empfängnis des Allerheiligsten schritten, ohne ein bußfertiges Herz, ohne Prüfung und Besserung des Lebens, ohne Rat. Und das, sage ich, ist ihm gegen die Heiligen zu sprechen gegeben und gegen das Heiligtum.

Sechzehntens sollen alle den Heiligen Geist in dieser kommenden Zeit völlig in sich aufnehmen, und deshalb sei es nicht notwendig, daß einer den andern lehre, und es seien nicht notwendig die Schriften, die Bibel und die heiligen Doktoren, und sie werden gelehrt sein wie in der ursprünglichen Kirche. Damit tun sie aber dem Heiligen Geist Unrecht an und freveln wider Gott.

Siebzehntens wollen sie nicht zulassen, daß Christus ist der wahre Gott (das habe ich selbst gehört mit eigenen Ohren, und das ist wider das Gesetz des Herrn), sondern daß er sei ein von Gott auserwählter Sohn; und sie sagen, daß einen Frevel begehen diejenigen, die sagen, Christus sei Gott. Das aber ist ein großer Frevel.

Achtzehntens, daß der Sohn in der Gottheit geringer sei denn der Vater.

Neunzehntens, daß die Mutter Christi noch mehr natürliche Söhne gehabt habe nach Jesus Christus.

Zwanzigstens, daß einige auf schädlichste Weise durch ihre lügnerischen Mäuler belehrt sind, indem sie sagen, daß sie das Sakrament empfangen haben ohne den Leib des Herrn.

Desgleichen, daß Maria, die Mutter Christi, keine Jungfrau sei.

Desgleichen, daß das Sakrament in jeder Speise gegeben werde; und ihren eigenen Körper nannten sie den Leib Christi.

Desgleichen, daß kein Herr sein soll, kein König, und es solle sein keine Obrigkeit, damit sie nicht wären einem untertan.

Desgleichen, daß nicht solle der Priester [die Leute] mit dem Allerheiligsten bedienen, sondern daß die Weiber und Männer es selbst nehmen und weihen können.

Desgleichen, daß die Heiligen, die wir gehabt haben, verstoßen sein sollen, daß man ihnen nicht glauben solle bei der Auslegung des Gesetzes und daß sie nichts vorstellen. „Wozu sind [denn] dir Gallus, Michael und Paulus, was denn Hieronymus und Johannes Chrisostomos?" sprechen sie solche Dinge voller Verachtung und wollen die Berge ersteigen ohne die Hilfe der Heiligen und ohne ihre wahre Auslegung die heiligen Schriften verstehen. Und wieder behaupten sie, daß im Leibe Christi keine Gottheit wäre, noch im Altarsakrament.

Desgleichen, daß man nicht solle annehmen ein Fegefeuer, und zwar predigen das die Weiber; es gibt viele schriftliche Zeugnisse dafür, daß sie falsch auslegen und das Fegefeuer verleugnen, daß es nicht bestehe. Wiederum, daß es sei die Zeit der Rache und der Unbarmherzigkeit und daß es sich gezieme, den Feind zu erschlagen und ihn nicht am Leben zu lassen, während der Herr Barmherzigkeit mit uns übt, denn durch Strafen will er, daß wir uns ihm zuwenden.

Desgleichen, daß die Priester selbst sollen Kriege führen und körperlich kämpfen, wie man dies bei vielen sehen kann; das aber ist wider Christus, wider das Evangelium, sein Leben, wider sein Beispiel und die Lehren auch seiner Heili-

322

gen. Deshalb sollen viele Buße tun für die Billigung und die Aufforderung zum leiblichen Kampf. Der Apostel sagt: „Lasset uns anlegen die Waffen des Lichtes" [Röm. 13, 12], und wiederum: „Denn die Waffen unserer Ritterschaft sind nicht fleischlich" [2. Kor. 10, 4]. Viele haben zum leiblichen Kampf von Gott aufgefordert und andere dazu ermahnt, und sie haben ihre Hoffnung in die leiblichen Waffen gelegt, nicht aber in die geistigen. Freilich nützt es etwas dem göttlichen Gesetz, die leiblichen Waffen aufzunehmen, aber zuallererst sollen sie sich vorbereiten und aneignen die geistigen, und zwar die Laien; wir aber, die Priester, sollen die geistigen Waffen benutzen und das Volk ebenfalls dahin führen.

Desgleichen, daß die ganze Welt ausbrennen solle und zugrunde gehen und jeglicher Kampf.

Desgleichen, daß niemand solle säen noch ernten und daß fünf Städte durch das Los kaum werden bestehen bleiben. Wie jene Töchter von Lot, die da meinten, die Welt werde zugrunde gehen, den Vater betrogen, so ward auch in Prag ein frevelhafter Schrei laut: „Ziehet schnell aus Prag hinweg, denn nur auf den Bergen ist Rettung und Befreiung!"

Desgleichen: „Auf einigen irdischen Burgen und auf den Bergen ist die Befreiung, und hier wird der Erlöser sichtbar sein mit einigen Heiligen." Desgleichen: „Bleibet nicht auf den Dörfern und in den Städten!" Alle diese Prophezeiungen aber sind ein Frevel. Desgleichen besteht die Trennung in zwei Parteien durch diese Punkte und Artikel: Die eine Partei hält sich noch an diese Prophezeiungen, während die zweite sie hasset. Und deshalb stehen die beiden Parteien einander gegenüber und streiten sich, sie sind ohne Liebe und treten so zum Allerheiligsten. Nur solche Menschen freveln!

Desgleichen: „Den Priestern ist Müßiggang eigen, aber keine Liebe und keine nützliche Arbeit, sie bringen niemand Nutzen." Das ist ein Frevel. Desgleichen verstehen sie, an den anderen die Sünden zu hassen, die sie aber selbst heimlich besitzen, Stolz, Geiz und Zorn kennen sie nicht noch hassen sie sie.

Sicherlich alle Seelen dieser Erdentage sollten Buße tun. Denn überglücklich ist die Seele, die nicht einer unmenschlichen Sünde anheimfällt, die ganz im Glauben und in der Liebe lebt und keinen einzigen Mangel besitzt. Und wenn einige von uns nicht alle diese Mängel in sich haben, wie es bei einigen manchmal der Fall ist, so besitzen wir wenigstens andere schwere Sünden. Deshalb laßt uns Buße tun alle gemeinsam und unsere Seelen vor dem Herrn beugen!

Desgleichen ist diesem Volke gegeben, nicht nur gegen den Namen des Herrn und gegen das Heiligtum zu sprechen, sondern auch gegen die alten Heiligen und die Propheten und die Apostel. Das aber ist es, was sie sagen: „Und ihm ist gegeben zu sprechen gegen die, die im Himmel wohnen." Die uns die Beispiele und Belehrungen aufgeschrieben haben, diese lehnen sie ab und freveln. Aber wenn jemand solchen Geistern nicht die Freiheit gibt, dann sagen sie: „Die Wahrheit hat keine Freiheit noch Stätte." Daraus aber lernet ihr schon, mehr die Geister zu prüfen und nicht sie gleich und rasch liebzugewinnen und zu empfangen.

2. Vom Priester Martínek, dem Ketzer, vom Leib Gottes

Desgleichen war einer der ersten von ihnen ein Priester namens Martínek, den die einen seines Scharfsinns und Verstandes wegen Engel der Heerscharen Gottes und die anderen Daniel nannten. Dieser predigte mit seinen Gesellen, er lehrte und verfaßte Traktate und Briefe, alles aber war Frevel am Allerheiligsten, das er den schlimmsten Teufel nannte und den teuflischsten Götzen und mit noch anderen Namen belegte, so häßlich er nur konnte. Und die Magister Matthias von Paris und Jakobellus, die die Würde des Allerheiligsten hoch priesen, nannte er die größten Verführer und beleidigte auch alle anderen, die das Sakrament priesen, ehrten und lobten.

Dieser Martínek der Ketzer schrieb ketzerische Traktate nach Písek.

Desgleichen schrieb der gleiche ketzerische Priester Martínek zwei oder mehr Traktate an die Gemeinde von Písek, in denen die folgenden Artikel stehen:
Zuerst sagt er, daß die erste Verirrung beim Abendmahle besteht, daß man das Abendmahl mit ungesäuertem Brot machen solle, wobei man die Gewohnheit der Juden als Begründung nimmt.
Die zweite Verirrung. Desgleichen ist die zweite Verirrung bei denen, die des Abendmahles des Herrn nur mit einem kleinen Stückchen Brot und einem kleinen Schlucke Wein gedenken wollen. Er aber will, daß solle so geabendbrotet und gegessen werden, wie Christus tat mit seinen Jüngern, denen er reichte das Brot und den Wein zwischen den anderen Speisen. Er will, daß es auch noch so wäre. Und so ungläubig waren sie, daß manche im Sitzen zulangten und beim Essen wollten empfangen.
Die dritte Verirrung. Desgleichen sagt er, daß die dritte Verirrung ist bei denen, die da sagen, daß sollten gesprochen werden fünf Worte zum Brote. Und die verfallen einer weiteren Verirrung, indem sie glauben, durch die Macht dieser Worte und das Zeichen des Kreuzes verwandle sich das Brot in Fleisch. Die Gläubigen sollen aber wissen, daß Christus nicht gesprochen hat diese Worte zum Brote, sondern zu den Jüngern, denn das Brot hört nicht, noch versteht es. Und wunderlich ist, daß viele Priester Zauberer verschrieen und die, die beschwören. Und dabei sprechen sie selbst immer nach Art der Zauberer die Worte über das Brot und den Wein. Und indem sie segnen, meinen sie, daß sie könnten die schlimmere Sache in eine bessere wenden oder daß sie könnten Christus in dieses Brot locken schnell und frisch. So aber hat Christus es nicht ausgegeben noch befohlen, es zu tun, sondern die Päpste haben diese Sitte von den Zauberern übernommen, die das mit den Dingen so gemacht haben, die sie den Götzenbildern opferten.
Die vierte Verirrung. Die vierte Verirrung ist, wie er schreibt, bei denen, die da sagen, daß solle gekniet werden vor dem Brote, da sie glauben, dieses

Brot sei der wahre Christus, Gott und Mensch, und andere, er sei in diesem Brote, andere wieder, er sei unter diesem Brote, wieder andere, er sei hinter diesem Brote, und wieder andere, er sei mit diesem Brote oder bei diesem Brote. Die Gläubigen sollen aber wissen, daß kein anderes Geschöpf erhoben werden solle, um darin Gott zu suchen. Denn wer auch immer den Sohn woanders sucht als im Vater und den Vater woanders als im Sohn oder woanders beten oder seine Ehrerbietung darbringen will, der ist ein Götzendiener.

Desgleichen, daß Christus ist weggegangen von ihnen, von den Aposteln, und zur Rechten sitzet des Vaters.

Desgleichen, daß Christus ist der Heilige Geist, von dem die Schrift sagt: Und ich will euch einen anderen geben, einen, der euch trösten soll. Das ist, sagen wir, einen anderen und einen geistigen. Und so geschieht es nun, daß sich uns so Christus geistig gibt und mit uns ist bis ans Ende der Welt, und so ist er auch in den Speisen des Abendmahles des Herrn, das von großer Macht ist, sofern es so gehalten wird, wie Christus es ausgeteilet hat. Auf eine solche Weise aber, wie die Lügner sagen, ist er nicht im Brote. Auch ist er nicht unter dem Brote dergestalt, daß hier wäre sein Leib, der in den Himmel auferstiegen ist und zur Rechten sitzet. Denn wäre hier der Leib, dann hätte Christus doch nicht gesagt: Ich werde fortgehen, sondern er hätte gesagt: Ich werde mich verbergen. Noch hätte die heilige Schrift gesagt: Er ist auferstiegen in den Himmel, sondern sie hätte gesagt: Er hat sich verborgen in der Oblate. Sollen eine Antwort geben darauf, die im Brot körperlichen Christus mithaben wollen. Für solche aber ist Christus nicht fortgegangen, noch ist er in den Himmel auferstiegen. Sicherlich verstehen sie nicht, was sie sprechen, wenn sie sagen: Das aber ist der wahre Leib Gottes. Oh, daß sie doch verstünden, daß Christus mit seinem Leib sitzet zur Rechten, mit seinem Geist aber geistig überall da ist. Sie aber sagen, wenn sie fünf Worte über das Brot sprechen, dann komme Christus und gehe in dieses Brot ein.

Das aber sagt ein Lügner unter ihnen auf das Wort von Moses. Es gibt kein anderes so großes Volk, das seine Götter so nahe hätte, wie mit uns ist Gott, unser Herr. Er sagt: Gerade so wie die Juden Gott bei sich hatten im Zelt, so haben wir ihn im Sakrament. Desgleichen sollen wir wissen, daß das Brot, das Abendmahl des Herrn, gegeben ist zum Essen, nicht aber zum Knien und auch nicht zum Beten. Der Teufel aber hat das eingeführt durch die Seinigen, auf daß hier ein Götzendienst geleistet werde, und vor nicht allzu langer Zeit ist als Gewohnheit das Knien vor dem Brote aufgekommen und hier in Böhmen gefestigt worden vor allem vom Magister Matthias von Paris.

Seine fünfte Verirrung. Die fünfte Verirrung ist, daß die Priester dem Volke die kleinen Stückchen in den Mund legen, sie ihnen aber nicht in die Hand geben. Das aber hat Christus nicht festgelegt.

Seine sechste Verirrung. Die sechste Verirrung ist bei denen, die keinen Unterschied machen zwischen dem ewigen Brote und dem nur eine Zeitlang währenden. Desgleichen, daß das Evangelium des heiligen Johannes im sechsten Kapitel nur vom ewigen Brote handelt, das im Tun besteht. Das göttliche Tun

und das Wort Gottes sind das Brot, das vom Himmel herabgestiegen ist, und deshalb werden die Taten des göttlichen Wortes Brot und Leib genannt. Und so hat man zu verstehen: Wenn ihr nicht esset den Leib des Menschensohnes und nicht trinket sein Blut usw., das heißt, wenn ihr nicht tut die Taten, die der Menschensohn tut. Und wenn ihr nicht trinket sein Blut — das heißt, wenn ihr nicht erkennet die Macht und die Ursachen seiner Taten, dann werdet ihr nicht haben das ewige Leben. Davon aber ist schon an anderer Stelle des langen und breiten geschrieben. Hier sei nur dieses ins Gedächtnis zurückgerufen. Desgleichen solle man sich fleißig hüten vor diesen schweren Verirrungen und vor dem päpstlichen Abendmahle, das ein Götzendienst ist, da man ja weiß, daß alle, die sich vor diesem Brote neigen und es nach päpstlicher Bestimmung essen, falls sie nicht Buße tun, gepeinigt werden vor dem Angesicht Gottes und vor den heiligen Engeln im Schwefel und im Feuer in alle Ewigkeit.
Das alles ist aus dem ersten Traktat von Martínek.

Der zweite Traktat desselben Ketzers Martínek

Desgleichen schreibt der gleiche Ketzer Martínek in seinem zweiten Traktat, das ist in einer Schrift, in dem gleichen Sinne und sagt, daß dieses Brot [nur] als Sinnbild des Leibes Christi war, wodurch der verratene Leib gekennzeichnet wurde. Dann spricht er auch vom Abendmahle wie früher und sagt: Es ist sicher, daß sie sich von dem kleinen Stückchen Brot weder sattaßen noch trunken waren von dem kleinen Tranke.
Desgleichen spricht er weiter, daß aus dem Abendmahle, wie man es jetzt isset in kleinen Stücken, alles Übel hervorgegangen sei. Das ist die Erkaltung der Liebe, Mord, Raub, Brandstiftung, Unglaube und Verrat, und zwar meist von denen, die es jeden Tag zu sich nehmen. Und besonders hier in Böhmen, wo das Abendmahl am meisten gefördert wird.
Desgleichen möge von ihnen jeder Gläubige fordern, daß sie sollten beweisen, wer es befohlen hat, vor diesem Brote zu knien, wer es geheißen hat, es in die Monstranz zu legen und auf den Altar zu stellen, Kirchen und Altäre für dieses Brot zu bauen, wer es geheißen hat, es zu den Kranken zu tragen und vor ihm mit einem Glöckchen einherzugehen, wer es geheißen hat, es auf einem Stock in den Kampf zu tragen, wer es geheißen hat zu glauben, daß hier der wahre Christus sei, der zur Rechten sitzet. Er sagt: „Wenn sie euch sagen, hier sei Christus und da, dann glaubt ihnen nicht!" Wer von den wahren Heiligen sagt denn, daß sich das Brot beim Heruntersagen der fünf Worte in den Leib verwandle oder daß gleich darunter Christus sei, wer befahl denn, die Gläubigen, das heißt die Pikarden, zu verbrennen, um Gottes Willen? Weil sie das geschaffene Brot nicht für Gott halten und es nicht wie Gott verehren wollen — wer anders als der Schelm, der ähnlich ist einem Lamm? Wer hat denn befohlen, ein kleines Stückchen in den Mund zu legen? Das haben sie doch alles von den Päpsten, den Antichristen. Dann verlangt er, sie sollten alle dieses Abendmahl fahren lassen, denn es sei sehr

böse. Und sie sollten des Abendmahles des Herrn gedenken, denn — wie er sagt —, dieses päpstliche Abendmahl, um dessentwillen man Menschen mordet, hat mit dem Abendmahle Christi nichts gemein, und je länger sie es essen, desto mehr verbreite sich das Übel.

Die Verirrungen Martíneks

Desgleichen wurde den ersten Christen auferlegt, daß sie hätten keinen leiblichen Altar, aber erst der Papst Sixtus befahl, Altäre zu haben. Auch daß sie würden keine Götzenbilder auf den Altar stellen, sondern daß die Christen sollten sich nach Bedarf gemeinsam sattessen und gleichsam ein Fest feiern. Und davon stammt die Kirchweih. Dann aber bauten die Päpste Kirchen, Altäre und Götzenbilder auf den Altären, die sie Leib Gottes hießen, und Bilder. Deshalb sollten die Gläubigen, sobald sie das erkannt haben, das falsche und ketzerische päpstliche Abendmahl fahren lassen.

Das aber schrieb in seiner zweiten Schrift Martínek, der war Meister und Anfang dieser Verirrungen, und diese beiden Traktate schickte er an die Gemeinde in Písek und an andere Gemeinden.

3. Die adamitischen Artikel

Im gleichen Jahre, als sehr viele Menschen, verführt vom Taboritenpriester Martínek, schlecht vom Altarsakrament dachten und der Ketzerei einiger Pikarden, deren oben bereits Erwähnung getan wurde, verfielen, begannen dann einige Leute beiderlei Geschlechts, Brüder und Schwestern, die man aus dem Zusammenleben der Brüder in Tabor ausgestoßen hatte, eine zwischen Veselí und Jindřichův Hradec gelegene Insel zu bewohnen. Und als sie den Nachbargebieten sehr großen Schaden zugefügt hatten, nahmen sie eine viehische Natur an und verfielen, von einem Bauern, der sich Moses nannte, verführt, durch eine Eingebung des Teufels, ihres Vaters, darüber hinaus früher nie gehörten Irrlehren und Ketzereien, wie aus den nachstehenden Artikeln klar ersichtlich wird, die Žižka, der blinde Taboritenhetman, nach ihrer Vernichtung den Pragern aufgezeichnet sandte.

Und diese waren in tschechischer Zunge so gesetzt:

Zuerst, daß sie verführet sind vom Priester Martínek Loquis in der Lehre von der Empfängnis des Leibes und des Blutes des Herrn Jesu, gemeines Brot und jede Speise Leib Gottes nennend. Bücher haben sie keine, noch achten sie ihrer, denn sie haben, so sagen sie, das Gesetz Gottes im Herzen geschrieben. Wenn sie das Vaterunser beten, dann sagen sie so: Vater unser, der du bist in uns, erleuchte uns, dein Wille geschehe, unser Brot gib uns allen, usw.

Desgleichen beten sie nicht das Glaubensbekenntnis, denn unseren Glauben halten sie für eine Irrlehre.

Desgleichen begehen sie keine Feiertage, sondern betrachten einen Tag wie den andern, und den siebenten Tag deuten sie als siebentes Zeitalter.

Desgleichen halten sie keine Fasten und fressen alles, was sie haben, immer der Reihe nach auf.

Desgleichen heißen sie den Himmel über sich das Dach und daß es nicht Gott im Himmel gibt und die Teufel in der Hölle, sondern nur in den bösen Menschen und Gott in den guten, das sagen sie.

Desgleichen haben sie bezeuget die Kirche schon als reformiert, und sie glaubten und hielten dafür, daß sie hier ewig leben werden.

Desgleichen hießen sie Petrus — Jesus, den Sohn Gottes, und Nikolaus — Moses, und sie hielten sie für das Vorbild der ganzen Welt.

Desgleichen hießen sie den Herrn Jesus Christus ihren Bruder, aber einen im Glauben nicht vollkommenen, weil er gestorben ist, sagend, der Heilige Geist wird niemals sterben, und aus dem Heiligen Geist soll sein der Sohn Gottes.

Desgleichen haben sie ihr Gesetz gegründet auf Hurerei, weil das Evangelium sagt: „Hurenböcke und Huren werden euch vorausgehen in das himmlische Königreich". Und deshalb wollten sie keinen, der nicht Hurenbock war oder Hure, in ihr Gesetz aufnehmen, ja, selbst das kleinste Mädchen, das sie aufnahmen, mußte entjungfert sein und mit ihnen Unzucht treiben. Und ihr Gesetz übten sie so aus: Alle, Männer und Frauen, tanzten, nackt ausgezogen, um das Feuer herum und sangen zum Tanze das Lied von den Zehn Geboten Gottes, dann blickten sie, am Feuer stehend, einander an, und hatte ein Mann ein Kleidungstück an, so rissen es ihm die Frauen vom Leibe und sprachen: „Laß deinen Gefangenen heraus, und gib mir deinen Geist, wie auch du empfangest meinen Geist!" worauf sie liefen, ein jeder mit einer Beliebigen und eine jede mit einem Beliebigen zu sündigen. Zuvor aber erhitzten und entflammten sie sich in sodomitischen Begierden, und diese Tat göttliche Liebe und göttlichen Willen nennend, begingen sie Teufeleien und badeten dann im Flusse. Einige Zeit darauf aber ließen sie sich schon von Moses trauen. Nie empfand aber einer von ihnen bei diesem Tun Scham vor dem andern, denn alle legten sie sich in einer Hütte gemeinsam schlafen.

Desgleichen sagten sie, daß sie die Gräber der Heiligen öffnen.

Desgleichen sagten sie, daß die Zeit angebrochen sei, in der nach der Offenbarung Johannis der siebente Engel seine Schale ausgeschüttet hat, daß sein wird Blut über die ganze Erde bis zum Zaum der Pferde [Off. Joh. 16, 17 ff]; und sie sagten, sie seien die Sense, die schon gesandt sei über die ganze Welt, und sie hießen sich die Engel Gottes, die gesandt seien zur Bestrafung der ganzen Welt und hinwegzufegen alles Übel aus dem Königreich Gottes. Und sie schonten niemanden, sondern mordeten alles und immerfort, Männer, Frauen und Kinder, und sie brannten an Dörfer, Städte und Menschen des Nachts, sagend, es laute die heilige Schrift: „Zur Mitternacht aber ward ein Geschrei" usw. [vgl. Matth. 25, 6].

Desgleichen begingen sie Morde in der Nacht und Unzucht am Tage.

Desgleichen hießen sie ihren Kampf und ihre Morde heilig, den Kampf für das Gesetz Gottes aber hielten sie für verflucht.

Desgleichen hießen sie unsere Priester leibhaftige Teufel und erschlugen deshalb den Priester Jan in ihrer Mitten.

Desgleichen hießen sie und nannten die Empfängnis des Leibes Gottes Brotausgabe.

Desgleichen hieß ein Weib in ihrer Mitten Maria, und sie lag des Nachts bei einem und gab dafür ihren Kopf hin, denn sie schlugen ihn ihr ab.

Desgleichen sagten sie von Zdena, daß sie einige von ihnen zum wahren Glauben bewogen habe, und sie wurde mit anderen in Příběnice verbrannt.

Desgleichen hießen sie Zigmund von Řepany einen treuen Gesellen, nur außer der Ehe.

Desgleichen sagten sie zu ihren Getreuen, daß die Feinde, wenn diese gegen sie zu Felde ziehen, alle erblinden und ihnen werden nichts antun können, wenn sie eben mit ihrem Vater eins werden.

Desgleichen scheuten sie weder Kälte noch Hitze, denn sie vermuteten nackt durch die Welt zu laufen wie Adam und Eva im Paradiese.

Und das war alles Lug und Trug, und deshalb haben sie einen schändlichen Tod erlitten jenen Dienstag nach St. Lukas anno domini MCCCCXXI.

III.

DIE LEHRE DES PETER VON CHELTSCHITZ

1. Peter von Cheltschitz: Von der heiligen Kirche

Wir wollen hier ein wenig zu den Worten zusehen, mit denen man sagt, daß die heilige Kirche die Versammlung der zur Erlösung Ausersehenen ist.

Und daß wir allein mit diesen Worten von der heiligen Kirche sprechen können, daß nur dies ist ohne Beigabe und ohne Wegnahme die heilige Kirche, die Versammlung der zur Erlösung Ausersehenen.

Und zweitens sind diese Dinge der heiligen Kirche gewiß und ohne Zweifel: Das sind die Geschenke des heiligen Geistes, mit denen sie beschenkt ist, damit sie durch sie geordnet würde in [ihren] Gliedern, zerteilt im Dienste zum Nutzen des ganzen Körpers oder der Kirche.

Drittens sind da wahrhafte und gewisse Dinge dieser Kirche, und das sind die Taten und Dienste mannigfaltiger Art, die auferlegt sind von Gott dem Tun der Gerechten, denn durch diese Taten haben sie sich das ewige Leben verdient.

Aber sofort kann jedoch nicht festgestellt werden, daß das sicher sein dürfte ein Teil der heiligen Kirche oder eines ihrer Glieder oder zwei, wenn bei solchen Taten viele Menschen erblickt werden, denn es sind ihrer nur wenige. Denn es können in solche Dinge eingehen auch unredliche Menschen, die eine Zeitlang in ihnen verharren oder vielleicht in ihnen sogar beständig aushalten, aber in diesen Menschen ist bei diesen Taten nicht die wahre Aufrichtigkeit. Denn alle tugendhaften Dinge können sich zeigen an heuchlerischen Menschen, nur die Liebe Gottes nicht. Diese aber ist am beweiskräftigsten am Menschen bei der Verzeihung eines Unrechts, das von anderen zugefügt wird, und ebenso in der Liebe zu seinen Feinden und in der Aufgabe lieber Dinge um des göttlichen Gebotes willen oder bei der Verzeihung widerwärtiger Dinge um des ersten Gebotes willen. Diese Dinge sind die kräftigsten Beweise der wahrhaftigen Liebe Gottes am Menschen. Aber nicht leicht kann sie ein unaufrichtiger Mensch an sich haben, und darum können die anderen Taten wirklich nur durch solche begründet werden, aber durch die anderen ist es nicht beweisbar, daß die, die sie haben, deshalb Glieder der heiligen Kirche wären.

Viertens gehören die Stände oder die Behörden der heiligen Kirche an, doch an diesen kann am wenigsten Gewißheit erlangt werden über die heilige Kirche: wie da ist der Priesterstand mit seinem Amte, und das ist bekannt, daß dieser Stand der heiligen Kirche angehört. Aber da ist man weit davon entfernt, daß dies alles Glieder der heiligen Kirche wären, die in diesen Stand eingehen oder ihm mit seinem Amte angehören; denn es können darin sein böse Menschen, die Glieder des Teufels sind, die nur dem Teufel selbst zum Nutzen die Seelen zutreiben durch die Verführungen. Dieser Stand aber kann, falls wahrhafte Menschen ihm angehören, die in ihm durch das Evangelium der heiligen Kirche dienen, in diesem Falle ein Stand der heiligen Kirche genannt werden, der ihr dient und sie im Guten stärket. Und so — guter Beschaffenheit wegen — ist es ein Stand der heiligen Kirche, wenn er würdige Diener in sich enthält.

Auch sind es Stände der heiligen Kirche, als da sind die Jungfernschaft, das Witwentum und der Ehestand. Doch diese Dinge bezeugen sie am wenigsten, und zwar am meisten wegen der Unzucht, setzt man so hinzu, auf daß man sich daran halte, daß es sind Stände der heiligen Kirche, damit nach der Berechnung dieser Stände aufhöre die Unzucht:. . .[1], auch muß man sogar schon die Absicht haben zur Keuschheit und [man darf nicht] die Ehe nur als Ehebruch [auffassen] und die ungehörige Unzucht, in der Ehe [treiben]. Andere Dinge sind ihnen aber nicht mehr verwehrt, was aber nicht in dieser Ordnung vor sich geht, das muß sein entweder eine Unkeuschheit offenkundiger Sünder oder ein Ehebruch oder eine andere unordentliche unzüchtige Handlung, und es kommt deswegen der heiligen Kirche zu, einem solchen Ding die vielen bösen Dinge gegenüberzustellen, die ihm falsch unterstellt werden.

Damit aber diese Stände anders und wahrhafter zur heiligen Kirche gerechnet werden können, müssen sie entsprechende Tugenden besitzen, als da sind der wahre Glaube und eine untrügliche Liebe und dazu noch mehr, was ein jeder erlangen kann mit seinen Gaben, die ihm selbst verliehen waren. Deshalb sollen diese Stände, wenn sie eine Stelle in sich haben für die der heiligen Kirche geziemende Güte, ihr gehören. Allein aber, ohne diese Gaben, können sie so nicht zur heiligen Kirche gerechnet werden; denn solche Stände können sein unter den Heiden oder unter den Juden, weil es kann eine Jungfrau, eine Witwe sein leiblich irgendeine Jüdin oder eine Heidin, und unter den Christen kann eine Jungfrau sein eine Ketzerin oder befangen in einigen Todsünden. Das alles aber ist von der heiligen Kirche weit entfernt. Auch heißen die Eheleute deshalb überall der Eigenschaften wegen Stände der heiligen Kirche, aber das kann gerecht über sie niemals behauptet werden, wenn sie nicht haben die Wahrheit dieser Dinge. Denn darum soll ihnen vor allem zuerkannt werden, daß sie sind Stände der heiligen Kirche, daß ihnen [die] Einräumung unter die Auserwählten zukommt oder die Gerechtigkeit, die das Auserwähltsein begleitet oder ihm nachfolgt. Denn das Auserwähltsein allein ist zwar vielleicht tat-

---

[1] An dieser Stelle ist der Text zu sehr verderbt, so daß auf eine Übersetzung verzichtet werden muß. Ein Zeichen hinter dem Wort „Unzucht" [smilstvie] im Manuskript weist auf einen Zusatz in einer Marginalie hin. Dieser Zusatz in der Marginalie wurde jedoch am Rande abgeschnitten, so daß der Text verstümmelt und nicht ganz verständlich ist. Die noch entzifferbaren Worte der Marginalie seien hier angeführt:
„panenstvie. . . sí se ov. . . od něho od. . . iti a vdo. . . stvie po ma. . . želství m. . . ho poji. . . smilstvie". – D. Hrsg.

sächlich irgendwann bei irgendwem ohne Gerechtigkeit vorhanden, aber im allgemeinen ist die von Gott auferlegte Gerechtigkeit bei den Heiligen meistens mit dem Auserwähltsein verbunden. Und wenn ein jeder der Auserwählten in diesen Ständen die von Gott auferlegte Gerechtigkeit besitzt, dann ist er ein Glied der heiligen Kirche; und wenn es wird sein eine große Menge solcher, dann ist da ein Teil der heiligen Kirche. Und so kann die heilige Kirche nicht gemessen werden mit körperlichen Maßen oder Gründen, um diese und jene Teilungen des Volkes festzustellen und körperliche Dinge ihnen [d. h. den Teilungen] zuzulegen, die sein oder entstehen können ohne Tugend und ohne Glauben; deshalb beruht sie [d. h. die heilige Kirche] nicht im Stande, sondern nur, wenn das Auserwähltsein dem Stande beigefügt ist.

Und dieses ist notwendig zu kennen für die ungeheure Verwirrung, daß man die Welt, die sich von Gott freilich abgewandt hat, wegen solcher Teilung des Volkes nennt die heilige Kirche. Und die Priester suchen nicht mehr durch ihren Dienst, das Reine von dem Unreinen zu trennen, sondern sie richten sich nach dem, daß es hier geben müsse die Bösen gemischt mit den Guten. Und dazu füge man diese Stände hinzu: den Priester-, Ritter- und Untertanenstand; den Jungfrauen-, Witwen- und Ehestand — das ist also die aufgeschnittene heilige Kirche. Und dieser heiligen Kirche ist zugeschrieben die ganze Lehre, die der römische Doktor festgelegt hat, und welche Doktoren er als Heilige aufgenommen, das wurde als Gesetz gegeben zur Erlernung.

Und die Priester kriechen schon, wie in einem Netz liegend in dieser Verwirrung, mit ihrem Priestertum durch die Welt und mehren deren Irrtümer durch ihren Dienst. Und immerfort sagen sie, daß dies ist die heilige Kirche, daß sie hier immer die Stände der heiligen Kirche wahrnehmen; die einen sehen sie mit dem Schwert herumstreichen — das ist der Ritterstand; andere, die ihre Kinder zur Taufe geben — das ist der Ehestand; und die Bauern, die pflügen — das ist der Stand der fronenden Untertanen. Und das zusammen soll die heilige Kirche sein. Und das kann in Wahrheit gesagt werden, daß die Ämter, die ganz und gar für die Heiden von Nutzen sind oder für die Welt, nicht zur heiligen Kirche gerechnet werden können, damit diese von ihnen verwaltet würde oder ihre Bedürfnisse durch sie verhandle, obgleich vielleicht den Umständen nach für die heilige Kirche oder ihre Glieder ein Nutzen entspringen könnte dem Dienste dieser Ämter, die allein den Heiden oder der Welt notwendig sind. Gott aber erlegt sie nicht seiner Kirche auf, daß sie sich durch sie verwalte.

Denn Gott hat durch seine Apostel der heiligen Kirche keinen König bestimmt, damit er auf seinem Schwerte trage ihre Versuchung und kämpfe für sie [d. h. die heilige Kirche] gegen ihre Feinde und zwänge die Kirche mit Macht, ihm [d. h. Gott] zu dienen. Noch hat er ihr Richter oder Schöffen bestimmt, damit die heilige Kirche, wenn sie vor sie kommt, gerichtet werde um der Güter dieser Welt willen; auch hat er ihr nicht bestimmt die Schergen und die Scharf-richter, damit sich die Glieder der heiligen Kirche aneinander hängen oder sich gegenseitig auf der Folter foltern um leiblicher Dinge willen — denn das ist den Heiden auferlegt und dieser Welt. Deshalb, wenn der heilige Paulus von den

Ämtern der heiligen Kirche spricht, stellt er bei ihnen neun Arten fest, und er sagt von ihnen: „Einige hat Gott sicherlich aufgestellt in der Kirche; zuerst die Apostel, dann die Propheten, dann die Lehrer, dann andere, die Wunder tun, andere, die die Kranken heilen, dann die Helfer, dann die Verwalter, dann andere, die in verschiedenen Sprachen sprechen, und andere, die die Sprachen erklären" [vgl. 1. Kor. 12, 9–10]. Solche Dinge sagt er von den Ämtern der Kirche. Nimmer aber begabt er diese Beamten mit weltlicher Macht und auch nicht diejenigen, die er ernennt in leiblichen Diensten, sondern nur verschiedene Gaben des heiligen Geistes; denn für die heilige Kirche sind allein diese Beamten notwendig. Denn die heilige Kirche ist geistig und benötigt zu ihrem Aufbau geistliche Beamte; denn ihre ganze Stärke liegt auf geistigem Gebiet, und wenn sie etwas Leibliches zu tun hat, das alles aber durch den geistigen Sinn.

Und auch der Gedanke kann nicht gefunden werden, daß die Apostel die heilige Kirche in drei Teile teilten und der einen Seite predigten zu arbeiten, damit sie durch dieses Mühen den beiden anderen hülfe und ihnen als Grundlage diene, damit sie auf dieser liegen und faulenzen. Es spricht davon der heilige Paulus, indem er von sich und von anderen Priestern anfängt und sagt: „Denn ihr wisset, Brüder, wie ihr uns sollt nachfolgen. Denn wir sind nicht unordentlich unter euch gewesen, haben auch nicht umsonst Brot genommen von jemand, sondern mit Arbeit und Mühe Tag und Nacht haben wir gewirkt, und wir haben geschafft mit unseren Händen, auf daß wir nicht jemand unter euch beschwerlich wären. Und da wir bei euch waren, geboten wir euch solches, daß, so jemand nicht will arbeiten, der soll auch nicht essen. Denn wir hören, daß etliche unter euch wandeln unordentlich und arbeiten nichts, sondern höfisch tun" [2. Thess. 3, 7–8, 10–11].[2] Und in dieser Rede des Apostels findet man die Kundgebung der in drei Teile geteilten Kirche, als ob er da die Herren und Priester errichtete und ihnen befähle, untätig zu sein, und unterstellte ihnen als Grundlage die Bauern und andere Arbeiter, damit sie sie hielten für sich als eine Unterlage unter ihnen. Er fängt aber von den Geistlichen an und sagt, daß sie „in der Nacht und am Tage schafften mit ihren Händen". Warum sagt er, „auf daß wir nicht jemandem unter euch beschwerlich wären", indem wir uns auf euch andere niederlegen? Deshalb „damit wir uns selbst euch zum Vorbilde gäben, uns nachzufolgen und mit euren eigenen Händen schafft; wenn jemand nicht will arbeiten, der soll auch nicht essen. Denn wir hören, daß etliche unter euch wandeln unordentlich und arbeiten nichts, sondern höfisch tun" [2. Thess. 3, 9–11].[3]

Und damit verurteilt er offensichtlich jene Verkündigung von den Priestern und von den Herren, die sich zu den ersten beiden Seiten der heiligen Kirche

---

[2] In dem angeführten Bibelzitat fehlen bei Luther die Worte: „Brüder", „und wir haben geschafft mit unseren Händen". Statt „sondern treiben unnütze Dinge" schreibt Peter von Cheltschitz „sondern höfisch tun" [ale dvorsky činice]. – D. Hrsg.

[3] In dem angeführten Bibelzitat fehlen bei Luther die Worte: „und mit euren eigenen Händen schafft". Zu „sondern höfisch tun" s. Anm. 2. – D. Hrsg.

machten und die Wahrheit ausschickten, für sie zu lügen, indem sie sagen, daß die Bauern und die anderen Arbeiter durch ihre Anstrengungen die Herren und die Priester halten sollen als ihre Unterlage. Und vielleicht haben leider die Priester in der heiligen Kirche wirklich keinen anderen Grund, als sich den Wanst vollzuschlagen durch die Arbeit der Untertanen. Ihnen gegenüber haben aber der Apostel und seine anderen Gehilfen in der Nacht und am Tage geschafft, damit sie nicht zur Last fallen dem arbeitenden Volke, und er straft diejenigen, die nicht schaffen unter ihm, sondern **untätig umhergestreift sind** wie die Höflinge. Und da er dieses **müßige höfische Leben** bestraft, wie hätte er wohl in der Gemeinde solche Höflinge eingestellt, wenn er da sagt, daß man auf sie achtgebe und sich von ihnen trenne, wollten sie dieses höfische müßige Leben nicht bessern. Und da sich nach dem Apostel der Umgang mit diesen höfischen Müßiggängern nicht ziemt und die Befriedigung im Glauben mit ihnen nicht vereinbaren läßt, wie hätte er denn solche Herren über das Volk stellen sollen im Glauben und sie nennen die dritte Seite der heiligen Kirche, damit sie fräßen fertig das, was die anderen ihnen mit vieler Mühe erzeugten?

Deshalb lehrt er Gleichheit zu bewahren diejenigen, die die heilige Kirche sind, eine solche Gleichheit, wie sie haben die Glieder eines natürlichen Körpers, und er sagt: „Auf daß nicht eine Spaltung im Leibe sei, sondern die Glieder füreinander gleich sorgen. Und wenn ein Glied leidet, so leiden alle Glieder mit, und wenn ein Glied wird herrlich gehalten, so freuen sich alle Glieder mit" [1. Kor. 12, 25—26]. Und soll ein so Weiser, wenn man diese Rede betrachtet, ihr die Heidenherrschaft entnehmen und sie in die Kirche Christi schieben und sie die dritte Seite dieser Kirche nennen, weil er das Beispiel nimmt aus der Natürlichkeit der Glieder eines Körpers! Und doch die Wahrheit ist würdiger als das Beispiel; daß der Apostel die Gleichheit unverteilt im Körper unter die Glieder stellt, damit die einen ohne Neid den anderen dienen, gemeinsam für einander Sorge tragen und sich gemeinsam in alles teilen; wenn es gut ist, freuen sie sich gemeinsam; wenn es schlecht ist, sind sie gemeinsam betrübt; die Ehrenhafteren verachten nicht die Verachtenswerteren, sondern beschützen sie mit größerer Ehrlichkeit.

Und da die Glieder der heiligen Kirche in solchem Verhältnis [zueinander] stehen, dann könnten die einen den anderen nicht so große Steuern auferlegen, noch verschiedene Frondienste ausdenken, damit sie, während sie im Kühlen sitzen, sich lustig machen über jene Bauern und Tölpel, die sich auf dem Berge placken; auch könnten sie sie bei großer Kälte nicht hinausjagen in bloßen Kitteln auf die Hasenjagd und selbst im Warmen sitzen, noch was immer für eine Erniedrigung ihnen gewaltsam aufbürden, die sie sich von anderen auch nicht würden gefallen lassen.

Deshalb weit entfernt ist dieses Heidentum nach Ansicht des Apostels von der heiligen Kirche. Wenn aber einem Menschen dieses Volk die heilige Kirche zu sein scheint, dann kann dieser Schein nicht von woanders kommen als allein daher, daß die Welt die heilige Kirche zu sein scheint und ihre Verirrungen der christliche Glaube; aber da dieser Schein schon irrig ist, darum soll das Verderbte getrennt werden.

Das aber sage ich: Wenn Gott nicht solche Priester gibt, die es verstehen, gerade das vom Glauben zu trennen und es besonders als offensichtliches Heidentum darzustellen, dann wird das Evangelium schon gar nicht mehr der Wahrheit nach gepredigt werden. Denn solange sich die Priester nicht von der Welt lossagen, solange sie den Segen des Glaubens diesem Heidentum geben werden — mit seiner gewalttätigen Grausamkeit, mit seinem Stolz, mit seiner mannigfaltigen Ungleichheit, mit seinem wollüstigen Leben und mit immer häufigeren Beleidigungen aller Tugenden —, wie können sie da wahrhaft Christus predigen? Denn das alles ist der Leib dieser Welt; solange aber dies den Segen des Glaubens bekommt und solange man es an Christus teilnehmen läßt, wem auf Erden könnten die Priester die Teilnahme Christi verweigern, da auf allen anderen die Welt nicht kenntlich ist als auf ihnen? Und deshalb wird sich jeder weltliche Mensch mit Recht zur Teilnahme am Glauben erheben, wenn man einem so offensichtlichen Heidentum derer den Segen des Glaubens gibt und dieses Heidentum zudem noch einen Nutzen für den Glauben nennt.

Und auch diese Dinge habe ich nur aus dem Grunde nicht gesagt, da ich dies für den größten Schaden halte, daß die gläubigen Menschen untertan sind diesen Mächten und ihre Last tragen. Es ist noch gar nichts, daß der Apostel den offensichtlichen Heiden das gläubige Volk unterstellte aus gutzuheißenden Gründen; aber er hat sie keineswegs im Glauben miteinander verbunden; dies ist aber schlimmer, und zwar das im Glauben angenommene und mit ihm verbundene Heidentum — und schon hat es den Glauben verdorben, und schon steht es allein da als Nutzen für den Glauben — das ist mir zuwider.

Und sollten noch die Worte weiterhin als gültig bleiben, daß das Ketzertum eine Irrlehre ist und der heiligen Schrift zuwiderlaufend, dann sollte hier dieses verzweigte Ketzertum gezeigt werden! Wenn alle diese Ketzereien aber schon zum Nutzen des Glaubens sind, dann werden die Ketzereien auf mich geschoben, der ich den großen Nutzen der heiligen Kirche verderbe, da die Macht beschattet sie wie die Kühle vor der Hitze und sie gedeiht in allem, was sie versucht, durch die Macht dieser Welt, ohne diese Macht sie aber bliebe wie eine verwaiste Witwe.

2. Peter von Cheltschitz: Das Netz des Glaubens (I. Teil)

Sechstes Kapitel

Aber die Rede stößt sofort auf Mißgunst; denn die mächtigen Widersacher des Glaubens, die über den Glauben herrschen und ihm Schranken auferlegen, machen mit ihm, was sie wollen. Wenn nämlich der Arme nicht den Glauben hat, den ihm die Großen zumessen, dann fällt er ihnen als eigenwilliger Ketzer in die Hände, der sich nach seinem Kopfe mit Irrtümern besudelt und alte und vollgepfropfte Köpfe ablehnt; hier, an diesem versteckten Ort, sitzt der Tod. Und wenn der Tod, aus diesem versteckten Ort heraustretend, einen von uns erwürgt hat, so erschrecken die anderen. Einigen aber, die in Ruhe gelassen werden, dünkt es, daß sie im Glauben reicher seien als die hohen Geistlichen, die über den Glauben herrschen. Werden sie jedoch verraten, dann herrscht Gott durch den, der in der Zeit der Versuchung widersteht. Aber ich sage mit Recht: Wer nicht den Tod von den einheimischen Feinden um des Glaubens willen wird erleiden können, der bleibt nicht im Glauben, es sei denn, Gott verkürzt ihm diese böse Zeit.

Und die oben über den Glauben gesagten Worte gründen sich darauf, daß Petrus der geistige Fischer und sein Netz das Gesetz Christi ist oder der christliche Glauben auf ihm beruht und nach seinem Gesetz durch die Knoten der verschiedenen Wahrheiten der Worte Gottes verbunden oder verknüpft ist; damit das Netz ganz und ausreichend sei, um die Sündigen zu fangen und sie aus der Tiefe des Sündenmeeres und dieser Welt herauszuziehen und schließlich die Fische — die heiligen Menschen — zum Nutzen des himmlischen Herrn zubereiten zu können. Das lehrt uns nämlich der Glaube, daß der heilige Petrus und die übrigen Apostel Fischer sind, zu einem solchen Fang vom Herrn Jesus bestellt, und daß dieser ihnen ein solches Netz des Glaubens in seinen Worten gegeben hat, als er von ihnen sagte: „Ich habe ihnen gegeben dein Wort, und sie haben es angenommen, und die Welt hasset sie."[1] Und deshalb sandte er ihnen den heiligen Geist, der als heiliger Geist in ihnen jegliche Rede Gottes bewirkte, in welcher der Glaube hinlänglich in den Aposteln begründet ist, um die ganze Welt oder alle zu unterweisen, die hinlänglich im Glauben zur Erlösung gelehrt werden sollten. Deshalb sind die Fischer des geistigen Fischfangs, die Netze durch den Geist geknüpft haben, vom Herrn Jesus ausgesandt, damit sie über die ganze Welt gehend aller vernünftigen menschlichen Kreatur das Evangelium predigen. Wer daher an das Evangelium glaubt und getauft wird, der wird selig werden, wer aber nicht glaubt und es mit seinen Werken nicht erfüllt, der wird verdammt werden[2]; denn der Glaube ohne Werke ist tot[3] und eitel, ist leer und teuflisch, der wahre Glaube ist lebendig, nützlich und christlich. Und so sandte der Herr Jesus die Apostel mit diesem Glauben und mit dieser Verkündigung in die ganze Welt, damit sie jeden Menschen unterweisen durch die Wahrheit des Evangeliums Christi, das da wert und zu jedem guten Werk förderlich ist. So wie der heilige Paulus von sich selbst und von den übrigen Aposteln bekennt: „Welches ist Christus in euch . . . Den verkündigen wir und vermahnen alle Menschen und lehren alle Menschen mit aller Weisheit, auf daß wir darstellen einen jeglichen Menschen vollkommen in Christo Jesu."[4]

Darum haben die Apostel unvermindert die glaubenden Menschen durch die Wahrheit des Evangeliums gelehrt, und sie lehrten so, daß durch ihre Lehre

[1] Joh. 17, 8 und 14.   [2] Mark. 16, 16.   [3] Jak. 2, 26.
[4] Kolos. 1, 27—28.

jeder Mensch vollkommen in Christo Jesu ist, und das deshalb, weil der Herr Jesus ihnen gesagt hatte: „Ich habe euch. . . erwählt"[5], damit ihr geht und viel Nutzen bringt und damit euer Nutzen bliebe, und das deshalb, weil der Herr Jesus Petrus und die übrigen Apostel mit diesem Netz des Glaubens ausgerüstet und ausgesandt hat, damit sie beim Fang Erfolg hätten und viel Nutzen bräch-ten und damit ihr Nutzen bliebe: Hier sehen wir, wo auf wen ihre Arbeit fiel, Bestand hatte und zum ewigen Leben beitrug. Das Volk, welches durch die Apostelpredigt vollkommen im Glauben und im Leben begründet ist, blieb das Vorbild für alle künftigen getreuen Christen, damit die späteren jenen Ersten wie einem Ziele zustrebten, in denen unverfälscht die Arbeit der Apo-stelpredigt erhalten bleibt zum ewigen Nutzen und den Zukünftigen zum Rück-halt in ihrer Gewißheit. Der Verstand kann darüber Aufschluß geben, daß die Apostelarbeit in denen gefestigt ist, von denen sie nachträglich angenommen wurde. Die den Glauben des heiligen Evangeliums von ihnen angenommen haben und in ihm im apostolischen Sinne gediehen, in diesen ist der Glaube Christi und der Apostelglaube eingesenkt. Durch ihn können jene, die später zu ihm gelangt sind, sicher das ewige Leben erwarten.

Deshalb muß man weiterhin nachsehen, wo denn das Volk durch die Apostel im Glauben gefestigt wurde und wie es geordnet war. Aus der Apostelgeschichte und anderen Aufzeichnungen können wir erkennen, daß es ein gläubiges Volk zu Zeiten der Apostel war, wie auch ihre Predigt über die ganze Welt ging und es kein Volk gab, da man nicht ihre Stimme hörte.[6] Man kann also sagen, daß es überall in jedem Volke und in jeder Sprache einige gab, die dem Evangelium in der Apostelpredigt glaubten. Ich behaupte nicht, daß überall alle an das Evangelium glaubten, wo es die Apostel gepredigt hatten, aber einige, die Gott erwählte — da mehr und dort weniger. Und nach der Apostelgeschichte hießen sie Gemeinden der Gläubigen, die in den Städten, Dörfern und Land-strichen waren; sie waren Gemeinden und Vereinigungen von Menschen, die den gleichen Glauben hatten. Die Apostel haben diese Gemeinden von den übrigen, nichtgläubigen Menschen getrennt. Ich will damit nicht behaupten, daß die Gläubigen leiblich in einer Straße der Stadt abgesondert werden könn-ten, sondern daß sie sich zu einer Gemeinschaft des Glaubens vereinigten und gemeinsam an einem Ort an geistigen Dingen und dem Worte Gottes teil-hatten. Und wegen der Gemeinschaft und Teilnahme am Glauben und an den geistigen Dingen sind die Gemeinden der Gläubigen benannt. Und zur Zeit der Apostelpredigt herrschten die Römer und die römischen Fürsten weit und breit auf der Welt, im jüdischen Land, in Griechenland und im syrischen Land und anderswo, da die Apostelpredigt verkündet wurde, wie das aus der Apostel-geschichte ersichtlich ist, in der die Römer und ihre Herrschaft erwähnt wer-den. Und so lebten überall die Juden mit den Heiden vermischt zusammen, und die Gläubigen bildeten den dritten Teil unter den Heiden und Juden als Miets-leute und zahlten Steuern an die Römer. Und damals, als die Apostel gepredigt

[5] Joh. 15, 19.   [6] Vgl. Psalm 19, 4.

hatten, da haben sie diesem zweierlei Volk das Evangelium gepredigt. Und so waren es einige von den Juden und einige von den Heiden, die ihren Predigten glaubten, und diese Gläubigen bildeten, von den Heiden und Juden getrennt, das dritte Volk und waren anderen Glaubens.

Und die an Christus Glaubenden haben die Apostel auf zweierlei Weise oder nach zwei Seiten hin geordnet. Einmal äußerlich, im Hinblick auf ihr leibliches Verweilen, damit sie zwischen diesem zweierlei feindlichen Volke, zwischen den Heiden und zwischen den Juden, geziemend leben konnten, wie es Heiligen zukommt. So sollten sie vor allem der hohen Obrigkeit Steuern zahlen und ansonsten ihr in den geziemenden und dienstlichen Dingen untertan sein, wie es sie die Apostel lehrten[7], damit sie nicht angegriffen würden von den Heiden, den Herren dieser Güter, sprechend: „Sie sind hochmütig, wollen selber Herren sein, sich in unsere Güter setzen"; und damit sie nicht sofort Gewalt an sie und den Glauben legten und den Glauben Christi auf ihren Gütern zu lehren verböten. Und deshalb haben die Apostel sorgfältig darauf geachtet, damit sie ihnen in den dienstlichen Dingen des Leibes untertan wären: daß sie ihnen die Steuern und den Zoll zahlten und ihnen die gehörige Ehre erwiesen. Und daß sie zum zweiten im Verkehr mit Heiden und Juden mit guten Beispielen demütig wären, wie der heilige Petrus lehrte, als er sagte: „Und führet einen guten Wandel unter den Heiden, auf daß die, so von euch afterreden als von Übeltätern, eure guten Werke sehen und Gott preisen, wenn es nun an den Tag kommen wird."[8] Mit diesem rechten und frommen Wandel konnten sie unangefochten unter den Heiden und Juden leben, damit diese keinerlei Klagen über ihre unruhigen Dinge hätten, die zu einer Klage Anlaß geben könnten, als wenn sie in irgendetwas schädigen oder zu Zorn aufstacheln würden, oder wenn sie unziemliche Zwistigkeiten oder unehrlich vor den Heiden handeln würden. Das gütige und schadlose Leben beschwichtigte die Heiden, so daß sie sich nicht erzürnten und Hand an sie legten. Und dieses fromme und liebevolle Leben war eine Ursache für die Bekehrung von Heiden und Juden zum Glauben; denn gute Beispiele des Wandels bekehren Ungläubige eher als öffentliche Predigten nur durch die Rede; denn allgemein wird den Werken mehr geglaubt und ergreifen sie mehr als die alleinige Rede. Und die Apostel haben sie äußerlich in diesen Dingen so geordnet, damit sie die bösen Menschen nicht durch unkluge Verschuldung zu Zorn gegen sich aufstachelten, sondern durch ihre Güte ihnen ein Beispiel zum Guten wären. Sollte ihnen diese Güte aber nichts gelten, so daß Heiden und Juden mit Gottes Einverständnis Gewalt an sie legten, so sollten sie sich nicht wehren, sondern demütig das Unrecht von ihnen erdulden.

So sind sie äußerlich geordnet, aber auf Gott sind sie durch besondere Regeln hinreichend gerichtet. So wie die Apostel selbst das Netz des Glaubens vollkommen hatten, so haben sie sie zu dieser Vollkommenheit aus der Tiefe des Meeres der Sünden und der Irrtümer gezogen, damit sie im Netz des Glaubens

[7] Röm. 13, 1 ff.   [8] 1. Petr. 2, 12.

selbst verblieben. Denn wen das Netz aus der Tiefe des Meeres herausgezogen hat, den stellt es auf sich selbst, damit er aus dem Glauben lebendig sei, den reinen Glauben an Gott und die reine Liebe zu Gott und sich selbst ein unschuldiges Gewissen bewahrt. So befinden sich die Dinge reichlich in der Apostellehre als in ihrem Netz. Als ersten Vorzug für die von den Heiden zu Christus Bekehrten geziemt es, daß sie erneuert würden, daß sie das brüchige, verfluchte und voller Klagen vor Gott alte Leben Adams ablegen[9] und den neuen Menschen Jesus Christus anziehen.[10] So wie sie früher mit Götzendienst und einem schamlosen Leben in Unzucht, Gelagen, Trunksucht, Fleischeslüsten, Lieblosigkeit, Streit und Mord und in anderen Übeltaten beschwert waren, was Taten des alten Menschen, des ersten verdammten Menschen waren, durch den alle sterben und im Zorne Gottes geboren werden: Sie sollten für immer diesen befleckten Sünder ausziehen und den neuen Menschen Jesus Christus anziehen, die Reinheit seines Lebens auf sich nehmen, soweit es jeder, beschenkt mit der Gnade Gottes, vermag. Sich der Reinheit seines Lebens, unschuldig in Demut, in der Verehrung Gottes, in der ihm entsprechenden Gerechtigkeit anzupassen, vermag der eine besser als der andere, der weniger begabt ist. Immer muß es zu einer Erneuerung des Lebens kommen, damit das alte Leben keinen Platz hat, auf dem die Todsünde einen Ort haben könnte. Denn, wenn immer die Tugend verletzt wird, die der Mensch notwendig bewahren sollte, so nimmt die Todsünde stets diesen Platz ein. Deshalb muß der Mensch sich soviel Mühe geben, den alten Menschen auszuziehen, damit dessen Taten nicht durch Überschreitung der Gebote Gottes über ihn kämen, denn welche er nach den Forderungen des alten Menschen überträte, er würde stets die Todsünde begehen. Aber sich das neue Leben anzuziehen, Christus nachzufolgen, kann auf vollendete Weise und auch nach niedrigerem Brauch geschehen, wenn man die Gebote Gottes in allen Teilen hält, durch die man an sie gebunden ist bei Strafe der Todsünde.

Diese Dinge sind ursprünglich diesem Volk vorgelegt worden, aber auf dem Grund Christi. Denn auch der Jude könnte solche Dinge oder ihnen ähnliches vollbringen, von denen gesprochen wurde, aber sie wären ihm tot, da er nicht den Grund Christi hat. Erst muß der Grund Christi gelegt sein, ehe Glaube und Liebe auf ihm errichtet und lebendige Taten auf ihm vollbracht werden können. Deshalb sagte der heilige Paulus, als er den Ersten den Grund vorlegte: „Einen andern Grund kann niemand legen außer dem, der gelegt ist, welcher ist Jesus Christus; ein jeglicher aber sehe zu, wie er darauf baue."[11] Diesem Volk ist der einzig richtige und der einzig sichere Grund gelegt, damit jedes gute und sichere Werk auf ihn ohne Enttäuschung gebaut werden kann. So legt er ihnen den Grund vor, auf dem die wahren Apostel Christi und die Propheten gegründet sind, die — als die Ersten — auf Christus gegründet waren. Wir Letzten halten uns deshalb die Ersten zur Vergewisserung vor: Denn sie waren auf dem Grunde Christi und auf dem Grunde der Apostel und der Propheten gegründet,

[9] Eph. 4, 22—24.   [10] Röm. 13, 14.   [11] 1. Kor. 3, 11 und 10.

damit wir uns darauf stellten, worauf sie von den Aposteln untrüglich gestellt waren. Denn danach sind viele andere unsichere Gründe gelegt worden, auf denen sehr viele übel und schlecht stehen. Der Papst will der Grund der heiligen Kirche als ihr Haupt und Eckstein sein; jede Mönchsrotte macht ihren ersten Mönch zum Grund ihrer Ordensregel. Es gibt noch viele andere Gründe, und das abgefallene Volk sucht nicht, es folgt nur toten Gewohnheiten, denen folgt es wie seine Väter auch, die sie vorgefunden haben und in denen es geboren wurde wie die Heiden inmitten ihrer Götzen. Deshalb soll der Weise unter diesen Umständen aufs eifrigste den Grund sehen, auf dem die Apostel die Ersten gegründet haben, damit sie mit ihnen zuverlässig gute Werke vollbringen konnten.

Siebentes Kapitel

Weiterhin können wir sehen, daß die Apostel im Volk die Gleichheit einführten, damit sie einander nichts schuldig blieben; außer daß sie einander liebten[1] und durch die Liebe einander dienten als ein Leib, zusammengefügt aus vielen Gliedern mit Christus als Haupt. Wie sie auch darin unterwiesen sind, daß, wiewohl ihrer viele, wir doch ein Leib sind[2], die in einem Brot am Leibe Christi teilhaben: Gleich den Gliedern eines Leibes sollten wir freiwillig, ohne Zwang und Gewalt einander in Liebe dienen, nützlich sein und uns gegenseitig ermahnen. Denn damals gab es die heidnische Herrschaft mit der Zwangsgewalt in diesem Volke nicht, weder die Regierer mit den heidnischen Ämtern noch Richter und Schöffen für Streitgerichte. Aber obwohl sie heidnischen Obrigkeiten unterstanden, so waren diese doch abseits vom Glauben. Sie waren ihnen in Steuersachen unterständig. Aber den Glauben und die Sitten haben die Obrigkeiten durch die heidnische Macht nicht geordnet; deshalb gab es unter ihnen keine heidnischen Beamte, heidnischen Scharfrichter, heidnischen Büttel und Schöffen, weder Richter noch Fürsten mit heidnischer Regierungsgewalt als die gleichen Glaubens, ihre Brüder, die gemein haben an Christus; aber fremden Fürsten waren sie in dienstlichen Dingen dem Leib nach untertan. Diese Gemeinden Christi ohne weltliche Macht bestanden unter den Heiden mehr als dreihundert Jahre bis zu Konstantin. Dieser mischte sich als erster mit der heidnischen Regierungsgewalt und mit solchen Beamten, wie sie einem Heiden zukommen, unter die Christen. Aber die Apostel haben das Volk zu höheren und vollkommeneren Dingen geführt, als sie die Heiden in ihren Angelegenheiten haben. Das geht aus der Apostellehre hervor, die lehrt, daß sie in dieser Berufung aller Demut und Sanftmut mit Geduld ehrwürdig einhergehen und einander in Liebe vertragen sollen. „Und seid fleißig zu halten die Einigkeit im Geist durch das Band des Friedens. Ein Leib und ein Geist, wie ihr auch berufen seid auf einerlei Hoffnung eurer Berufung. Ein Herr, ein Glaube, eine Taufe, ein Gott und Vater unser aller."[3] Diese Ordnung ist weit entfernt von der heidnischen, die durch das bürgerliche Recht und die heidni-

---

[1] Röm. 13, 8.   [2] 1. Kor. 12, 12.   [3] Eph. 4, 3—6.

schen Beamten bewirkt wird. Aber ein Leib sein und alle durch den gleichen Geist Gottes sich in den göttlichen und geistigen und sittlichen Dingen zu richten, einen Herrn Jesum Christum zu haben, das ist ein weit höheres Gesetz als die heidnischen Gewalten, die die irdische Gerechtigkeit durch Zwangsgewalt ohnmächtig machen im unweisen Volk, das Gutes nicht will. Aber durch Liebe und guten Willen eine Gott gefällige und den Menschen nützliche Gerechtigkeit für das Diesseits und die Ewigkeit zu bewirken, das übersteigt bei weitem die heidnische und die weltliche Ordnung.

Vierzehntes Kapitel

Jetzt aber kehre ich bei den gesagten Dingen zur angefangenen Rede zurück, die vom Netz des Petrus handelt, welches das Netz des Glaubens ist, mit welchem er zum geistigen Fischfang ausgesandt worden und mit dem er viele gefischt hat. Und wie die mit diesem Netz Gefischten durch diese Fischer-Apostel geordnet wurden, davon wurde schon berichtet. Aber es geht die Rede, daß wegen der vielen gefangenen Fische das Netz gerissen ist.

Von ihrem damaligen Fischzug aber ist nichts bekannt, daß viele Widersacher von diesem Netz des Glaubens gefangen wurden; denn die von Petrus und den anderen Aposteln früher Eingefangenen haben lange im unbeschädigten Netz ausgeharrt. Aber nach ihnen, im Laufe der Zeit, als die Menschen schliefen und sorglos waren, kam ihr Feind in der Nacht und säte Unkraut zwischen den Weizen.[1] Und das Unkraut ist dann herangewachsen und hat sich so sehr vermehrt, daß es den Weizen überwand und ihn schwächte, so daß nur mit Schwierigkeit da und dort Weizen unter dem vielen starken Unkraut gefunden werden kann. Denn wo könnte man festeren Schlaf seit der Zeit der Apostel finden als da, wo die Priester vom Kaiser mit Eigentum und Herrschaft beschenkt wurden?[2] Die Menschen schliefen und waren von einem schweren Traum betäubt, daß sie es wagten, ihre ehemalige Armut, die sie aus dem Glauben hielten und die gepredigt wurde als Armut Christi und aller seiner Apostel und aller anderen Priester, die nach dem Beispiel der Apostel glaubten, zu verwerfen und Herrschaft und Ehre des Kaisers, sogar eine noch höhere als die des Kaisers, anzunehmen. Diese Armut haben sie nach den Geboten Christi und nach seinem Beispiel angenommen. Und daß es der Priester so leicht und so schlau vollbracht hat, es mußte aus einer großen Umnebelung durch Traum und durch Verfinsterung des Herzens geschehen sein, um sich nach dem ehemaligen Elend um eine solche Verherrlichung und um eine solche Erhöhung in der Welt zu versuchen. Vorher verbarg er sich um des Namens

[1] Vgl. Matth. 13, 25.

[2] Im Mittelalter glaubte man — und auch Peter von Cheltschitz glaubte daran —, daß Kaiser Konstantin, nachdem er Christ geworden, dem Papst Silvester durch eine besondere Urkunde eine erhöhte Stellung zugesprochen und ihn mit weltlicher Herrschaft beschenkt habe. Diese Urkunde ist jedoch eine Fälschung aus dem 8. Jahrhundert. — D. Hrsg.

Christi willen in Gruben, in Felsen und in Wäldern, und siehe da, der Kaiser führte ihn nun in Rom umher, hat ihn auf eine weiße Stute gesetzt – oder sei es ein weißer Hengst gewesen, es war dies stets ein Übel – und erwies ihm Ehre zur Verwunderung der ganzen Welt. So berichteten nämlich die, die diese Dinge zur Erinnerung für die Zukünftigen aufgeschrieben haben, daß viele in Rom zusammenliefen, um dieses Wunder anzusehen und sprachen: „Papa, Papa! Was ist das? Was ist das? Sieh mal, der Kaiser, er hat ein Pferd gesattelt und einen Priester darauf gesetzt und reitet mit ihm in der Stadt umher!" Deshalb scheint es mir, da er es so schlau angestellt hat, daß er damit die Reinheit und die Unschuldigkeit des Apostelstandes sehr befleckt hat, daß er selbst nicht entsprechend und aufrichtig dem Glauben nachgefolgt ist. Wahrscheinlich kommt noch hinzu, daß es ihn jammerte, als er sich in Gruben und Wäldern vor den Heiden verbergen mußte; denn sie haben sie damals um des Glaubens Christi willen getötet, und deshalb haben sie sich verborgen, wo sie nur konnten.

Und das fällt auch heute den wollüstigen Priestern mit warmen Herzen schwer, an Ehrerweisung und Freiheit des Leibes gewöhnt, wie sehr verachtete Flüchtlinge auf der Welt zu leben und als die höchsten Verwalter im Aposteleamte wie Hunde auf dieser Welt zu sein und sich vor Konstantin zu verbergen. Wenn zwei Menschen in Böhmen auf diese Weise Priester sein wollten, dann nähmen wir sie zu solchem Priesteramte. Doch das satte und untätige Leben sieht die meisten für das Priestertum vor. Für das fleischliche und vom Glauben nicht erfüllte Herz Silvesters war es lieber, wenn der Kaiser das Pferd, auf dem er saß, führte. In diesem Augenblick fürchtete er ihn nicht mehr wie früher. So wurde Petri Netz sehr zerrissen, als die beiden Walfische in es eindrangen. Das ist erstens der höchste Priester mit einer königlichen Herrschaft und mehr als kaiserlichen Ehren, und der andere Walfisch ist der Kaiser mit der heidnischen Herrschaft, mit den heidnischen Ämtern und mit der heidnischen Macht, der sich unter das Mäntelchen des Glaubens eingewälzt hat. Und nachdem sich die beiden schrecklichen Walfische in dem Netz noch hin und her gewälzt haben, da haben sie es so zerrissen, daß es kaum noch ganz geblieben ist. Und aus den beiden, dem Netz Petri so feindlichen Walfischen gingen die betrügerischen Stände hervor, von denen dieses Netz so zerrissen wurde, weil sie diesem Netz gegenüber ungeheuer feindlich eingestellt sind, so daß diesem nur die Bedeutung und die falschen Namen geblieben sind. Und zwar zuerst die betrügerischen Mönchsstände, die von vielerlei Zuschnitt und Buntheit sind, dann die Schul- und Universitätsstände, dann die Pfarrersstände, dann von den Ungelehrten viele Stände mit Adelswappen, dann die bürgerlichen Stände und Betrügereien. Mit allen diesen betrügerischen Ständen ist die ganze Welt mit ihrer ganzen Bösartigkeit, die diese Welt nur enthalten kann, in Petri Netz des Glaubens eingegangen, und alle diese vielen betrügerischen Stände eignen sich die heidnische und weltliche Herrschaft an und klammern sich mit allen Kräften an sie, da jeder herrschen will. Jeder von ihnen giert danach, soviel Land wie nur möglich zu erlangen. Mit jeglicher Gewalt, den verschiedensten Listen, mit

Macht eignen sie sich den Besitz der Schwächeren an, entweder durch Kauf oder durch Erbschaft, weil jeder von ihnen, soweit es überhaupt nur möglich ist, herrschen will.

Deshalb teilen sie sich in die Herrschaft: Die einen sind geistliche Herren und die anderen weltliche. Die geistlichen Herren: der Papst, der Herr über alle Herren, der Herr Kardinal, der Herr Legat, der Herr Erzbischof, der Herr Bischof, der Herr Patriarch, der Herr Pfarrer, der Herr Abt, der Herr Probst. Und von den Äbten und Pröbsten gibt es so viele Herren, als es Ordensklöster gibt, die mit Herrschaft versehen sind. Es gibt den Herrn Provinzial, den Herrn Prior und den Herrn Universitätsmagister. Sodann der weltliche Herr Kaiser, der Herr König, der Herr Fürst, die Bannerherren[3], der Herr Burggraf, der Herr Ritter, der Herr Junker, der Herr Schultheiß, die Herren Schöffen, der Herr Bürgermeister und die Herren Bürger. Und alle diese Herren ziehen die Herrschaft so sehr an sich, daß sie nicht nur den Glauben untereinander zerrissen, sondern auch das irdische Königtum untereinander so sehr zerfleischt haben, daß der Hauptherr, der König, über niemanden mehr zu herrschen hat, nicht einmal mehr genügend Eigentum besitzt, um mit seinem Gesinde leben zu können. Denn die Herren Äbte haben weit und breit das Land eingenommen, die Kanoniker, die Äbtissinnen die Städte, Burgen, Landstriche und Dörfer, und die Bannerherren und die Junker taten dies andererseits, so daß der König hier im ganzen Lande auf viele Meilen nicht ein einziges Dorf zu seiner Herrschaft besitzt. Deshalb wollen die Herren Landedelleute irgendeinen fremden König, einen reichen Deutschen, der fremde Länder für seine Herrschaft zusammenraffen könnte; denn sie lassen des Königs Eigentum nicht los, nachdem sie sich seiner bemächtigt haben, und sie möchten einen solchen König, der ihnen zugeben würde, indem er das anderen Ländern raubte.

Deshalb ist es offenbar, daß es unter den Heiden um das irdische Königtum besser steht als unter diesen verworrenen Christen, die sich die Herrschaft angeeignet haben. Unter den Heiden gibt es nämlich diese vielen und sehr überflüssigen geistlichen Herren nicht, die wie Beulen am Körper sind und Schmerzen verursachen. Die heidnischen Könige herrschen deshalb leichter, weil sie keine geistlichen Herren haben, die reicher sind, indem sie das ganze Land für ihre Herrschaft zusammenrafften. Und auch bei den Juden gab es nicht diese zerstückelten Herrschaften. Es gab nur einen obersten Herrn, den König, Bannerherren gab es nicht, nur die Ritterschaft oder das Kampfvolk, von denen sich der König mehr oder weniger zu seiner Verfügung hielt, und aus ihnen bestellte er sich Beamte. Aber die jüdischen Priester sollten nach Gottes Gebot keine Herrschaft noch Erbgut an Ländereien haben, außer Zehnten vom Volk, die Gott ihnen zum Lebensunterhalt gegeben.[4] Deshalb konnte bei den

---

[3] Die Bannerherren waren der höchste Adel, sie wurden deshalb so genannt, weil ihre Banner Wappen hatten, und ihre Leute mußten mit den Bannern in den Krieg ziehen. – D. Hrsg.

[4] 4. Mose 18, 20 ff.

Juden und Heiden das irdische Königtum besser gedeihen als unter diesen Verworrenen, die glauben, etwas in Christo zu sein.

Die Gerechtigkeit der Heiden erreichen sie aber nicht im geringsten, aus denen so viele besondere, allen Absichten Christi widerstrebende Herren geworden. Und wie die irdische Herrschaft nicht gehörig wegen der vielen Herren bestehen kann, um so eher kann auch der Glaube wegen der vielen betrügerischen Stände und wegen der vielen überflüssigen und dem Glauben feindlichen Herren, derentwegen es Teilung, Ungleichheit, Verachtung, Unterdrückung, Neid, Streit und gewaltsames Handanlegen aneinander geben muß, weder bestehen noch bewahrt werden! Obwohl sie das gleiche Glaubensbekenntnis haben, also wenigstens eine Einheit gegenüber den Heiden bilden, so zerreißen sie sie doch mit ihren betrügerischen Ständen. Denn unser Glauben kann wohl die vielen Gläubigen erfolgreich zur Erlösung zusammenfassen, aber nur solche, die eines Herzens und eines Geistes sind. Nirgends sind die Dinge aber von der Einheit des Geistes so weit entfernt wie zwischen den zerteilten Ständen. Vom Geiste Jesu sind sie weit entfernt, der eine hält sich vom anderen fern, und ebenso ist es zwischen den vielen Herren, die alle immer mehr erhöht werden wollen in der Herrschaft über andere. Sie blähen sich in Stolz auf, was dem Glauben sowieso sehr zuwider ist. Und jeder dieser betrügerischen Stände und die vielen Herren haben besondere Eigenschaften an sich und jeder Stand andere und wieder andere. Mit ihnen zielen sie auf den Glauben, um ihn mit ihren Eigenschaften zu schädigen und das Netz Petri zu zerreißen. Weil jeder dieser Stände einem anderen Gesetz und menschlichen Recht untersteht, so hat sich jeder von ihnen ein besonderes Gesetz über dem Gesetz Christi erwählt, als wäre seines richtiger als das Gesetz Christi. Und auf diese Weise weicht jeder vom Gesetz Christi ab oder sagt sich jeder gänzlich von ihm los. So wie jeder dieser Stände durch sein Gesetz vom Gesetz Gottes abweicht, so weicht er auch vom Glauben ab. So wie sie vom Glauben abweichen und ein Stand sich vom anderen trennt, so reißen sie an ihm oder zerreißen sie ihn. Und so wie jeder Stand vom Gesetz Christi wegen der Besonderheit seiner Gesetze abweichen kann, so weicht und trennt sich ein Stand vom anderen, jeder preist sein Gesetz gegenüber den anderen Gesetzen. Es scheint ihnen zwar, daß ihr Gesetz ein größeres Verdienst wegen des billigeren Gewandes hat, welches ihre Rotte zu tragen befohlen hat, die einen, daß sie kein Fleisch essen, die anderen, weil sie nicht sprechen, andere, weil sie traurige Weisen singen, andere, weil sie früh aufstehen, andere, weil sie viel fasten, andere, weil sie lange Horen aufsagen. Diese und andere Besonderheiten ihrer Gesetze trennen die Stände voneinander, damit sich jeder selbst in seinem Gesetz gefiele, damit er andere Stände geringschätzt und sie verachtet, schlecht von ihnen spricht und sie haßt. Und so wie sich die einen von den anderen durch Stolz trennen, so trennen sie sich von der Einheit, die der Glauben erwählt und einnimmt. Und so wie sie sich von der wahren Einheit abtrennen, die der Glaube enthält, so sehr beleidigen sie den Glauben und übertreten ihn. Alle diese Herren, die ihren Ursprung von Konstantin genommen haben, sind durch Lüge unter den Glauben gestellt;

denn sie lieben die heidnische Herrschaft und das sodomistische heidnische Leben. Und durch diese Taten trennen sie sich ab von Christus und können kein Teil an ihm haben und erheben sich in Stolz schlimmer als die Teufel gegeneinander. Sie unterdrücken sich gegenseitig unrechtmäßig durch Macht und würgen gewaltsam die Schwachen. Sie alle beleidigen den Glauben durch ihre widerwärtigen Besonderheiten, sie zerreißen das Netz des Glaubens so sehr, wie ihre laschen Besonderheiten vom Glauben entfernt und ihm widerwärtig sind.

Deshalb werden auch diese Einschätzung und Bestimmung des geistigen Leibes Christi oder der römischen Kirche nach dieser Seite hin nicht richtig sein, wenn wir sie mit dem Glauben vergleichen; denn diese Kirche zerfällt in drei Teile: Sie hat Herren, Könige und Fürsten – die erste Seite, die schützt, kämpft und verteidigt. Und die andere Seite bildet das geistliche Priestertum, das betet. Die dritte Seite bilden die fronenden Arbeiter. Diese haben die leiblichen Bedürfnisse der beiden ersteren zu befriedigen. Und wenn der geistige Leib Christi auf solche Weise geteilt ist, welche Ungleichheit besteht in ihm! Für zwei Seiten ist sie angenehm; denn beide führen ein faules und gefräßiges und verschwenderisches Leben. Liegen sie doch auf der dritten Seite, die sie sich untergelegt haben, und diese trägt mit ihren Leiden die Vergnügungen der beiden Fresser, deren Zahl ungeheuer groß ist. So wie ein Wanderer sich bei großer Hitze nach Rast unter einem kühlen Dache sehnt, so begierig streben sie danach, Herren zu sein. Und können sie nicht Herren sein, so verlangen sie, wenigstens Diener bei ihnen zu sein, damit sie an ihren reich besetzten und üppigen Tischen teilhaben, um in Muße sich zu erheben und zu setzen. Auch die Priester drängen sich sehr nach Pfründen, und viele dienen der vollen Tische wegen gerne bei den Priestern. So trinken die beiden faulenzenden Fresser in ihrer Wollust viel Blut des fronenden Volkes, und mit großer Verachtung treten sie es wie Hunde. Sollte das der Leib Christi oder seine Kirche sein, so wäre das sehr unähnlich dem, was der heilige Paulus vom geistigen Leibe Christi und von den Besonderheiten der Glieder dieses Leibes sagt. Und an diesem Leib zeigt er nicht solches Unrecht, daß die einen die anderen unterdrücken, ihnen Gewalt antun, sondern sagt von ihnen: „Freut sich ein Glied, so freuen sich alle mit; und so ein Glied leidet, so leiden alle Glieder mit, denn sie lieben einander."[5]

Und haben sie etwas Gutes untereinander, dann teilen sie sich darein; kommt etwas Bitteres über sie, dann trinken sie dasselbe gemeinsam und trösten sich gegenseitig. Aber in diesem dreieckigen Leib betrüben sich die einen durch Weinen, und die anderen lachen sie aus; die einen schwitzen in schwerer Fron, und die anderen liegen müßig im Kühlen. Alle diese Ungleichheiten und der Wahrheit widerstrebenden Dinge bestehen in diesen zerteilten betrügerischen Ständen. Diese Stände unterscheiden sich mit allen diesen Besonderheiten von den Worten Christi, in denen der Glaube den Christen festgelegt ist, und besonders von den Worten, die er sprach, als er sich auf den Tod vorbereitete und

---

[5] 1. Kor. 12, 26.

für seine Jünger betete, damit sie im Glauben blieben, und für alle Erwählten, die erlöst werden sollen. Deshalb sprach er in diesem Gebet: „Ich bitte aber nicht allein für sie (das ist für die Jünger), sondern auch für die, so durch ihr Wort an mich glauben werden, auf daß sie alle eins seien, gleichwie du, Vater, in mir und ich in dir; daß auch sie in uns eins seien, auf daß die Welt glaube, du habest mich gesandt. Und ich habe ihnen gegeben die Herrlichkeit, die du mir gegeben hast, daß sie eins seien, gleichwie wir eins sind, ich in ihnen und du in mir, auf daß sie vollkommen seien in eins".[6] Diese Rede Christi läßt erkennen, daß das Volk, das Gott gefallen und durch den Tod Christi erlöst werden soll, für welches dieser betet, in der göttlichen Einheit vereint und in dieser Einheit vollkommen sein soll. Um diese betet er zum Vater, damit alle die, die an ihn durch die Predigt der Apostel bis auf uns glauben sollten, in dieser Einheit zusammen eins und vollkommen und einander gleich wären, so wie sich viele Glieder des Leibes in Liebe, Nachgiebigkeit, Hilfe und in Langmut vertragen können. Was als ordentlich in einer solchen Einheit gefunden werden kann, das geziemt ihnen, damit sie einen Gott, einen Herrn und Vater aller, einen Glauben und ein Gesetz zu ihrer Führung hätten. Weil alle eins sind, geziemt allen ein jegliches göttliches Ding; denn anders könnten sie nicht eins sein, wenn sie sich in göttlichen Dingen trennten, wenn sie sich einige Besonderheiten in ihnen aneigneten oder die einen sich über die anderen erhöben oder sich gegenseitig gewaltsam unterdrückten. Eine solche Einheit im Glauben Christi haben wir zur Ordnung. Alles, was von diesem Glauben abweicht, ist Sünde.

Diese vorher angeführten Stände, die durch die Besonderheiten ihrer Gesetze und die heidnische Herrschaft untereinander zerteilt sind und alle zu beherrschen und auf Kosten der anderen zu leben verlangen, gehören nicht in das Gebet Christi, weil sie mit ihm nicht verbunden sind in seinem Geiste und in seinem Gesetz. Wenn in eine solche Einheit Betrüger eintreten, dann können die Jünger Christi nicht für diese Einheit sein. Aber eine solche Einheit kann nur das Gesetz Christi einführen und sie in der wahren und ehrbaren Güte ordnen, in der das Volk Gottes geordnet werden soll, durch die Wahrheit seines Wortes im Glauben und in Liebe als das Gesinde eines Hausherrn, das im rechten Gehorsam zu Gott steht und nur ihn zum Herrn hat. Und nichts kann so sehr den großen Abfall von Gott und von seinem Gesetz zeigen als die Teilung dieser Stände und die Aneignung jener Besonderheiten, die Gott und seinem Gesetz widerstreben: Jeder Stand, der Anspruch auf selbsterwählte Besonderheiten erhebt, durch die er sich vom Gesetz Christi loslöst, schmäht ihn. Und solche Stände, die zerteilt sind, können nicht unter das Gesetz Gottes treten. Das Gesetz Gottes nämlich bestätigt nicht ihre ihm widerstrebenden Besonderheiten, damit jeder Stand es für sich beanspruchen könnte, da er seine Besonderheiten durch das Gesetz Gottes bestätigt wissen möchte. Aber das Gesetz Gottes kann nur die Dinge bestätigen, die aus ihm selbst hervorwachsen. Was aus einer

[6] Joh. 17, 20—23.

anderen Wurzel wächst, das kann es nicht bestätigen. Gottes Gesetz ist eins, und eins enthält es und hat eine solche Güte, daß es eine ungeheuer große Menge umfassen kann, damit alle eins sind. Wenn die ganze Welt an Gottes Gesetz glauben und ihm nachgeben würde, dann könnten alle eins sein in Christo, denn das führt in die Vielheit ein, daß jeder in Gleichheit zum anderen trete und jeder den anderen wie sich selbst liebe, daß einer des anderen Last trage und was jeder vom anderen will, daß er es ihm tue. Und dies könnte aus tausend Welten eine Menge, ein Herz und eine Seele machen. Es kann nämlich keine bessere Ordnung für das Menschengeschlecht geben, das hier auf der Welt pilgert. Denn sie führt den Menschen in das gerechteste Leben und macht den Menschen Gott am liebsten und den Menschen dem Menschen zum Gewinn, damit ein anderer er ihm wäre. Wer es nämlich gebührlich erkannte, der wagte es nicht, ein anderes Gesetz aufzustellen noch es zu erwählen noch in ihm zu verharren; denn es kann kein anderes Wahres geben. So ein Wahres von Gott ausgegangen ist, kann kein anderes es sein, sondern es widerstrebt ihm. Und in folgendem zeigt sich die Widersetzlichkeit der menschlichen Gesetze gegen das Gesetz Gottes. Zuerst gab es unter Gottes Gesetz ein Volk, nachdem aber diese Gesetze entstanden waren, schufen sie vielfältige Stände unter einem Glauben mit Mutmaßungen und mit einer Lehre vielfältigen Sinnes und mit Besonderheiten und unterschiedlichen Befolgungen, damit auf diesen Unterschieden und auf diesen Mutmaßungen vielfältige Ungerechtigkeiten erwachsen konnten, wie aus dem bösen Samen verschiedene Sorten Unkraut herangewachsen sind, die alles befleckten. Das Gesetz des Herrn aber ist unbefleckt und erquickt die Seele.[7] Es ist von solcher Güte und Vollkommenheit, daß es, sobald es an den Menschen Befleckungen und Sünden entdeckt — sobald sie sich ihm zuneigen und ihm glauben —, sie von allen Sünden reinigt, sie in Unschuld ohne Sünden bewahrt und sie schützt, damit Sünden sie nicht überwältigen. Es kann sie bessern und ordnen, welche ketzerischen, zerteilten Stände es finden mag: Wenn sie an das Gesetz Gottes glauben, so stellt er sie in den wahren Glauben und vereinigt sie zu einem Volk, zu einem Glauben, zu einem Sinn des Glaubens, in einer Liebe und in einer Hoffnung, damit alle in die gleichen Dinge einwilligten, wie der Herr darum gebeten hat, „damit alle eins seien, wie wir", wie Vater und Sohn eins sind. Gottes Gesetz kann deshalb den sündigen Menschen zu Gott bekehren und ihn von den Sünden reinigen und alle seine Dinge verwalten und nach dem Willen Gottes erledigen, was die menschlichen Gesetze nicht vermögen. Mögen die Menschen durch jegliche Güte entsprechend der Ordnung der menschlichen Gesetze glänzen, bleiben sie immer abgefallen und getrennt von Gott und von seinem Gesetz, wenn sie doch nicht die Güte haben werden, die Gott in Erfüllung seines Gesetzes erwählt hat. Gott hat nämlich eine einzige Güte für das ganze Volk erwählt, für jenes, das seine Gnade in der Erfüllung seines Gesetzes haben will, und andere Gesetze hat er keine festgelegt noch erwählt, unter denen sich die vielen Stände

[7] Psalm 19, 8.

einordnen könnten, die durch mutmaßliche Gewohnheiten, Einsichten und Taten voneinander verschieden sind.

Diese Dinge sind insgesamt gesagt von den vielen Ständen unter einer Haut des Glaubens, die aber von Gott abgefallen sind und das Netz des Glaubens zerrissen haben. Sie stehen nur unter dem Namen des Glaubens und legen Lippenbekenntnis ab. Sie verstecken sich hinter geheiligten Zeichen wie hinter dem Glanz des Glaubens, mit dem sie zugedeckt sind, als seien sie Christen, obwohl sie in Wirklichkeit die einheimischen Feinde des Glaubens und der von Gott Erwählten sind.

Dreißigstes Kapitel

Aber jetzt gehen große und schwere Kämpfe um diese Macht mit der heidnischen Herrschaft, und sie können noch schwerer werden. Und die Kämpfe rühren daher, daß das jetzige verblendete Christentum sein Gut so sehr in Hinsicht auf die zeitlichen Dinge in dieser Macht begründet, obwohl es gar nicht den Nutzen aus ihr zieht, den es erhofft. Und eine noch größere und schwerere Ursache sind das geistliche Priestertum und die Magister, da sie diese Macht für das Wesentliche des Glaubens aus der höchsten Forderung des Glaubens halten, daß die Erfolge der heiligen Kirche angeblich ohne diese Macht nicht bestehen könnten. Sie haben nämlich entsprechend dieser Ansicht die Macht für den dritten Teil der heiligen Kirche gesetzt und sie als das Wesentliche des Glaubens aus der höchsten Forderung so in sich eingefügt, damit der Glauben durch sie regiert und in seiner Wahrheit erhalten werde. Und da auf ihr die Erfolge der heiligen Kirche beruhen, ist also von den drei Teilen dieser der erforderlichste, damit der Glauben durch sie stark werde.

Und sie teilt diese Teile, wodurch jeder nützt: Die Herren, damit sie beschützen, kämpfen, brennen und hängen, damit niemand den Glauben behindert. Die Priester, damit sie beten. Die Bauern, damit sie arbeiten und diese beiden dicken und über alle Maßen unersättlichen Baale fütterten, die Völlerei betreiben und das ganze Land kahl fressen. Der eine feiste und zahlreich gewordene Baal: die weltlichen Herren; der andere feiste und zahlreich gewordene Baal: die geistlichen Herren. Diese beiden Baale verschlingen gemeinsam das Land und trinken noch den blutigen Schweiß des dritten Teils, der schweißtriefend die Fleischeslust der beiden Baale befriedigt.

Die geistlichen Magister und Priester glauben aus der ersten Voraussetzung weiterhin, daß die Könige, Fürsten und die anderen zahlreich gewordenen Herren gut seien, zu Gottes Gesetz hinneigen, wie es sich für gläubige Christen gebührt, damit durch gläubige Obrigkeiten Gottes Ordnung und Gottes Lob erfüllt werden, so wie es von alters her von den alten Heiligen eingeführt worden ist. Die Ordnung Gottes ist jedoch zuerst vom heiligen Geist eingeführt worden und jetzt durch die Macht mit heidnischer Herrschaft. Deshalb scheint es ihnen nach dieser Voraussetzung, daß der beste Christ König unter den Christen sein sollte, damit der Glaube durch den König den größten Nutzen hätte. Hier beachte man sorgfältig, wer Verstand hat, was dieser denkt und worin er watet. Da wir diese Voraussetzungen in den Menschen sehen, stehen wir in einem solchen Glaubensstreit, und wir erkennen, daß uns der Glauben solche Erfindungen nicht bestätigt. Und halten wir uns fest an den Grund, der vom König Christus offenbart ist, daß dieser König von Gott angekündigt oder der Kirche Christi mit dem Zeugnis bezeugt ist, daß er wird ein König sein über das Haus Jakob ewiglich und wird das Geschlecht Jakob leiten.[1] Unter dem Hause Jakob kann hier nichts anderes verstanden werden als die Gemeinde der Gerechten, das heißt die Schafe Christi, die seine Stimme hören. Sich als König bekennend, spricht er: „Wer aus der Wahrheit ist, der höret meine Stimme."[2] Und wiederum: „Denn meine Schafe hören meine Stimme."[3] Dadurch kann er die stinkenden Böcke oder die abgefallenen Christen nicht regieren, weil sie weder seine Stimme hören noch an ihn glauben. Und die Welt kann deshalb seine Ordnung wegen der erhabenen Vollkommenheit nicht annehmen; denn nirgends kann der Mensch erfolgreich darin unterwiesen werden, was Gott gebührt noch was den Menschen gebührt noch darin, was der Seele und dem Leibe gebührt, wie er gelenkt werden kann durch den König Jesus. Deshalb hat die königliche Ordnung keine Seiten, die dem ähnlich sind, was der König Jesus hat. Und aus dem Glauben können wir dieses von ihm bekennen.

Wie schon vorher vom guten Christen gesagt wurde, der im Glauben lebendig ist und Christum in den Taten nachfolgt, daß dieser nach der ersten Rede der Magister König mit heidnischer Herrschaft über seinen Schafen sein soll: Es kann mit ihrer Rede nicht die Tatsache geziemend in Übereinstimmung gebracht werden, daß sie den König Jesus mit seiner Vollkommenheit übergangen haben, der allein das Haupt der heiligen Kirche ist[4], deren jegliche Zulänglichkeit und Ordnung von diesem Haupte kommt als zu den eigenen Gliedern des Körpers dieses Hauptes. Die Magister, die diese Dinge vergessen haben, denken darüber nach, wie sie einen guten Christen zum König mit heidnischer Herrschaft einsetzen können, damit die heilige Kirche durch sein Handeln Nutzen und Erfolge hätte. Das trifft auf die römische Kirche zu, die königliche Macht dazu sucht, daß der König sie mit dem Schwerte verteidige und widersetzliche Dinge von ihr verjage und ihre Feinde vernichtend schlüge; denn diese Kirche will keine Widerwärtigkeiten dulden, immer will sie zurückschlagen und das Blut aus den Menschen saugen. Zu diesem Behufe ist ihr ein arglistiger König willkommen, ein Mensch, der sich an ihrem Gift betrunken hat. Er schlägt sich auch besser für sie als ein frommer Christ. Denn ein guter Christ würde es nicht wagen, mit heidnischer Herrschaft das königliche Amt zu übernehmen, um die Kirche Christi zu verwalten und Erfolge für sie erringen, damit er sie mit der weltlichen Macht vor den Feinden schützt. Da der gute Christ weiß, daß der König Jesus seine Kirche anders haben will, damit sie ihr Blut um seines Namens willen vergießt. Deshalb wagte es der wahre Christ nicht, solche widersetzlichen Dinge gegen Christus zu begehen. Vor allem deshalb, weil er keinen

---

[1] Luk. 1, 33.   [2] Joh. 18, 37.   [3] Joh. 10, 27.   [4] Eph. 1, 22—23.

Verstand dazu hätte. Zweitens wagte er das nicht zu tun, weil er das nicht tun darf, wozu er keine Macht hat. Drittens wagte er es nicht, wie er wegen der Stimme des Gewissens es nicht zu tun wagte, womit er viel Böses anrichten, viel Gutes dagegen verderben und vernichten könnte. Weiterhin wagte er es auch darum nicht, wie er wegen der Stimme des Gewissens es nicht wagte, etwas zu tun, womit er Gott beleidigen sollte. Könnte sich also ein gläubiger Diener Christi, der auf seinen Herrn König blickt, welcher nach Gebühr über seinem auserwählten Volke herrscht, sich über diesem Volke das Königtum mit den Ämtern und Verwaltungen, die seinem König und seinem Volke widersetzlich sind, aneignen wollen? Wenn wir das als Menschen mit weltlichen Verhältnissen vergleichen wollen, würde kein Bedachter es wagen, so etwas gegen den Menschenkönig zu unternehmen. Denn Kriege sind darum, wenn ein Herr vom anderen dessen Leute in seine Macht einbezieht und über sie herrschen will. Und der Zorn ist am größten, wenn ein Glied aus dem Geschlecht des Königs sich heimlich das Königtum seines Herrn aneignen will. Denn wegen einer solchen Tat wurde Absalom erschlagen, weil er listig das jüdische Volk auf seine Seite zog, den Vater des Königtums berauben und selber an seiner Statt regieren wollte.[5] Darum — um seines Herrn Jesus Christus Lehre willen — wagte der wahre Christ um so eher nicht das zu tun, daß er mit heidnischer Herrschaft über seinem Volke herrschte, das er selbst nach Gebühr und vollkommen als wahrer Gott und als wahrer Mensch regiert, daß er in dieses Volk verwegen mit der heidnischen Herrschaft einträte, welches er nach Gebühr und vollkommen beherrscht. Wollte deshalb ein irdischer König mit heidnischer Herrschaft und einer solchen Schändlichkeit dieses Volk regieren, um ihm das Volk mit dieser Herrschaft zu beflecken, da die heidnischen Ämter der Ordnung Christi widersprechen und sich zur Errichtung von Jesu Königreich nicht eignen: So würde sich Jesus Mensch beflecken, ließe er sich vom heidnischen Recht regieren. Wegen der gesagten Dinge wagte es von den wahren Christen niemand, sich in einen solchen widerwärtigen Gegensatz zu Christus bringen zu lassen. Doch seine geistlichen Beamten sind notwendig zur Verwaltung im geistlichen Königreich, von denen schon die Rede war: daß es auch Könige gibt, die wahre Verwalter des Evangeliums Christi sind, die ein erhabeneres Amt als die heidnischen Könige haben. Diese sollen die vernünftigen Menschenseelen regieren, ihnen nichts anderes sagend als die Worte des Lebens Jesu, ihres Königs, um sie diesem Könige im Gehorsam zuzuführen, um ihnen ihren König in allen seinen Gnaden bekannt zu machen, die er ihnen erwiesen hat, als er für sie starb, und wie vollkommen er sei in den Dingen, die dieses Volk von diesem König benötigt. Mit diesen Verkündungen sollen sie das Volk trösten, damit es sich gerne an seinen König hält, damit es ihn liebe und seine ganze Hoffnung auf ihn setze als auf einen mächtigen König, der alles reichlich zu machen vermag, was dieses Volk von ihm wünscht und von ihm benötigt, der sie beschenken und sie vor jedem Feinde bewahren und sie aus den Händen ihrer Feinde

[5] 2. Sam. (2. Könige) 15.

erretten kann, damit nicht ein Haar von ihrem Haupte fiele ohne den Willen des Königs. Deshalb braucht der König Jesus solche weisen geistlichen Beamten zur Verwaltung seines Königreiches; denn die Ämter der heidnischen Könige eignen sich nicht zur Verwaltung dieser Dinge. Was bewegt also die fleischlichen und blinden Priester und Magister, daß sie diese Dinge behaupten und unter dem Volke als Glauben verbreiten, wobei sie die heidnische Macht zu solchem Nutzen des Glaubens anpreisen? Nichts anderes als das, daß sie sich mit ihrem wollüstigen Leib hinter dieser Macht wie hinter einem schützenden Schirm verbergen, damit nichts Feindliches auf sie kommen könnte wegen dieser Macht, mit der sie in einen Geist zusammengeflossen sind, sagend, daß in ihr der Nutzen der heiligen Kirche besteht, während einzig und allein nur ihr Leib aus dieser Macht Nutzen hat. Zweitens deshalb, weil sie eine vermischte Ordnung für das Volk haben: die Rechte des Papstes und die bürgerlichen Rechte auf abscheulichste Art und Weise mit dem Glauben verquickend, halten sie das Volk, entsprechend dieser Vermischung, in den Grenzen des Leiblichen an die toten leiblichen Gewohnheiten, die sie ihnen aus diesen vermischten Gesetzen geschaffen haben. Da sie das Volk und den Glauben leiblich regieren, lehren sie das Volk den Glauben in der Vermischung, die sie wollen, da sie diese unsicheren Mischungen als Glauben in ihnen befestigen. Sollte jemand den Glauben nicht so einhalten, wie sie ihn der Welt günstig zubereitet haben, um sich auf ihn mit Macht niederlegen zu können, bezichtigen sie ihn der Ketzerei, daß er die Gebote Gottes nicht befolge und Gottes Ehre lästere. Und da sie wissen, daß das leibliche Volk die Verwaltung und die Lasten, die sie ihm auferlegt haben, nicht dulden würde, wenn es ihre Macht nicht fürchtete, darum wollen sie ihm weismachen, daß die weltliche Macht für die heilige Kirche äußerst nützlich sei. Denn diese Dinge, die sie zur großen Täuschung dieser Welt tun, halten sie für nützlich für die heilige Kirche, da sie selbst mit allen jenen Ämtern und Dienstbarkeiten durch die Macht bestehen und das, was sie als Glauben verkünden, durch die weltliche Macht aufzwingen können. Zum zweiten würde der wahre Christ es deshalb nicht wagen, das Königtum seines Herrn Jesus anzutasten wegen der widersetzlichen Ordnung, die die Könige mit heidnischer Herrschaft und heidnischen Rechten haben; denn diese ihre Ordnung ist ganz oder völlig wider die Ordnung des Königs Jesus Christus.

Deshalb würde ein gläubiger Diener Christi, der das Gesinde des Königs Christus aus dem Glauben daran zu ermahnen und davor zu bewahren hätte, daß es nicht eine ihrem König widersetzliche Ordnung annähme, um so weniger wagen, selbst König sein zu wollen über das Volk seines Herrn mit der Verwaltung, mit der die Heiden sich regieren, damit er es durch die Macht nötige, so zu leben, wie die Heiden leben, die dem Gesetze des Königs Jesus Christus widersetzliche Gesetze haben.

Die dritte Besonderheit, durch die sich die Ordnung des Evangeliums grundlegend von der bürgerlichen Ordnung und von der Ordnung der heidnischen Könige unterscheidet, besteht darin, daß die bürgerliche oder königliche Ordnung, was sie Rechtes fordert, dazu durch die Macht wider den Willen nötigt. Deshalb heißt die weltliche Macht die Zwangsmacht, da sie zu der Güte nötigt, ohne die die Welt nicht in ihrer Unversehrtheit sein noch verbleiben könnte. Aber auch das kann sie nur dann tun, wenn die höchste Macht Gottes will, daß die Welt in ihrer Unversehrtheit bleibe. Aber wenn Gott diese Welt auf der Erde wegen ihrer Ungerechtigkeit vernichten wollte, kein irdischer König könnte dem mit seiner Macht wehren. Also schützen sie nur die Welt im Frieden, solange Gottes Zorn nicht auf sie ausgeschüttet wird. Und die Güte, die durch die Könige zum Nutzen der Welt getan werden kann, geschieht durch Zwang entgegen dem Willen und ist deshalb nicht vollkommen zum Erwerb der Glückseligkeit. Und daher betrachten wir die dagegen entgegengesetzte Ordnung des Evangeliums Christi, wie er die vollkommene Güte von seinem Volk haben will, über das er herrscht, auf daß jeder diese Güte aus Liebe und aus gutem Willen tue und wie er sie niemandem gegen seinen Willen aufzwingen will. Deshalb hat er allen, die an seinem Hofe dienen wollen, und einem jeden diesen Dienst anheimgestellt, indem er sprach: „Will mir jemand nachfolgen, der verleugne sich selbst und nehme sein Kreuz auf sich und folge mir."[1] Jeder hat freien Willen, es zu tun, ich werde dich dazu nicht zwingen. Will etwa dein leiblicher Wille es nicht und sträubt er sich dagegen, zwing ihn selber dazu, verleugne dich selbst, entziehe dich selbst diesem Willen, folge der Vernunft, halte dich an Gott durch die Liebe und erfülle seinen guten Willen, indem du dich deinem bösen Willen entziehst um der Liebe zu Gott, deinem Herrn, willen. Deshalb besteht Jesus bei jedem auf dem guten Willen zur wahren Güte ohne Zwang, damit der gute Wille von sich selbst aus den bösen Willen bezwinge, damit dieser nicht die Macht habe, den vernünftigen Willen von der Nachfolge des Herrn Jesus abzulenken. Deshalb kann keiner dem Herrn Jesus nachfolgen, außer wenn er es aus Liebe und gutem Willen will. Wenn er Widerwillen dagegen hat, so breche er ihn selbst und wiedersetze sich ihm. Wenn er nicht in sich selbst den Widerwillen bricht und bezähmt, wer anders könnte ihn brechen? Daher kann er selbst den bösen leiblichen Willen der Gerechtigkeit unterwerfen, will er seine Macht über ihn ausüben, denn der Herr Gott sagt: „Dir wird deine Begier unterworfen, und du wirst sie beherrschen."[2]

Anders kann niemand sie zwingen dazu, was sie nicht will, außer wenn du selber über sie herrschen wirst, keine Macht kann sie dazu zwingen, damit sie von dem Laster abließe, an das sie durch Behagen und die Gewohnheit gebunden ist, wenn sie es nicht von selber läßt. Die Macht kann das *Leben* nehmen,

---

[1] Matth. 16, 24; Luk. 9, 23.   [2] 1. Mose 4, 7.

doch den Willen zu ändern vermag sie nicht. Deshalb will auch Gott niemanden gegen den Willen zu seiner Güte nötigen; denn er mag keine Güte, die durch das Müssen erzwungen würde. Denn keiner kann gut sein durch die Güte, die er will, außer wenn er sie aus gutem und freien Willen tun will, damit er [d. h. der Wille], der frei ist, sich aus dieser Freiheit das wahre und höchste Gut oder das schlimmste Übel erwähle. Dies beides ist dem Menschen vorgelegt. Zum höchsten Gut ruft der Herr Jesus und verkündet es, und zum schlimmsten Übel rufen der Teufel und die Welt. Deshalb wähle die Freude oder die Hölle; die Wahl zwischen beiden liegt in deinen Händen.

Aus dem Gesagten geht also hervor, wie die Ordnung Christi zur vollkommenen Güte hinstrebt, die nicht allen durchweg genehm ist und der auch nicht alle zustimmen. Denn auf jener Engelskunde bleibt die Ordnung Christi bestehen, die am Tage seiner Geburt verkündet wurde: „Friede auf Erden durch Jesus Christus allen, die guten Willens sind"[3], die aus Liebe ihren Willen dem Willen Christi und seiner Wahrheit unterordnen, die einen so guten Willen haben, daß sie alles dem Leibe Gute und Genehme, das mit Sünde eins ist, aus dem Willen entlassen und das Genehme und die Freude in der göttlichen Güte selbst und in Jesus Christus, dem Gekreuzigten, wählen wollen. Diesen und solchen ist der Frieden auf Erden durch ihn verkündet worden, niemals aber anderen. Nur der wird sein Schaf, der freudig seine Stimme hört, ihm freudig folgt und hier auf der Welt nur in seiner Stimme die Weide findet, sonst überall aber nur tödliches Gift sieht, in dem die Welt stirbt, da sie von ihm auf allen ihren Wegen trinkt. Aber seine Schafe kennen seine Stimme und folgen ihm nach[4], er gibt ihnen das ewige Leben, und niemand kann sie aus seiner Hand reißen. Sie hören seine Stimme und finden in ihm die saftigste Weide voll von allen Tugenden und folgen ihm in der Zeit der Betrübnis und freuen sich, aus der Versammlung des Rates gehend, darüber, daß sie würdig waren, um seines Namens willen Verfolgung und Schmach zu leiden.[5] Das ist also das Geschlecht jener, die guten Willens sind und für ein Geringes viel Übel erdulden müssen, um des Namens Jesus willen; denn durch guten Willen und durch wahre Liebe sind sie an Jesus gebunden, da sie wissen, daß sie nur in ihm ausruhen und nur in ihm das ewige Leben finden werden. Und diese Darlegung bestätigt uns auch die Schriftstelle, die lautet: „Söhne der Weisheit sind Versammlung Gerechter, und ihr Geschlecht ist Gehorsam und Lieben"[6], damit sie ihrem Geschlecht nach bekannt sind. Das ist ihr Ruhm, ihres Geschlechts wahrer Gehorsam den Geboten Christi und dem wahren Lieben. Das sind die Söhne der verkörperten Weisheit, und sie sind die Versammlung der Gerechten, die er durch sein Blut gerecht gemacht hat.[7] Wiederum gehört das Wort der Schrift hierher, das sagt: „Denn die Gott dem Herrn vertrauen, die erfahren die Wahrheit; und die treu sind in der Liebe"[8], die werden mit ihm dem zustimmen, was der König Jesus will. Wer tut solches? Derjenige, der treu ist in der Liebe,

---

[3] Nach Luk. 2, 14. [4] Joh. 10, 3—4. [5] Nach Apg. 5, 41.
[6] Sirach 3, 1. [7] Röm. 5, 9. [8] Weish. 3, 9.

356

kann sich zu seinen Absichten bekennen; und wer dies nicht ist, so bringe ihn der Schultheiß durch Gefängnis dazu, daß er sich zu Jesus bekenne ...

Aus diesen Worten können wir also den Unterschied der bürgerlichen und der heidnischen Könige Ordnung erkennen, daß anders ihre Ordnung wie Saft gärte, daß sie bei den Untergebenen keine Macht besäßen, wenn sie sie nicht mit der Macht dazu zwängen, was sie wollen. Aber die Ordnung Christi, des himmlischen Königs, bleibt auf jenen, die sich aus Liebe zu seiner unsterblichen Wahrheit, dankbar und freudig zu ihm bekennen. Und das ist die wahre Ehrung, die Gott dankbar von seinem Volk annimmt, sich aus Liebe zu ihm und zu seiner Wahrheit zu bekennen. Deshalb würde es der wahre Christ, der Diener Christi, was die vollkommene Ordnung betrifft, nicht wagen, hier König zu sein mit einer heidnischen Herrschaft, mit einem Recht, das dem Rechte Jesu widerstrebt, damit er im Dienste Christi nicht die erfreulichen Weine mit stinkendem, sauren Spülicht verdürbe. So groß ist der Unterschied zwischen den heidnischen und bürgerlichen Ämtern und den Ämtern, durch die Jesu Königreich entsprechend dem Recht seines Evangeliums regiert wird.

Fünfunddreißigstes Kapitel

Zum vierten wird gesagt, daß der gute Christ, der Diener Christi, es nicht wagen würde, König mit heidnischer Herrschaft in dem Volk zu sein, das von Christus selbst regiert wird, mit dem Verlangen, erhöht und unter ihnen zu Ehren gebracht zu werden. Das würde er angesichts der Verfassung dieses Volkes nicht tun, denn in diesem Volk, über das er selbst herrscht, ist eine über andere Menschen erhabene Verfassung. Wenn auch diese Verfassung auf verschiedene Weise die anderen Menschen übertrifft, so sind sie doch alle besonders in die Gleichheit gestellt, damit sich die einen nicht durch aufgeblasenen Stolz über die anderen erhöhen, noch daß sie Ämter mit heidnischer Herrschaft untereinander einführten zur Schmähung und zur Last vieler. Deshalb würde es der gute Christ, da er einer von ihnen ist, nicht wagen, an etwas anderes zu denken als an das, daß er mit allen die brüderliche Gleichheit hielte, wobei er nicht anders handelt, damit er mit allen die brüderliche Gleichheit hielte, damit jeder seinen Nächsten liebte als sich selbst[1], aber niemand so, daß er es durch eitle Ehre tue, sondern daß einer den anderen höher achte denn sich selbst.[2] Da er diese Gesinnung hat, wie könnte er es wagen, sich durch das Königsamt über die zu erheben, die er für würdiger hält als sich selbst? Eher würde der gute Christ dienen wollen denen, die würdiger sind als er selbst, anstatt über sie zu herrschen.

Und wiederum gilt unter den guten Christen das Gebot: „Einer trage des anderen Last, so werdet ihr das Gesetz Christi erfüllen"[3]. Und weil der gute Christ, indem er dies Gebot hält, die Last der Brüder mittragen und ihre Bürde mit

[1] Matth. 22, 39.   [2] Philip. 2, 3.   [3] Galat. 6, 2.

ihnen teilen sollte, wie könnte er wollen, ihnen selbst eine Last zu sein, dadurch, daß er auf sie das Amt mit dem Recht der heidnischen Könige wälzte? Daß dieses Amt mit dem Recht der heidnischen und jüdischen Könige eine schwere Last ist, das wird an Salomon offenbar: Als er gestorben war und sein Sohn nach ihm herrschen sollte, trat das jüdische Volk vor ihn und bat, er möge ihnen gnädig sein und die harten Gebote mildern und das schwere Joch erleichtern, die der Vater ihnen auferlegt hatte. Und er, nachdem er sich mit Narren wie er selber einer war beraten hatte, antwortete dem Volke in harter Rede: „Mein Finger wird euch schwerer sein; denn meines Vaters Rücken“, in der Absicht, auf sie noch mehr Lasten zu wälzen als sein Vater. Und für diese unweise Antwort wandten sich zehn Geschlechter von ihm ab, und nur eines Geschlechtes König ist er geblieben.[4] Daraus ist also zu ersehen, daß auch der sehr weise Salomon dem Volke mit diesem Amt schwere Lasten aufgewälzt hatte.

Deshalb sollte es der gute Christ, da er die Last des Bruders mitzutragen hat, nicht selbst auf es die Last der heidnischen Könige wälzen. Nicht nur wegen dieser gesagten Worte würde er es nicht wagen, dies zu tun, sondern darüber hinaus auch noch wegen des klaren Verbots Christi. Es erhob sich zwischen den Jüngern ein Streit darüber, welcher unter ihnen sollte für den Größten gehalten werden, da sprach Jesus zu ihnen: „Wißt ihr, daß die heidnischen Könige über sie herrschen, und diejenigen, die die Macht haben, Beamte genannt zu werden? Ihr aber nicht also; sondern der Größte unter euch soll sein wie der Kleinste, und wer Führer ist, der sei wie ein Diener.“[5] Hier ist klar, als der Herr Jesus sah, wie sich seine Jünger um die Erhöhung oder über die Größe stritten, wer von ihnen über die anderen erhöht werden solle, er zu ihnen sprach: „Wißt ihr nicht, daß so die heidnischen Könige über das Volk herrschen, wobei sie Erhöhung, Ehre und Bereicherung in der Welt suchen? Deshalb wollen sie herrschen, weil die Heiden es für gut hier in der Welt halten, Ehre und Ruhm und großen Reichtum zu suchen, um Wollust zu haben und stark zu herrschen“. Und deshalb verbietet der Herr Jesus seinen Jüngern dieses heidnische Herrschen mit seinen Ämtern, mit seinen Rechten und mit seinem Stolz und mit seiner Grausamkeit, mittels der sie ihre Untertanen dazu zwingen, was sie sich in den Kopf setzen. Es geziemt sich also nicht für die Jünger Christi, daß sie sich in eine solche heidnische Herrschaft mischten. Vor allem deshalb, weil er ein würdigerer König über sie ist als die Heiden, die über Heiden herrschen. Zum zweiten deshalb, weil der König Jesus das Gesinde seines Königreiches so angewiesen hat, sich demütig und einträchtig, wie es sich Brüdern geziemt, gegenseitig zu lieben, sich nicht durch Stolz übereinander zu überheben, Ehre und Ruhm und heidnische Ämter zu ihrer eigenen Erhöhung in der Welt zu suchen. Zum dritten deshalb, damit sie sich nicht in die heidnische Herrschaft mischten, damit sie den Heiden nicht gleich seien; denn mit wem einer Gleichheit hält in den Taten und den Absichten, mit dem trägt er das Joch und ist er

---

[4] 1. Kön. 12.   [5] Luk. 22, 25—26.

gleich und begibt sich in die gleichen Angelegenheiten wie der, dem er gleicht. Daher gleichen die Christen, die schon lange von Christus und seinem Gesetz abgefallen sind und auf allen Wegen zum Stolz zu gelangen suchen, auf denen sie sich in ihn einwälzen könnten, den hoffärtigen Teufeln und den Heiden; denn die Heiden drängen sich den Teufeln nach am meisten zum Stolz, um in der Welt erhöht zu werden. Daher sind die Christen schon über alles Maß modrig geworden, da in ihnen gleichfalls keine Feuchtigkeit Christi mehr vorhanden ist, und sie sind in Stolz noch tiefer eingesunken als die Heiden, nur übertrifft einer den anderen, um sich in Stolz aufzublähen und über andere zu überheben. So denken diese heidnisch gewordenen Menschen dran, wo auch ein jeder nur irgendein heidnisches Amt erreichen könnte, damit er dadurch in der Welt gefährdet würde. Deshalb sind solche Menschen den Teufeln und den Heiden im Stolz und in anderen Irrtümern gleich.

Darum sprach der Herr Jesus, da er seine Jünger sah, wie sie um die Erhöhung stritten und zur Rechten und zur Linken neben dem König sitzen und die höchsten Fürsten bei ihm sein wollten, zu ihnen: „Wißt ihr, daß die heidnischen Könige so verfahren? Und ihr wollt ihnen darin gleichen? Ihr wißt nicht, worum ihr bittet, noch worauf ihr bestehet?" Deshalb hat er ihnen das mit den Worten verboten: „Ihr aber nicht also."

Eine solche heidnische Herrschaft geziemt sich nicht für das Gesinde Christi, das in der Gleichheit der brüderlichen Liebe stehen soll und über sich den König Jesus hat. Das bestätigt uns der treue Jude Gideon. Ein treuer Jude ist er gewesen. Als er einen großen Sieg in der Schlacht über die Heiden errungen hat, kam das Volk, welches durch ihn aus der Macht der Heiden befreit worden war, zu ihm und verlangte, daß er König sei über sie, er und sein Sohn und seines Sohnes Sohn. Er sprach zu ihnen: „Ich will nicht König sein über euch, und mein Sohn soll nicht König über euch sein, sondern der Herr soll König über euch sein."[6] Siehe den Adel in einem getreuen Menschen, wie er es zu würdigen wußte, daß Gott selbst König ist, daß er selbst zu herrschen habe, wie er tatsächlich über sie herrschte; denn zu dieser Zeit hatten sie keinen irdischen König, sondern Gott allein war ihnen König. Deshalb, als ihm angetragen wurde, daß er über die herrsche, über die Gott allein König ist, wies er das damit ab, daß er über sie nicht herrschen wolle, über die schon Gott selbst vollkommen herrscht, auf verdränge wie die dunkle Nacht das mittägliche Licht. Und das ist die rechte Ehrlichkeit eines treuen Menschen gegen Gott, daß wo dieser selbst die Herrschaft innehat oder sich aufhält oder irgendwie wirkt, er sich darein nicht eindrängte oder sich darein einmischte, was sich Gott angeeignet und wozu er sein göttliches Recht hat. Daraus ist also ersichtlich, daß den Christen die heidnische Herrschaft über das Volk nicht zusteht, das der König Jesus selbst regiert, wozu er das Recht von Gott hat, daß er über die, die er sich erkauft hat, auch selber herrsche. Deshalb verwarf der Herr Jesus das närrische heidnische Denken der Jünger und sagte zu ihnen:

[6] Richter. 8, 22—23. Luther übersetzt statt König stets Herr.

„Ihr aber nicht also wie die Heiden, welcher unter euch größer ist und der erste sein will, der sei der übrigen Diener."[7] Der große Menschensohn ist doch nicht gekommen, damit ihm gedient würde wie einem heidnischen Könige, indem man vor ihm hinfiele, sondern damit er diente und seine Seele zur Erlösung vieler hingäbe. So spricht er das Gegensätzliche zur Belehrung der Jünger gegen die heidnische Lebensart. Sie haben ihre ganze Güte oder ihre ganze Würde darin, daß sie Macht und Herrschaft haben und sich andere durch Macht unterwerfen und sich zu Göttern über sie machen, damit sie zitternd vor ihnen hinfielen; ihr aber sollt so von eurer Würde nicht denken, sondern wer durch Verstand und Tugend hervorsticht und ein Amtsträger unter euch sein will, der sei Diener der anderen und sei der demütigste und verstehe es, den anderen durch seinen Dienst zu nutzen, damit sie durch ihn gedeihen und in der geistigen Güte gefördert würden. Die heidnischen Könige erwarten von ihren Untertanen die Vollendung ihrer Güte, auf daß diese ständig ihren Stolz, ihre Wollust und ihren Übermut herrichteten, indem sie das eine dorthin und das andere forttragen, so als schritten sie um ein Götzenbild herum. Diese aber ziehen die Elenden durch ihren demütigen Dienst aus ihrer Armut und stellen sie in die Vollkommenheit der Tugend. So sehr entgegengesetzt lehrt der Herr Jesus die Güte; und weist als Beispiel auf sich selbst, er habe seine Güte dazu benutzt, daß er, da er doch groß war, an verächtliche Dinge herangetreten ist, damit er den Elenden diene, indem er sich für sie dem Tode übergab, um sie des Teufels Macht zu entreißen.

Und so können wir aus den unwiderlegbaren Äußerungen des Erlösers erkennen, wie weit entfernt von den wahren Christen die heidnische Herrschaft ist, obzwar sie jetzt dem christlichen Glauben als so nützlich beigefügt wird, als könnte er ohne sie nicht in seiner Festigkeit und Güte bestehen; und das solle noch durch den heiligen Geist durch die Alten und bis an den Rand Vollen[8] besiegelt werden. Der Wolf hat aber ein Schafsfell übergezogen und schlingt und würgt; jedoch wie ein Schaf Milch geben wird er nicht.

Siebenunddreißigstes Kapitel

Zuerst kamen die Bäume zum Ölbaum und wollten, daß er über sie herrsche. Aber der Ölbaum wollte nicht; er hat ein Öl, das sich für die Speisen der Menschen eignet und das als Arznei nützlich ist; und bedeutet Menschen, die in der Gnade Gottes fett sind, in der sie die Sättigung des Geistes haben, und sie sind eine Arznei für die Betrübnis und die Leiden der Menschen. Und der Feigenbaum hat überaus schmackhafte Früchte mit vielen kleinen Kernen, die er durch den Honig seiner Süße miteinander verbindet; er bedeutet die brüderliche Liebe, auf daß die vielen ein Leib Christi seien. Der Weinstock hat die

---

[7] Mark. 10, 43—44.
[8] Das heißt die alten Kirchenlehrer und die voll des heiligen Geistes sind (wie Cheltschitz ironisch sagt). — D. Hrsg.

Freude; das gehört zum guten Gewissen, damit nur in ihm die Freude Gottes bliebe, wie die Hefe auf dem Wein schmaust; denn das Gewissen selbst ist ein dauerndes Festmahl, und das Gemüt kann hier sorglos sein. Deshalb wollte dieses wohlschmeckende Obst nicht über die anderen unfruchtbaren Bäume herrschen und über sie erhöht werden, damit es sein Öl, seine Süße und seine Freude wegen der Erhöhung nicht verlöre.

Laßt uns sehen, was uns das Gleichnis Gutes lehren kann, nämlich, daß Menschen, die göttlicher Gaben teilhaftig sind, diese wegen der guten Dinge des Leibes nicht fahren lassen werden, wegen der Herrschaft, der Erhöhung und der Wollust hier auf der Welt, da sie sehen, daß durch diese Herrschaft Grausamkeit, Unbarmherzigkeit, Gewalt und Raub an den Brüdern geschieht. Deshalb wollte der Feigenbaum, der seine Freude in der brüderlichen Liebe hat, einer solchen Herrschaft nicht zustimmen, die Räubern zukommt, die durch Gewalt an Menschen leben. Auch der Ölbaum hat dem nicht zugestimmt, die menschlichen Leiden zu verhöhnen, da er gewöhnt ist, diese zu heilen und gesund zu machen und sich wegen dieser zu betrüben. Aber die Distel, scharf und grausam wie Weißdorn, sagt kühn: „Da er mich zum Herrn erwählt hat, werdet ihr nun erfahren, daß ich euer Herr bin und euch so regieren werde, daß in einigen die Haut nicht ganz bleiben wird; ich beraube ihn, ich schinde den Tölpel wie eine Linde ab." Und der zweite sagt: „Schinde den Bauern; denn sonst erholt er sich schnell wie die Weide am Wasser." Daher kann nur eine solche Gottlosigkeit, die abseits vom Menschengeschlecht vom Teufel ihren Geist erhalten hat, mit Lust solche Grausamkeiten vollführen und dauernd wie ein scharfer Weißdorn stechen und drohen.

Aber zu diesen Dingen sagt der wollüstige Mensch mit dem dicken und fett durchwachsenen Bauch: „Es sind doch unsere Leute; unsere Vorfahren haben sie uns zum ewigen Erbe gekauft; sie sind uns in den Landtafeln eingeschrieben, und wir haben feste Verschreibungen darüber. Warum sollten wir nicht Macht und Herrschaft über sie genießen? Wer kann es uns jetzt wehren, unsere untergebenen Bauern so zu züchtigen, wie es uns paßt? Diese Rede kann von der einen Seite ganz richtig sein, daß ihnen durch das Erbrecht die Güter und die Herrschaft gehören, die ihnen ihre Vorfahren erworben und worüber sie euch feste Verschreibungen gesichert haben, damit jene daraus nackt geboren würden und darauf nackt wieder stürben. Und dazu haben sie in den Verschreibungen Tod und Hölle hinterlassen, und immer kommt aus diesen Verschreibungen Unstetigkeit, Not, Fluch, Schmerz, Schmach und Betrübnis, solange der Tod von diesen angeborenen Plagen nicht erlöst. Diese Erbschaft habt ihr von euren Vorfahren: Elend und Gram, Tod und danach die Hölle. Da haben euch die Vorfahren ein Erbe angehängt. Außer diesem habt ihr nicht einen einzigen Faden als Erbschaft auf der Erde. Wenn aber eure Vorfahren euch Menschen mit Erbschaft gekauft haben, mit Grund und Boden, sie haben euch Fremdes auf Fremdem gekauft; denn das ist Gottes wahre Rede: „Des Herrn ist die Erde und ihre Fülle, die Berge und Täler, das Land, die Gegenden, denn er ist der Herr, der herrscht im Himmel und auf Erden mit dem größten Recht als ihr Schöpfer."[1] Was haben denn eure Vorfahren für seine Erde gegeben, damit sie euch erblich und als seine Feinde uns eingesetzt haben? Was jedoch selbst nicht Gottes ist, kann nichts Göttliches rechtmäßig wieder benutzen noch behalten, sondern er behält und benutzt Fremdes unrechtmäßig als ein Gewalttäter. Deshalb haben euch eure Vorfahren unrechtmäßig auf Fremdes gekauft und haben euch keine Erlaubnis Gottes zur Erbschaft besorgt. Das werdet ihr am Tage eures Todes erfahren. Da werdet ihr dafür ermahnt, daß ihr unrechtmäßig Gottes Dinge behalten und benutzt habt, wobei ihr den rechten Herrn dieser Güter geschmäht und zu dessen großer Schmach ihr seine guten Dinge benutzt habt. Deshalb wird der Herr die gesamte Schöpfung in Waffenrüstung kleiden und gegen seine Feinde kämpfen, die, nachdem sie sich seine Güter angeeignet haben, als Verräter schlecht seine Dinge zu ihrer Wollust und zu anderen Sünden und zu seiner Schmach benutzt haben. Anstatt ihn seiner guten Dinge wegen zu preisen und ihn noch mehr um ihretwillen zu lieben, haben sie sie statt dessen in böse Dinge umgewandelt und sich damit zu seinen um so größeren Feinden gemacht. Deshalb prahlt nicht damit, daß euch die Vorfahren auf Fremdem solches gekauft haben, ohne es auch durch irgendwelche Listen noch durch Zeugnisse reinlich zu erweisen, daß euch Gott sein Gut für frei und für euer lasterhaftes Leben überlasse, auf daß ihr dieses Leben in seiner und durch seine Herrschaft führet.

Wenn du fettdurchwachsener Mensch auch behauptest: „Unsere Vorfahren haben diese Menschen mit dem Erbgut zum Erbe gekauft." So haben sie ganz und gar einen bösen Handel getan und einen schwierigen Kauf. Wer kann denn mit einem solchen Unrecht Menschen kaufen, damit er sie mit Unrecht so unterjocht und quält wie ein zur Schlachtung bestimmtes Vieh und sich so wollüstig an ihren Schmerzen weidet und sie mit solchem Stolz verachtet, indem er mit den Hunden menschlicher umgeht als mit diesen gekauften Menschen, sie „Tölpel" schimpft, sie anschneuzt, sie prügelt, sie in den Bock spannt, sie beraubt und die Steuer von ihnen eintreibt? Zu deinem Hunde aber sagst du: „Komm, Brake, leg dich auf dieses Polster!" Darum, Feister, wenn du so Menschen kaufst, sieh nach, wen und was du gekauft hast! Denn die Menschen sind vorher Gottes, bevor du sie gekauft hast. Gott hat sie sich zum Wohlgefallen geschaffen und nach seinem Willen und achtet einen Menschen mehr als das gesamte Vermögen, das die ganze Erde hat. Und Jesus Christus hat sich diese Menschen nicht mit Gold und Silber erkauft, sondern mit seinem teuren Blut und mit schweren Leiden.[2] Wer hätte demnach das Recht zu einem solchen Kauf, so widersprechend dem ersten Kaufe? Zuerst starb der himmlische Herr für sie, indem er sie auch sich selbst erkaufte, und durch den grausamen Tod erkaufte er sich selbst zum Erbe. Und der zweite, der irdische Herr, kauft sie dazu, um durch ihre Leiden seine Wollust zu vergrößern, damit er sich aus ihnen eine Brücke mache, eine weiche Bettstatt sich aus ihnen bereite und auch den prächtigen Tisch des Reichen decke und helle und weiche Kleider

[1] Psalm 24, 1—2.   [2] 1. Petr. 1, 18—19.

und das gesamte leibliche Wohlgefallen auf ihnen begründe. Deshalb sieh nach, Feister, auf wessen Volk du ein so sodomistisches Leben begründet hast! Was wirst du an dem Tage sagen, wenn er sich zu Gericht setzt über dich und dieses alles Unrecht gegen dich stellt, das du dem Volke angetan hast, das er sich selbst erschaffen und durch sein Blut erkauft hat? Und er wird zu dir sprechen: „Was du meinen Geringsten getan hast, das hast du mir getan[3]; geh ein zur Hölle." Weil die Menschen hier ohne Zweifel über leichtwiegendere Worte Rechenschaft ablegen müssen, um wieviel mehr so harter Dinge wegen, die der Richter auf sich selbst beziehen und sagen wird: „Das hast du mir getan." Deshalb werden alle diese Dinge so hart abgeurteilt werden, als sie abgeschätzt werden durch den Tod und die Leiden Christi und wieviel sie den Geboten Gottes widersprachen. Und es wird hier kein Kauf und keine Verschreibung in Landtafeln helfen, auch das wird nicht helfen, daß sich die Menschen zu großen Herren gemacht haben, und zwar durch solchen Kauf von Menschen, die vorher von Christus durch sein Blut erkauft worden sind. All das wird an diesen Herren und Käufern des göttlichen Volkes gerichtet werden, und gemessen wird jedes von ihnen begangene Unrecht durch das Gebot Gottes. Was die mächtigen Herren gegen ihn dem Volke Gottes angetan haben an Unrecht, so werden sie diesen Grausamkeiten entsprechend nach dem Gebote Gottes geschätzt werden, das Gott zu ihrer Verurteilung ansetzen wird.

Fünfundvierzigstes Kapitel

Es war und ist noch eine zweite notwendige Ursache, weshalb sie der Obrigkeit untertan sein sollen, nämlich wegen des Guten, das getan wird oder getan werden sollte durch die Obrigkeit, weil die Obrigkeit manchmal gute Dinge von den Untertanen will, damit sie Frieden untereinander haben, damit einer den anderen nicht störe, keiner Unrecht täte und damit der Stärkere den Schwächeren nicht unterdrückt. Und das sollen die Untertanen vor allem desto lieber tun, da solche Dinge auch der Glauben lehrt, den sich die getreuen Christen von Gott aneignen. Aber die heidnischen Herren ordnen solche Gerechtigkeit an, sie zwingen uns dazu und strafen deshalb um ihrer Herrschaft willen, denn wenn sie ihre Untertanen nicht zu solchen rechtlichen Dingen zwingen würden, so wäre ihre Herrschaft nicht von Bestand; denn ein Volk würde sich gegen das andere erheben, und sie würden einander verderben, und damit würde ihre Herrschaft untergehen. Aber jene Menschen, die dem Glauben nachfolgen, tun solche rechtlichen und auch noch höheren Dinge ohne Zwang der Obrigkeit aus Liebe und aus Glauben, da sie Gott eher gehorchen als den heidnischen Herren. Aber noch eine Ursache gab es für die gläubigen Menschen, um deretwegen der heilige Paulus sie ermahnt, daß jedermann der Obrigkeit untertan sein soll[1], nämlich des Guten wegen, das durch diese Obrigkeit getan wird oder getan werden sollte, weil die Obrigkeit manchmal gute Dinge von den Unter-

---

[3] Matth. 25, 40. [1] Röm. 13, 1.

tanen will, damit sie Frieden untereinander haben und einer dem anderen keinen Schaden zufügte. Denn einige widersetzten sich dagegen, sich diesen Obrigkeiten zu unterwerfen, indem sie sich auf die Freiheit beriefen, in die sie durch den Herrn Jesus Christus gestellt sind, da sie durch ihn aus der teuflischen Macht und aus der Dienstbarkeit des Joches des Alten Testaments befreit sind — dies Joch haben sie sehr schwer getragen, bis sie von ihm erlöst wurden durch die Gnade des Herrn Jesus Christus, da sie zur Freiheit berufen wurden. Daher konnten sie sich so auf die Freiheit berufen, um den heidnischen Herrn nicht mehr untertan zu sein und deren Joch nicht auf sich nehmen zu müssen. Von solchen Gedanken können auch heute gute wie schlechte Menschen bewegt sein, die die große Freiheit wollen. Viele haben daran gedacht, die Herren zu schlagen und abzusetzen, damit diese nicht auf ihnen herumritten. Deshalb nennet sie der heilige Petrus, der da eine solche Freiheit sah, den Deckel des Übels[2], da sie, weil sie sich mit der wahren Freiheit zu Unrecht verschleiern, in böse Dinge geraten würden: Indem sie die Freiheiten Christi allzu fleischlich genießen wollen, würden sie es ablehnen, der übergeordneten Obrigkeit untertan zu sein, und sie würden mit Schuld in deren Hände fallen und jegliche Freiheit verlieren, die des Gewissens und die leibliche. Da der heilige Paulus sah, was Böses daraus entstehen könnte, wenn sie sich nicht unterordnen würden, führt er sie zur Unterwerfung; denn aus diesem Anlaß wäre sogleich den Heiden und ihrer Obrigkeit der Glauben verhaßt, so daß die Heiden der Meinung wären, daß die, die ihm nachfolgen, ihre eigenen Herren sein wollen, und deshalb würden sie innerhalb ihrer Herrschaft keineswegs erlauben, diesen Glauben zu predigen, damit ihnen nicht eine Vielzahl von Herrschaften solcher Herren durch diese Predigten erwüchsen, und sie würden ständig alle dieses Glaubens ausrotten. Und deshalb ordnet er ihnen sehr angemessen diese Unterordnung an, die von den Guten in Tugenden erhalten werden kann und der Grund und die Hilfe zur Erhaltung der Güte und der Tugend sein wird, weil sie, wenn sie diese Unterwerfung abschütteln, Hindernis und Widerwärtigkeit für die Tugenden und den Glauben wären, da die Heiden wegen ihres Ungehorsams verböten, in ihren Herrschaften den Glauben zu predigen.

Deshalb festigt er in ihnen noch mehr im weiteren Verlaufe seiner Rede diesen Gehorsam gegenüber der übergeordneten Obrigkeit, indem er sagt: „Denn es ist keine Obrigkeit, ohne von Gott; und die Dinge, die von Gott sind, ordnungsgemäß sind. Wer sich nun der Obrigkeit widersetzt, der widerstrebt Gottes Ordnung; die aber widerstreben, erwerben Verdammung für sich selbst."[3] Mit allen diesen Reden festigt er in diesen gläubigen Menschen den Gehorsam gegen die gesetzte Obrigkeit, indem er ihnen bei Strafe der Verdammung sagt, daß die, die der Obrigkeit widerstreben, gleichzeitig auch Gottes Ordnung widerstreben und sich so Verdammung erwerben.

Und er sagt: „Es ist keine Obrigkeit, ohne von Gott." Das heißt, daß aus sich selbst keine Obrigkeit ist noch sein kann, weder eine gute noch eine schlechte,

[2] 1. Petr. 2, 16.   [3] Röm. 13, 1—2.

noch eine heidnische noch eine ketzerische; denn nichts kann sein, was er nicht will, wie es in der Schrift heißt. Aber nicht jeder, der in eine Macht sich eindrängt oder sie genießt, ist von Gott in sie eingesetzt, aber auch hier kann er sich nur mit Zulassung Gottes Macht aneigenen. Denn einige Obrigkeiten sind von Gott zur Ordnung der Erde und einige entstehen zur Vernichtung der Erde, damit Gott seinen Zorn durch sie auf die Erde schütte wie den Hagelschlag zur Vernichtung der Saat auf der Erde. Wie, sieh da, es geschah hier zu unserer Zeit. Fast fünfzehn Jahre lang wütet die grausame Macht und strebt nach Vernichtung aller Dinge, sie denkt nicht daran, noch sorgt sie sich darum, daß die Dörfer besetzt und die Gerichte gerecht geführet würden zur Schlichtung der Menschen, sondern vielmehr strebt sie in ihrem Haß danach, damit sie alles vernichtete, zerstörte und verbrannte, tötete, beraubte, einkerkerte und wie die Heuschrecken alles kahl fräße und verwüstete; denn Gott der Herr hat eine solche Macht zugelassen, damit er seinen Zorn ausschütte über das sündige Volk, das Gott in nichts ehrt, in vielen Heucheleien sich bewegt und Gott so schmähet. Und diese Macht hätte weder erstehen noch dauern können, wenn er sie nicht gewollt hätte; denn es sagt der Prophet, es wird kein Übel in der Stadt geben, das der Herr nicht getan hätte.[4] Das kaiserliche Priestertum will nicht zulassen, daß eine andere Obrigkeit unter den Heiden oder eine andere, ihm entgegengesetzte von Gott wäre, sondern nur die, die da ist und den römischen Stuhl verteidigt, unter den es wie in einem Schatten sitzt; die hat sich die römische Kirche erwählt. Und so eignet sich jede von anderen befestigte Schelmereien die rechtmäßige Macht von Gott, und man will durch sie die anderen Stände bekämpfen, als ob Gott jedem Stand eine besondere Macht zugewiesen hätte, damit sie gegeneinander Krieg führten mit der im voraus errichteten Macht und Gerechtigkeit, damit so der eine den anderen besser schlüge.

Deshalb haben in diesen Worten des heiligen Paulus die weltlichen Obrigkeiten unter den Christen unter dem Mantel des Glaubens ihre stärkste Stütze, und sie berufen sich darauf, daß er sagt: „Und die Dinge, die von Gott sind, ordnungsgemäß sind. Wer sich der Obrigkeit widersetzt, der widerstrebt Gottes Ordnung."[5] Sie sind der Meinung, daß sich diese Worte des heiligen Paulus auf keine Obrigkeit beziehen, die vordem außerhalb des Glaubens bestand, daß sie von Gott eingesetzt würde, sondern daß eine von Gott eingesetzte Obrigkeit nur da bestehe, wo die Christen, die von Christus abgefallen sind, durch Blut waten wollen und einer aus dem anderen durch die Macht das Blut pressen will — da in diesen Obrigkeiten soll also die Ordnung Gottes verkörpert sein, sie seien von Gott eingesetzt; und daß Gottes Ordnung allein auf dieser Obrigkeit beruhe und sie genausoviel vermag wie die Glückseligkeit, daß es nirgendswo anders als nur unter den Christen die Glückseligkeit erwerbende Tugend gibt. Daher kann eine solche tugendhafte und verdiente und von Gott stammende Ordnung nirgendwo anders bestehen als nur auf den Obrigkeiten, die

[4] Amos 3, 6.   [5] Röm. 13, 1—2.

sie die allerchristlichsten genannt haben, die die heilige Kirche heilsam lenken und sie vor den bösen Menschen schützen sollen, damit diese unsere heilige Mutter nicht betrübten und ihre Ruhe nicht störten, damit sie in den heiligen Gottesdiensten und den göttlichen Regeln nach Gott ewig zur Ruhe sänge. Deshalb kann mit diesen Worten aufs prächtigste die Macht in den Glauben eingemischt werden, als wäre sie ein wesentlicher Bestandteil des Glaubens; denn in ihr sei anwesend die Ordnung Gottes als die Seligkeit erwerbende Tugend. Und weil eine solche Tugend auf der Macht beruht, mit der der König in die Glückseligkeit eingehen kann, so wird auf diese Weise keiner von denjenigen, die die Macht genießen, verdammt sein; denn Gottes Ordnung beruht auf ihm mit der Macht, die von Gott stammt. So entfällt jene Stelle der Schrift, die sagt: „Die Gewaltigen müssen gewaltige Qualen erdulden."[6] Denn viele Gewalttäter saßen auf den Stühlen der Erhöhung. Von Gott nicht geliebt, sitzen sie noch heute, weil die die Erlösung verdienende Tugend nicht vorhanden ist in dieser Ordnung, die auf der Obrigkeit steht: Sie müßten denn zuvor die Macht von Gott haben, auf daß er ihnen gäbe, Gottes Söhne zu werden. Der Glauben Christi nämlich ist höher als diese Ordnung, die auf den weltlichen Obrigkeiten beruht, und wer nicht an Sohnesstatt Gottes stehen wird, der wird nicht erlöst, auch wenn er an den Sohn Gottes geglaubt hat.

Deshalb kann da der Streit um diese Ordnung entstehen, und es wird bald ersichtlich, daß sie auch auf den Teufelsmännern beruhen kann, wenn wir zu den Worten des heiligen Paulus gelangen, der sagt, daß keine Obrigkeit ohne von Gott ist und die Dinge, die von Gott sind, ordnungsgemäß sind.[7] Weil er mit diesen Worten auch von den heidnischen Obrigkeiten bestätigt, daß das Gottes Ordnung ist; denn zu dieser Zeit gab es keine christlichen Obrigkeiten, außer nur heidnisch, und in diesen Obrigkeiten stand nichtsdestoweniger Gottes Ordnung, so wie auch ihre Macht immer von Gott war. Und wenn dem nicht so gewesen wäre, hätte der heilige Paulus das gläubige Volk in Rom nicht zum Gehorsam gegen den römischen Kaiser, den Heiden Nero, verpflichtet und ihm sagen können: „Es ist keine Obrigkeit, ohne von Gott; und die Dinge, die von Gott sind, sind ordnungsgemäß." Daher, obgleich man diese Ordnung, die durch die Obrigkeiten besteht, über alle Maßen verherrlichen und im Glauben erheben will, trotzdem kann man ihnen durch die Ordnung Gottes, die in ihnen durch die Macht beruht, gar nicht mehr Güte zuschreiben, als den heidnischen Obrigkeiten zukommt, außer wenn jemand von ihnen durch den Glauben etwas mehr Güte erringen würde, so daß er den Sohn Gottes durch lebendigen und wirklichen Glauben annähme, damit ihm Gott die Macht gäbe, Sohn Gottes zu sein. Nur dadurch könnte er besser sein als der Heide mit dieser Macht. Aber tatsächlich nehmen wir nicht wahr, daß sie mit einer solchen Güte die Heiden überragten, eher übertreffen sie sie an Bosheit. Denn, obwohl sie sich äußerlich zum Glauben gesellen und mit den Lippen Christus bekennen, doch hassen sie in Wirklichkeit den Glauben, und nichts wollen sie von Christus auf sich nehmen

[6] Weisheit 6, 7.　　　[7] Röm. 13, 1.

außer einem dünnen Wässerchen, damit sie sich darin setzen in den Namen Jesu und sich mit diesem Wasser an ihn wie an einen Toten hängten, wenn man ihn zu Grabe trägt. So halten sie ihn, wobei sie wünschen, schnell in die Kirche zu gelangen, ihn so schnell wie möglich hinzustellen, damit sie ihn möglichst schnell begrüben und ihn so recht gern aus den Augen hätten. So benimmt sich auch das gottlose Volk, dem Christus tot ist. Überall stinkt er ihnen, überall verdrießt er sie, überall ist er ihnen eine Schande, überall gleichsam das Unrecht ihres Lebens, daher ist er als stinkender, begrabener Toter von ihrem Herzen verworfen. Wird er ihnen in Erinnerung gebracht, dann höchstens zum Ärger, damit sie gleich und offen ihre Regeln und Rechte vorzögen, daß ihnen Stolz, Faulheit, Untätigkeit und jegliche Gottlosigkeit gezieme und daß sie nicht so sanftmütig sein können, wie es sich für Christen gebühre, und wenn es so sein sollte, dann würde niemand erlöst werden. Deshalb entledigten sie sich seiner wie einer Schuld, die sie nicht bezahlen können.

Deshalb kann Gottes Ordnung an sich, die in ihrer Macht steht, nicht die Heiden übertreffen, bei denen gleichfalls Gottes Ordnung ist; denn ihre Macht besteht nur in der Ordnung Gottes. Da sie nichts mehr als die Heiden haben, so können sie durch diese Ordnung Gottes nicht erlöst werden, wenn sie ihn nicht im Glauben suchen; denn die Schrift sagt: „Unrechtmäßig ist der König, und nicht errettet wird der König in der Macht seiner Kraft."[8] Sie sagt, daß er unrechtmäßig ist, auch wenn Gottes Ordnung in seiner Macht steht; auch mit dieser Ordnung kann er ungerecht sein, und wegen dieser Ungerechtigkeit wird er nicht erlöst.

Sechsundvierzigstes Kapitel

Wenn wir aber von der Ordnung Gottes sprechen, so gibt es dabei eine große Verwirklichung. Und daher kann man dabei die Wahrheit verfehlen und Schaden nehmen, da die Ordnung Gottes irgendeine Beziehung zu den vollkommenen Dingen hat, zu denen fleischlicher Sinn derer strebt, die ihr Gut in der weltlichen Macht im christlichen Dasein suchen. Deshalb bemächtigen sich dieser Worte jene Obrigkeiten für ihre Bestrebungen, als dienten diese Worte völlig ihren fleischlichen Interessen. Deshalb, wenn wir die Worte des heiligen Paulus betrachten, der sagt: „Es ist keine Obrigkeit, ohne von Gott; und die Dinge, die von Gott sind, ordnungsgemäß sind."[1] Diese Worte beziehen sich nicht nur auf die weltliche Macht, sondern auf alle Dinge, die von Gott geordnet sind, und indem sie geordnet sind, schaffen sie Ordnung oder irgendeine Einrichtung im Himmel oder auf Erden, in den Menschen oder in anderen Geschöpfen. Und weil dabei Befürchtung vorkommt, muß man deshalb um so umfassender darüber und über einige Ordnungen handeln, die von Gott sind, damit man sie versteht. Denn die Worte „Ordnung Gottes" beziehen sich manchmal auf die vollkommenen himmlischen und geistigen und wahrhaften

---

[8] 3. Esra 4, 37.   [1] Röm. 13, 1.

Dinge; manchmal auch auf geistige und wahrhafte Dinge, die aber niedriger stehen als die himmlischen; und manchmal beziehen sich diese Worte auf alle Geschöpfe; denn alle stehen in der Ordnung Gottes und bestehen durch sie und können durch nichts aus ihr herausgenommen werden, denn in der Ordnung, in die sie Gott hineingestellt hat, bestehen sie naturgemäß, da sie sich gegen ihre Natur nicht in ein Unwesen verwandeln können.

Über diese vielen Ordnungen Gottes vermag ich keine Erwägungen anzustellen, noch mich über sie zu verbreiten, sondern nur über die hier verweilenden Menschen, bei denen die Ordnung Gottes in den geistigen und in den niedrigen irdischen Dingen vollkommen bestehen sollte. So wie sie Gott anfangs geordnet hat, diese Ordnung haben sie verloren. Deshalb verblieben sie nach dem Verlust dieser Ordnung in einer großen Unordnung. Und auch wenn sie in dieser Unordnung sind, bedürfen sie noch irgendeiner Verfassung oder Ordnung, damit sie durch sie bestehen können und in ihrem leiblichen Leben erhalten werden, wenn sie schon dadurch weder teilweise noch vollständig gesunden können. Denn da Gott will, daß diese Welt so viele Ewigkeiten besteht, will er auch, daß Menschen in alle Ewigkeiten in ihr leben, solange die Welt besteht. Deshalb muß es für eine so lange Dauer für das Menschengeschlecht notwendig irgendeine von Gott bestimmte Ordnung geben, damit dieses Geschlecht durch diese Ordnung bestehen kann, solange Gott diese Welt mit diesem Menschengeschlecht haben will.

Es ist dies die erste Ordnung von Gott für dieses Geschlecht zu einem langen Leben, damit es sich aus zwei Menschen gebiert, damit das eine vergeht und das andere entsteht durch die Geburt, damit es so durch alle Ewigkeiten hindurch durch die Geburt dauerte. Aber anders könnte es gar nicht bestehen, wenn diese Ordnung nicht wäre, nämlich zwei Menschen, damit jedem Kinde ein Vater und eine Mutter verblieben, damit sie es, nachdem sie es zur Welt gebracht haben, ernähren und aufziehen, bis es erwachsen ist, und damit sie sich auch um es noch weiterhin kümmern, damit sie es dazu brächten, was sie selbst sind, nämlich damit sich ihre Söhne mit Frauen anderer Eltern und ihre Töchter mit Männern anderer Eltern paarten. So vergeht nach dieser Ordnung ein Menschengeschlecht nach dem anderen, und sie haben den Ursprung dieser Ordnung in Vater und Mutter. Denn wenn alle Kinder keinen ehelichen Vater und keine eheliche Mutter hätten, die durch das Band eines Leibes in der Ehe miteinander verbunden wären, damit sie einander gehörten wie ein Leib, könnten diese Kinder sonst nicht aufgezogen werden und hätten auch keinen bestimmten Vater, sondern sie würden wie Hunde leben und was von ihnen in diesem hündischen Zustand geboren würde, niemand würde diese Kinder ernähren wollen, da er der Ansicht wäre, daß sie nicht seine seien, weil sich deren Mutter mit anderen Männern leiblich vereinigt hat. Und so würde dann keiner seinen Sohn zu seinem Erben einsetzen noch sich um ihn kümmern. Und es würde sich das Menschengeschlecht mit dieser Unordnung so verflechten, so daß es untergehen müßte. Deshalb war für die allerlängste Dauer in Ewigkeiten für das Menschengeschlecht die Einrichtung der Ehe notwendig, damit Vater und Mutter einander gehören wie ein Leib und damit die Kinder ihren eigenen Vater und die eigene Mutter hätten, damit sie sie liebten und erzögen und sich um ihr Sein zum weiteren Bestand in den guten zeitlichen Dingen sorgten. Und sie sollten sich um so eifriger um ihre ewigen guten Dinge sorgen, wenn sie sie selbst kennen und dem Glauben nach in ihnen stünden. Das haben viele dem Glauben nach ihren Kindern angetan. Deshalb besteht in dieser Hinsicht eine solche Ordnung von Gott, der das Menschengeschlecht durch das Gebären so geordnet hat, damit es ständig bestehen kann.

Aber weil diese Geschlechter in der Sünde geboren werden und voll von Unrecht sind, so daß die Teufel sich diese aneignen und herrschen über sie, daher spricht der heilige Paulus von den Teufeln, daß sie die Fürsten der Luftmächte sind, die jetzt ihr Unrecht in den untreuen Söhnen ausüben[2], und sie sind Fürsten der Finsternis und Beherrscher der Welt, und durch ihren Haß sind das Unrecht und der Tod auf den ganzen Erdkreis gekommen — deshalb sagt die Schrift von ihnen: „Ruchlos sind alle Menschensöhne, und ruchlos sind alle ihre Taten, und es ist in ihnen keine Gerechtigkeit, und in ihrer Ungerechtigkeit werden sie untergehen."[3] Und daher macht der Teufel in ihnen nach einer solchen eingeborenen Ungerechtigkeit vielfältige Ungerechtigkeiten, und er bewirkt besonders Haß, Zwietracht, Zerwürfnisse, Streit, Kampf, Totschlag und Aufstand des Volkes gegen das Volk, so daß, wenn sie keine Hilfe bekämen und keine Grenzen ihnen gesetzt wären, in diesem Volk einer durch den anderen umkäme, so daß das Menschengeschlecht eines solchen Unrechts wegen auf dieser Erde aufhören würde zu bestehen, und eben dazu ist die weltliche Obrigkeit von Gott eingeführt, damit die Menschengeschlechter durch sie bestehen können im irdischen Leben, solange Gott es will. Deshalb spricht der heilige Paulus in diesem Sinne davon, daß keine Obrigkeit ist, ohne von Gott; und die Dinge, die von Gott sind, sind ordnungsgemäß.[4] Daher sie verordnet sind, so hält sich die Ordnung, damit sich das Volk durch Einen vereinbaren und zu irgend etwas einsinnig streben könnte. Deshalb gab Gott der Herr den Königen und irdischen Fürsten Ländereien auch mit dem Volk zur Herrschaft, damit sich der vielfältige Menschenhaufen in seinem Dasein und in irdischen Dingen vereinigen könnte. Es könnte denn sonst unter den Menschen keine Ordnung bestehen, wenn alle gleichmäßig die gleiche Macht hätten und sich untereinander keineswegs vergleichen könnten noch würden sie sich was einander nachgeben wollen. Und da sie sich nicht miteinander vergleichen könnten, begännen sie miteinander zu streiten, rotteten sich gegeneinander zusammen, und es gäbe keine Ordnung noch könnte jemand dieses aufhalten und bändigen. Deshalb muß einem solchen Volk, das sich in der Liebe und der Wahrheit Gottes nicht schlichten noch in irgend etwas Gerechtem bestehen kann, ein Hauptherr eingerichtet werden, ein Fürst oder ein König mit einer großen Macht, damit er, was er zu aller Nutzen wird wollen, es auch mit Macht dazu zwingen kann. Denn anders mißachtet eine solche

[2] Eph. 2, 2.   [3] 3. Esra 4, 37.   [4] Röm. 13, 1.

gottlose und mutwillige Bösewichterei auch den König, wenn sie nicht seine Macht fürchtete.

Deshalb heißt die weltliche Macht die Zwangsmacht, da sie alle Mutwilligen dazu zwingt, daß sie darauf beharren, was gerecht ist. Sobald sich jemand erhebt, sofort fällt auf ihn die weltliche Macht mit der Strafe, und manchmal muß auch der Kopf abgeschlagen werden. Deshalb wird dem durch die Macht gewehrt, daß die einen gegen die anderen aufstehen könnten zum Streit und zum Totschlag, damit sich die Stände nicht erheben würden und mit Gewalt die Schwachen unterdrückten. Deshalb schlichtet sie die Menschen, damit sie in Frieden einträchtig miteinander leben könnten und einander kein Unrecht zufügten. Und dazu muß der Vorgestellte bürgerliche Rechte haben, damit er durch sie Klagen und Unrecht und Streitigkeiten richte und den Klagen ein Ende bereite und den Streit unter diesem dummen Volke entschiede, da er besseren Verstand und die Macht dazu hat, damit sie, durch diese Dinge gebändigt, nicht gegeneinander aufstünden und jeder mit dem Seinen zufrieden wäre. Und diese Dinge muß jede heidnische Obrigkeit zur Verwaltung der Menschen haben, damit sie dadurch das dumme Volk lenkte und zähmte, damit es durch die Macht des Königs im Leben und im Eigentum nach dem Willen Gottes bleiben kann, wie es an dem König Ahasverus sichtbar wird, der ein Heide war, aber dies gut wußte, wie durch seine Herrschaft eine Vielzahl von Völkern ihre Sachen in Frieden erledigten; deshalb sprach er: „Wiewohl viele Völker meinen Geboten untergeben sind und die ganze Welt meiner Herrschaft unterworfen ist, so wollte ich die Macht meiner Größe nicht mit Grausamkeit ausüben, sondern freundlich und gütig meine Untergebenen regieren, damit sie ohne alle Furcht ihr Leben friedlich lebten, das für alle Menschen fordert, daß sie sich ausruhten."[5]

Einundfünfzigstes Kapitel

Weiterhin bestätigt der heilige Paulus die Berechtigung der Obrigkeit durch die Rede, indem er sagt: „Wer sich nun der Obrigkeit widersetzt, der widerstrebt Gottes Ordnung; die aber widerstreben, erwerben Verdammung über sich selbst."[1] Damit das vernünftig begriffen wird „Wer sich nun der Obrigkeit widersetzt, der widerstrebt Gottes Ordnung": So widersetzt er sich schädlich, wenn er das verwirft, was die Obrigkeiten nach Gottes Ordnung tun und wodurch er verpflichtet wäre, der Obrigkeit zu gehorchen, entsprechend Gottes Ordnung, und der mit Verachtung diesen Gehorsam ablehnt, erwirbt Verdammung für sich selbst. Was aber diese Obrigkeiten aus Irrtum, aus Stolz und aus irgendeiner anderen Ungerechtigkeit, die gegen Gott gerichtet ist, unternehmen mögen, das ist nicht Gottes Ordnung in ihnen, sondern stolze Kühnheit im Begehen des Irrtums und im unrechten Gebrauch der Macht gegen Gottes Ordnung und ist an und für sich Sünde. Jeglicher Gebrauch der Macht ist sünd-

[5] Stücke zu Esther 1, 2.   [1] Röm. 13, 2.

haft, sobald der Mensch durch die Macht Gottes Gebot stört; immer ist dies ein unrechter Gebrauch der Macht, und immer begeht er eine Todsünde. Die Todsünde kann er nicht anders im Obrigkeitszustand begehen, nur wenn er die Ordnung Gottes durch die Obrigkeit übertritt, indem er Geiz, Gewalt, Mord und Rache begeht.

Und er spricht: „Die sich nun der Obrigkeit widersetzen, erwerben Verdammung für sich selbst." So muß der Weise immer das für schwerwiegend ansehen, wodurch er sich Verdammung erwerben könnte. Um die ganze Welt sollte er sich keineswegs Verdammung erwerben, weder seines Lebens wegen; denn nichts nutzen ihm Welt und Leben, wenn er für sie verurteilt wird. Deshalb nützt einem auch dies Widerstreben nichts, durch welches er — der Obrigkeit widerstrebend — verurteilt würde. Und dem Armen wiederum ist so ein Widerstreben nicht bekömmlich; manchmal widersetzt er sich mit unklugen Worten und wird dafür ein oder zwei Tage in den Bock gespannt oder dafür geschlagen oder zu Tode gequält. Aber die schwere Art des Widerstrebens gegen die Obrigkeit kann sein, wenn es aus Haß entsteht, nämlich so, da jede Obrigkeit von Gott zur Bestrafung der Sünden ordnungsgemäß errichtet ist und jemand nimmt diese Dinge nicht wichtig und hört sofort auf, der Obrigkeit die Ehre zu erweisen, indem er eine solche Obrigkeit verwirft, der göttlichen Ordnung widerstrebt, er verleumdet diese Herren, verhöhnt, verwünscht, verabscheut sie und wünscht ihnen nur Böses. Und dies Böse kann er aus Blindheit begehen, wobei er Gott darin keineswegs achtet und auch nicht der Worte, die da lauten: „Der widerstrebt Gottes Ordnung"[2], und er vertritt so eine böse und schädliche Sache. Die Ursache eines solchen Widerstrebens kann sein, daß ihm manchmal etwas Unliebsames seitens der Obrigkeit geschieht. Deshalb soll er die Obrigkeit nicht mit Beschimpfungen aus Haß schmähen, in der Ansicht, daß sie unnütz beziehungsweise schädlich ist.

Zweiundfünfzigstes Kapitel

Das ist wiederum eine schwerwiegende Widersetzlichkeit wider die Obrigkeit, die die gerechten Anweisungen an die Untertanen ergehen läßt, in Frieden und Eintracht miteinander zu leben und einander nur Gutes anzutun und Absprachen einzuhalten, wenn ihnen die Obrigkeit verbietet, sich gegenseitig Unrecht anzutun, und wenn unter ihnen irgendein Unrecht geschehen ist, daß sie nicht gleich mit allem zum Herrn liefen, um zu klagen und zu prozessieren, sondern sich untereinander in Güte versöhnten und einander vergäben — und sie verschmähen aus Stolz solche Gebote und Verbote. Sie verachten so nicht nur die Herren, sondern auch Gott; denn Gleiches gebietet Gott den Menschen auch. Auf diese Verachtung beziehen sich, wenn wir es erwägen, am meisten die Worte: „Wer sich nun der Obrigkeit widersetzt, der widerstrebt Gottes

[2] Ebenda.

Ordnung", denn auf diese Seite bezieht sich Gottes Ordnung am meisten durch die Obrigkeit, um die Menschen durch gute Anordnung guter und gerechter Dinge zu schlichten und durch Macht die, die das Gesetz übertreten, dazu zu zwingen, daß sie es nicht wagten, etwas Unrechtes zu tun und andere zu verheeren.

Dies ist aber der eigentliche Grund, warum sich viele der Obrigkeit widersetzen, weil sie durch ihre Grausamkeit zu sehr auf ihnen lastet, weil sie sie durch hohe Zinsen und Abgaben, schwere Frondienste und viele Ungerechtigkeiten unterdrückt, um derentwillen diejenigen, die nicht leiden wollen, stöhnen, murren, tadeln und verfluchen. Und wenn sie sich für ihren Herrn nur irgendein Übel ausdenken können, so bereitet ihnen das Freude. Auch darin sündigen die Unschuldigen, indem sie sich an ihren Herren rächen und sie verfluchen, aber sie erfluchen sich nichts. Die Herren sündigen an ihnen, indem sie ihnen Unrecht antun, und diese wiederum sündigen, indem sie sich an den Herren rächen. Aber dieses Verhältnis zwischen den Herren und Untertanen ist nur schwer ins Gleichgewicht zu bringen und es eigenem Willen nach zum Gefallen zu ordnen. Wenn jemand irgendeinen Menschen hätte, den er mit der einen Hand füttern und mit der anderen ohrfeigen würde, so müßte dieser Mensch eines von beiden wählen: entweder sich des Essens enthalten und von den Ohrfeigen ablassen oder sich füttern lassen und die Ohrfeigen erdulden. Wenn jemand der Grausamkeit dieses Herrn entgehen will, der besitze nichts unter ihm; aber wenn dir Güter und Verwaltung unter diesem Herrn gefallen, so leide die Fron und Zinsen. Und wenn du geduldig leidest, dann wird sich dir das Unrecht in Gutes verwandeln; wenn du aber nicht geduldig sein, sondern dich widersetzen und fluchen wirst, den Ungeist wirst du dadurch keineswegs heilen, aber er wird dessen nicht achten, daß du murrst. Wenn du nicht singend in den Wald fahren willst, wenn der Schneesturm braust, dann mußt du weinend fahren, wenn er dir auf den Kopf schlägt. Vergeblich stemmst du dich gegen den Strom des Flusses; wenn du ihn nicht mit Demut genießest, so wirst du ihn durch Murren nicht schwächen.

Darum widersetzen sich aus diesem Grund viele der Obrigkeit, und einige rächen sich auch an ihr, indem sie sich eine neue Obrigkeit gegen diese suchen. Daher leben die Leute schlimm, weder ehren sie Gott, noch wollen sie ihn in irgendeiner Obrigkeit zum Herrn haben, noch ihn etwas entscheiden lassen. Deshalb verdient ein solches gottloses und nach allen Seiten von Gott abgefallenes Volk so grausame und dumme Herren wie einst das jüdische Volk, damit sie es unterdrückten und diese Leute ganz und gar abschindeten und ihnen alles das antun, was sie nicht wollen und was sie hassen und was sie stets murrend bedauern. Daraus erwachsen wiederum ihre neuen Sünden, weil sie das Unrecht nicht demütig erdulden, sondern sich sündhaft der Obrigkeit widersetzen. Auf diese Weise erwerben sie sich so Verdammung durch unnütze Sünden. Daher bewahren sich demütige und geduldige Menschen nur da vor der Verdammung; denn diese grausamen Obrigkeiten werden von Gott zur Bestrafung der Sünden eingeführt, und durch sie wird so viel Unrecht geschehen, und wenn in den Menschen keine Geduld sein wird, so werden sie sich diesen Schlägen widersetzen, mit denen die Obrigkeiten deren Schmerz verlachen, und sie hören deshalb doch nicht auf, daß das Volk dadurch überaus leidet.

Vierundfünfzigstes Kapitel

Aber noch einmal bedenken wir die Worte, die der heilige Paulus spricht: „Wer sich nun der Obrigkeit widersetzt, der widerstrebt Gottes Ordnung; die aber widerstreben, erwerben Verdammung für sich selbst."[1] Ich habe schon einmal gesagt: Im Falle, daß die Obrigkeit entsprechend der Ordnung Gottes etwas will oder anordnet, dann ist diese Macht ungehörig zu schmähen gleichbedeutend mit, sich Gottes Ordnung zu widersetzen. Aber was diese Obrigkeit aus Irrtum, aus Hoffart und anderem Unrecht machte oder gegen Gott anordnete oder wenn sie zu irgendwelchen Irrtümern oder Ungerechtigkeiten nötigte, nichts davon ist Gottes Ordnung bei dieser Macht, sondern ist Widersetzlichkeit gegen Gottes Ordnung, und es sind dies ihre eigenen Sünden. Deshalb sündigt ein Mensch, der sich gegen die Obrigkeit in solcher verkehrten Schlechtigkeit widersetzt, nicht und erwirbt für sich auch keine Verdammung; denn in der Schrift finden wir viele Beispiele von guten Menschen darüber. Nebukadnezar, ein heidnischer König, befahl, von Stolz besessen, ein riesiges Standbild auf dem Felde zu errichten und es feierlich zu weihen; die verschiedenartigste Musik und Gepfeife ließ er ihm zur Ehre bereiten, und alles Volk befahl er zur Weihe herbeizurufen, und sobald man anfing, zu Ehren des Standbildes zu spielen und zu flöten, sollte das ganze Volk vor dem Standbild auf die Knie fallen und es anbeten, und wer darin dem König nicht gehorchen wollte, der sollte in den Feuerofen geworfen werden. Deshalb gehorchten alle dem König darin, nur drei Jünglinge wollten nicht vor dem Standbild knien. Da befahl der König, sie in den Feuerofen zu werfen. Und diese Jünglinge widersetzten sich der Obrigkeit, sündigten aber nicht; wären sie dem König in diesem Irrwahn gefolgt, sie wären Götzenanbeter und bei Gott in Ungnade gefallen. Deshalb wagten sie lieber ihr Leben preiszugeben, als daß sie Gott erzürnt hätten.[2]
Ein anderes Beispiel haben wir von Mardochai.[3] Und es wird so berichtet: Damals erhöhte der König Ahasveros Haman, den Sohn Hammedethas, den Agagiter, und setzte seinen Stuhl über alle Fürsten, die bei ihm waren. Und alle Knechte des Königs beugten die Knie und fielen vor Haman nieder; denn der Kaiser hatte es so geboten. Aber Mardochai beugte die Knie nicht und fiel nicht vor ihm nieder. Da sprachen des Königs Knechte, die die Tür zur königlichen Wohnung bewachten, zu Mardochai: „Warum übertrittst du als der einzige des Königs Gebot?" Und da sie solches zu ihm sagten und er ihnen nicht gehorchte, sagten sie es Haman an, um zu erfahren, ob solch Tun Mardochais bestehen würde wider des Königs Gebot. Und da Haman hörte und erfuhr, daß Mardochai nicht die Knie beugte noch vor ihm niederfiel, ward er

[1] Röm. 13, 2.   [2] Daniel 3.   [3] Esther 3, 1—6.

voll Grimms. Und von Grimm ergriffen, entschloß er sich, nicht nur an Mardochai seine Hand mit Gewalt zu legen, sondern an alle Juden. Und so erwirkte er sich durch seine listige und lange Rede vom König die Erlaubnis, daß alle Juden im ganzen Reich Ahasveros' an einem Tag gemordet würden, wenn Gott es nicht anders gewollt hätte. Deshalb schauen wir auf den Glauben der heiligen Menschen, wie ein einzelner Mensch sich dem Gebot des mächtigen Königs widersetzte, dessen Rede sich die ganze Welt nicht zu widersetzen wagte; er allein aber verschmähte es, da er die Ehrerweisung nicht auf einen sündigen Menschen übertragen wollte. Ebenso ist der König Antiochus[4], ein großer Tyrann und Feind der Juden, mit großer Macht in ihr Land eingedrungen und richtete unter ihnen große Bedrängnis an und mordete viel Volk: Er verbot ihnen, Gottes Gesetze zu erfüllen, die Kinder zu beschneiden, zu opfern, die von Gott gesetzten Feste verbot er ihnen zu feiern und gebot ihnen, die Gesetze einzuhalten, die die heidnischen Völker einhielten, damit sie, von Gottes Gesetz ablassend, sich den Heiden anglichen. Und viele, die eingeschüchtert wurden durch den Zwang seiner Tyrannei, gaben den heidnischen Irrtümern nach. Aber auch viele Juden, die sich den Glauben an Gott voll bewahrt und sein Gesetz geliebt haben, zogen es lieber vor, zu sterben, als vom Gesetz Gottes abzulassen, und haben die heidnischen Irrtümer verschmäht und wurden deshalb vom Tyrannen hingemordet.

So ist aus den Beispielen der heiligen Menschen zu ersehen, daß sie sich in den Dingen der Macht des Königs widersetzt haben, die diese in ihren Irrtümern gegen Gott befohlen haben. Aber einen solchen Widerstand zu leisten den grausamen Obrigkeiten ist den leichtgläubigen und dummen Menschen nicht gegeben, die von der Furcht beherrscht werden und Angst haben vor Dingen, von denen sie nicht wissen, ob sie eintreten und sie zugrunde richten. Deshalb sind sie nicht imstande, sich auch in den kleinsten Dingen der Obrigkeit zu widersetzen, wenn sie Böses verlangt; kriechen ihr nach, selbst wenn sie ihnen befehlen würde, den Thron der heiligen Dreieinigkeit umzustürzen, wenn das geschehen könnte, und vor den Standbildern niederzuknien. Wieviel tausend Menschen waren dabei, als Nebukadnezar das Standbild hat aufstellen lassen und befahl, vor ihm niederzufallen. Aber nur drei knieten vor ihm nicht nieder![5] Herr Gott! Du weißt, wer heute gefunden wird, der aus Angst vor dem Tode sich nicht vor der Bestie und ihrem Bilde neigte[6] und darin die Gebote der ärgsten Obrigkeiten verschmähte; denn jetzt ist da ein solches Götzenbild, welches das Standbild Nebukadnezars noch übertrifft, in einem noch viel schwereren Irrtum errichtet.

Fünfundfünfzigstes Kapitel

Auch einige Kirchendoktoren haben über diese Dinge die Menschen belehrt und gesagt: „Die Demütigen sollen ermahnt werden, nicht mehr untertan zu

---

[4] 2. Makk. 6.   [5] Daniel 3.   [6] Vgl. Off. Joh. 13, 15.

sein, als sich gebührt, auch sollen sie nicht verpflichtet, sein aus Zwang ihren Sünden Ehren zu erweisen, wenn die Vorgestellten wollten, daß sie mehr untertan wären, als es sich für die Menschen gebührt, denn man soll wissen, daß durch den Gehorsam niemals Böses getan werden dürfe." — Und wiederum geht eine Belehrung dahin: „Irgendein Böses tun, wenn es das Gebot befiehlt, ist offensichtlich kein Gehorsam, sondern eher Ungehorsam gegen die Ordnung; in ungebührlichen Dingen ist niemand verpflichtet zu gehorchen." — Und wiederum: „Wenn derjenige, der über andere erhöht ist, etwas gebötte, was von Gott verboten ist, oder es wehrte zu tun, was Gott gebietet, so wird das Urteil des heiligen Paulus gegen ihn ergehen, der sagt: „Aber so auch wir oder ein Engel vom Himmel euch würde Evangelium predigen anders, denn das wir euch gepredigt haben, der sei verflucht."[1] Aus diesen Worten ist ersichtlich, daß Gottes Ordnung in den weltlichen Obrigkeiten nicht im Widerspruch zu Gottes Willen steht, wofern sich diese Obrigkeiten selbst ordnen nach der Ordnung Gottes entsprechend dem Willen Gottes. Sofern sie aber etwas gegen Gott gebieten, so ist das ihre übermütige Frechheit und Wahnerfindung und steht mit Gottes Ordnung in Widerspruch.

Und weil in diesen gegensätzlichen Dingen den höheren Fürsten und Prälaten zu gehorchen bedeutet, deren Sünden und so auch die Teufel zu ehren, daher, wenn wir uns der Ausführungen der Doktoren erinnern, die Untergebenen den Übergeordneten darin nicht gehorchen sollen, was Gott verboten hat — mit wem würden die Herren in den Krieg ziehen? Denn in den Krieg laufen sie, um dem Nächsten das anzutun, was Gott verboten hat und was sie zu Hause nur ungern von ihnen erleiden möchten. Denn das Gebot Gottes lautet: „Alles nun, was ihr wollt, daß euch die Leute tun sollen, das tut ihr ihnen auch."[2] Und da möchte jeder von allen, daß sie ihm Gutes antäten, deshalb sollte er auch allen Gutes antun. Aber indem er in den Krieg läuft, tut er denen Böses an, von denen er immer gern Gutes haben möchte; und was er zu Hause nicht gern hätte, das tut er ihnen auf Befehl seiner Herren. Daher ist es leicht, Gottes Gebot ohne (wirklichen) Ernst zu verrücken. Aber wenn das christliche Volk sich völlig von den Geboten Gottes leiten ließe, müßten Ströme von Blut von den Märtyrern seitens dieser heidnisch gewordenen Obrigkeit fließen. Sie könnten mit diesen nicht wie mit einer Herde gegen die Mauern anrennen, stürmen und niederreißen, zu Totschlag und zu Raub jagen; denn um des Glaubens willen ließen sie sich lieber durchs Schwert richten, als daß sie solche dem Gesetze Gottes widerstrebende Dinge täten. Aber dieses alberne Hornvieh, das mit Gottes Wasser befeuchtet ist[3], das von Gott und seinem Gesetz abgefallen ist, verübt alle diese Übel mit Freude, weil es schon seit langem von der römischen Kirche verführt und es trunken ist vom Wein der großen Hure[4], die durch berühmte Männer die Welt in Blut und völlige Ungerechtigkeit hineingestellt hat.

---

[1] Galater 1, 3.   [2] Matth. 7, 12; Luk. 6, 31.   [3] Vgl. Off. Joh. 17, 1—2.
[4] Das heißt getauft; Cheltschitz spricht auf diese Weise ironisch von Christen, die es nur dem Namen nach, nicht in der Tat sind. — D. Hrsg.

Zweiundsechzigstes Kapitel

Alle diese Beweise oder Auslegungen, soviel diese Kirche mit allen Doktoren davon besitzt, um zu beweisen, daß ihr die heidnische Macht zur Verteidigung dient, sind uns der christliche Glauben nicht. Mögen noch viele solche Kaiser dem Glauben beitreten mit heidnischer Herrschaft, sie wären trotzdem weder die Schöpfer des Glaubens noch seine Grundlage. Deshalb soll niemand von Christi Weg abweichen und dem Kaiser mit dessen Schwert nachfolgen; denn Christi Weg ist nicht widerrufen worden, weil etwa der Kaiser Christ ist. Deshalb, wie vordem die Christen verpflichtet waren, Jesus Christus in Geduld und Demut nachzufolgen, so sind sie dazu auch zur Zeit des Kaisers verpflichtet. Denn verwarfen sie Geduld und Demut um des kaiserlichen Schutzes willen, so sind sie also verführt vom Glauben durch den Kaiser und haben nicht mehr Christi Glauben, sondern den Glauben des Kaisers, und er hat unter den Christen den Schwertglauben abgenommen und die Christen zu ihm herangeführt. Früher haben sie die Ohrfeigen erduldet, und durch Ohrfeigen waren sie von Christen erkauft, aber nun stehen sie mit dem Schwert da und erwarten Vergeltung vom Kaiser. Und wo der Kaiser sein wird, da werden sie mit ihm sein. Wenn einer geglaubt hat, wodurch dieser vergelten wird, so wird er auch selbst Vergeltung bekommen.

Dreiundsechzigstes Kapitel

Dieser Reden Anfang ist von den Dienern Gottes. Hier wäre eine Auslegung nötig, besonders deshalb, weil die römische Kirche die ganze Welt mit ihren Gottlosigkeiten prunkvoll im Dienste Gottes eingerichtet, viele verschiedene Stände im Glauben errichtet und ihnen einen besonderen Gottesdienst zuerkannt hat. Deshalb ist der wahre Gottesdienst überaus verdeckt unter einer solchen Menge, unter derartigem mannigfaltigem Geschlecht der Gottesdiener. Deshalb soll der vernünftige Mensch eifrig nach einem solchen Gottesdienst fragen, in dem er Gott gefallen kann wie der Sohn dem Vater, in der Hoffnung zukünftiger Gelöbnisse wartend. Und ein solcher Gottesdienst ist den Menschen nirgendwo gezeigt, außer aus dem Glauben Christi lebendig zu sein. Aber auch wenn wir das voraussetzen, können einige betrogen werden. Denn die römische Kirche, die die ganze Welt sogar mit vielen Ständen in Erlösung regiert, mischt so sehr den Glauben Christi darein und hängt allen ihren Betrug so sehr an Christus, an seine Worte, so daß diese Betrügereien verschönert sind mit Christi Worten, mit der Schrift und dem heiligen Geist, daß es völlig so aussieht, als stammten diese Worte von Christus und als ob so der von ihm erwählte Gottesdienst darin beruhte. Nur allein die Stütze zur Gewißheit bleibt jenen, die sich in solchen Fangstricken vor dem Betrug bewahren wollen, daß nämlich diese vielen falschen Stände, mögen sie noch ihre so prunkvollen Gottesdienste abhalten, erhabene Gesetze zu ihnen ausdenken und sich sehr oft auf Christi Worte berufen und diese Worte mit dem heiligen Geist färben, so daß es scheint, ihr Gottesdienst sei im Glauben Christi wie der Glanz des Lichtes der Engel – daß all diese Vielfalt, die aus dieser Kirche mit jenen Diensten hervorgewachsen ist, darin schwankt, daß sie weit entfernt ist von der Fußspur Christi und von seinen Beispielen. In die Welt und in die Sünde hat sich über alle Maßen alles in Hoffart, Hochmut, Geiz und Herrschsucht verflochten, und das Leiden des Kreuzes Christi wollen sie nicht ertragen; man will alles von sich abschlagen, Böses tun, und Macht gegen Macht sucht alles Volk. Deshalb, wie auch immer sie Gott dienen mögen, so wollen sie nicht so dienen, wie es Christus geboten und wie er an sich selbst ein Beispiel gegeben hat. Er gebot denen, die ihm dienen wollen, als er sagte: „Wer mir dient, der folge mir nach; und wo ich bin, da soll mein Diener auch sein"[1], Gott zu dienen dem Glauben Christi gemäß, bedeutet deshalb, ihm in Geduld, in Demut, in Armut und in heilbringender Arbeit nachzufolgen. Das ist eine so besondere Tatsache, daß die Welt sie weder erkennen noch annehmen kann, noch irgendein böser Mensch, außer seine Auserwählten; denn dieser Gottesdienst beruht auf der wahren Liebe zu Gott, die die Welt weder besitzt noch erkennt noch in sich aufnehmen kann; denn sie ist angefüllt mit böser Liebe, die der Liebe zu Gott widerwärtig ist. Ebenso wie ein schmutziges, nach Hefe stinkendes Faß sich nicht für neuen Wein eignet, so kann die Welt den Dienst zu Gott, in dem man ihm in Liebe ergeben ist und seinen liebevollen Willen darin erfüllt, weder kennen noch annehmen.

Deshalb zeichnet sich der wahre Gottesdienst dadurch aus, daß er die Menschen von allen befleckten Dingen dieser Welt und des Leibes trennt und sie in die wahre Unschuld des Gewissens und des Lebens nach der Ordnung Christi und nach seinem Beispiel stellt. Alle anderen Gottesdienste sind von diesem weit entfernt; denn sie beruhen auf den Menschen mit befleckten Herzen, die die Gebote Gottes übertreten, und sie beruhen auf falschen Ausdeutungen der Schrift und stammen von hochverehrten Menschen ab. Die Fürsten und die Adligen haben eine äußerliche Glaubensgrundlage ihres Dienstes im Heiden, im römischen Kaiser Nero, und auf dieser Grundlage befestigen sie sich in ihrem Dienst, von dem hier die Rede ist, durch diese Worte des heiligen Paulus, daß der „Gottesdiener dir zu gut"[2] ist; denn von ihm und seinen Nachfolgern hat der heilige Paulus dies gesprochen, daß sie mit dem Schwert Gott dienten als Beamte des höchsten Königs. Und alles Mönchtum findet Berechtigung seines Gottesdienstes bei früheren berühmten Mönchen, die ihnen die besonderen Ordensregeln zugedacht haben. Und eine andere Vielzahl hat den Papst und seine vielfältigsten Gesetze als Grundlage für den Gottesdienst genommen.

Sechsundsechzigstes Kapitel

Aber unsere obrigkeitlichen Mächte sind schon heidnisch. Deshalb klammern sich die kaiserlichen Priester an sie fest wie ans Ufer; denn unter ihnen haben

---

[1] Joh. 12, 26.   [2] Röm. 13, 4.

sie den Weg für ihre Lüste und leiblichen Freiheiten über die Herren hinaus aufgebettet. Und so haben sie sich durch leibliche Gunst mit dieser Macht befreundet, daß sie nicht der Belehrung bedürfen, die der heilige Paulus der Gemeinde der Gläubigen gesandt hat, die in Rom unter der Macht Neros und anderer heidnischer Kaiser lebte. Denn ist es schon nicht möglich, diesen zu sagen: „Willst du dich aber nicht fürchten vor der Obrigkeit, so tue Gutes."[1] Deshalb vor allem, weil die Priester durch den Kaiser die weltliche Macht erlangt und aus sich selber mannigfaltigste Herren gemacht haben, so daß es einen Herrn Papst, einen Herrn Kardinal, einen Herrn Legat, einen Herrn Erzbischof, einen Herrn Abt, einen Herrn Probst und einen Herrn Pfarrer gibt. Und gleichermaßen wollen sie alle die Macht ausüben und Herren sein. Deshalb fürchten sie sich keineswegs vor einer anderen Macht, wenn sie Böses tun; denn sie können sich mit ihrer Macht einer sich ihnen widersetzenden Macht erwehren und mit Macht eine andere Macht verjagen. Deshalb, o heiliger Paulus, tritt nicht an sie mit den Worten heran, „Tust du aber Böses, so fürchte dich; denn sie trägt das Schwert nicht umsonst."[2] Fürchten sie doch um ihrer Ungerechtigkeit willen schon kein fremdes Schwert, da sie doch das ihre zur Verteidigung ihrer Sünden haben, um alle Ungerechtigkeiten — ohne Furcht vor irgendeinem Schwert — frei, frech und ohne Scham zu begehen: Hurerei, Ehebruch, Sauferei, Fresserei, simonistische Ketzerei und allerlei Menschenbetörung um Seelen und Güter. Und zum zweiten ist es deshalb nicht notwendig zu sagen: „Willst du dich nicht fürchten vor der Obrigkeit, so tue Gutes", weil sie so die Obrigkeit auf ihre Seite gebracht haben durch ihre guten Werke, daß ihnen die Obrigkeit schon aus keinem Grunde wegen der Überschreitung guter Werke zu drohen hat, da sie von nirgendsher ihre Erlösung erhoffen kann als nur durch deren gute Werke, durch ihre Messen, Psalter, Vigilien, Horen und durch andere gottesdienstliche Übungen. Nicht nur in dieser Welt verläßt sich die Obrigkeit auf dies alles um ihrer Erlösung willen, sondern auch nach diesem Leben, wenn sie hinabsteigt zur Hölle ins Fegefeuer. Hier klammern sie sich schon voller Hoffnung an deren Messen und an die ewigen Fürbitten, daß sie ihnen ewig Psalter singen für ihre Seele und sie doch schließlich aus der Hölle heraussingen werden. Und dieser Hoffnung wegen geben sie ihnen auch ihre Güter, damit deren Gebete um die Herrenseelen um so stärker zu Gott stiegen, je gesättigter der priesterliche Bauch sein wird. Deshalb hat diese Obrigkeit schon keinen Grund, ihnen zu drohen, daß sie von den guten Werken abließen; weil sie sie durch ihre guten Taten aus der Hölle erkaufen können.

Siebenundsechzigstes Kapitel

Wenn wir daher nun die Worte betrachten, die der heilige Paulus unter Beachtung der notwendigen Umgebung den gläubigen Anhängern Christi, die in Rom lebten, über die heidnischen Obrigkeiten gesagt hat, wie sie mit dem

[1] Römer 13, 3.   [2] Römer 13, 4.

Schwert zur Rache an den Bösen stehen und zur Ordnung der Menschen, die sich der Güte widersetzen und einer wenigstens solchen Gerechtigkeit, ohne die das Menschengeschlecht nicht lange Zeit auf der Erde bestehen könnte, so ist diese Rede des heiligen Paulus über diese heidnischen Obrigkeiten die Grundlage für die Obrigkeiten, von denen es scheint, daß sie christlich seien und daß sie den christlichen Glauben mit dem Schwert begleiten sollen, damit er, auf lange Zeiten gehend, nirgends in den Kot fällt, wenn die Obrigkeit ihm den Weg nicht mit dem Schwert bahnte. Um so zum Nutzen des Glaubens unter den Christen gesichert zu sein, daher ist so diese Macht auf dem römischen Kaiser, einem Heiden, begründet. Diese Bekräftigung und Festigkeit nimmt sie von den weisesten und berühmtesten und um Gott sorgsamsten Doktoren. Diese begründen sie vor allem im Glauben unter den Christen auf jener Rede des heiligen Paulus über die heidnischen obrigkeitlichen Mächte, die auf dem Kaiser Nero und nach ihm noch auf anderen begründet wurden. Und dann bekleiden sie sie mit den Schriften des Alten und des Neuen Testamentes so überaus üppig, damit sie im christlichen Glauben so nützlich und so ehrsam ständen wie irgendein Apostel, indem sie Rache und Kämpfe nach der Schrift lenkten, die für sie durch weise Doktoren angepaßt wurden. Wenn wir auch nicht sehen, daß diese Macht in Rache und Kämpfen irgendein Gesetz befolgte, so ist sie nichtsdestoweniger auf ihm begründet. Mag sie noch so viel oder noch so wenig Treffen zu ihrer Hilfe haben, so schlägt und mordet sie doch.

Dreiundsiebzigstes Kapitel

Nun wird die Rede von den Strafen des Großen Albert[1] sein, irgendeines Doktoren, und sie stürzten direkt auf uns ein und machten aus uns Frösche. Er sagt, daß aus der Tiefe des Abgrunds, das ist aus der Tiefe der teuflischen Erfindung, in unserer Zeit des christlichen Gespräches oder Geschwätzes, ein Fröschlein hervorgekrochen ist, das die Frechheit besitzt, gegen Gottes Gerechtigkeit und Gesetz zu quaken, daß es sich auf keine Weise und aus keinem Grunde gezieme, einen Menschen zu töten. Deshalb also müssen angeblich diejenigen scharf gezüchtigt werden, und sie sollen als sehr ungerecht genannt werden, die es ablehnen, Gerechtigkeit zu tun, für Ungerechte und Feinde der Gerechtigkeit sollen sie gehalten werden; es sollen diejenigen so sehr gezüchtigt werden, die Strafen für Ungerechtigkeiten bestreiten und der Zucht widerstreben. Deshalb soll sich alle Gerechtigkeit und Zucht gegen diese Ungerechtigkeit und Unzucht mit allem Eifer und mit aller Kraft die Rüstung anlegen; was anderes will denn die Torheit dieses Irrtums, als daß alle Gerechtigkeit Ungerechtigkeit und alle Zucht ungerechte Grausamkeit würde? Denn weil es nicht Gerechtes — wie sie sagen —, sondern nur Ungerechtes ist, so wird aus jeder Gerechtigkeit zweifellos Ungerechtigkeit. Solche Dinge führt also Herr Albert des langen und breiten gegen das Fröschlein, das ihm so unliebsam quakt.

Das ist Albertus Magnus — Albert von Bollstädt — 1193—1280. — D. Hrsg.

Er sagt noch weiterhin: „Jeder hat nämlich sein Leben von Gott genommen, und wenn er sich ihm widersetzt, so hat er es zu verlieren. Aber jeder, der böse lebt, widersetzt sich Gott, und ganz besonders der Ketzer oder der Heide; denn sie widersetzen sich Gott offen, wobei sie ihm das Erbe von ihrer Seele und auch von der Seele der andern nehmen und seinen Ruhm und seine Ehre verletzen. Deshalb soll solchen das leibliche Leben genommen werden und die Seele, wenn sie sterblich wäre, um so eher. Weil der ewige Tod wegen der Sünde erteilt wird, um wieviel mehr kann der leibliche getan werden. Deshalb fragen wir das Fröschlein, ob man gegen Gottes Feinde kämpfen soll oder nicht? Wenn ja, dann ist der Kampf gegen sie gerecht, und man soll so lange gegen sie kämpfen, solange sie sich widersetzen. Und wenn sie bis zum Tode ihrer Leiber kämpfen und vom Unrecht gegen Gott nicht ablassen wollen, so hat man gegen sie bis zum Tode zu kämpfen, solange sie sich widersetzen. Und darum ist klar, daß sie durch gerechten Kampf geschlagen werden sollen. Wenn aber das Fröschlein sagen wird, daß man nicht gegen Gottes Feinde kämpfen soll, so soll man vor ihnen fliehen oder zurückweichen. Daher entsteht daraus die Vernichtung der Ehre Gottes. Und wenn sie so zurückweichen, können sie fallen oder vernichtet werden." Aber das sind ungebührliche und dem wollüstigen Leib zu schwere Dinge. „Deshalb ist es daraus zu ersehen, daß solche irreführenden Fröschlein, indem sie unter dem Mäntelchen der falschen Liebe an ihren Leibern leiden wollen, diese äußerst schlimme Gottlosigkeit einzuführen beabsichtigen, wobei sie offen das Lob Gottes verderben und den christlichen Glauben aus der Menschheit herausspülen wollen. Denn danach strebt die Gottlosigkeit dieses Fröschleins, daß die Stadt Gottes ohne Schutz bliebe und dem Raub und der Plünderung durch Gewalttäter überlassen würde und daß der Vorrang dem Leben der vergänglichen Leiber gegeben würde, die jeden Tag sterben, dem elenden Leben vor dem glückseligen Leben." Weiterhin sagt Herr Albert: „Sei es so, daß die Kostbarkeit des Lebens der Grund ist, um es nicht zugrunde zu bringen, so ist um vieles kostbarer das geistige Leben, um dessen Erhaltung willen dem leiblichen nichts verziehen werden soll."

Vierundsiebzigstes Kapitel

„Aus diesen Dingen ist schon ersichtlich, welche Lieblosigkeit gegen Gott und gegen die menschlichen Seelen begehen diese irreführenden Fröschlein unter dem Mäntelchen der Liebe, mit der Rede, daß man den menschlichen Leibern verzeihen soll, wobei sie sich dessen nicht bewußt sind, daß sie ihnen ungleich mehr verzeihen, da sie früh ihre Leiber töten. Denn was sie Böses tun mögen, indem sie leben und ewige Qualen verdienen, von diesem allen befreien sie, wenn sie ihren Leib töten; denn wenn sie in Sünde lebten, so fügten sie Sünde an Sünde und so auch Qual an Qual. Und damit sie nicht nur an der Seele, sondern auch am Leibe nicht mehr gepeinigt würden, wird ihnen das Leben durch den leiblichen Tod verkürzt. Da aber jede Höllenqual unermeßlich schwerer ist als jede vergängliche leibliche Qual, so wird es ihnen mehr verziehen, wenn sie getötet werden, als wenn sie am Leben blieben. Deshalb sollen die Gottlosen, wo überall sie zum Verderb oder zur Verminderung des Volkes Gottes heranwachsen, ausgerottet werden, und zwar durch den leiblichen Tod. Das sagen wir von den Fröschlein, die unter dem Schleier der Heiligkeit durch ihre Falschheit die gläubigen Menschen irreführen und wollen vernichten den Weingarten des Herrn aller Menschenscharen."

Fünfundsiebzigstes Kapitel

Das alles verkündet der große Herr Albert. Deshalb kann nun jeder Verständige aus diesen Reden des großen Herrn Albert erkennen, wohin das Volk seit dem ersten apostolischen Beginn während der vergangenen elf Jahrhunderte und noch mehrerer Jahre geraten ist, das Volk, das nach dem Ausgießen des Giftes in die Kirche Christi mit dem Gift gefüttert wurde, nach so viel Zeit alles angelaufen und angeschwollen ist und sich vom Gesunden des Ursprungs so weit entfernt hat, daß es das Volk nicht mehr fühlt! Und das Gift selbst ist schon den Menschen Leben, und das Heilmittel zur Austreibung des Giftes ist ein so tödliches Gift, daß diejenigen, die mit dem Gift gefüttert sind, wirkliche Gesundheit hassen und aus dem Gift erwachsene Dinge Leben nennen. Denn der Geist ist vom giftigen Gift sofort am Anfang trunken geworden. Deshalb begründet er in diesem Gift ein im Glauben lobenswürdiges Leben, aber dem Glauben widersetzlich, gegen die Apostel und gegen alle Märtyrer, gießt er dieses Gift aus sich selbst aus. Denn wenn die Darlegung Alberts richtig ist, dann haben Christus, die Apostel und alle Märtyrer geirrt. Aber es ist offenbar, daß die Apostel dazu von Christus in alle Welt gesandt wurden, damit sie, wie auch alle späteren Märtyrer, allen das Evangelium predigten und alle Menschen darauf gründeten, damit sie durch viele Betrübnisse eingingen in das Reich Gottes, indem sie jegliches Unrecht bis zur Hingabe des Blutes erdulden. Anders haben sie aber auf keine Weise Menschen in den Glauben aufgenommen, noch irgendwelche Hoffnungen auf ein ewiges Leben gaben sie ihnen anders als allein so, damit sie durch Erleiden von Unrecht über ihre Seelen herrschten, indem sie ihren Leib geduldig in den Tod für den Namen Gottes gäben.

Daher nehmen wir dies wahr aus den angeführten, den Worten der Apostel widerstrebenden Reden Alberts des Großen, der für einen berühmten Meister in der christlichen Lehre angesehen wird — so daß viele Priester dünken, in der Lehre schon reich zu sein, wenn sie die Auslegungen Alberts des Großen in der Predigt unter den Bauern verbreiten. Und ohne Zweifel, er muß ein gelehrter Priester sein, der sich an den Büchern Albert des Großen bereichert hat und dem es nicht auffällt, daß es eine gewisse Armut in seinen Büchern gäbe — deshalb sehen wir an, wie weit entfernt er von den Aposteln steht: Während sie ihre Freude und Hoffnung darin hatten, daß ihre Arbeit nicht vergeblich sein wird an denen, die für den Glauben ihre Leiber in den Tod eingesetzt haben, so hat dieser dagegen irgendwelche Menschen gefunden, die nur davon reden, daß die Christen das Unrecht auf ihrem Leibe bis in den Tod erdulden, sich nicht wehren und Böses nicht mit Bösem vergelten sollten. Seht, wieviel Schimpf er ihnen angetan hat! Ein aus dem Abgrund herausgestiegenes Fröschlein hat er sie genannt, das mit großer Frechheit gegen Gottes Gerechtigkeit quakt und bewirken will, daß Gottes Gerechtigkeit Ungerechtigkeit und ungerechte Grausamkeit sei. Deshalb kreidet er diesem Fröschlein die schwersten Irrtümer an, daß kein Irrtum auf so schädliche Weise die Gerechtigkeit Gottes hätte verderben können wie dieses Fröschlein, das da unter dem Mantel der falschen Nächstenliebe erdulden will, damit diese Duldung zur Austilgung der Ehre Gottes führte. Sobald der Schwertschutz der Kirche fiele, müßten die großen Männer sofort von der Kirche zurücktreten und sich vor den Feinden verbergen. Sie könnten nicht mehr Gott zu Ehren so viel singen. Deshalb würde sehr viel Übles daraus entstehen, weil die Stadt Gottes durch Raub und Plünderung seitens der Gewalttäter verwüstet würde, da sie des Schwertschutzes entbehrte, und das Leben des sterblichen Leibes, der täglich hinstirbt, dieses elende Leben würde so dem seligen Leben bevorzugt. Das wäre schon der größte Schaden: dem elenden Leben den Vorzug vor dem seligen Leben zu geben. Albert scheint es, daß es besser wäre, dem satten und wollüstigen und fettdurchwachsenen Leben, dem Leben der dicken Bäuche und geröteten Gesichter und der Sorglosigkeit, das auf der Burg unterm Schutz des Schwertes sitzt, sich der Widerwärtigkeit nicht fürchtet und sie dem Schwert überantwortet, die Ordnung Gottes in Ruhe befolgt, den Ruhm Gottes und seine Ehre verbreitet, einem solchen Leben den Vorzug vor der Seligkeit zu geben. Ein solches Leben scheint Albert gelegener für das Gute zu sein als das Leben Silvesters, der sich in Höhlen und in Wäldern vor dem fremden Schwert verbarg, bis er sein Schwert fand und nach ihm Albert als weise Männer in Christo. Aber die Apostel — die Narren in Christo, die ein solch elendes Leben geführt haben, indem sie sich verbargen, flohen und aus einer Stadt in die andere gejagt wurden — sagten: „Um deinetwillen werden wir täglich in den Tod geschickt, wir sind als Schlachtschafe angesehen."[1] Aber wenn es heute ebenso wäre, so würde Gottes Stadt verwüstet und das Lob Gottes und Ordnungen, die sich in Liedern und mehrstimmigen Gesängen abspielen, würden fallen; denn die Macht dieser Ordnungen und dieser vielstimmigen Lobgesänge steht auf vielen Zinshaufen und auf satten Bäuchen; und sobald es an diesen Dingen fehlt, dann hört der Lobgesang auf, und die Sänger fliegen wie Schmetterlinge auseinander.

Deshalb sehe ich nichts anderes, als daß diese fleischliche Auslegung von Albert im direkten Gegensatz zum Apostelglauben gebietet und das, was die Heiden für gut halten, nennt er Gottes Gerechtigkeit. Sie schlagen sich um des fleischlichen Lebens willen, damit sie in Ruhe ihren Göttern dienen könnten, und dieses auch bleibt nur so lange in Gottes Dienst, als das Schwert über ihr wacht und den Diener Gottes schützt. Und ohne das wäre die Stadt Gottes verwüstet, und die Diener Gottes würden, dem elenden Leben folgend, ausein-

[1] Röm. 8, 36 .

anderlaufen, und Gottes Lob und seine Ehre gingen unter. Deshalb steht dieses
Lob auf sehr schwachen Füßen, wenn es nur durch das Schwert steht und nur
durch dieses gedeiht. Aber das stärkt, wie es scheint, Albert den Großen nicht,
daß er auf andere den Tod reichlich hetzt, diesen aber von Ferne vermutend,
erwartet er ihn für sich selbst, er möchte sich ihm vielleicht durch das Quaken
des Fröschleins nähern, sobald das Schwert abfiele, unter dem er sein Leben
schützt. Deshalb tritt er die Kühnheit des Fröschleins zu Boden und ruft gegen
es auf, man möge mit aller Sorgfalt und Macht die Rüstung anlegen und das
Maul seines Gequakes schließen, und damit es Albert auf dem Wege der Flucht
und des Verbergens nicht in elendes Leben führe, vor dem er sich gerne bewahren möchte, so lange das Schwert gesund ist, und er schiebt das Lob Gottes
und Gottes Ehre dem Fröschlein vor wie eine fremde Wange und behauptet, es
würde dies da durch sein Gequake fallen. Das scheint gewissermaßen ehrlicher
zu sein, als wenn er seine Flanke hinhielte, sagend „vor dieser Kränkung
scheue ich zurück, weil ich nicht den Willen zum Leiden besitze und mich
nicht daran gewöhnt habe, geschlagen zu werden, sondern andere zum Ge-
schlagenwerden zu verurteilen." Deshalb ist es in diesem Streite ehrenhaft,
unter dem Lobe Gottes seine Schande zu verstecken und von seinem Unrecht
zu sagen, daß dies Unrecht dem Lobe Gottes zuwider sei und nicht nur das
Unrecht gegen Albert, damit sich die Menschen um so eher gegen das Fröschlein empörten und darüber Klage führten, daß das Lob Gottes verdorben sei.
Und mit dieser Rede reizt er sehr gegen das Fröschlein auf, da dieses angeblich
frech gegen die Gerechtigkeit Gottes quake und durch sein Gequake zu erreichen versuche, daß Gottes Gerechtigkeit unterdrückt würde, daß Gottes
Gerechtigkeit zu Ungerechtigkeit und ungerechter Grausamkeit würde. Er hat
hier aber die Gerechtigkeit Gottes im Sinne, die die römische Kirche in den
Kämpfen, in Rache und im Totschlagen jeglicher Art übt, wobei sie das Unrecht, das irgendwann gegen sie entstehen mag, mit weltlicher Macht, durch
Kämpfe, Strafen und Totschlagen so weit verjagt, wie sie nur kann. Und das
unterstellt Albert hier als Gottes Gerechtigkeit; denn er ist ein Sohn dieser
Kirche und hat aus ihrem Becher ihre Gifte getrunken.

Sechsundsiebzigstes Kapitel

Aber die Gerechtigkeit, die diese Kirche in Rache und im Blutvergießen übt,
ist heidnisch und von dieser Welt. Denn auch diese Kirche ist Welt, da sie in
heidnischen Fußstapfen steht. Denn die Heiden und die Welt haben nur jene
Gerechtigkeit, zu allen Zeiten für ihre Ungerechtigkeit Blut zu vergießen. Und
in diesem Blutvergießen folgt diese Kirche eifriger den Heiden. Vergleichen
wir daher die Gerechtigkeit der Kirche mit der vollkommenen und reichen
Gerechtigkeit Christi, durch die er geboten hat, die Feinde zu lieben und ihnen
Gutes zu tun, niemandem Böses mit Bösem zu vergelten — gegenüber dieser
Gerechtigkeit wird Alberts Gerechtigkeit vor Gott als eine große Ungerechtig-
keit und als ein großes Greuel vor den Augen Gottes gerechnet werden. Des-

halb ist es sicherer, es mit dem Fröschlein zu halten, auch wenn es, im Holz sitzend, nur ganz schwach quakt, als mit Albert, der sehr kräftig heult. Denn auch der gekreuzigte Jesus wird die schwache Stimme des Fröschleins bekräftigen und dem Weltkreis verkünden, daß Alberts Gerechtigkeit vor Gott Ungerechtigkeit ist, auch wenn er, indem er sozusagen kläglich von ihr spricht, sie im Gegensatz zur Bruderliebe Gerechtigkeit nennt, wobei er maßlos gegen menschliches Blut hetzt, über die heidnischen und jüdischen Magister hinaus. Und unter den Christen wird man keinen grausameren, nach Menschenblut verlangenden Henker finden als diesen Albert den Großen, damit er so zügellos den Weg zum Vergießen des Menschenblutes eröffnete, in einem solchen innerlichen Gegensatz zur brüderlichen Liebe, für besser erachtend, die Sünder zu töten als sie am Leben zu lassen, obzwar es ihnen Gott aus seiner Gnade für besser festgelegt hat, den Weg der Buße zu gehen, damit sie nicht verdammt untergingen ohne Buße, und er sagt: „Nicht will ich den Tod des Sünders, sondern daß er umkehre und lebe."[1] Albert aber will nichts anderes, als daß sie alle hingemordet würden.

Neunundsiebzigstes Kapitel

So ist auch dieses Volk, das in die größte Verderbnis geraten ist, je länger, desto schlimmer, da es unter den Richtergesetzen und unter den völlig blinden Heuchlern steht, die es ständig mit ihrem Gift betäuben. Daher können sie an der obrigkeitlichen Macht nichts Bleibendes zeigen, obzwar sie auf sie ihr Gut bauen. Das eine wollen sie mit ihr zustande bringen, wiederum aber möchten sie auch dies durch einen anderen Grund verderben. Zuerst, indem sie diese Macht durch die Schrift als das Gesetz des christlichen Glaubens mit den Worten bestärkt haben, daß es nicht vergeblich mit dem Schwerte herrscht und daß der Diener Gottes die Rache an denen vollziehen soll, die Böses tun[1], geboten sie diesem Diener, jede Todsünde und jeden Übertritt der Gebote Gottes zu ahnden, denn Gott hasse alles dies. Nachdem sie dies aber vorsichtiger betrachteten, merkten sie, daß es für sie nicht gut wäre, wenn sich der Schwertdiener Gottes in seinem Glaubenseifer erregte und begönne, Gott zu dienen und alle Todsünden zu ahnden, deretwegen Gott jedem grollt. So würde er viele morden, daß das ganze Land leer würde, ja, in ganz Böhmen nur wenig Menschen am Leben blieben, auch von jenen Heuchlern, die sich unter dem Schwerte schützen und es dreist gegen die anderen hetzen, die selber voll sind der Todsünden, des Geizes und der ketzerischen Simonie, der Unzucht, des Truges der Menschen an Seele und Gut. Wenn ihrer Erwägung nach der Diener Gottes, der Rächer des Zornes an ihren Hälsen, begönne, Gott zu dienen und mit dem Schwerte ein solches, durch die Löcher hereingekrochenes Räubergesindel durchprügelte[2], so scheint mir, daß nur wenig von diesen falschen Priestern in Böhmen übrigblieben. Und da er ihrer Erwägung nach der Rächer des Zorns an den Sündern ist, so lenk-

[1] Hes. 33, 11.   [1] Röm. 13, 4.   [2] Anspielung auf Joh. 10, 1.

384

ten sie zuallererst auf sich selbst dieses Schwert zur Bestrafung ihrer eigenen sehr schweren Todsünden und vielen Übeltaten.

Deshalb haben sie, da sie das Gesetz betrachteten, welches sie im Schwert allen Sündern gesetzt haben, dieses Gesetz wiederum anders zu einem anderen Sinn umgebildet. Sie verbilligten die erste Gerechtigkeit, weil sie sahen, daß das gierige Schwert die ganze Erde leeren würde, daß es auch auf ihr Genick mit einem größeren Recht fiele als auf das irgendeines Diebes.

Deshalb trafen sie die Wahl, daß dieser Diener nur über drei Sünden zu wachen habe, Gott mit dem Schwert dienend, damit er Gottes Zorn vollstrecke an denen, die das öffentliche Wohl durch Diebstahl, Mord und Ehebruch verletzen, aber alle anderen sehr frechen Sünden, durch die Gott geschmäht wird und deretwegen Gott genauso, wenn nicht noch mehr als über die drei Sünden, zürnt — soll dieser Schwertdiener Gottes in Frieden lassen, so als hätte er mit ihnen eine Übereinkunft abgeschlossen, obwohl Gott über diese Sünden erzürnt ist. Deshalb dient er Gott mit seinem Amte ungerecht, da er nicht erfüllt, was er tun soll, verführt von den Magistern, die ihn nur über diese Sünden im Dienste Gottes gesetzt haben. Und wenn der Diener der Kirche, der glaubt, Nachfolger der Apostel zu sein, sich gemäß dem Gebote Christi die offenbaren und heimlichen Sünder zur Buße zu führen sehnte, sagend, daß Christus nicht um der Gerechten, sondern um der Sünder willen gekommen ist, damit er sie bekehre und der Buße zuführe, und würde er solche Sünder zur Buße bringen, über die jener Diener Gottes eigentlich mit dem Schwerte zu dienen hat, um sie in jene Welt zu geleiten: Damit würde der Diener der Kirche die Absicht des Schwertdieners verhindern, wenn er die zur Buße bekehrte, über die der andere Gott mit dem Schwert dienen sollte. Haut der Schwertdiener denen den Kopf ab, die der Diener der Kirche zur Buße zu führen hätte, so entledigt er ihn seines Erlöserdienstes. Und so werden sich die beiden Diener ständig gegenseitig stören, und einer wird des anderen Werk verderben — obwohl sie eines Herrn Diener sind. Und diese dem Herrn widerliche Mißordnung in einer Gemeinde wird Gott eine Schande sein. Aber diese Lächerlichkeit ist tatsächlich vorhanden. Wenn Ratsdiener irgendwelche Menschen hängen wollen, dann laufen die Diener der Kirche herbei, wollen dies verhindern und die Sünder zur Buße bekehren und wollen, daß da Erbarmen solle statthaben, wo der Schwertdiener im Recht seines Amtes mit Zorn über jene steht, die nach dem Urteil des heiligen Paulus des Todes würdig sind. Deshalb hat der eine die Schrift zu erfüllen, indem er jenen das Leben retten will, die der andere in Erfüllung der Schrift zu töten hat; deshalb leisten sie ein und demselben Herrn einen ungleichen Dienst.

Und deshalb kann man aus dieser Verspottung ersehen, daß, wenn Menschen die Wahrheit verfehlen, sie wie Blinde unsicher in der Finsternis herumtappen und herumtasten, mal dies und mal jenes ergreifen, weil ihnen beide Enden zu kurz sind, und so tun sie schon aus Not, wie immer sie eben tun können und wie es gerade in die Hände fällt, wobei sie sowohl die Beweise als auch die Schriften als auch die Doktoren beiseite lassen.

Und auch darin besteht der große Schaden, die Vermehrung der Sünden und die Verdammnis des Volkes, daß so viele Herren unter dem einen Glauben entstanden sind, die alle einen Herrn und einen Vater im Himmel haben, so daß sie alle wie eine Familie sein sollten. Da sind viele Geistliche und weltliche Herren, und alle eignen sich das Schwert zum Dienste Gottes an, und alle wollen es in den Schoß der heiligen Kirche stecken, als wollten sie alle den Saum der heiligen Kirche mit dem Schwert ausbessern. Und jeder fühlt sich mit seinem Schwert zu dem Streit berechtigt, da das Schwert wesentlich zur heiligen Kirche gehört. Diese Lüge geht aber immer in diesem Rock umher, damit jeder, auf sein Schwert vertrauend, sich mit Hoffart aufblähe und bereit sei zum Streit, Gelärm, mit lästigen Beratungen, mit Zank und Hader. Und so auf diese Weise bringt dieses Schwert der mannigfachen hoffärtigen und in einem Glauben stehenden Herren eine überaus große Zahl von Streitigkeiten und Sünden hervor. Und es kann die Heiden an Ungerechtigkeit übertreffen, denn jene nehmen einen geringeren Platz mit diesem Schwert ein, da sie nicht so viele überflüssigen geistlichen Herren haben: Kreuzherren, Äbte, Bischöfe, Päpste, die große Herrschaften besitzen und Kriege mit dem Schwert führen wie die anderen weltlichen Herren, und sie wollen dem Schwerte nach Diener Gottes sein; wer irgendwo irgendeine Lotterhöhle mit Räubern belegt und Gewalt, Raub und Mord bewirkt — er ist stets Diener Gottes und herrscht mit dem Schwert nicht vergeblich. Und es ist tatsächlich völlig wahr, daß er mit ihm nicht vergeblich, aber zu allem Unrecht, zur Gewalt, zum Raub und zur Unterdrückung der arbeitenden Armut herrscht. Und dadurch haben die vielen Herren das Volk verhetzt und einen gegen den anderen ergrimmt, und jeder jagt sein Volk herdenweise in die Schlacht gegen das andere. Deshalb ist alles ländliche Volk von vielen dieser Herren in das Morden hineingeführt und läuft in Truppen mit Heeren herum, übt sich an den Geschützen und an anderen Waffen arglistig — wie zum Kampf bereit. Und durch solche Dinge ist alle Bruderliebe mit mörderischer Blutgier durchtränkt, damit aus diesen Bestrebungen Kämpfe leicht entstünden und andere Totschlägereien überall sehr oft wären. Dazu ist nämlich dieses Volk vorbereitet, weil es mit den Herren zum Kriege bereit sein und sich dazu Waffen kaufen muß, damit es dann ständig so wie Soldatenvolk herumwanderte in Truppen und Rotten, zum Morden abgerichtet und auf Kirchenweihen, Jahrmärkten und Hochzeiten zum Blutvergießen bereit.

Durch dies alles ist deshalb unser Glauben erniedrigt und auch vor den Juden entstellt worden. Und das Volk ist in sich so verdorben, mit schweren Sünden und Blindheit belastet, in schwere Fallstricke verstrickt, so daß der Glaube schon in ihm nicht einmal ein bißchen Platz finden kann. Es ist bei den Menschen gar nicht wahrscheinlich, daß dieses Volk durch den Glauben irgendwie gebessert werden könnte, da es doch vielfältig durch Gott[3] und die Welt ver-

---

[3] „durch Gott" bedeutet „durch den ‚kirchlichen' Gott", das heißt durch die kirchliche Auffassung Gottes, von der in diesem Kapitel die Rede ist. — D. Hrsg.

dorben ist. Wir können darin deshalb nichts anderes sehen als das vom Papst und vom Kaiser in der Kirche Gottes verschüttete Gift, damit aus ihm aufs Schwert gestellte Diener Gottes erwüchsen, damit sie so weit und breit wüchsen, bis alles sich zum Schwerte verwandelte und zu einer angelaufenen, fahlen Wunde anschwellen würde, daß selbst die Heiden dieser Anblick anwiderte, wie nur der bloße, von aller Wahrheit entleerte Name als der an die Wand gemalte Christ genannt wurde, da wir allerdings auf dieses tödliche Gift gestellt wurden.

Darum sehe ich in allen diesen Dingen nach den Beweisen der Doktoren, den früheren als auch der jetzigen, nichts anderes als einen offenbaren Abfall vom Glauben. Nach ihren Auslegungen kann nämlich Christi Glauben überhaupt nicht bestehen, weil er der Sünder wegen auf die Welt gekommen ist als der rechte Arzt der Kranken, damit er sie mit seiner Güte zur Buße führte. Und das bewies er auch durch Taten, da er mit ihnen aß und trank; und als er statt der murrenden Gesetzmenschen antwortete, sagte er ihnen zu Recht, daß der Gesunde des Arztes nicht bedürfe, sondern der Kranke, „nicht bin ich gekommen um der Gerechten, sondern um der Sünder willen, sie zur Buße zu rufen."[4] Und jene, die das Alte Testament der Sünde wegen zu töten befahl, die hat er aus den Händen der geistlichen Spürhunde befreit, indem er sagte: „Wer unter euch ohne Sünde ist, der werfe einen Stein auf sie."[5] Und es fand sich keiner, der das Urteil vollzogen hätte. Alle Bösewichter liefen mit Schande davon, weil sie noch viel mehr sündiger waren, und er blieb allein mit dem schuldigen Weib. Da sprach er zu ihr: „Weib, wo sind die, die Klage über dich geführt haben? Hat dich niemand verurteilt?" Und sie sprach: „Herr, niemand." Und Jesus sprach zu ihr: „So verurteile auch ich dich nicht; gehe und sündige nicht mehr."[6] Das ist Jesu Gesetz, das er durch Taten an den Sündern selbst erfüllte und es zu erfüllen auch gebot; darauf hat er auch den Glauben aller gebaut, die ihm dienen wollen. Die aber in diesem Glauben nicht sind, an denen haftet die Sünde des Unglaubens, und sie sind unter die Heiden geraten, weil sie den Doktoren und ihren Lehren folgen. Denn jene haben, nachdem sie sich die kaiserliche Macht mit dem Schwert angeeignet haben, ihnen als Gottes Dienst das Töten jener hingestellt, die der Herr Jesus begnadigt hat, und[7] daß, wenn der Kaiser oder ein Bewaffneter solche tötet, er Gott angeblich darin diene und daß er dann kein Blutvergießer und kein Mörder sei, sondern ein Diener der ihm selbst von Gott gegebenen Gesetze, da er ein Diener Gottes ist, der Vollstrecker des Zornes Gottes, und daß er wegen des Tötens der Bösen nicht als ein Fremder und nicht als ein von der himmlischen Heimat Verworfener, sondern als ein Vollbürger der Heiligen anzusehen sei. Sein im Töten der Bösen so ehrenhafter Dienst an Gott sei darum der ewigen Glückseligkeit versichert, wie der Dienst des Priesters am Altar, mag er stets in den Fußstapfen

---

[4] Luk. 5, 31—32.   [5] Joh. 8, 7.   [6] Joh. 8, 10—11.

[7] Hier ist „haben behauptet" ausgefallen. Es handelt sich um eine für Cheltschitz typische regelwidrige Satzfolge. — D. Hrsg.

der Heiden mit diesem Dienst stehen. Daher sind das zwei weit voneinander entfernte und einander ganz und gar entgegengesetzte Wege: der eine des Jesus, und der andere der Doktoren, Wer deshalb jetzt zweifelt und nicht weiß, wem er geglaubt hat, Jesus oder den Doktoren, der bleibt in der Betrübnis.

Neunundachtzigstes Kapitel

Was jedoch darüber behauptet wird, der heilige Paulus habe das königliche Recht unter das Volk Gottes einführen wollen, auf dem es früher durch die heidnische Herrschaft nicht gestanden hat, das ist unwahr. Wußte er doch, daß es auch bei den Juden früher kein königliches Recht gab; als sie einen König haben wollten, so bekamen sie zur Strafe ihrer Sünden auch das königliche Recht, von dem unsere Herren Christen glauben, er habe ihnen dieses Recht zum Zwecke ihrer maßlosen Räuberei als Gesetz auferlegt. Und auf diesem Recht begründen sie ihre Herrschaft über die Christen. Da sie aber die Herrschaft in der Hand haben, fragen sie nicht viel nach der Schrift, die sie herrschen lehrt. Ihnen genügt zu dieser Belehrung ihr Bauch. Er bezeugt ihnen, daß es gut ist, zu herrschen, weil sie durch diese Herrschaft den Bauch ständig mit leckerem Ergötzen auf dem Elend der frönenden Armut weiden. Aber daß sie einmal daran dächten, daß sie unrechtmäßig, wider den Sinn des Glaubens über die Christen herrschen, das liegt weit von ihnen.

Neunzigstes Kapitel

Es ist denn nun das Recht des Königs erwähnt. Es war so bei den Juden, daß sie früher keinen König mit heidnischem Recht hatten bis zu den Tagen des Propheten Samuel. Da versammelten sich alle Edleren der Juden zu Rama und sprachen zu ihm[1]: „Siehe, du bist alt geworden, und deine Söhne wandeln nicht die Wege, wie du es getan; bestelle uns einen König, daß er uns richte, wie alle Völker einen haben." Das gefiel Samuel übel, da sie sagten: „Bestelle uns einen König, daß er uns richte." Und Samuel betete zu Gott. Der Herr aber sprach zu Samuel: „Gehorche der Stimme dieses Volkes in allem, was sie dir sagen; denn sie haben nicht dich, sondern mich verworfen, daß ich nicht soll König über sie sein. Sie tun dir, wie sie immer getan haben von dem Tage an, da ich sie aus Ägypten führte, bis auf diesen Tag, und sie mich verlassen und anderen Göttern gedient haben. So gehorche nun ihrer Stimme. Doch bezeuge ihnen das Recht des Königs, der über sie herrschen wird." Und Samuel sagte alle diese Worte Gottes dem Volke, das von ihm einen König forderte, und sprach: „Das wird des Königs Recht sein, der über euch herrschen wird: Eure Söhne wird er nehmen und sie vor seine Wagen spannen und wird aus ihnen Reiter machen und Läufer vor seinem Wagen; und er wird sich aus ihnen Bürgermeister und Statthalter machen und Ackersleute seiner Felder und Schnitter und Schmiede

---

[1] 1. Sam. (1. Kön.) 8, 4—20.

seiner Waffen und Wagen. Und eure Töchter wird er sich zu Salbenbereiterinnen und Heizerinnen, Bäckerinnen, Tuchmacherinnen machen. Und eure Felder und Weinberge und die besten Ölgärten wird er nehmen und seinen Knechten geben und noch dazu den Samen eures Ackers und eurer Weinberge; von euren Zahlungen wird er den Zehnten nehmen, um seinen Knechten zu geben. Und eure Knechte und Mägde und die besseren Jünglinge wird er euch wegnehmen und zu seinen Geschäften verwenden. Und auf eure Herden wird er den Zehnten legen, und ihr werdet seine Untergebenen sein. Und es kommt der Tag, daß ihr schreien werdet über euren König, den ihr euch erwählt habt; und nicht wird euch der Herr erhören an jenem Tage, dieweil ihr euch einen König erbeten habt." Aber das Volk wollte der Stimme Samuels nicht gehorchen, sondern sagte: „Mitnichten, denn es wird ein König über uns sein, und wir werden sein wie alle Heidenvölker."

Diese Dinge berichtet hier die Schrift in aller Breite, auf welche Weise der König mit seinem Recht unter die Juden getreten ist: Solange sie durch die Richter gerecht nach dem Gesetz Gottes gelenkt wurden, da hatten sie fast drei Jahrhunderte lang Freiheit ohne irgendein Recht des Königs. Denn Gott der Herr war selbst ihr König, der Gutes an ihnen tat und sie vor ihren Feinden beschützt hat, wenn sie sich das nicht durch ihre Sünden verwirkt haben. Und Samuel richtete sie nach dem Gesetz Gottes; da er dann aber alt ward, konnte er diese Arbeit selbst nicht mehr erfüllen und setzte seine Söhne zu diesen Gerichten, und sie nahmen Geschenke und führten die Gerichte unrecht; aus diesem Grunde versammelte sich das Volk und wollte sofort einen König, so als beklagten sie das Unrecht, das ihnen die Söhne Samuels angetan haben, indem sie die Geschenke von ihnen nahmen. Und da sie wegen dieses Unrechts einen König forderten, gebot Gott der Herr Samuel sofort, daß er ihnen öffentlich das Recht des Königs verkünde, der über sie herrschen wird. Und ungeheuer übertraf dieses Recht an Schwere die Schwere der Geschenke, die die Söhne Samuels von ihnen nahmen; denn von Erpressung, Gewalt und ägyptischer Knechtschaft ist voll dieses Recht. Und dies hat er ihnen noch vorgelegt, da er sie abschrecken wollte, ob sie abließen vom König, wenn sie dieses Recht voll des Unrechts hörten, durch das er sie derartig knechten soll: „Söhne und Töchter wird er euch nehmen, er wird sie zu seinem Dienst und Nutzen gebrauchen; Mägde, Knechte und Esel wird er wegnehmen und wird sie für sich zur Arbeit anhalten, und ihr werdet das Nachsehen haben; und den Zehnten wird er auf euer ganzes Eigentum auferlegen; irgendein nimmt er geradezu, ohne es abzuschätzen." Dennoch blieb dieses närrische Volk unbewegt, nachdem es von diesem ungerechten Recht gehört hat, und es sprach dauernd: „Mitnichten, doch aber wird ein König über uns sein." Das Volk hat deshalb schwer gesündigt, als es einen König über sich forderte. Darin hat es am meisten gesündigt, daß es Gott verstieß, damit er nicht über es herrschte. Eher erwählte sich dies Volk einen Menschen anstatt Gott, da es im König auf ein solches Ding hoffen wollte, das es überaus selten erreicht hat. In ungeheuer große Sünden des Götzendienstes verfielen sie durch ihre Könige, und man belastete sie sehr

mit diesem ungerechten Recht, und selten erlebten sie Frieden unter der Herrschaft der Könige, da ihnen Gott der Herr in seinem Zorn zur Strafe ihrer
schweren Sünden sehr böse Könige mit diesem Recht gab, unter dem sie sehr
stöhnten.

Deshalb haben diese Dinge, die dort auf diese ungebührliche Weise unter
schweren Sünden geschehen sind, bei uns derartig ein Gesetz bewirkt, damit
auf ihnen diese Macht mit all dem Unrecht einschliefe, das sie an dem Christen-
volk verübt. Wenn es auch nicht wörtlich die Ungerechtigkeiten sind, die das
jüdische Gesetz aufzählt, so erpressen sie aber und plündern nicht, als ob sie
Übles täten, sondern so, als erfüllten sie Gottes Gesetz, wie die Magister behaupten. Aber nur dem Namen nach heißt es Recht, aber es folgt der Grausamkeit, dem Unrecht und der Gewalt, womit Gott dieses Volk vom König
abschrecken wollte. Wenn er ihnen aber das zu Recht gäbe, damit sie es ehrenvoll und mit Verdienst erfüllten, indem sie das Volk derartig erpreßten, die
jüdischen Könige, so gäbe er ihnen nicht die Schuld an den Grausamkeiten,
da er durch den Propheten sagt: „Höret doch, ihr Häupter im Hause Jakob
und ihr Fürsten im Hause Israel! Ob es euch nicht ziemt, das Recht zu finden,
die ihr die Guten hasset und die Bösen liebt, die ihr mit Gewalttat ihnen die
Haut abzieht und das Fleisch von ihren Knochen? Die das Fleisch meines
Volkes gegessen und die Haut ihnen abgezogen haben; und die Knochen haben
sie zerbrochen und haben sie wie in Kessel und wie Fleisch in Töpfe gehackt.
Und darum werden sie rufen zum Herrn, und nicht wird er sie erhören und wird
sein Angesicht verbergen vor ihnen in jener Zeit, so wie sie unedel gehandelt
haben in ihren Taten."[2] So wird er ihnen dafür vergelten, daß sie das Recht
des Königs ausgeübt haben über seinem Volk. Und hier schmecken schließlich
Könige, Fürsten und Herren das Recht des Königs, nach welchem sie mit Gewalt das Volk Gottes geschunden haben und mit dem sie taten, was sie wollten.
Hier erkennen sie jedes Unrecht, das sie dem Volk Gottes angetan haben. So
wird es sehr genau gewogen werden, wie sehr es der Bruderliebe entgegen ist
und wie sehr dies Unrecht die Leiden Christi in jedem einzelnen Bauern schmäh-
te, nun das hoffärtige Auge vor Ekel nicht blicken kann; das alles verrechnet
Gott nach Maß und Gewicht. Noch ist das Recht des Königs süß; denn reichlich
bietet es den fettdurchwachsenen Bäuchen Wollust und Zügellosigkeit des
Leibes, während die „Kauze"[3] tragen und fahren und errötend stehenbleiben,
sie aber schnauzen und schreien sie übermütig an, und „Tölpel"[3] tönt ihnen aus
dem Munde. Deshalb, solange man auf die „Tölpel" schimpfen kann, solange
ist das Recht des Königs süß. Aber wenn der Ernst dieser Worte Gottes auf sie
kommt, nach denen dieses Recht als Gewalt und Unrecht nachgewiesen wird,
und alles Unrecht, das sie jemanden angetan haben, weil sie auf dieses Recht
vertrauten, wird der Rache überwiesen werden — so wird wegen dieses Rechts
ein beträchtliches Siechtum über sie kommen: „Ach, weh, Jammer und Elend,
daß uns je eine Mutter in die Welt geboren hat!"

[2] Micha 3, 1—4.   [3] So wurden die Bauern beschimpft. — D. Hrsg.

Darum liegt es dem heiligen Paulus ganz und gar fern, daß er, als er der in Rom weilenden Christengemeinde gebot, dem Kaiser Nero die Steuern und den Zoll zu zahlen, mit solchen Worten das Recht Christi unter den Christen einführen und festlegen wollte, damit die an Christus Glaubenden sich nach diesem Recht gegenseitig mit Gewalt unterdrückten und einander das Eigentum raubten. Das ist ein Abfall vom heiligen Paulus zu den Heiden! Und als dies von den Heiden zu den Christen kam, so haben sie sich deswegen weit vom christlichen Glauben entfernt, so wie dies Recht weit entfernt ist von der Bruderliebe. Daher möchten sie von diesem Recht etwas erlassen, da er für sie ewiglich in der Hölle fletscht, dort, wo Weinen und Zähneknirschen sein wird.

Deshalb ist dies die Wahrheit, daß der heilige Paulus den Gläubigen in Christo geboten hat, da sie unter der Macht des römischen Kaisers, eines Heiden, lebten, ihm die Steuern zu zahlen, und zwar weil er sie nicht von den Steuern befreien konnte, die sie dem Kaiser früher gezahlt haben, ehe sie zu Christen wurden, und weil sie ihre Güter in seiner Herrschaft hatten. Deshalb vermochte er die Dinge nicht anders zu gestalten, als daß sie dem Kaiser untertan wären mit diesen Steuern. Und dadurch hat er sie vor den Fremden geschützt, damit sie angemessen ohne Klagen lebten und damit jene keine Ursache hätten, Hand an den Glauben zu legen. Und dazu waren sie nach Gottes Ordnung auch verpflichtet. Daher hat er sie die Dinge, die sie den Fremden gegenüber schuldig waren, mit folgenden Worten gelehrt: „Gebet oder zahlt allen das Schuldige; wem der Zoll, dem den Zoll; wem die Furcht, dem die Furcht, wem die Ehre, dem die Ehre."[4]

Eindundneunzigstes Kapitel

Seinen verwandten Brüdern, den Dienern Christi, sagt er aber sofort nach diesen Worten: „Niemandem sollt ihr etwas schuldig sein, außer daß ihr einander liebet, denn wer den Nächsten liebet, der hat das Gesetz erfüllt."[1] Das den Seinen. Das ist das Recht des Königs, verworfen mit allen Steuern, Frondiensten, den Zehnten von allem Eigentum, der Knechtung des eigenen Bruders, daß man ihn von seinem Werk verjagte und ihn zu seinem eigenen Werk triebe. Die Nächstenliebe tut nämlich nichts dergleichen Böses dem Nächsten an. Es ist auch keine Furcht in der Bruderliebe. Bruderliebe verjagt die Furcht. Auch den Zoll verlangt sie vom Bruder nicht. Denn eher trüge sie ihn auf den Schultern durchs Wasser, als sie den Zoll von ihm annähme.

Es können also an diesen Dingen die Taten des Glaubens und die Taten der heidnischen Herrschaft offenbar werden, daß jenes nicht dieses und dieses nicht jenes sein kann. Darum konnten früher das Heidentum und das Christentum nicht zusammen bestehen. Da sich das Christentum in Heidentum verwandelt hat, so zechen sie frei in einer Runde miteinander und schenken sich gegenseitig ein aus den Weinbergen der Sodomiter und verzapfen ihre bittere Traube. Drachengalle ist deren Wein, und das Schrecklichste an ihrem Recht ist, daß sie aus einem Kelch das Blut Christi trinken und aus einer Seite das

[4] Röm. 13, 7.   [1] Röm. 13, 8.

Blut des Bruders schröpfen. Wenn sie wenigstens in entfernter Nachbarschaft zechten! Der eine würde sich freuen, Christi Blut zu trinken, und der andere würde sich am Menschenblut ergötzen wie Hunde aus Fleischerläden. Aber jetzt unternehmen sie alles gemeinsam und dienen sie Gott überall gemeinsam, sie trinken Christi Blut und auch pressen sie Blut aus den Brüdern.

Vierundneunzigstes Kapitel

Es sind noch andere Dinge in der Frage, von der die Rede ist: die weltliche Obrigkeit im Glauben mit krummen Beweisen zu begründen und leiblich durch die Obrigkeit — jeder gegen seine Gegner — siegen zu wollen, Obrigkeit gegen Obrigkeit in Kämpfe zu führen. Und wenn jene Partei für ihre Herren betet, so auch diese betet wiederum für ihre, damit sie siegten, und jene gegen diese, damit sie diese Partei besiegten. Und beide sind Christen, jede ihren das Gute wünschend. Beiderlei Christen, die ungerechterweise miteinander kämpfen, bitten darum, daß sie jene schlagen würden, und die anderen beten desgleichen; wen soll Gott erhören? Da sie beide Christen sind, kämpfen sie aus Unrecht gegeneinander, und ihr Gebet ist nicht aus dem Glauben, darum wird sie Gott nicht erhören. Zerfetzt ist deshalb der Glauben dieser Christen, und lahm ist ihr Gebet, da sie das Blut ihrer Brüder zu vergießen fordern. Sie sind dann nicht Brüder, so sind sie Feinde, und Gott gebietet, für sie zu beten und ihnen Gutes zu tun. Hier dagegen wird von beiden Seiten das Entgegengesetzte gebetet, wenn sie fordern, daß ihre Feinde erschlagen werden sollen. Und deshalb ist diese Ansicht weit entfernt von den Worten des heiligen Paulus, sie sollten für die Könige beten, damit sie unter ihnen ein ruhiges Leben führten. Nachdem sich der eine die weltliche Macht gegen den anderen angeeignet hat, damit er durch sie Kriege führte, so beten sie auf diese Weise für den König, um durch ihn oder durch andere Obrigkeit ein lotterhaftes, streit- und mordsüchtiges Leben zu führen. Und so auf diese Weise eignen sich viele Stände unter dem einen Glauben die Macht zum Frommen des Glaubens und zur Verteidigung der Gerechtigkeit an. Es zieht so eine Partei aus, um die alte heilige Kirche zu schützen. Und die andere zieht aus, um die Wahrheit des göttlichen Gesetzes zu verteidigen. Und wieder die andere wird ausziehen, um Gottes Ordnungen zu schützen, welche die Ketzer, die Abgefallenen vernichten wollen, die alles nach ihrem eigenen Kopfe immer machen und die alten Heiligen schmähen. Und eine weitere Partei wird ausziehen, um das öffentliche Wohl zu schützen, damit die Armut nicht so schandbar getilgt würde. Es werden dann die Könige und die Fürsten ausziehen, um ihr Land zu schützen, damit ihnen die Herrschaft nicht verlorenginge. Die führen die Kriege gegen alle; denn sie lieben die Herrschaft und den Gewinn auf der Welt.
Dieses ganze Gesindel der getrennten Parteien nennt sich Christen und spricht gemeinsam zu Gott: „Vater unser, der du bist im Himmel."[1] Alle sind Freunde

[1] Matth. 6, 9.

Gottes dadurch, daß sie andere vernichten, da sie glauben, daß, wenn sie sich gegenseitig hinmorden, sie damit Gott dienten. Und dabei sprechen sie stets gemeinsam: „Vergib uns, wie auch wir vergeben."[2] Und darauf sucht dann jede Seite Heere und sammelt sie, entschlossen, niemandem etwas zu vergeben, über den sie Übermacht besitzt. Darum sind ihre Gebete große Lästerungen Gottes. Diese Aneignung der Macht gegen eine andere Macht widerspricht deshalb den Worten des heiligen Paulus darin, da er gebietet, für alle zu beten, die hochgestellt sind, damit sie um ihretwillen so ein ruhiges Leben führten. Diese Parteien aber — wie schon früher gesagt wurde — denken jedoch entgegengesetzt. Jede bereitet sich mit Macht auf den Krieg gegen die andere vor; sie denkt nämlich schon gar nicht daran, ein friedliches Leben zu führen, sondern ein kriegerisches und lotterhaftes, noch denkt sie, in ihren Gebeten um den Frieden aller zu bitten, die hochgestellt sind, aber das Gebet eines jeden zielt auf das eigene Heer, damit sie über die anderen siegten. Darum eignen sich ihre Gebete gar nicht zur Lehre des heiligen Paulus, denn er hat sich überhaupt gar keine Macht angeeignet, um durch sie über seine Feinde zu siegen und dann, sobald er sie geschlagen, ein ruhiges Leben zu führen. Im Gegenteil, er suchte keine Macht, die sich für ihn schlüge und ihm mit dem Schwert Frieden einhandelte, sondern damit alle Obrigkeiten überall untereinander Frieden hätten, damit der Teufel sie nicht gegen die Wahrheit aufhetzte und damit sie dieselbe derartig vor dem Verderb schützten — dafür war sein Gebet mit den übrigen Gläubigen bestimmt, daß Gott zum Nutzen seiner Diener diejenigen Obrigkeiten bändigen möchte, damit sie unter diesen wilden Heiden Gottes reden könnten, unter ihren Obrigkeiten einhergingen auf der ganzen Welt, damit alle überall in allen Ländern gedeihen würden im angefangenen Guten und einigermaßen Frieden inmitten solchen Heidentums hätten.

Daher kann keine kaiserliche Priesterschaft ihre Gebete zu diesem Ziel bringen, da jede Partei aus diesen Gebeten die Macht zu ziehen sich bemüht, damit sie durch Macht das tue, wonach sie mit Absicht strebt — damit sie durch Macht das wahre und dazu nötige, wie sie selbst Gott dienen möchte und das andere erzwingend. Aber auch kann das vom Glauben abgefallene Volk seine Gebete um Frieden nicht auf gehörige Weise vor Gott bringen, da es nicht die Absicht hat, den Frieden recht zu dem Nutzen zu gebrauchen, von dem hier der heilige Paulus als vom ruhigen Leben spricht und die Begründung dafür gibt, warum er eine solche Ruhe wünscht — er sagt: „Auf daß wir ein ruhiges und stilles Leben führen in aller Güte und Reinheit"[3], damit man in solchem Leben die Ruhe genießt, die Gott angenehm ist. Diese Gottlosigkeit aber fordert dagegen die Ruhe, um sich in allerlei Ungerechtigkeit und in allerlei Unreinheit auszubreiten, damit sie, sobald sie die Ruhe hat, in Rotten auf den Jahrmärkten herumliefe, kaufte und verkaufte, auf den Kirchweihen fresse, saufe und raufe, der Buhlschaft und dem Tanze huldige. Was es an Übeln noch geben mag, das machen sie in der Zeit der Ruhe. Daher ist weit entfernt die Rede des heiligen

[2] Matth. 6, 12; Luk. 11, 4.   [3] 1. Timoth. 2, 2.

Paulus von diesem Volk, das so sehr vom Glauben abgeirrt ist. Deshalb gelingt es den kaiserlichen Priestern nicht, die Macht im Glauben dadurch zu rechtfertigen, daß er gebietet, für die Menschen zu beten, die hochgestellt sind. Aber um so leichter indes können sie Nachweise führen, da sie dieselbe schon im Glauben haben, und sie hat sich schon fest eingewurzelt, schon lange schützt sie die Heuchler, die Christus widerstreben. Also weil sie die Macht zur Waffe haben, so gelingt es ihnen, die Macht im Glauben zu rechtfertigen, wie immer sie nur wollen. Alles gehört ihnen an: Obschon sie es durch Heiden, durch Juden, durch Fackel[4] und Folter beweisen, immer sind ihre Gründe die rechten — aber nur bei ihnen. Wenn sie aber solche Gründe anführten und hätten dabei nicht die Macht zur Hilfe, so würde jeder beliebige ihre Gründe tadeln und sagen, daß sie irrig seien, und sie könnten ohne Macht ihre Gründe nicht verteidigen, und wahrscheinlich würden sie sich einiger schämen; denn für diese Sache finden sie sonst nirgends rechte Gründe, außer wenn sie sie dadurch bestätigen würden, daß diese Dinge den rechten Grund im Glauben Christi haben, wie sie es überdies durch die Macht zu tun versuchen. Wenn aber, wie schon gesagt, sie die Macht zur Verteidigung haben, dann denken sie wenig über die Gründe nach, sondern welche Irrtümer immer sie in den Ratsversammlungen und in den Zusammenkünften zusammenbrauen, die beweisen sie durch die Macht und stellen sie ins Licht zum Glauben dem von ihnen verführten Volke. Deshalb sind sie auf diese Macht bedacht, um sich mit ihr den Glauben zu übermalen und vor ihresgleichen über sie zu sagen, daß die heilige Kirche nicht in ihrer Gerechtigkeit bestehen könnte, wenn die weltliche Macht sie nicht schützte, und der Glauben würde von den Gewalttätern zugrunde gerichtet. Und es kann sein, daß diese römische Kirche nicht in der Gerechtigkeit bleiben könnte, die sie übt, weil sie eine große Herrschaft besitzt. Sie bliebe ihr nicht in den Händen, wenn über ihr die irdischen Könige nicht mit dem Schwert zum Schutze stünden. Deshalb ist ihr die Macht eine Notwendigkeit.

Fünfundneunzigstes Kapitel

Nach all dem aber könnte jemand sagen, daß ich die Macht der Obrigkeit verurteile. Keineswegs sage man dies, nur wenn man nicht anders will; denn ich verurteile sie nicht, aber ich schätze sie so, wie es sich für sie gebührt. Sie ist gut so, sage ich, wie sie Gott gut benutzt und wie er durch sie sonst Gutes tut, was er für Gutes hält. Was aber darin die bösen Menschen Böses durch sie tun und ausführen wollen, da billige ich den Menschen nicht. Daher habe ich von der Macht die Meinung, wofür sie getauft ist, und so nenne ich sie. Die weltliche Macht verwaltet und lenkt die Welt in den zeitlichen und irdischen Dingen, und die Welt braucht sie so notwendig als eine starke Schutzmauer, damit sie nicht zugrunde ginge; denn diese Welt könnte ohne sie nicht in ihrer

4 Das ist auf der Folter. — D. Hrsg.

Festigkeit und in ihrem Nutzen bestehen. Das spreche ich sozusagen aus menschlichem Grund.

Aber angesichts dessen, daß Gott der Herr der Welt ist und diese ohne jene Macht lenken und erhalten könnte, wie er nur wollte, doch aber, wenn man indes die Erwägung zugrunde legt, daß er diese Welt durch obrigkeitliche Mächte bewähren will, damit sie als Menschen diese Welt leiteten als die Beamten seiner Herrschaft: also indem sie die Macht über diese Welt haben, können sie sie leicht zügeln und ihr Befehle geben, wenn sie das, was sie für die Welt als Gutes ansehen, auch einrichten.

Aber es müßte noch über die Christen gesprochen werden — sind sie irgendwie edler und durch den Glauben irgendwie noch züchtiger und friedlicher als die Welt? Niemals! Denn die Wirklichkeit zeugt davon, daß sie Gott den Herrn verlassen haben und zur Welt geworden sind, die von Gott weggelaufen ist; die Welt hat sie bei sich aufgenommen, und sie sind eins mit der Welt. Denn daß die Welt wirklich Ärmliches zur Freude, zur Wollust, zur Bereicherung, zur Hebung, zum Irren und zur Beleidigung Gottes findet, das halten die Christen alles eines Geistes mit der Welt öffentlich ohne Schande und ohne Gewissensbisse, gewissenlos. Daher sind sie vollkommen von Gott abgewichen und in die gottlose und verlotterte Welt verwandelt, daß sie an Gott nichts lassen, noch sich in irgend etwas auf Gott stützen, noch ihm in irgend etwas die Ehre erweisen wollen. Und dies sage ich nicht, daß einer von ihnen, sondern einer von Tausenden wird schwierig gefunden, der sich der Welt nicht anpassen und der mit ihr an einem Strang in ihren Ungerechtigkeiten nicht ziehen würde. Deshalb wird die weltliche Macht so unbeschränkt für die weggelaufenen Verwirrten benötigt, so wie sie unter den Heiden notwendig ist; denn sie macht für den Glauben nichts besser als die Heiden. Wenn sie Gott also widerstrebende Welt sind, so müssen sie durch das Schwert der weltlichen Obrigkeit so gezüchtigt werden, wie es sich für ihren harten Trotz gebührt.

Gäbe es aber irgendwo wirkliche Christen, die Gott lieben und ihre Nächsten wie sich selbst, sie würden aus Liebe zu Gott nichts Böses tun, diese muß man nicht mit der Gewalt zum Guten zwingen; denn von selbst erinnern sie sich der guten Taten besser, als wenn ihnen die Obrigkeit sie gebieten oder sie dazu zwingen könnte. Denn sie haben die Erkenntnis Gottes in sich, sie kennen seine Gebote und tragen die Liebe zu Gott in sich und erfüllen seinen Willen aus Liebe und halten die Gerechtigkeit zu den Menschen nach dem Gebot Gottes so, damit die Macht, die die Welt regiert, an ihnen nicht leicht Ungerechtigkeiten findet. Aber wenn der Glaube an die Liebe bei den Menschen zugrunde geht, der gerade durch Liebe in ihnen gute Dinge wirken und in ihnen eine solche Ehrbarkeit bewirken kann, daß sie Gott und den Menschen gefallen würden, bei Verlust dieser Gaben geraten die Menschen in einen solchen Lotterzustand, daß ihnen die grausame Macht kaum genügt, sie in einer gewissen Anständigkeit zu halten, damit sie nicht so böse sein könnten, wie sie auf der Welt den Menschen gegenüber sein möchten.

Der Glaube ist also von Gott gegeben, um gute Werke zu tun, die Gott wohlgefällig und der ganzen Welt nützlich sind. Und wenn die Menschen vom Glauben abfallen, sofort werden sie von der Ungerechtigkeit dieser Welt ergriffen, und sofort muß das Schwert ihre Wege leiten. Demnach dem Verlust des Glaubens bleibt außer der Sünde nichts an den Menschen, und wird die Sünde nicht durch Buße berichtigt, so greift sofort das Schwert in diese Widersätzlichkeit ein. Wenn nicht ein anderes Schwert gewaltsam alle Übertretungen ahndete, dann sendet der Herr den Schächer plötzlich mit dem Schwert besonders von irgendwo, von wo er nicht erwartet wird, damit er schinde, raube, wegnehme, einkerkere, töte, so daß Gott durchaus keine Übertretung ohne das strafende Schwert oder andere Strafen läßt. Weil aber diese weltliche Macht durch falsche Auslegung der Schriften im Glauben steht und zum Glauben gerechnet wird, hat sich der Antichrist mit ihr verlobt wie mit einer Braut, und seine ganze Macht richtet sich gegen Christus und gegen seine Auserwählten durch diese weltliche Macht. Und der Antichrist hat schon den Glauben durch die Macht verdorben und machte aus ihm einen Fraß der Teufel, damit nur noch tote Zeichen des Glaubens und falsche Namen an den Menschen wären, und alles Heidentum steht offenbar in bösen Werken auf ihnen.

3. Peter von Cheltschitz: Das Netz des Glaubens (II. Teil)

Erstes Kapitel

Der Anfang aller dieser Ausführungen handelt vom Netz Petri, und davon wird die Rede sein bis zum Schluß. Petrus hat mit diesem Netz die Menge der Gläubigen aus dem Meer dieser Welt, aus den Irrtümern und aus dem Unglauben herausgezogen und sie in den Glauben Gottes als Menschen gestellt, die von dem Netz umgeben sind. Zur Bewahrung hat er sie bereitet, damit die Menge der Gläubigen ein Herz und eine Seele sei. Aber im Verlaufe der Zeiten haben sich auf Satans Betreiben dort Fische angehäuft, die diesem Netz zuwider, oder Menschenstände, die dem Glauben feindlich gesonnen sind. Sie haben das Netz des Glaubens zerrissen, so daß der Glauben nicht mehr die Macht seiner Gerechtigkeit besitzt, und den abgefallenen Menschen sind nur die trügerischen Zeichen des Glaubens eigen. Denn diese widersetzlichen Stände wollen weder im Glauben bleiben, noch suchen sie ihn, sondern sie ziehen den Glauben hinter sich her, damit er ihre Abscheulichkeiten irgendwie verberge, so wie die ehrliche Kleidung das Leben der Aussätzigen schützt. Anders aber wollen sie vom Glauben kein Leben nehmen; das haßten sie, wenn der Glauben ihnen ein gerechtes Leben darbieten wollte. Dadurch aber geht der Glauben unter diesen Ständen verloren, weil jeder von ihnen, der mit irgendeiner besonderen Widerwärtigkeit unter das Netz des Glaubens tritt, diese gleich dem Glauben hinzufügen will, so als wäre diese Widerwärtigkeit dem Glauben eigen, und nicht vom Glauben bestraft werden sollte als sein wesentliches Teil, so als wäre der Glauben in jedem beliebigen Mantel der gleiche; damit er jedem, der sich ihm beigesellt, sagte: „Der Mantel ist mir genehm und kleidet mich gut." Deshalb wollen die Stände, mögen sie mit einer dem Glauben noch so widerstrebenden Gottlosigkeit beigefügt sein, das alles zu Recht haben, so als hätte der Glauben sie das gelehrt und als ob der Glauben ihnen noch dazu verhelfen würde. Denn der Glauben hat schlechte Regierer, da sie, mag sonst was aus reinem Irrtum dem Glauben beigemischt sein, nichts davon durchschauen, ob es gut im Glauben stehe und das Leben des Glaubens enthält, dagegen überziehen sie alles der Reihe nach mit dem Fell des Glaubens, und allem geben sie äußerlich den Anschein des Glaubens; denn sie sind blind, und der Blinden Führer und ihre Werke sind verkehrt und in die Finsternis gestellt. Da dadurch alle Kunde und alle Macht des Glaubens untergegangen ist, weil er bösen Menschen beigemischt ist, und er hat den Geruch seiner Güte durch sie verloren; denn alle Widersacher des Glaubens feiert und beschönigt er, damit es schiene, als gehörten sie zum Glauben. Unser Glauben ist deshalb aber nichts Rühmliches, als daß er Lob für seine eigene Gerechtigkeit und für die geistige Macht haben könnte, weil sich die abscheulichste Frevelei überall an ihn klammert, die dem Glauben Schande eingebracht und seine gerechte Macht abgetötet hat, und hinterlistig beziehen sie die Schönheit des Glaubens auf sich, indem sie ihm alle ihre Widersetzlichkeit unterstellen und sie mit der Zierde des Glaubens schmücken. Aus diesem Schmuck ihrer gegen Christus gerichteten Widersetzlichkeiten schauen sie hervor wie häßliche Drachen mit großen Zähnen, die die Knochen jeglicher Wahrheit zermalmen. Deshalb scheint es, daß unser Glauben die Mutter von Drachen sei und selber alle diese ihm widerstrebenden Geschlechter geboren habe.

Und hier von den Ständen und Geschlechtern der *gekrönten Wappen*. Ihre Geburt war in der Fäulnis, und ihr Ruhm ist der Tod im Gestank, und ihre Herrlichkeit ist ein Ende in Schande. Von diesen werden wir hier ein bißchen reden. Obwohl sie mit ihrer Widersetzlichkeit gegen das Kreuz Christi und dessen Schmähung sehr offen sind, so können sie doch in dieser Widersetzlichkeit nicht erkannt werden, da ein falscher Prophet, der im Namen Gottes lügt, trat zu ihnen und sagte zu ihren Lästerungen: „So geziemt es sich für euren Stand!" Deshalb, weil sie in der Welt erhöht sind, geziemt ihnen jegliche Widersetzlichkeit gegen Christus, und das Gewissen ist durch die Lügenlippen des falschen Propheten von ihnen genommen, der an ihren üppigen Tischen steht. Sowohl Luzifer übertreffen sie in der Hoffart, als auch sind sie voll der Gewalt und Erpressung, als auch führen sie ein sodomitisches Leben und haben die Freiheit in allem Übel, doch alles geziemt ihnen, und mit nichts belasten sie ihr Gewissen. Das alles aber, was Gott oder Christus schaden könnte, wäre nicht verwunderlich in der Hinsicht, wenn sie Heiden oder Juden oder irgendwelche Menschen wären, die sich dem Glauben Christi voll und ganz widersetzen. Wären sie nicht Christen, sie könnten dem gekreuzigten Jesus Christus mit solch einem sodomitischen Leben nicht so widersetzlich sein. Aber da sie Christen sind, die sich zum Glauben zählen und die das erste Recht auf

den Glauben haben und des Glaubens Herren sein wollen, damit der Apostel-
dienst keinen Platz mehr habe, außer wenn der Priester von ihnen als den
Patronen eine Kirche gegen Geld oder für einen geleisteten Dienst bekommt:
Solche Aneignung und solches Recht auf den Glauben haben sie durch solche
Widersetzlichkeiten gegen Christus erhalten, so daß ich nicht weiß, ob in den
Teufeln solche Widersetzlichkeiten gegen den geschmähten, verlachten und
schmerzensreichen Christus vorhanden sind, damit eine solche Lästerung ihm
angehängt und unter seinen Schmerzen verdeckt würde.

Niemand kann denn seiner teilhaftig werden, der sich nicht seinen Leiden ein-
verleibt und sie nicht auf sich nimmt und seine Schmach nicht für seine Ehre
hält, sondern nur mit seinem Kreuz prahlt, damit sein verlachtes Leben
sein Ruhm sei: Warum wird denn diese verkehrte Lästerung geliebt, da er sich
doch all dessen schämt und das alles haßt! Aber er wird dessen nicht achten,
daß sie sich eine so falsche Ehre auf der Erde angeeignet und sie mit Wappen
gekrönt und sich eine solche Hoffart als Anstand zugeschrieben haben — aber
ihr Stand ist von den Teufeln und aus der Abscheulichkeit der Sünden geboren —
und ein solch verfluchtes Geschlecht um Wappen zu krönen, will aus ihm Ruhm
mehr denn alle Menschen auf Erden haben und immer „die Guten"[1] heißen und
nach dem Geschlecht benannt werden. Denn weder dem König noch dem Fürsten noch dem Herrn noch dem Edelknaben geziemt eine solche Widersetzlichkeit gegen die Schmach Christi, wenn sie Christen sein wollen. Denn gefallen die Hoffart und die Wollüste, die den Leiden Christi zuwider, warum flieht
sich ein solcher zu eigenem Schaden in den Glauben und macht sich teilhaftig
der Leiden Christi, um etwa mit diesen Widersetzlichkeiten, in denen er verbleiben will, Christus im eigenen Herzen fortwährend zu kreuzigen, um etwa
die Sünde einer schweren Lästerung auf sich zu nehmen? Würde doch solchen
die Verdammnis leichter kommen, wären die Heiden, die Jesus Christus nicht
kennen, als so; zu Unrecht sind sie seinem Glauben beigemischt, werden sie
auf seinen Namen getauft, empfangen sie seinen Leib und sein Blut und andere
Wohltaten von ihm, und sie lästern dies alles mit großen und schweren Widersetzlichkeiten, und damit oder dadurch kreuzigen sie Gottes Sohn in ihrem
Herzen. Denn zum christlichen Glauben, um ihn tatsächlich zu bewahren, gehört das, was der heilige Paulus sagt, daß er diejenigen, die er zur Erlösung
vorgesehen, dazu bestimmt hat, daß sie gleich sein sollten dem Ebenbilde
seines Sohnes[2], und wie wir getragen haben das Bild des irdischen Menschen,
Adams, also sollten wir auch tragen das Bild des himmlischen Menschen,
Jesus Christus.[3]

Diese Dinge, mögen sie unverständlich und auch unnütz scheinen, sind mit dem
Menschen so verknüpft, soweit der Mensch Christ ist, *daß er ohne* sie dem Glauben nicht nachfolgen kann, da in diesen Worten die ganze Macht des Glaubens
begründet liegt. Wenn er den Glauben annimmt, in dem er erlöst werden will,
muß er sofort daran denken, daß die Erlösung in Christus denen bestimmt ist,

[1] Die Wohlgeborenen. —D. Hrsg.   [2] Röm. 8, 29.   [3] 1. Kor. 15, 49.

die ihm ähnlich sein werden, fast das Ebenbild oder das Gleichnis seines Lebens auf sich nehmen in Demut, in Geduld, in Stille und in Verachtung der Welt und ihres Lobes und ihrer Fleischeslust und aller ihrer Eitelkeit, das heißt alle Gier ablegen, in die sich die Welt der Sünden und Begierden des Leibes wegen wendet, welche die Menschen zur Ungerechtigkeit geneigt machen; diese Dinge ablegend, dann die Ähnlichkeit des neuen Lebens Christi, seinen gedemütigten Geist und die andere Gerechtigkeit auf sich nehmen, die er in seinem Leben geübt und die er den Menschen anbefohlen hat, diese Dinge muß der Christ notwendig haben, wenn er will, daß der Glauben Christi ihm zum Heil dienen soll, und ohne diese Dinge ist er Christ wie der an die Wand gemalte heilige Petrus: ohne Leben in sich und ohne Sinn.

Deshalb widersetzen sich die sehr verschiedenen gekrönten Wappen all dem, was gesagt wurde, aber nicht so wie die anderen Menschen, sondern sie übertreffen die anderen Menschen um ein Vielfaches in der Lästerung des Sohnes Gottes. Denn sie haben eine zweifache Abstammung: eine aus der Sünde Adams, und durch sie verstehen sich alle Ungerechtigkeiten; diese verfallen mit den anderen dem gleichen Wege der Verdammnis, da sie aus der Sünde Adams zum Tode geboren werden. Die zweite Abkunft aus der Sünde haben sie aus dem vermeintlichen Geschlecht, damit sie entsprechend diesem Geschlecht Edelleute mit adliger Abstammung wären und durch diese adlige Abstammung den Namen „gute Menschen", „ehrbar" und „edelmütig", „ehrlich" und „weise" hätten, damit sie sich mit dieser adligen Herkunft, die durch Erdichten zu Ehren gebracht wurde, in der Welt von allen Menschen trennten und sich über alle Menschen wie ein Banner mit allen Eigentümlichkeiten erhöben, die dem menschlichen Sein nur zukommen: mit Namen, Aussehen, Kleidung, Nahrung, Haltung und Bewegungen; sie haben andere Sitten und eine andere Verhaltensweise als die anderen Menschen, messen ihre ganze Lebensart an der von der Welt ersonnenen Ehre, wo doch diese mit aller Hoffart von der Welt erdachte Ehre wie entsetzliches und verwesendes Aas stinkt; denn ihre ganze Lebensweise, ihre Gewohnheiten und ihre Sprache zeigen Hoffart und zeugen von ihr. Und da sie so „gut" sind durch ihre adlige Abstammung, so hat sich gleich ein vielfältiges Laster dieser Güte bemächtigt. Dieser Güte geziemt kein böses Ding, die das Menschengeschlecht als verflucht und unter die bösen Dinge aus Gottes Strafe gefallen ertragen muß. Die Güte der adligen Abstammung nämlich zieht die guten Dinge des Leibes und der Welt an sich, damit sie immer in allem geehrt und gepriesen werde; könnte sie Gottes Ehre auf sich ziehen, sie bemüht sich darum. Hält sie sich doch alles dessen für würdig, was Gott gebührt und was die Menschen zur Ehrerweisung und zur Lobpreisung haben mögen, danach streckt man sich; was zur Fleischeslust des Leibes an beliebigen Dingen erfunden und erdacht werden kann, in ihnen beruht die adlige Güte. Und jedes unangenehme Ding wird von ihr gehaßt, und die adlige Güte wird vor ihm gewarnt. Ihnen geziemt weder anstrengende Arbeit noch irgendein Leid noch Schmähung noch irgendeine Bescheidenheit noch irgendeine Erniedrigung und noch irgendein Dienst an einem anderen, sondern nur ein freies

Leben, untätig, leicht, aller Fleichesdinge satt, Reinheit und Schönheit und Kleider von besonderem, ausgedachtem, wunderlichem Schnitt, mit teurem und neuem Stutzertum, um von allen angestaunt zu werden als Götter und Göttinnen mit Ruhm und mit über alles erdachter Schönheit, wie es Göttern gebührt. Es gehören zu dieser Güte auch die Tische des Reichen[4], prachtvoll geschmückt, saubere und weiche Betten, süße und einschmeichelnde Reden, viele Schmeicheleien mit dem Zusatz „Wie Euer Lieben geruhen", damit sie in herrlichen Badereien in Bädern blühte, mit wollüstigem, öfterem und ausführlichem Waschen, mit Belästigung der Dienstboten, weil sie sich bis zum Verdruß dauernd reinigen und waschen und auf diese Weise ihr sodomitisches Leben führen.

Dieser Güte gebührt auch die heidnische Herrschaft, da dieses Geschlecht mit gekrönten Wappen die Erde erfaßt und die Herrschaft über alle anderen Menschen erlangt hat. Durch das Leiden der „Tölpel"[5] und der „Kauze"[6] können sie ihre adlige Güte sehen lassen, damit sie sich auf deren Schmach und Leid mit großer Hoffart blähten, und sie haben ihre Fleischeslust auf ihrem Blut und auf ihrem mühseligen Schweiß begründet. Hier hat ihre Güte ihren Grund. Sobald aber die bäuerliche Mühe nachließe, ihre adlige Abstammung würde sofort ärmlich wie die der Hirten.

Zweites Kapitel

So ist die ganze Güte der adligen Abstammung auf einer ungerechten Erdichtung gegründet, die von den Heiden ersonnen wurde, um von den Kaisern oder Königen ihre Wappen zu erwerben. Diese Wappen haben sie als Geschenk für irgendeinen Heldendienst, und einige kaufen diese Wappen zur eigenen Ehre: ein Tor, den Kopf eines Wolfes oder eines Hundes oder eine Leiter oder ein halbes Pferd oder eine Röhre oder Messer oder eine Schweineblutwurst oder etwas dem Ähnliches. Auf solchen Wappen beruht die Güte oder die Würde der adligen Abstammung. Diese Abstammung hat den gleichen Ruhm wie die Wappen, von denen sie die Güte ihrer Abstammung haben. Könnte man aber kein Geld zu dieser Abstammung bekommen, der Hunger brächte sie dazu, daß sie das Wappen fahren ließen und den Pflug ergriffen. Deshalb regiert nur das Geld die Ehre ihrer Wappen und stiftet den Ruhm ihrer Abstammung. Deshalb wird der Ruhm ihrer Abstammung mehr durch ihr vieles Geld eingeprägt als durch ihre ruhmvollen Wappen, und wo kein Geld vorhanden ist, da sitzen sie den Bauern gleich, der Arbeit schämen sie sich, und oft haben sie kein Brot zum Mittagsmahle.

Dieser adligen Stände gibt es viele, da sich doch jeder entsprechend seinen Wappen und sein gesamtes Geschlecht nach ihm dazu zählt; denn anders würde es niemand wagen, sich einen Adligen zu nennen, wenn ihm die Wappen nicht die Güte der ehrbaren adligen Abstammung über dem Geschlechte Adams

---

[4] Luk. 16, 19 ff.   [5] D. h. der Bauern. — D. Hrsg.
[6] Adliges Schimpfwort, Bauern gegenüber angewandt. — D. Hrsg.

bezeugten. Deshalb gibt ihm der König, wenn er Zeugen hat und beweisen kann, daß er „edel"-geboren wurde, einen Brief, daß er besser geboren wurde als Abel, Adams zweiter Sohn[1], und einen Namen erhalten hat, damit er allzeit der „Gute" genannt und für einen solchen auch gehalten würde. Mag er sich auch noch so schlecht benehmen, das Wappen läßt ihn nicht böse sein. Damit er aber wirklich „gut" geboren sei, das muß er mit dieser Sicherheit nachweisen, daß er mütterlicherseits eine adlige Großmutter und einen adligen Großvater und daß er väterlicherseits eine solche Großmutter und einen solchen Großvater hatte; dann ist er also wahrhaftig und unbestritten aus dem Kopf eines Hundes geboren worden. Wenn der Hundekopf aber auf diese Weise seine „gute" adlige Abstammung nicht beweisen kann, dann riecht er sofort übel nach Bauer und kann deshalb nicht so hoch von seinem Geschlecht heulen, und die Schande zwingt und erniedrigt ihn zu Boden, weil die vier Ecken[2] nicht von seiner „Güte" Zeugnis ablegen. Befragte er aber seine Nachbarn nach seiner „Güte", dann hörte er ein anderes Zeugnis von seinem ruchlosen und gewalttätigen Leben; er wagte es nicht, vor Schande die Augen aufzuschlagen, wenn er Schande für Schande hielte.

Deshalb ist der Ruhm ihrer adligen „Güte" ihr Wappen. Genauso wie die Wappen selber großen Ruhm besitzen, so bringen sie gleichen Ruhm demjenigen, der von ihnen geboren wird. Deshalb hat das gemalte halbe Pferd großen Ruhm, und wer von ihm die adlige Herkunft besitzt, hat den gleichen Ruhm wie das gemalte halbe Pferd.

Drittes Kapitel

Wie ich sagte, wird dieses Geschlecht zweifach aus Sünde geboren. Die erste Geburt haben sie aus Adam durch die Sünde. Die erste Geburt ließ natürlich eine Sünde im Leibe eines jeden zurück, damit er aus diesem angeborenen Wesen immer zu vielen Sünden neigte, die da sind zum Wohlgefallen des Leibes und zur Ehre der Welt. Die zweite Geburt aus Sünde der Adligen ist aber darauf gegründet, daß nach der falschen Benennung und nach der Begründung der adligen Güte auf den Wappen ihre Abstammung ursprünglich von den Heiden erfunden wurde. Und das, was an dieser Güte hängt oder sie bestätigt, das alles bringt neue Sünden hervor, damit sie entsprechend diesem Geschlecht ununterbrochen maßlose Sünden hätten. Und weil der Grund dieser auf den Wappen gegründeten Güte, die Ehre durch die Hoffart hindurch geblüht ist, so wächst sie ständig, indem sie sich an diese Güte klammert und auf krumme Weise das an sich zieht, was Gott gebührt, damit sie überall gelobt würde für ihre Güte und nichts Böses auf sich nehmen möchte, was Sündern gebührt. Er wird sich nach dieser Güte benehmen, er wird mit seinem Geschlecht, mit der Ehre und

---

[1] 1. Mose 4, 2.
[2] D. h. die vierfache Herkunft, nämlich die adlige Herkunft beider Großväter und Großmütter. — D. Hrsg.

mit anderen Dingen prahlen, mit denen diese Güte ehrlich verkündet werden kann. Und andererseits empört er sich aber ständig gegen das Böse, damit niemals etwas auf ihn käme, womit nirgends durch diese Güte gehöhnt werden könnte. Deshalb entzieht er sich dem Schimpf durch die Sünde des Ungehorsams und den Unwillen zum Leiden, streitet und schlägt er sich wegen ihr. Und wenn ihm jemand sagte „Elender!" und „Bauer!", sofort würde er zu Gericht laufen, damit er der bäuerlichen Herkunft entkäme, und kein „Elender" bliebe. Diese Sünden entstehen aus der adligen „Güte", die auf den Wappen begründet ist. Deshalb, weil dieser Güte Müßiggang, Begierden, heidnische Herrschaft, Grausamkeit und rechtlose Gewalttätigkeit geziemt und das wie angebunden an dieses Geschlecht und mit dieser Güte steht, ist dies die Herkunft vieler unnachgiebiger und ohne Gewissen begangener Sünden: Daher ist der Adel die zweite Mutter der Sünden und vermehrt sie durch Zeugung von Sünden; denn schnell gebiert er auf ihnen alle Dinge in Sünde neu, da er bei ihnen die Sünde eines vielfältigen auf Wappen beruhenden Irrtums zum Grund hat. Und weil diese Sünden mit Ehre, mit Lob, mit Fleischeslust, mit Vergnügen und mit Wohltaten des Leibes auf der Welt umherirren, so können sie viele Sünden hervorbringen. Wenn der Priester diese Sünden vorweist, indem er darum herumgeht, sagt er zu ihnen: „Das schadet nichts, es gehört sich so" oder „Das ist Eure Ordnung"; mit diesem oder ähnlichem Gerede bewässert er die Sünden, damit sie reichlich wüchsen. Und mit langer Fortdauer verwandeln sie sich in Ehre, damit sie sich geziemen und in Ehre verübt werden können. Aber es glaube niemand, daß ich nur diese Dinge für Sünde halte; aber aus dem Glauben kann ich jedes dieser Dinge als Sünde beweisen. Wenn mir das nur wenige für wahr halten, das ist kein Wunder. Denn in allen Menschen, auch in den gelehrten, ist die Sünde selten, und gleichfalls wird in diesen Zeiten nichts und nirgends für Sünde gehalten, weil sie sie hier gar nicht zulassen, besonders die Gelehrten nicht, die zu den Sünden sagen: „Macht nichts, es geziemt sich". Denn da die Menschen den Geboten Gottes weder gehorchen noch sie begreifen noch den Glauben Christi begreifen können, um so eher wissen sie niemals, weder was Sünden sind, noch glauben sie, daß das alles, was nicht aus dem Glauben Christi, Sünde ist.[1] Am meisten ist Sünde, was offensichtlich sich Christus widersetzt durch Übertretung seines Gesetzes und durch Lästerung der Beispiele seines heiligen Lebens und was seine Leiden verhöhnt und ihm durch sein hoffärtiges Leben und mit seiner verletzenden Weise Schimpf antut und ihn heidnisch kreuzigt.

Viertes Kapitel

Aber daß jene erste Geburt aus der Sünde Adams ist, die wie eine unverbundene Wunde blutet, ebenso fließt stets die Geburt der Sünden. Wenn bei den Adligen jene erste Geburt die zweite Geburt der Sünden durch das Wappen-

[1] Röm. 14, 23.

geschlecht zur Folge hat, dann fließt die erste durch die zweite in Sünden, wie eine offene Wunde, denn die erste Geburt weidet sich auf der zweiten Geburt in Sünden. Denn welche Sünden im Leib durch die erste Geburt sind, die wachsen durch dieses adlige und mit Wappen versehene Geschlecht. Dieses mit Wappen ausgestattete Geschlecht besteht auf dem Wohlbehagen des Leibes in Fleischeslust und Lobhudelei, allein darin wird die Sünde des Leibes bewahrt und hat sie durch dieses adlige Geschlecht die Macht wie ein Feuer, dem noch Scheite zugelegt werden, damit es hoch auflodere. Der Adel entspricht den Forderungen der Sünde wie das Leben der sodomitischen Menschen, die in sich den Weg zur Sünde bereitet haben.

Wahrscheinlich bleibt aber die größte Sünde der adligen Stände in den Kindern, daß sie sie in diesem Geschlecht, in denselben Sünden und Irrtümern, in denen sie selbst leben, erziehen und unterweisen, wobei sie glauben, sie schließlich in der Ehre und in der Wollust entsprechend dem Weltenlauf einsetzen zu können. Und deshalb widerstreben solche Absichten Gott sehr, da sie ihm auf diese Weise das Menschengeschöpf abnehmen, das sie zur Welt bringen, so daß er in ihm keinen Platz haben kann. Sie liefern ihre Kinder dem Geist des Teufels aus, so als würden sie sie den Götzen beigesellen und opfern, damit sie mit solcher adligen Lebensweise, die Gott so sehr widerstrebt, die Götzen verehrten, damit Gott kein Anrecht auf sie haben könnte, noch daß sein Geist bei ihnen wie bei den ungläubigen Juden verweilen könnte. Da ihre Kinder, die in der Sünde ihrer Väter und Mütter geboren werden, durch ihre adlige Lebensweise wiederum mit vielen Sünden gefüttert, in ihnen erzogen und unterwiesen werden: damit sie von Geburt an in Hoffart, in der Fleischeslust und in der Untätigkeit geübt seien und in dieser Gewohnheit alt würden. Entsprechend dieser Geburt werden sie an die Höfe nach Deutschland geschickt, damit sie dort die vollendetste Hoffart und andere Schändlichkeiten, höfische Lebensweise, ehrwürdige Haltung mit Verbeugungen lernten und sich mit diesem Gift betränken, das bei Hofe ausgeschenkt wird. Das alles bewirkt die Hoffart in ihnen, da sie die Erhöhung in der Welt über alle Maßen lieben. Sie können zu Hause nicht besser dazu gelangen, außer daß sie mit den Mächtigen gemeinsame Sache machen und durch sie zu irgendwelchen Ehren kommen könnten, damit sie sich im Alter brüsten können, daß der Sohn beim König Kammerherr ist und die Tochter der Königin die Schleppe richtet oder nachträgt. Weil dieses Volk aus tiefstem Grunde vergebliches Selbstlob ist, das wie nicht schmeckender Geifer aufgeblasen ist, von Gottes Gedanken weggestoßen ist und nach jeglichem Gestank übel riecht. Sie halten das für Ehre, was vor Gottes Angesicht Schande ist!

Und es gibt so viele dieser mit Wappen versehenen Geschlechter, die in alle Ecken verstreut sind, daß ihnen alle ihre Erbschaften kurz und eng geworden sind. Sie möchten alle in Reichtum herrschen, wenn sie könnten, aber sie haben nichts. Not und Armut bedrücken viele, aber arbeiten wollen sie nicht, weil sie sich der Arbeit schämen, aber eine weite Kehle haben sie. Deshalb gehen sie wie Diebe auf die Schlösser, damit sie das arme Volk schindeten und ausraubten und ihren hohen Stand in Wollust und Untätigkeit durchlebten, so als hätten sie viele Güter. Ein sehr böses und widerliches Leben führen sie in Hoffart als Teufel und faulen in der Fleischeslust wie das sodomitische Volk. Andererseits, wenn sie arm sind, etwas überaus Fluchwürdiges ist Armut in ihren Reden und Taten, sie ist sofort eine vorhandene Ursache zum Lotterleben und zu vielem menschlichen Unrecht: wenn sie dienen, damit sie wie nur immer wo nur immer bei Bösen dienten oder raunten oder ohne Ende schuldeten, wo sie nur von irgendwem durch viele schöne Reden und unzählige Versprechungen etwas entlocken konnten. Sie ernährten sich zur Hälfte mit Erlogenem und zur Hälfte mit Erbetteltem, aber um nichts auf der Welt wollen sie arbeiten, damit sie durch Arbeit ihre adlige Abstammung nicht besudelten. Sehr weit reichende Güter haben sie sich angeeignet und beste an Kraft, aber sie liegen brach und die Wölfe hausen auf ihnen.[1] Und indem sie die höfische Lebensweise befolgen, stehen sie und sitzen sie herum und vertreiben sich die Zeit mit unmäßigen Reden und mit Tratsch. Und in diesen bösen Dingen erhält sie ihre zweite Geburt, da sie aus Wappen geboren sind.

Aber aus Gottes Schrift haben sie nirgends noch können sie beweisen, weshalb sie besseren Geschlechts sein sollen als die übrigen Menschen. Das bezeugt der berühmte König Salomon von sich selbst und von anderen und spricht: „Ich bin gewiß ein sterblicher Mensch gleich den anderen Menschen aus irdischem Geschlecht. Und habe auch, da ich geboren war, Odem geholt aus der gemeinen Luft; und bin auch gefallen auf das Erdreich, und die erste Stimme gleich allen anderen stieß mit Weinen auf der Erde aus. Und in Windeln bin ich auferzogen mit großer Sorgfalt. Denn es hat kein König einen anderen Anfang seiner Geburt."[2] Hier ist ein großer und berühmter König Zeuge, daß der keine andere Geburt gehabt hat als ähnlich der aller anderen Menschen und daß alle Umstände bei dieser Geburt überhaupt ähnlich waren wie bei allen Menschen. Weiterhin sagt er noch von allen Königen der Welt, daß sie keine andere Geburt gehabt haben als die anderen Menschen.

Woher wurde denn diese vielfältige Geburt, die auf den Wappen begründet ist, hergenommen, und schämt man sich nicht der Lüge, die sich die Heiden erdacht haben, und hebt man sich mit ihr über andere Menschen und will sich wegen ihr mit anderen streiten, damit alle öffentlich als „Tölpel", „Nachteulen", „Tagediebe" und „Hunde"[3] geschimpft würden? Und zu dieser Abstammung zähle sich keiner; denn ich habe in beiden Testamenten, im Alten und im Neuen, viele Worte über die Abstammung gefunden, die diese mit Wappen ausgestattete Abstammung nicht meinten. Spricht doch die Schrift von den „Vornehmsten in Israel", den „vornehmen Städten", den „angesehenen Frauen" oder „viele der angesehenen Frauen sind gläubig geworden"[4] oder „diese in der Stadt Beröa aber waren edler denn die zu Thessalonich".[5] Diese Geburt wird in allen Schriften für ehrbares Leben und für Weisheit gesetzt, zu der auch die

[1] Cheltschitz übertreibt hier nicht. — D. Hrsg. [2] Weisheit 7 und 1, 3—5.
[3] Schimpfworte. — D. Hrsg. [4] Apg. 17, 4. [5] Apg. 17, 11.

Ehre des sittlichen Alters gehört, waren doch auch unter den Heiden einige, die mit Weisheit begabt und zum Gericht und für die Stadtverwaltung geschickt waren, und es gab auch solche edlen Städte. Und Moses hat offenbar die Höchsten zur Leitung des Volkes ausgewählt, die galten im Volke stets als die edleren und ehrbareren. Und dies konnte gerecht sein, damit nach der Weisheit Gottes oder auch der Menschen die adlige Herkunft zuerkannt wurde. Denn die Juden wußten überhaupt nichts von dieser Wappenabstammung noch von Adligen; denn ihre zwölf Stämme waren von einem Vater (gezeugt), und unter ihnen herrschte die brüderliche Gleichheit, da sie weder adlige Herren vieler Wappengeschlechter noch Bannerherren hatten. Zum Könige hatten sie Saul; ihn hatte Gott der Herr vom Pflug geholt und zum König gemacht und den David von der Schafherde.[6]

Wenn wir deshalb diesen überlieferten Sachen zusehen, so weiß ich nicht, womit die Adligen ihre Abstammung über die der Bauern stellen wollen, von Adam her können sie nicht höher geboren werden, und nach der Weisheit Gottes und nach ehrbarem Leben gäbe es fast niemanden von ihnen. Da die Hoffart nämlich, die ihnen aus dem Bauche kommt und sie bis ins Grab begleitet, läßt bei ihnen keine wahre Weisheit zu; da die Schrift sagt: „Die Weisheit ist von Hoffart weit entfernt."[7] Sie begründen ihre Abstammung nur auf den Wappen. Aber das stammt von den Heiden und aus vermeintlicher Erdichtung. Jedes Wappen kann nämlich seinen Anfang daher genommen haben, daß jemand dem Kaiser oder dem König diente oder eine Heldentat im Kampf oder bei den Angriffen beging und so Ehre und Lob über den anderen errang, weshalb er ein Wappen bekam dafür, womit er Heldenmut bewies. Oder ein anderes Mal gelangte er in den Dienst oder in ein Amt, und dementsprechend bekam er vom König irgendein Wappen; von hier ist er besser geboren als der Bauer, von hier beginnt sein Geschlecht, da er mit dem Wappen über den Bauern erhoben wurde. Deshalb ist das eine Erdichtung elender Menschen.

Siehe, wozu diese Erdichtung geführt hat, wieviel Sünden sie unter dem Wappen angerichtet hat! Unweit vom Götzen sitzt er oder vergleicht sich ganz und gar mit dem Götzen, der die gleiche Bedeutung besitzt wie das gemalte halbe Pferd. Aber die Erdichtung des menschlichen Irrtums verehrt den hölzernen Götzen mit göttlicher Ehre, so als sei der Götze etwas Großes. Welchen Mut entfachte diese Pferdehälfte in demselben Irrtum bei den Narren, damit sie sich über dieses zur Hälfte entzweigeschnittene Pferd mit einer solchen Hoffahrt blähten und mit mancher Ungerechtigkeit sich irgendwelche unbegründete Güte anzueignen, wie in dem toten Götzen, die er nicht besitzt, und wegen dieser scheinbaren und erdachten Güte so weit in viele Ungerechtigkeiten hineinzugeraten, wie sie dieses Geschlecht in sich trägt! Und wie sie durch Wappen die Geburt und die sogenannte und scheinbare Güte in der Lüge begründet haben, so verehren sie auch, indem sie durch diese Abstammung und Güte die Ungerechtigkeiten mehren, in diesem allen die Teufel. Sie feiern diese er-

[6] 1. Sam. 16, 11.   [7] Jes. Sir. 15, 7.

fundene Lüge mit solchen Sünden, indem sie Gottes Ehre auf sich nehmen durch eine solche ekelerregende und mutmaßliche und erdachte Lüge, weil sie alles Übel verüben, immer als Gute geehrt und gelobt werden wollen, und auf keine Weise wollen sie verhöhnt und getadelt werden wegen der Abstammung ihrer Güte, und überall wollen sie ihre Güte durch Irrtümer und schwere Sünden beweisen. Ihrer Güte gebührt nie Demut und Geduld; denn wenn er geduldig etwas ertragen hat, dann würden sie ihm sagen: „Ein Feigling! Wagt es nicht, sich zu verteidigen, und erlaubt es einem Elenderen, mit ihm umzuspringen, als er allein ist!" Damit er immer gut bliebe, was er am hoffärtigsten kann, wird alles im Streit, mit Tadeln und mit der verschiedensten Rache, mit Drohung, mit Gerichten, mit Kämpfen, mit Zweikämpfen und anderen solchen Taten verrichtet, möchte er durch solche Taten alle ihm widerstrebenden Dinge von seiner Tür verjagen, um ein „Guter" zu bleiben, daß er es wagt, einen Schlag zu versetzen, damit die Elenden es nicht wagten, ihn auszuschreien. Je schlimmer er in solchen Sünden ist, um so besser ist es nach den Wappen, und so geziemt es sich auch für seine Abstammung.

So wie sich die Hure des Betruges wegen an den Menschen hält, so erreicht diese Wappenabstammung auf jedem Wege solche Laster, aus denen sie unrechtes Lob haben will. Sie überspannt sich so, daß sie die bloße Schande für Ehre halten wird, so wie deren Gottlosigkeit den Beweis zum Tadel und Hohn der menschlichen Natur erbringt. Die Männer tragen Hemden bis zur Erde; die engen Röcke verdecken nur wenig den Hintern — und die Kapuze verdeckt den Pferdesattel — mit der Mönchskapuze und mit der spitzen Haube. Der Mantel ist kurz, aber die Haare sind lang, daß sie bis auf die Schulter herabfallen und das krauslockige Hütchen wie ein Kegel darauf sitzt. Sie sehen aus ihm wie aus einem Kamin heraus und sehen nicht, welche Scheußlichkeit sie sich antun wollen. Auch die häßlichen Weiber behängen sich mit dem Tuch, daß sie sich darin kaum hineinschleppen, mit ausgedachten Zuschnitten und mit völlig unzierlichen Schönheiten und breite Köpfe obenauf noch mit einem Horn versehen. Sie gehen einher wie die berühmten päpstlichen Huren, zum Erstaunen und zur Ärgernis aller Welt. Und das alles ist die Güte ihrer Abstammung, daß sie Laster atmet.

Nirgends kann der Glauben so sehr beschimpft werden, weder von den Heiden noch von den Juden, wie von diesen auf Wappen begründeten und unrechtmäßig dem Glauben beigemischten Geschlechtern. Besonders dem gekreuzigten Jesus widerstrebt das, ihr ganzes Sein ist eine widerliche Lästerung seines schmachvollen Kreuzes, dem sie widersetzlich alles antun, da sie für den Ruhm der Welt handeln; dabei setzen sie sich mit ihm zu Tisch und wollen an seinen Leiden teilhaben. Und wegen all dieser Sachen sind sie Gott unlieb und den Menschen schädlich und lästig. Denn das ganze arbeitende Volk trägt schwer die Laster ihres Geschlechtes, und sie verschlingen die Armut, und alles, was man Gutes auf der Erde vorfindet, das ergreifen und verschlingen sie auch. Dem ganzen Volk schaden sie sehr, denn alles ziehen sie an sich, geben sie ihm Ärgernis wie ein grausam stinkendes Aas, das die Menschen abtötet. Und wie der Aussätzige schnell alle ansteckt, so auch ihre adlige Güte, ein Bauch des Lasters, gebiert ein Menschengeschlecht und kleidet es in Bosheit. Zuerst ziehen sie ihre Kinder und ihre Dienstboten nach ihrer Art an, damit sie ihre stolze und höfische Art lernten, und vom Stadtvolk nimmt mehr als die Hälfte an ihnen teil, kleidet sich nach ihrer Art, in das wollüstige, hoffärtige und schmeichlerische Leben, da sie Schmeicheleien mit Verbeugungen, Völlerei und Hoffart gewöhnt sind. Sie sind deshalb für das Menschengeschlecht große Übel, wie die Einführung der Götzendienste. Obwohl es den Menschen nicht so scheint, aber ungeheuer groß ist die Lüge, der die Ehre durch ihre erdachte und blind auf der Lüge begründete Güte erwiesen ist. Und sie haben alle Einfachheit und Demütigung Christi verworfen, und das Volk läßt sich von ihnen da gleichfalls hineinführen. Messen wir sie deshalb am Glauben, dann sind sie der wirkliche Tod des Glaubens. Schon die mit Hoffart erfüllten Engel konnten seinetwegen nicht im Himmel verbleiben, um so weniger können es die in Hoffart eingehüllten Sünder. Und dem Geschlecht nach erbten sie in allen ihren Dingen die Hoffart, wie wollen sie mit ihr in den Himmel?

Aber damit diejenigen, die diese Dinge lesen sollten, auch verstünden, warum das alles geschrieben wird von den Adelsständen und ihrer äußerst hartnäckigen Widersetzlichkeit gegen Jesus Christus und gegen sein leiderfülltes Kreuz: am meisten deshalb, damit der Antichrist in ihnen sichtbar würde, der alle Widersetzlichkeiten gegen Christus eingeführt hat. Er hat die größte Widersetzlichkeit eingeführt, daß er eine Stellung im Glauben denen gab, in denen kein Glauben ist und wegen der Besonderheiten, die sie haben, auch nicht sein kann. Er ordnete sie im Glauben durch seinen Geist, der Christus zuwider ist, und hat sie auf den Weg der Erlösung durch seine Lüge gestellt und hat sie Gott zugezählt, sie, die seine starrköpfigsten Feinde sind und die ihm unlieb sind. Darauf beziehen sich die Worte des heiligen Paulus, die er redend vom Antichrist sagt. Er nennt ihn Mensch der Sünde, Sohn des Verderbens, dessen Zukunft geschieht nach der Wirkung des Satans und mit allerlei Verführung zur Ungerechtigkeit.[8] Hier kann jede Verführung offenbar werden, daß er das abgefallene Heidentum mit dem Glauben so angestrichen hat, damit es als Christentum aussähe, und so hat er die ganze von Gott abgefallene Welt durch seinen lügnerischen Geist, der Gott zuwider ist, Gott geweiht, daß er dadurch Jesus Christus verstieße, damit er die Erlösung der Menschen nicht bewirken könne. Der Antichrist hat sich aller bemächtigt und bewirkt die Erlösung der ganzen Welt durch seine heuchlerische und tödliche Lüge; so hat sie — wie es die Welt selbst will — die Erlösung aus seinen Händen. Die Welt glaubt deshalb nicht an die Erlösung, wie sie Christus denen gegeben hat, die auf dem schmalen Pfad stehen. So hat der Antichrist gegen ihn allen Sündern dieser Welt, die sich auf der breiten Straße befinden, die Erlösung durch seine Lüge bereitet, die in listige Heiligkeit gekleidet ist. Auf diese Weise hat er Jesus Christus das Volk entrissen, damit er an ihm nicht seine Erlösung durch seine

[8] 2. Thess. 2 und 3, 9—10.

Gerechtigkeit und seine Macht bewirken kann, mit der er die erlösen kann, die ihm zu Willen sind. Deshalb sind auch diese Adelsstände, die von Grund auf vom Antichrist verführt sind, mit allen heidnischen Widerwärtigkeiten an den Glauben angeklebt, damit an ihnen das Werk des Antichrist am offenbarsten würde, da sie durch ihr Christus widerstrebendes Leben nicht ein bißchen Glauben besitzen und daß sie, da sie so leben, von ihm (das heißt dem Glauben) nichts Gutes genießen können.

In diesem Sinn wird noch von anderen Schelmenstreichen die Rede sein, die der Antichrist durch Gott in den Irrtümern dieser Welt begangen hat, und er hat das Heidentum und viele seiner Ketzereien als Glauben und als Gottesdienst gefeiert.

Sechstes Kapitel

Der Magister Protiva[1] sagt, als er von der Städtegründung spricht, daß sich Kain infolge des Brudermordes eine Stadt erbaut hat. Die Ursache zu ihrer Erbauung war, daß er sich durch Raub und Gewalttat Eigentum angehäuft hat. Die Ausbeute seiner Raubzüge hat er deshalb ausgenutzt, und die Einfachheit des menschlichen Lebens hat er durch Erfindung der Grenzen der Erde, der Gewichte und Maße in Schlauheit oder Arglist verwandelt und zum Verderben geführt. Er setzte als erster der Erde Grenzen und umgab die Städte mit Mauern, und da er sich vor jenen fürchtete, die er mit seiner Rotte beschädigt und ausgeplündert hat, sammelte er sie in seinen Städten. So erklären die Schrift und die Magister die Gründung der ersten Städte.

Kain werden deshalb der Beginn der Städte und der Bau der Burgen des Mordes, Raubes und der Gewalt wegen zugeschrieben. Kain hat aus Haß seinen Bruder Abel umgebracht und wurde zum Lotterbuben und Landstreicher auf der Erde, der um sein Leben fürchtete.[2] Aus diesem Grunde hat er die erste Stadt erbaut, und dann hat er andere beraubt und ihnen Gewalt angetan. Durch die Raubzüge hat er sich Eigentum angehäuft. Böse Menschen hat er sich für die Raubzüge gesammelt. Dann hat er neue Städte gebaut, damit er sich, nachdem er sie mit dem Räubervolk besetzt hat, derer erwehren konnte, die er gewaltsam beraubt hat. Der Mord hat ihn zum Städtebau geführt, und die Städte brachten ihn zu unrechtmäßigen Räubereien; denn kein Volk kann sich anders zu Kriegen in Städten einschließen, außer, daß es andere gewaltsam beraubte, vom Raube fraß und sich gegen die anderen wehrte.

Daher, was für einen Grund die Städte und Burgen in Kain haben, so stehen sie noch heute und schreiten in derselben Spur, denn andere könnten Städte und Burgen gar nicht bewohnen, außer Mörder und Gewalttäter, Wucherer, Kaufleute, Marktleute, Betrüger, die sich am meisten von Falschheit und Be-

---

[1] Damit ist Wiclif gemeint, der sich als Magister der Kirche widersetzt; Wiclif in der Schrift De civili dominio, Kap. 21. — D. Hrsg.

[2] 1. Mose 4, 8 und 14.

trug ernähren. Weil die Städte und die Burgen und das Stadtvolk auf solche Ungerechtigkeiten gestellt sind, deshalb müssen sie sich mit Gewalt und Unrecht gegen die anderen wehren, jederzeit zum Mord bereit sein; denn Feindschaft, Unrecht seitens der anderen und Verrat bedrängen sie hart, und sie sind jederzeit bereit, solche Feindschaften mit Blut zu entscheiden, indem sie Böses mit Bösem vergelten. Besitzen sie eine starke Stadt zur Abwehr, dann berauben sie die anderen und tun ihnen Gewalt an, damit sie selbst reich würden, aber mit diesen Ungerechtigkeiten empören sie viele gegen sich und entfachen auf diese Weise den Krieg gegen sich selbst. Gelangt es dazu, daß sie sich so verwirren, daß sie sich nur in Blut und in Raubzügen anstrengen, indem sie sich schlagen, und bereiten für den Kampf ummauerte Städte vor. Wenn sie aber nicht solche Kraft und solche Kühnheit besitzen, daß sie andere gewaltsam plünderten und Kriege begönnen, wenigstens dies haben sie in sich, daß sie nicht von anderen Gewalt duldeten. Deshalb ist das ganze Stadtvolk darauf vorbereitet, daß es sich gegen diese Ungerechtigkeiten mit aller Macht und mit Einsatz seines Lebens wehrt; andere will es erschlagen, sich selbst aber führen sie zur Tötung

Um Leben und Eigentum zu bewahren, bauen sie Städte, müssen sie Blut vergießen, da sie fremdes vergießen wollen, müssen sie dazu ihr eigenes einsetzen. Dieses Stadt- und Adelsgeschlecht, das sein Leben auf den Burgen, in den Festen und in den Städten schützt, lechzt immer nach dem Blute seiner Brüder und unterdrückt sie gewaltsam. Deshalb sind sie Kains, des ersten Mörders Geschlecht. Und mit dieser Lebensart kann es sich nicht vom Mord befreien, denn wenn sie zugrunde legen den Frieden des leiblichen Lebens und den Erfolg der zeitlichen Güter, und sie bauen dazu Städte und besetzen sie mit Menschen, dann müssen sie den Städten solche Umstände verleihen, damit sie die erste Absicht verwirklichen, damit sie sie stets mit Mauern umgeben, ständig Tag und Nacht um sie sorgten, damit niemand sie überrenne und sie schlüge und das Eigentum ihnen nähme. Sobald sich jemand zeigt, der feindlich und hinterlistig etwas nehmen oder beschädigen will, sogleich ruft die Glocke alle zusammen, das Stadtvolk, zum Erschlagen. Wenn sie den Dieb oder den Verräter einfangen, die schonen sie nicht, und sie haben nicht eher Ruhe, bevor sie deren Blut nicht vergossen haben.

Deshalb muß sofort nach der Gründung der Stadt das Volk, damit es in Frieden lebte und das Eigentum bewahrte, auf das Blut eines jeden anderen lauern, der an dieses Unrecht Hand anlegen möchte, darüber hinaus die ganze Sorge der Stadt richten, damit das Volk, indem es etwas zu seinem Schutze besitzt, alles Unglück abwenden könne. Und wenn wir eine solche Absicht der Stadtmenschen voraussetzen, Leben und Gut in Frieden zu bewahren, wie sie sich wünschen, dann verbleibt nichts von dem Gebote Gottes bei ihnen, das sich auf die Liebe zu den Nächsten bezieht; denn um des eigenen Friedens willen, den sie hinter dicken Mauern bewahren wollen, werden einige gewaltsam berauben, einige listig auf verschiedene Weise betrügen und an Gegner gewaltsam Hand anlegen und hauen sie ihnen den Kopf ab. Gerade deshalb, weil sie sich mit

Mauern versehen und mit Gräben umgeben, damit sie an Leben und an Gut kein Unrecht erlitten, müssen sie stets Böses mit Bösem vergelten, wenn sie sich gegen das Unrecht wehren. Deshalb müssen alle die Gebote übertreten werden, die den Christen die Geduld gebieten und die Verteidigung des Lebens und die Rache verbieten. „Nicht selber sich wehren, ihre Liebsten, denn Gott der Herr spricht: 'Mein ist die Rache, und ich werde vergelten'. Darum, hungert deinen Feind, so speise ihn, und dürstet ihn, so tränke ihn."[3] Alle diese Gebote müssen übertreten werden, wenn das Volk hinter den Befestigungen sein Leben in Frieden bewahren will. Und was sie untereinander an Unrecht haben, so werden von den Gerichten die Streitigkeiten auf der Grundlage des heidnischen Rechtes entschieden, da sie oft eine ungerechte Gerechtigkeit üben, wobei sie das Gebot Christi übertreten, das befiehlt, den Mantel zum Rock hinzugeben und den Streit den Gerichten zu überlassen.[4] Weder zu den Nächsten noch zu Gott gilt für das Stadtvolk irgendein Gebot Christi, auf diese Weise bewahrt sich das Unheil hinter den Mauern und mischt sich in niederträchtige Schelmenstreiche. Aber der Lieblingsjünger des Herrn Jesus spricht: „Denn das ist die Liebe zu Gott, daß wir seine Gebote halten."[5] Anders können wir seiner Gnade nicht teilhaftig sein, außer wir bewahren alle Gebote Gottes. Da aber nicht eines bei den Stadtmenschen vorhanden ist, so haben sie die Gnade Gottes überhaupt nicht und können sie auch nicht haben, da sie in so vielen Übertretungen und in solchen Verflechtungen leben, daß für sie Gottes Gebot von nirgendwo hinzutreten kann. Deshalb spricht der Prophet böse Dinge zu ihnen: „Ich sah Frevel und Hader in der Stadt. Tag und Nacht ist Unrecht auf ihren Mauern, und die Arbeit in ihrer Mitte ist Ungerechtigkeit und Gewalt; Wucher und List sind nicht aus ihren Gassen verschwunden."[6] Eine sehr harte Überschrift und ein unwillkommener Spruch für die, die das alles in Ehre durchführen wollen. Mögen sie es von sich abwischen, diese Fetten und Weisen der Stadt! Sendete ihnen irgendein Gerechter einen solchen Brief an den Rat, dann würden sie sich aufblähen, und die mit Hoffart durchdrungenen Herzen würden sagen: „Er tadelt Gute, er tadelt Ratsherren!" Deshalb kann ohne Zweifel die Schrift angeführt werden, daß er in der Stadt Ungerechtigkeit und Zwistigkeit, des ganzen Geschlechts Ungerechtigkeit gesehen hat, von denen jede Gott sehr widerlich ist, daß ein solches Volk, das auf so schalkhafte Weise vereint ist, gar kein Gebot Gottes einhält und es auch unter ihnen gar keinen Platz haben kann wegen dieser Umstände, in denen das Stadtvolk begründet ist — es ist unmöglich, daß bei ihnen mit ihren Absichten irgendwelche Gebote Gottes übrigbleiben könnten. Da sie aber keinerlei Gebote Gottes besitzen, übertreten sie sie alle. Deshalb müssen Sünden der verschiedensten Art überaus gemehrt unter ihnen sein. Rache und Blut, die sind gleich von der Gründung der Gräben und Befestigungen über sie vergossen. Dann schreitet die Hoffart hinter den Wappen an deren Fersen zur Habsucht — auf der die Stadt steht — [dazu

---

[3] Röm. 12, 19—20.   [4] Matth. 5, 40.
[5] 1. Joh. 5, 3.   [6] Psalm 55, 10—12.

410

kommt] Völlerei, Sauferei, Fleischeslust, Unzucht, Ehebruch, unzüchtiges Lieben, Buhlerei —, einer dem anderen zum Ärgernis leben sie schändlich miteinander, führen häßliche Redereien miteinander, einer dem anderen wie eine ausgegrabene Grube, in der man sich das Genick brechen kann. Die Hoffart hat sie in allen Dingen umgefaßt, ebenso wie die Geschlechter, die durch Wappen gekrönt sind.

Alle Dinge wollen sie mit Ehre und mit Lob dieser Welt ausführen, den Adligen gleichen sie sich in ihrem ganzen Äußeren, in ihrer Kleidung, in der Nahrung, in den Getränken, in den Häusern, in den Zimmern, in den Stuben und in den Betten an. Was sie auch tun, immer sagen sie: „Möge es ehrenvoll sein!" Schade, daß deren Abtritte nicht ehrenvoller stinken als die der „Bauernlümmel" — alles andere wollen sie mit Ehre haben. Der Geiz ist ihr angeborener Charakter, damit jeder zusammenrafft, was er nur kann. Deshalb hat dieses von Mauern geschützte Volk wenig Land für seine Menge und beschloß, die fetten Tische des Reichen[7], hohe Häuser und Lagerhäuser und vielen anderen Besitz zu haben, weshalb sie dazu verdienen müssen, wie sie nur durch Geschäfte, Märkte, Handel, Kneipen, Handwerk, Wucher und List verdienen können, wie die Schrift hier[8] sagt, daß sein Wucher und seine List nicht von ihren Gassen gingen. Jeder zielt listig gegen seinen Bruder, damit er ihn betröge und sich den Beutel füllte: damit er ihn dessen beraubte, worin er sich mit ihm teilen sollte; und was er bei ihm Beliebiges sieht, damit er danach trachtete, ihn darum zu betrügen. Jedes brüderliche Vertrauen und jegliche Bruderliebe ist nämlich abgetötet. Deshalb sagt Gott der Herr: „Jagt der Mensch seinen Bruder bis zum Tod!"[9] Der Wucher ist hier so groß und offenbar auch beim Leihen des Geldes für Fluren und für Wiesen auf eine bestimmte Frist, um sie bis zu dieser Zeit auszunutzen. Kann er aber zu der Frist nicht zahlen, dann verliert er ein teuer Ding gegen eine kleine Anleihe. Von diesen Wucherpraktiken besitzen sie unter sich viele, so daß die einen auf Kosten der anderen reich werden und die Reichen die Armen durch diese Wucherpraktiken verschlucken. Wenn der Wucher nicht öffentlich betrieben wird, dann bestimmt unter dem Mantel der vemeintlichen Barmherzigkeit oder der Gerechtigkeit.

Kain war deshalb in vieler Beziehung der rechte Vater des Stadtvolkes, hat er doch die Einfachheit des Lebens in die List verwandelt, durch Erfindung von Gewicht und Maß, während das Volk vordem so einfach war, daß es leicht ein Ding gegen das andere tauschte, ohne zu wägen und ohne zu messen, bis er ihnen befahl, den Bösen, daß die Preise nach dem Gewicht und dem Maß geregelt würden. Deshalb hat dieses Volk ein großes Wissen darin, da sie Maße und Gewichte besitzen, die beim Kauf für sich selbst größer und beim Verkauf an andere kleiner sind. Wenn man aber die Maße und Gewichte auf Anordnung des Schulzen so gebrauchen muß, daß sie richtig seien, so setzen sie einen über-

---

[7] Anspielung auf den Reichen im Evangelium des Lukas 16, 19 ff. — D. Hrsg.
[8] Psalm 55, 12.   [9] Micha 7, 2.

aus hohen Preis fest, und alles, was sie messen und wiegen, das können sie auch fälschen: Gewürze im Feuchten lagern oder kleine Steinchen ihm beimischen, damit ein kleines Ding hohes Gewicht besitzt; das Getreide vermischen sie mit Spreu. Solche teuflische Listen werden zum gegenseitigen Betrug zugelassen, so verhalten sie sich auf den Märkten und im Handwerk.

Deshalb ist das ganze Volk aus den Lenden Kains gekommen. Die Söhne Hagar nämlich, die die Weisheit kannten, die von der Erde ist, waren irdische Kaufleute und waren zu Theman[10], aber die Weisheit Gottes erkannten sie nicht. So ist auch dieses Volk voll der mit List vermischten irdischen Weisheit, die dient ihrem Geiz und beim Betrug am Bruder, damit sie durch seinen Schaden glücklicher und erfolgreicher auf der Welt leben könnten, je listiger sie den Bruder zu betrügen vermögen.

Dem Glauben wurde dadurch ein großer Schlag versetzt, als diese widerlichen Betrügereien mit allerlei Übertretungen und mit Widersetzlichkeiten gegen Jesus Christus durch die Taten des Antichrist dem Glauben beigemischt wurden, damit sie unter dem Mantel des Glaubens ihn auf der Erde so schädlich niedertraten und ihn zu sich zögen, damit er unter ihnen in einer Spur stünde, bis sie ihn schließlich unter die Betrügereien aufnähmen, ihn hinter sich führten, ihm befählen, damit er Nachsicht mit ihnen übte und ihnen kein schweres Joch auferlegte. Deshalb ist der ganz verloren wegen der vielen Missetaten, die durch die Lüge des Antichrist ihm beigemischt sind, die unter dem Schleier des Glaubens die Macht ergriffen haben und ihn nach sich ziehen, aber er kann gar keine Macht in seiner Gerechtigkeit zeigen.

Die Betrügereien sind irdische Gründe. Deshalb lassen sie kaum vom Glauben ab, damit sie ihn öffentlich verleugneten, aber ordentlich einhalten können und werden sie ihn wegen ihres Grundes und wegen der Christus widerstrebenden Erfindungen nicht. Denn wollten sie in der Wahrheit dem Glauben zu Willen sein, er würde ihnen die Gräben zuschütten, und die Mauern um die Städte, Burgen und Festen würde er ihnen niederreißen, aus allem Mördertum und aus den anderen städtischen Besonderheiten würde er sie herausführen, in denen die Macht des Antichrist gegen Christus stark ist. Wollten sie wirklich dem Glauben zu Willen sein, müßten sie mit allen diesen Dingen brechen. Dagegen nun, da sie sich so listig an dem Glauben festhalten, werden sie am leichtesten falsch mit ihm umgehen, mit den Lippen und mit dem Finger auf ihn weisen, damit sie ihn hielten und ihn vorsichtig an den Galgen brächten.

Die Stadt ist deshalb das Geschirr eines vielartigen Giftes, damit sie durch ihren vielfältigen Giftstoff ihre Bewohner und alles andere um sich herum vergiftete, damit in den Tod liefen die, die sich ihnen als dem sodomitischen Volk anschließen, das durch Unzucht, Sauferei und Wollüste leer ist. Und alle hereintretenden närrischen Gäste vergiftet sie mit ihrer Trunkenheit und durch ihre bösen und verderbten Beispiele. Auch das ganze Landvolk kleidet sich

---

[10] 1. Mose 25, 12 und 15.
Jerem. 49, 7.

412

mit ihrem Stolz und mit ihrer Völlerei und lernt deren listigen Handel und gewöhnt sich ihre Mode an und kriecht in deren Fleischeslüste.

Die Stadt hat deshalb als Aussätzige die vielfältigen Farben[11] des Aussatzes, so daß die Menschen verschiedenartig durch ihre Aussätzigkeit angesteckt werden können. Da in der Stadt die Dinge den sinnlichen Begierden angenehm sind, die leibliche Sicherheit, die Fleischeslüste, die falsche Ehre mit lieblicher Dienstfertigkeit, aber nur für die Begegnung und für die, die als Gäste kommen, aber auf den Markt gehen sie mit einem Wolfsgebiß gegen alle. Es zieht viele dahin, in der Stadt zu wohnen, und an ihre Gemeinschaft gewöhnen sich die, die um sie herum sind und sich an deren Lieblichkeiten weiden. Es muß der Mann deshalb von starkem Glauben sein, der vom Gifte der Adel- und Bürgerstände nicht vergiftet werden wird. Der Priester, der mit der Absicht unter sie tritt, daß er sie auf den rechten Weg führte, wird von ihnen früher, bevor er sie auf den Weg bringt, vergiftet und durch ihre Tische verführt, indem sie ihm dickflüssiges Bier einschenken, zusenden, es ihm angenehm machen, bis der Priester langsam, unbeachtet auf ihren Weg gerät. Viel früher, bevor er sie die Weisheit lehrt, machen sie aus ihm einen Narren, bis er so weit kommt, daß sie ihn verlachen und über ihn sagen: „Dieser Priester hat sich gestern abend so sehr mit saurem Trank betrunken, daß er mit den Kranken nicht mehr sprechen konnte." Deshalb steht ein solcher wie ein Toter unter ihnen; es bringt (eher) dieses schlaue Volk den Galgen an den Hals, das den Priester früher versteht als der Priester es.

Aus diesen Dingen können wir begreifen, was die Unlust zum Leiden den Menschen Böses bringen kann und wie weit vom Glauben und von allen Tugenden entfernen kann. Das ist am Volk der Städte und Burgen sichtbar, das sein Leben und sein Eigentum in Frieden bewahren will, damit niemand ihnen gewaltsam Hand daran legen könnte, und deshalb die Stadt mit Mauern umgibt und mit Gräben versieht und mit Menschen besiedelt, damit sie sich hinter den Befestigungen und Gräben der bösen Dinge erwehren können, die sie nicht erleiden möchten, und falls sich Feindschaft erhebt, damit sich das Volk stark verteidigen kann. Nachdem es die Absicht gefaßt hat, muß es in das alles hineinlaufen, wozu das Wohnen in der Stadt führt. Das Wohnen in der Stadt wälzt sie in die Ungerechtigkeiten, die mit der Stadt zusammenhängen oder in ihr entstehen. Die Grundlage all dessen ist die Unlust zu leiden, daß sie auch um Gottes willen keine Widerrechtigkeiten erdulden wollen, noch zu ihrer eigenen Erlösung. Und deshalb werden sie diese Unlust zum Leiden nicht los. Solange die Befestigungen an ihrem Ort stehen, so lange werden sie sich um ihr Unrecht schlagen. Solange sie sich schlagen werden, so lange werden sie dem Glauben nicht nachfolgen können. Nichts kann soviel Glauben von den Menschen vertreiben, wie ein solches Wohnen des städtischen Volkes die Lust zu leiden verworfen hat, da man ohne

---

[11] Vgl. die Postille des Rokycana (ed. Šimek, I., S. 250): „Die Aussätzigen haben vielfarbige Flecke, jenen Fleck rot, diesen weiß, jenen blau, diesen rotbraun." — D. Hrsg.

Geduld nicht den richtigen Glauben haben kann. Deshalb ist die Stadt, die zur Verteidigung unmauert ist, der größte Widersacher der Geduld, und der größte Fallstrick ist die Stadt denen, die aus dem Glauben verpflichtet sind, Unrecht zu leiden. Deshalb sah der heilige David Frevel und Hader in der Stadt und die Arbeit inmitten[12]; denn die Stadt spannt ihre Bewohner in viele Arbeiten ein und legt ihnen viele Lasten auf, daß sie die Stadt bauten, befestigten, sie Tag und Nacht beschützten, sich schlügen und Kämpfe für sie ausföchten. Solche Arbeiten müssen die Bürger in den Städten viele erdulden. Außerdem aber haben sie in den Sünden, deren es viele in den Städten gibt, viel Arbeit, und jeder ist in seinen Geschäften so geizig, so daß er viel Arbeit auf sich nehmen muß. Ehe er aber der Hoffart genugtut, wieviel Aufwand, wieviel Arbeit steckt er in sie! Wieviel Arbeit bürden ihnen die Völlerei und Sauferei auf! Was bringen denn Hader und Streit den Schöffen für Arbeit schon ein! Was haben die Priester von der unnützen Arbeit denn schon. Und all diese Arbeit bringen die Sünden den Städten ein, damit ihr Joch in den Lastern schwer sei. Deshalb weinte der Herr Jesus über sie[13], als er die Stadt in der schrecklichen Arbeit sah; da er merkte, daß sie in dieser schlechten Arbeit schon Ruhe hat, wenn sie geschlagen — spürte er keinen Schmerz mehr.

Das sollte jedoch beachtet werden, wenn die Menschen vom Schaden des Glaubens erfahren könnten, woher das Verderben gekommen ist. Nur daraus, was von den Städten gesagt wird. Und wer solche Gottlosigkeit der betrügerischen Rotten zum Glauben hinzufügt und sie durch die Lüge mit allen ihren Widersetzlichkeiten im Glauben geordnet hat, der ist ein Mensch der Sünde, ein Sohn des Verderbens[14], der das Heidentum zur Sünde hat, sondern umgekehrt: Er ist der einheimische Antichrist, der Erzfeind Jesu, der mit allen Mitteln Jesus Christus abtötet. Der hat die widersetzlichen städtischen Betrügereien und andere dem Glauben beigefügt durch seine Lüge, damit diese trügerische Lüge, die Glauben genannt wird, alle diese Freveltaten schützte, die auf lügnerische Weise Jesus Christus unterstellt werden, damit sein rechter Glauben hinausgeworfen würde durch die Missetaten der Betrüger, die die Kraft des Antichrist gegen Jesus Christus sind.

Deshalb hat der Antichrist unter dem Deckmantel des Glaubens die Städte mit allen ihren Lastern durch seine Lüge begründet. Und alle blutigen städtischen Taten, die sie begehen, wenn sie Menschen erschlagen, rechnet er ihnen als Gottesdienst an, und dieses listige Lob Gottes, das er unter den Christen durch seine ungeheure Lüge eingeführt hat, verwirklicht er am stärksten in den Städten: Er baut große Kirchen, gießt große Glocken, Priester und Mönche hat er viele geweiht, damit unter den Mördern der feierlichste Gottesdienst stattfände, aber nicht weiter als durch Schreie und mit Gesang nach Noten, die von den Priestern und hoffärtigen und lügnerischen Studenten erdacht wurden. Deshalb rühmt der Mensch der Sünden eine solche Menge von Sünden durch die Lobpreisung Gottes und seine Ordnung durch Lüge, und er beruhigt ihr

12 Psalm 55, 11.   13 Luk. 19, 41 ff.   14 2. Thess. 2, 3.

Gewissen, damit sie ihre Sünden nicht für Sünden hielten, damit sie die schwerste Sünde für Gottesdienst hielten, und wenn einige gegen ihr Gewissen sind, gibt ihnen genug Ablässe und weiht ihnen Wasser und stellt einen Weihkessel an die Tür, damit sie sich die Sünden selber abwüschen.

Wer kann deshalb von der Verderbnis des Glaubens sprechen oder die Widersetzlichkeiten zusammenzählen, mit denen der Glauben durch die städtischen und anderen Betrügereien verdorben wurde? Denn der Mensch der Sünde, der sich an der Sünde weidet und bereichert, lenkt mit seiner Lüge so viele Menschen unter den Glauben. Deshalb konnte er so viel Übel und Widersetzlichkeit in den Glauben hineintragen, da er den Menschen entfallen, in Unkenntnis und in Vergessenheit geraten ist, als hätte es ihn nie auf der Welt gegeben. Am meisten geschah das dadurch, daß der Mensch der Sünde seine Übel und Widersetzlichkeiten des Glaubens vor der Welt als Glauben mit großem Lob verherrlicht, damit er seine Übel als Gottes Lob und Ordnung der Welt verkünden könnte. Deswegen sind die vielen Sünden sein Erfolg. Deshalb konnte er seine Irrtümer als Glauben in die Welt einführen, und er weidet sich an ihnen sehr und wird durch sie reich und erlangt durch sie Ehre und Lob in der Welt und hat viele Völker durch seine Irrtümer in den Sünden beruhigt und hat ihnen seine Lüge als Gottesdienst verherrlicht.

Siebentes Kapitel

Jetzt wird irgendeine Rede von den Mönchsorden sein. Obwohl, wenn wir ihre Art betrachten, dann ist kaum etwas gegen sie auszusetzen. Denn sie haben um des Namen Gottes willen die Welt sozusagen verlassen, haben sich den vollkommenen und geistigen Dingen zugewandt, sich Orte und verschiedene Umstände zur Frömmigkeit erwählt und sind wie Tote von der Welt abgeschieden. Davon ist viel gesagt worden, und es ist weitreichend; denn die Welt stimmt auch diesem Gottesdienst nicht zu. Selbst ich könnte nichts gegen sie sagen, wenn sie nicht offensichtlich etwas Entgegengesetztes in ihrer Art hätten, womit sie sich augenscheinlich durch den Ort, durch Kleidung, durch Orden und durch viele Besonderheiten der Orden von der Gemeinschaft trennen. Sie entfernen sich so sehr von der Gemeinschaft wie Menschen, die den Gottesdiensten am nächsten stehen. Das kann aber sowohl ihnen als auch allen übrigen Menschen schaden. Ist der Name groß und die Art fromm, aber durch Schulden besudelt, dann fallen alle anderen Dinge auf der Erde. Dann hilft weder ein großer Name noch ein frommer Orden noch irgendein Bemühen in diesem Orden. Deshalb werden den Ordensmitgliedern auch deren Besonderheiten nicht helfen, durch die sie sich von der Welt abtrennen — durch Ort, Gewand und durch besondere Gesetze —, wenn man festsetzen kann, daß sie sich mit unordentlicher Begierde an die Welt halten, der sie sich in einigen Seiten oder vollständig anpassen. Und in ihr wollen sie ein großes Teil haben und suchen in ihr vergeblichen Ruhm, irdische Dinge als Herren an sich zu ziehen und die Armut sich nur dem Namen nach anzueignen und auf sie Gesetze empfangen und Versprechungen machen, daß sie freiwillig die Armut auf sich nehmen und nach Eigentum nicht verlangten, persönliches Eigentum nicht besäßen und auf diese Weise in die Armut einträten, damit sie keinen Handel hätten und öffentlich kein Handwerk ausübten, außer, daß sie sich in allen Dingen einfach auf die Bettelei verließen. Und das ist ein schwieriges und gefährliches Ding, der Gemeinschaft mit allen Bedürfnissen zur Last zu fallen, so viele Bettelmönche gibt es mit Gesinde in jedem Kloster, damit sie alle vom Bettel lebten und auf der Bettelei ein sattes Leben begründeten — damit Essen und Trinken in Hülle und Fülle und an Kleidern genügend vorhanden wäre — mit vielen kostbaren Gebäuden wie Heerscharen und Häuser wie Fürstenhäuser, Aufwand beim Kirchendienst, damit es viele Ornate, teure Kelche, Altartücher, Bilder, Glocken, Orgeln und andere Beiträge zu diesen Diensten genügend gäbe, und daß dies alles durchs Betteln beschafft wird. Das muß eine über alle Maßen aufdringliche und unersättliche Bettelei sein, die nirgends ein Maß oder ein Ende hat. Wenn die Bettler genügend von den aufgezählten Dingen haben wollen, dann können sie nur durch ständige Bettelei beschafft werden. Das geziemt sich aber nicht für diejenigen, die die Welt tatsächlich verlassen hätten, den Glauben mit einem solchen Aufwand und durch Aneignung von fremdem Eigentum befolgen zu wollen, eine besonders ausgedachte Armut zu führen, die niemals gesättigt ist und niemals genügend gebettelt hat. Denn eine solche unbezähmte Bettelei kann nicht ohne Geiz, kann nicht ohne Betrug, ohne Belastung der Gemeinde und ohne Ärgernis sein. Stehlen sie doch den Bettel untereinander weg, diejenigen, die betteln. Für ihre Schüssel suchen sie aufs eifrigste genügend zu erbetteln. Und da es viele dieser Bettelorden gibt, so müssen sie die Gemeinde mit Fron sehr belasten, bevor sie die anderen beschenken können, und sie fordern ständig entweder Erbsen oder Hanfsamen oder Mohn oder Käse oder Garben oder Fische oder sonst was, was sie auf dem Markte erblicken.

Dieser gierige und unersättliche Bettel geziemt weder Juden noch Christen. Unter den Juden sollte es nach dem Gebot Gottes keine Bettler geben; gab es welche unter ihnen, dann geschah es gegen Gottes Gebot, aus Ungehorsam. Unter den Christen hat die ewige Bettelei überhaupt keine Grundlage, da der Apostel spricht: „Wer nicht arbeitet, der esse auch nicht."[1] Deshalb sollten einige Mönche, die wie Pferde so stark, nicht zu essen bekommen, da sie eher als alte Bauern arbeiten könnten. Aber der sehr schlaueste Mönch sagt: „Obwohl wir keine körperliche Arbeit leisten, so leisten wir doch die wichtigere, geistliche, indem wir die Horen singen und hersagen für die Seele, und durch die Masse dienen wir jenen, die im Fegefeuer leiden." Höre aber weiter, Mönch! Der heilige Paulus und mit ihm andere, die das apostolische Amt in der Predigt des Evangeliums bekleideten und die auch andere geistliche, dieses Amtes würdige Arbeit erfüllten, haben dazu immer einen Augenblick oder etwas Zeit gefunden, um sich selbst und den anderen den Lebensunterhalt ohne Bettelei

---

[1] 2. Thess. 3, 10.

zu verdienen. Weder unter den Juden noch unter den Christen haben sie nach dem Gesetz Gottes eine Grundlage zu einer solchen schrankenlosen Bettelei, außer ihre alte, gewohnte Absicht, die nur ihrem Geiz, ihrer Faulheit und ihrem sodomitischen Leben ohne Arbeit dient.

Es ist ein großer Schaden um diese Bettelmönche. Sie verlottern bei dieser Bettelei, und sie verfallen in Unzucht und Sauferei, und schon ohne Bettelei sind sie übermäßig leichtsinnig und bar der geistlich wichtigen Dinge um der Leichtigkeit des Lebens und des Herzens willen. Ohne Scham laufen sie auf den Straßen herum, laufen sie in die Häuser, auf den Märkten laufen sie hin und her, auf den Schauplätzen, unter den Fenstern oder anderswo, obwohl sie für die Befriedigung mit Gott von der Welt abgeschieden sein sollen. Nun aber leider finden wir unter den Mönchsorden nicht einen einzigen, der nach den von ihm erdachten Ordensregeln lebte, geschweige denn nach dem Gesetz Gottes. Die geistige Ruhe in Gott, den Ernst zum Alleinsein für die Ruhe des Herzens oder zur Frömmigkeit findet man bei ihnen selten. Überall haben es schon die Menschen verloren, daß sie schon der Bangigkeit oder der direkten Leichtfertigkeit wegen aus der Ruhe fliehen, suchen ihrem Herzen die Unruhe und erfüllen es mit bösen Dingen, die ihren Absichten widerstreben. Ihre Gebete sind Lottersprünge, unruhig, kalt, unwillig, und da sie sie nicht mögen, laufen sie wie gejagt von ihnen weg.

Deshalb sage ich zur Bettelei: Wenn sie so unaufhörlich ist, daß dauernd etwas gebettelt wird, dann ist das von der christlichen Gerechtigkeit weit entfernt. Denn es ist nämlich offensichtlich, daß die Bettelnden vor den Menschen stets ihre Armut und ihre Gebrechen darlegen müssen, daß sie dadurch nicht zu essen und zu trinken haben. Andererseits erklären sie den Menschen ihre guten Taten, wie sie bei Gott für sie bitten bei Tag und bei Nacht, in den Stundengebeten und während der Messen. Einerseits zeigen sie ihre Armut, und andererseits verweisen sie auf ihren geistigen Reichtum in der Frömmigkeit, und sie wollten durch den geistigen Reichtum die leibliche Armut ergänzen, da sie hoffen, daß man sich ihrer öfteren und sehr frühen Gebete erbarmt und ihnen etwas Käse oder andere Nahrung gibt. Aber für die im Glauben erfahrenen Menschen ist das ein ungebührliches, schandbares Geschäft. Schämte sich einer dessen, er würde mit Scham von ihm weichen, so als wäre er des Diebstahls **verdächtig**, denn auch den Lotterbuben schmeckt manchmal eine ständige Bettelei nicht oft. Diese Taten sind weder für den Glauben gehörig noch der Welt lieb. Sie entspringen teils aus dem Werk der verlotterten Schlauheit und teils aus der Intrige, da sie in diese Bettelorden eingetreten sind und nun nicht wissen, wie sie diese Dinge verändern sollen. Des Gewissens wegen wagen sie es nicht, sie fahren zu lassen, da sie durch Gelübde mit den Orden verflochten sind, außer dem fürchten sie sich auch vor den anderen Mönchen: Sobald sie aus dem Orden entwichen, würden sie gefangen und eingekerkert werden; deshalb ziehen sie wie eingespannte Pferde an diesen Betteleien, auch wenn ihnen dieses Leben manchmal schwerfällt und schändlich erscheint.

Das also tun diese vielfältigen Bettelmönche, die zum Schaden des Glaubens, zur Verderbnis des Volkes hinsichtlich dessen Seele und zum Betrug am Eigentum hinsichtlich dessen Leibes sind.

Achtes Kapitel

Es gibt aber auch noch andere Mönchsorden der Kreuzritter und Kanoniker. Diese klugerweise Ordensregeln erfunden haben mit Herrschaft und Reichtum, damit große Güter jedem dieser Orden beigefügt würden, hier dem einen Orden und dort dem anderen mit einer auf andere Weise sonderbaren Kleidung, so als ob sie mehr Frömmigkeit und Heiligkeit unter dieser wunderlich zugeschnittenen grauen Kutte hätten. Aber zu dieser grauen Kutte haben sie mehr Einnahmen herangezogen als zu den weißen Röcken mit anderen Besonderheiten und mit dem weißen Kreuz auf rotem Mantel. So haben sich die Orden mit besonderen Fratzenbildern bewappnet, so als zeigten diese bei jeden lächerlichen Zerrbildern auf jede besondere Heiligkeit hin, daß die einen Orden eine bessere Heiligkeit besitzen als andere; so hat das weiße oder das rote Kreuz zu bezeugen, wer von ihnen heiliger lebt. So haben sich diese Orden mit den Zeichen der Demut, der Geduld und der Reinheit verstellt und haben sich der Herrschaft zu den reichen Klöstern bemächtigt. Manchmal besitzen sie eine ganze Landschaft; wo sie einen vollen Topf Groschen finden, da nehmen sie Abgaben und welche Menge des aufgeschütteten Getreides aller Art! Dienen sie doch schlau Gott, damit sie schweigend fromm wären; sie können so viele Diener haben, damit sie schweigend essen und trinken können. Und diese haben in der Ruhe starke Gebete. Bei ihnen lassen sich Könige, Fürsten und Bannerherren begraben; denn sie setzen in diese Schweigsamen eine bessere Hoffnung für ihre Seelen, als bei den Bettelnden; denn diese mit den großen Einnahmen müssen Gott näher sein, da sie ja ständig beten, und deshalb müssen ihre ewigen Bitten doch erfüllt werden, damit sie die wollüstigen Menschen aus der dritten Hölle heraussäugen. Denn diese wollüstigen Menschen saßen lange schmausend an den reichen Tischen, sie hatten keine Zeit, irgendwann Gott zu dienen, deshalb erteilten sie diesen Mönchen viele Stiftungen, damit sie ununterbrochen um ihrer Seelen willen Gott sängen. Diese reichen Mönchsorden haben so viel Land errafft, daß Könige und Fürsten wenig Besitz für ihre Herrschaft haben. Manchmal aber legen sie den Klöstern große Lasten auf; und die Mönche schinden aber ihre Untertanen und zahlen dem König die Steuern, aber ihre Abgaben nehmen sie vollständig; hätte sie der König zu seinen Untertanen, mit einer Zahlung befriedigten sie leichter seinen Wunsch. Deshalb haben es die Menschen als ihre Untertanen, als wenn sie dem König untertan wären.

Neuntes Kapitel

Dieses Gespräch über die Irrtümer der Mönche ist an und für sich sehr unerquicklich, aber es ist vielleicht nützlich, um andere Dinge besser erkennen zu können. Deshalb wünsche ich mir, wenn es möglich wäre, daß aus diesen Dingen etwas Nützliches entstehen möge.

Zuerst habe ich etwas über die betrügerischen Stände aufgeschrieben, die in das Netz des Glaubens geraten sind und es so zerrissen haben, daß man hier und da nur noch Fetzen von ihm wahrnehmen kann, und daneben habe ich die Rede des Herrn Jesus von der wahren Einheit gestellt, in die er sein Volk hineinführt, und daß die Stände und die Betrügereien der Gemeinde Christi äußerst widersetzlich sind. Hier aber zeige ich besonders die Stände in den Widersetzlichkeiten, mit denen jeder einzelne Stand Jesus Christus und seinem Gesetz widerstrebt. Bei der geschriebenen Darlegung müßte deshalb begriffen werden, was oder welches ist das größte Werk des Antichrist, der der tückischste Widersacher Christi ist, der die vielen Betrügereien unter dem Mantel des Glaubens angestiftet hat, jede von ihnen mit einer besonderen Widersetzlichkeit gegen Christus, und der Antichrist ist wie das Haupt dieses in eine Rotte des mannigfachen Geistes zerrissenen und gebrochenen Leibes, der dem Geiste Jesu widerstrebt. Das erkennt man aber am besten, wenn wir uns Jesus Christus vorstellen, das Haupt aller Auserwählten, die viele zusammen sein geistiger Leib sind. Und dieser geistige Leib hat das rechte Verbinden und die göttliche Einheit in sich durch die Liebe und den Glauben, so wie viele Glieder eines Leibes sich selbst gehören und miteinander verwandt sind, sie denken an nichts anderes als daran, sich im gleichen Sinne einander zu helfen und Dienste zu erweisen. Durch diese Taten äußert sich der geistige Leib Christi, daß einer dem andern hilft und durch die Liebe zum Nutzen sei, einander dienten, ohne sich gegenseitig etwas zu schulden, außer daß sie sich gegenseitig durch Gottes Liebe[1] liebten und alle geistige Macht von ihrem Haupte, dem Herrn Jesus, nähmen.

Aber dann wäre dagegen die gegensätzliche Lehre: Weil der Antichrist der größte einheimische Gegner Christi unter dem äußeren Mäntelchen des Glaubens ist, deshalb hat er auch den schlimmsten Kopf und einen sich ähnlichen Körper in der gleichen sehr großen Ungerechtigkeit und Widersetzlichkeit gegen Christus. Die betrügerischen Rotten sind der sich selbst gegenüberstehende zerteilte Leib des Antichrist, wobei jede ihre eigenen Gesetze hat, damit jede glaubte, daß sie Gott anders diene, daß jede das ihrige sucht, sich Lob und Nutzen vor den anderen aneignet, die anderen haßt, nur mit ihrem Kopf gemeinsam den gleichen widersetzlichen Geist haben und in diesem Geist stark gegen Christus drücken.

Und für die Hauptfeinde Christi habe ich die kaiserliche und die päpstliche Macht dargestellt, von denen jede aus der anderen die Macht hat und die im

---

[1] 1. Joh. 3, 11.

gleichen Geiste mit der weltlichen und mit der geistlichen Macht gegen Christus zielen. Denn der größte Antichrist könnte gegen Christus nicht so stark sein, wenn er die weltliche Macht nicht zur Hilfe hätte. Aus diesen beiden Köpfen entspringt deshalb der gesamte Widerstand gegen Christus. Dieser Widerstand ergießt sich im Leibe des Antichrist, in den vielen betrügerischen Rotten, damit jede Rotte mit besonderen Widersetzlichkeiten gegen Christus zöge, doch vorher ergingen aus den beiden Häuptern zwei Gesetze, die dem Gesetze Christi widerstreben: das kaiserliche und das päpstliche Gesetz, womit der Leib des Antichrist in den vielen betrügerischen Rotten verwaltet wird, die aus diesen Häuptern mit dem verschiedenartigsten Widerstand gegen Christus geboren wurden und die Macht der Häupter bilden, und die Häupter sind die Macht der Rotten als ihrer Glieder. Damit widerstreben sie Christus und seinem geistigen Leib gemeinsam und im besonderen dadurch, daß sie sich in sich teilen und miteinander streiten, so daß die weltliche Macht Mühe genug hat, sie zu bändigen, ihnen zu wehren, sich gegenseitig Gewalt anzutun. Die Rotten sind durch das Unrecht nämlich so verdorben, daß sie einander zuwider und zur Last sind und ihren Gewinn im Schaden der anderen sehen. Und einige von ihnen genießen die Macht; diese schinden die anderen und bedrücken sie mit Macht und Gewalt. Einige haben weltlichen Handel; sie streben mit ihren Geschäften nach dem Eigentum anderer. Andere wiederum nutzen die Religon aus; durch die Religion fressen die Rotten die anderen kahl und verführen sie.

Und alle diese Rotten, da sie der Leib des Antichrist sind, mit all den Besonderheiten, die sie an sich haben und die Christus widerstreben, unterdrücken und töten Christus, insbesondere, weil sie unter dem Mantel seines Glaubens sind und irgendeinen Teil an ihm haben. Da sie aber den teuflischen und des Antichrist Geist in sich tragen, zielen sie mit all ihren Besonderheiten gegen Christus, damit er mit seiner geistigen Macht und mit seinen Tugenden so unterdrückt würde, daß er in diesem Volk gar kein Recht und keine Macht hätte und daß auch der, der wie Christus gesinnt wäre, keinen Platz hätte unter diesen Gliedern des Antichrist. Wie dies jetzt offenbar ist, daß weder das Gesetz Christi noch seine Auserwählten dort Platz finden können, außer wenn irgend jemand irgendwo sich an den Glauben Christi hält, aber schweigt von seinem Gesetz. Die Rotten nämlich, die den Christi widersetzlichen Leib des Antichrist bilden, haben alle Winkel der Erde, die weltlichen und geistlichen Ämter, die Burgen, die Festen und die Städte, die Klöster und die Pfarren besetzt, und mit ihrem ganzen Sein zielen sie gegen den gekreuzigten Jesus; denn sie besitzen den Geist des Hauptes, das sich Jesus am meisten widersetzt, und alle Taten widerstreben seinem Gesetz.

Ich habe deshalb ein wenig die Widersetzlichkeit des Hauptes gezeigt, die es gegen Jesus Christus übt, und das am meisten darin, daß sich dieses Haupt auf krummen Wegen die Macht und das Recht Jesu angeeignet hat, damit es alle Sünden vergebe und auch anders den Sündern dieser Welt die volle Erlösung bereitete, damit alles, was für die Erlösung notwendig ist, bei dem Haupte gesucht wird und Jesus Christus wie ein Elender verstoßen vor der Tür stände,

420

da er angeblich nichts zur menschlichen Erlösung tun könne durch seine Gerechtigkeit; denn der Antichrist, das schlimmste Haupt, bewirkt auf krummem Wege durch seine eigene Lüge den Sündern dieser Welt die Erlösung aus eigener Macht, welche er sich auf krummem Wege erschlichen hat.

Zehntes Kapitel

Bevor ich von den Rotten sprach, die der Leib des Antichrist sind, sagte ich besonders von den gekrönten Wappen, daß sie viele sind und sich Jesus Christus sehr widersetzen, weil sie den Geist des Antichrist in sich haben. Diese Mächte widersetzen sich auch mit dem Leben dem Herrn Jesus und verteidigen dieses Haupt, damit niemand es ihretwegen wagte, gegen es zu sprechen noch gegen es etwas zu unternehmen, aber in sich selbst schmähen sie den Herrn Jesus mit besonderer Hoffart und mit sodomitischem Leben und bereiten alle ihre verdrehten Ersinnungen gegen seine Leiden von neuem. Gerade von dieser Art sind die städtischen Gaunereien, da sie der Thron des Antichrist sind, damit er aufs unbändigste seinen Geist unter sie ausgösse. Denn gerade zur Stadtbevölkerung paßt der Geist des Antichrist, der, da er von ihnen das traurige Gesetz Christi weggeworfen hat, sie unter die Richtergesetze gestellt hat, damit sie durch sie weiter in Tugend eingingen, nur das allgemeine Wohl in Frieden hielten, ansonsten wie die Heiden ihre volle persönliche Freiheit haben. Der Antichrist, der an Gottes Stelle auf der Welt ist, hat ihnen nämlich die Erlösung aus seiner Macht und nicht aus dem Gesetz Christi bereitet. Die Kirchenorden vermehrt er ihnen und weiht ihnen alles, gibt ihnen die Ablässe in Fülle. Deshalb begreifen die städtischen Gaunereien den Geist des Antichrist besonders schnell, der ihnen die Willkür in den leiblichen Forderungen gibt. Sie sind deshalb auch grimmige Feinde gegen den Geist Jesus, in wem sie ihn unter sich spüren könnten; bewegte er sie nur ganz wenig von den Gesetzen des Antichrist oder von ihren heidnischen Gesetzen, so werden sie zornig und rufen sofort die Räte darüber zusammen, um darüber nachzudenken, wie sie vor ihm Ruhe hätten, damit er sie nicht tadelte und ihnen in der Gesellschaft keine Stürme machte. Der Antichrist hat deshalb Städte, Burgen, Festungen und Klöster mit seinem Geist stark besetzt, der dem Geist, dem Leben und dem Gesetz des Herrn Jesus widerstrebt.

Siebzehntes Kapitel

Jetzt also von den vielen Pfarrerrotten, die die Hirtenstelle einnehmen, von diesen wird irgendwie gesprochen werden.[1] Wenn wir das Beispiel der Apostel Christi betrachten, solche sollten dem christlichen Volk am notwendigsten sein, die sich um die menschliche Seele sorgen sollten, da doch dieses Ding andere christliche Güter dort übertrifft, wo wirklich nach dem Beispiel der

[1] Am Rande des Druckes von 1521 lesen wir:
Über die Rotten der Pfarrer und anderer Priester. — D. Hrsg.

Apostel gehandelt wird, die, da sie von Christus das Hirtenamt übertragen bekamen, diesen Dienst ohne List und in der Tat ausübten. Sie haben aus den Heiden viele Gläubige gewonnen, durch die Predigt des Evangeliums gaben sie ihnen im Glauben Gottes den Grund, damit diese Menge der Gläubigen im Worte Gottes stünde und seinen Willen nach seinem Wort erfüllte. Aber nach ihnen sollte der stärkste Hauptantichrist mit allerlei Verführung zur Ungerechtigkeit[2] zum ganzen Menschengeschlecht kommen, in der Gestalt des Glaubens und der christlichen Güte, gestellt unter sie in den apostolischen Ämtern und Diensten, in der Heuchelei durch Lüge: Sofort zog er nach ihnen auf dem gleichen Wege ein, damit die Apostel des Antichrist die apostolischen Plätze und Ämter einnähmen, sie mit dem Geist des Antichrist erfüllten, damit von hier aus die größte Widersetzlichkeit gegen Christus und seine Erwählten ausginge. Ohne diese Beamten könnte der Antichrist nicht eine so große Macht haben, noch könnte er die ganze Erde besitzen und sich aller Winkel oder Länder zu seinem Gehorsam bemächtigen, wenn er nicht seine Apostel seines Geistes weit und breit in alle Gegenden der Erde gestreut hätte, damit auf diese Weise sein Christus widerstrebender Geist alle Menschen und Völker besessen machte und gegen sein Gesetz stellte, damit er auf diese Weise Jesus Christus aus ihnen vertriebe mit seinem ganzen geistigen und inneren Leben, das das Leben der Gnade ist, aus dem Glauben Christi geboren. Dieser widersetzliche Geist des Antichrist hat bewirkt, daß das christliche Volk gegen Christus ist, leer und beraubt der Gaben des heiligen Geistes und des geistigen Lichtes. Und sie sind gestellt in ungeheure Blindheit und in den Abfall vom Gesetz Gottes durch alle Übertritte, die Übertritt oder Widersetzlichkeit gegen Gott genannt werden können. Das wird gefunden in dem Volk, dem der Antichrist durch seine Apostel seinen giftigen Geist einflößt, welcher Jesus Christus in diesem Volk abtötet. Und er hat aus ihnen eine teuflische Wüste gemacht, so daß weder Verstand noch Christi Gerechtigkeit in ihnen bleibt. Und sie werden wie unvernünftige Tiere, voll Vertierung und Häßlichkeit, wie die Taten zeigen. In diesem leeren und blinden Volk ruht der Antichrist frei, weil sich ihm niemand widersetzt noch ihn versteht, obwohl er alle frißt und wie der Ochs das Gras zu schlingen sich gewöhnt hat, und niemand empört sich, wenn er sie haufenweise ins Verderben treibt. Darum tötete er Christus, das wahrhaftige Licht[3], damit, wenn jemand vor der Hölle Angst haben sollte, er sich nicht betrübe, sondern zu ihr eilte in der Hoffnung, daß seine Erlösung durch die Apostel des Antichrist gesichert sei. Denn das hat ihr falscher Dienst in den Ämtern oder an den apostolischen Plätzen zur Aufgabe, daß sie die blinden Menschen in den Irrtümern beruhigte und, in der Hoffnung enttäuscht, aus der Welt sie begleitete. Denn ohne solche Apostel könnte der Antichrist nicht so lange so ruhig über die Christen herrschen, wenn deren Amt ihm nicht dazu diente. Ansonsten würde er die Welt für die Sünden strafen, wenn Jesu Geist irgend jemandem offensichtlich auf der Erde aufträte. Denn das ist das Werk

---

[2] 2. Thess. 2, 10.   [3] Vgl. Joh. 1, 9.

des heiligen Geistes, daß, wenn er über jemanden kommt, sie in jedem Menschen tadelt und stört und die durch die lügnerische Heiligkeit des Antichrist verdeckten Geheimnisse entblößt. Umgekehrt bewirkt der Geist des Antichrist, daß er die Welt in den Sünden beruhigt, durch seine Lüge nimmt er das schlechte Gewissen der durch Sünde blinden Menschen weg. Denn er ist ein Mensch der Sünden, erzeugt und vermehrt die Sünden auf der Welt durch seine Apostel, durch die er sich der Welt bemächtigt hat und durch die er seine Lüge auf der Welt vergießt, sie aber vergießen durch listige Täuschung, durch Schmeichelei, durch süße Reden und Segnungen seinen lügnerischen Geist und Sorglosigkeit auf der Welt, damit sie sich in den Sünden beruhige, von den Sünden stets fortgehe, damit die Sünde allmählich abstürbe, damit nirgends Sünde sei, wie unter den Heiden nichts sündhaft ist, und damit schließlich nach langer Zeit und durch eingewurzelte Gewohnheiten sich die Sünden in Tugenden, in Ordnung und in ehrbare Dinge, in Gebühr und in Notwendigkeit, in nützliche Geschäfte, in Rechte und allgemeines Gut verwandelten. Auf diese Weise wird jeder unter diesen Namen die Sünden los, und das schlechte Gewissen bedrückt ihn nicht, und er wird Ehre haben vor den Menschen. In diesen Dingen hatten die Apostel des Antichrist Erfolg, die sich der Erde bemächtigt, die Kirchen angeeignet und das Volk zu den Kirchen mit ihren Höfen und Feldern eingeteilt haben, damit niemand dem Geist des Antichrist entgehen konnte, den seine Apostel durch die Heiligkeit der Kirche und durch ihren Dienst, der mit Gift vermischt ist, ausschenken und vergießen, damit von diesem Wein der großen Hure alle Völker der Erde und der Länder tränken, zubereitet mit dem süßen Geschmack.

Achtzehntes Kapitel

Die Apostel des Antichrist, die über die Erde gesät sind, haben den ersten Grund in Annäherung zu den Menschen, die Christus und seinen Aposteln widrig sind, der aus dem Kaiser Konstantin durch die Schenkung von Besitz hervorging, daß dieser Kaiser, indem er den Papst zum Herrn gemacht hat mit königlicher Herrschaft und ihm die Ehre des kaiserlichen Ruhmes gegeben, auch überall in seiner Herrschaft angeordnet hat, Kirchen zu bauen und diesen so viele Felder beizugeben, wie an einem Tag mit dem Pflug gepflügt werden kann. Danach haben die Apostel des Antichrist, als sie sich die Kirchen aneigneten, als schlaue und wirtschaftliche Männer die Zuweisungen Konstantins in Fülle vermehrt und erwarben sich Herrengeschenke zu diesen Landgütern: Wälder, Fischteiche, Abgaben von Menschen, ergiebige Zehnte, und alle Sakramente und ihren Dienst haben sie bewertet und zu Geld gemacht; auch Glocken mit allem Land um die Kirche verkaufen sie immer wieder von neuem zur Beerdigung von Toten. Deshalb befassen sich die apostolischen Männer vielmehr mit irdischen Dingen als die Knappen[1], die nach Landes-

---

[1] Knappen bildeten die niedrigste Stufe des Adels. — D. Hrsg.

recht herrschen, durch ungehöriges Handeln und Aneignung von Macht regieren.

Deshalb wird ihr Anfang — völlig anders als der der Apostel — in Annäherung zu den Menschen die Forderung nach Macht, die Freiheit der Herrschaft, die Freiheit des Leibes, der Fleischeslust, was eine Art, die Christus am meisten zuwider ist: das Hirtenamt anzunehmen, aber vor der Sorge um die Seele geben sie den Vorrang dem Nutzen aus der weltlichen Herrschaft, der Freiheit und der Fleischeslust. Wo ist die Gewißheit der Sache, daß das so ist, daß es keinen Hirten dieser Herde gäbe, wenn es keine Herrschaft zur Kirche gäbe und keine Ruhe dazu, damit der Hirte seines Lebens sicher wäre? Nehmen wir beides weg, so wird kein Hirte im Lande gefunden werden. Und das ist jetzt der offensichtliche Beweis dafür, daß es jetzt so viele verlassene Kirchen gibt, weil es zu ihnen keine Herrschaft gibt, da sie abgenommen wurde. Der Mietling wagt nichts für die Schafe des Wolfes wegen und sorgt sich nicht um die Schafe.[2] Warum hütet er, wenn er frei herrscht und sich ums Leben nicht fürchtet? Am meisten zeugt das Unrecht von ihm, daß er den Bauch hütet, Geld fischt und Menschen verführt. Denn besäße er einen Funken Liebe zu den menschlichen Seelen, so würde er ohne leibliche Beweggründe immer finden ein leibliches Bedürfnis zur Versorgung der menschlichen Seelen, damit sie nicht verdürben und verlorengingen, denn auch das kann er nicht vernachlässigen, was den Seelen Böses antut! Wenn der Rabe das Aas nicht sieht und nicht empfindet, um lebende Pferde kümmert er sich nicht; mögen sie schon ziehen oder Hungers sterben, er bedauert es nicht. Aber wenn sie sie abhäuten, sofort fliegt der Rabe herbei und singt ihnen eine Vigilie krächzend: „Krah, krah!" Gerade solche sind die Hirten, die sich vorgenommen haben, am Fett der Schafe zu weiden. Bisher scheint es, daß sie Hirten seien, solange sie die Schafe schoren, molken und das Fett fraßen. Wenn es aber nichts zu scheren und zu melken gibt, dann sagt der Hirte: „Ich kann kein Gedeih haben bei dieser Kirche." Deshalb vernachlässigt er die Lebenden und Toten, singt niemandem Vigilien, noch erinnert er sich an dessen Seele in der Hölle, er ist ein Rabe, der lebende Pferde nicht verschlingen kann; lieber setzt er sich hoch oben hin und wartet auf tote.

Und deshalb ist der giftigste Umstand für dieses Apostelamt die Hinzufügung der Herrschaft zum Priestertum dieses Amtes ebenso wie das Vorwerfen des Aases den Raben, damit zuerst Unwürdige durch Eigentum angezogen würden, damit sie im Widersatz zu den Aposteln eingingen in dieses Amt. Die Apostel haben zuerst, ehe sie anfingen, das Hirtenamt auszuüben, alle irdischen Dinge verlassen, damit sie würdig wären, die himmlischen Dinge zu verkünden; denn nur jenen obliegt das Amt der himmlischen Dinge, die die irdischen Dinge verschmäht haben. Deshalb wäre diesem die widersetzlichste Handlungsweise, wenn diejenigen, die keinerlei irdische Dinge hätten, dieses Amt nicht führen wollten. Was konnte deshalb einen solchen Schlag diesem ehrenvollsten Amte zufügen? Das Tor nur so den unrechten Menschen zu ihm

2 Vgl. Joh. 10, 12 und 13.

424

zu öffnen, damit eine Menge der Schlimmsten zum Priesteramte zöge um der Herrschaft und der Fleischeslust willen, wobei sie obendrein weder das würdige Leben noch die Gelehrsamkeit noch die Liebe zu den menschlichen Seelen besitzen. Wie können denn solche den Glauben Christi der Herde zeigen, die doch nicht das richtige Leben führen noch die reife Vernunft dazu besitzen, aber eine schlüpfrige und leibliche Begierde nach Herrschaft und Wollüsten haben? Darum wird der Hirte wie ein Wolf unter den Schafen, damit er sie würge. Da er zu diesem Hirtenamte den heiligen Petrus haben wollte, fragte ihn deshalb der Herr Jesus dreimal: „Petrus, hast du mich lieb?" Und er sagte zu ihm: „Herr, du weißt, daß ich dich liebhabe." Da sprach der Herr Jesus zu ihm: „Weide meine Schafe!"[3] Zuerst versicherte er sich des Menschen, ob er die rechte Liebe zu ihm besitze, dann hat er ihm erst die Herde anvertraut, die er schwer durch seine Leiden und seinen grausamen Tod erobert hat. Denn nur der erweist ihm den Glauben über der Herde, der ihn so liebt, daß er kein Ding auf der Welt, noch sein eigen Leben liebte, als alles über alles den Herrn Jesus und seine Leiden, niedergelegt in seiner Herde. Deshalb leistet der Wolf diesen Dingen keinerlei Genugtuung, der sich in das Hirtenamt drängt, um Schafe zu würgen, damit er Aas fräße. Weder wäre er im Rate Jesu, noch erkannte er ihn, noch hat er die Liebe zu ihm. Deshalb ist er dazu bereitet, damit er Widersetzliches täte gegen Jesus, damit er sich zum ersten Widersacher seiner Leiden nach dem Teufel über alle Feindlichkeiten machte, die unterm Himmel gegen Jesus gemacht werden. Er ist wie ein blindes Tier, dem Glauben und allen Anteilnahmen Christi entfremdet, er drängt sich in solches geistiges Amt, das dem himmlischen Ruhme dient, wobei er sich auch darin die leibliche Freiheit und Fleischeslust vornimmt — das tierische Verlangen ist der Beweggrund dazu —, die er in solcher Leichtfertigkeit des untätigen Lebens auf der Welt finden könnte; diese Freiheiten erlangt er nach dem Amte Gottes. Deshalb haben der heilige Petrus und der heilige Judas, Apostel Christi, von solchen sehr schreckliche Dinge geweissagt, sie nennen sie Brunnen ohne Wasser und Wolken ohne Regen[4], viehischen Geistes, die keine Weisheit noch das Verlangen nach Christi haben.[5] Wie Tiere sorgen sie nur um den Leib, als Brunnen ohne Wasser haben sie keinen geistigen Nutzen in sich, um Betrübte und in Fallnetze Geratene mit Ratschlägen und der erlösenden Lehre zu erfreuen und ihre Schwierigkeiten zu regeln, so wie der Durstige erfreut und erquickt wird durch das Wasser des guten Brunnens. Aber wenn sie Brunnen ohne solch lebende Wasser sind, so sind sie Gruben, um Blinden das Genick zu brechen, damit sie an ihrem bösen Leben Ärgernis nähmen und durch ihre falschen Lehren in Irrtümern ertränken, damit der Blinde den Blinden führte und sie beide in die Grube der Verderbnis fielen.[6]
Deshalb ist die Beifügung des Aases zu diesen Kirchen ein Schaden über allen Schäden, damit die Raben, die das Aas lieben, sich in die Kirchen nach dem

---

[3] Joh. 21, 16—17. [4] 2. Petr. 2, 17; Jud. 12. [5] Jud. 19.
[6] Luk. 6, 39.

Aas drängten. Aber anderes Ding ist darin nicht, nur das, daß der Weg und die Macht des Antichrist, der in jeglicher Verführung zum Unrecht kommen sollte, nirgends mit einem solchen Widerstand gegen Christus in keinem anderen Amte noch in anderen Diensten bestehen könnte, wie er im Hirtenamte und in den Dienstbarkeiten steht, in denen das Volk seine Erlösung wittert, damit der Antichrist auf diese Weise alle Großen und auch Kleinen unter seinen Geist unterwerfen könnte, indem er ihr Gewissen beherrscht, um es, indem er durch sein Gewissen hindurchgeht, in seinem Geiste auszurichten und ihm den Weg nach seinem Geiste auferlegte. Und woraus er will, daraus macht er ihnen Sünden, und was er als sündlos bestimmt, das wird ohne Sünde sein, damit er die Erlösung der Welt aus sich selbst, aus seiner Macht ohne Christus machte. Wenn er ihnen im voraus Christus reicht, so färbt er ihnen seinen Geist im Namen Christi, so daß sie vermuten, daß sie die Erlösung dort annehmen, wo er ihnen den Tod reicht, verschönt durch Christus. Denn alles unterwarf er unter seine Macht und unter seinen Geist: Menschen und Glauben, damit er sich Christus stark widersetzen und die Menschen ihm wegnehmen könnte, indem er sie mit Christus segnet. Und er errang sie für sich und übergab sie den Teufeln. Nachdem er sie früher selbst ausgesaugt und seine Begierden durch sie ausgeführt hat, warf er sie den Teufeln in den Rachen. Und diese Dinge macht er durch seine Apostel, durch die er die Welt in seine Macht und unter seinen tötenden Geist gebracht hat, der Christus in den Menschen abgetötet hat.

Neunzehntes Kapitel

Noch eine Widersetzlichkeit gegen Christus ist im Hirtendienst in denen, die im Geiste des Antichrist Kirchen annehmen und sich unter die vielen Menschen im Namen des Hirten wie Wölfe mischen, die Schafe reißen. Und darin besteht diese ihre Widersetzlichkeit: Fleischlich sind sie mit den Menschen durch das Band des Marktvertrages verbunden, damit sie sich das Volk verpflichteten, ihnen materiellen Nutzen, Zehnten, Geschenke und andere Opfergaben zu bringen, und sie gäben den Menschen heilige Dinge, damit der Priester gesetzlich diese Dinge anfordern könnte, die er zu Recht von diesen Menschen erlangt hat, nicht nur, daß er mahnen könnte, sondern durch Macht dazu auch zwingen könnte, sie mit dem Bann belegte und in fremden Ländern klagen dürfte, damit er sie vor dem höchsten Antichrist dazu zwingen könnte, den Nutzen erlangen, den er sich durch falsches und geiziges Recht angeeignet hat. Deshalb geht das blinde und verführte Volk wieder zu den Priestern, damit ihnen der Priester sein Recht verschaffe. Es will die geistigen Dinge entsprechend dem Recht haben, wie der Priester die Zehnten, und daß dieses Gesetz allen Menschen der Gemeinde verbindlich wäre und jeder Mensch und Priester nach dem Gesetz jedem Menschen verpflichtet wäre. Unter ihnen besteht weder Glauben noch Liebe noch der gute freie Willen, sondern die Zwangsmacht, die geizige und weltliche Menschen erfunden haben, und das in Dingen, die Dinge des Glaubens und der Erlösung sein sollten, damit das von beiden Seiten aus

426

Liebe und Glauben im Glauben Jesu Christi geführt würde. Hier wird alles entgegen der Wahrheit Christi nach dem Fleische unter fleischlichem Recht getan, ebenso wie die weltliche Herrschaftsweise nach Gesetzen vollzogen wird, die zwischen dem Herrn und seinem Volk stehen, daß sie entsprechend dem Recht zu etwas verpflichtet sind. Wollte man dem Apostelamt die gleiche Grundlage verleihen — so müßte es vom Glauben abfallen, und das ist der Weg des Antichrist, der Christus widerstrebt und unfruchtbar ist, auf dem es kein Leben und keine Besserung des Menschengewissens gibt, sondern nur weltliches und heidnisches Recht und tote Gewohnheit, die kein Leben in sich hat. Aus der toten Gewohnheit entspringen die Blindheit und der Geiz, daß das Volk entsprechend dem weltlichen Recht die geistigen Dinge fordert oder mit diesem unzutreffenden Recht Anspruch auf sie erhebt, so tut es dies aus Blindheit, ohne zu wissen, wie es über die geistigen Dinge steht, mögen sie gut oder schlecht, ob es ihrer würdig oder unwürdig ist. Das zu beurteilen, vermag es nicht, es sieht nur darauf, daß es gewohnheitsmäßig so getan wird und daß es ein vereinbartes Recht dazu mit den Priestern hat. Ebenso auch die Priester, die auf dieses Recht hin die geistigen Dinge geben, in dieser Dienstbarkeit mit der Blindheit sich richten, und ihr Geiz verpflichtet sie dazu; da sie nur die Ausbeutung anstatt des Rechts dem Volk brachten, müssen sie die eine Sache hintereinander der zweiten legen, um von ihrem Geiz und ihrer unanständigen Schinderei sagen zu können, sie seien ein Verdienst und Erfordernis.

Nicht nur darin aber besteht die Ungerechtigkeit des priesterlichen Dienstes, daß sie unter diesem Irrecht, welches durch den Geiz eingeführt ist, entgegen dem Glauben den Dienst verrichten, sondern daß sie bei diesem Dienst völlig ihre Gerechtigkeit verloren haben, daß sie in ihm keine Schlüssel benutzen noch sie besitzen noch sie besitzen können, mit solch einer Blindheit stehen sie in diesem Dienst. Dieser Hirtendienst kann ohne die Schlüssel, die der Herr Jesus dem heiligen Petrus und den übrigen Aposteln gegeben hat, nicht ausgeübt werden in keinem seiner Teile, noch kann mit seiner richtigen Ausübung begonnen werden, und welchen Dienstes sich dieser schlüssellose Priester auch bemächtigen mag, alles verdirbt er und verwandelt es in Sünde.

Einundzwanzigstes Kapitel

Zum zweiten benutzten sie die Schlüssel bei der Erforschung des Gewissens in der Beichte, wenn sie die Buße auferlegen. Da sie die Schlüsselmacht der Sündenvergebung benutzen, so beweisen und sagen sie, daß, wenn sie gewisse Worte sprechen, die Macht zur Sündenvergebung haben: Wenn sie die Hände auflegen und die Worte sprechen, dann wird alles vergeben. Aber sie lösen Sünden bei solchen, die ununterbrochen sündig sind, das ist, daß sie die Sünden, die vergeben werden, sofort wieder begehen, weil sie weder Willen noch Sinn noch das sündige Leben geändert haben; wofür ihnen bei der Beichte eine Buße auferlegt wurde, so tun sie auch mit Buße ohne Unterlaß. Deshalb ist dies eine Lüge des Antichrist, denn die Verkündigung der Sündenvergebung ist keine Anwendung der Schlüssel, sondern ein offener Irrtum zur Täuschung. Gott vergibt niemandem die Sünden, außer wenn er vorher mit Willen, Sinn und Taten von ihnen abläßt. Deswegen ist deren Sündenvergebung und die Anwendung der Schlüssel dabei wie das Gebaren von Gauklern und Zauberern, von dem es scheint, es sei etwas, aber es ist nur Lüge. Deshalb haben die Priester, die Gottes Gesetz bei der Anwendung der Schlüssel verworfen haben, weder im Denken noch in der Tat noch in irgendwelchen Worten Macht zur Anwendung der Schlüssel, noch können sie sie anders haben. In nichts können sie das Reine und Unreine vor Gott erkennen, außer in den Lehren des göttlichen Gesetzes; niemand kann den Menschen in der Beichte oder sonstwo reinigen, außer er gründet ihn mit vollem Herzen auf das Gesetz Gottes; erteilt er ihm anderswie Sündenvergebung, dann belügt er ihn.

Deshalb ist der Anschluß der Gemeinden an Kirchen und deren Unterwerfung unter die Rechte der weltlichen Zwangsmacht eine Intrige des Antichrist, die zu allen Widersetzlichkeiten gegen Christus bereit ist, und sie ist das dem apostolischen Dienst und seiner Freiheit am meisten Widerstrebende: Sie sind nicht gesandt in abgegrenzte Sprengel, sondern zu allen Menschen in der Welt, damit sie ihnen den Glauben des Gesetzes Gottes predigten, und wer an Christi Evangelium glaubt, ein Mensch Christi würde. Auf diese Weise bezeigten die Apostel die Dienstbarkeit ihres Amtes aus Liebe, indem sie die irdischen Gewinne und diese scheußliche Herrschaft ablehnten, die dem Hirtendienst beigemischt ist. Weil sie keine Intrigen dieser abgegrenzten Sprengel wegen, noch irdischer Dinger wegen jemandem gegenüber unfreiwillige Verpflichtungen hatten, konnten sie frei die Schlüssel für alle Menschen benutzen und alle, die sich dem Glauben widersetzen, binden und von den heiligen Dingen entfernen.

Und daraus ist ersichtlich, daß diejenigen die Freiheit zur Benutzung der Schlüssel haben müssen, die den wahren Sinn im Gesetz Gottes erreicht haben und glauben, daß es anders auch anderswo keine Macht der Schlüssel geben kann als nach dem Urteil und der Lehre des Gesetzes Gottes. Solche müssen dann frei von den Intrigen des Antichrist in dem sein, was vordem von ihnen gesagt wurde, daß diejenigen, die unter den weltlichen und menschlichen Rechten den Hirtendienst ausüben, da sie mit der Welt verflochten sind, die Schlüssel nicht benutzen können noch sie haben, solche auf dem Aas sitzenden Raben.

Zweiundzwanzigstes Kapitel

Auch muß er frei sein von der Zaubergesinnung, die die römische Kirche von den Schlüsseln hat, die sie in einigen Worten hat und gegen die Sünder benutzt, die von den Sünden nicht ablassen, ja, auch im ungerechten Fluch und in anderen Strafen diese Schlüssel benutzt und diejenigen zur Hölle schickt, die sich ihr widersetzen. Weiterhin muß, wer die Schlüssel nach dem Urteil des Gesetzes Gottes und des Bundes der Unschuld benutzen will, frei sein von unrechter Liebe und Gunst. Ist jemand gegen irgendwelche mit Haß verwundet, dann beugt er den Sinn der Gerechtigkeit gegen sie und muß sich gewaltsam mit grausamer Lieblosigkeit gegen sie benehmen, er wägt ihnen die Sünden schwerer als Gott. Deshalb ist hier nicht die Lehre des Gesetzes Gottes, und die Schlüssel gehen zugrunde, wenn sie eher danach streben, das Himmelreich zu verschließen, als es das Urteil des Gesetzes Gottes gestattet, so wird er sich schon mit Zorn zu Gericht setzen. Auch die ungerechte Liebe und die ungerechte Gunst werden willig vor der Gerechtigkeit weichen. Obwohl sie vor Gott unwürdig sind, sind sie nichtsdestoweniger Freunde von Priestern, laden sie zu Tisch und machen ihnen einige Geschenke, schicken ihnen Kannen gelagertes Bier, reden ihnen nach dem Munde und loben die Priester; hier wird manches Priesters Herz weich wie das Samsons, als ihm Delila schmeichelte.[1] Darum, wenn er ihnen nicht alles erläßt, dann vermindert er ihre Sünden wenigstens um die Hälfte, gibt ihnen seinen Segen und vertraut sie Gott an. Deshalb muß zum Gebrauch der Schlüssel das Herz von den leiblichen Wohltaten, vom Haß und von der Blindheit, in der die Unkenntnis der Gerechtigkeit haftet, die im Gesetz Gottes ist, gereinigt sein. Darum zaubern viele, die Schlüssel aber benutzen sie nicht.

Dreiundzwanzigstes Kapitel

Wenn wir von diesen Gemeinden sprechen, so können wir die umfangreiche und sehr böse Intrige bei diesen Gemeinden zum Schaden der ganzen Welt beobachten, die ausgemessen ist unter den Kirchen, in der die Diener des Antichrist herrschen, die den gegen Jesus Christus widersetzlichsten Geist haben, damit sie alle mit diesem giftigen Geist durchtränkten, da sie über dies Volk die Macht haben, es zu lehren, was sie wollen, damit überhaupt niemand es wagte, sich ihnen entgegenzustellen noch mit irgend etwas ihren Geist zu versuchen, damit sie sich noch mehr belögen, damit sie von deren Lippen stets das Gift des Antichrist tränken und niemandem zu sagen wagten, daß das böse ist, oder über den Glauben anders dächten, als es der Antichrist will. Sie haben sich das Volk unterworfen und den Kirchen untergeordnet, damit nicht vielleicht jemand ihrem Geiste entginge, und sie fressen sie in ihren Irrtümern wie Sperber. So ist der Antichrist durch diese Gemeinden zu Erfolg gekommen, das auf so schlaue Weise, als sorgte er sich um ihre Erlösung, damit keine Seele in die Irre ginge, weil sie ihren Hirten zu Hause bei der Kirche hat.

Vierundzwanzigstes Kapitel

Die dritte Plage wird auch die treffen, die Pfarrer sein wollen oder an den Kirchen sind, an die viele Sünder und auch Pfarrer durch den Geist des Antichrist gebunden sind. Denn die Priester könnten nicht leicht durch die Türen zu den Kirchen eingehen mit Rücksicht darauf, daß der oberste Antichrist sich diese

[1] Richter 16, 6 ff.

Macht zugeeignet hat, damit ohne ihn die guten Taten nichts gelten, wenn er nicht seinen Segen dazu gibt und sie nicht erlaubte. Weder der Pfarrerdienst noch der Hirtendienst könnte ohne seine Erlaubnis und Bestätigung bestehen. Und das nennen sie Seelsorge. Und diese Seelsorge ist käuflich, er muß sie vom Bischof kaufen. Sobald er sie kauft, dann haben weder der Pfarrer noch der Bischof Seelsorge. Wer deshalb sich auf so unordentliche Weise das Amt der Seelsorge beschafft, der ist ein Simonist, und der verfällt dem Fluch des heiligen Petrus, der Simon verfluchte, als dieser Geld anbot, um die Macht des heiligen Geistes zu erhalten, und er sprach zu ihm: „Daß du verdammt werdest mit deinem Gelde, darum daß du geglaubt hast, daß du die Gabe des heiligen Geistes durch Geld kaufen kannst."[1] Hier wird das Amt der geistlichen Taten gekauft, die für die Erlösung der Seele bestimmt sind; auch die Seelsorge solle er kaufen! Einigen gelingt es, auch mehrmals Kirchengut und Seelsorge zu kaufen. Beim Papst kaufen sie Blätter mit seiner Ermächtigung und mit der Erlaubnis der Kirche, und dann beim Bischof kaufen sie die Bestätigung und die Seelsorge, und vom Patron schließlich erlangt er durch einen Dienst oder durch eine Bitte oder durch Geschenke die Kirche.

Und diese Dinge, da sie geistliche Dinge betreffen oder zu ihnen gehören, sollten weder gekauft noch verkauft werden, entsprechend einer gierigen Forderung, da sie gegen Gott hier herrschen, ein fleischliches Leben führen und die Simonie begehen wollen, weil sie ein geistiges Ding wie ein fleischliches kaufen wollen. Und durch die geistlichen Dinge wollen sie in die irdischen kriechen, durch das geistliche Amt wollen sie heidnische Herrschaft und Gewalt und Reichtum erlangen und mittels der Religionsangelegenheiten zu einem fleischlichen, sodomitischen und gottlosen Leben gelangen – von dieser Seite nehmen sie neue Sünden auf sich. Da das Sorgeamt die geistlichen Dinge betrifft, sündigen sie durch Gott, indem sie in fleischliche Sünden kriechen; durch seine geistlichen Dinge, die von Gott zur Vernichtung der Sünden bewirkt sind, durch diese Simonisten bahnen sie sich den Weg zu den Sünden. Deshalb müssen diese Sünden schwerer sein als alle anderen Sünden. Und dieser, der sich in die Sünden verwickelt, der mittels seines Amtes Sünden an vielen vernichten sollte, wie unanständig also wird der dieses Amt zur Vernichtung der Sünden führen, da er doch selbst durch vielfältige Sünden in dieses Amt eingedrungen ist. Darein verfällt ein jeder, was der Herr Jesus sagt: „Wer nicht zur Tür hineingeht in den Schafstall, der ist ein Dieb und ein Mörder. Und ein Dieb kommt nur, daß er stehle, morde und umbringe."[2] Das ist der Gewinn bei den Kirchen der simonistischen Lotterbuben, daß sie das Volk durch den lügnerischen und giftigen Geist des Antichrist an den Seelen verlören und in die Verdammnis trieben.

Und nicht nur die Pfarrer sündigen auf diese Weise, die durch Simonie Kirchen erwerben, sondern auch die weltlichen Herren und die kleinen Adligen sündigen auf vielfältige Weise durch Simonie. Zum ersten und offensichtlich-

[1] Apg. 8, 20.   [2] Joh. 10, 1 und 10.

sten, daß sie viel Geld und Geschenke oder Nahrungsmittel oder andere Dinge nehmen und dafür Kirchen geben. Und einige Herren geben der Freundschaft wegen die Kirchen an Unwürdige; in diesem Irrtum leben viele Adlige, die die Kirche schwachen Freunden geben, die noch nicht geeignet wären, Schweine zu hüten, geschweige denn Menschenseelen. Und andere geben Kirchen wiederum auf schmeichlerische Bitten hin oder aus anderen unwürdigen Ursachen, durch die die Sünde der Simonie begangen wird, obwohl sie es nicht so ernst nehmen. Und andere wetten um die Kirchen, indem sie sagen: „Was wetten wir, Herr, daß du meinem Sohn die Kirche nicht gibst?" Und der Herr sagt: „Ich wette fünfzig Schock, daß ich sie ihm gebe." Er sagt: „Es gilt!" Und der Herr spricht: „Ich gebe deinem Sohn die Kirche; bezahle mir die fünfzig Schock!" Der ehrenwerte Kauf kommt gelegen, er kann viel Einnahmen einbringen, indem er viele Messen und heilige Stunden in Geld verwandelt, versucht er seine fünfzig Schock wieder hereinzubekommen. Da wird das Fegefeuer nötig.

Da wir dieses vielfältige Sündigen am Kirchengut gesehen haben, so ist es dem weltlichen Menschen schrecklich und grausam, dem Fürsten oder dem Herrn, ein Patronat oder eine Diözese oder eine Pfarre zu haben. Gaben sie es einem Bösen um Geld, um Geschenke, für leibliche Dienste, für weltliche Gunst, aus Freundschaft, für Schmeicheleien — Plage wird er mit dem Patronat haben! Man muß nämlich wissen, daß das Patronat nicht nur eine steinerne Kirche oder ein Altar, sondern eine Macht zum geistlichen Amt ist. Weil es also ein geistiges Ding ist, gehört es sich nicht, es zu verkaufen oder zu kaufen, sondern man soll es umsonst den Würdigen geben, damit sie Erfolg dadurch hätten, weil es bereit ist zum Erlöserdienst an der Seele. Wo aber die Herren vom Glauben abfallen, dort kaufen und verkaufen sie die Patronate wie Ochsen oder Kühe zur Schlachtung und ziehen aus allem irdischen Vorteil. Und deshalb ist die Religion mit diesen Dingen verflochten und mit schweren Sünden vermengt.

Fünfundzwanzigstes Kapitel

Aber zu Beginn gab es unter den Christen weder einen solchen Hinterhalt noch Zueignung der Kirchen unter die weltliche Macht. Denn die Versammlungen der ersten Christen hatten die Freiheit, sich den Bischof oder einen anderen geeigneten Priester zur Seelsorge zu wählen. Deshalb gab es bei ihnen kein solch simonistisches Kaufen und Verkaufen. Aber als der Antichrist durch die weltliche Macht ungeheure Kraft gewann, da wurde die Erde für die Kirchen geteilt und ausgemessen. Den weltlichen Fürsten und Herren gefiel, sich so zu ihrer Herrschaft auf der Welt Patronate anzueignen, um sie einander zu teurem Preise verkaufen zu können. Die Priester haben auf diese Weise, wie berichtet wurde, bei den Herren die Kirche gekauft oder erlangen bei ihnen auf ungerechte Weise die Kirchen. Dadurch wurden die Kirchen zu rechtlichen Institutionen, daß die Priester sie rechtswidrig kauften und erwarben und die Herren sie unverschämt verkauften oder als Geschenk nach Gunst Unwürdigen und Schlechten erteilten. Da die ganze Erde geteilt und ausgemessen ist für die Kirchen, die die simonistischen Priester und Herren beherrschen, so ist gewiß, daß den wahren Priestern kein Platz zur Predigt des Evangeliums in Wahrheit übrigbleibt. Die Herren haben sich mit den simonistischen Priestern vereinigt im Geiste des Antichrist gegen Christus, sie schmeicheln und helfen sich gegenseitig und nutzen einander aus, und so sind sie Christi starke Feinde. Da sie die heiligen Orte besetzt haben, zu denen die ganze Welt ausgemessen ist, geben sie der Wahrheit Christi keinen Raum. Heute könnte Christus seine Apostel nicht aussenden, damit sie allen Geschöpfen das Evangelium predigten.[1] Die zweifache Macht, die sich aller Winkel der Erde für die Kirche und für ihre Herrschaft im Geiste des Antichrist bemächtigt hat, gestattet es nirgends, das Evangelium gegen die Laster zu predigen, in die der Antichrist die Welt eingewiegt hat. Deshalb singen heute die Apostel des Antichrist im Reiche der Welt das Evangelium lateinisch, und die Welt ärgert sich nicht darüber, daß sie ihr das Evangelium in süße Liedchen mit hohen Stimmen und frommen Noten verwandelt haben, wobei sie das Evangelium mit Weihrauch begleiten, viele Kerzen dazu verschwenden und die Glocken läuten. Sie haben auf diese Weise der Welt das Evangelium in einer süßen Tunke zubereitet, damit sie, wenn sie es in fremder Sprache und in einschmeichelnden Tönen hört, sich seinetwegen nicht betrübten und sich nicht erzürnten, da ein solches Lied ihnen keinen Schmerz bereitet. Aber jene Apostel, da sie das Evangelium gegen die Welt predigten und die Welt ihrer Sünden wegen straften, starben an ihr. Der Antichrist macht heute mehr Dinge für das Evangelium als die Apostel, er ehrt das Evangelium sehr und huldigt ihm durch Weihrauch und sehr viele Kerzen, wenn lateinisch gesungen und die Opfergabe sich zu ihm schleppt. Wird aber tschechisch gegen seine Hoffart gepredigt — dann wünscht er einen stinkenden Kerker voll Dreck.

Aber diese Dinge sind genügend bekannt. Wir wollen hier nur sehen, in welche Schlingen der Glauben gefallen ist, da alle diese weltlichen und geistlichen Dinge dazu überführt oder vorbereitet sind, damit sie den Glauben so unterdrückten, daß er nicht mehr atmen kann und auch keinen Platz mehr findet. Deshalb, ist er in jemand, muß diesem mit ihm vor diesem bösen Volke bange sein, das nur dem Namen nach den Glauben hat, ihn mit Lippenbekenntnissen rühmt und selig preist da, wo es von ihm nichts weiß und auch seinen Geruch nicht empfinden kann, aber wenn er sich in irgend jemandem durch Worte der Wahrheit äußert, so verachten sie ihn und beschuldigen ihn der Ketzerei: Es ist deshalb das listige und am meisten vom Geiste Jesu abgefallene Volk, das stets bereit ist, Jesus Christus zu kreuzigen und die Macht seines Kreuzes zu entkräften und über ihn zu lachen.

[1] Vgl. Mark. 16, 15.

Nochmals aber ist über den Verkauf der Patronate der weltlichen Herren an die Apostel des Antichrist Wichtiges zu sagen, daß sie schwere Sünden auf sich nehmen, wenn sie es den Gegnern des Kreuzes Christi auf so unordentliche Weise verkaufen oder um irdische Dinge geben und dadurch die große Sünde der Simonie auf sich laden. Zum zweiten, daß sie es den Gegnern des Kreuzes Christi verkaufen oder dem Bösen unentgeltlich schenken. Was verschenken sie? Nicht die Kirche der kahlen Wände, sondern die Kirche, zu der sie viele Menschen eingepfarrt haben. Und hat aber ein böser Priester die Kirche in seiner Macht, dann hat er auch alles Volk unter seiner Macht, das sie durch Landesrecht den Kirchen beigefügt haben. Was ist aber dies Volk? Es ist Gottes Geschöpf, das sich Gott zum Wohlgefallen und zur Ehre geschaffen hat, und es ist dieses Volk gekauft von Christus und geschätzt durch seine Leiden. Wem hat der Herr dieses Volk verkauft, das Christus mit seinem Blut erkauft hat? Dieses Volk hat der Herr den Aposteln des Antichrist verkauft, dem Hauptfeinde Christi, damit das, was Christus in diesem Volke haben wollte, der Gesandte des Antichrist in ihm verdürbe. Christus aber hat es durch sein Blut und durch seinen schweren Tod dazu erkauft, daß er ihm Leben gab. Der Apostel des Antichrist hat es vom Papst, vom Bischof und vom Herrn gekauft, damit er für sein fleischliches Leben das Leben tötete, das ihnen Christus im Leiden erlangt hat. Aber derjenige, der das Volk auf eine so schändliche Weise erfeilscht hat, ist nicht durch die Tür eingetreten, sondern hat einen anderen Eingang als die Tür benutzt. Deshalb ist das ein Lotterbube und ein Dieb[1], und sein Werk besteht darin, daß er stahl, tötete und verfluchte, aber damit hat er außer Tod und Verdammnis nichts in seinen Händen. Und dieses Werk fällt sofort auf Christi Mühe, damit er durch seinen Tod in den Menschen Leben machte, damit dann der Gesandte des Antichrist diesem Leben den Tod bereitete, damit er tötete und verdammte. Christus kauft, und der Herr verkauft; was Christus kauft, das verkauft der Herr. Wozu kauft Christus? Zum Leben und zur Erlösung. Und wozu verkauft der Herr? Zum Tode und zur Verdammnis. Das ist ein äußerst schreckliches und unsichtbares Ding, wie wenn es nicht wäre. Es ist eine unaussprechliche schwere Widersetzlichkeit: Daß der Mensch gegen Gott strebe. Dieser Mensch kann keine solcher widersetzlichen Sünden auf sich laden, mit denen er ein so böses Ding gegen die Leiden Christi vollführen könnte, wie durch dieses Ding. Mit anderen Sünden kann er den Herrn Christus in sich kreuzigen, aber durch den Verkauf vieler Menschen in die Macht des Feindes Christi tötet er in allen das Leben, das Christus ihnen durch seinen Tod erlangt hat — sollte in jemandem dieses Leben nicht vorhanden sein, dann soll es dessentwegen nicht sein, der kaufen gekommen ist, damit er für sich in seinem Geiste stehle, damit das Leben Christi nicht über den Tod etwas vermöchte. Der Feind hat nämlich allen Gnaden Gottes den Weg in diesem Volk versperrt, das sich durch den Geist des Antichrist widersetzt, indem er Gift

[1] Vgl. Joh. 10, 1.

eingoß. Daher ist es in Ordnung, daß er stiehlt und die anderen tötet und alle verdammt. Herr! Wenn du willst, dann erinnere dich, daß du zu diesem Übel die Kirche dem Gesandten des Antichrist verkauft und ihm durch diesen Handel Macht über das Volk gegeben hast, das sich Christus mit seinem Blut erkauft hat, damit er, der die ungerechte Macht durch dich hat, Gott durch sie das Volk nähme und es nicht gestattete, den Leiden Christi bei ihm zu bestehen. Prahle deshalb, daß du ein Patronat besitzest und daß deine Herrschaft um hundert Schock Groschen für dieses Patronat teurer ist! Aber dann, wenn du gestraft sein wirst, wirst du dich erzürnen, und im Zorn wirst du sagen: „Ha, ich gebe die Pfarre einem Mönch oder sonst einem Teufel!" – wüte nicht allzusehr, noch sind dir die Dinge nicht begegnet, die deiner harren. Kommen sie aber, dann möchtest du lieber der Patron eines stinkenden Abortes sein, als die Bürde der Strafe auf dich zu nehmen, die du an der Kirche verdient hast, als du sie zur Schmach der Leiden Christi ließest, als du Christus das Recht an den Menschen nahmst, die zu der Kirche gehören, die du in die Macht des Feindes Christi gegeben hast mit dem Volk, das ihr der Kirche zugeeignet habt.

Das ist ein so wunderliches Denken und eine so ungeahnte Blindheit bei den Christen, den Priestern und den Herren, daß sie so ohne Angst das Volk verhökern. Christus hat es sich doch durch den teuren Preis seines Blutes erkauft. Dann kauft es der Herr und sitzt ihm immer ohne Gnade auf dem Rücken, spannt er es wie das Vieh dazu ein, zu was er gerade will. Dann ist schon der dritte Käufer dieses Volkes da, der Pfarrer. Der kauft vom Papst dies Volk. Der Papst aber verkauft es in die Macht demjenigen, den er gar nicht kennt und von dem er nicht weiß, ob dies ein Mensch oder ein fleischgewordener Teufel ist. Auf diese Weise kennt er weder das Volk noch denjenigen, dem er das Volk verkauft, nur daß er vom Wolf Dukaten nimmt, damit er das Volk schindete. Er kauft es so auch beim Bischof zu Hause. Aber diese beiden Händel sind nicht erfolgreich, durch einen dritten Handel muß er einen Patronatsherrn suchen. Weil der Herr die Menschen, die sich Christus und dann er selbst gekauft hat, einem dritten Käufer verkauft, damit er sie schindete, da sie genausoviel Macht über die haben wie der Herr; auch in den Block setzt er sie der Abgaben wegen, und der anderen Bezüge wegen beklagt und verflucht er sie. Wir können in den Dreien nichts anderes sehen, als daß sie Geschäfte mit Menschen wie mit Vieh oder wie mit Ochsen tätigen, damit sie mit ihnen ackerten, oder wie mit Kühen, damit sie sie melkten, und anderen materiellen Nutzen mit ihnen vereinbarten. Denn diese beiden Herren, sowohl die weltlichen als auch die geistlichen, zielen zu nichts anderem, als nur die Menschen unter schweres Joch zu bringen, damit sie ständig unter ihm stöhnten. Aber bis der dritte Käufer kommt und diese fragt, wieso sie seinen Kauf gekauft haben, ohne mit ihm im Einvernehmen zu sein noch ihn darin ehrten, und durch ihren Kauf verdarben sie seinen Kauf dieses Volkes und haben ihm seinen Kauf abgenommen und dem Teufel Gewinn daraus bereitet: Oh, gäbe es dann noch einen Augenblick, um zu den Bergen sagen zu können: „Deckt uns zu, damit wir nicht einen so schrecklichen Richter anschauen müssen!" Jetzt aber scheint alles lächerlich und ein Irrtum zu sein.

Siebenundzwanzigstes Kapitel

Aber so wie hier der Hirtendienst oder der beklagenswerte Erwerb der Ämter mit viel Schuld geschildert wird, so ist die Arbeit ihres Dienstes und der Nutzen dieser Arbeit mit Schimpf unfruchtbar, wie ein von Würmern durchkrochener und zernagter Baum, die keinerlei Lob und Nutzen besitzt, nur Gram und Elend und Jammer ist über ihrem Werke; denn all ihr Werk ist verderbt und in den Tod gestellt. Denn wenn wir von der wahren Güte verdienstvoller Taten sprechen, so müssen wir nach Gottes Wort eine gute Wurzel haben. Deshalb sagt er: „Ich bin die rechte Wurzel des Weinstocks, und ihr seid die Zweige."[1] Und der Zweig allein kann keine guten Früchte bringen, wenn er nicht lebendig an der Wurzel steht; und nimmt er nicht Kraft aus, vertrocknet er. Und so ist es auch mit uns allen, wenn wir nicht in ihm mit lebendigem Glauben und mit Liebe stehen: Das Leben der Gnade haben wir nicht in uns, noch können wir es außer ihm haben. Deshalb können wir keinerlei verdienstvolle und Gott genehme Taten vollbringen. Deshalb trägt auch dieses Gott widersetzliche Volk, im Teufel stehend, die Früchte des Todes. Mag es auch mit Ämtern und heuchlerischer und falscher Frömmigkeit von außen glänzen, darin aber ist zu sehen, daß es schurkisch lebt, daß es sich schurkisch in diese Ämter zur Schmach des Herrn Jesu einkauft. Und ständig vollzieht es den überaus bösen Kauf und weidet das fleischliche Leben darauf. Deshalb sagt der Apostel Christi auch von ihnen, daß sie kahle, unfruchtbare Bäume, zweimal erstorben und entwurzelt, wilde Wellen des Meeres sind, die ihre eigene Schande ausschäumen.[2] Und weil sie gestorben sind ohne das Leben in Gottes Gnade, können sie keine Gott wohlgefällige Taten vollbringen, außer daß sie Früchte des Todes hervorbringen, das Gift des Antichrist auf der Welt ausgießen und mit ihm die Menschen ertöten, und die äußeren Dienste sind nach den Bräuchen der Toten entsprechend ihrem Haupte, dem Antichrist, ausgemessen. Und diese Dinge werden mit irgendeinem brummigen Ton, mit Geschrei in den Domen getan, während das übrige gemeine Volk nicht so schandhaft betet wie sie, die mit großen Büchern über den Hof gehen und trommeln, „bum, brr, bumm, brr", wobei sie dem Gesinde Fasten auferlegen und um die Dörfer herumstreichen, irgendwelche toten Erdichtungen nach altem, verbindlichem Brauch üben, daß es eine Schande ist, auf eine solche Fastnachtsnarretei zu sehen. Und sie könnten auch nicht diese lächerlichen Dinge tun, wenn das alles nicht aufgeschrieben und ihnen bestimmt wäre. Diese sollen dann andere führen und können sie nirgendwo anders hinführen, als sie selber gehen. Und mit diesen des Lachens würdigen und verkauften Gebeten sollen sie noch den Seelen aus der Hölle helfen, das alles konnte nur durch das Werk des Antichrist zu einer ruhmreichen Frömmigkeit erklärt werden.

[1] Joh. 15, 5.   [2] Jud. 12—13.

Und alles das, was sie in diesem Priestertum tun, ist mit Geld bewertet auf die simonistische Art. Sie verkaufen Messen, Vigilien, Psalter, Eheschließungen, Taufen, Beichten, Öl, Beerdigungen und Glockengeläut; und was sie von ihnen fordern, das geben sie ihnen nicht umsonst; denn sie selber haben es nicht umsonst von ihrem Vater, dem Antichrist, genommen. Auch Erbarmen erhoffe nicht umsonst vom Priester, das ein altes Lied in Böhmen ist. Vor allem, da sie Gott so dienen wollten, rafften sie darum Ländereien, Abgaben, Zehnten und Erpressung, und zum zweiten muß man ihnen alles von neuem bezahlen.

Deshalb ist all ihr Dienst mit Simonie und Ketzerei durchtränkt. Und das ist nach dem Spruch der Doktoren und der Päpste und der Konzile unter den Christen als die größte Ketzerei verurteilt. Und einige Doktoren sprechen davon, daß die Simonisten Ketzer sind und das Priestertum in ihnen nicht bleibt, daß sie die Macht des Priestertums um der simonistischen Ketzerei willen verlieren. Diese über alle Maßen schrecklichen Dinge sind unter den Christen und beweisen offen, daß der Antichrist, der größte Widersacher Christi, mit seinen Werken unter ihnen herrscht. Wenn die ganze betrogene und blinde Christenmenge in der Annahme Christus sucht, ich sage nicht in der Wahrheit und Gewißheit, sondern in betrügerischer Hinterlist, so kann man annehmen, daß sie irgendwo irgendwie sucht, wo sie ihn nicht findet. Und gerade beim Antichrist und seinem Gesinde ist er unauffindbar, der Christus ertötet und sich selbst den Blinden als Nutzen der Erlösung setzt. Christus hält er ihnen vor Augen, und sich selbst aber setzt er als Nutzen für die Menschen. Dieser Dinge wegen hat Christus keinen anderen Weg zu den Menschen als den, wie ihn der Antichrist zeigt oder den Menschen überliefert. Und er reicht ihn immer den Menschen so dar, damit er selber unter ihm dem Volk gefalle und den Menschen fände und so durch Christus die Menschen erreicht. Deshalb kann seine Widersetzlichkeit nicht erkannt werden, die er gegen Christus hat, denn vor ihm geht er gegen ihn; öffentlich bezeigt er ihm seine Gunst, und darunter gießt er seine Widersetzlichkeit gegen ihn aus. Wie Judas küßte er ihn, erwies er ein Zeichen der Gunst, und unter diesen Küssen hat er seine Erzwidersetzlichkeit ausgegossen und auf ihn gewälzt: Gerade so geht er hier mit großer Frömmigkeit, mit Verbeugungen, Festen, Weihen, mit Segnungen und mit den größten Zeichen trügerischer Sakramente umher und erhöht Christi Namen mit lauter Stimme, mit Niederknien, gesenkten Häuptern und Verbeugungen über alles, und darunter sucht er Jesus Christus in seiner Wahrheit nach seiner geistigen Macht aus dem Herzen zu entwurzeln, damit die Wahrheit seines Evangeliums und seines armen, arbeitsamen und frommen Lebens nirgends Platz hätte noch gepredigt würde. Deshalb sind diese Dinge sehr verdeckt bei dieser Widersetzlichkeit des Antichrist; denn er kleidet sich in den Dienst und in die Ehre Christi. Und diese Feindseligkeiten und Widersetzlichkeiten gegen Christus werden am meisten durch die Kirchenapostel des Antichrist getan, die alle Ländereien errafft und den Kirchen zugemessen haben, und durch sie alle ist das Gift des Antichrist auf der Erde ausgegossen worden, um viele Menschen auf der Erde zu vergiften.

436

Ich spreche von einem Teil dieser Dinge, wie ich kann, die sich schon lange zugetragen haben und von der Welt angenommen wurden, mit denen die Welt verflochten und in Blindheit und Irrtümern gefangen ist von dem, der ein Mensch der Sünde ist und die ganze Erde in vielfältiger Sünde geboren hat. Und darüber sollte aufs sorgfältigste nachgedacht werden, wo er aufs offenste gegen Christus mit seinen, mit falscher Frömmigkeit verschleierten Widersetzlichkeiten streitet. Denn deshalb hat er den Namen Antichrist, weil er eine solche Feindschaft gegen Christus hegt, damit er ihn vernichte oder Christus selbst hinauswürfe und selbst an seiner Stelle verbliebe. Das alles aber soll unter einer solchen Heuchelei verstanden werden, damit das Volk auf ihn sähe wie auf einen Dienst Christi und auf seine Ehre und lobte eine solche Ehre. Obwohl auch viele die Feindseligkeit und Widersetzlichkeit darin sehen können, daß sie die Diener Christi verbrennen, enthaupten, in Kerkern verfaulen lassen und erschlagen; und dabei ist sein böses, ehebrecherisches und schurkisches Leben in diesen Dingen offensichtlich, mit dem er seine Feindseligkeit gegen Christus führt und sein Evangelium verurteilt. Auch darin steht er sehr widersetzlich gegen Christus, daß er sich die Macht Gottes und die Macht Christi aneignet, nämlich darin, damit die Menschen keine Macht hätten, gute Dinge zu tun: Wenn er es nicht gestattet, nicht segnet und seine Macht gibt, dann sollten diese guten Taten für die Erlösung ungültig sein, wenn Gott geboten hätte, diese guten Taten zu tun, aber wenn er es verbieten und verwehren würde, sie zu tun, dann sollten sie zur Erlösung ungültig sein. Und so verwehrt er, Christi Evangelium gegen seine Hoffart zu predigen und das Blut Christi aus dem Kelch zu trinken, aber Christus gebietet dies; es soll dies also nicht gültig sein zur Erlösung, weil er sich dem widersetzt, was Christus gebietet. Und deshalb können die Sakramente nicht empfangen werden noch können nicht sein, wenn er sie nicht konsekriert und die Erlaubnis zu ihnen gibt oder sie zu erteilen verbietet. Deshalb können sie nicht taufen noch Messe lesen noch beichten noch Tote beerdigen, wenn er es verbietet. Auf solche Weise die Macht zu gebrauchen geziemt Gott, geht sogar über Gott. Denn in solchen Dingen wendet er die Macht nicht an, damit er die guten Dinge mit Macht störte. Deshalb gebietet er, die guten Dinge zu tun, auf welche Weise er ordentlich die Macht gegen sein Gebot benutzen würde? Das kommt ihm nicht zu, daß er etwas in Widerspruch zu sich selbst täte; so würde er sich selbst verderben, obwohl dies nicht sein noch gesagt werden kann. Aber auch dazu will er die Macht nicht benutzen, damit die Menschen gegen ihren Willen das Böse ließen, wo es uns doch als gut erscheint, damit er der Menge der Bösen mit Macht verwehrte zu sündigen. Er befiehlt aber, nicht zu sündigen, aber gegen ihren Willen zwingt er sie nicht dazu, sondern wer will, damit er aus seinem freien Willen das Böse ließe. Deshalb, weil Gott, der die höchste Macht besitzt, sie dazu nicht anwendet, deshalb ist der Haß und die hoffärtige Verwegenheit des Antichrist so frech, damit sie sich über Gott erhöhte und offen gegen die guten Taten aufstünde. Vor allem deshalb, weil ihn gute Taten erzürnen; besonders die Predigt der Wahrheit gegen sein böses Leben, das ist ihm schwer. Deshalb beschuldigt er das der Ketzerei und würde es gern niederschlagen, damit ihm diese Schlechtigkeit nicht angetan würde. Zum zweiten deshalb, weil er will, damit jegliches Gute nur aus der Macht seiner Erlaubnis geschähe. Er hat also daraus einen Anlaß, um jedes Gute zu lästern, das ohne seine Kenntnis und Erlaubnis getan wird, wobei er da ür hält, das alles verflucht sei, was er nicht segnet und was nicht mit seiner Erlaubnis getan wird. Deshalb beläßt er die Menschen darin, damit sie, Gott und Jesus Christus verlassend, sich zu ihm wendeten, nur dessen Guten sich befleißigen, das bei ihm gewogen wurde und es so tun, wie er ihnen den Weg in diesem Guten gelegt hat. Deshalb, weil er ein Gegner Christi ist, führt er das Volk nicht zu dem Guten, das von Christus ist, sondern zu einem falschen, in die Lüge gestellten, Christus widersetzlichen und beläßt das Volk bei sich so, als sei er derjenige, aus dem die Güte kommt, wie aus einer sprudelnden Quelle, die nicht austrocknen kann.

Auf diese Weise beseitigt er den Herrn Jesus, damit er wie eine entfernte Legende nur in den Stimmen und in den Liedern sich im Volke abbildete, aber in seiner Macht entleert würde wie ausgedrückte und unnütze Weintrauben; dem Antichrist aber bliebe jedoch wie der vollen Traube alle Macht der Güte in den Händen, damit alles heilig sei, was er weiht. Deshalb hat die Weihe des Priestertums nur in ihm die Macht, eine solche, die aus seinem Geiste ist; aber die übrigen lehnt er ab, die seinen Kelch reichen oder das Evangelium gegen ihn predigen wollten, und damit möchte er der Wahrheit den Weg absperren, damit sie nicht gegen sein Unrecht gepredigt würde. Er selbst weiht nur die hohen Priester, und diese wiederum die niederen, als sie selbst es sind, und diese, da sie vom Haupt die Macht haben, weihen die Sakramente, damit in ihnen die Vergebung einiger oder aller Sünden sein könnte. Und aus dieser Macht weihen sie Kirchen, Altäre, Friedhöfe, Ornate, Kelche und andere zum Amte bereitete Dinge, dann weihen sie Speise, Fleisch, Eier, Käse, Osterbrote, Lämmer, Geräuchertes, Kerzen, Asche, Feuer, Hafer und Wasser. Und so kann alles, was er will, aus seiner Macht heilig sein; und wie er es heilig haben will, so wird es heilig sein; was er aber verwünscht, verflucht, schmäht, den Teufeln überläßt, in die Hölle schickt, das kommt in die Hölle; was er feiert, auferstehen läßt und heilig nennt, das bleibt heilig; und Feiertage zur Weihe setzt er fest: mit dem Namen Heilige weihet er alle; deshalb geht daraus hervor, daß in seinen Händen die Erlösung und Verdammnis der Welt liegt. Deshalb hat er sich völlig Christi Platz angeeignet in jeglicher Weihe und völlig in der Erteilung der Erlösung, damit er das falsch und widersetzlich gegen Christus ausführte, was Christus in der Macht hat und was er in der Wahrheit allein vollbringen kann. Deshalb hat er zu Christi Lästerung das schlimmste Priestertum in einer übergroßen Menge auf Erden geweiht und gab ihm Macht über die Menschen in apostolischen Ämtern, damit er durch deren Vermittlung seinen Christus widersetzlichen Geist auf der Erde ausgösse. Und so ist seine Weihe des bösen Priestertums ein Niedertreten Jesu Christi, und die Weihe der lebenden Geschöpfe ist eine

Vergiftung des Volkes, damit sie alles Heilige von ihm haben wollten, während sie selbst durch ihn befleckt sind in allen Dingen. Deshalb sind das die hauptsächlichen Widersetzlichkeiten gegen Christus im Antichrist, der Jesus Christus mit seiner rechten Macht verstoßen hat, mit der er den Menschen die Erlösung zuteil werden lassen kann, damit er selbst den Menschen verbliebe mit der Erlösung seiner falschen Macht.

Und das ist über alles böse, daß er sich die Vergebung aller Sünden und die Erlösung von den Qualen angeeignet hat, damit ihnen ohne Qualen und ohne Buße die Vergebung der Sünden und danach die Erlösung werde. Deshalb gibt er Vergebung jenen, denen Gott nicht vergibt; denn Gott vergibt niemandem, der nicht Buße tut und auf diese Weise vollkommen nicht von der Sünde weicht in Willen, Denken und Tat, und wer in dieser Buße bis zum Tode ausharrt ohne Todsünden, dem wird von Gott die Vergebung der Sünden zuteil. Aber, daß der Antichrist Vergebung aller Sünden und Befreiung von Leiden denen gibt, die keine Buße tun, das ist daraus offenbar, daß er über die Länder viele seiner Zettel aussendet, um für Dukaten solchen Menschen alle Sünden zu vergeben, die weder jemals für Sünden in Wahrheit gebüßt haben noch wissen, was wahre Buße ist, noch es wissen können, wofür sie zu büßen hätten, weil sie nicht wissen, was Sünde ist; denn die Erkenntnis der Sünden muß durch Gottes Gesetz aufgehen; kennten sie Gottes Gesetz, so wüßten sie, daß die Übertretung eines jeglichen seiner Gebote Todsünde ist; da sie aber nichts von Gottes Geboten wissen, verbleiben sie nicht anders als in einem sehr vielfältigen Übertreten dieser Gebote und kennen sich darin nicht aus, und so können sie ohne Erkenntnis der Sünde nicht büßen. Und solchen sündigen und blinden Menschen gibt der Antichrist Vergebung aller Sünden und Befreiung von Leiden, die Gott ihnen nicht erläßt.

Zum zweiten mischt er sich zu Unrecht in die Sündenvergebung, denn die Vergebung der Sünden hat sich der Herr Gott selbst vorbehalten und sagt: „Ich allein vergebe und tilge die menschlichen Sünden."[1] Wenn der Antichrist ohne Buße also vergibt, betrügt er die Menschen und lästert Gott, mischt er sich in das, was Gott sich selbst und seinem Sohne Jesus Christus vorbehalten hat. Denn er hat das Recht, jenen die Sünden zu vergeben, die für sie büßen wollen, denn er starb um der menschlichen Sünden willen, er ist das Lamm Gottes, das die Sünden der Welt auf sich nimmt und der weiß, wem er zu vergeben hat, denn er kennt die menschlichen Herzen. Deshalb kann der Antichrist auf diese Weise weder Ablaß noch andere Gnaden Gottes geben, wie es ihm jetzt scheint, daß er geben kann, wie er will und wem er will, denn dazu hat er weder Macht noch Recht, denn weder kann er jedes Menschen Wesen wissen noch, wie jeder beschaffen ist: zur größeren oder geringeren Gnade, zur geringeren Vergebung der Sünden oder zur vollen Vergebung. Deshalb kann der Antichrist das nicht richtig treffen; denn er sieht nicht in der Menschen Herz noch kann er sie kennen, weil er nicht Gott ist, deshalb kann er keinerlei Gnaden Gottes erteilen

[1] Jes. 43, 25.

noch irgendwelche rechten Ablässe so, wie es jetzt scheint, daß er sie gibt. Deshalb kann aus diesen widersetzlichen Dingen mehr Wert sein für den Glauben, der in Christus ist, daß Er der Bischof des zukünftigen Guten ist, der durch den heiligen Geist sich selbst, der Unbefleckte, Gott geopfert hat, damit er unsere Gewissen bereinige von den toten Taten zum Dienste des lebendigen Gottes. Er aber, der rechte Gott und der rechte Mensch, hat das Recht und die Macht zu einer solchen Vergebung und Erteilung der Gnade; denn er sieht in die Herzen aller Menschen; und wer dazu mehr befähigt ist, dem gibt er mehr Nutzen des Seins seiner Gaben und seines Erkaufens; und wen er sieht, daß er ihn mehr liebt und sich ihm mehr demütigt, dem vergibt er sofort mehr Sünden, wie er selbst sagt: „Ihr sind viele Sünden vergeben, denn sie hat viel geliebt."[2] Und wer gleichfalls demütig leidet, was ihm auch Widriges begegnet, und über dies nicht murrt und nicht Böses mit Bösem vergilt, dem werden viele Sünden abgenommen; und wer je länger je besser in der Besserung des Lebens gedeiht, von Tag zu Tag mehr und öfter seine Sünden bedauert, der erlangt die größte Vergebung der Sünden von diesem Bischof, der die Macht und das Recht zur Vergebung der Sünden danach hat, wie er jemanden worin für wert befindet.

Fünfzigstes Kapitel

Am Anfang wird gesagt: „Ich glaube an den heiligen Geist, an die heilige katholische Kirche", und dann wird gesagt: „Ich glaube an die Gemeinschaft der Heiligen". Es ist der heilige Geist, der die Gemeinschaft oder die Freundschaft der Heiligen macht, das heißt die Vereinigung miteinander zum geistigen Leib Christi und die Verbindung dieses Leibes mit seinem Kopf, mit Christus, in Glauben und Liebe. Und dieser Leib beginnt mit dem ersten Heiligen, mit Abel, und endet mit dem letzten Heiligen, der vor dem Tage des Gerichts geboren wird. Und diese alle nennen wir die heilige Kirche, Christi Braut oder den verborgenen geistigen Leib Christi, dessen Haupt Christus ist, und dieser geistige Leib Christi seine ganze geistige Macht oder das Leben der Gnade vom Kopfe, von Christus, nimmt und hat. Und jeder Gerechte, der ein Glied dieses Leibes ist, nimmt die Macht und das Leben von dem Haupte, von Christus. Darum nennen wir alle Heiligen, soviel es sein werden, die Gemeinschaft der Heiligen, die unter ihnen besteht und in Ewigkeit bestehen wird, da die Heiligen alle Verdienste der guten Taten zum Lohne und zur ewigen Freude gemeinsam haben werden. Jeder wird Hilfe und Teilnahme an der Freude und am Ruhm in dem Verdienste der anderen haben.

Darum ist solche Gemeinschaft oder Teilnahme der Heiligen die größte Hilfe und der größte Nutzen der Heiligen. Der Mensch kann von den Heiligen nicht mehr Hilfe haben wollen als nur darin, daß er teilhabe an ihren Verdiensten und sich mit ihnen zusammen freute; und umgekehrt, was er selbst Gutes tut,

---

[2] Luk. 7, 47.

das tut er zur Freude, zur Ehre und zur Hilfe aller Heiligen im Himmel. Mit etwas anderem könnte er sie nicht ehren, außer damit, daß er ihnen alles zur Ehre und zur Freude tut und ihnen selber zur Ehre und zur Freude ist, da er selbst in die heilige Gemeinschaft mit ihnen eintritt.

Einundfünfzigstes Kapitel

Es ist eine Rede vom Herrn Jesus zu einer solchen Gemeinschaft in den heiligen Taten, der spricht: „Siehe, ich sage euch: Hebt eure Augen auf und sehet in das Feld; denn es ist schon weiß zur Ernte. Und wer da schneidet, empfängt Lohn, wie auch der, welcher Frucht sammelt zum ewigen Leben, damit der, welcher sät, mit dem, der schneidet, sich miteinander freuen. Denn hier ist der Spruch wahr, daß es ein anderer ist, der sät, und ein anderer, der schneidet."[1]
Hier macht der Herr Jesus einen deutlichen Unterschied unter den Arbeitern: Dieser sät, der andere schneidet, der dritte fährt in die Scheuer ein. Aber zu Tisch gehen sie gemeinsam. Genauso ist es bei den geistlichen Arbeiten und in den Verdiensten der heiligen Menschen, daß jede Arbeit, die in Gott getan wird, zur Freude aller Heiligen ist, wie hier gesagt wird, daß sich alle miteinander freuten.
Es ist aber notwendig, diese Rede *vollständig* zu verstehen, wenn die Rede von der Gemeinschaft der Heiligen ist. Denn die Teilnahme wird schon getan und tut sich jetzt. Wer aber selbst nicht heilig ist, der wird von allem Guten verstoßen, das die Heiligen haben und haben werden. Deshalb muß jeder heilig sein, der mit den Heiligen im Himmel Gemeinschaft haben will. Und derjenige ist heilig, der ohne Todsünde ist. Nur der aber ist ohne Todsünde, der gerecht im Glauben des Sohnes Gottes ist und alle Gebote Christi bewahrt, seine Nächsten wie sich selbst liebt, auch seine Feinde, wie es der Herr Jesus gebot. Und durch diese Gebote und durch den Glauben soll er heilig sein. Wer aber die Gebote Gottes übertritt, ist nicht heilig und kann nicht teilhaben an Gott noch an der Gemeinschaft der Heiligen, weder hier auf der Erde noch im Himmel, noch kann er mit irgendetwas Gott und die Heiligen ehren. Hat er eine Todsünde begangen, dann schmäht er Gott und lästert sie. Wenn er ihnen Kirchen und Altäre baute, fastete, betete, ihnen leuchtete, opferte, läutete und Kerzen anbrannte — das ist ihnen genauso lieb, wie wenn er ihnen ins Gesicht spuckte. Übertritt er die Gebote Gottes, dann ist er mit allen seinen Taten verflucht. Womit will der Verfluchte die Gesegneten ehren? Hat er doch nichts, was sie von ihm annehmen könnten. Deshalb kann er die Heiligen nicht anders ehren[2], außer daß er selbst heilig ist, sie durch sich ehrt und ihnen zur Ehre ist, zur Freude und zur Hilfe ihrer Heiligkeit mit ihnen zur Ehre sein heiliges Leben in ihre Gemeinschaft gäbe, ihren Taten nachfolgte, in welchen sie treu ihren Beispielen hinter-

---

[1] Joh. 4, 35—37.
[2] Am Rande des Druckes von 1521 lesen wir: Womit werden die Heiligen von uns geehrt? — D. Hrsg.

lassen haben und die wahren Schriften zur Lehre des heiligen Lebens. Das aber ist eine große Hilfe der Heiligen, Beispiele heiligen Lebens und Schriften zur Lehre des heiligen Lebens denen, die es als Hilfe von ihnen haben.

Die Welt kann deshalb keine Gemeinschaft mit den Heiligen haben aber, da sie mit den Teufeln eines Geistes ist, hat sie an ihnen jetzt im Unrecht teil und dann in der Strafe. Die Heiligen haben nämlich alles Gute gemeinsam in dieser heiligen Gemeinschaft. Sie haben die rechte Brüderschaft in Christus; denn, da sie die Gebote Christi erfüllen, sind sie Söhne Gottes und eigentlich die Brüder untereinander in geistiger Geburt aus Gott durch den Glauben, und die Liebe und alle geistigen Dinge, die den Söhnen Gottes bereitet sind, haben sie gemeinsam. Zum Bruder haben sie Jesus Christus, der, von den Toten auferstehend, sprach: „Gehe aber hin zu meinen Brüdern und sage ihnen: Ich fahre auf zu meinem Vater und zu eurem Vater, zu meinem Gott und zu eurem Gott."[3] Dadurch ist die Gemeinschaft der Heiligen um so enger, weil sie gemeinsam die Sohnesschaft Gottes und die Bruderschaft mit Christus und untereinander die geistige Geburt haben. Deshalb sind ihre eigenen Dinge gemeinsam, und sie sind miteinander eigen, damit in allem der eine dem anderen nützlich und zur ewigen Freude wäre.

Jetzt können wir, da wir in diesem Sinne verweilen, die Reden des heiligen Geistes verstehen, daß in diesem geistlichen Leibe durch sein Werk sich ein Glied mit dem anderen in Liebe verbinde. So wie die Seele des Menschen im menschlichen Körper alle lebendigen Glieder, die nicht tot sind, miteinander vereint, so können sich ein bißchen ähnlich die geistigen Glieder lebendig durch die Gnade Gottes und durch das Wirken des heiligen Geistes miteinander verbinden. Und miteinander verbunden sind sie alle mit dem Haupt, mit Christus, und die geistige Macht nehmen sie von ihm, und in dieser geistigen Einheit und Teilnahme verweilen sie, damit jeder jedem daraus, was er von Gott hat, dem anderen gäbe und jeder am anderen teilnähme. Das hat man nicht so zu verstehen, daß, wenn jemand einem Verwandten ein materielles Almosen gibt, daß er das jedem auf der ganzen Welt ebenso antun könnte, aber wie wenn er einen kranken Arm heilte, dann nützt das dem ganzen Leibe und allen Gliedern dieses Leibes. Deshalb wird gesagt, daß, was in diesem Körper dieser geistigen Ordnung getan wird, durch den heiligen Geist getan wird.

Auf stoffliche Weise können das die Menschen nicht verstehen, aber so stofflich denken sie von der heiligen Kirche, wie das Priestertum des Antichrist sagt, daß die stoffliche Vereinigung des Papstes mit den Kardinälen und mit den übrigen Prälaten die heilige Kirche ist. Oder anders, daß die Priester die Augen, die Herren die Hände und die Bauern die Füße seien; deshalb sei die Ordnung des Körpers, daß die einen kämpften, die anderen beteten und die dritten arbeiteten, damit die beiden unersättlichen Fresser sich auf den Bauern weideten und an deren Schweiß und Mühen ihre Wollust bereiteten. Durch diese Ausmessung deutet der Antichrist die heilige Kirche. Das aber ist weit entfernt

---

[3] Joh. 20, 17.

von dem, was von der heiligen Kirche, von der Braut Christi, gesagt wird, daß sie die Versammlung der von Gott Erwählten ist, nach einem anderen Brauch sagen wir: der geistige Leib Christi, der vom heiligen Geist gelenkt wird und aus vielen Gliedern zusammengebunden ist.

Deshalb muß die Gemeinschaft der Heiligen, mit der wir unsere Rede begonnen haben, obwohl wenig von ihr von den Menschen begriffen wurde, am meisten die Gebote Gottes bewahren, damit der Mensch in der Liebe Gottes bliebe und die ordentliche Liebe zum Nächsten bewahre; dann wird stets die Teilnahme der Heiligen zu ihm gehen und von ihm zu allen Heiligen durch das Werk des heiligen Geistes zum Nutzen aller Gläubigen, zum Lobe und zur Freude der Heiligen im Himmel. Die Sünder dieser Welt haben gar keinen Anteil an diesem Werk und sind der Leib des Antichrist und tragen den teuflischen Geist in sich und haben gemeinsam am Unrecht teil, damit über sie alle die Ungerechtigkeit aller Sünder käme, so viele die Welt hat, und ihrer aller Strafe wird dann das Verderben sein. Und so wird die Gemeinde des Antichrist am Tage ihrer Verdammnis am meisten verflucht sein.

ANHANG

1. Das bürgerlich-hussitische Programm der Vier Artikel

(neuhochdeutsche Übersetzung)

a) Die Prager Formulierung der vier Artikel vom Jahre 1420

Allen Gläubigen, die diesen Brief sehen, hören oder lesen, sei kundgetan, daß wir erfahren haben, daß manche Könige, Fürsten und Herren, Ritter und Knechte, Bürger und Bauern nicht wissen, worum es in dem Krieg im Königreiche Böhmen zwischen den Gläubigen dieses Landes und König Sigmund von Ungarn und seinen Anhängern geht, die — verführt von den Pfaffen — den heiligen christlichen Glauben verketzern und ihn vertilgten, wenn sie könnten. Wir hören aber, daß ihm Falsches und Lügenhaftes über diesen Krieg geschrieben und berichtet wird, wodurch Land und Leute, Ritter und Knechte hinterhältig und häßlich um Leib und Seele betrogen werden, indem man die Heiligen unterdrückt. Damit die wahren Hintergründe dieses Krieges öffentlich bekannt werden, sollen alle echten Christen wissen, daß alle Gläubigen dieses Landes sich dem König Sigmund widersetzen und den Willen haben, sich mit Gottes Hilfe bis zum Tode zu widersetzen auf Grund der Artikel, die hernach geschrieben stehen. Denn sie haben darum gebeten und begehrt, daß dieser König diesen Artikeln in dem Lande zu Böhmen Geltung verschaffe. Daraufhin wollten sie ihn gern als einen König und Herrn desselben Landes anerkennen. Und wie wir gehört haben, hätte er das auch getan, wenn ihn nicht einige Bischöfe und gierige Pfaffen verleitet hätten.

Und so erfordert der erste Artikel, daß das Wort Gottes, soweit das Königreich Böhmen reicht, frei und ungehindert von den Priestern Jesu Christi gepredigt und verkündigt werde gemäß dem Worte Christi, der — wie Sankt Markus und Sankt Matthäus in den letzten Kapiteln schreiben — da spricht: „Gehet hin in alle Welt und prediget das Evangelium aller Kreatur." (Mark. 16, 15); und auch Sankt Paulus 1. Kor. (14, 39): „... und wehret nicht, mit Zungen zu reden", sondern ein jeder soll, wie er (2. Thess. 3, 1) schreibt, bitten, daß das Wort Gottes laufe und gepriesen werde überall.

Der zweite Artikel fordert, daß der Leib unseres Herrn Jesu Christi in Gestalt des Brotes und sein heiliges Blut in Gestalt des Weines allen gläubigen Christen, die das begehren und nicht durch Todsünden davon ausgeschlossen sind, uneingeschränkt und ungehindert gereicht werden sollen entsprechend dem Gebot und der Bestimmung unseres Heilandes Jesu Christi, der da gesagt hat: „Nehmet, esset; das ist mein Leib" und „Trinket alle daraus; das ist mein Blut des neuen Testaments, welches vergossen wird für viele...", Matth. 26 (Vers 26—28), Mark. 14, Luk. 22. Und wenn der Herr spricht: „solches tut", so wird den Aposteln ein Gebot gegeben. Und das wird so ausgelegt: „Nehmet und gebt es anderen zu meinem Gedächtnis." Den heiligen Leib in Gestalt des Brotes zu empfangen und sein heiliges Blut in Gestalt des Weines zu trinken gebietet unser Heiland Jesus Christus allen Christen bei Strafe ewiger Verdammnis, indem er — wie Sankt Johannes im 6. Kapitel (Vers 53—57) berichtet — sagt: „Werdet ihr nicht essen das Fleisch des Menschensohnes und trinken sein Blut, so habt ihr kein Leben in euch. Wer mein Fleisch isset und trinket mein Blut, der hat das ewige Leben. . . Denn mein Fleisch ist die rechte Speise, und mein Blut ist der rechte Trank. Wer mein Fleisch isset und trinket mein Blut, der bleibt in mir, und ich in ihm." Und in gleicher Weise spricht auch Sankt Paulus (1.) Kor. 11 (Vers 28): „Der Mensch prüfe sich selbst, und also esse er von diesem Brot und trinke von diesem Kelch."

Und so haben die ersten Christen diese Sakramente empfangen, und das bekräftigen die Kirchenväter mit mancherlei (kanonischen) Rechten der heiligen Christenheit, die, in deutscher Sprache angeführt, zu viel Raum einnähmen. Vor allem sind es unter den Lehrern und Büchern die lateinischen, nämlich: De consecratione Distinctio II (canon XII) „Comperimus"; das Concilium Carthaginense in (Decreti secunda pars Causa) XXVI Questio VI canon (VIII) „Is qui"; der canon des heiligen Gregor aus „Omelia Paschali" in De consecratione Distinctio II (canon LXXIII) „Quid sit" (!); und Augustins canon „Disiungitur" derselben Distinctio (?); und dessen canon „Quia passus est" (in De consecratione Distinctio II canon XXXVI); und (Gregors) canon „Sacerdotes" (? in Decreti secunda pars Causa I Questio I canon XC); und dasselbe sagt der heilige Dionysius in „De ecclesiastica hierarchia" im Kapitel über die Eucharistie; und Cyprian der Märtyrer in seiner epistula XXXVII (?) und in „De lapsis"; und der heilige Ambrosius in dem Buch „De sacramentis", zu finden in De consecratio Distinctio II „Huius sacramenti" (?); und Origines omelia XVI super Numeros; Augustin in „De symbolo" liber I und derselbe in der Fastenpredigt; Ambrosius in seinem Hymnus „Exultet iam angelica turba celorum"; und in dem Buch „Historia tripartita"; und Beda in der Predigt über Johannes; Papst Leo in der Fastenpredigt, die mit den Worten „Predicaturus vobis" beginnt; und Fulgentius über die kleinsten Ämter in dem Buch, dessen Prolog beginnt „Ea, que, per anni circulum"; und Remigius über 1. Kor. 10: „Calix, cui benedicimus"; und Thomas in „(Scriptum in) quatuor (libros sententiarum Petri Lombardi)" XLVIII; derselbe (in seiner „Summa theologica") Pars III Quaestio LXXXII articulus V und Quaestio LXXVII articulus III (!); und derselbe in Pars III Quastio (LXXX articulus XII); und Paschasius in dem Buch von den Sakramenten („De corpore et sanguine Domini") capituli X, XVI und XX; und Lyra super I. principio IX „Venite et comedite panem meum"; ebenso 1. Kor. 11; und Wilhelmus de Monte Lauduno in seinem „Sacramentalis" (?); und Albertus Magnus in seinem Traktat „De officio missae". Die Schriften dieser Männer erlassen wir dem Leser um der Kürze willen.

Der dritte Artikel fordert, daß die weltliche Herrschaft über die zeitlichen Schätze und Güter der Priesterschaft, die sie entgegen dem Gebot Christi und zum Schaden der priesterlichen Würde und der weltlichen Herrschaft besitzt, genommen und befreit werde und daß das Priestertum zur Ordnung und zum Leben zurückgebracht werde, wie ihr unser Herr Jesus Christus geboten und – wie Sankt Matthäus Kapitel 10 (Vers 9) schreibt – gesagt hat: „Ihr sollt nicht Gold noch Silber noch Erz in euren Gürteln haben." Und ebenso spricht Christus Matth. 20, 25 (und 26): „.. .die weltlichen Fürsten herrschen, und die Oberherren haben Gewalt. So soll es nicht sein unter euch." Und Lukas schreibt Kapitel 22, 25 (und 26): „Die weltlichen Könige herrschen, und die Gewaltigen heißt man gnädige Herren. Ihr aber nicht also; sondern der Größte unter euch soll sein wie der Jüngste, und der Vornehmste wie ein Diener." In ähnlicher Form schreiben Sankt Markus im 10. Kapitel und Sankt Petrus 1. Petr. 5, daß sie nicht herrschen sollen unter den Priestern. Und Sankt Paulus schreibt 1. Tim. 6 (Vers 8): „Wenn wir aber Nahrung und Kleider haben, so lasset uns genügen." Und (1. Kor. 11, 1!) schreibt er: „Seid meine Nachfolger, gleichwie ich Christi." Und Phil. 3 (Vers 17): „Folget mir, liebe Brüder, und sehet auf die, die also wandeln, wie ihr uns habt zum Vorbilde." Aber Haltung und Auftreten der Apostel hat so zu sein, wie Sankt Peter (Apg. 3, 6) sagt: „Silber und Gold habe ich nicht." Und der Herr hat zu dem Priester Aaron 4. Mose 18 (Vers 20) so gesprochen: „Du sollst in ihrem Lande nichts besitzen, auch kein Teil unter ihnen haben; denn ich bin dein Teil und dein Erbgut unter den Kindern Israel." Ebenso 3. Mose 25, 4. Mose 26, 5. Mose 10, 12, 14 und 18, Josua 13, 1. Chron. 6, Josua 14, 18 und 21. Und so spricht Gott, der Herr, wie es Hesekiel Kapitel 44 (Vers 28) berichtet: „Aber das Erbteil, das sie haben sollen, das will ich selbst sein. Darum sollt ihr ihnen kein eigen Land geben in Israel; denn ich bin ihr Erbteil." In gleicher Weise schreibt Sankt Paulus 1. Tim. (6, 11): „Aber du Gottesmensch, fliehe solches!", das heißt das Streben nach Reichtum. Das wird uns so ausgelegt: „Es ist nichts so schmerzlich, nichts so schmutzig und verderblich, wie wenn ein Geistlicher – und erst recht, wenn es sich um einen Würdenträger handelt – den Reichtum dieser Welt erstrebt, weil dieser ihm, aber nicht nur ihm allein, sondern allen anderen auch, zum Schaden gereicht, denn er gibt ein falsches Beispiel ("). Sankt Paulus dagegen gebietet: „Fliehe solches!" In gleicher Weise äußern sich der heilige Hieronymus, Augustinus und Ambrosius, und das wird bekräftigt in den geistlichen Rechten (Distinctio XXIII) canon XII „Clerici (qui comam") und in den folgenden canones, außerdem in (Decretalium Gregorii IX.) liber III (beginnend mit De vita et honestate clericorum) cap. „Fraternitatem". Ebenso der heilige Bernhard an Papst Eugen und viele andere Zeugnisse der heiligen Schrift.

Der vierte Artikel verlangt, daß alle Todsünden, vor allem der Umgang mit Huren, die Sünden und jeder Verstoß gegen das Gesetz Gottes in jeder Hinsicht von den Amtsträgern, die vom Gesetz Christi her dazu verpflichtet sind, gründlich und bewußt vernichtet und beseitigt werden. Denn bei Sankt Paulus heißt es Röm. 1 (Vers 23): Die solches tun, sind des Todes schuldig, aber nicht nur sie, sondern auch alle, die denen, die das tun, die Sünde durchgehen lassen;

Sünden, wie sie im Volk gemeinhin in aller Offenheit sichtbar werden: Umgang mit den Dirnen, Schlemmerei, Trachten nach Ehebruch, Trunksucht, Diebstahl, Mord, Meineid, Wucher, Streitsucht, Zwietracht und andere Sünden. Gleichermaßen sind alle Arbeitenden, die nicht dem Nutzen der Christenheit dienen, für gierige Gewinnstreber zu halten. Und im Priestertum ist es die Ketzerei der Simonie. Und Ketzerei der Simonie ist es, wenn man Geld nimmt für die Taufe, für die Firmung, für die Beichte, für die heilige Ölung, für das Begräbnis, für Vigilien, für die 30 Totenmessen und für den Dreißigsten, für die Jahrzeiten und für sonstige Messen. Zu den erwähnten Ketzereien gehört auch der Verkauf der Grabstelle. Unter dasselbe Urteil fallen auch die Bischöfe, die um Geld Priester, Kirchen, Altäre, Kapellen, Kelche, Meßgewänder, Altartuch, Corporale weihen, und vor allem die den falschen Ablaß verkauft haben, die anmaßend Zitation und Bann über die Leute ausgesprochen haben zum Zwecke der Verurteilung oder erfundener Opferleistungen und die sonst noch betrügerisch die einfältigen Menschen beraubt haben. Darum ist jeder getreue Knecht Jesu Christi verpflichtet, diese Sünden in sich selbst und bei seinem Nächsten zu hassen und zu bekämpfen, damit jeder in der Ordnung seines Amts und seiner Stellung bleibt.

Und wenn uns nun jemand schamloser Dinge und greulicher Sünde bezichtigte wegen unseres hier dargelegten guten und heiligen Standpunktes, so soll derjenige von allen rechten Christen, die unsere Meinung gelesen oder lesen gehört haben, als ein falscher, böswilliger Zeuge betrachtet werden. Denn nichts anderes ist unser Bestreben, als unserem Herrn Jesus Christus zu gefallen nach allen unseren Kräften und seine Gebote mit allem Eifer zu verkündigen und zu erfüllen. Darum müssen wir uns um des Amtes willen, das uns verliehen worden ist, energisch gegen jeden stellen, der uns um dieser Sache willen bekämpft und uns abtrünnig machen und abbringen will von unserem guten Willen, die evangelische und göttliche Wahrheit zu beschützen und zu beschirmen, wozu jeder verpflichtet ist, ebenso gegenüber einem frevelhaften Betrüger und Tyrannen wie gegenüber einem grausamen Antichristen (? Stelle wohl verderbt).

Und sollte jemand von unserer Gemeinde irgendwie unschicklich, verwerflich oder übel handeln, so erklären wir, daß das ganz und gar gegen unseren Willen geschieht. Denn nichts anderes ist unser Wille, als alles Unschickliche und Verwerfliche zu beseitigen. Sollte aber jemand denken, wir täten ihm Gewalt an Leib oder Gut, dann entschuldigt uns die große Not, der wir nicht anders entgehen können als dadurch, daß wir aus eben dieser großen Not Kirchen, Klöster, Häuser oder Festungen zerstörten und einäscherten, wenn uns oder den Unseren kein Schaden treffen sollte. Das soll uns niemand übelnehmen, denn das taten und tun unsere Feinde ebenso wie wir. Denn alle rechten Christen sollen wissen, daß wir keineswegs mutwillig Kirchen, Altäre oder Klöster, in denen Gottesdienst gehalten wird, zerbrechen oder zerstören wollten, wenn uns nicht große Not dazu zwänge. Und wir wissen genau, daß jeder Mensch und jedes Land und jede Stadt in solchen Notlagen dies täte und tun müßte etc.

[Die Richtigkeit der Zitate und angeführten Quellen ist vom Übersetzer über-
prüft, zum Teil ergänzt oder korrigiert worden, soweit ihm die Literatur zugänglich war].

b) Die taboritische Formulierung der vier Artikel vom Jahre 1420

Unser Herr Jesus Christus, der um unsertwillen schmerzvoll sein Blut vergossen hat, der sei mit uns und Euch allen. Amen. Liebe Brüder und Landsleute, wir tun Euch kund, wenn ihr die Großen des Landes sagen hört, daß wir
Eure Feinde geworden wären, so — wir beschwören Euch als unsere lieben
Landsleute — glaubt ihnen das nicht, sondern Ihr sollt wissen, wessen Feinde
wir sind: nämlich aller schlimmen Pfaffen und weltlichen Leute, die gegen das
heilige Evangelium schreiben und stehen. Wir tun Euch auch kund, daß wir
auch alle üblen Christen hassen entsprechend vier Artikeln: Erstens soll das
Gotteswort an allen Stätten gepredigt werden und also in der ganzen Christenheit, was nicht geschieht. Der zweite Artikel ist, daß der wahre Leib unseres
Herrn und sein heiliges Blut allen rechten Christen, jungen wie alten, gereicht
werden soll. Und der dritte Artikel ist, daß der Allherrschaft (der Kirche), vom
höchsten Priester, dem Papst, bis zu den geringsten und niedrigsten, überlassen
werde weder Güter noch Zins und daß diese Herrschaft der Geistlichen mit
Hilfe der Weltlichen beseitigt werde. Der vierte Artikel ist, daß alle offenkundigen Sünden abgestellt werden, es seien die des Königs oder die der großen
Herren im Lande oder die der Plattenköpfe [= Mönche] oder Pfarrer, ob
geistliche oder weltliche. Und so vertrauen wir Euch ganz als unseren lieben
Brüdern, daß Ihr die Wahrheit annehmt und uns hierin behilflich seid gegenüber allen Verfälschern und ungläubigen Christen, ob geistlichen oder weltlichen, die dieser heiligen Wahrheit widerstreben. Und gebt uns darauf auch
schriftlich Antwort. Und wenn Ihr das nicht tut, so wissen wir genau, daß
Ihr Gottes und aller Brüder von Tabor Feinde sein wollt. Gegeben zu Prachatitz am Freitag vor Katharina.
Hans Zischo. Cwal, der oberste Hauptmann von Tabor, und Jencko, Hauptmann zu Prachatitz.

2. Literaturnachweis

Die nachfolgend aufgeführten Schriften dienten als Grundlage für die Übersetzung. Die Reihenfolge entspricht derjenigen der Anthologie.

I. Das bürgerliche Hussitentum

1. Jan Hus: Sermo Magistri Joannes Hus habitus Pragae in Synodo ad Clerum. Diliges Dominum Deum tuum ex toto corde tuo, et ex tota anima tua, et in tota menta tua. In: Historia et monumenta Joannis Hus atque Hieronymi Pragensis, Bd. II, Nürnberg 1715, S. 39—47.
2. Jan Hus: De Decimis. Alius Articulus. Nullus est Dominus civilis, nullus est Praelatus, nullus est Episcopus, dum est in peccato mortali. In: ebenda, Bd. I, S. 159—167.
3. Jan Hus: De Ecclesia. In: ebenda, S. 245—249, 270—272, 287—308, 312—318.
4. Jan Hus: Responsio Joannis Hus ad Scriptum Octo Doctorum. In: ebenda, S. 368—371, 393—396.
5. Das bürgerlich-hussitische Programm der Vier Artikel (frühneuhochdeutsch)
   a) Die Prager Formulierung der vier Artikel vom Jahre 1420.
      Erschienen als Beilage zu F. M. Bartoš, Manifesty Prahy z doby husitské [Manifeste Prags aus der Hussitenzeit], in: Sborník příspěvků k dějinám hlavního města Prahy [Sammelband von Beiträgen zur Geschichte der Hauptstadt Prag], Bd. VII, Prag 1933, S. 275—278.
   b) Die taboritische Formulierung der vier Artikel vom Jahre 1420.
      Veröffentlicht in: Eb. Windeckes Denkwürdigkeiten zur Geschichte des Zeitalters König Siegmunds, herausgegeben von W. Altmann, Berlin 1893, S. 148.

II. Das bäuerlich-plebejische Hussitentum

A. Die hussitisch-waldensische Etappe

1. Nikolaus von Dresden: De iuramento. In: J. Sedlák, Studie a texty k náboženským dějinám českým [Studien und Texte zur böhmischen Religionsgeschichte], Bd. 1, Olmütz 1913, S. 86—94.
2. Anonymi relatio de delictis, quae in arce Kozí et civitate Ustie super Lužnic committuntur a predicatoribus et contra doctrinam Christianam et contra ritus ab ecclesia aprobatos. In: Documenta Magistri Joannis Hus vitam et doctrinam illustrantia, herausgegeben von F. Palacký, Prag 1869, S. 636—638.
3. Magistri universitatis studii Pragensis fideles suos graviter monent, ne adhereant illorum doctrinae, qui purgatorium esse negant, cultum imaginum aliasque laudabiles ecclesiae ceremonias improbant. In: ebenda, S. 654—656.

4. Magister Christiannus de Prachatic graviter reprehendit Corandam praedicatorem Plzensem, quod et in doctrina Christiana et in ritibus ecclesiae novearum rerum studiosus sit. In: ebenda, S. 633—636.
5. Článkové věroučni [Die Glaubensartikel]. In: Archiv český čili staré písemné památky české a moravské [Tschechisches Archiv oder alte böhmische und mährische Schriftdenkmäler], herausgegeben von F. Palacký, Bd. VI, Prag 1872, S. 37—38.
6. Articuli XXIII a magistris cleroque Pragensi contra pullantia Taboritarum sectae dogmata publicati. In: Documenta Magistri Joannis Hus vitam et doctrinam illustrantia, herausgegeben von F. Palacký, Prag 1869, S. 677—681.

B. Die Etappe des fatalistischen Chiliasmus

1. Chiliastické provolání [Chiliastischer Aufruf]. Erschienen als Beilage zu F. M. Bartoš, Do čtyř artikulů pražských [Bis zu den vier Prager Artikeln], in: Sborník příspěvků k dějinám hlavního města Prahy [Sammelband von Beiträgen zur Geschichte der Hauptstadt Prag], Bd. V, Heft 2, Prag 1932, S. 576—577.
2. Poučení a napomínání k lidu dvoje (ve smyslu chiliastickém), aby v nastálý tento Čas pomsty a zámutku všichni utekli se k horám, to je do měst pěti ohražených [Zwei Belehrungen und Ermahnungen (in chiliastischem Sinne) an das Volk, damit es in der hereingebrochenen Zeit der Strafe und der Trübsal „auf die Berge" fliehe, das heißt in die fünf befestigten Städte]. In: Archiv český čili staré písemné památky české a moravské [Tschechisches Archiv oder alte böhmische und mährische Schriftdenkmäler], a. a. O., S. 41—44.
3. Chiliastický traktát neznámého autora [Chiliastischer Traktat eines unbekannten Verfassers]. Erschienen als Beilage zu F. M. Bartoš, Do čtyř artikulů pražských [Bis zu den vier Prager Artikeln], in: a. a. O., S. 582—591.
4. Chiliastická kvestie [Chiliastische Abhandlung]. In: Husitská kronika [Hussitische Chronik] des Laurentius von Brezowa. Neutschechische Übersetzung und herausgegeben von F. Heřmanský, Prag 1954, S. 104—111.

C. Die Reifung der bäuerlich-plebejischen Ideologie

1. Articuli Picardorum.
   a) Die alttschechische Redaktion der pikardischen Artikel. In: Archiv český čili staré písemné památky české a moravské [Tschechisches Archiv oder alte böhmische und mährische Schriftdenkmäler], herausgegeben von F. Palacký, Bd. III, Prag 1844, S. 218—225.
   b) Die lateinische Redaktion der pikardischen Artikel. In: Fontes Rerum Bohemicarum, herausgegeben von J. Goll, Bd. V, Prag 1893, S. 454—462.
2. Die Schilderung der Entstehung des revolutionären Chiliasmus in Pribrams „Leben der Taboritenpriester". In: J. Macek, Ktož jsú boží bojovníci [Wer sind Gottes Streiter], Prag 1950, S. 262—309.

D. Der pantheistische Ausgang der bäuerlich-plebejischen Ideologie

1. Chiliastické články [Chiliastische Artikel]. In: Jakoubek ze Stříbra, Výklad na zjevenie sv. Jana [Jakobellus von Mies, Erläuterung der Offenbarung

des heiligen Johannes], herausgegeben von F. Šimek, Bd. I, Prag 1932, S. 525—529.

2. Vom Priester Martínek, dem Ketzer, vom Leib Gottes. In: J. Macek, Ktož jsú boží bojovníci [Wer sind Gottes Streiter], Prag 1950, S. 290—294.

3. Adamitské články [Die adamitischen Artikel]. In: Fontes Rerum Bohemicarum, herausgegeben von J. Goll, a. a. O., S. 517—520.

III. Die Lehre des Peter von Cheltschitz

1. Petr Chelčický: O cierkvi svaté [Von der heiligen Kirche]. In: Traktáty Petra Chelčického. O trojím lidu. O církvi svaté [Traktate des Peter von Cheltschitz. Von dreierlei Volk. Von der heiligen Kirche], herausgegeben von R. Holinka, Prag 1940, S. 79—86.

2. Petr Chelčický: Sieť viery pravé [Das Netz des wahren Glaubens], herausgegeben von F. Šimek, Prag 1950.

3. Personenregister

Aaron 120, 237, 247, 320, 449
Abel 156, 401, 440
Abraham 127, 147
Absalom 353
Achor 243
Adam 96, 171, 298, 329, 399, 401, 402
Adam, der Mönch (Adam v. Morimond;
    1110–1166) 168, 188, 191, 193, 196,
    204, 212, 224
Agar 412
Aggaeus 295
Agnes 227
Ahasverus 370, 373, 374
Albertus Magnus, Graf von Bollstädt
    (1193 od. 1207–1280) 246, 379, 380,
    381, 382, 383, 384
Alexander II. (Papst 1061–1073) 154
Alexander III. (genannt Roland, Or-
    lando Bandinelli; Papst 1159–1181)
    222
Alexander V. (Peter v. Candia, Pietro
    Filargi; Papst 1409–1410) 181, 182,
    201, 219, 225
Altmann, W. 107
Amalech 241
Amalek 218
Ambrosius Autpertus (Bischof von
    Mailand; 340–397) 95, 147, 150,
    220, 246, 247, 448, 449
Amos 117, 279, 365
Andreas v. Brod (Ondřej z Něm.
    Brodu; um 1360–1427) 167
Andreas v. Escobar 106, 222
Äneas Silvius s. Pius II.
Angelus Corarii 227
Anaklet II. (Papst 1130–1138) 185
Annas 151

Annenkov, J. S. 43
Anselm v. Canterbury (1033–1109) 52,
    141
Antiochus 233, 374
Antoch (taboritischer Priester) 311
Aristoteles (384–322 v. u. Z.) 49, 135,
    138, 198, 210
Artaxerxes (464–424 v. u. Z.) 234
Augustin(us) Aurelius (354–430) 96,
    119, 120, 124, 138, 140, 147, 148,
    150, 152, 153, 154, 157, 158, 161,
    162, 163, 165, 167, 168, 174, 176,
    177, 178, 179, 180, 185, 186, 188,
    189, 190, 191, 195, 200, 203, 215,
    224, 225, 226, 231, 236, 238, 246,
    247, 257, 261, 287, 309, 448, 449
Auxilius, Bischof 226

Baal 351
Balthasar Cossa s. Johann XXIII.
Bartholomäus von Brixen 261
Bartoš, F. M. 8, 21, 25, 27, 40, 42, 101,
    103, 106, 107
Basilides (2. Jh.) 255
Beda Venerabilis (gest. 709) 174, 246,
    448
Bedřich, Pater (taboritischer Priester)
    311
Beel 228
Benedikt (um 480–550 od. 553) 204
Bernhard von Clairvaux (1091–1153)
    95, 96, 125, 126, 127, 129, 130, 134,
    144, 168, 174, 183, 188, 191, 192,
    196, 197, 198, 203, 204, 212, 213,
    236, 247, 258, 449
Betts, R. R. 41
Bezold, F. 19

Bileam 192, 193

Bischof von Lincoln s. Robert Grosse-
teste

Biskupetz, Nikolaus s. Nikolaus von
Pilgram

Blažek 311

Boethius, Anicius Torquatus Severinus
(480–524) 150

Bonifaz VIII. (Papst 1294–1303), 157,
197, 222, 227, 238

Bora, Georg s. Georg v. Bora

Bradwardine, Thomas 51, 52, 53

Brock, P. 29, 110

Bruno, Giordano (1548–1600) 51

Bucerius (Bucer, Butzer), Martin
(1491–1551) 7

Čapek, J. (taboritischer Priester) 105,
310, 316

Causis, Michael de s. Michael de Causis

Cedlová, M. 27

Čenko 267

Černý, K. 110

Chaloupecký, V. 27

Chalupný, E. 25

Cheltschitz, Peter v. (Petr Chelčický;
um 1390–1460) 6, 9, 24, 25, 26, 27,
28, 32, 33, 43, 44, 47, 81, 82, 83, 84,
85, 86, 87, 91, 92, 108, 110, 111, 112,
113, 331, 333, 336, 338, 344, 360,
375, 387, 396, 404

Christiannus v. Prachatitz (Křišťan z
Prachatic, 15. Jh.) 100, 101, 265

Christus 56, 70, 71, 73, 74, 77, 93, 103,
105, 107, 118, 119, 120, 121, 122,
123, 124, 125, 126, 127, 129, 131,
132, 133, 134, 135, 136, 138, 142,
144, 147, 148, 149, 150, 151, 152,
153, 154, 155, 156, 157, 158, 159,
160, 161, 162, 163, 164, 165, 166,
167, 168, 169, 170, 172, 173, 174,
175, 176, 177, 178, 180, 181, 182,
183, 184, 186, 187, 189, 190, 191,
192, 193, 194, 195, 196, 198, 199,
200, 202, 203, 205, 206, 207, 208,
210, 213, 215, 216, 217, 220, 221,
222, 223, 225, 226, 227, 228, 229,
232, 233, 234, 235, 236, 237, 238,

239, 241, 242, 243, 245, 246, 247,
248, 253, 256, 257, 258, 259, 260,
261, 262, 263, 264, 265, 268, 269,
270, 271, 272, 273, 274, 275, 277,
278, 279, 280, 281, 282, 283, 284,
286, 287, 289, 290, 291, 293, 294,
295, 296, 297, 298, 299, 300, 302,
303, 304, 305, 306, 307, 308, 309,
312, 313, 315, 317, 319, 320, 321,
322, 324, 325, 326, 327, 328, 337,
338, 339, 340, 341, 342, 344, 345,
348, 349, 350, 352, 353, 354, 355,
356, 357, 358, 359, 360, 362, 363,
364, 365, 366, 367, 376, 377, 378,
381, 382, 383, 384, 385, 387, 388,
390, 391, 392, 394, 396, 397, 398,
399, 402, 406, 407, 408, 410, 412,
414, 419, 420, 421, 422, 423, 424,
425, 426, 427, 428, 429, 430, 432,
433, 434, 435, 436, 437, 438, 439,
440, 441, 442, 443, 447, 448, 449,
450, 451

Chrysostomus (Johannes Goldmund;
um 347–407) 101, 125, 140, 141,
148, 149, 150, 159, 174, 176, 193,
203, 205, 253, 254, 255, 256, 257,
258, 259, 260, 261, 309, 322

Clazianus 224

Clemens s. Klemens V.

Chochläus, J. 18

Cölestin III. (Papst 1191–1198) 222

Cwal (taboritischer Hauptmann) 249,
451

Cyprian(us), Caecilius Thascius (gest.
258) 208, 246, 309, 448

Damasus (Papst; gest. 384) 203

Daniel 117, 142, 144, 202, 209, 259,
260, 285, 290, 291, 295, 318, 324,
373, 374

Dardanus 157

David 117, 146, 153, 242, 282, 283,
284, 285, 405, 414

Delila 429

Demetrias 231

Dieckhof, A. W. 23

Dionysius Areopagita (2. Hälfte des
1. Jh.s) 246, 270, 309, 320, 448

Ortsnamenregister

* Die in den jeweiligen Ländern heute verwendete Schreibung der Ortsnamen wird in Klammern vermerkt.

INHALT

466